French in Action

French

A Beginning Course in Language and Culture

The Capretz Method

Third Edition

Part 2

in Action

Yale UNIVERSITY PRESS

New Haven and London

Pierre J. Capretz
Yale University

Barry Lydgate
Wellesley College

with

Béatrice Abetti
Yale University

Marie-Odile Germain
Bibliothèque Nationale, Paris

French in Action is a co-production of
Yale University and the WGBH Educational
Foundation, in association with Wellesley
College.

Major funding for French in Action was
provided by the Annenberg/CPB Project.
Additional funding was provided by the
Andrew W. Mellon Foundation, the
Florence J. Gould Foundation, Inc., the
Ministries of External Relations and of
Culture and Communication of the French
government, the Jessie B. Cox Charitable
Trust, and the National Endowment for the
Humanities.

Yale University Press books may be pur-
chased in quantity for educational, business,
or promotional use. For information, please
e-mail sales.press@yale.edu (U.S. office) or
sales@yaleup.co.uk (U.K. office).

Editor: Tim Shea
Publishing Assistant: Ashley E. Lago
Manuscript Editor: Noreen O'Connor-Abel
Production Editor: Ann-Marie Imbornoni
Production Controller: Katie Golden

Set in MT Joanna type by BW&A Books, Inc.
Printed in the United States of America.

ISBN: 978-0-300-17610-0 (Part 1)
ISBN: 978-0-300-17611-7 (Part 2)
Library of Congress Control Number:
2014958129

A catalogue record for this book is available
from the British Library.
This paper meets the requirements of ANSI/
NISO Z39.48-1992 (Permanence of Paper).
10 9 8 7 6 5 4 3 2 1

Contents

Preface to the Third Edition | vii

Acknowledgments | ix

27 Transports en tous genres I | 299

28 Transports en tous genres II | 316

29 Transports en tous genres III | 327

30 Transports en tous genres IV | 338

31 Transports en tous genres V | 354

32 Résidences I | 370

33 Résidences II | 382

34 Résidences III | 396

35 Résidences IV | 408

36 Divertissements I | 422

37 Divertissements II | 433

38 Divertissements III | 445

39 Divertissements IV | 461

40 Divertissements V | 473

41 Question de chance I | 485

42 Question de chance II | 496

43 Pensez vacances I | 510

44 Pensez vacances II | 524

45 Pensez vacances III | 538

46 Invitations au voyage | 552

47 Quelle variété! | 566

48 Quelle richesse! | 581

49 Quelle horreur! | 595

50 Encore de la variété, encore de la richesse | 606

51 Revue et défilé | 620

52 Tout est bien qui finit bien . . . ou mal | 637

Abréviations | A-1

Lexique | A-3

Credits | A-127

Preface to the Third Edition

The third edition of *French in Action* has been designed to allow twenty-first-century learners to connect fully with the linguistic and cultural riches of the video programs that are at the heart of the course. Those programs, broadcast on stations of the PBS network and distributed on videocassette beginning in 1985, afforded teachers an uncommonly rich access to authentic materials for teaching French language and culture. They were also unique in giving learners a window onto the look and feel of French culture. A decade later, much in France and the French-speaking world had changed. To reflect these changes, but because the length of the video program (twenty-six hours) and its narrative sophistication precluded the possibility of modifying it, a much-enhanced second edition of the ancillary materials—textbook, workbooks, audio program—was published in 1994 to close the gap.

Since then, of course, France and the French-speaking world have continued to evolve, as have technology, global awareness, and multicultural understanding. Hence this third edition, which adds a wide variety of updated and contemporary documents that open new perspectives onto today's France, and onto Francophone cultures and France's place in the European Union in an increasingly interconnected world. Among other innovations, instructors, their

students, and independent learners will find in the new edition:

• more than two hundred new and revised documents (up-to-date sociological and demographic data; illustrations and cartoons; literary texts and biographical information about their creators) whose variety and cultural appeal will stimulate discussion and help develop skills in reading and writing.

• a wholly new feature, *Le Journal de Marie-Laure*, by the now grown-up but still beguiling youngest daughter of the Belleau family who observes and comments—in her youthful idiom and with her signature impish humor—on changes in culture, politics, and technology in the world between 1985 and today. Many passages from the diary are followed by selected tweets from Marie-Laure's Twitter account.

• a wide selection of French popular songs, with texts printed in the textbook and original music reproduced in the audio program.

• a fresh graphic design for both the textbook and workbooks. Most of the roughly one thousand images in the textbook are now in full color, and a large percentage are entirely new.

Most of the new documents and *Le Journal de Marie-Laure* are supported by activities designed to train learners to uncover meaning by reading contextually. A generous array of accompanying exercises helps refine learners' skills at communicating effectively in written French. The instructor's guide

and student study guides are now online (**http://yalebooks.com/fiaguides**).

French in Action provides the equivalent of two years of instruction (elementary and intermediate French) at the college and university level.

FOR LEARNERS: HOW TO USE THIS COURSE

The text of each lesson from 2 to 52 in parts 1 and 2 of the *French in Action* **textbook** introduces the successive installments of an ongoing story that is structured to foster progressive assimilation of the French language. In lessons 2–8 learners meet the characters and become familiar with the basic situation from which this long saga will emerge. As the story develops and becomes more complex, the grammatical, lexical, and cultural elements users encounter become richer and more varied, and their ability to understand them and use them in actual communication expands concurrently.

The **video programs** that accompany this text contain the story of the two lead characters, Robert and Mireille, in fifty-one half-hour episodes. We have found that students learn most successfully when they watch the video program corresponding to each lesson before they read the text of that lesson. Viewing the story in real time will help you follow the plot and understand what is going on in every situation. Each video program includes a section designed to help you figure out the meaning of key words in the story, since no English is used. You will learn most comfortably and effectively if you view this enabling section before turning to the corresponding lesson in the **workbooks** that accompany the text.

The **audio program** for this course is designed to be used concurrently with the textbook and workbooks, at home, in a language laboratory, or online. The majority of activities in the workbooks require use of the audio recordings.

A **study guide** in English is also available online. It provides step-by-step directions for the effective use of all the components of this course, a statement of the main objectives of each lesson, a summary of each episode of the story, cultural notes, and additional assistance with the various tasks presented in the workbooks. The study guide, while indispensable for distance or independent learners, is optional for on-campus students.

Acknowledgments

The development of *French in Action* was made possible initially by a grant from the Annenberg/CPB Project, for which the authors are enduringly grateful.

The authors are indebted to Catherine R. Ostrow of Wesleyan University, Sylvaine Egron-Sparrow and Catherine Masson of Wellesley College, and Benjamin Hoffmann of the Ecole Normale Supérieure and Yale University for their advisory and editorial contributions to Part 2 of the textbook and workbook, and to Marie-Cécile Ganne-Schiermeier of Wellesley College, Nathan Schneider, Gilbert Lanathoua, Blanche Mathé, and Antoine Lanneau for their skill in helping to prepare the illustrations for this third edition. Agnès Bolton of Yale University has been a tireless and indispensable source of ideas and encouragement.

The authors also wish to thank Ann-Marie Imbornoni and Noreen O'Connor-Abel at Yale University Press, who oversaw the development and production of the printed materials for the third edition, and Nancy Ovedovitz, its designer. The patient labors of Sophia Mo of Wellesley College gave the "Lexique" at the back of this book its depth and accuracy.

Finally, the managerial expertise and calm determination of Tim Shea of Yale University Press have kept the authors focused and productive; they gratefully acknowledge his critical contribution to this edition.

A NOTE FROM THE SENIOR AUTHOR OF FRENCH IN ACTION

The learning tool represented by this book is a complex assemblage of sounds, images, and words pulled together over some fifty years and refined over that time in use with thousands of students. Its current guise—including this book, the associated twenty-six hours of video programs, and sixty hours of audio—reflects the labors of a very great number of people, some three hundred in all. They all deserve to be thanked here for their devotion to the task. I wish I could do so, but since I can't, I would like to single out a few for special recognition.

First, I would like to thank Professor Barry Lydgate of Wellesley College, without whom this work in its current form would never have seen the light of day. A Yale Ph.D. and former student of mine, Barry imported the prototype materials from Yale to Wellesley and decided they were too good not to be made available to everyone; more to the point, he undertook to gather the necessary funds for their transformational move to video. Next I would like to thank Béatrice Abetti, M.A. in French from Yale with M.A.s in classics, French, and linguistics from the University of Montpellier, France, who during the genesis of the prototype and through production and post-production of the video and audio programs somehow managed to keep all the pieces of the puzzle together.

My thanks go next to Marie-Odile Germain, Ancienne élève de l'Ecole Normale Supérieure, Agrégée de l'Université, Conservateur Général at the Bibliothèque Nationale de France, who compiled the printed text of the story from the script of the video. I would also like to thank Michèle Bonnet, Ancienne élève de l'Ecole Normale Supérieure, Agrégée and Docteur de l'Université, Professor at the University of Besançon, who scanned hundreds of films and television programs to find many of the thousands of examples of word and phrase use that enrich the video programs of *French in Action*.

Finally, I thank Sylvie Mathé, Ancienne élève de l'Ecole Normale Supérieure, Agrégée and Docteur de l'Université, Professor at the University of Provence and my helpmate, who kept me from collapsing before this phase of the revision of *French in Action* could be brought to completion.

—Pierre Capretz

Pierre J. Capretz died on April 2, 2014, at the age of 89, shortly after completing work on the present edition of these books. A brilliant teacher and innovative educator, he is deeply mourned by the French in Action team and by his collaborators at Yale University Press.

The headphones symbol 🎧 indicates that an audio recording of a song or poem is available on the *French in Action* Web site, **yalebooks.com/FiA**.

Transports en tous genres I

TEXTE

1

A neuf heures une, lundi matin, le téléphone sonne chez les Belleau. Mireille, qui, par hasard, se trouve près du téléphone, décroche.

Mireille: Allô?

La voix: Allô, l'Armée du Salut?

Mireille: Ah, non, Madame, ce n'est pas l'Armée du Salut; vous vous êtes trompée de numéro. C'est la caserne des pompiers, ici. Vous avez un faux numéro.

La voix: Ah? Je me suis trompée de numéro?

Mireille: Oui, vous vous êtes trompée de numéro, Madame.

La voix: Oh, excusez-moi, Mademoiselle, excusez-moi.

Mireille: Il n'y a pas de mal, Madame, ce n'est pas grave. . . . Vous voulez l'Armée du Salut?

La voix: Oui, l'Armée du Salut.

Mireille: Attendez, je vais vérifier le numéro. Ne quittez pas. . . . Allô, Madame? C'est le 43.87.41.19.

La voix: Ah, vous êtes bien aimable, Mademoiselle. Je vous remercie, Mademoiselle.

Mireille: De rien, il n'y a pas de quoi, je vous en prie, c'est la moindre des choses. Au revoir, Madame.

2

Mireille raccroche. A neuf heures trois, le téléphone sonne de nouveau. Mireille décroche aussitôt.

Mireille: Allô, ici l'Armée du Salut, le Major Barbara à l'appareil!

Robert: Allô . . . est-ce que je pourrais parler à Mademoiselle Mireille Belleau, s'il vous plaît?

Mireille (*riant*): Ah, c'est vous, Robert! Comment allez-vous?

Robert: Ça va, merci. Vous aussi? Je . . . je vous téléphone parce que . . . l'autre soir, là, vendredi, vous m'avez dit de vous téléphoner ce matin. Je voulais vous demander quand je pourrais vous revoir . . . enfin . . . si vous vouliez. . . .

Mireille: Ah, c'est gentil, mais pas aujourd'hui. Aujourd'hui, je dois aller à Chartres.

Robert: Mais je croyais que vous étiez allée à Chartres l'autre jour, jeudi.

Mireille: Non, jeudi, je n'ai pas pu y aller, mais aujourd'hui, je dois absolument y aller.

1. par hasard

C'est **par hasard** que Mireille se trouve près du téléphone. C'est un simple **hasard**. Elle n'avait aucune raison spéciale d'être près du téléphone. C'est une simple coïncidence . . . un **pur hasard**.

1. Armée du Salut

Mireille en uniforme d'officier de l'**Armée du Salut**. (Ce n'est pas sérieux. Mireille n'est pas dans l'**Armée du Salut**.)

1. décrocher

Mireille **décroche** (le téléphone).

1. faux

Un **faux** nez (en carton).

12 X 3 = 57???
Mais non, c'est **faux**!
12 X 3 = 36. C'est ça. C'est correct.

2. raccrocher

Mireille **raccroche**.

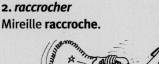

3

Robert: Moi aussi, je devrais aller à Chartres. . . . La cathédrale! Est-ce que je ne pourrais pas y aller avec vous?

Mireille: Oh, si vous y tenez. . . . Mais vous savez, moi, je ne vais pas à Chartres pour voir la cathédrale. J'y vais pour aller au musée et pour parler au conservateur.

Robert: Oh, ben, ce n'est pas un problème: je pourrais visiter la cathédrale pendant que vous verriez ce monsieur!

Mireille: D'abord, le conservateur n'est pas un monsieur, c'est une dame. Et je trouve que vous arrangez bien facilement les choses!

Robert: Oh, vous savez, s'il n'y avait que des difficultés comme ça, la vie serait facile . . . non? Et comment comptez-vous aller à Chartres? En auto? Par la route?

Mireille: Non, je n'ai pas de voiture.

Robert: Je pourrais en louer une, si vous vouliez!

Mireille: Non, c'est trop cher . . . et puis, avec une voiture de location, j'aurais trop peur de tomber en panne.

Robert: Pourquoi? . . . Enfin, si vous ne voulez pas louer de voiture, prenons l'autocar: ça ne doit pas être très cher.

Mireille: Ah, non, l'autocar, ce n'est pas cher; mais ce n'est pas commode: ça ne va pas vite.

4

Robert: Alors, allons-y en avion! Ça, au moins, c'est rapide!

Mireille: Mais non, voyons! On ne peut pas aller à Chartres en avion: c'est tout près! Chartres est trop près de Paris!

Robert: Ah! Eh bien, alors, si c'est tout près, allons-y à pied! J'aime bien marcher. . . .

Mireille: Tout de même . . . ce n'est pas loin, mais ce n'est pas si près que ça!

Robert: Eh bien alors, allons-y à bicyclette, ou à cheval!

Mireille: Ah, à cheval, ce serait bien. J'aimerais bien y aller à cheval. . . . Et ça peut se faire, c'est possible . . . mais je n'ai pas le temps.

Robert: Alors, si vous êtes pressée, allons-y à motocyclette! Vrrra-oum! J'adore la moto. Pas vous?

Mireille: Ouh, je ne sais pas! C'est un peu dangereux! Et puis, de toute façon, je n'ai pas de casque; et le casque est obligatoire à moto.

Robert: Mais alors, je suppose qu'on ne peut pas y aller en bateau. . . . Alors qu'est-ce qu'il reste? L'hélicoptère? L'aéroglisseur?

Mireille: Il y a bien un service d'aéroglisseurs entre Boulogne et Douvres, mais pas entre Paris et Chartres. Et il n'y a pas de service d'hélicoptères non plus. Il y a bien les hélicoptères de la gendarmerie, mais ils ne prennent pas de passagers . . . sauf pour les transporter à l'hôpital. . . .

---

3. tenir à

"Il faut que j'arrive là-haut! **J'y tiens.**"

M. Courtois **a tenu à** raccompagner Mireille et Robert chez eux, malgré leurs protestations. Il a vraiment insisté.

3. compter

Mireille a l'intention d'aller à Chartres. Elle **compte** y aller demain.

3. en auto, par la route

On peut aller à Chartres **en auto** (en voiture), **par la route**.

3. louer, location

Si on n'a pas de voiture, on peut en **louer** une.

3. avoir peur

Qui est-ce qui **a peur** du Grand Méchant Loup? Il ne faut pas **avoir peur** du Grand Méchant Loup!

3. tomber en panne

Ce monsieur est **tombé en panne** (d'essence).

3. autocar

On peut aller à Chartres **en autocar**.

4. avion

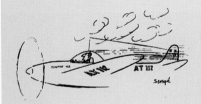

On ne peut pas aller à Chartres **en avion!** C'est trop près!

4. bicyclette

On pourrait aller à Chartres **à bicyclette** . . . .

4. motocyclette

Et si on allait à Chartres **à motocyclette?**

4. casque
Casque gaulois.

Casque XVème siècle.

Casque 1914–1918

Le port du **casque** est obligatoire sur les chantiers de construction.

4. bateau

On ne peut pas aller à Chartres **en bateau** . . . .

4. rester

Si nous éliminons l'autocar, la voiture, la bicyclette, la moto, le cheval, le bateau, l'avion . . . qu'est-ce qu'il **reste?** Il ne **reste** rien! 26 divisé par 4 égale 6, et il **reste** 2. Vous avez 25 euros. Vous en dépensez 20 pour aller à Chartres; il vous **reste** 5€ pour acheter un sandwich.

4. aéroglisseur

Il y a eu un service d'**aéroglisseurs** entre Boulogne (en France) et Douvres (en Angleterre) jusqu'en 2000.

4. gendarmerie
Un **gendarme** de la route.

La **Gendarmerie** nationale assure la sécurité publique. La **gendarmerie** maintient l'ordre. Elle s'occupe de la police de la route.

4. passager
Une voiture peut prendre trois ou quatre **passagers** plus le chauffeur. Un autocar peut prendre 50 ou 60 **passagers** plus le chauffeur.

5

Robert: Alors, vous allez y aller en train?

Mireille: Ben, oui, bien sûr! Vous avez deviné! Le train, vous savez, c'est encore ce qu'il y a de mieux!

Robert: Chic! Je vais pouvoir prendre le TGV!

Mireille: Mais non, voyons! Il n'y a pas de TGV entre Paris et Chartres! Le TGV va trop vite, c'est trop près. Avec le TGV, on serait arrivé avant d'être parti!

Robert: Dommage! Mais TGV ou pas TGV, si vous vouliez bien, j'irais volontiers avec vous. . . .

Mireille: Bon, eh bien, entendu! Rendez-vous à 11 heures à la gare Montparnasse, côté banlieue.

Robert: Comment est-ce qu'on va à la gare Montparnasse?

Mireille: C'est facile, vous n'avez qu'à prendre le métro!

Robert: Vous croyez?

Mireille: Ben, bien sûr! Pourquoi pas?

Robert: L'autre jour, j'ai voulu prendre le métro; je me suis complètement perdu.

Mireille: Sans blague? Ce n'est pas possible! On ne peut pas se perdre dans le métro!

Robert: Moi, si!

Mireille: Eh bien, écoutez, ce n'est pas difficile. Vous prenez le métro à la station Odéon ou Saint-Michel; vous prenez la ligne

Porte de Clignancourt–Porte d'Orléans, direction Porte d'Orléans. Et attention! Vous ne prenez pas le métro qui va à la Porte de Clignancourt, vous prenez celui qui en vient et qui va à la Porte

d'Orléans. Et vous descendez à Montparnasse–Bienvenüe. C'est simple: c'est direct. Il n'y a pas de changement. Vous ne pouvez pas vous tromper. Et vous achèterez un carnet de tickets, c'est moins cher.

6

Dans le métro, Robert, l'homme qui se perd partout. Face à lui, quatre portillons, deux couloirs, 100 kilomètres de tunnels, le plus grand réseau souterrain du monde!

Une fois de plus, Robert va faire la preuve de son exceptionnelle facilité à se perdre. . . .

Robert, l'homme qui se perd partout . . . enfin, presque partout. . . . Quand Robert arrive à la gare Montparnasse, Mireille est déjà là; elle l'attend en lisant un journal.

Robert: Salut! Excusez-moi, je suis un peu en retard; j'ai failli me perdre. . . . Où est le guichet?

Mireille: Là-bas.

Robert: Je prends deux allers-retours de première, n'est-ce pas?

Mireille: Non, un seul billet. J'ai déjà acheté mon billet. Et moi, je voyage en seconde. Alors, si vous aviez l'intention, par hasard, de voyager dans le même wagon que moi, vous feriez mieux d'acheter un billet de seconde.

Robert va acheter un billet au guichet.

Robert: Un aller-retour de seconde pour Chartres, s'il vous plaît. (*Il revient en courant vers Mireille.*) C'est par où?

Mireille: C'est par là. . . . Hé! Il faut composter votre billet!

Ils compostent tous deux leurs billets et montent dans le train qui part peu après, exactement à l'heure indiquée.

---

5. c'est ce qu'il y a de mieux
L'autocar, ce n'est vraiment pas cher. **C'est ce qu'il y a de moins** cher.
L'avion, c'est rapide. **C'est ce qu'il y a de plus** rapide.
Le train, c'est très bien! **C'est ce qu'il y a de mieux!**

5. *TGV*

Le **TGV** (Train à **G**rande **V**itesse) est un train de voyageurs qui peut aller à 300 km/h.

5. *volontiers*

J'irais **volontiers** avec vous. J'aimerais bien y aller avec vous.

5. *gare*

Pour prendre le train, il faut aller à la **gare**.
Il y a plusieurs **gares** à Paris:
la **gare** Montparnasse (lignes vers la Bretagne)
la **gare** Saint-Lazare (Normandie)
la **gare** du Nord (nord, Belgique)
la **gare** de l'Est (est, Suisse, Allemagne)
la **gare** de Lyon (Suisse, Midi, Italie)
la **gare** d'Austerlitz (sud-ouest, Espagne)

5. *banlieue*

5. *métro, station*

Robert peut aller à la **station** Saint-Michel pour prendre le **métro**.

5. *carnet*

Un **carnet** de tickets de métro (10 tickets).

6. *réseau*

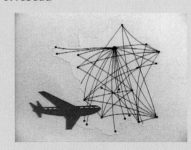

Le **réseau** des lignes aériennes intérieures (Air Inter).

6. *billet, guichet*

On peut aller au **guichet** pour acheter son **billet**. On peut aussi acheter son **billet** à un distributeur automatique de **billets**.

6. *aller-retour*

Paris-Chartres, c'est un **aller simple**. Paris-Chartres-Paris, c'est un **aller-retour**.

6. *première, seconde classe*

Dans les trains français, il y a deux classes. La **première classe** est plus confortable que la **seconde**, mais elle est plus chère.

6. *composter*

Avant de monter dans le train, il faut **composter** son billet. Le **compostage** est obligatoire.

7

Une douzaine de minutes plus tard, le train passe en gare de Versailles, sans s'arrêter.

Robert: Ah, Versailles! Le château, le Grand Trianon, les grilles, la galerie des glaces, le parc, les parterres dessinés par Le Nôtre, les bassins, le hameau de Marie-Antoinette. . . . Je devrais aller à Versailles un de ces jours. Ce serait bien si je pouvais visiter ça avec une spécialiste d'histoire de l'art comme vous! . . .

Mireille reste perdue dans ses pensées. Puis tout à coup. . . .

Mireille: Je voulais vous dire. . . . Nous ne devrions pas nous vouvoyer comme ça. . . .

Robert ne comprend pas.

Mireille: Oui, nous vouvoyer, nous dire "vous." Vous savez, les jeunes se tutoient très vite. Je ne voulais pas vous tutoyer devant les Courtois, l'autre jour, parce qu'ils sont un peu vieux jeu, mais j'ai l'habitude de tutoyer tous mes copains. Alors on peut se tutoyer? . . . A propos, mes parents aimeraient bien faire votre connaissance. Ils aimeraient vous avoir à dîner de ces soirs. Les Courtois leur ont beaucoup parlé de vous. Jeudi soir, ça vous irait? On pourrait peut-être aller au cinéma, si vous voulez, après.

Robert: Oui, si vous voulez. Mais je croyais qu'on se tutoyait?

7. Versailles
Robert a une vaste culture. Il a entendu parler du château de **Versailles,** construit par Louis XIV (XVIIème siècle).

7. perdu dans ses pensées

Mireille est **perdue dans ses pensées.**

7. tout à coup

"J'étais tranquillement en train de me reposer sur le balcon quand **tout à coup** le voisin du cinquième est arrivé . . ."

7. tutoyer, vouvoyer

Elles se **vouvoient.**

Elles se **tutoient.**

7. vieux jeu

Les gens de droite sont un peu **vieux jeu.** Les jeunes gens de gauche sont plus dans le vent.

MISE EN ŒUVRE

Ecoutez la mise en œuvre du texte et répondez aux questions suivantes.

1. Où se trouvait Mireille quand le téléphone a sonné?

2. Qu'est-ce que Mireille a fait quand le téléphone a sonné?

3. Est-ce que la dame voulait téléphoner chez les Belleau?

4. Pourquoi Robert téléphone-t-il? Qu'est-ce qu'il voulait demander à Mireille?

5. Pourquoi Mireille ne peut-elle pas voir Robert aujourd'hui?

6. Pourquoi Mireille n'est-elle pas allée à Chartres jeudi?

7. Qu'est-ce qu'il y a d'intéressant à Chartres?

8. Pourquoi Mireille doit-elle aller à Chartres?

9. Qu'est-ce que Robert pourrait faire pendant que Mireille irait voir le conservateur?

10. Est-ce que le conservateur est un monsieur?

11. Pourquoi Mireille ne va-t-elle pas à Chartres en auto?

12. Qu'est-ce que Robert suggère?

13. Pourquoi Mireille ne veut-elle pas que Robert loue une voiture?

14. Pourquoi Mireille ne veut-elle pas prendre l'autocar pour aller à Chartres?

15. Pourquoi ne peuvent-ils pas aller à Chartres en avion?

16. Pourquoi ne peuvent-ils pas y aller à pied?

17. Pourquoi Robert aimerait-il y aller à pied?

18. Pourquoi Mireille ne peut-elle pas y aller à cheval?

19. Est-ce que les hélicoptères de la gendarmerie prennent des passagers?

20. Comment Mireille compte-t-elle aller à Chartres?

21. Pourquoi est-ce qu'on ne peut pas prendre le TGV pour aller de Paris à Chartres?

22. Où Mireille donne-t-elle rendez-vous à Robert?

23. Comment Robert va-t-il aller à la gare Montparnasse?

24. Où doit-il prendre le métro?

25. Est-ce qu'il doit prendre le métro qui va à la Porte de Clignancourt, ou qui en vient?

26. Est-ce qu'il faut changer?

27. Que fait Mireille, quand Robert arrive à la gare?

28. Pourquoi Robert est-il en retard?

29. Où Robert doit-il aller pour acheter les billets?

30. Pourquoi Mireille lui dit-elle d'acheter un seul billet?

31. Pourquoi Mireille lui conseille-t-elle de ne pas acheter de billet de première?

32. Par quelle ville le train passe-t-il?

33. Qu'est-ce qu'il y a d'intéressant à Versailles?

34. Pourquoi Mireille n'a-t-elle pas proposé le tutoiement chez les Courtois?

35. Pourquoi trouve-t-elle plus naturel de tutoyer Robert?

36. Pourquoi les Belleau veulent-ils inviter Robert à dîner?

37. Quel jour Mireille propose-t-elle?

38. Qu'est-ce qu'ils pourraient faire après le dîner?

MISE EN QUESTION

1. A votre avis, pourquoi Mireille se trouve-t-elle près du téléphone, ce lundi matin?

2. Est-ce que Mireille dit la vérité quand elle dit que la dame qui téléphone s'est trompée de numéro? Est-ce qu'elle dit la vérité quand elle dit que c'est la caserne des pompiers? Pourquoi? C'est par méchanceté? Qu'est-ce qui montre que ce n'est pas de la méchanceté de sa part?

3. Quand Robert téléphone, pourquoi Mireille dit-elle qu'elle est le Major Barbara? Savez-vous qui est le Major Barbara? Est-ce que c'est un officier de l'armée française, américaine? Ou est-ce que c'est un personnage d'une pièce de George Bernard Shaw?

4. Quand Robert devait-il téléphoner à Mireille? (Voyez la fin de la leçon 24.) A quelle heure téléphone-t-il? Est-ce qu'il a téléphoné aussitôt que possible? Pourquoi n'a-t-il pas téléphoné plus tôt? Est-ce que Mireille pensait qu'il allait téléphoner?

5. Est-ce que Robert avait l'intention d'aller à Chartres? Pourquoi parle-t-il d'y aller, maintenant?

6. Pourquoi Mireille dit-elle qu'elle trouve que Robert arrange bien facilement les choses? Est-ce qu'elle n'est pas d'accord avec la solution que propose Robert, ou est-ce qu'elle se moque de son désir soudain d'aller voir la cathédrale de Chartres?

7. D'après ce que dit Robert, est-ce que la vie est facile, en général?

8. Pourquoi Robert propose-t-il de louer une voiture? Parce que c'est la solution la moins chère? Pour pouvoir voyager seul avec Mireille? Pour faire plaisir à Mireille? Pour faire croire à Mireille qu'il est un riche Américain?

9. Quand Robert propose une succession de moyens de transport, pensez-vous qu'il est sérieux ou qu'il s'amuse? Qu'est-ce qui est le plus important pour lui, d'aller à Chartres en voiture, en avion, ou en train, ou d'y aller avec Mireille? Qu'est-ce qu'il essaie de faire, de trouver le meilleur moyen de transport pour aller à Chartres, ou de se montrer amusant et agréable et de persuader Mireille de le laisser venir à Chartres avec elle?

10. Qu'est-ce que Mireille dit qui montre qu'elle joue le jeu de Robert? Citez des objections de Mireille qui ne sont pas plus sérieuses que les propositions de Robert.

11. Pourquoi Robert hésite-t-il à prendre le métro?

12. Qu'est-ce qui prouve que Robert a de la suite dans les idées? Quelle possibilité est-ce que la mention de Chartres lui avait suggérée? Quelle possibilité est-ce que le nom de Versailles lui suggère maintenant?

13. Pourquoi Mireille a-t-elle préféré ne pas tutoyer Robert devant les Courtois? Ils sont peut-être un peu vieux jeu, mais est-ce qu'il n'y a pas une autre raison? Est-ce que les Courtois savaient que ce n'était pas la première fois que Mireille et Robert se rencontraient?

14. Pourquoi les Belleau veulent-ils inviter Robert? Parce que les Courtois leur ont parlé de lui? Est-ce que Mireille pourrait y être pour quelque chose?

Journal de Marie-Laure

JACQUES A DISPARU

Le 5 janvier 1992
Jacques n'était pas au lycée, hier, pour la rentrée.
Il n'y était pas non plus aujourd'hui.
Est-ce qu'il serait malade ?
Ou il est peut-être allé au ski et il a eu un accident et s'est cassé quelque chose ?
Ça ne m'étonnerait pas ; il a l'air vachement sportif et un peu casse-cou.
Il s'est peut-être cassé une jambe. Il est peut-être à l'hôpital.
Je vais téléphoner à l'hôpital de Megève... à l'hôpital de Courchevel, à l'hôpital de la Clusaz... pour savoir.

Le 6 janvier 1992
Eh bien, non, Jacques n'est pas du tout à l'hôpital.
Il est en Amérique !
Il paraît que sa mère a décroché un très bon job aux États-Unis.
Elle a obtenu un poste de recherche à l'Université Columbia sur les quantronics.
Allez savoir ce que c'est, les quantronics ! On ne nous en a pas parlé dans le cours de physique.
Ils habitent à New-York et Jacques va au Lycée français. Il va y rester jusqu'au bac et ensuite il rentrera en France pour faire médecine, a décidé sa mère.

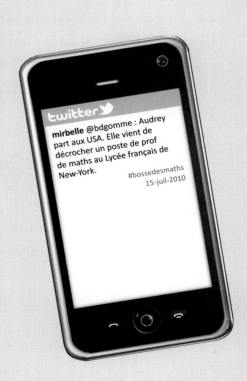

twitter

mirbelle @bdgomme : Audrey part aux USA. Elle vient de décrocher un poste de prof de maths au Lycée français de New-York.
#bossedesmaths
15-juil-2010

DES NOUVELLES DE JACQUES

Le 7 février 1992

Chantal a reçu une carte postale. Ça représente l'Empire State Building. Elle l'a montrée à tout le monde. Jacques n'y dit rien : « New-York est une ville fabuleuse. Le Lycée est OK. Salut aux copains. Bises. Jacques. »

Le 21 mars 1992

Jacques m'a envoyé une carte postale, à moi. C'est la Statue de la Liberté. Elle est très belle. On voit tout New-York derrière elle. Il dit que tout va bien, qu'il a beaucoup de copains et copines mais qu'il lui tarde de revoir la France et ses vieux amis. Il me disait aussi que ~~mon sourire lui manquait.~~ ~~J'espère que y'a pas que mon sourire qui lui manque~~...

bdgomme @mirbelle : Tu connais la dernière ? Tante Georgette s'est fait tatouer « à Fido pour la vie » sur le mollet gauche. #poissondavril
12-sept-2008

JACQUES ARRIVE

Le 1 avril 1993

Jacques s'est arrangé pour venir quatre jours en France. Quatre jours, c'est rien. Il devrait pouvoir faire mieux que ça, cet animal ! Même si sa mère ne veut pas le lâcher. Enfin, ce n'est plus un enfant ! Il arrive le 16 avril ! Génial ! Ça fait une éternité qu'on s'est pas vus !
... J'espère que c'est pas un poisson d'avril !

Le 17 avril 1993

Jacques est arrivé hier. Pour trois jours seulement. Cet aprèm, nous sommes allés chez Cécile. Jean-Denis était là. Très fier de faire admirer sa fille, essayant de mettre en valeur tout ce dont elle est capable–et elle est plutôt maline, ma petite nièce !
– Alors, Audrey, tu as vu qui est là ? C'est Tatie Marie-Laure. Tu fais un bisou à Tatie Marie-Laure ? Oh, oui, un gros bisou pour Tatie Marie-Laure ! Elle aime bien sa Tatie Marie-Laure ! ... Et Jacques ? Tu fais pas un gros bisou à Jacques ? Il arrive d'Amérique. Non, tu veux pas lui faire un bisou ? Pourquoi tu fais pas un gros bisou à Jacques qui revient d'Amérique ?
Audrey, après une seconde de réflexion :
– Je le connais pas assez...
Alors Jean-Denis, toujours impatient de faire admirer les connaissances et les talents de répartie de sa fille, ma nièce :
– Alors, Audrey, voyons, dis-nous, quel âge tu as ?
Audrey, avec une moue et après trois secondes de réflexion :
– D'après toi ? Devine !

DU NOUVEAU SUR LE MÉTRO

Le 16 octobre 1998

Ce matin, j'ai pris la nouvelle ligne 14 pour la première fois. Elle a été inaugurée il y a deux jours, en présence de notre cher Président de la République, Jacques Chirac, qui lui ne doit pas prendre le métro bien souvent. Il ne sait pas ce qu'il perd : elle est formidable cette ligne ! Quand on la compare au reste du métro parisien qui doit dater du début du XXe siècle, c'est le jour et la nuit. Quelle différence ! C'est génial ! Ça va vraiment vite, à toute vitesse. On dirait une étoile filante. C'est sans doute pour ça que cette ligne « Métro Est-Ouest Rapide » a été surnommée la « Meteor ».

Aujourd'hui, je devais aller à la BNF, la Bibliothèque nationale de France. Oui ! C'est vrai que je n'aime pas beaucoup travailler à la Bibliothèque nationale François Mitterrand. J'ai rien contre cet ancien président mais l'édifice est trop grand, vraiment gigantesque, il y a trop de monde, les salles de travail sont souvent bruyantes, et les dragueurs ne vous laissent jamais tranquille... mais bon, il faut bien y faire un tour de temps en temps quand on a la prétention de faire du travail sérieux, comme moi. On ne trouve pas tout ce qu'on cherche à la bibliothèque Sainte-Geneviève ou dans celle de la Fac de Droit...

Je suis montée dans le wagon à la station Gare de Lyon. Ça m'a permis de voir le jardin exotique qui est très beau avec de grands palmiers qu'on peut admirer juste à côté de la ligne. Un jardin tropical qui fait rêver ! Cette ligne 14 est ultra-moderne, elle n'a pas de conducteur : elle est entièrement automatisée. Ce sera un gros avantage quand il y aura de ces grèves qui arrêtent la circulation des métros ; cette ligne-là continuera à fonctionner puisqu'elle est automatique !

En plus, elle est confortable et super futuriste. Quand on est à l'intérieur d'un wagon, on se croirait dans un film de science-fiction ! Si Jules Verne voyait ce chef-d'œuvre, il en resterait baba ! En tout cas, cette ligne 14, elle est super ! Elle vous consolerait presque d'avoir à aller travailler à la BNF.

Jules Verne stupéfait par la vitesse de la nouvelle rame de métro :

« Ça alors ! Je n'aurais jamais imaginé ça ! »

Ça, c'est Jules Verne.

mirbelle @bdgomme : Dans le métro cet aprèm il y avait un type tout en noir. On aurait dit l'homme en noir qui nous suivait autrefois.   11-nov-2007

bdgomme @mirbelle : C'est sûrement lui. Ça recommence. Méfie-toi. #bizarrebizarre   11-nov-2007

NOUVELLES DE BRICE

Le 28 mai 1999

Brice vient de m'appeler. Il est furieux. Il est collé à Sciences-Po pour « mauvais français »... j'en reviens pas ! Il a dit que, pour protester, désormais, il ne parlera plus que dans un français abominable. ~~Je l'entends déjà dire putain, merde et fait chier, à tous propos.~~

Jacques, lui, c'est super. Il a réussi son examen de gastro-entérologie. Il avait bossé comme un fou. Il paraît que c'était super dur. On va fêter ça ~~en se faisant un petit câlin~~ et après on ira en boîte avec des copains.

twitter

brice Génial. Ça y est. J'ai signé. On va publier mon «guide des gros mots à l'usage des coincés» #p...lagloire   9-févr-2009

DOCUMENTS

1

Versailles

Le château vu du Midi. Façade de la galerie des glaces.

La galerie des glaces.

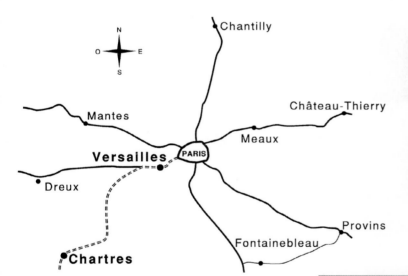

Plafond de la galerie des glaces.

Bassin d'Apollon.

Le parc.

Le Grand Trianon et les parterres dessinés par Le Nôtre.

Le Hameau où Marie-Antoinette jouait à la bergère.

2

Un Plat de pauvre

Mon père était philosophe. Il disait: "On n'a qu'à manger des artichauts, les artichauts, c'est un vrai plat de pauvre. C'est le seul plat que quand t'as fini de manger, t'en as plus dans ton assiette que quand t'as commencé."

—Coluche

Coluche (Michel Colucchi), acteur et chansonnier, est né en 1944 dans une banlieue pauvre de Paris. Il est arrivé, grâce à ses sketches humoristiques très irrévérencieux et caustiques, à une grande notoriété (il a même été proposé—pas très sérieusement—comme candidat à la présidence de la République!). Il a joué dans plusieurs films, en particulier dans *Tchao, Pantin*. Il est aussi connu pour son action anti-raciste (c'est lui qui a lancé le fameux slogan "Touche pas à mon pote!") et pour avoir fondé les "Restos du cœur," une organisation qui offre des repas gratuits aux personnes sans ressources. Passionné de moto, il est mort en 1986 dans un accident de motocyclette.

3

Do you speak English?

C'est un mec qui est dans une rivière et qui crie:
—Help! Help!
'Y a un mec qui passe et qui dit:
—Au lieu d'apprendre l'anglais, il ferait mieux d'apprendre à nager!

—Coluche

4

Billet de chemin de fer

5

La SNCF

A la SNCF, la réplique est connue: lorsqu'on évoque la cherté de ses tarifs—réelle ou ressentie—l'entreprise objecte que 80% des clients voyagent avec des réductions. Mais encore faut-il s'y retrouver parmi la multitude de cartes et de formules permettant d'en bénéficier.

"On va vous aider à voyager moins cher," promet le transporteur, qui propose désormais cinq nouvelles cartes annuelles pour accompagner chaque âge de la vie.

LA CARTE JEUNE 12–17. Pour les ados, elle garantit à tout moment 25% de réduction sur tous les trains, jusqu'à la dernière place disponible. Vendue 50 euros, elle permet aussi d'avoir accès aux billets de dernière minute.

LA CARTE JEUNE 18–27. Proposée au même prix que la carte 12–17, elle offre les mêmes avantages tarifaires. Plusieurs dizaines de milliers de billets au prix le plus bas sont mis en vente jusqu'à quatre jours avant le départ.

LA CARTE WEEK-END. Sans condition d'âge, la carte Week-End permet d'obtenir des prix réduits toute l'année. Une seule condition: que l'une des nuits du week-end (vendredi, samedi, ou dimanche) soit passée sur place, ou alors que l'aller-retour soit réalisé dans la journée. Ainsi, rien n'empêche de partir un mardi pour revenir le samedi matin, ou le dimanche pour revenir le mercredi. Vendue 75 euros, elle garantit au minimum 25% de réduction sur le voyage.

LA CARTE SENIOR+. Réservée aux plus de 60 ans, cette carte, vendue 65 euros, garantit toute l'année des réductions sur les TGV et trains Intercités. Jusqu'au dernier moment, vous êtes sûrs de bénéficier de 25% de réduction, et jusqu'à 50%, en achetant les billets le plus tôt possible. Les billets sont disponibles trois mois avant la date du départ. Il est possible de changer d'avis, sans pénalité, au dernier moment.

LA CARTE ENFANT+. Cette carte permet de faire voyager à prix réduit jusqu'à cinq personnes: l'enfant—âgé de moins de 12 ans—et quatre accompagnants. Un enfant de moins de 4 ans titulaire d'une carte Enfant+ dispose de sa propre place assise. Vendue 75 euros, cette carte permet en outre d'obtenir un repas enfant pour 5 euros.

—LeMonde.fr, 10 mai 2012

6

La Consommation de tabac

Comme celle de l'alcool, l'image collective du tabac s'est dégradée. D'autant qu'à la différence de l'alcool, dont une consommation modeste est considérée comme n'entraînant pas de conséquences néfastes (quelques études lui attribuent même des vertus protectrices contre certaines maladies), la nocivité apparaît dès la première cigarette.

Avec 33% de fumeurs, la France se situe un peu au-dessus de la moyenne de l'Union européenne (29%), loin derrière la Grèce (42%) mais loin devant la Suède (16%).

—Francoscopie 2013

7

La Législation anti-tabac en France: les grandes lois

La loi Veil du 9 juillet 1976 est le premier grand texte visant explicitement à lutter contre les conséquences néfastes du tabagisme. Elle s'attaque principalement à la publicité, prévoit des interdictions de fumer dans certains lieux à usage collectif et impose l'inscription de la mention "Abus dangereux" sur les paquets de cigarettes. C'est onze ans après les États-Unis, où les avertissements de santé ont fait leur apparition sur les paquets en 1965. Cette loi a permis de stabiliser la consommation de tabac jusque-là en augmentation.

La loi Évin du 10 janvier 1991, relative à la lutte contre l'alcoolisme et le tabagisme, permet de modifier en profondeur la norme sociale en matière de tabagisme et provoque une diminution de la consommation. Elle renforce considérablement le dispositif législatif:

- en favorisant la hausse du prix des cigarettes;
- en posant le principe de l'interdiction de fumer dans les locaux à usage collectif;
- en interdisant toute publicité directe ou indirecte en faveur du tabac et des produits dérivés;
- en interdisant toute distribution gratuite;
- en interdisant la vente de tabac aux moins de 18 ans.

Le décret du 15 novembre 2006 modifie la loi Évin et étend l'interdiction de fumer à d'autres lieux à usage collectif:

- tous les lieux fermés et couverts accueillant du public ou qui constituent des lieux de travail;
- les établissements de santé;
- dans l'ensemble des transports en commun;

• dans toute l'enceinte des écoles, collèges et lycées publics et privés.

En France, cette interdiction de fumer dans les lieux publics est une grande victoire. (En 2006, 76% des Français y étaient favorables.) Le tabac devient un produit socialement "incorrect" contre lequel l'ensemble de la société doit lutter.

—Institut national de prévention et d'éducation pour la santé, www.inpes.sante.fr, 15 mai 2012

8

Campagne anti-tabac

C'est une locomotive à vapeur qui rencontre le TGV et qui lui dit:

—'Y a longtemps que t'as arrêté de fumer?

—Coluche

9

—Plantu

10

Malbrough s'en va-t-en guerre

Malbrough s'en va-t-en guerre,
Mironton, mironton, mirontaine,
Malbrough s'en va-t-en guerre,
Ne sait quand reviendra, (bis)
Ne sait quand reviendra.

—Mme Belleau

Malbrough s'en va-t-en guerre
En hélicoptère (bis)
Ne sait quand reviendra
Dans un pa, pa, dans un panier,
Ne sait quand reviendra
Dans un panier percé.

—Marie-Laure

Malbrough, c'est John Churchill, duc de Marlborough, qui, avec une armée de 120.000 Anglais et Hollandais et 120 canons, a infligé une grande défaite à une armée française de 80.000 hommes et 80 canons à la bataille de Malplaquet. Cela se passait en 1709, sous le règne de Louis XIV, dans le nord-ouest de la France.

Les Français, vaincus, se sont vengés de leur défaite en composant, un siècle plus tard, cette chanson burlesque qui célèbre la mort de leur vainqueur:

Monsieur Malbrough est mort,
Mironton, mironton, mirontaine,
Monsieur Malbrough est mort,
Est mort, et enterré, (bis)
Est mort, et enterré.

11

Vive l'Armée du Salut!

Il fait moins 20 sur la ville
Dans la nuit tout est tranquille
Tout le monde est bien au chaud
Et chacun dans son ghetto
Dans la rue, le boulevard
Dans la ville, les clochards
Meurent de faim, souffrent de froid
La jungle a aussi ses lois

Ce n'est pas l'armée que tu crois
Bien qu'ils portent un uniforme
Ce ne sont pas des soldats
Qui se battent contre d'autres hommes
Ni l'Armée Rouge en haillons
Ni les chiens de garde des prisons
C'est un peu les Missionnaires
De la soupe populaire

Vive l'Armée du Salut
En avant les Poilus
Vive l'Armée du Salut
En avant les Poilus

Autour de la camionnette
Ils sont tous au rendez-vous
Il y a comme un air de fête
Solidaires malgré tout

Il fait moins 20 sur la ville
Le métro ferme ses grilles
Mais pour tous ces oubliés
Heureusement il y a l'Armée . . .

Vive l'Armée du Salut
En avant les Poilus
Vive l'Armée du Salut
En avant les Poilus

Vivre, vivre, vivre
Dans la rue . . .

—Molodoï

Molodoï, dont le nom signifie "jeune" en russe, est un groupe de punk français. Le groupe est né en 1990 et s'est séparé en 1996.

LEÇON
28 Transports en tous genres II

TEXTE

1

Robert et Mireille viennent d'arriver à Chartres.

Robert: 11 heures 43. . . . Eh bien, dis donc, le train est arrivé à l'heure pile!

Mireille: Evidemment! Les trains sont toujours à l'heure, en France: ils sont très ponctuels. Ils partent exactement à l'heure et ils arrivent exactement à l'heure.
Robert: Toujours?
Mireille: Oh, oui, toujours! Enfin . . . presque toujours!

2

Ils sortent de la gare.

Mireille: Tu as faim? Bon, allons manger quelque chose rapidement dans un café en face. . . . Tiens, là-bas.

Ils s'installent à une table, consultent rapidement le menu. La serveuse s'approche.

La serveuse: Bonjour, Messieurs-dames.
Robert: Bonjour, Madame.

---

1. l'heure pile
Il est midi **pile:** il est exactement midi.

1. ponctuel
Marie-Laure n'est pas très **ponctuelle:** elle arrive souvent en retard à l'école.

2. crudités

Une assiette de **crudités:** plusieurs légumes crus; carottes râpées, tomates, céleri, concombres. . . .

2. charcuterie

Une assiette de **charcuterie:** une tranche de jambon, du pâté, du saucisson. . . .

2. pichet

Un **pichet** (de vin rouge).

3. plaisanter
Tu **plaisantes!** Tu n'es pas sérieux! Sois sérieux!
Ce sont des choses graves. Il ne faut pas **plaisanter** avec ces choses-là.

Mireille: Moi, je prendrai juste une assiette de crudités.

Robert: Pour moi, une assiette de charcuterie, s'il vous plaît, et un petit pichet de vin rouge.

Mireille: Et une carafe d'eau, s'il vous plaît.

La serveuse: Oui, Mademoiselle, tout de suite. *(Elle s'en va, et revient peu après avec la commande.)* Une assiette de crudités, une assiette de charcuterie, et un pichet de rouge. Voilà. Bon appétit.

Mireille: Et une carafe d'eau, s'il vous plaît!

La serveuse: Oui, Mademoiselle, tout de suite. *(Elle apporte la carafe.)* Une carafe d'eau.

Mireille: Merci.

3

Robert: Ton musée est près de la cathédrale?

Mireille: Juste à côté.

Robert: On va prendre un taxi. . . .

Mireille: Mais tu plaisantes! C'est tout près! On y va à pied! C'est à dix minutes au plus.

Au moment où ils vont traverser la Promenade des Charbonniers, ils assistent à un accident: un vélomoteur, qui sort trop vite d'une rue latérale, heurte une camionnette qui, heureusement, roule très lentement. Le cycliste est projeté par-dessus le capot sur le trottoir d'en face, juste devant une pharmacie. Le cycliste se relève: "Ce n'est rien."

Mireille s'est approchée.

Mireille: Vous ne vous êtes pas fait mal?

3. *assister à*

Robert et Mireille **assistent à** un accident. (Ils **assistent à** un accident comme spectateurs . . . ils n'y participent pas. Ils auraient aussi bien pu **assister à** la messe à la cathédrale, à une séance de cinéma, à un cours à la Sorbonne. . . .)

3. *vélomoteur*

Les **vélomoteurs** (Mobylette, Solex) sont très communs en France. Ce sont essentiellement des vélos équipés d'un petit moteur.

3. *heurter*

Le vélo **heurte** une camionnette.

3. *capot*

Le garagiste a ouvert le **capot**.

3. *trottoir*

Les gens sont dans la rue. (Ils traversent.)

Ils ont traversé: ils sont sur le **trottoir**.

3. *se faire mal*

Lui, il s'est sûrement **fait mal**.

Le cycliste: Non, non, ça va. (Il aperçoit la pharmacie et sourit.) Ah, ben, j'ai de la chance! Je suis bien tombé!

4

Robert et Mireille sont maintenant devant la cathédrale. Ils admirent le portail.

Mireille: Là, tu vois, ce sont les apôtres.
Robert: Ils ont de belles têtes.

Mireille: Et là, c'est le Christ, tu vois, avec les pieds posés, là, sur des lions.
Robert: Tu as vu tous ces monstres?
Mireille: Oui, ça, c'est l'Enfer. De ce côté, c'est l'Enfer, et de l'autre côté, c'est le Paradis. . . . Entrons à l'intérieur de la cathédrale, tu veux?
Robert: Tu ne vas pas au musée?
Mireille: Si, tout à l'heure; j'ai le temps, il n'est même pas deux heures.

5

Il y a très peu de monde dans la cathédrale. Quelqu'un joue du Bach à l'orgue. La lumière qui traverse les vitraux de la rosace projette des taches multicolores sur les dalles et sur les énormes piliers. Un rayon illumine un instant les cheveux blonds de Mireille. . . . Robert est très ému.

Ils sortent de la cathédrale.

Mireille: Bon, je vais y aller. Voyons, il est deux heures. Je te retrouve ici dans une heure, à trois heures pile. D'accord?
Robert: D'accord.
Mireille: A tout à l'heure.

3. pharmacie

Le cycliste va se faire soigner dans une **pharmacie.**

4. Enfer

L'**Enfer** (portail de la cathédrale de Bourges).

Robert admire le portail royal, les statues-colonnes des rois et des reines avec leurs longs cheveux. Puis il va regarder les magasins qui

vendent des cartes postales, des cuivres, des guides, des dentelles, toutes sortes de bibelots. Il se demande s'il ne pourrait pas acheter un petit cadeau pour Mireille . . . mais il n'ose pas.

6

Juste à ce moment, Robert croit voir Mireille qui sort du musée. Elle se trouve tout près d'un très beau jeune homme blond qui a l'air suédois. Elle remarque tout de suite sa silhouette sportive et ses jambes musclées. Il porte un short bleu extrêmement court. Elle trouve son visage agréable, et lui sourit. Il lui rend son sourire . . . et ils disparaissent derrière l'abside.

7

Quelques instants plus tard, Mireille arrive comme une fleur devant le portail royal.

Mireille: Tu vois, je suis ponctuelle . . . comme les trains! Je suis même en avance: il n'est que 2h 59!

A ce moment, Robert remarque le beau Suédois qui démarre bruyamment dans une Alpine rouge. . . .

5. *du monde*

Il y a très **peu de monde** dans la cathédrale.

Tout le monde est dans les magasins.

5. *vitrail, rosace*

En haut une **rosace,** en bas des **vitraux.**

5. *tache*

5. *dalle*

Une tache de lumière sur les **dalles.**

5. *pilier*

Les **piliers** de la cathédrale de Chartres sont énormes.

5. *rayon*

Un **rayon** illumine les cheveux de Mireille.

5. *ému*

Robert est très **ému** (c'est l'émotion religieuse).

5. *cuivre*

Des **cuivres.**

5. *bibelot*

Dans les magasins pour touristes, on vend des **bibelots,** des petits objets pas très utiles.

5. *oser*

Robert n'**ose** pas, c'est un garçon timide, il manque de courage.

6. *disparaître*

La Vénus de Milo **a disparu!**

6. *abside*

Ils disparaissent derrière l'**abside.**

7. *démarrer*

Il **démarre** bruyamment dans son Alpine.

MISE EN ŒUVRE

Ecoutez la mise en œuvre du texte et répondez
aux questions suivantes.

1. Où Robert et Mireille viennent-ils d'arriver?
2. Est-ce que le train a du retard?
3. Comment sont les trains en France?
4. Que font Robert et Mireille en sortant de la gare?
5. Qu'est-ce que Mireille commande?
6. Et Robert, qu'est-ce qu'il prend?
7. Comment vont-ils à la cathédrale?
8. Est-ce que la cathédrale est loin de la gare?
9. Qu'est-ce qu'ils voient, sur la Promenade des Charbonniers?
10. Qu'est-ce qui a heurté la camionnette?
11. Qu'est-ce qui est arrivé au cycliste?
12. Est-ce que le cycliste a eu très mal?
13. Pourquoi le cycliste dit-il qu'il est bien tombé?
14. Qu'est-ce que Robert et Mireille admirent?
15. Est-ce qu'il y a beaucoup de monde dans la cathédrale?
16. Qu'est-ce qu'on joue à l'orgue?
17. A quelle heure Mireille doit-elle retrouver Robert?
18. Qu'est-ce qu'on vend, dans les magasins?
19. Qu'est-ce que Robert se demande en regardant les bibelots?
20. Pourquoi n'achète-t-il rien?
21. Que fait Mireille quand Robert croit la voir?
22. Est-ce qu'elle est seule?
23. Qu'est-ce qu'elle remarque?
24. Que porte ce jeune homme?
25. Que fait le jeune homme, quand Mireille lui sourit?
26. Est-ce que Mireille est nerveuse, tendue, inquiète, quand elle arrive au rendez-vous avec Robert?
27. Est-ce qu'elle est ponctuelle?
28. Que fait le Suédois à ce moment-là?

MISE EN QUESTION

1. Quand Robert et Mireille sont à la Brasserie de la Gare, est-ce qu'on leur apporte de l'eau sans qu'ils la demandent? Et du pain?
2. Quand Robert est arrivé à l'aéroport (leçon 4), comment est-il allé à Paris? Comment propose-t-il d'aller à Chartres (leçon 27)? Maintenant, comment propose-t-il d'aller à la cathédrale et au musée? Qu'en pensez-vous?
3. Pourquoi la cathédrale de Chartres n'intéressait-elle pas Mireille? (Voyez leçons 16 et 27.) Qu'est-ce qui semble montrer que Mireille s'y intéresse un peu maintenant? Pourquoi s'y intéresse-t-elle?
4. Qu'est-ce que Mireille remarque et fait remarquer à Robert, sur le portail de la cathédrale? Qu'est-ce que Robert remarque?
5. Quand ils sont dans la cathédrale, Robert est très ému. De quel genre d'émotion s'agit-il? C'est une émotion religieuse, esthétique . . . ? Qu'est-ce qui contribue à cette émotion?
6. Qu'est-ce qui constitue le décor de la cathédrale? Est-ce que c'est surtout de la sculpture, de la peinture? Est-ce qu'il y a un élément de couleur? Où? Qu'est-ce qui est représenté dans la sculpture?
7. Si vous étiez Robert, est-ce que vous achèteriez un cadeau pour Mireille? Pour quelqu'un d'autre? Qu'est-ce que vous achèteriez?
8. A votre avis, est-ce que Mireille a rencontré un Suédois en sortant du musée, ou est-ce que ce Suédois n'existe que dans l'imagination de Robert?

Journal de Marie-Laure

TRIOMPHE DE MARIE-LAURE

Lundi 25 juillet 2011

Ça y est, c'est dans la poche ! Je suis nommée. C'est moi qui ai obtenu le poste ! Oui, je suis nommée Conseillère à la Cour d'Appel d'Aix-en-Provence. C'est sûr ! C'est officiel : c'est au <u>Journal Officiel</u> d'aujourd'hui.

Maman n'y comptait plus. Elle faisait des prières mais sans vraiment oser l'espérer. Elle va être folle de joie !

Mais je connais une dizaine de chers collègues qui, eux, doivent être jaloux et furieux... en particulier notre cher Vice-Président de Béziers ! Ah oui, Monsieur le Vice-Président Donnadieu doit être vert de rage. Plus vert que sa sempiternelle cravate verte à pois noirs. Horrible cette cravate-là ! Ce doit être ces affreux pois qui lui portent la poisse... Il ferait bien de s'acheter quelques cravates mettables. Il est vraiment ringard ce mec, comme dirait Brice.

Papa aussi est content ! Il est radieux ! Il est fier comme un paon comme si c'était lui qui était nommé Conseiller à la Cour d'Appel d'Aix. Pourtant, le droit, ça ne l'emballait pas au début. Il me voyait bien faire une école d'ingénieurs, comme lui, ou faire médecine, comme maman et Jacques. Mais la Cour d'Appel, ça l'impressionne vachement. Il téléphone à tout le monde : à la famille, aux amis, aux collègues du bureau pour annoncer la nouvelle : « Ah, et il faut aussi que je vous dise que notre plus jeune fille vient d'être nommée, blablabla... »

C'est fou ce que les parents peuvent être vaniteux et hypocrites ! ~~Pour~~
~~faire sauter tes contraventions, faudra pas compter sur moi, mon petit~~
~~papa ! Je ne serai pas comme ton copain le commissaire.~~

Mardi 26 juillet 2011

Tonton Guillaume a téléphoné, excité comme une puce, lui aussi : « Alors ! tu l'as eue, cette nomination ? Mais c'est formidable ! Écoute, il faut fêter ça ! Qu'est-ce que tu dirais d'un petit voyage ? Tu connais la Corse ? Non ? Eh bien, si tu n'y es jamais allée, c'est l'occasion ». Il dit qu'il connaît de très bons hôtels en Corse et il veut me payer deux semaines de grand luxe avec Jacques.

Sympa l'oncle ! Mais je ne peux pas... En fait, si, moi je pourrais... je vais bientôt avoir deux semaines de congé. Mais c'est Jacques le problème. Il est en mission en Côte d'Ivoire avec Médecins sans Frontières. Il a du travail par-dessus la tête. Il faut dire que dans les Organisations Non Gouvernementales, les volontaires sont toujours débordés et souvent, les médicaments manquent. Les malades et les blessés continuent à arriver à l'ONG par dizaines tous les jours. Il ne peut pas les laisser tomber... De mon côté, moi, je me sens très mal à l'aise, j'ai mauvaise conscience de vivre dans mon confort alors que depuis des mois, lui, il vit parmi les miséreux... Si j'avais fait médecine, j'aurais peut-être pu être envoyée avec lui et aider... Au lieu de ça, je suis pépère en France et je me dis que j'aurais bien envie de profiter de deux semaines de vacances dans le luxe... Tout le monde me dit que ces vacances au soleil me feraient le plus grand bien mais que je ne devrais pas partir seule. ~~Les Corses,~~ ~~on dit qu'ils ne sont pas de partolos.~~

twitter

bdgomme @mel : T'as gagné ton pari. Je te dois 50 euros. J'ai eu le poste à Aix ! #calissonsàgogo

25-juil-2011

DOCUMENTS

1

Chartres

La cathédrale de Chartres a été construite au XIIème siècle. Chartres est, depuis le Moyen Age, un lieu de pèlerinage, comme Saint-Jacques-de-Compostelle ou, plus récemment, Lourdes. Chaque année, des milliers de gens vont à Chartres en pèlerinage, pour invoquer Notre-Dame de Chartres. Il y a, en particulier, tous les ans, au mois de mai, un grand pèlerinage d'étudiants qui partent de Paris et qui vont à Chartres à pied (90 km).

Charles Péguy (1873–1914) a célébré le pèlerinage de Chartres dans son poème:

Présentation de la Beauce à Notre-Dame de Chartres

Nous arrivons vers vous du lointain Parisis.
Nous avons pour trois jours quitté notre boutique,
Et l'archéologie avec la sémantique,
Et la maigre Sorbonne et ses pauvres petits.
Nous arrivons vers vous de l'autre Notre-Dame,
De celle qui s'élève au cœur de la cité,
Dans sa royale robe et dans sa majesté,
Dans sa magnificence et sa justesse d'âme.

La cathédrale de Chartres au milieu des champs de blé de la Beauce.

Le pèlerinage annuel d'étudiants à Chartres.

La cathédrale dominant les maisons de Chartres.

Le portail sud de la cathédrale.

Les statues-colonnes du portail ouest.

Les statues de Chartres sont célèbres pour l'expression des personnages.

2

Vélomoteurs, autos, vélos et Freud

Les vélomoteurs ne séduisent plus les jeunes; ils les trouvent "ringards," trop lents et peu valorisants. Mais pour beaucoup d'entre eux, hommes et femmes (entre 18 et 25 ans, les femmes cyclistes sont deux fois plus nombreuses que les hommes), le vélo classique présente un intérêt indéniable sur le plan économique ou sanitaire (une demi-heure de vélo par jour diviserait par deux les risques de maladies cardio-vasculaires). Il offre aussi de nombreux avantages pour la collectivité: zéro pollution; zéro bruit; zéro énergie consommée (hors celle dépensée par le cycliste); zéro agressivité. Dans une vision psychanalytique des moyens de transport, on pourrait opposer le "vélo écolo maso" à l'"auto macho sado."

—*Francoscopie 2013*

3

—Serre, *La Forme olympique*

4

Ponctualité

Moi, j'ai une montre dans le ventre. Mon père était à la SNCF.

—Un censeur de lycée, cité dans François George, *Professeur à T.*

5

L'Heure, c'est l'heure

C'est le patron qui voit sa secrétaire se barrer dix minutes avant la fin du travail:

—Dites donc, Marie-Louise. . . . Vous êtes déjà arrivée *en retard* ce matin, et là, maintenant, vous partez *en avance?*

—Oui, parce que j'ai un rendez-vous! Vous voudriez pas que je sois en retard deux fois dans la même journée, quand même?

—Coluche

6

Je ne sais pas dire

Je ne sais pas dire "Je t'aime"
Je ne sais pas, je ne sais pas
Je ne peux pas dire "Je t'aime"
Je ne peux pas, je ne peux pas
Je l'ai dit tant de fois pour rire
On ne rit pas de ces mots-là
Aujourd'hui que je veux le dire
Je n'ose pas, je n'ose pas
Alors, j'ai fait cette musique
Qui mieux que moi te le dira

Pour une larme, pour un sourire
Qui pourraient venir de toi
Je ferais le mieux et le pire
Mais je ferais n'importe quoi
Pourtant le jour et la nuit même
Quand j'ai le mal d'amour pour toi
Là, simplement dire "Je t'aime"
Je n'ose pas, je n'ose pas
Alors, écoute ma musique
Qui mieux que moi te le dira

—Barbara

Barbara, de son vrai nom Monique Andrée Serf, est née à Paris en 1930. Elle est à la fois chanteuse, auteur, et compositeur. La beauté lyrique et musicale de ses chansons et la profondeur de l'émotion que dégage sa voix lui assurent un public dévoué pendant quarante ans. Elle est décédée en 1997.

7

La Ronde autour du monde

Si toutes les filles du monde voulaient se donner la
  main
Tout autour de la terre elles pourraient faire une ronde.
Si tous les gars du monde voulaient être marins
Ils feraient avec leurs barques un joli pont sur l'onde.
Alors on pourrait faire une ronde autour du monde,
Si tous les gens du monde voulaient se donner la main.

—Paul Fort, *Ballades françaises*

Paul Fort, poète et dramaturge, est né en 1872. Parisien, il fréquente la Closerie des Lilas dans les années 1920. Ses *Ballades françaises*—40 volumes publiés entre 1896 et 1958—comme le suggère leur titre, ressemblent souvent à des chansons, et certaines ont en effet été mises en musique par, entre autres, Georges Brassens (voir la leçon 18). Son poème le plus célèbre, "La Ronde autour du monde," est un appel à la fraternité mondiale. Il est mort en 1960.

8

Hypothèses

—Si, si . . . si t'avais six châteaux, tu me donnerais
un château?

—Oui.

—Et si t'avais six villas, tu me donnerais une villa?

—Oui.

—Si t'avais six motos, tu me donnerais une moto?

—Oui.

—Si t'avais six millions, tu me donnerais un million?

—Oui.

—Si t'avais six chemises, tu me donnerais une
chemise?

—Non.

—Ah ben . . . là . . . Heu . . . Là . . . Ben, pourquoi?

—Parce que J'AI six chemises.

—Coluche

TEXTE

1

Dans le train de Chartres, au retour. Robert n'est pas de très bonne humeur.

Robert: Il y a beaucoup de monde dans ton train! Tous les compartiments sont bondés. Non mais, c'est pas vrai! Toutes les places sont prises. Regarde-moi ça! Les gens sont serrés comme des sardines! Si j'avais su, je serais resté chez moi . . . ou j'aurais loué une voiture!

Mireille: Ouais . . . ou tu serais venu à pied! . . . Ne t'en fais pas, on ne va pas rester debout dans le couloir. Allons voir plus loin, on trouvera bien une place. . . . Tiens, qu'est-ce que je te disais! Ce compartiment est vide . . . enfin, presque vide.

Il y a dans un coin un passager, caché derrière un journal: l'homme en noir. . . . Bizarre. . . .

1. bondé

Aux heures de pointe, les couloirs du métro sont **bondés**.

1. vide

La boîte de chocolats est **vide** . . . enfin, presque **vide**.

1. compartiment, couloir, place

← **compartiment** → ← **couloir** →

voyageur debout

CETTE PLACE EST PRISE

voyageur assis sur sa valise

Toutes les **places** sont prises.

1. serré

Les gens sont **serrés** comme des sardines!

1. coin

Le lit de Marie-Laure est dans un **coin** de sa chambre.

2

Mireille et Robert s'installent et continuent leur conversation.

Robert: Je ne comprends vraiment pas comment tu peux préférer le train à la voiture.

Mireille: J'apprécie la SNCF. . . .

Robert: La quoi?

Mireille: La SNCF: la Société Nationale des Chemins de fer Français. . . . Remarque que je n'ai rien contre la voiture! . . . Au contraire, j'aimerais bien avoir une petite voiture décapotable, ou au moins avec un toit ouvrant, et un grand coffre pour mettre mes valises avec toutes mes robes dedans, et un minivélo . . . une petite 205 Peugeot. . . .

Robert: Tu ne préférerais pas une petite Alpine Renault, par hasard?

3

Mireille: Ben, ça, bien sûr! Ça, c'est de la bagnole! La vraie voiture de sport, rapide, nerveuse, des reprises foudroyantes! Et comme tenue de route, c'est formidable! Ça se conduit avec le petit doigt. Et ça marche! Tu peux faire du 140 à l'heure toute une journée sans chauffer. Et comme freinage, impeccable! Quatre freins à disques assistés. . . . Et ça ne consomme presque rien: 6 litres et demi aux cent!

Robert: Eh bien, dis donc, tu as l'air de t'y connaître!

Mireille: Ben, forcément! C'est de naissance! Mon père est chez Renault. . . . Mais de toute façon, tout ça, ce n'est pas pour moi. Remarque que, d'une certaine façon, j'aime autant faire de l'auto-stop. Tous les avantages de la voiture sans les inconvénients.

Robert: Tu fais de l'auto-stop?

Mireille: Oui, ça m'est arrivé. Une fois, je suis allée de Paris à Genève en stop. J'ai mis huit heures. Ce n'est pas mal!

Robert: Mais ce n'est pas dangereux? Tu n'as pas eu peur?

Mireille: Non . . . et puis, c'est ça, le charme!

4

On arrive à Paris. Mireille et Robert descendent du train et sortent de la gare Montparnasse.

Robert: Si on allait dîner sur un bateau-mouche? Ce serait bien! Je t'invite. Ça peut être bien, non? Avec tous les monuments illuminés. . . .

2. décapotable

Une voiture **décapotable**. (En été, c'est agréable!)

2. toit ouvrant, coffre

Quand le moteur est à l'arrière, le **coffre** est à l'avant, et inversement. Un grand **coffre**, c'est commode quand on a beaucoup de bagages.

2. valise

Mireille a beaucoup de robes, de jupes, de pulls. Quand elle voyage, elle a beaucoup de **valises**.

2. Peugeot 205, Alpine Renault

Une **Peugeot 205**, ce n'est pas mal . . .

. . . mais une **Alpine Renault,** c'est encore mieux!

3. *c'est de la bagnole*
L'Alpine Renault, **c'est de la bagnole!** C'est de la voiture! C'est une voiture formidable!

3. *reprises*

3. *foudroyant*

La **foudre.**

Un regard **foudroyant.**

3. *tenue de route*

Une voiture qui a une bonne **tenue de route.**

3. *140 km/h; 6 l/ 100*
140 **km** (kilomètres) à l'heure = 87 miles à l'heure.
6 litres = 1,32 gallons.
100 **km** = 62 miles.

3. *chauffer*

C'est une bonne voiture, mais elle **chauffe** dans les côtes . . .

3. *frein*

3. *s'y connaître*
Mireille **s'y connaît!** C'est une experte en voitures!

3. *de naissance*
C'est **de naissance;** c'est hérédi-taire. Elle est née comme ça.

3. *auto-stop*
Si on n'a pas de voiture, il y a tou-jours l'**auto-stop.**

3. *Ça arrive*
Mireille a fait de l'auto-stop deux ou trois fois. **Ça** lui **est arrivé** (deux ou trois fois).
Hubert va à la Sorbonne . . . de temps en temps. **Ça** lui **arrive** (mais pas très souvent)!

4. *bateau-mouche*
Les **bateaux-mouches** montent et descendent la Seine. C'est une très belle promenade. C'est surtout pour les touristes.

Mireille: Oh, penses-tu! C'est un truc pour les touristes américains, ça! Tu n'es pas un touriste américain, toi! De toute façon, ce soir, je ne suis pas libre. Je dois aller chez une amie, boulevard Saint-Germain. . . . Et l'autobus est par là.

Robert: Comment? Ton chauffeur ne t'attend pas avec son Alpine?

Mireille: Mon chauffeur? Ah, non, pas ce soir. Je lui ai donné congé, ce soir. . . . Tiens, voilà mon bus qui arrive. . . . Euh . . . à jeudi soir! N'oublie pas: tu dînes à la maison vers 7h et demie, 8h.

Robert: Est-ce que je ne pourrais pas te voir demain?

Mireille: Ah, impossible! Demain, je vais à Provins. Au revoir!

Et l'autobus démarre.

5

"Une amie . . ." se dit Robert. . . .

"Ça ne m'étonnerait pas si cette amie avait un petit air suédois et de belles jambes musclées dans un petit short bleu ciel!"

Robert serait-il jaloux?

Il arrête un taxi: "Taxi! Boulevard Saint-Germain, s'il vous plaît!"

Le chauffeur: Où est-ce que je vous arrête?

Robert: Euh . . . je ne sais pas.

Le chauffeur: Ben, moi non plus! Au café de Flore?

Robert: Ouais, c'est ça.

Pas de Mireille ni de Suédois au Flore, ni aux Deux Magots, ni chez Lipp, ni au Drugstore, ni à la Rhumerie martiniquaise, ni chez Vagenende, ni au Procope, ni au Tabou, ni au Riverside, ni au Whisky à Gogo. . . . "Où peut-elle bien être?"

---

4. truc
C'est un **truc** pour les touristes!
C'est quelque chose pour les touristes!
—Qu'est-ce que c'est que ça ?
Qu'est-ce que c'est que ce **truc**-là?
C'est une fourchette ou un peigne?

4. congé
Mireille (dit qu'elle) a donné **congé** à son chauffeur.
Robert, lui, s'est mis en **congé**. Il a décidé de prendre un **congé** (il a quitté l'Université et il est allé en France).

4. autobus (bus)

Mireille va prendre l'**autobus** pour aller à Saint-Germain.

5. Saint-Germain(-des-Prés)
Le café de Flore et le café des Deux Magots sont les deux cafés les plus connus de Saint-Germain-des-Prés. C'étaient des cafés pour intellectuels au temps de la mode existentialiste, vers 1945–1950.

MISE EN ŒUVRE

Ecoutez la mise en œuvre du texte et répondez aux
questions suivantes.

1. Où se passe la scène?
2. Est-ce qu'il y a de la place dans le train?
3. Où Mireille et Robert trouvent-ils des places?
4. Qui est caché derrière un journal?
5. Qu'est-ce que la SNCF?
6. Quel genre de voiture Mireille aimerait-elle avoir?
7. Si elle avait une voiture, où mettrait-elle son minivélo?
8. Qu'est-ce qu'elle mettrait aussi dans le coffre?
9. Quelle sorte de voiture est l'Alpine?
10. Est-ce que l'Alpine accélère vite?
11. Est-ce que c'est une voiture qui va vite? Quelle vitesse peut-elle faire?
12. Si on va trop vite pendant longtemps, qu'est-ce qui arrive normalement à une voiture?
13. Combien l'Alpine consomme-t-elle?
14. Pourquoi Mireille s'y connaît-elle en voitures?

15. Pourquoi Mireille préfère-t-elle faire de l'auto-stop?
16. Combien de temps Mireille a-t-elle mis, une fois, pour aller de Paris à Genève en stop?
17. Est-ce que Mireille a peur quand elle fait du stop?
18. Où Robert voudrait-il aller dîner avec Mireille?
19. Pourquoi cette idée ne plaît-elle pas à Mireille?
20. Pourquoi Mireille n'est-elle pas libre?
21. Où son amie habite-t-elle?
22. Comment va-t-elle aller chez cette amie?
23. Où Mireille doit-elle aller le lendemain?
24. Quand Robert va-t-il dîner chez Mireille?
25. Qu'est-ce que Robert se demande, quand Mireille le quitte?
26. Qu'est-ce qu'il arrête, dans la rue?
27. Robert trouve-t-il Mireille et le Suédois dans les cafés de Saint-Germain-des-Prés?

MISE EN QUESTION

1. Pourquoi Robert est-il de mauvaise humeur, quand ils quittent Chartres?

2. Comment Robert manifeste-t-il sa mauvaise humeur? Qu'est-ce qu'il critique? De quoi se plaint-il? Contre quoi rouspète-t-il? Qu'est-ce qu'il dit?

3. Pourquoi dit-il qu'il aurait loué une voiture s'il avait su? Pourquoi n'a-t-il pas loué une voiture? Comment Mireille se moque-t-elle de lui quand il dit qu'il aurait loué une voiture?

4. Qui est ce voyageur caché derrière son journal, dans le compartiment de Robert et Mireille? Où l'avez-vous déjà vu?

5. Pourquoi Robert revient-il sur la comparaison de la voiture et du train? De qui est-ce la faute s'ils ont pris le train plutôt qu'une voiture?

6. Est-ce que Mireille réagit à la mauvaise humeur de Robert? Est-ce qu'elle ne l'a pas remarquée? Ou bien est-ce qu'elle fait semblant de ne pas s'en apercevoir?

7. Quand Robert demande à Mireille si elle ne préfèrerait pas une Alpine à une petite 205 Peugeot, qu'est-ce qui montre sa mauvaise humeur? Quelle expression montre qu'il est sarcastique? (Mireille utilise la même expression ironiquement, dans la leçon 27, quand elle conseille à Robert d'acheter un billet de seconde.)

8. Quand Mireille vante les mérites de l'Alpine, est-ce qu'elle le fait de façon tout à fait innocente, ou est-ce qu'elle se moque de Robert? Est-ce qu'elle pense que Robert est jaloux à cause d'une Alpine? Est-ce qu'elle connaît quelqu'un qui a une Alpine? Est-ce qu'elle a remarqué que Robert remarquait une Alpine?

9. Quand Robert dit à Mireille qu'elle a l'air de s'y connaître en matière d'Alpine, est-ce qu'il est simplement admiratif, ou sarcastique?

10. Quand Mireille répond, en plaisantant, que c'est de naissance, puisque son père travaille chez Renault, est-ce que c'est une plaisanterie innocente, ou est-ce qu'elle dit ça pour cacher quelque chose? Par exemple, pour cacher qu'elle a un petit ami qui a une Alpine . . . et qui est peut-être suédois? Est-ce qu'elle cherche à changer de sujet quand elle parle de l'auto-stop?

11. Quand Robert invite Mireille à dîner, est-ce qu'il le fait en toute innocence, ou est-ce qu'il veut savoir si elle n'a pas rendez-vous avec un beau Suédois?

12. Quand Mireille dit qu'elle va prendre le bus, Robert lui demande si son chauffeur ne l'attend pas avec l'Alpine. Est-ce qu'il dit ça d'un ton surpris ou sarcastique?

13. Quand Mireille répond en plaisantant qu'elle a donné congé à son chauffeur, est-ce qu'elle n'a pas remarqué le ton de Robert, ou est-ce qu'elle fait semblant de ne l'avoir pas remarqué?

Journal de Marie-Laure

CAP SUR LA CORSE !

Le 28 juillet 2011

Tout a l'air de s'arranger ; je vais pouvoir me payer... enfin... Tonton Guillaume va pouvoir me payer... deux semaines de luxe en Corse, même si mon pauvre Jacques ne pourra pas m'accompagner.

Mélanie, si dévouée, si serviable, si généreuse, toujours disponible, toujours prête à rendre service est aussi toujours prête à partir en voyage... Ça, c'est une vraie amie, pas comme les amis sur Facebook. Elle veut bien venir avec moi pour me dépanner.

Le maillot de bain que je me suis acheté hier me va très bien. Ma valise bleue en polypropylène à quatre roulettes ne pèse rien, elle est légère comme une plume et on peut la faire rouler avec le petit doigt, sans le moindre effort.

Tonton Guillaume, toujours affairé et au courant de tout, m'aide à faire les réservations : hôtel, bateau, etc. Enfin, c'est lui qui fait presque tout... après tout, c'est normal, il a l'habitude puisqu'il a des loisirs et qu'il voyage sans cesse. Et c'est lui qui paye...

La Corse, c'est la France, donc l'Europe, donc pas besoin de passeport ni de visa et la monnaie, c'est l'euro, donc pas besoin de changer de l'argent. Tout baigne dans l'huile. Pas de souci. C'est du gâteau...

Samedi 30 juillet

On aurait pu aller en Corse en avion mais finalement on y va en bateau parce qu'avec le bateau, qui est un ferry, on peut prendre sa voiture. Comme ça, pas besoin d'en louer une.

Mélanie, toujours impatiente, voulait partir aujourd'hui ! Elle est complètement folle ! Même pas besoin de consulter « Bison Futé » : tout le monde sait que pendant les week-ends des vacances d'été les autoroutes sont surchargées avec tous les vacanciers qui partent ou qui reviennent : le samedi et le dimanche tous les grands axes du réseau routier sont classés « rouge » ou même « noir » parce qu'il y a plein de bouchons et d'accidents. On partira lundi, comme ça, on aura moins de problèmes de circulation sur la route. Mélanie devrait savoir ça quand même !

bdgomme @mel : Alors, t'es prête ? À quelle heure tu passes me prendre ? Ta voiture marche ? T'as pris ton bikini ?
31-juil-2011

mel @bdgomme : Te tracasse pas. Pas de souci, j'ai fait réviser ma caisse. On se casse à 8h. #ofcorsejaiprismonbikini
31-juil-2011

DOCUMENTS

1

Saint-Germain-des-Prés

L'Ecole des Beaux-Arts.

Le café de Flore.

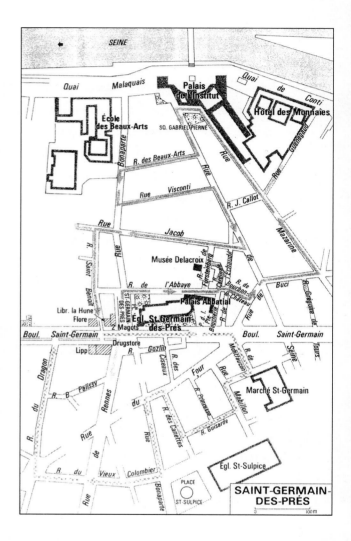

Le café des Deux Magots.

Les deux magots des Deux Magots.

La brasserie Lipp.

L'intérieur du restaurant Vagenende.

Le café Procope.

L'église Saint-Germain-des-Prés, la plus ancienne des églises de Paris. Son clocher date du XIème siècle.

La plaque du café Procope.

L'église Saint-Sulpice (XVIIIème siècle), après Notre-Dame, la plus grande église de Paris.

2

Le Temps d'un verre à Saint-Germain

Café de Flore — *172 bd St-Germain – 6e –* ☎ *01 45 48 55 26 – www.cafe-de-flore.com –Tlj 7h–2h.* Ouvert sous le Second Empire, le Café de Flore est un des cafés de prestige de Paris, notamment pour ses accointances avec la petite histoire littéraire. Apollinaire, Breton, Sartre et Simone de Beauvoir, Camus, Jacques Prévert l'ont assidûment fréquenté.

Les Deux Magots — *6 pl St-Germain-des-Prés – 6e –* ☎ *01 45 48 55 25 – Tlj 7h30–1h30.* Comme son voisin le Café de Flore, il fut fréquenté par l'élite intellectuelle dès la fin du 19ème siècle. Depuis 1933, un prix littéraire portant son nom est décerné chaque année en janvier.

La Rhumerie —*166 bd Saint-Germain – 6e –* ☎ *01 43 54 28 94 – www.larhumerie.com – Tlj 9h–2h. Fermé Noël.* Le rhum, bien sûr, s'y décline sous toutes ses formes: ti' planteur, coco . . .

Brasserie Lipp — *151 bd St-Germain – 6e –* ☎ *01 45 48 53 91 – www.brasserie-lipp.fr – Tlj 10h–2h.* Ouverte en 1880, ce fut de tous les temps un rendez-vous des gens de lettres et de la politique. Verlaine, Proust, Gide, Malraux y ont tenu salon. Hemingway y a écrit *L'Adieu aux armes.* Ce lieu de mémoire au décor 1900 et 1925 est classé monument historique.

—*Le Guide Michelin vert de Paris*

3

Les Cafés disparaissent

Il y a vingt ans de cela, les cafés jouaient un rôle important dans les relations humaines et servaient de lieu de rendez-vous quotidien pour la grande majorité de la population active. Les retraités étaient également nombreux à les fréquenter puisque ces établissements leur permettaient de tisser des liens sociaux et de sortir de leur isolement. Toutefois, de nos jours, les Français estiment que les bistrots du coin ne sont plus des endroits propices à la convivialité. Ainsi, les cafés ont tendance à disparaître. Un millier de cafés ferment chaque année en France.

Comme la technologie ne cesse d'évoluer, les modes de vie ont aussi changé. Si, auparavant, ces établissements étaient les lieux de prédilection de ceux qui aspiraient tisser des liens d'amitié, actuellement, les gens préfèrent plutôt fréquenter les réseaux sociaux virtuels, comme Twitter et Facebook. En tout cas, la famille et le travail restent les deux plus importants contributeurs aux liens sociaux dans le monde contemporain.

—Finance Banque, www.finance-banque.com

4

A. Les Français et l'automobile

Le rapport des Français à la voiture est ambigu et schizophrène. Lorsqu'ils sont au volant, ils jugent l'automobile nécessaire et fustigent tout ce qui entrave son usage: embouteillages; travaux; couloirs réservés aux bus, vélos ou même taxis; limitations de vitesse; difficultés de stationnement; comportements insupportables des autres conducteurs. Lorsqu'ils ne sont plus à bord, ils dénoncent les conséquences du "tout automobile" sur la vie quotidienne: bruit; pollution; insécurité; accidents. . . . Si l'automobiliste est "un piéton remonté dans sa voiture" (Pierre Daninos), il est aussi doué d'une grande capacité d'oubli dès qu'il a mis le contact, et pour les deux sexes, la voiture reste un outil d'affirmation de soi.

B. L'Univers automobile se féminise

En 1982, la moitié seulement des femmes avaient le permis de conduire; la proportion atteint aujourd'hui 80%. L'émergence des "valeurs féminines" (sécurité, convivialité, sens pratique, pacifisme, modestie . . .), associée aux difficultés de la circulation et aux nouvelles réglementations, a relégué l'idée de vitesse au second plan dans le choix d'une voiture. Le confort et la sécurité sont ainsi devenus des motivations croissantes.

—Francoscopie 2013

5

—*L'important c'est que tu veuilles guérir. . .*

—Sempé, *Quelques optimistes*

Jean-Jacques Sempé, né en 1932, commence sa carrière de dessinateur humoristique en 1950; ses premiers dessins sont signés "DRO," de l'anglais "to draw." Un journal belge lui ayant demandé d'inventer un personnage, en 1952 Sempé crée des dessins avec un petit garçon qu'il appelle Nicolas. L'écrivain et humoriste René Goscinny, qui travaille au même journal, lui propose alors de travailler ensemble. "*Le Petit Nicolas,* c'est d'abord une histoire d'amitié," dira Sempé en 2011. "Je racontais à René mes histoires de football, de colonies de vacances, mes chahuts à l'école. Et René Goscinny adorait interpréter ces souvenirs. Partant de ce que je disais, il a brodé tout autour, inventé tous les personnages, imaginé des situations." Après le succès du *Petit Nicolas, Rien n'est simple* (1962) inaugure la série d'une quarantaine d'albums dont Sempé a publié un presque chaque année. En 1978 il réalise sa première couverture pour le *New Yorker;* le magazine en publiera plus d'une centaine par la suite.

6

Il n'y a plus d'après

Maintenant que tu vis
A l'autre bout de Paris
Quand tu veux changer d'âge
Tu t'offres un long voyage
Tu viens me dire bonjour
Au coin de la rue du Four
Tu viens me visiter
A Saint-Germain-des-Prés

Refrain
Il n'y a plus d'après
A Saint-Germain-des-Prés
Plus d'après-demain
Plus d'après-midi
Il n'y a qu'aujourd'hui

Quand je te reverrai
A Saint-Germain-des-Prés
Ce ne sera plus toi
Ce ne sera plus moi
Il n'y a plus d'autrefois

Tu me dis: comme tout change
Les rues te semblent étranges
Même les cafés crème
N'ont plus le goût que tu aimes
C'est que tu es une autre
C'est que je suis un autre
Nous sommes étrangers
A Saint-Germain-des-Prés.

(Refrain)

—Guy Béart

Guy Béart est né au Caire (Egypte) en 1930. Il a un diplôme d'ingénieur, mais s'inscrit à l'Ecole nationale de musique et débute comme chanteur en 1954. Auteur de plus de 300 chansons, il a composé pour Patachou et Juliette Gréco, entre autres. En 1994 l'Académie Française l'honore pour l'ensemble de ses chansons. Sa fille Emmanuelle Béart est l'héroïne du film *Manon des sources*.

7

On est monté à deux cents

C'est un bonhomme qui montre sa nouvelle voiture à un copain et qui lui dit:
   —Elle est formidable, ma voiture! L'autre fois, on est monté à deux cents!
   Et l'autre lui répond:
   —Dis donc! Vous deviez être serrés, quand même!
—Coluche

30 Transports en tous genres IV

TEXTE

1

Le lendemain matin, dans le hall de réception du Home Latin. Robert n'a pas l'air en forme; on dirait qu'il a mal dormi cette nuit.

Le patron de l'hôtel: Bonjour, Monsieur. Vous avez bien dormi?

Robert: Oui . . . enfin . . . pas trop. Dites-moi, Provins, vous connaissez?

Le patron: Mais bien sûr!

Robert: Vous pouvez me dire où c'est?

Le patron: Eh bien, c'est vers l'est . . . enfin, le sud. Oui, c'est ça, c'est le sud-est de Paris. Oh, ce n'est pas très loin.

Robert: C'est du côté de Chartres?

Le patron: Ah, non. Chartres, c'est vers le sud-ouest. Provins, c'est au-dessus de Fontainebleau. . . . Vous connaissez!

Robert: Ah, bon; merci. Vous savez où je pourrais louer une voiture?

Le patron: Ah, oui! . . . Voilà: chez Avis, Hertz, Europcar, Mattei. . . .

Pourquoi? Vous voulez louer une voiture?

Robert: Oui.

Le patron: Allez au garage Shell, en bas du boulevard Raspail, si vous voulez. C'est un ami. Dites-lui que vous venez de ma part.

Robert: Merci.

2

Au garage Shell.

Robert: Bonjour, Monsieur.

Le garagiste: Bonjour!

Robert: Je viens de la part du propriétaire du Home Latin. Je voudrais louer une voiture pour la journée.

Le garagiste: Oui. . . . Qu'est-ce que vous voulez? Une grosse voiture? Une petite voiture? Changement de vitesse automatique ou manuel? Tenez, j'ai là une Renault 11 toute neuve, avec 5 vitesses synchronisées au plancher. J'ai aussi une CX . . . euh . . . suspension hydraulique, c'est très confortable. . . .

Robert: Oh, ça, ça m'est égal. Donnez-moi la moins chère. Cette

R5, là-bas, par exemple. Il paraît que les R5, ce sont les moins chères. C'est vrai?

Le garagiste: Ah, je regrette, mais elle n'est pas à louer. Je ne peux pas vous la donner. Mais si vous voulez, je peux vous donner une Peugeot 205.

Robert: C'est ce que vous avez de moins cher?

Le garagiste: Oui.

Robert: Bon. C'est combien pour la journée?

Le garagiste: 450F.

Robert: D'accord, je la prends.

3

Le garagiste: Si vous voulez bien me donner votre permis de conduire. . . . Ah, c'est un permis américain!

Quelques minutes plus tard, Robert est au volant de la Peugeot.

Robert: Pour aller à Fontainebleau, c'est par là?

Le garagiste: Oui. Remontez le boulevard Raspail, là, devant vous. . . . Vous connaissez bien Paris?

Robert: Non, pas trop.

Le garagiste (*sortant un plan*): Tenez, je vais vous montrer. Vous êtes ici. Vous remontez le boulevard Raspail jusqu'à Denfert-Rochereau, vous verrez, c'est une place avec un lion. Vous obliquez à droite pour prendre l'avenue du Général Leclerc. Vous la suivez jusqu'à la Porte d'Orléans, et là, vous prenez le boulevard périphérique sur la gauche. Vous n'aurez qu'à suivre les indications pour l'autoroute A6, direction Lyon. Il y a des panneaux partout. Il n'y a pas moyen de se tromper. Vous ne pouvez pas vous perdre.

Robert: Très bien. Merci! Au revoir.

Le garagiste: Au revoir! Bonne route!

1. *en forme*

Il est **en forme.**   Il n'est pas **en forme.**

1. *patron*

1. *au-dessus, au-dessous*

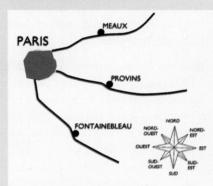

Provins est **au-dessus** de Fontainebleau et **au-dessous** de Meaux.

1. *du côté de*

C'est **du côté de** Chartres? C'est dans la direction de Chartres?

2. *changement de vitesses, plancher*

Le levier de **changement de vitesses** est au **plancher.**

3. *permis de conduire*

Un **permis de conduire** français.

3. *volant*

Le **volant.**

3. *périphérique*

Le **périphérique** est une autoroute qui fait le tour de Paris. Quand on quitte le **périphérique,** on peut entrer dans Paris par des "portes": Porte d'Orléans, Porte de Versailles, Porte de Saint-Cloud, Porte Maillot, Porte de la Chapelle, Porte des Lilas, Porte de Vincennes, Porte d'Italie. . . .

3. *panneau*

Regardez les **panneaux** et suivez les indications!

4

Pendant ce temps-là, Mireille téléphone à son oncle Guillaume pour lui emprunter une voiture.

Mireille: Allô, Tonton? C'est moi, Mireille. Dis-moi, je dois aller à Provins, voir mon amie Colette, tu sais, Colette Besson. Est-ce que tu pourrais me prêter une voiture?
Tonton Guillaume: Mais oui, ma petite Mireille. Bien sûr! Prends celle que tu voudras, ça m'est égal.
Mireille: La CX?

Tonton Guillaume: Entendu. Prends-la au garage quand tu voudras. Je vais téléphoner pour les prévenir.
Mireille: Je te remercie. Au revoir!

5

Pendant ce temps-là, Robert remonte le boulevard Raspail. Il arrive à la place Denfert-Rochereau, la place avec le lion . . . obliquer à droite . . . prendre l'avenue du Général-Leclerc . . . la suivre . . . jusqu'à la Porte d'Orléans. Ça doit être ici. . . . Maintenant, prendre le périphérique sur la gauche. . . . L'autoroute A6. En direction de Lyon. Il y

a des panneaux partout. . . . Il n'y a pas moyen de se tromper.

Robert: Je ne peux pas me perdre.

Trois heures plus tard, Robert est complètement perdu à 300 km de Paris, en pleine Bourgogne. Il demande son chemin.

Robert: Excusez-moi, Monsieur. La route de Paris, c'est bien par là?
Le monsieur: Ah, vous vous trompez, jeune homme. La route de Paris, c'est à droite, là-bas. Là, par là, c'est Mâcon. Là, vous êtes perdu.

6

Voilà ce qui s'est passé:

A Fontainebleau, Robert a voulu sortir de l'autoroute pour remonter vers Provins. Juste au moment où il sortait de l'échangeur, il a vu une Alpine, avec une blonde dedans, qui s'engageait sur l'autoroute en direction de Lyon. Robert a fait aussitôt demi-tour et s'est lancé à sa poursuite.

Robert fonce, le pied au plancher, mais l'Alpine refuse de se laisser dépasser. Juste avant Beaune, l'Alpine s'arrête pour prendre de l'essence. La blonde descend de voiture

et se dirige vers les toilettes. Ce n'est pas Mireille.

Ecœuré, Robert sort de l'autoroute, et va se perdre dans les vignobles bourguignons: Aloxe-Corton, Nuits-Saint-Georges, Vosne-Romanée, Vougeot, Chambolle-Musigny, Gevrey-Chambertin, Fixin. . . .

4. emprunter, prêter

Mireille n'a pas de voiture, mais elle peut **emprunter** la voiture de son oncle. Elle peut lui **emprunter** une voiture. Guillaume a deux voitures; il peut **prêter** une voiture à Mireille. Il peut lui en **prêter** une.

4. prévenir

Guillaume va **prévenir** le garagiste. Il va le **prévenir.** Il va lui dire que Mireille va prendre la voiture.

6. échangeur

Panneau de l'échangeur de Reims-Centre.

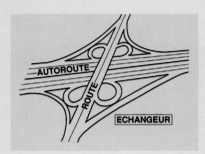

6. faire demi-tour

Robert **fait demi-tour.**

6. lancer

Le joueur de boules **lance** sa boule.

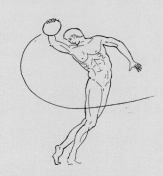

Le discobole **lance** le disque.

6. foncer

Le taureau **fonce** (sur le matador).

6. dépasser

Robert veut **dépasser** l'Alpine, mais il ne peut pas: elle va plus vite que lui.

6. le pied au plancher

Robert fonce, **le pied au plancher.** Il appuie sur l'accélérateur à fond. Son **pied** touche le **plancher.**

6. essence

L'Alpine va prendre de l'**essence.**

Les voitures de tourisme marchent à l'**essence.** Les camions marchent au gasoil. Le métro et beaucoup de trains marchent à l'électricité.

6. écœuré

Robert est extrêmement frustré, dé-goûté, **écœuré** (. . . il aurait presque envie de vomir!).

MISE EN ŒUVRE

Ecoutez la mise en œuvre du texte et répondez aux
questions suivantes.

1. Pourquoi Robert n'a-t-il pas l'air en forme?
2. Où se trouve Provins? *sud est*
3. Est-ce que c'est du côté de Chartres?
4. Où est Provins par rapport à Fontainebleau?
5. Qu'est-ce que Robert veut faire?
6. Où peut-il louer une voiture?
7. Qui est le patron du garage Shell?
8. Pour combien de temps Robert veut-il louer une voiture?
9. Comment est la CX?
10. Quelle voiture Robert veut-il?
11. Pourquoi Robert veut-il une R5?
12. Pourquoi le garagiste ne peut-il pas donner la R5 à Robert?
13. Quelle autre voiture le patron du garage propose-t-il?
14. Combien coûte la location de la Peugeot 205 pour une journée?
15. Si on est en bas du boulevard Raspail, qu'est-ce qu'il faut faire pour aller à la Porte d'Orléans?
16. Qu'est-ce qu'il y a sur la place Denfert-Rochereau?
17. Qu'est-ce qu'il faut faire, à Denfert-Rochereau, pour prendre l'avenue du Général-Leclerc?
18. Dans quelle direction faut-il prendre le boulevard périphérique?
19. Pourquoi est-ce que c'est facile de trouver l'autoroute A6?
20. Est-ce qu'on peut se tromper?
21. Qu'est-ce que Mireille fait pendant ce temps-là?
22. Pourquoi téléphone-t-elle à son oncle?
23. Comment s'appelle son amie de Provins?
24. Où est Robert trois heures plus tard?
25. Qu'est-ce que Robert a vu, quand il sortait de l'autoroute?
26. Qu'est-ce que Robert a fait?
27. Pourquoi est-ce que Robert a finalement réussi à rattraper l'Alpine?
28. Où va la jeune fille blonde en descendant de voiture?
29. Pourquoi Robert est-il écœuré?
30. Qu'est-ce qu'il fait en sortant de l'autoroute?

MISE EN QUESTION

1. Pourquoi Robert n'a-t-il pas bien dormi?
2. Pourquoi Robert veut-il savoir où est Provins?
3. Quand Robert demande au patron de l'hôtel où il pourrait louer une voiture, pourquoi celui-ci lui demande-t-il s'il veut louer une voiture? Est-ce qu'il n'a pas compris que Robert voulait louer une voiture, ou est-ce que c'est un moyen d'amener sa suggestion d'aller au garage Shell? Pourquoi conseille-t-il à Robert d'aller au garage Shell?
4. Est-ce que Robert veut aller à Fontainebleau? Alors, pourquoi demande-t-il au garagiste où est Fontainebleau?
5. Pourquoi Mireille demande-t-elle à son oncle s'il peut lui prêter une voiture?
6. Est-ce que Tonton Guillaume connaît Colette? Est-ce qu'il la connaît très bien ou est-ce qu'il a seulement entendu parler d'elle?
7. A qui Tonton Guillaume va-t-il téléphoner? Pourquoi va-t-il téléphoner?
8. Où sont Mâcon et Beaune? A quelle distance de Paris est la Bourgogne?
9. Est-ce que Beaune est plus près de Paris que Mâcon, ou plus loin?
10. Pourquoi Aloxe-Corton, Nuits-Saint-Georges, Vougeot, etc., sont-ils des villages célèbres? Qu'est-ce qu'on y produit?

Journal de Marie-Laure

JOURNAL DE BORD CORSE

Le 1 août 2011

On est parties à 7 heures du mat', dans la bagnole de Mélanie. Gros bouchon avant Tournus. Arrêt-déjeuner sur une aire de repos avec les sandwiches que Mélanie avait préparés. On est arrivées à Marseille vers 17 heures.

Notre bateau nous attendait patiemment en face de l'immense tour de la Chambre de Commerce de Marseille.

Embarquement sans problème. J'ai quand même eu une minute d'angoisse quand la voiture s'est engouffrée dans cette espèce de tunnel métallique du bateau qui mène à une sorte d'immense caverne, le pont C, où on gare les voitures, les camions et les motos comme dans un grand parking fermé.

Nous avons donc laissé la voiture là et nous sommes montées au pont D où était notre cabine : deux couchettes, salle de bains minuscule mais avec tout le nécessaire (douche-pas de place pour une baignoire), télé, radio, hublot avec vue sur le pont et sur le port de Marseille.

On est montées sur le pont : jolie vue du port et de Notre-Dame de la Garde sur sa colline, bateaux de tous pays. Certains avec des noms écrits en arabe.

Dîner dans le restaurant du pont E, puis dodo confortable ; pratiquement pas de trépidations, pas de tangage, pas de roulis, stabilité parfaite.

Le 2 août
À notre arrivée, nous avons vu flotter le drapeau régional corse avec le profil d'un Maure portant un bandana blanc. Il m'a fait penser à Jacques qui a tout à fait le même nez. ~~Ah il me manque mon petit chéri d'amour.~~

Nous avons emménagé dans notre hôtel sur la baie de Propriano. À l'entrée, très jolie vasque en granit pleine de pétales de fleurs.

De la terrasse de notre chambre, splendide vue sur la baie et sur la plage avec ses chaises longues et ses parasols.

Au loin, un village accroché au flanc de la montagne, perdu au milieu d'une végétation dense qui devait être très pratique pour se cacher...

C'est sans doute ça, le maquis. D'après la tradition, c'est là que les bandits corses se cachent ! Ils prennent le maquis. Ils deviennent des maquisards. C'est sûrement pour ça qu'on a appelé les endroits où les résistants français se cachaient pendant la Seconde Guerre mondiale « le maquis ».

Apparemment, les Corses impliqués dans une vendetta prennent le maquis. Si quelqu'un a été tué, les hommes de sa famille considèrent qu'ils ont le devoir de le venger. Je me souviens de l'avoir lu dans <u>Colomba</u> de Mérimée. C'est la vendetta... C'est une affaire d'honneur et de vengeance.

J'ai été surprise de voir qu'on vendait dans les boutiques des couteaux corses pliants à cran d'arrêt qui s'appelaient des vendettas. Il y a même un modèle spécial enfant !

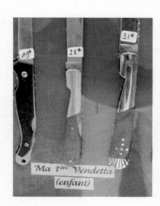

Le 5 août
On a un peu exploré le pays. Beaucoup de références à Napoléon qui est né en Corse ; c'est la grande fierté des Corses.

On dirait aussi qu'ils connaissent
Tante Georgette... Non ! Pas possible !
Tous les restaurants proposent de la
cuisine corse et beaucoup de charcuteries : plusieurs sortes de jambon, de

saucis-
son et de
saucisses.

Les Corses semblent aussi très fiers de leurs
fromages de vache, de brebis et de chèvre. Il
paraît que le meilleur c'est le brocciu. Tout
le monde en parle comme quelque chose de
délectable. Malheureusement on n'en trouve
pas en été,
c'est pas la
saison. Tant pis ! Dommage !
En revanche en été il y a beaucoup de
chèvres qui se promènent tranquillement sur les routes.

Le 7 août
Cet aprèm, on
est allées visiter
Filitosa. En y
allant, on a vu
deux tours sur
des hauteurs au
bord de la mer.
On appelle
ça des tours
génoises parce

qu'elles ont été construites par les Génois lorsqu'ils occupaient la Corse au
XVIème siècle. Il y en a tout le long du rivage corse.
Mais le plus intéressant, c'était les menhirs anthropomorphes.

Les traits d'une tête humaine sont gravés dans la pierre et aussi quelquefois un poignard ou une épée. Ces menhirs sont très différents de ceux que j'ai vus en Bretagne. On dirait des guerriers endormis depuis des siècles au milieu des eucalyptus, des oliviers et des figuiers de Barbarie rapportés du Nouveau Monde par Christophe Colomb, paraît-il.

On voit de ces vieux menhirs un peu partout, mais ça n'empêche pas la Corse d'être moderne. Par exemple, on ne donne plus de sacs plastiques dans les grandes surfaces en France grâce à la Corse qui a été la première à manifester contre le sac plastique !

Le 14 août
Fin des vacances. Triste, mais sur le chemin du départ, je tombe sur le sosie de Jacques, figé dans une mosaïque sur la façade d'un immeuble : ça me console.

twitter

bdgomme @tontong : Merci Tonton ! Ça y est, on est en Corse. C'est génial. On s'éclate. On adore. C'est super !
#lacorsecestclasse
2-août-2011

tontong @bdgomme : N'oublie pas mon brocciu !
#àbaslesrégimes
4-août-2011

bdgomme @tontong : Ah, t'as pas de chance, c'est pas la saison. T'inquiète pas ! Je trouverai bien un petit souvenir pour mon tonton chéri.
5-août-2011

DOCUMENTS

1

Location de voitures

2

Publicité

3

De l'égomobile à l'écomobile

A l'avenir, l'automobile devra satisfaire et réconcilier des attentes individuelles et collectives. Parmi les premières, on peut citer l'efficacité, le plaisir (esthétique, vitesse, image . . .), la sécurité, le confort, la convivialité et, de plus en plus, l'économie. Les objectifs collectifs concernent la poursuite de la réduction du nombre des accidents, la diminution de la pollution par le CO_2, mais aussi par le bruit et par le stress (actif ou passif) liés à la circulation. Il faudra en effet passer dans les prochaines années de l'ère de l'"égomobile," caractéristique d'un usage individualiste de la voiture, à celle de l'"écomobile," au double sens d'économique (à l'achat et à l'usage) et d'écologique (avec comme objectif une empreinte nulle sur l'environnement). Sans pour autant sacrifier le plaisir personnel lié à l'usage de la voiture.

—*Francoscopie* 2013

4

L'Automobile dans le monde contemporain

Je crois que l'automobile est aujourd'hui l'équivalent assez exact des grandes cathédrales gothiques: je veux dire une grande création d'époque, conçue passionnément par des artistes inconnus, consommée dans son image, sinon dans son usage, par un peuple entier qui s'approprie en elle un objet parfaitement magique.

—Roland Barthes, *Mythologies*

Roland Barthes, né en 1915, écrivain et philosophe, est l'une des principales figures du structuralisme littéraire et de la sémiologie. Nommé professeur au Collège de France en 1977, en 1980 il est renversé par une camionnette en traversant la rue pour gagner son bureau; il est mort le lendemain.

5

O qui dira les torts de la Rime?

Marie-Laure dit . . .

. . . à Robert, qui fonce sur l'autoroute:

—Fonce, Alphonse!

. . . à Robert, qui lui dit qu'il a toujours réussi à tous ses examens:

—Tu parles, Charles!

. . . à Mireille, qui dit que Marie-Laure a trop de devoirs à faire:

—Tu l'as dit, Bouffi!

. . . quand il pleut des cordes en Bretagne:

—Qu'est-ce qui dégringole, Anatole!

. . . quand elle est prête à partir:

—Allons-y, Alonzo!

. . . quand Tonton Guillaume lui offre un verre d'Orangina:

—A la tienne, Etienne!

. . . quand elle vient de battre Mireille au karaté, sans aucune difficulté:

—A l'aise, Blaise!

6

Apprentissage

Un moniteur d'auto-école débute dans le métier. Il le dit à la bonne femme qui prend sa leçon de conduite et celle-ci lui répond:

—Ecoutez, ça tombe bien, moi, c'est la première fois que je prends une leçon!

Ils y vont, ils reviennent, et le patron de l'auto-école dit au moniteur:

—Alors? Comment ça s'est passé? Ça n'a pas été trop dur? Qu'est-ce qui vous a paru le plus dur?

—Le pare-brise!

—Coluche

7

L'Accident assuré

1. Vous voyez! . . . aujourd'hui . . . je suis content! . . . j'ai eu un accident! . . . L'assurance va pouvoir me rembourser. Oui! Parce que ça fait dix ans que je paye une assurance pour ma voiture . . . et ils ne me remboursaient jamais. J'étais allé voir mon assureur . . . je lui avais dit:

—Vous allez me rembourser quand?

—Quand vous aurez un accident. . . .

—Je n'arrive pas à en avoir! Je ne sais pas comment font les autres! . . . Vous en avez, vous?

—J'en ai régulièrement . . . deux fois par semaine!

—Comment faites-vous?

—Je ne réfléchis pas! Je fonce!

—Alors, si je fonce et ne réfléchis pas . . . ?

—C'est l'accident assuré!

2. —Vous pouvez me l'assurer?

—Ah non! Je vous assure déjà contre les accidents . . . je ne peux pas vous assurer pour un accident. . . .

—Alors . . . où puis-je en avoir un?

—Ecoutez! Je ne devrais pas vous le dire, parce que . . . ce n'est pas dans mon intérêt . . . mais si vous voulez un accident . . . voyez du côté de la place de la République . . . il y en a pas mal en ce moment!

—Bon! . . .

Je me dis: "Qu'est-ce que je risque?"

3. Je prends la voiture! . . . J'arrive place de la République . . . pan! pan! deux accidents . . . un à ma droite, l'autre à ma gauche. . . .

Je me dis: "Le coin est bon! Le troisième, il est pour moi."

Je vois arriver une voiture sur la gauche . . . je fonce dessus sans réfléchir. . . . Ah, dis donc! . . . Le gars se dérobe! Je le rattrape . . . j'arrive à sa hauteur, je lui dis:

—Qu'est-ce qui vous prend?

—Je croyais que vous alliez me rentrer dedans!

—C'est ce que je voulais faire, mais vous avez bifurqué!

—Si vous aviez roulé un peu plus vite, j'étais bon!

—Excusez-moi! La prochaine fois, je ferai attention!

4. J'appuie sur l'accélérateur et je fonce droit devant moi, sans regarder. . . . Vous ne pouvez pas savoir comme c'est reposant! Parce que, ce qui est fatigant dans la conduite d'une voiture, c'est d'être obligé de regarder à droite ou à gauche. . . . Mais quand on ne pense plus à rien . . . qu'on roule à tombeau ouvert . . . les yeux fermés . . . si vous saviez comme ça détend!

Au bout d'un moment, comme il ne se passait rien, j'ouvre les yeux. . . . Ah! dis donc! Qu'est-ce que je vois? Toutes les voitures qui m'évitaient! Je me suis dit: "Est-ce que je leur fais peur?"

5. J'en étais là de mes réflexions lorsque boum! Un choc terrible à l'arrière. . . . Je descends. . . . Qui je reconnais dans celui qui m'était rentré dedans? Mon assureur! Je lui dis:

—C'est gentil d'avoir pensé à moi!

—Je ne l'ai pas fait exprès!

—Exprès ou pas exprès . . . vous avez eu un beau geste!

—C'est un accident!

—Justement . . . vous allez pouvoir me rembourser!

—Non! Parce que, comme vous êtes dans votre tort, l'assurance ne marchera pas!

6. —Ecoutez! J'ai bien envie de vous casser la figure!

—Ça me rendrait bien service!

—Pourquoi?

—Parce que, depuis dix ans, je paye une assurance contre coups et blessures et je n'arrive pas à en recevoir.

—S'il n'y a que ça pour vous faire plaisir! Je l'ai bourré de coups . . . il avait une tête comme ça!

—Ça suffit! Je suis déjà largement remboursé!

—Oui! Mais moi, je ne le suis pas! Tant que vous n'aurez pas dit que vous êtes dans votre tort, je continuerai.

7. Il m'a regardé de son œil blanc . . . l'autre était déjà noir . . . et il m'a dit:

—Je suis dans mon tort. . . .

—Vous pouvez me l'assurer?

—Noir sur blanc.

Si bien que je serai remboursé! Pas lui!

Comme il a reconnu être dans son tort, l'assurance contre les coups et blessures ne marchera pas.

—Raymond Devos

Raymond Devos, mime, comédien, musicien, jongleur, prestidigitateur, est né en 1922. Il est célèbre pour sa versatilité—il joue de la clarinette, du piano, de la harpe, de la guitare, du concertina, de la trompette—et pour ses paradoxes et jeux de mots. Il est mort en 2006.

8

Frère Jacques

Frère Jacques, Frère Jacques,
Dormez-vous? Dormez-vous?
Sonnez les matines! Sonnez les matines!
Ding, ding, dong. . . . Ding, ding, dong.

9

Quelqu'un m'a dit

On me dit que nos vies ne valent pas grand-chose
Elles passent en un instant comme fanent les roses
On me dit que le temps qui glisse est un salaud
Que de nos chagrins il s'en fait des manteaux
Pourtant quelqu'un m'a dit
Que tu m'aimais encore
C'est quelqu'un qui m'a dit que tu m'aimais encore
Serait-ce possible alors?

On me dit que le destin se moque bien de nous
Qu'il ne nous donne rien et qu'il nous promet tout
Paraît que le bonheur est à portée de main
Alors on tend la main et on se retrouve fou
Pourtant quelqu'un m'a dit
Que tu m'aimais encore
C'est quelqu'un qui m'a dit que tu m'aimais encore
Serait-ce possible alors?

Mais qui est-ce qui m'a dit que toujours tu m'aimais?
Je ne me souviens plus, c'était tard dans la nuit
J'entends encore la voix, mais je ne vois plus les traits
"Il vous aime, c'est secret, lui dites pas que je vous l'ai
  dit"
Tu vois, quelqu'un m'a dit
Que tu m'aimais encore, me l'a-t-on vraiment dit
Que tu m'aimais encore, serait-ce possible alors?

—Carla Bruni

Panneau à l'entrée d'un village bourguignon.

Carla Bruni-Sarkozy est née Carla Gilberta Bruni Tedeschi en 1967 à Turin (Italie). Sa famille a émigré en France quand elle avait sept ans. Adulte, elle mène d'abord une carrière de mannequin, puis en 1997 se consacre à la musique. En 2002 son premier album, *Quelqu'un m'a dit,* est bien accueilli et vendu à deux millions d'exemplaires. En 2007 elle fait la connaissance du président de la République Nicolas Sarkozy, récemment divorcé; ils se fiancent rapidement et se marient en 2008. Au moment de son mariage Carla Bruni était toujours de nationalité italienne; elle devient française par naturalisation en juillet 2008.

Un domaine vinicole à Aloxe-Corton.

10

La Région bourguignonne

Vignes et château du Clos de Vougeot, un des grands crus de Bourgogne.

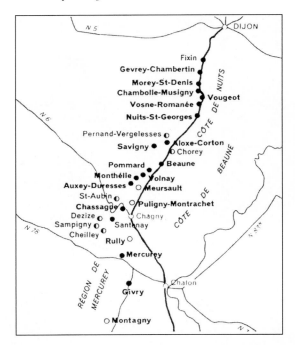

Le village de Morgon et les monts du Beaujolais.

La Roche de Solutré dans le Mâconnais.

Vendanges à Beaune.

L'Hôtel-Dieu de Beaune, hôpital qui date du XVème siècle et qui possède des vignobles réputés (vignobles des Hospices de Beaune).

Eve, sculpture de Gislebertus (XIIème siècle) à la cathédrale d'Autun.

11
Le Vin

Même pour un vin nouveau, il me semble un peu jeune . . .

31 Transports en tous genres V

TEXTE

1

Robert est perdu en pleine Bourgogne. Il fait une étude systématique des grands crus. . . .

Pendant ce temps, Mireille va chercher la voiture de Tonton Guillaume. Elle s'amène au garage, comme une fleur, met le contact; la voiture refuse de démarrer.

Mireille: Je crois qu'elle est morte. Elle ne veut pas démarrer.

Le garagiste: Ce n'est rien, ma petite demoiselle. Les accus sont à plat, mais ne vous en faites pas. (Chantant) Dans la vie faut pas s'en faire, moi je m'en fais pas. . . . Ouais, elle est morte . . . les accus sont à plat. Mais ne vous faites pas de bile, je vais arranger ça. Je vais vous prêter une autre voiture, une voiture de location qui vient de rentrer. Elle n'est pas très propre, mais ça vous dépannera.

2

Celle-là démarre au quart de tour.

Mireille: Bon, ça va. Merci! . . . La route est à nous!

Au premier feu rouge, elle appuie sur le frein: aucun effet. Elle brûle le feu rouge . . . et continue comme une fleur. Heureusement, il y avait un frein à main! Elle s'arrête dans un garage.

Mireille: Je n'ai plus de freins. J'ai été obligée de brûler un feu rouge!

Le garagiste: Voyons ça. Ouvrez votre capot. . . . C'est bien ce que je pensais, vous n'avez plus une goutte de fluide. Je vais arranger ça. . . . Voilà. Essayez votre frein, là, pour voir; pompez, pompez! . . . Ça marche?

Mireille: Ça va, oui!

Le garagiste: Eh bien, voilà! C'est arrangé! Ce n'était pas bien grave!

Mireille: Je vous dois combien?

Le garagiste: Pour vous, Mademoiselle, ça ne sera rien! Je ne vais pas vous faire payer pour ça!

Mireille: Mais si, enfin . . . pour le fluide, au moins. . . .

Le garagiste: Pffuitt! Ce n'est rien! Allez, au revoir, Mademoiselle, et soyez prudente!

3

A la sortie de Paris, Porte des Lilas, au milieu d'un embouteillage, le moteur cale. Impossible de redémarrer.

Heureusement, deux jeunes gens, qui faisaient de l'auto-stop, la poussent jusqu'à une station-service.

Le pompiste: Vous êtes en panne?

Mireille: Oui, mais je ne sais pas ce que c'est . . . le moteur s'est arrêté.

Le pompiste: Vous avez de l'essence?

Mireille (*regardant la jauge*): Ah, non!

Le pompiste: Eh bien, ça doit être ça! Je vous fais le plein?

Mireille: Oui, s'il vous plaît.

Le pompiste: Essence, ou super?

Mireille: Ben, je ne sais pas. . . . Bon, allez, super!

Le pompiste: Je vérifie les niveaux?

Mireille: Oui, je crois qu'il vaut mieux. . . .

Le pompiste: . . . C'est bon!

Mireille: Merci!

1. grand cru

Les **grands crus** sont les vins qui viennent des meilleurs vignobles d'une région.

1. s'amener

Mireille **s'amène** au garage. Elle arrive au garage. (C'est du langage familier.)

1. mettre le contact

Mireille **met le contact.** Elle tourne la clé de contact.

1. à plat

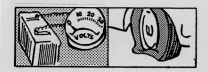

Les accus sont **à plat.**   Un pneu **à plat.**

1. se faire de la bile

Ne **vous en faites** pas! Ne **vous faites** pas **de bile!** Ne soyez pas inquiète!

1. dépanner

Je suis en panne. Vous pouvez me **dépanner?**

Je n'ai plus d'argent du tout, et la banque est fermée. Est-ce que tu pourrais me prêter 20€ jusqu'à demain? Ça me **dépannerait.**

2. au quart de tour

La voiture a démarré **au quart de tour,** tout de suite, instantanément.

2. brûler, feu rouge

Mireille **brûle** le **feu rouge!**

2. fluide

Il n'y avait plus une goutte de **fluide** dans le système de freinage!

2. devoir (de l'argent)

—Alors, un litre de fluide, c'est 10€.

Vous me **devez** 10€. Je ne compte pas le travail.

3. embouteillage

Un bel **embouteillage!**

3. caler

Mireille **a calé;** son moteur **a calé:** il s'est arrêté.

3. faire le plein

Mireille **fait le plein** d'essence. Elle prend de l'essence. Elle met de l'essence dans le réservoir. Elle le remplit.

3. niveau

Le garagiste vérifie les **niveaux** (d'huile, d'eau, de fluide pour les freins. . . .)

4

Et Mireille repart, sans les deux auto-stoppeurs qu'une Mercédès suisse vient de ramasser. A quelques kilomètres de Provins, le pneu avant gauche crève, à la sortie d'un virage, et Mireille manque se retrouver dans le fossé. Elle se prépare à changer la roue, mais la roue de secours est à plat! Un cycliste arrive.

Le cycliste: Vous êtes en panne?
Mireille: J'ai crevé. . . .
Le cycliste: Mais je vais vous aider!
Mireille: Ce n'est pas la peine, la roue de secours est à plat. . . .
Le cycliste: Ne vous en faites pas, je vais vous envoyer un dépanneur.
Mireille: Oh, c'est gentil, merci!

5

Mireille attend, en effeuillant des marguerites, sur le bord de la route.

Mireille: Il m'aime, un peu, beaucoup, passionnément, à la folie, pas du tout. . . . Il va arriver dans une heure, dans une demi-heure, dans un quart d'heure, dans cinq minutes, tout de suite, pas du tout. . . . Tiens, le voilà! . . .

Le dépanneur remorque la voiture jusqu'au garage.

On répare les deux pneus, et Mireille repart. Elle n'a pas fait cent mètres qu'il se met à pleuvoir. Evidemment, les essuie-glace ne marchent pas, et elle est obligée de conduire sous la pluie en se penchant à la portière.

Elle arrive trempée chez les Besson.

Colette: Qu'est-ce qui t'arrive? Tu es en retard! . . . Mais tu es toute trempée!
Mireille: Ne m'en parle pas!
Colette: Entre!

Mireille: Non, attends! Je vais d'abord essayer mes phares. . . . Ça marche?
Colette: Non! Essaie encore. . . . Non . . . non, non, rien!
Mireille: Zut! Ils ne marchent pas! Je m'en doutais! J'en étais sûre! Bon, écoute, je repars, pour être sûre d'arriver avant la nuit.

6

Juste comme elle arrive Porte des Lilas, un cycliste dérape devant elle. Elle donne un coup de volant pour l'éviter, puis elle met son clignotant . . . mais trop tard. Elle a accroché une autre voiture.

Mireille: Mais vous ne pouviez pas faire attention, non?

Bilan: une aile enfoncée, et une éraflure sur la portière de droite. Ah, quelle journée! . . . Vive le train!

7

Vers 23 heures, Mireille téléphone au Home Latin.

Mireille: Allô, le Home Latin? Monsieur Taylor, s'il vous plaît.
La réception: Sa chambre ne répond pas, Madame.

4. crever

Le pneu a **crevé**.

4. virage, fossé

Ils n'ont pas vu le **virage**. Ils se sont retrouvés dans le **fossé**.

4. manquer

La voiture est presque allée dans le fossé. Elle a failli aller dans le fossé. Elle **a manqué** aller dans le fossé.

4. roue de secours

La **roue de secours** (la cinquième roue de la voiture).

5. effeuiller des marguerites

Elle **effeuille des marguerites**.

5. remorquer

Dépanneuse **remorquant** une voiture.

5. essuie-glace

Un **essuie-glace**.

A table, on **s'essuie** la bouche avec une serviette. Quand on s'est lavé les mains, on les **essuie** avec un **essuie-mains**.

5. phare

Ici, les **phares** marchent; ils sont allumés.

5. se douter de

Mireille **se doutait** que les phares ne marchaient pas. Elle **s'en doutait**. Elle le pressentait, elle le soupçonnait, elle savait que ça allait arriver, elle l'avait deviné.

6. Déraper

Dérapage dans un virage.

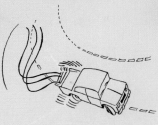

6. clignotant

Si on veut tourner (à droite ou à gauche), il faut mettre son **clignotant** pour prévenir les autres véhicules.

6. accrocher

Accrochage entre une voiture et un triporteur. La voiture **a accroché** le triporteur.

6. aile, enfoncé

Une **aile** légèrement **enfoncée**.

6. portière, éraflure

Une **éraflure** sur la **portière**.

Mireille: Vous êtes sûre? Sa clé est là?

La réception: Oui, Madame. Sa clé est là. Il n'est pas rentré.

Mireille: Bon, je vous remercie. Au revoir. . . . Onze heures passées! Mais où peut-il bien être?

Où est Robert? Il est en Bourgogne! Il continue, en chantant, son étude des grands vins de la région:

"Quand je vois rougir ma trogne, je suis fier d'être bourguignon, et je suis fier, et je suis fier, et je suis fier d'être bourguignon!"

7. *clé*

La **clé** de la chambre 24 est là.

MISE EN ŒUVRE

Ecoutez la mise en œuvre du texte et répondez aux questions suivantes.

1. Robert est-il à Paris en ce moment?
2. A qui Mireille va-t-elle emprunter une voiture?
3. Pourquoi la voiture a-t-elle refusé de démarrer?
4. Pourquoi Mireille n'a-t-elle pas à se faire de bile?
5. Comment démarre la nouvelle voiture?
6. Pourquoi Mireille a-t-elle dû brûler le feu rouge?
7. Avec quoi est-ce qu'elle a pu freiner?
8. Pourquoi les freins ne marchaient-ils pas?
9. Qu'est-ce qui est arrivé à Mireille à la sortie de Paris?
10. Où a-t-elle calé?
11. Qui a poussé la voiture jusqu'à la station-service?
12. Pourquoi Mireille est-elle tombée en panne?
13. Qu'est-ce qu'elle fait?
14. Où Mireille a-t-elle crevé?
15. Où Mireille a-t-elle failli se retrouver?

16. Pourquoi le cycliste n'a-t-il pas pu l'aider à changer la roue?
17. Que fait Mireille pendant qu'elle attend le dépanneur?
18. Où remorque-t-on sa voiture?
19. Qu'est-ce qu'on fait, au garage?
20. Pourquoi Mireille doit-elle conduire en se penchant à la portière?
21. Comment Mireille arrive-t-elle chez les Besson?
22. Pourquoi Mireille a-t-elle préféré rentrer à Paris avant la nuit?
23. Qu'est-ce que le cycliste a fait?
24. Qu'est-ce que Mireille a fait pour l'éviter?
25. Quel a été le bilan de cet accrochage?
26. Pourquoi Robert n'est-il pas dans sa chambre? Où est-il?

MISE EN QUESTION

1. Que sont Vosne-Romanée, Chambolle-Musigny, Gevrey-Chambertin?

2. A votre avis, pourquoi les accus de la voiture de Tonton Guillaume sont-ils à plat? Est-ce que c'est une vieille voiture? Est-ce qu'elle est mal entretenue? Est-ce que c'est la faute du garage ou de Tonton Guillaume? Est-ce que Tonton Guillaume est négligent? Qu'est-ce qu'il a peut-être oublié?

3. Pourquoi la voiture que le garagiste prête à Mireille n'est-elle pas très propre?

4. Pourquoi le garagiste qui a réparé les freins n'a-t-il rien fait payer à Mireille? Est-ce qu'il a fait une grosse réparation? Est-ce que vous pensez qu'il aurait fait payer Tonton Guillaume ou M. Belleau? Qu'est-ce que vous auriez fait si vous aviez été à la place du garagiste? Est-ce que vous auriez fait payer Robert? Mme Belleau? Jean-Pierre Bourdon?

5. Est-ce que Mireille sait si elle doit prendre de l'essence ou du super? Pourquoi décide-t-elle de prendre du super? Qu'est-ce qui est le plus cher, l'essence ou le super?

6. Pourquoi Mireille n'a-t-elle pas pris les deux auto-stoppeurs qui avaient eu la gentillesse de la pousser jusqu'à la station-service?

7. D'après la façon dont elle se comporte, est-ce que vous pensez que Mireille est capable de changer une roue? Pourquoi ne la change-t-elle pas?

8. Comment Mireille change-t-elle ce qu'on dit traditionnellement quand on effeuille une marguerite? Qu'est-ce qu'elle dit au lieu de "il m'aime"? A qui pense-t-on, en général, quand on effeuille une marguerite? A qui pense Mireille?

9. Quand on effeuille une marguerite, c'est, en principe, pour savoir la vérité. C'est un moyen de découvrir la vérité. Est-ce que ça marche à tous les coups? Montrez que ça ne marche pas dans le cas de Mireille.

10. Normalement, qu'est-ce qu'on fait? On met le clignotant, puis on tourne, ou on tourne et puis on met le clignotant? Qu'est-ce que Mireille a fait? Pourquoi?

11. Dans ce petit voyage à Provins, en quoi est-ce que Mireille n'a pas eu de chance? En quoi est ce qu'elle a eu de la chance?

12. Vous vous rappelez que Mireille a dit (leçon 27) qu'avec une voiture de location elle aurait peur de tomber en panne. A votre avis, est-ce qu'on a plus de chances de tomber en panne avec une voiture de location qu'avec une autre? Pourquoi la voiture que Mireille a empruntée est-elle tombée si souvent en panne? Pourquoi n'avait-elle pas été vérifiée?

13. Au début de cette journée, qui est-ce qui se préoccupe le plus de l'autre, Mireille ou Robert? Que fait Robert? Dans quelle intention? Que fait Mireille? Dans quelle intention?

14. A la fin de cette journée, qui se préoccupe le plus de l'autre, Robert ou Mireille? Que fait Mireille ce soir-là? Et que fait Robert?

Journal de Marie-Laure

MINOUCHE N'AIME PAS LA DOUCHE

Lundi 19 juin 1990

Marraine Courtois a téléphoné. Avec Parrain, ils doivent absolument aller dans le Massif Central pour assister à un mariage et ils ne veulent pas prendre Minouche avec eux parce qu'elle est toujours malade en voiture. Ils doivent rentrer vendredi. Alors elle m'a demandé si elle pouvait me confier Minouche pendant ces trois jours. Je lui ai évidemment dit que oui. Ça me fait plaisir qu'elle me demande ça ; je l'aime bien et Minouche aussi, et je suis contente de pouvoir leur rendre service. Ça fait plaisir d'avoir des responsabilités.

Mardi 20

Parrain et Marraine Courtois ont amené Minouche vers quatre heures et demie. Marraine l'a prise dans ses bras et l'a couverte de baisers pendant au moins cinq minutes, puis elle l'a posée par terre et s'est éclipsée pendant que Minouche ne la regardait pas. Minouche est entrée dans la cuisine et j'ai essayé de lui donner un très bon yaourt, puis de la glace à la vanille, puis du chocolat au lait : elle n'a touché à rien ! Visiblement elle ne se sentait pas très bien dans cette maison inconnue. Et puis j'ai pensé que ce serait pire quand Papa rentrerait parce qu'il n'aime pas trop les chats; il dit que c'est sale et il se plaint qu'ils laissent toujours des poils partout.

Alors j'ai emmené Minouche à la salle de bains et je l'ai mise dans la baignoire. Quand j'ai ouvert la douche elle a sauté avec un miaulement effroyable et elle s'est enfuie à travers tout l'appartement en poussant des cris atroces. Il m'a fallu une bonne demi-heure pour arriver à la récupérer. Elle était trempée, alors j'ai voulu la sécher dans le micro-ondes, mais ça lui disait rien à Minouche, le micro-ondes. Bah, c'est peut-être mieux  comme ça. Heureusement que Minouche ne parle pas assez bien pour raconter cette histoire !

Minouche n'aime pas la douche mais elle aime les amuse-bouche.

Minouche n'est pas farouche, mais c'est une sainte-nitouche.

Minouche louche, mais ça ne l'empêche pas de chasser les mouches.

Quand Minouche se couche, elle dort comme une souche.

Minouche ne se mouche pas du pied, mais elle joue encore avec les babouches de Marraine et les cartouches de Parrain.

Minouche a toujours une boule de gomme dans la bouche. Elle les achète à la louche. C'est un peu louche, non ?

bdgomme Ma salle de bain est inondée. C'est la douche qui fuit. Ça a coulé chez le type du dessous. Il est fou furieux. #galère   21-janv-2009

DOCUMENTS

1

sempé

RIEN
N'EST
SIMPLE

Claude Serre (1938–1998), d'abord formé comme maître-verrier, créateur de nombreux vitraux, s'intéresse dès les années 60 au dessin humoristique et travaille comme illustrateur pour plusieurs revues françaises. Attiré par le fantastique et l'absurde, il crée une série d'albums sur des thèmes (la médecine, le sport, le vin, l'automobile) dont le premier, *Humour noir et hommes en blanc,* consacré aux médecins, chirurgiens et dentistes, obtient le Prix de l'Humour Noir. Ses dessins exposent le côté absurde de la vie et de la société. "L'humour," disait-il, "est la politesse du désespoir."

2

Affiches

—La Prévention routière
(www.preventionroutiere.asso.fr)

3

A. Accidents graves en baisse

La diminution de la mortalité routière en France sur 30 ans est spectaculaire. Elle s'explique par l'ensemble des mesures pédagogiques, préventives et répressives prises depuis 1973: amélioration du réseau routier; obligation du port de la ceinture; limitation de la vitesse en ville; instauration du permis à points; contrôles techniques obligatoires; retrait immédiat du permis lors de certaines infractions; installation de radars sur les routes . . .

B. Les Jeunes restent vulnérables

Les jeunes 15–24 ans représentent 13% de la population, mais un quart des tués sur la route. Chez les garçons de 15 à 19 ans, les accidents de la route représentent la moitié des décès. Le risque d'être tué la nuit et le week-end est plus grand pour cette tranche d'âge que pour la population générale.

—*Francoscopie* 2013

4

Petit Code de la route pour cyclistes

—Un cycliste peut-il circuler sur le trottoir?

NON! Sauf pour les enfants de moins de huit ans, on ne peut pas rouler à vélo sur les trottoirs. Par contre, circuler à pied en poussant son vélo à la main est toléré.

—Indiquer que l'on va tourner avec son bras, est-ce une obligation?

OUI, le cycliste étant un conducteur de véhicule comme un autre au regard du code de la route, il est soumis à cette règle. Surtout, indiquer votre intention de changer de direction aux autres usagers de la route vous protège. Il est également recommandé d'établir autant que possible un contact visuel et/ou d'utiliser sa sonnette pour attirer l'attention d'un automobiliste, motocycliste ou piéton qui ne vous aurait pas vu. Voir et être vu est essentiel.

—Le cycliste doit-il disposer d'équipements obligatoires?

Le cycliste NON, le vélo OUI: sonnette, freins avant et arrière, phares avant et arrière, réfracteurs. D'autres équipements ne sont pas obligatoires mais peuvent améliorer la sécurité du cycliste comme: un casque, un gilet fluorescent et/ou des brassards réfléchissants.

—Peut-on téléphoner à vélo?

NON. Comme "l'usage d'un téléphone tenu en main par le conducteur d'un véhicule en circulation est interdit" par le code de la route et les cyclistes étant des conducteurs de véhicules comme les autres, il est interdit de téléphoner à vélo.

—Peut-on circuler côte à côte à vélo ?

OUI, mais . . . Les cyclistes peuvent circuler à deux maximum mais "ils doivent se mettre en file simple dès la tombée de la nuit et dans tous les cas où les conditions de la circulation l'exigent, notamment lorsqu'un véhicule voulant les dépasser annonce son approche." Les cyclistes sont aussi tenus de respecter une distance de sécurité suffisante, distance d'autant plus grande que la vitesse est plus élevée. Elle correspond à la distance parcourue par le véhicule pendant un délai d'au moins deux secondes.

—Vélib', Mairie de Paris

5

Je n'arrive à rien! Ça n'arrive qu'à moi!

Les chanceux sont ceux qui arrivent à tout; les malchanceux, ceux à qui tout arrive.

—Eugène Labiche

6

Le Visage en feu

J'arrive à un carrefour, le feu était au rouge. Il n'y avait pas de voitures, je passe! Seulement, il y avait un agent qui faisait le guet. Il me siffle. Il me dit:

—Vous êtes passé au rouge!

—Oui! Il n'y avait pas de voitures!

—Ce n'est pas une raison!

Je dis:

—Ah si! Quelquefois, le feu est au vert. . . . Il y a des voitures et . . . je ne peux pas passer!

Stupeur de l'agent! Il est devenu tout rouge. Je lui dis:

—Vous avez le visage en feu!

Il est devenu tout vert!

Alors, je suis passé!

—Raymond Devos

7

Les Gens sont très marqués par ce qu'ils font

Les gens sont très marqués par ce qu'ils font, vous savez! Je connais un monsieur, c'est un auto-stoppeur professionnel. Un auto-stoppeur professionnel! Il lui est arrivé un accident de travail . . . il a perdu le pouce! Il ne peut plus travailler! . . . (*Geste de la main, pouce caché*) Il peut encore aller par là! . . . (*Geste de l'autre main, dans l'autre sens, pouce levé*) Heureusement qu'il est à deux doigts de la retraite!

—Raymond Devos

8

L'Horoscope

Je ne sais pas si vous lisez l'horoscope . . . moi, je le consulte tous les matins. Il y a huit jours . . . je vois dans mon horoscope: "Discussion et brouille dans votre ménage." . . .

Je vais voir ma femme:

—Qu'est-ce que je t'ai fait?

—Rien!

—Alors . . . pourquoi discutes-tu?

Depuis, on est brouillé!

Ce matin, je lis dans mon horoscope: "Risques d'accidents."

Alors, toute la journée, au volant de ma voiture, j'étais comme ça . . . à surveiller à droite . . . à gauche . . . rien! . . . rien! . . .

Je me dis: "Je me suis peut-être trompé" . . .

Le temps de vérifier dans le journal qui était sur la banquette de ma voiture. . . . Paf! . . . Ça y était!

Le conducteur est descendu . . . il m'a dit:

—Vous auriez pu m'éviter!

—Pas du tout, c'était prévu!

—Comment ça?

—L'accident est déjà dans le journal!

—Notre accident est déjà dans le journal?

—Le vôtre, je ne sais pas! Mais le mien, il y est!

—Le vôtre, c'est le mien!

—Oh! . . . Eh! . . . une seconde! . . . vous êtes né sous quel signe, vous?

—Balance!

—Balance?

Je regarde Balance! Je dis:

—Ah, ben, non! Vous n'avez pas d'accident! . . . Vous êtes dans votre tort, mon vieux!

Il y a un agent qui est arrivé . . . il m'a dit:

—Vous n'avez pas vu mon signe?

—Prenez le journal! Regardez! . . . Je ne vais pas regarder le signe de tout le monde!

—Raymond Devos

9

Rengaine à pleurer

(*Résigné mais clairvoyant*)
J'ai beaucoup appris
et tout entendu
je n'ai rien compris
et rien retenu.

J'avais entrepris
j'avais entendu
je m'étais perdu
je m'étais repris
puis j'ai tout perdu.

Quand ils ont compris
que j'étais perdu
ils m'ont attendu
ils m'ont entendu
ils m'ont confondu
puis ils m'ont tout pris
puis ils m'ont pendu.
Puis m'ayant pendu
m'ont donné un prix
un prix de vertu.

Alors j'ai compris:
tout était perdu.
—Jean Tardieu, *Monsieur Monsieur*

Jean Tardieu, écrivain, artiste, musicien et poète, est né en 1903. Ses œuvres dramatiques annoncent le Théâtre de l'Absurde. Dans sa poésie il explore la relation du langage poétique avec le langage de tous les jours. Il est mort en 1995.

10
🎧
L'Auto-stop

On est arrivé
Sac au dos
A huit heures
Avec Olivier
Et Margot
Et Peter.
C'était le grand départ
Vers le sud et vers les vacances.
On trouvera, je pense
Une auto avant ce soir.

Porte d'Orléans
Résignés
Un peu pâles
Près de quatre cents
En juillet et c'est normal
Quatre cents comme nous
Pouce en l'air avec des guitares
La nuit tombe tard
Mais quand même, installons-nous.
Alors, on a monté la tente
Sur le bord du trottoir
En se disant: "Déjà qu'il vente
Il pourrait bien pleuvoir."

Quatre jours plus tard
On était
Toujours là
Avec des guitares
Abrités
Pourquoi pas
Avec un verre de vin?
Chaque fois que quelqu'un s'arrête
C'était pas la fête
Mais enfin, on était bien.

C'est, je crois, le treize
Au matin
Qu'une auto
A pris deux Anglaises
Un marin
Et Margot.
Nous on est resté là.
Heureusement que nos deux voisines
Ont fait la cuisine.
Dans le fond, c'est mieux comme ça.

Et on a remonté la tente
Plus loin sur le trottoir
En se disant: "Déjà qu'il vente
Il pourrait bien pleuvoir."

Quinze jours plus tard
On était
Toujours là
Presqu'à bout d'espoir
Quand un car
S'arrêta.
Quinze jours pour partir
Quand on a qu'un mois de vacances
On n'aura, je pense, pas le temps de revenir.

Et on a passé nos vacances
Sur le bord d'un trottoir.
Quand on a dit: "C'est ça, la France"
Il s'est mis à pleuvoir.

—Maxime Le Forestier

Maxime Le Forestier, nom d'artiste de Bruno Le Forestier, est né en 1949. Jeune, il fait du violon, puis en 1965 forme un duo, Cat et Maxime, avec sa sœur Catherine, et commence à écrire des chansons. En 1971, à l'invitation d'un ami, il passe un été dans une communauté hippie à San Francisco et fait la connaissance du poète *beat* Allen Ginsberg, ce qui inspire l'une de ses chansons les plus populaires, "San Francisco." Il chante et enregistre des reprises de chansons de son idole Georges Brassens, et en 1996 il est nommé meilleur interprète masculin par le jury du prix Les Victoires de la Musique (prix obtenu en 1995 par MC Solaar, en 1997 par Charles Aznavour).

TEXTE

1

Jeudi soir, Robert va dîner chez les Belleau. Il est un peu perdu. Il arrête un passant.

Robert: Pardon, Monsieur, excusez-moi. . . . Je suis un peu perdu. La rue de Vaugirard, s'il vous plaît? C'est par ici? C'est de quel côté? C'est par là?

Le passant: Non, c'est par là. C'est tout près. Vous y êtes presque.
Robert: Merci.
Le passant: Je vous en prie.

En effet, peu après, Robert débouche dans la rue de Vaugirard. ". . . 52, ça doit être par là. 54! Non, alors, c'est par ici. 46 . . . 28 . . . 12! Il n'y a pas de 18? Ça n'existe pas? Ça, alors! Est-ce que Mireille m'aurait donné un faux numéro?"

Mais non! Voilà, 18, c'est ici.

2

C'est un immeuble assez ancien, à cinq étages, avec un sixième étage sous le toit. Près de la porte d'entrée, il y a un bouton et un petit écriteau qui dit: "Sonnez et entrez."

Robert appuie sur le bouton, pousse la porte, et entre. La lumière s'éteint aussitôt! Le vestibule est sombre et sent le pipi de chat. Robert cherche une liste des locataires. Il n'y en a pas. Il se dit qu'il aurait dû demander à Mireille à quel étage elle habitait. Cela aurait été plus simple.

Sur la porte vitrée de la loge de la concierge, il y a un écriteau qui dit: "Frappez fort." Robert frappe: aucun effet. Il frappe plus fort.

La concierge: Oui! Qu'est-ce que c'est? Entrez!
Robert: Belleau, s'il vous plaît!

La concierge: Georgette Belleau? Au cinquième, au fond de la cour.
Robert: Non, M. et Mme Belleau.
La concierge: Ah, eux, ils habitent au quatrième droite. Prenez l'escalier, en face, l'ascenseur ne marche pas.
Robert: Merci.

3

L'ascenseur est petit et paraît fragile. Même s'il avait marché, Robert aurait sans doute préféré monter à pied. Au pied de l'escalier, au rez-de-chaussée, un petit écriteau ordonne: "Essuyez-vous les pieds." Robert obéit: il s'essuie les pieds. Arrivé sur le palier du quatrième, il remarque près de la porte de droite une petite carte de visite qui dit: "M. François Belleau, Ingénieur ECAM." Il donne un coup de sonnette discret. Une jeune fille souriante ouvre. Ce n'est pas Mireille.

Robert: Ah, excusez-moi, j'ai dû me tromper. Je cherchais les Belleau. . . .
La jeune fille: C'est bien ici, vous ne vous êtes pas trompé. Vous devez être M. Taylor, sans doute? Je suis Colette Besson, une amie de Mireille. Entrez donc!

1. déboucher

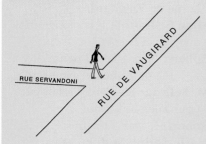

Robert **débouche** dans la rue de Vaugirard. Il vient de la rue Servandoni (une rue latérale) et, tout à coup, il se trouve dans la rue de Vaugirard.

2. immeuble

Un **immeuble** assez ancien, rue de Vaugirard.

2. étage sous le toit

2. écriteau

Un **écriteau** qui indique que la concierge s'est absentée un instant.

2. éteindre

Quand Robert entre dans le vestibule, la lumière **s'éteint** toute seule. C'est un hasard, une pure coïncidence.

2. sombre, clair

Le vestibule, la loge de la concierge sont **sombres**. Il n'y a pas beaucoup de lumière. Mais l'appartement des Belleau est **clair**: il y a beaucoup de soleil et de lumière.

2. vitré

Une porte **vitrée.**

2. cour

Beaucoup d'immeubles parisiens ont une **cour** intérieure. Une partie de l'immeuble donne sur la rue, l'autre partie sur la **cour.**

2. escalier, ascenseur

Robert prend l'**escalier,** il monte à pied, parce que l'**ascenseur** est en panne.

3. s'essuyer les pieds

Robert **s'essuie les pieds.**

3. palier

A chaque étage, l'escalier débouche sur un **palier.** Les portes d'entrée des appartements s'ouvrent sur le **palier.**

3. coup de sonnette

Arrivé sur le palier du 4ème, Robert donne un **coup de sonnette.** (Il sonne pour annoncer son arrivée.)

4

Dans l'entrée, Robert remarque un grand vase avec une demi-douzaine de roses qui se reflètent dans un miroir, ce qui complète heureusement la douzaine.

Marie-Laure: C'est l'Américain!
Colette: Voyons, Marie-Laure, veux-tu être polie! Qu'est-ce que c'est que ces manières?

Marie-Laure: C'est mon cow-boy adoré! Salut, cow-boy! Où est-ce que tu as laissé ton cheval?
Robert: Je l'ai attaché dans le jardin, en bas.
Marie-Laure: Tu as bien fait, parce qu'ici, on n'a pas de place. Et tu sais, on n'a pas trop l'habitude de recevoir des cow-boys avec des chevaux.
Colette: Si vous voulez bien vous asseoir un instant au salon, je vais prévenir Mme Belleau.

5

La pièce dans laquelle se trouve Robert est une assez grande salle de séjour qui communique avec la salle à manger où la table est déjà mise pour sept couverts. Divan, quelques chaises, des fauteuils Louis XVI et Second Empire, un piano. Au mur, deux ou

trois tableaux modernes. Mme Belleau entre, suivie de M. Belleau.

Mme Belleau: Monsieur Taylor! Je suis enchantée de faire votre connaissance. Les Courtois nous ont beaucoup parlé de vous!

M. Belleau: Monsieur Taylor, très heureux de vous connaître.

Enfin, c'est Mireille qui entre.

Mireille: Bonjour, Robert! Comment vas-tu? Je vois que tu as déjà fait la connaissance de mes parents! . . . Marie-Laure, éteins la télé, s'il te plaît!

6

C'est le bulletin météo du journal télévisé, et Robert, tout étonné, reconnaît le présentateur: c'est lui qui lui a indiqué la rue de Vaugirard, quand il était un peu perdu.

Robert: Mais je le connais, ce monsieur!
Mme Belleau: Vraiment?
M. Belleau: Pas possible!
Marie-Laure: Sans blague!
Mireille: Mais tu connais Alain Gillot-Pétré? Depuis quand?
Robert: Depuis tout à l'heure. Je

l'ai rencontré dans la rue. J'étais un peu perdu. . . . Il m'a indiqué la rue de Vaugirard.
Mme Belleau: Et il y a longtemps que vous l'avez vu?
Robert: Non, tout à l'heure! Il y a . . . une demi-heure, peut-être.
M. Belleau: Eh bien, il a fait vite pour aller au studio!
Robert: Il avait l'air pressé. . . .
Marie-Laure: Et tu lui as parlé?
Robert: Oui.
Marie-Laure: Il va peut-être parler de toi: un cow-boy américain perdu dans les rues de Paris!
Mireille: Marie-Laure, tu es insupportable!

7

M. Belleau: Dites donc, il fait bien chaud, ici. Allons un moment sur le balcon. Je vous montrerai la vue . . . une vue imprenable, comme vous voyez, avec les jardins du Luxembourg juste en face. Là, le Sénat, naturellement. Là-bas, à gauche, c'est le Panthéon, et sur la droite, là-bas, hélas, la tour Montparnasse. Cinquante-huit étages! Une horreur! Une catastrophe! On la voit de tout Paris!

Robert: Et la tour Eiffel, on ne la voit pas?
M. Belleau: Non, pas d'ici, elle est plus à droite. On la voit des pièces qui donnent sur la cour. Venez, Monsieur Taylor. . . . Ici, c'est notre chambre; là, la salle de bains. . . . On ne peut pas voir la tour Eiffel d'ici. Mais on peut en

4. attacher

Chien (méchant) **attaché**.

4, 5. pièce, salon, salle de séjour
La **salle de séjour** est une **pièce** commune, où on peut lire, parler, regarder la télévision. On l'appelle quelquefois un "living." Un **salon** est une **pièce** un peu plus élégante, où l'on reçoit les invités.

5. mettre la table, mettre le couvert

La **table est mise, le couvert est mis.** On **a mis** sept **couverts** sur la **table,** parce qu'il y aura sept personnes pour le dîner.

5. fauteuil

Un **fauteuil** (de salon).

Des **fauteuils** (de jardin).

7. imprenable
Les Belleau ont une vue **imprenable.** Personne ne peut leur prendre leur vue. Elle est **imprenable** (à cause du jardin du Luxembourg; personne ne pourra jamais construire d'immeuble dans le jardin, qui appartient à l'Etat).

7. tour Montparnasse

La **tour Montparnasse** est un grand immeuble moderne. Beaucoup de Parisiens le critiquent parce que, pour des raisons d'esthétique, ils préfèrent des immeubles relativement bas (six ou sept étages au maximum).

7. salle de bains

Une **salle de bains**.

apercevoir le sommet des pièces qui sont de ce côté, sur la cour.

Robert: Vous avez vraiment un très bel appartement.

M. Belleau et Robert reviennent vers le salon, en passant devant la cuisine.

M. Belleau: Eh bien, on dirait que tout le monde est à la cuisine! . . . Nous aimons bien cet appartement. Nous habitions déjà ici quand Mireille est née. Il est très bien situé, en plein midi: il y a beaucoup de soleil. . . . Excusez-moi une minute, je vais préparer les apéritifs.

8

Robert et Mireille sont un instant seuls sur le balcon.

Robert: C'est vrai que vous avez une vue magnifique!
Mireille: Oui. . . . Dis donc, je voulais te dire, mes parents ont invité un copain à moi, Hubert de Pinot-Chambrun. C'est un ami d'enfance. Il vient d'une famille très aristocratique. Il est toujours en train de parler de sa famille, de ses ancêtres, de leurs chasses, de leurs chevaux, de leurs châteaux. . . . La famille possède une grosse entreprise de construction. . . . Il ne faut pas trop le prendre au sérieux, parce qu'en fait, il joue, et il joue remarquablement bien son rôle de grand aristocrate. C'est un drôle de type, tu verras. Il est très amusant. Enfin, moi, il m'amuse; il m'amuse énormément.

Un coup de sonnette impérieux. . . .

Mireille: Tiens! Ça doit être lui!

---

7. *le midi*
L'appartement des Belleau a beaucoup de soleil parce qu'il est orienté au sud, au **midi.** Toute la façade de l'immeuble est directement au sud, en plein sud, en plein **midi.**

8. *chasse*

M. de Pinot-Chambrun va à la **chasse.** Les Pinot-Chambrun possèdent des **chasses,** des domaines où ils organisent des **chasses.**

8. *posséder*

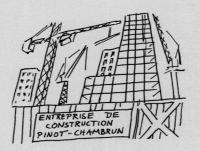

Ils **possèdent** une grosse entreprise. L'entreprise est à eux. Elle leur appartient. C'est leur propriété; ils en sont propriétaires. C'est une de leurs **possessions.**

8. *prendre au sérieux*
Il ne faut pas **prendre** Hubert **au sérieux** parce qu'il n'est pas sérieux. Toute son attitude est un jeu, ce qu'il dit n'est pas sérieux; il s'amuse, il plaisante.

MISE EN ŒUVRE

Ecoutez la mise en œuvre du texte et répondez aux questions suivantes.

1. Que fait Robert, le jeudi soir?
2. Où habitent les Belleau?
3. Comment est l'immeuble des Belleau?
4. Qu'est-ce que Robert cherche, dans le vestibule?
5. Pourquoi Robert ne sait-il pas à quel étage Mireille habite?
6. Qu'est-ce qu'il y a, sur la porte de la loge de la concierge?
7. Où habite Georgette Belleau?
8. A quel étage habitent les Belleau?
9. Pourquoi Robert doit-il prendre l'escalier?
10. Qu'est-ce que Robert remarque près de la porte de l'appartement?
11. Que fait Robert?
12. Qui est-ce qui ouvre la porte?
13. Qu'est-ce que Robert remarque dans l'entrée?
14. Comment Marie-Laure appelle-t-elle Robert?
15. Où Robert a-t-il laissé son cheval?
16. Où Colette invite-t-elle Robert à s'asseoir?
17. Quelle est la pièce qui communique avec la salle de séjour?
18. Comment sait-on qu'il y aura sept personnes à dîner?
19. Qu'est-ce qu'il y a pour s'asseoir dans la salle de séjour?
20. Qu'y a-t-il aux murs?
21. Qu'est-ce qu'on peut dire quand on rencontre quelqu'un pour la première fois?
22. Qui Robert reconnaît-il au journal télévisé?
23. Pourquoi M. Belleau veut-il aller sur le balcon?
24. Que voit-on du balcon?
25. Pourquoi voit-on la tour Montparnasse de tout Paris?
26. Où est la tour Eiffel?
27. Pourquoi les Belleau aiment-ils leur appartement?
28. Qui est aussi invité à dîner?
29. Quel genre de personne est-ce?
30. De quoi Hubert parle-t-il toujours?
31. Qu'est-ce que la famille de Pinot-Chambrun possède?
32. Comment Mireille trouve-t-elle Hubert? Il l'ennuie?

MISE EN QUESTION

1. Qu'est-ce que Robert se demande quand il ne trouve pas le numéro 18, dans la rue de Vaugirard? Pourquoi Mireille lui aurait-elle donné un faux numéro?

2. Pourquoi pensez-vous que la lumière s'éteint quand Robert entre dans le vestibule de l'immeuble? C'est un système français pour arrêter les voleurs? Ou bien est-ce que la lumière s'est éteinte à ce moment-là par pure coïncidence?

3. Pourquoi y a-t-il une confusion quand Robert demande à la concierge où habitent les Belleau? Qui est-ce qui habite dans cet immeuble?

4. Dans les grands romans balzaciens, le cadre, le logement reflètent le personnage qui y habite. C'est la même chose ici. . . . En effet, comment est l'ascenseur dans cet immeuble? Et comment est Mireille? (Voyez leçon 6.) Il y a pourtant une différence entre Mireille et l'ascenseur. Laquelle?

5. Pourquoi Robert croit-il qu'il s'est trompé de porte? Est-ce qu'il lui est déjà arrivé de se tromper de porte? Quand? (Voyez leçon 23.)

6. A votre avis, d'où viennent les roses qui sont dans l'entrée? C'est Mme Belleau qui les a achetées? C'est M. Belleau qui les a données à sa femme? C'est Mireille qui est allée les acheter? C'est Colette qui les a apportées?

7. Est-ce que Marie-Laure pense que tous les Américains sont des cow-boys? Ou est-ce qu'elle fait semblant de le croire pour s'amuser et se moquer gentiment de Robert?

8. Robert remarque que la table est mise pour sept couverts. Qui Robert pense-t-il qu'il va y avoir à ce dîner?

9. Comment s'appelle le présentateur de la météo à la télé? Qu'est-ce qui montre qu'il est très connu?

10. Pourquoi pensez-vous que Monsieur Belleau n'aime pas la tour Montparnasse?

11. Quand Robert et Mireille sont seuls sur le balcon, de quoi Robert essaie-t-il de parler pour engager la conversation? Est-ce que c'est un sujet qui intéresse Mireille? De quoi veut-elle parler?

12. Hubert est-il un vrai aristocrate? Quand il se comporte en aristocrate, est-ce que c'est naturel ou est-ce qu'il joue la comédie? C'est une façon de se moquer de lui-même et de sa condition d'aristocrate? Pourquoi veut-il se moquer de lui-même?

Journal de Marie-Laure

MIREILLE SE FAIT SON CINÉMA

Jeudi 2 octobre 1986

Ma sœur est complètement zinzin. Elle est folle,
fada, timbrée, cinglée, maboule, complètement givrée,
comme dirait mon ami Brice.

Elle a passé tout
l'après-midi à
essayer des tenues, des
jupes, toutes ses robes,
pas seulement les siennes
mais aussi, des robes de
Maman, qui vont très

Mireille se fait son cinéma

bien à Maman mais pas du tout à Mireille. Elle
a essayé tous ses bijoux et elle a même emprunté le
collier de perles de Maman... si jamais elle le perd...
Ça va barder pour elle ! Elle va comprendre sa
douleur, elle va le sentir passer, comme dirait Brice.
Elle a passé une heure à se maquiller : du rose
sur les joues, du bleu sur les paupières, du rouge sur
les lèvres, du noir sur les cils, une vraie peinture...
Elle est cinglée ma sœur !

Tout ça parce que demain elle est invitée chez les

Pinot - Chambrun ! Elle est sûre qu'il y aura l'oncle d'Hubert, le mari de Diane, celui qui a une petite compagnie de cinéma ; elle est convaincue qu'il la remarquera et qu'il lui demandera si ça l'intéresserait d'avoir un rôle dans un film... Évidemment, elle délire, elle se fait des illusions mais elle a l'air d'y croire ! Elle se fait son cinéma.

twitter

mirbelle @bdgomme : Il paraît que le fils d'Hubert se marie. Tu le connais son fiancé ? #mariagepourtous   13-juil-2013

bdgomme @mirbelle : Je l'ai rencontré chez les parents Pinot-Chambrun. Il a l'air très sympa. #mariagepourtous   13-juil-2013

DOCUMENTS

1

Plan de l'appartement des Belleau

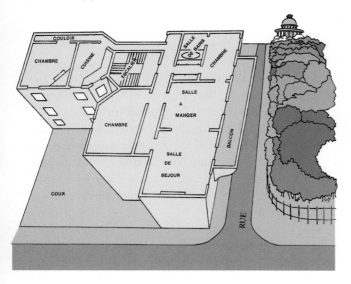

2

Evolution des logements

L'usage des différentes pièces du foyer tend à se diversifier.

L'élément principal du séjour n'est plus le buffet ou la table, mais le téléviseur accompagné du duo canapé–table basse.

La cuisine est la pièce préférée de 15% des Français, et tend à devenir le centre du foyer. Elle doit être belle, rangée, et pouvoir être ainsi montrée aux invités. Nombreux sont d'ailleurs ceux qui ont fait disparaître le mur entre la cuisine et le séjour.

La cuisine est devenue un lieu privilégié de convivialité dans lequel on se retrouve en famille ou avec des amis. 48% des ménages y prennent leurs repas quotidiens le soir en semaine et 36% le week-end. On y pratique de plus en plus d'activités comme travailler, regarder la télévision, aider les enfants à faire leurs devoirs, ou lire.

La chambre ne sert plus seulement à dormir; on y lit, regarde la télévision, fait du sport. . . . Les lits deviennent plus larges et plus longs pour tenir compte de l'évolution morphologique. La France se rapproche des pays du nord de l'Europe, qui privilégient les lits

individuels alors que ceux du sud préfèrent les lits doubles.

Les ménages dépensent peu pour se meubler, et mélangent volontiers les styles

Si les Français consacrent à leur logement environ un tiers de leur budget, leurs dépenses d'ameublement ne pèsent que pour 1%. Il existe donc un décalage entre l'attachement des Français à leur foyer, leur boulimie d'informations sur la décoration (ils sont les premiers acheteurs de magazines de décoration en Europe), et leur faible investissement financier. Un ménage allemand change sa cuisine tous les quatorze ans, alors qu'un ménage français le fait tous les vingt-trois ans. Un ménage anglais renouvelle son canapé tous les sept ans, contre quinze ans pour un ménage français.

Depuis 1999, la demande des Français s'est orientée vers des produits modernes, jeunes, design, voire contemporains après vingt années de domination des copies de styles anciens.

Le logement s'adapte aux modes de vie

La famille traditionnelle (un couple de parents, un ou plusieurs enfants et un ou deux ascendants) a laissé place à une diversité de modèles familiaux: célibataires; monoménages; familles décomposées, recomposées, monoparentales ou multigénérationnelles; groupes tribaux, claniques ou communautaires; couples non cohabitants, homosexuels. . . . Le vieillissement de la population et l'allongement de l'espérance de vie sont aussi à l'origine d'une demande croissante de logements adaptés à la morphologie, aux activités, et aux handicaps des personnes âgées.

Les outils technologiques (ordinateur, connexion Internet, centres multimédias, lecteurs de supports numériques . . .) sont de plus en plus présents dans la maison. Ils sont installés dans toutes les pièces, disponibles à tout moment et pour chacun. Ils sont progressivement sans fils, grâce au développement des technologies de type WiFi. Ils favorisent l'information et la communication interactive, les loisirs individuels et familiaux. Ils satisfont aussi des besoins de développement personnel: apprentissage; perfectionnement; culture générale; expression artistique . . . Ils rendent possible le travail à domicile ou le télétravail des actifs et facilitent l'administration de plus en plus complexe du foyer. De nouveaux services sont proposés pour la maison "intelligente": surveillance à distance de chaque pièce grâce à des webcams; accès aux contenus multimédias (musique, photo, vidéo, radio, télévision, Internet) dans toutes les pièces grâce à des écrans à plasma. Ces systèmes permettent aussi aux personnes handicapées de mieux vivre en retrouvant une autonomie accrue.

—Francoscopie 2013

3

Comment peut-on être concierge?

Les concierges ou gardiens d'immeuble sont des personnes salariées, logeant dans l'immeuble, et qui sont chargées d'en assurer la garde et/ou l'entretien.

Leurs missions sont diverses et variées. Elles consistent à assurer la surveillance des bâtiments, des espaces communs et des équipements collectifs, l'information des visiteurs, la réception et la distribution du courrier, l'entretien des parties communes, la sortie des poubelles, le changement des ampoules, l'enregistrement des réclamations . . .

L'emploi peut être accessible sans formation, mais des qualités relationnelles sont nécessaires. Une endurance physique et des talents de bricoleur sont généralement bien appréciés.

Les formations les mieux adaptées au métier sont le CAP de gardien d'immeubles, CAP de maintenance et hygiène des locaux, et CAP d'agent de prévention et de sécurité.

—Droitissimo.com

4

Réflexions

Les miroirs feraient bien de réfléchir un peu plus avant de renvoyer les images.

—Jean Cocteau, *Le Sang d'un poète*

Jean Cocteau (1889–1963), poète, dessinateur, dramaturge, et cinéaste, a été l'un des artistes qui ont le plus marqué la vie artistique et littéraire du XXe siècle en France. Connu d'abord dans les cercles artistiques bohèmes, Cocteau a collaboré au ballet surréaliste *Parade* en 1917, avec des costumes et décors de Picasso et une musique d'Erik Satie. Dans les années 1920, il est l'ami de Marcel Proust et d'André Gide. Un roman, *Les Enfants terribles* (1938), une pièce de théâtre, *La Machine infernale* (1934) et un film, *La Belle et la Bête* (1946), sont ses ouvrages les plus connus. Il a été élu à l'Académie française en 1955.

5

Le Psychiatre maladroit

C'est un mec qui va chez un psychiatre. Il dit:

—Ecoutez, je ne sais pas quoi faire! Personne ne me prend au sérieux!

—Vous plaisantez!

—Coluche

6

La Quatrième Dimension

Attention! Madame Close existe . . . Madame Close existe, je l'ai rencontrée . . . dans un univers parallèle . . . dans ce que l'on appelle la quatrième dimension!

Parce que cette quatrième dimension, tout le monde en parle et puis personne n'y est jamais entré, finalement! Parce que c'est un milieu très fermé.

Si vous n'avez pas de relations, vous n'entrez pas, là-dedans!

Moi, j'y suis entré par accident. . . . Figurez-vous qu'un jour, j'étais chez moi. . . . Tout à coup, j'entends: uitte! C'était une lettre que le postier venait de glisser sous la porte. Je l'ouvre. . . . C'était une invitation de Madame Close à une réception qu'elle donnait le soir-même en sa maison.

Je n'avais rien d'autre à faire. Je me dis: "Je vais y aller!"

Je m'habille, je sors. . . . Je passe chez la fleuriste pour y acheter quelques fleurs . . . chez la crémière pour y acheter quelques petits-beurre et petits fours.

Et j'arrive devant la maison Close dont la porte était ouverte. . . .

Et là, j'entends la voix de la concierge qui me dit:

—Monsieur, la maison est fermée!

Je lui dis:

—Pourtant, la porte est ouverte, Madame!

—Oui, mais la maison est fermée. . . .

—Ecoutez . . . j'ai une invitation de Madame Close. . . .

—Quelle madame Close?

—C'est une proche parente à moi. Dans le temps, elle tenait une agence de voyages.

Elle me dit:

—C'est au 36ème étage!

Je lui dis:

—Merci, Madame! Je vais prendre l'ascenseur. . . . *(Il mime la scène)* J'ouvre la grille de l'ascenseur. . . . Je rentre dans l'ascenseur. . . . Je referme la grille, je vais pour appuyer sur le bouton. . . . Il n'y en avait pas! Pas de boutons dans un ascenseur? Je me dis: "Ça doit s'expliquer. Il y a une explication à tout! Tant pis, je vais prendre l'escalier."

Je sors de l'ascenseur, je vais pour prendre l'escalier . . . et je m'aperçois que l'escalier ne dépassait pas le plafond! Je me dis: "Ça doit s'expliquer. Il y a une explication à tout!"

Je vais voir dehors . . . et je m'aperçois que l'immeuble n'avait pas d'étages. . . .

Eh bien, ça expliquait pourquoi, dans l'ascenseur, il n'y avait pas de boutons! Je dis à la concierge:

—Madame la concierge, il n'y a pas de 36ème dessus!

—Mais le 36ème, ce n'est pas au-dessus, c'est en-dessous!

—Raymond Devos

7

M'envoyer des fleurs
J'ai décidé
De m'faire du bien
De m'faire couler un bain
D'étaler toutes mes photos d'moi
De les commenter de haut en bas

Refrain
J'vais m'envoyer des fleurs
Ne parler que de moi
Des éloges à haute voix
Des roses pour me féliciter
D'être moi

J'ai décidé
De m'regarder
De m'éplucher dans le miroir
De dévoiler tous mes atouts
De m'adorer de bout en bout

(Refrain)

J'ai décidé
De m'désirer
De m'inventer des tentations
De crouler sous mes émotions
De devenir mon obsession

(Refrain)

Des roses, des roses que je ne t'enverrai pas
Des roses, des roses que je ne t'enverrai pas

—Sandrine Kiberlain

Sandrine Kiberlain, née en 1968, est une actrice et chanteuse française. Jeune fille, elle aimait faire rire ses amis et a été très tôt attirée par la comédie. Elle est entrée au Conservatoire national supérieur d'art dramatique et a fait ses débuts au cinéma en 1986. En 2005 est paru son premier album de chansons, *Manquait plus qu'ça*, d'où vient "M'envoyer des fleurs." Ses chansons expriment à la fois des chagrins d'adulte et une naïveté plutôt enfantine.

8

A ce moment, ils surent qu'à leur retour, ils referaient leur salle de bain.

—Maja, *Bonheurs*

LEÇON 33 Résidences II

TEXTE

1

Jeudi soir, appartement des Belleau. Un coup de sonnette impérieux.

Marie-Laure: Ça, c'est Hubert! Je reconnais son coup de sonnette! *Mme Belleau va ouvrir.*

Hubert (*lui baisant la main*): Mes hommages, Madame.
Mme Belleau: Hubert, quel plaisir de vous voir! Merci pour votre magnifique bouquet!
Hubert: Mais je vous en prie, Madame. C'est la moindre des choses: je sais que vous aimez les roses. . . .
Mme Belleau: Mais vraiment, vous n'auriez pas dû!
Marie-Laure: Bonsoir, Hubert!
Hubert: Bonjour, toi! . . . Bonsoir, Colette. (*Il embrasse Mireille.*) Bonsoir! Ça va? Tu es fraîche comme une rose!

Mireille présente Robert à Hubert, et tout le monde se dirige vers la salle à manger.

2

Mme Belleau: Tout le monde à table! . . . Voyons. . . . Monsieur Taylor à ma droite, Hubert à ma gauche, Colette, et Mireille à côté d'Hubert. Toi, Marie-Laure, à côté de Papa.
Tout le monde s'installe, se sert.
Mme Belleau: Un peu plus de foie gras, Monsieur Taylor?
Robert: Ah, je veux bien. Il est délicieux.

Mme Belleau: C'est la maman de Mme Courtois qui les fait elle-même. . . . Marie-Laure, tiens-toi bien, s'il te plaît, ou tu vas aller dans ta chambre!

3

Pendant le repas, Robert est un peu surpris de la façon de parler d'Hubert.

Hubert (*à M. Belleau*): Soyez sûr que je partage entièrement votre opinion, cher Monsieur! (*A Mme Belleau*) Ayez la bonté de me croire, chère Madame. . . . (*A Colette*) Veuillez avoir l'obligeance de me passer le sel. . . . (*A Robert*) Cher Monsieur, sachez qu'il n'y a de bons vins qu'en France.
Robert: Est-ce qu'il y a de bons vins du côté de Provins?
Hubert: Oh, pour les grands vins, il faut aller un petit peu plus loin, jusqu'en Bourgogne. . . .
Robert: Ah, oui! Beaune, Aloxe-Corton, Nuits-Saint-Georges, Vosne-Romanée, Vougeot, Chambolle-Musigny, Gevrey-Chambertin, Fixin. . . . Oui, oui, je connais très bien! Excellent, excellent!

(*A Colette*) Si je comprends bien, Mademoiselle, vous habitez Provins?

4

Colette: Oui, mais je viens souvent à Paris; presque tous les jours, en fait.

Robert: Ah, je comprends, oui. . . .

La province, ça doit être un peu ennuyeux. . . .

Colette: Oh, non! Pas du tout! Vous savez, entre Paris et la province, moi, je crois que je préfère la province. J'aime bien Provins. . . .

Hubert: Province pour province, moi, je préfère la Provence à Provins!

Marie-Laure: Ce qu'il est bête!

Mme Belleau: Marie-Laure, tais-toi, s'il te plaît! Tiens-toi bien!

Marie-Laure: Oh, si on ne peut même plus rire, maintenant! . . .

Colette: Notre villa n'est pas bien grande, mais nous avons un petit jardin avec quelques pommiers au bout. . . .

Provins, ce n'est pas **Paris:** c'est la **province.** La **Provence** (Aix, Arles, Marseille, Orange) est une **province.** C'est, historiquement, la première **province,** celle qui a été occupée la première par les Romains (deuxième siècle avant l'ère chrétienne).

2. *se tenir bien, mal*

Marie-Laure **se tient** bien.

Marie-Laure **se tient** mal.

3. *partager*

Je **partage** votre opinion; je suis absolument d'accord.
Hubert **partage** le repas des Belleau; il dîne avec eux.
Jean-Pierre **partage** un petit appartement avec un autre étudiant; ils habitent le même appartement.

3. *bonté*

Quelle **bonté!** Vous êtes vraiment trop bon, trop gentil, trop généreux!

3. *sel*

Il y a du **sel** sur la table parce que quelqu'un a renversé la salière.

4. *province, Provence, Provins*

La France est divisée en deux: d'un côté, **Paris,** de l'autre, la **province.**

4. *villa*

Une **villa.**

4. *pommier*

Un **pommier.**

C'est agréable. On se sent chez soi derrière les haies, les murs, la grille. . . . C'est la campagne, et pourtant je suis à Paris en une heure, au plus!

5

M. Belleau: Alors, comment ça va, la construction? Les affaires marchent?

Hubert: Ah, ne m'en parlez pas! Ce sont mes oncles qui s'en occupent; mais ils ne font rien de bien fascinant. On a fait pas mal de choses intéressantes! Regardez la Défense, Beaubourg, la Villette, le Palais Omnisport de Bercy, l'Opéra de la Bastille, le Grand Louvre, le Forum des Halles. . . . Mais eux, mes oncles, ils ne font que des cages à lapins, des HLM, des logements ouvriers . . . vous voyez le genre! Qu'est-ce que vous voulez, de nos jours, il n'y en a plus que pour la classe ouvrière! Les ouvriers veulent avoir le tout-à-l'égout, l'eau courante, le chauffage central, le gaz, l'électricité . . . tout le confort moderne! Il leur faut des lave-vaisselle, des réfrigérateurs, des aspirateurs, des téléviseurs, des vide-ordures. . . . Mais il y a seulement cent ans, tous ces gens-là habitaient à dix dans une pièce sans éclairage, avec l'eau à la pompe et les cabinets au fond de la cour! Ils se débrouillaient très bien sans baignoire ni bidet! Et ils n'étaient pas plus malheureux pour ça!

6

Robert ne peut s'empêcher d'intervenir.

Robert: Ils n'étaient pas plus malheureux pour ça? Ça, c'est vous qui le dites, cher Monsieur! Moi, je n'en suis pas si sûr! J'aimerais vous voir, vous, loger à dix dans un taudis infect, sans votre bain quotidien, ou votre douche, sans votre téléphone, vos ascenseurs, vos domestiques! Je ne suis pas sûr que vous seriez si heureux que ça! Sachez que la classe ouvrière a les mêmes droits au confort que les descendants des oppresseurs du Moyen Age!

Mme Belleau: A propos de Moyen Age, est-ce que vous êtes allés voir l'exposition des manuscrits carolingiens au Petit Palais?

---

4. se sentir chez soi

ON SE SENT CHEZ SOI DERRIÈRE LES MURS. LES GRILLES. LES HAIES.

On **se sent chez soi**. On a l'impression d'être chez soi. On se sent bien, on se sent en sécurité, protégé.

4. campagne, ville

La **campagne**.

La **ville**.

5. pas mal de
—Vous travaillez beaucoup?
—Oui, j'ai **pas mal de** travail, en ce moment.

5. cage à lapin

Des **cages à lapins**.

Des **"cages à lapins."**

5. HLM
Les **HLM** (**H**abitations à **L**oyer **M**odéré) ne sont pas toujours d'une architecture très originale.

5. *logement*
La concierge est **logée** dans l'immeuble dont elle s'occupe. On appelle son **logement** une **loge**.

5. *ouvrier*

Un **ouvrier**.

5. *n'y en avoir que pour*
Il **n'y en a plus que pour** la classe ouvrière; on ne s'occupe que des ouvriers. On fait tout pour eux, et rien pour les autres.

5. *tout-à-l'égout*

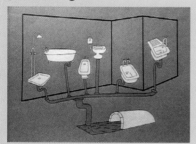

Le **tout-à-l'égout**.

5. *eau courante*

L'**eau courante**.

5. *chauffage central*

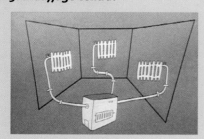

Le **chauffage central**.

5. *lave-vaisselle*

Un **lave-vaisselle**.

5. *aspirateur*

Un **aspirateur**.

5. *vide-ordures*

Un **vide-ordures**.

5. *éclairage*
Aujourd'hui, on **s'éclaire** à l'électricité. Au Moyen Age, on **s'éclairait** avec des torches.

5. *pompe*
Si on n'a pas l'eau courante, il faut aller chercher l'eau à la **pompe**.

5. *baignoire*

Une **baignoire**.

5. *bidet*

Un **bidet**.

6. *(s')empêcher de*

Robert ne peut pas **s'empêcher de** répondre à Hubert. Mireille veut **empêcher** Robert **de** casser la figure à Hubert.

6. *taudis*

Un **taudis**.

6. *domestique*

Un **domestique**.

6. *droit*
—Je suis libre, j'ai tous les **droits**.
—Les autres aussi ont des **droits**. Tu n'as pas que des **droits**, tu as aussi des devoirs.
Marie-Laure n'a pas le **droit** de regarder la télé tant qu'elle n'a pas fini ses devoirs.

MISE EN ŒUVRE

Ecoutez la mise en œuvre du texte et répondez aux questions suivantes.

1. Comment Hubert salue-t-il Mme Belleau? Qu'est-ce qu'il dit?
2. De quoi Mme Belleau le remercie-t-elle?
3. Qu'est-ce qu'Hubert lui a envoyé?
4. Comment Hubert salue-t-il Mireille?
5. Où se dirige tout le monde?
6. A table, où Robert s'assied-il?
7. Et Hubert?
8. Et Marie-Laure?
9. Qu'est-ce que Mme Belleau propose à Robert?
10. Qui a fait le foie gras?
11. Qu'est-ce que Robert pense de la façon de parler d'Hubert?
12. Que dit Hubert pour demander le sel?
13. Jusqu'où faut-il aller pour trouver de grands vins?
14. Où Colette habite-t-elle?
15. Quand Colette vient-elle à Paris?
16. Qu'est-ce que Robert pense de la province?
17. Comment est la villa de Colette?
18. Pourquoi est-ce qu'on se sent chez soi?
19. Combien de temps Colette met-elle pour aller à Paris?
20. Qui s'occupe de l'entreprise de construction Pinot-Chambrun?
21. Que sont la Défense, le Grand Louvre, et Beaubourg, d'après Hubert?
22. Quel type de construction font les oncles d'Hubert?
23. Pour qui ces logements sont-ils construits?
24. Qu'est-ce que les ouvriers veulent avoir pour avoir l'eau dans toute la maison?
25. Qu'est-ce qu'ils veulent pour chauffer leur maison?
26. Qu'est-ce qu'ils veulent pour faire leur vaisselle?
27. Et pour se débarrasser des ordures?
28. Comment vivaient les ouvriers, il y a cent ans?
29. Pourquoi n'était-il pas commode de se laver, il y a cent ans?
30. Comment Robert réagit-il au petit numéro réactionnaire d'Hubert?
31. D'après Robert, de quoi Hubert ne pourrait-il pas se passer?
32. De quoi Mme Belleau parle-t-elle pour détourner la conversation?

MISE EN QUESTION

1. Comment Marie-Laure sait-elle que c'est Hubert quand elle entend sonner à la porte?

2. D'où viennent les roses qui sont dans l'entrée? Est-ce que quelqu'un les a apportées ou les a fait envoyer? Qui? D'après le code de politesse d'Hubert, qu'est-ce qui est le plus élégant, d'apporter des fleurs ou d'en faire livrer?

3. Pourquoi Hubert a-t-il fait envoyer des roses plutôt que d'autres fleurs?

4. Comparez la façon dont Hubert salue Mme Belleau et Mireille. Qu'est-ce qu'il fait et dit à l'une et à l'autre? Avec laquelle est-il le plus cérémonieux ou le plus familier? Quels sont les rapports de Mireille et d'Hubert? (Voyez leçon 8, aussi leçon 15.)

5. Robert a-t-il déjà vu Hubert? Que sait-il de lui?

6. Discutez le placement des convives à table. Où sont la maîtresse et le maître de maison? Au bout de la table, sur un des côtés? A côté l'un de l'autre? Quelle est la place d'honneur pour les invités? Qui l'occupe? Combien y a-t-il d'invités? Combien de femmes, combien d'hommes? Est-ce qu'il y a deux dames ou deux messieurs l'un à côté de l'autre? D'après vous, où devrait être Colette? Pourquoi? Si vous étiez Mme Belleau, comment auriez-vous placé tout le monde?

7. A votre avis, pourquoi ce foie gras est-il particulièrement bon? Est-ce que c'est un foie gras du commerce, un foie gras "industriel," artisanal, ou fait à la maison? De quelle région de France vient-il, sans doute? Du Nord, de Bretagne, de l'Est, du Sud-Est, du Sud-Ouest? (Voyez leçon 26.)

8. A votre avis, est-ce que Marie-Laure mange avec ses parents, d'habitude? (Voyez leçon 22.) Pourquoi est-ce que c'est un privilège pour elle de manger avec les grandes personnes, ce soir-là? Comment sera-t-elle punie si elle ne se tient pas bien?

9. A votre avis, pourquoi Robert amène-t-il Provins dans la conversation?

10. Quelle est son attitude quand il parle des vins de Bourgogne? Est-ce qu'il est à l'aise, parfaitement naturel, ou un peu gêné, mal à l'aise, embarrassé? Est-ce qu'il veut cacher sa mésaventure de l'autre jour ou donner l'impression qu'il s'y connaît en matière de vins?

11. Quand Mme Belleau réprimande Marie-Laure parce qu'elle s'est moquée du jeu de mots d'Hubert, comment Marie-Laure proteste-t-elle? Qu'est-ce qu'elle dit? Est-ce que vous avez déjà entendu une protestation semblable? (Voyez Jean-Pierre, leçon 13.)

12. Est-ce que vous pensez qu'il est vrai qu'aujourd'hui on s'occupe davantage des conditions de vie de la classe ouvrière qu'il y a cent ou deux cents ans? Est-ce qu'Hubert le regrette vraiment, ou est-ce qu'il joue le rôle de l'aristocrate réactionnaire? Est-ce qu'il s'amuse à tenir un discours choquant? Est-ce que les Belleau et Colette le prennent au sérieux? Comment réagissent-ils à son petit numéro?

13. Quelle est la réaction de Robert? Est-ce qu'il prend Hubert au sérieux? Est-ce qu'il prend ce qu'Hubert dit au pied de la lettre? Est-ce qu'il a compris qu'Hubert parlait "au second degré"? Quelle est la réaction des autres devant l'indignation et la violence du discours de Robert? De quoi Robert traite-t-il Hubert, dans son indignation?

14. Que doit faire une bonne maîtresse de maison, dans une situation pareille?

Journal de Marie-Laure

MIREILLE FAIT SA MYSTÉRIEUSE

Lundi 6 octobre 1986

Ça fait deux jours que Mireille est plutôt bizarre. Qu'est-ce qui lui arrive ? Elle répond à des coups de téléphone mystérieux ; elle sort sans dire où elle va ; elle nous regarde avec des sourires en coin comme si elle se moquait de nous. Moi, je n'y comprends rien. Je me demande si elle ne fricote pas avec Robert en cachette. Ça ne m'étonnerait pas qu'elle ~~fricote~~ ~~aux joints au Sisses, derrière le secret du Mathieu du Fluxiens~~. Elle prend des airs supérieurs... Je me demande ce que cela cache ... Ça m'énerve !

mirbelle @bdgomme : Bizarre. Ça fait trois nuits de suite que mon fixe sonne à minuit pile. Y a personne au bout du fil. #mystère&bdg   28-avril-2008

MIREILLE VA FAIRE DU CINÉMA

Lundi 13 octobre 1986

Ça alors ! Maintenant je comprends pourquoi
Mireille faisait sa mystérieuse depuis quelques
jours... elle se moquait de nous. Mine de rien,
elle nous cachait quelque chose ! Tous ces jours-ci
elle était en pourparlers avec un réalisateur ! Eh
oui, on lui a proposé un rôle dans un film qui
va se faire très bientôt ! Elle dit qu'elle va jouer
avec des gens très connus ! Claude Chabrol,
Fabrice Luchini, Micheline Presle. Elle jure
que c'est vrai ! Elle va bientôt commencer à
tourner, dit-elle... C'est incroyable ! Je me
demande même si elle ne nous joue pas un tour.
Ouais, ce n'est peut-être qu'une blague ...
Ma sœur, je ne sais jamais si on peut lui faire
confiance, si on peut se fier à elle !

twitter

bdgomme @mirbelle : On
repasse Alouette au ciné.
T'es libre ? Tu veux y aller ?
#nostalgie   29-avril-2008

mirbelle @bdgomme : On
repasse ce chef-d'œuvre
20 ans après ? T'es sûre
que c'est le même film ?
#ôtempssuspendstonvol
                          29-avril-2008

bdgomme @mirbelle : Oui, oui,
y a ton nom en gros sur l'affiche.
#artetessai   29-avril-2008

DOCUMENTS

1

A. Provins et Provence

1.

Un petit village en Provence.

2.

Paysage de Provence.

3.

Le village de Roussillon.

4.

Agaves, lauriers roses, lavande, végétation provençale.

5.

Vue générale de Provins.

6.

Maisons de la rue Saint-Thibaut à Provins.

7.

Fortifications médiévales de Provins.

B. Réalisations architecturales

1.

2.

La Défense.

3.

Les "arènes Picasso," complexe d'appartements dans la banlieue de Paris.

4.

5.

L'Institut du monde arabe.

6.

Le Palais Omnisport de Bercy.

8.

Le ministère des finances.

7.

L'Opéra de la Bastille.

2

Logement, confort, et satisfaction

57% des Français sont propriétaires de leur résidence principale, contre 53% en 1988 et 45% en 1973.

Les conditions de confort des logements ont longtemps été inférieures en France par rapport à celles des autres grands pays d'Europe, en particulier les pays nordiques. En 1973, on ne comptait que 44% de résidences principales dotées de "tout le confort": WC intérieurs; au moins une salle de bains ou douche; chauffage central. Mais un rattrapage s'est effectué au cours des décennies qui ont suivi: 75% étaient pourvus de "tout le confort" en 1988 et 93% en 2000. Presque la totalité des logements (99%) disposent aujourd'hui d'au moins un WC et d'une douche ou d'une petite baignoire. Plus d'un logement sur dix dispose d'au moins deux salles de bains, et un sur cinq de deux WC. La part des logements inconfortables (sans WC ni installation sanitaire) est aujourd'hui inférieure à 1% (contre 27% en 1978).

La grande majorité des Français (89%) se disent satisfaits de leurs lieux d'habitation. La proportion augmente avec l'âge (96% des 65 ans et plus); elle est plus élevée chez les propriétaires que chez les locataires (95% contre 78%); dans l'habitat individuel que dans le collectif (94% contre 74% pour les habitants des habitations à loyer modéré HLM).

—*Francoscopie 2013*

3

La Salle de bains: Identité, hygiène, esthétique

La salle de bains est le lieu principal où se prépare, s'organise, s'évalue la fonction identitaire, qui s'exprime de deux façons complémentaires. On se "met en scène" pour les autres par le maquillage, le coiffage, le "parfumage" (fonction de vitrine). On prend aussi soin de soi pour soi (fonction de miroir).

Bien sûr, la salle de bains remplit toujours sa fonction *hygiéniste* traditionnelle. Il faut laver, nettoyer, et, de plus en plus, aseptiser le corps pour le rendre moins perméable aux agressions extérieures, le lien entre environnement et santé étant désormais établi et intégré. La quasi-totalité (97%) des femmes françaises disent se sentir mal à l'aise en société lorsqu'elles ne se sont pas lavé les mains ou les dents (84% pour les Allemandes). Elles déclarent consacrer en moyenne 46 minutes par jour à leur hygiène personnelle, soit moitié plus que les 32 minutes quotidiennes des Suédoises, mais un peu moins que les 48 minutes des Mexicaines.

Mais il n'est pas suffisant aujourd'hui d'être propre et en forme; il faut aussi être "beau." C'est pourquoi la fonction *esthétique* de la salle de bains s'affirme chaque jour davantage. Il s'y ajoute l'objectif, devenu presque une revendication, d'être "bien." Bien dans sa peau, au sens "propre" d'abord puisqu'il faut la laver, la protéger (de la pollution, du soleil, du vieillissement . . .). Bien aussi au sens figuré: se sentir en harmonie avec soi-même et avec les autres.

—*Francoscopie 2013*

4

Habitat et environnement

A la question, "quelle serait votre maison préférée?" les Français répondent qu'ils souhaiteraient une maison de village rénovée (42%) contre 30% qui choisiraient une maison d'architecte. En ce qui concerne l'emplacement, l'attrait d'un "joli panorama" est cité par 40% d'entre eux, l'idéal étant d'avoir une piscine ou un jardin potager. Pour un Français sur deux, cette maison serait située en pleine nature. Cependant, pour un ménage sur quatre, le logement idéal est un loft, pour un cinquième un appartement. Il s'agit notamment de jeunes à la recherche d'une vie conviviale, voire communautaire, ainsi que d'équipements de loisir. Quant aux ménages aisés, ils cherchent à réconcilier les avantages à la fois de la ville et de la campagne, en partageant leur temps entre leur appartement de ville et une résidence secondaire "verte."

—*Francoscopie 2013*

5

Habitat et développement durable

La principale attente des Français concerne le caractère écologiquement durable de l'habitat. 97% des Français souhaitent des logements construits avec des matériaux plus écologiques, et 95% veulent des logements présentant un bilan énergétique neutre. Seuls 48% estiment que les habitations construites actuellement respectent suffisamment les principes du développement durable.

Cela reflète une conscience des menaces que la "société de consommation" fait peser sur l'environnement, conscience qui s'est manifestée en France depuis le milieu des années 2000, plus tardivement que dans d'autres pays, notamment du nord de l'Europe. Avec les images des marées noires, de la destruction des forêts, de la couche d'ozone, d'espèces animales ou végétales en voie de disparition, les doutes se sont progressivement transformés en certitudes. Chacun sait désormais qu'on ne pourra plus consommer de la même façon, sous peine de dégrader irrémédiablement la planète.

—*Francoscopie 2013*

6

Habitations à Loyer Modéré

Un peu plus de 10 millions de Français habitent des HLM (habitations à loyer modéré). La grande majorité des HLM sont situés dans des immeubles collectifs. Ils sont par principe réservés aux ménages les plus démunis, ce qui ne favorise pas la mixité sociale. La proportion de familles immigrées est forte, ainsi que celle des ménages avec enfants. Un tiers des ménages locataires vit sous le seuil de pauvreté. En vingt ans, les loyers ont augmenté plus vite que les revenus, une hausse qui n'a pas été atténuée par les aides au logement dont les conditions d'accès se sont durcies depuis 2001.

—*Francoscopie 2013*

7

Equipements en électroménager

En 2011	**96%**	des Français avaient un lave-linge
(contre	**57%**	en 1970)
	31,3%	avaient un sèche-linge
(contre	**0%**	en 1970)
	85%	avaient un four à micro-ondes
(contre	**0%**	en 1970)
	55,2%	avaient un lave-vaisselle
(contre	**3%**	en 1970)

—*Francoscopie 2013*

8

La Majorité des Français se déclarent heureux

A 81%, les Français se disent plutôt heureux, rapporte *Le Monde*. Le niveau de bonheur personnel est certes proportionnel au niveau des revenus et à la catégorie socio-professionnelle, mais il reste nettement majoritaire dans tous les segments de la population.

89% des Français se sentent bien intégrés dans la société. Cependant, il y a des différences importantes selon les catégories: les seniors et les Français les plus mûrs, les cadres, les personnes diplômées et les sympathisants des partis de gouvernement se sentent parfaitement intégrés (six sur dix l'affirment); c'est nettement moins le cas des ouvriers, des chômeurs, des jeunes, et des sympathisants du Front National (un quart à un tiers seulement se déclarent très bien intégrés).

Les Français sont pleins de paradoxes, ou de subtilités: ils n'aiment pas le changement . . . mais le considèrent comme nécessaire. Ils pensent que la France va moins bien qu'auparavant, mais ils jugent toujours que l'on y vit mieux que dans n'importe quel autre pays du monde. Ainsi, 72% pensent qu'on vit mieux en France qu'aux Etats-Unis, 74% qu'ailleurs en Europe et 87% que dans les autres pays du monde.

Autre contradiction apparente: si les Français estiment que l'Etat doit être réformé en profondeur, ils considèrent aussi que la qualité de nos services publics et du modèle social sont un atout pour l'avenir (44%).

Finalement, les Français ne sont pas si pessimistes que cela.

—*Atlantico.fr, 4 juin 2013*

9

La Recherche du bonheur

La plupart des Français sont persuadés que la recherche du bonheur est inscrite dans la nature humaine, c'est-à-dire universelle, mais il n'en est rien. Cette notion est en effet peu présente dans les autres civilisations. Elle n'a pas grand sens par exemple dans les pays d'Asie. Ainsi, les Chinois, dans la tradition confucéenne, ne rêvent pas de bonheur, mais d'ordre social, ce qui implique le primat de la collectivité sur l'individu. En Inde, le nirvana n'est pas comme on l'imagine souvent l'accès au paradis, mais la fin des désirs, le détachement absolu.

En France, l'obligation implicite d'être heureux implique de faire beaucoup d'efforts pour le devenir, parfois de faire semblant de l'être. Car, si la société plaint en apparence les malheureux, les handicapés, ou les pauvres, elle préfère les voir à la télévision (avec la possibilité de les "zapper") que dans la rue. Les pressions sociales et médiatiques sont fortes pour que chacun s'efforce d'appartenir à la catégorie des "gens heureux" capables de mener une carrière, de fonder une famille, de bien gagner sa vie, d'accumuler un patrimoine, de vivre intensément en multipliant les activités de loisir ou les voyages.

—*Francoscopie 2013*

10

Le Bonheur (opinions de lycéens)

Le bonheur, aujourd'hui, réside dans l'achat d'un réfrigérateur, d'une voiture, d'un lave-vaisselle. Est-ce vraiment pour cela que l'homme est sur la Terre?

Le bonheur est une sensation, on peut être heureux à n'importe quel instant. . . .

Dans le temps, le bonheur était d'avoir le plus de confort possible. Maintenant, les jeunes pensent trouver le confort, le bonheur, justement en rejetant le confort.

On n'est heureux que par comparaison avec le malheur.

Le bonheur n'a pas de sens. On dit que "les pages du bonheur dans l'histoire des peuples sont des pages blanches": donc le bonheur ne signifie rien.
—François George, *Professeur à T.*

11

Autres Opinions sur le bonheur

1. L'argent ne fait pas le bonheur.
—Tante Georgette

2. L'argent donne tout ce qui semble aux autres le bonheur.
—Henri de Régnier, *"Donc . . ."*

3. Le vrai bonheur coûte peu. S'il est cher il n'est pas de bonne espèce.
—Chateaubriand, *Mémoires d'outre-tombe*

4. A quelque chose malheur est bon.
—Tante Georgette

5. A quelque chose, bonheur aussi est bon.
—Pierre Reverdy, *En vrac*

6. Il est difficile de ne pas s'exagérer le bonheur dont on ne jouit pas.
—Stendhal, *Journal*

7. Si on ne voulait être qu'heureux, ce serait bientôt fait. Mais on veut être plus heureux que les autres, et cela est presque toujours difficile parce que nous croyons les autres plus heureux qu'ils ne sont.
—Montesquieu, *Mes pensées*

8. Pour vivre heureux, vivons caché.
—Tante Georgette (et Florian)

9. Celui qui veut être heureux . . . change peu de place et en tient peu.
—Fontenelle, *Entretiens sur la pluralité des mondes*

10. Tout le monde n'est pas fait pour être heureux.
—Paul Claudel, *L'Otage*

11. Le bonheur, c'est tout de suite ou jamais.
—Marcel Jouhandeau, *De la grandeur*

12. La grande affaire et la seule qu'on doive avoir, c'est de vivre heureux.
—Voltaire, *Correspondance*

13. Le bonheur est une idée neuve en Europe.
—Saint-Just, *Rapport à la Convention de 1794*

14. Il n'y a pas de honte à préférer le bonheur.
—Albert Camus, *La Peste*

15. Le bonheur ne m'ennuie jamais.
—Henry de Montherlant, *Carnets*

16. Je n'ai aucune espèce de joie à faire le bonheur des gens qui ne me plaisent pas.
—Tristan Bernard, *Jules, Juliette et Julien*

17. Soyez heureux, c'est le vrai bonheur.
—Jean Commerson

18. L'espèce de bonheur qu'il me faut, ce n'est pas tant de faire ce que je veux que de ne pas faire ce que je ne veux pas.
—Jean-Jacques Rousseau, *Correspondance*

19. Le bonheur a les yeux fermés.
—Paul Valéry, *Mauvaises pensées et autres*

20. L'héroïsme est peu de chose, le bonheur est plus difficile.
—Albert Camus, *Lettre à un ami allemand*

21. Le bonheur est une fleur qu'il ne faut pas cueillir.
—André Maurois, *Mémoires*

22. Tout bonheur est une innocence.
—Marguerite Yourcenar, *Alexis ou le traité du vain combat*

23. Le bonheur est toujours pour demain.
—Pierre Perret

24. A force de plaisirs notre bonheur s'abîme.
—Jean Cocteau, *Vocabulaire*

25. Le bonheur, c'est de le chercher.
—Jules Renard

26. Lorsqu'on souffre d'une vraie souffrance, comme on regrette même un faux bonheur!
—Armand Salacrou, *Histoire de rire*

12

Le Bonheur est dans le pré

Le bonheur est dans le pré
Vas-y vite, vas-y vite
Le bonheur est dans le pré
Vas-y vite, il va filer.

—Paul Fort, *Ballades françaises*

13

🎧

Lave-vaisselle

Oh non chérie chaque fois ça me frappe
T'as encore pas mis d'savon à vaisselle dans la p'tite
    trappe
Y reste des p'tits bouts dans le panier à ustensiles
Oh que tu sais pas remplir le lave-vaisselle!

Les verres en haut, les assiettes en bas
M'a te dire une p'tite chose: la nappe on la met pas
Pis les bouteilles de vin. . . .
En tout cas tu me comprends

Y'a-tu quelqu'un qui t'en a déjà parlé
Que quand tu mets une assiette là-dedans full de pétate
    pilée
Après t'a sors de là, c'est comme du ciment
Non, non chu pas fâché, mais franchement

. . . .

Hey!

Y'a personne qui t'a montré
Qu'un blender tu le mets pas en entier
Faut dévisser le contenant
Pis dis-moi pas . . . j'aurais dû le dire avant

La p'tite gogosse pour presser l'ail
T'a laves à main parce que sinon il reste des bouts d'ail
Les fourchettes à fondue
T'es mets la tête en bas, sinon on s'pique dessus

T'as complété tes études en médecine
Tu sais combien y'a de bines dans une canne de bines
Mais quand je rouvre le lave-vaisselle
Et que je trouve le rond du poêle
La boîte à pizza au fond comme du cole-slaw
Laver la vaisselle, ça tu l'as pas

T'es ben comme dans les magazines,
Mais câline!
Que tu sais pas remplir le lave-vaisselle!

Mais je t'ai-ai-ai-aime.

—François Pérusse

François Pérusse, né en 1960, est un humoriste québécois qui est célèbre pour ses sketches radiophoniques et ses chansons remplies de non-sens, de jeux de mots et de juxtapositions absurdes. (Ainsi, "Lave-vaisselle" raconte une dispute domestique banale sur une musique de chanson arabe.)

"Lave-vaisselle," Mode d'emploi

Pérusse chante cette chanson en québécois, la variété du français parlée au Québec (Canada), qui présente des différences de prononciation et de vocabulaire par rapport au français de France. (Il y a peu de différences de grammaire entre les deux.)

La proximité du Canada anglophone et des Etats-Unis explique certains **anglicismes:** *full*, *pétate* (= *patate*, pomme de terre; la *pétate pilée* est une purée de pommes de terre), *blender*, *canne de bines* (= boîte de haricots), *cole-slaw*. D'autres mots et expressions, *gogosse* (objet, chose) ou *câline!*, un juron doux, une expression d'impatience, sont des **québécismes** et n'existent qu'en québécois. Le mot *chu* (= je suis) est une version québécoise de la contraction qu'on entend dans le français populaire métropolitain: *chuis*.

Comme dans beaucoup de chansons, en québécois ou en français européen, on rencontre des *e* instables supprimés (*pas d'savon*, *p'tite*, *p'tit*, *s'pique*) et des contractions qui sont aussi celles de la langue parlée et qui peuvent être très contractées en québécois: *Y reste* (il reste); *M'a te dire* (moi je vais te dire); *pis* (puis); *Y'a-tu* (y a-t-il); *t'a sors* (tu la sors); *T'a laves* (tu la laves); *T'es mets* (tu les mets); *T'es ben* (tu es bien).

34 Résidences III

1

Jeudi soir. On est encore à table chez les Belleau.

Mme Belleau: Colette, vous reprendrez bien un peu de foie gras, vous aimez ça. . . . Colette n'a plus de pain. Marie-Laure, va chercher du pain, s'il te plaît.

Robert: Les loyers doivent être chers, dans ce quartier?

M. Belleau: Oui, assez. Mais nous, nous ne louons pas, nous sommes en copropriété. Nous avons acheté l'appartement il y a une vingtaine d'années. Chaque copropriétaire paie sa part pour le chauffage, le traitement des gardiens, l'entretien, les réparations, le nettoyage périodique de la façade . . . mais au total, même avec toutes les charges, c'est plus économique que de louer.

1. *loyer*
Quand on **loue**, l'ennui, c'est qu'il faut payer le **loyer** tous les trimestres. Dans les HLM (Habitations à **Loyer** Modéré), les **loyers** sont très raisonnables, mais en général, les **loyers** sont chers à Paris. Dans les immeubles de grand standing, les **loyers** sont exorbitants!

1. *traitement*

Tous les mois, chaque copropriétaire paie une partie du **traitement** (du salaire) de la concierge.

2

Hubert: Oui, bien sûr, la propriété, ça a ses avantages. Mais ça devient infernal! Ma famille possédait autrefois un domaine en Vendée, un petit château en Touraine, un autre en Bourgogne, avec quelques vignes, un manoir en Bretagne, un pavillon de chasse en Sologne, un mas en Provence, un chalet dans les Alpes, une gentilhommière dans le Périgord, et un cottage en Normandie. . . . Mais maintenant, c'est devenu impossible, avec les impôts et surtout, surtout, le manque de domestiques. Car enfin, il faut bien le dire, on n'est plus servi!

1. *entretenir*
M. Courtois **entretient** bien sa voiture. Il vérifie les niveaux toutes les semaines, il fait changer l'huile tous les 3.000 km, il la lave tous les dimanches.

1. *nettoyage*
A cause de la pollution, les façades des immeubles deviennent grises, elles se salissent. Il faut les **nettoyer** tous les dix ans.

Robert: Comme vous avez raison, cher ami! . . . Est-ce que vous voudriez bien me passer le sel, s'il vous plaît?

3

M. Belleau: Nous, nous n'avons pas de problèmes de domestiques. Il faut dire que nous n'avons pas de grands domaines. Mais nous avons tout de même une petite maison à la campagne, qui nous sert de résidence secondaire, près de Dreux. C'était une petite maison de paysans qui était en très

mauvais état quand nous l'avons achetée. Les portes ne fermaient pas, il n'y avait plus de vitres aux fenêtres. . . .

Nous avons fait toutes les réparations nous-mêmes. Il a fallu changer presque toutes les tuiles du toit. Il a fallu tout repeindre, tout

---

1. charges
Il faut payer les **charges**: le chauffage, l'électricité, l'entretien de l'escalier et du vestibule, l'enlèvement des ordures ménagères . . .

2. infernal
Ça devient un enfer! C'est **infernal**! C'est horrible!

2. impôts
Chaque année, il faut payer des **impôts** au gouvernement, des taxes sur la propriété, le revenu. . . .

3. Dreux

3. paysan

Un **paysan** au travail.

3. mauvais état

Une maison en **mauvais état**.

3. fermer

La porte ne **ferme** pas très bien.

3. vitre

Une **vitre** (cassée).

3. tuile

Des toits de **tuiles**.

3. repeindre
Il a fallu tout re-**peindre**, parce que les **peintures** étaient en mauvais état. Les Belleau ont repeint eux-mêmes. Ils n'ont pas appelé les **peintres**.

3. *retapisser*

On peut repeindre les murs, ou les **retapisser** avec du papier peint.

3. *menuisier*

M. Belleau a fait le **menuisier**: il a refait les portes, les cadres des fenêtres, les planchers. . . .

3. *rendre, habitable*
Marie-Laure mange trop de chocolats. Ça va la **rendre** malade.

Cette maison n'est pas **habitable**. C'est une ruine. On ne peut pas y habiter.

3. *faire amener*

On **a fait amener** l'eau.

3. *grange*

Une **grange**.

4. *laisser tomber, ajouter*

Pour transformer la grange en garage, **laissez tomber** un *n* et **ajoutez** un *a*. C'est facile!

5. *Ça se fait*
Ça se fait; c'est à la mode, c'est devenu très fréquent.

5. *chasser*

C'est triste de voir les paysans **chassés** de leurs vieilles maisons par les gens de la ville.

5. *drôlement*
On y a **drôlement** travaillé! On y a vraiment beaucoup travaillé!

6, 7. *(bonne) sœur, faux*

Une **bonne sœur** (une religieuse).

Une **fausse bonne sœur**.

6. *prieuré*
Un **prieuré** est l'habitation d'un **prieur,** le supérieur d'un monastère.

retapisser. On a fait les maçons, les menuisiers, les charpentiers, les plombiers, les peintres. Oui! Toute la famille y a travaillé. Ça nous a pris deux ans pour la rendre habitable.

On a fait amener l'eau, mettre l'électricité. On a transformé la grange en garage. . . .

4

Mireille: Ça, ce n'était pas le plus difficile: il suffisait de laisser tomber un n et d'ajouter un a. . . .

Colette: Oh, eh, arrête! Arrête tes jeux de mots absurdes!

Marie-Laure: Qu'est-ce que c'est, le jeu de mots absurde?

M. Belleau: Grange, garage: tu as grange, le mot *grange*, et tu veux faire *garage*. Tu enlèves un n, et tu ajoutes un a. Tu vois?

Marie-Laure: Non.

M. Belleau: Va chercher ton Scrabble, je vais te montrer.

Marie-Laure se lève. Mme Belleau, qui n'a pas suivi la conversation entre son mari et Marie-Laure, la réprimande.

Mme Belleau: Marie-Laure, qu'est-ce que tu fais? Veux-tu bien t'asseoir!

Marie-Laure: Mais c'est Papa qui m'a dit. . . .

Mme Belleau: Ah, bon. . . .

Marie-Laure revient avec son Scrabble.

M. Belleau: Tu as *grange*, tu enlèves un n, tu ajoutes un a, et tu as . . . *garage*. Voilà.

Marie-Laure: C'est ça? Ben, ce n'était pas difficile, hein!

5

Pendant ce temps, Mme Belleau continue sa conversation avec Robert.

Mme Belleau: Ça se fait beaucoup, depuis quelque temps. Les gens de la ville achètent de vieilles maisons de paysans, ils les modernisent, et ils s'en servent comme résidences secondaires . . . ils y viennent pour le week-end.

Robert: Je trouve ça triste de voir les paysans chassés de leurs vieilles maisons.

Mireille: Mais on ne chasse personne! Ce sont de vieilles maisons abandonnées, qui tombent en ruine la plupart du temps! En tout cas, nous, notre maison, on l'a bien gagnée! On y a drôlement travaillé! Elle est bien à nous!

6

A ce moment, on entend un coup de sonnette.

Mme Belleau: Il me semble qu'on a sonné. Marie-Laure, veux-tu bien aller voir, s'il te plaît?

Marie-Laure se lève et sort de la pièce. Un moment après, elle revient.

Mme Belleau: Qu'est-ce que c'était?
Marie-Laure: Une bonne sœur.
Mme Belleau: Qu'est-ce qu'elle voulait?
Marie-Laure: Elle voulait me vendre des billets de loterie, pour gagner un vieux prieuré du XVIème siècle.
M. Belleau: Qu'est-ce que c'est que cette histoire? . . . Et qu'est-ce que tu as fait?

Marie-Laure: Je lui ai dit que ça ne nous intéressait pas; qu'on avait déjà une résidence secondaire, et qu'avec les impôts, le manque de domestiques, ça suffisait comme ça!

Mme Belleau: Marie-Laure! . . .
Marie-Laure: Quoi? Ce n'est pas vrai?

7

Mme Belleau: Tu aurais dû m'appeler, voyons! Cette pauvre bonne sœur. . . .

Marie-Laure: Bah, ce n'était pas une vraie!

M. Belleau: Comment ça?

Marie-Laure: Ben non, c'était une fausse bonne sœur.

Mme Belleau: Comment le sais-tu?

Marie-Laure: Elle avait de la moustache!

Mme Belleau: Ah, ben, ce n'est pas une raison! Il y a sûrement des bonnes sœurs qui ont de la moustache. . . .

Marie-Laure: Peut-être, oui. Tante Amélie, elle, elle a de la moustache. Mais elle, la bonne sœur, elle avait une moustache . . . comme ça!

Tout le monde: Bizarre, bizarre!

MISE EN ŒUVRE

Ecoutez la mise en œuvre du texte et répondez aux questions suivantes.

1. Comment sont les loyers, dans le quartier des Belleau?
2. Quand les Belleau ont-ils acheté leur appartement?
3. Pourquoi n'ont-ils pas à payer de loyer?
4. Qu'est-ce qu'ils ont à payer?
5. Pourquoi M. Belleau préfère-t-il la copropriété?
6. D'après Hubert, pourquoi est-il devenu impossible d'être propriétaire?
7. Pourquoi les Belleau n'ont-ils pas de problèmes de domestiques?
8. Qu'est-ce que les Belleau ont, comme résidence secondaire?
9. Dans quel état était la maison quand les Belleau l'ont achetée?
10. Comment étaient les portes?
11. Et les fenêtres?
12. Qui a fait les réparations?
13. Qu'est-ce qu'il a fallu faire au toit?
14. Qu'est-ce qu'il a fallu faire à l'intérieur?
15. Qu'est-ce que les Belleau ont fait pour réparer les murs?

16. Qu'est-ce qu'ils ont fait pour installer la salle de bains?
17. Qu'est-ce qu'ils ont fait pour tout repeindre?
18. Combien de temps les Belleau ont-ils mis pour rendre leur maison habitable?
19. Qu'est-ce que les Belleau ont fait pour avoir l'eau?
20. Et pour avoir l'électricité?
21. Qu'est-ce que les Belleau ont fait pour avoir un garage?
22. Qu'est-ce qu'il faut faire pour transformer une grange en garage, d'après Mireille?
23. Que font beaucoup de gens de la ville, depuis quelques années?
24. Comment sont ces maisons, quand ils les achètent?
25. Pourquoi Mireille pense-t-elle qu'ils ont bien gagné leur maison?
26. Qui avait sonné à la porte?
27. Qu'est-ce que la bonne sœur proposait?
28. Pourquoi Marie-Laure a-t-elle refusé?
29. Pourquoi n'était-ce pas une vraie bonne sœur, d'après Marie-Laure?

MISE EN QUESTION

1. Qu'est-ce que Mme Belleau remarque, quand elle propose un peu plus de foie gras à Colette? Est-ce que Mme Belleau a une bonne?

2. Où les Belleau habitent-ils? A votre avis, pourquoi les loyers doivent-ils être chers dans ce quartier?

3. Quand Hubert énumère toutes les propriétés de sa famille, pensez-vous que ce qu'il dit est entièrement vrai ou qu'il invente en partie? Pensez-vous qu'il parle de sa famille au sens très large ou au sens restreint? Est-ce qu'il parle de propriétés que sa famille possédait récemment, ou de propriétés que sa famille a possédées au cours des siècles?

4. Quand il termine en disant "car il faut bien le dire, on n'est plus servi," pensez-vous qu'il exprime sérieusement une opinion personnelle, ou qu'il s'amuse à citer une phrase qu'il a entendu répéter souvent dans son entourage, en faisant semblant de la prendre à son compte?

5. Quelle est la résidence principale des Belleau? Qu'est-ce que la maison de Dreux pour les Belleau? Comment M. Belleau parle-t-il de cette maison pour éviter d'avoir l'air prétentieux en disant qu'ils ont une résidence secondaire?

6. A votre avis, pourquoi M. Belleau insiste-t-il sur le mauvais état de la maison quand ils l'ont achetée? Pour suggérer qu'ils n'ont pu l'acheter que parce qu'elle n'était pas chère du tout, pour n'avoir pas l'air de se vanter d'être riche, ou pour se vanter de tout le travail qu'ils ont fait?

7. Pourquoi Mireille fait-elle cette plaisanterie au sujet de la transformation de la grange en garage? Est-ce qu'elle veut détourner la conversation? Pourquoi? Est-ce qu'elle est un peu gênée, parce que son père se vante trop des travaux qu'ils ont faits? Elle trouve que c'est un peu embarrassant, que son père devrait être un peu plus modeste?

8. Pourquoi Mme Belleau réprimande-t-elle Marie-Laure quand celle-ci va chercher son Scrabble? Est-ce que Marie-Laure peut se lever de table? Dans quelles conditions peut-elle se lever? Si on lui a demandé de faire quelque chose, comme d'aller chercher du pain pour Colette, par exemple, ou si on lui a donné la permission?

9. Pourquoi Mme Belleau ne savait-elle pas que M. Belleau avait demandé à Marie-Laure d'aller chercher son Scrabble? Où est-elle assise? Que faisait-elle? A qui parlait-elle?

10. Quels avantages y a-t-il à admettre les enfants à table avec les grandes personnes? En quoi est-ce que ça peut être utile pour les grandes personnes . . . surtout quand on n'a pas de bonne? Quels avantages est-ce que ça présente pour les enfants? Qu'est-ce que Marie-Laure a appris pendant ce repas?

11. Pourquoi Mme Belleau reproche-t-elle à Marie-Laure de ne pas l'avoir appelée? Parce qu'elle a peur d'avoir manqué la possibilité de gagner une belle résidence secondaire du XVIème siècle? Ou parce qu'elle a de la considération, du respect pour les bonnes sœurs, et qu'elle a du remords de n'avoir pas reçu celle-ci poliment, de ne pas l'avoir aidée dans ses œuvres charitables?

Journal de Marie-Laure

MIREILLE FAIT DU CINÉMA

Le 27 avril 1988

Eh bien, ça y est !
C'est vrai, c'est arrivé:
Mireille fait du cinéma !

Oui, oui, son film vient
de sortir. Ça s'appelle
"Alouette, je te plumerai".
On était invités à la
première... ou avant
première, je ne sais plus. On y est allés hier soir.
Il y avait beaucoup de monde. Des affiches partout,
Mireille, très belle, sous son nom d'artiste : Valérie
Allain. Elle nous a présenté les deux acteurs
qui jouent avec elle, Fabrice Lucchini et Claude
Chabrol, et aussi Pierre Zucca qui a fait le film.
Fabrice Brocoli... non Zucchini, enfin, non, je
veux dire Lucchini me plaît assez. Et côté
vêtements, fringues, tout le monde était sur son 31,
super bien sapé, comme dirait Brice. Papa et
Maman avaient l'air content, très fiers. Moi aussi,
j'étais fière, mais j'en reviens toujours pas: moi,

la sœur d'une vedette de cinéma ! Pour l'instant, personne n'est encore venu me proposer un rôle dans un film, mais qui sait ? Peut-être qu'un jour, moi aussi je serai une star ! Et comme ça, Jacques va tomber raide dingue amoureux de moi.

twitter

mirbelle Qui veut aller au ciné ce soir ?   *28-juin-2012*

bdgomme @mirbelle : Non, pas possible pour moi. J'ai un gros dossier à boucler. #duboulotpardessuslatête   *28-juin-2012*

mirbelle @bdgomme : Ton dossier attendra. C'est la fête du cinéma. Les places sont à 2,5 euros. Faut pas louper ça ! #pasdepetitsprofits   *28-juin-2012*

bdgomme @mirbelle : J'ai les moyens de me payer une place plein tarif. Je suis pas Conseillère à la Cour d'Appel pour rien ! #pleinlespoches   *28-juin-2012*

7

Domaines ayant appartenu, d'après Hubert, à la famille de Pinot-Chambrun

Un château en Bretagne.

Un petit manoir en Vendée.

Un château en Bourgogne.[1]

Une chaumière en Normandie.

Un chalet dans les Alpes.[2]

NOTES

1. Ce château ressemble étrangement au château du Clos de Vougeot, qui appartient depuis 1944 à la Confrérie des Chevaliers du Tastevin, et qui est situé au milieu d'un des vignobles les plus prestigieux de Bourgogne. Nous ne sommes pas sûrs que le château, construit à l'époque de la Renaissance, ait jamais appartenu aux Pinot-Chambrun.

2. Ce chalet est de dimensions beaucoup plus importantes que la plupart des chalets de montagne.

3. Il s'agit du château de Chenonceau, qui n'est pas vraiment sur la Loire, mais sur le Cher. Il été construit au XVIème siècle et a souvent changé de propriétaire. Mais nous ne pouvons pas être sûrs qu'il ait jamais appartenu à la famille de Pinot-Chambrun.

4. En fait, il s'agit du château de Cheverny, célèbre pour ses chasses, mais certainement beaucoup plus important qu'un "pavillon" de chasse. Le château, de style classique, a été construit au XVIIème siècle, et a toujours appartenu à la famille du marquis de Vibraye. Nous pouvons affirmer qu'il n'a jamais appartenu à la famille de Pinot-Chambrun.

5. Il s'agit du château de l'écrivain Michel de Montaigne (XVIème siècle); aucun rapport avec la famille Pinot-Chambrun.

Un château en Touraine.[3]

Un pavillon de chasse en Sologne . . . [4]

et ses chiens de chasse.

Une gentil-hommière dans le Périgord.[5]

Un mas en Provence.

8

Qui a tort, qui a raison?

Les absents ont toujours tort.
—Tante Georgette (et beaucoup d'autres)

Le client a toujours raison.
—Le père de Mme Courtois
(et beaucoup d'autres commerçants)

9

A tort ou à raison

On ne sait jamais qui a raison ou qui a tort. C'est difficile de juger. Moi, j'ai longtemps donné raison à tout le monde. Jusqu'au jour où je me suis aperçu que la plupart des gens à qui je donnais raison avaient tort! Par conséquent, j'avais tort! Tort de donner raison à des gens qui avaient le tort de croire qu'ils avaient raison. C'est-à-dire que moi qui n'avais pas tort, je n'avais aucune raison de ne pas donner tort à des gens qui prétendaient avoir raison, alors qu'ils avaient tort. J'ai raison, non? Puisqu'ils avaient tort! Et sans raison, encore! Là j'insiste, parce que . . . moi aussi, il arrive que j'aie tort. Mais quand j'ai tort, j'ai mes raisons, que je ne donne pas. Ce serait reconnaître mes torts!!! J'ai raison, non? Remarquez . . . il m'arrive aussi de donner raison à des gens qui ont raison aussi. Mais là encore, c'est un tort. C'est comme si je donnais tort à des gens qui ont tort. Il n'y a pas de raison! En résumé, je crois qu'on a toujours tort d'essayer d'avoir raison devant des gens qui ont toutes les bonnes raisons de croire qu'ils n'ont pas tort!

—Raymond Devos

10

Question d'honnêteté

C'est un adjudant qui demande à une jeune recrue:
—Dites-moi, vous . . . là! Vous avez pris une douche?
—Non, pourquoi, il en manque une?

—Coluche

LEÇON

35 Résidences IV

1

Jeudi soir. On est toujours à table chez les Belleau.

Mireille: Ah, ça, on peut dire qu'on y a travaillé, sur cette maison de Dreux! Ah, là, là! C'est sans doute pour ça que je m'y suis tellement attachée.

On sonne de nouveau. Tout le monde s'arrête de manger et de parler. Marie-Laure va ouvrir.

Mme Belleau: Je me demande ce que ça peut bien être.

Marie-Laure revient.

Mme Belleau: Alors, qu'est-ce que c'était?
Marie-Laure: Le frère de la bonne sœur de tout à l'heure.
Mme Belleau: Qu'est-ce que c'est que cette histoire?
Marie-Laure: Ben, oui! Il avait la même moustache qu'elle!

2

M. Belleau: Et qu'est-ce qu'il voulait?
Marie-Laure: Il m'a demandé si je n'avais pas une grande sœur qui avait l'air d'une actrice de cinéma.
Mireille: Et qu'est-ce que tu as dit?

Marie-Laure: Ben, cette question! Je lui ai dit que non, bien sûr!
Mireille: Mais quel culot! C'était peut-être la chance de ma vie de faire du cinéma! Maintenant, c'est raté. . . . Enfin. . . .
Mme Belleau: C'est vraiment bizarre.
Mireille: C'est vrai, j'ai longtemps voulu être actrice. Je rêvais d'aller à Hollywood, jouer l'Inconnue de l'Orient-Express, voyager, descendre dans des palaces. . . . Mais maintenant, je ne sais pas; c'est fou ce que je me suis attachée à notre maison de campagne. Quand j'étais petite, je trouvais ridicule ce désir de beaucoup de Français d'avoir une petite maison à eux, le genre "Mon rêve," "Mon repos." Eh bien, maintenant, en vieillissant, je commence à comprendre. . . . Avoir une petite maison bien à soi, même si elle est très modeste. . . .

3

Robert: Je vois! . . . "Une chaumière et un cœur."
Mireille: Notre maison n'est vraiment pas une chaumière! D'abord, le toit n'est pas en chaume, mais en tuiles.
Hubert: Oh, de la tuile? Vous ne préférez pas l'ardoise? Moi, je trouve ça tellement plus distingué! . . .
M. Belleau: Ah, l'ardoise, c'est très joli, mais c'est plus cher!
Robert: Et puis, ça doit être joliment lourd!
Hubert: Oh, c'est moins lourd que la tuile, mais évidemment ce serait trop lourd pour vos maisons en bois!
Robert: Pourquoi dites-vous "nos" maisons en bois? Vous n'avez pas de maisons en bois, en France?
M. Belleau: Non, très peu. Quelques chalets en montagne, mais à part ça, on construit en dur: en pierre, en brique, en blocs de ciment. En France, on aime ce qui dure.

4

Robert: Votre maison de campagne est en dur?
Mireille: Bien sûr! C'est de la belle pierre du pays! Les murs

1. s'attacher à (quelqu'un/quelque chose)

Mme Courtois est très **attachée** à Minouche. Elle l'adore. On **s'y attache**, à ces petites bêtes! . . .

1. culot

Cette petite fille a du **culot**! Elle est très impertinente!

2. Inconnue de l'Orient-Express

Mireille rêvait de jouer l'**Inconnue de l'Orient-Express**.

2. palace

L'hôtel Carlton à Cannes. (C'est un **palace**, un hôtel de très grand luxe.)

2. c'est fou
C'est fou! C'est dément! C'est incroyable!

2. "Mon repos"

3. chaumière

Une **chaumière**. (Le toit est en chaume.)

3. ardoise

Des **ardoises**.

3. joliment
Ça doit être **joliment** lourd! Ça doit être extrêmement lourd!

3. bois

Du **bois**.

3. pierre, brique, bloc de ciment

Un mur de **pierres**.

Un mur de **briques**.

Des **blocs de ciment**.

3. durer
L'amour, c'est bien joli, mais ça ne **dure** pas; ça passe, c'est éphémère.

ont au moins deux ou trois cents ans, et j'espère qu'ils seront encore debout pour mes arrière-petits-enfants!

Marie-Laure: Tu ne peux pas avoir d'arrière-petits-enfants!

Mireille: Et pourquoi ça?

Marie-Laure: Tu es trop jeune, tu n'es même pas mariée!

5

Robert: J'ai lu dans *Le Monde* qu'il y avait plus de 300.000 étudiants à Paris. Où est-ce qu'ils habitent?

Mme Belleau: Eh bien, ça dépend. Ceux qui ont la chance d'avoir leurs parents à Paris, comme Mireille, habitent en général chez eux, bien sûr.

Robert: Et les étrangers?

Hubert: Certains habitent à la Cité Universitaire. La plupart des pays étrangers ont une maison à la Cité. . . . D'autres habitent à l'hôtel, ou bien louent une chambre chez des particuliers.

Mireille: Il y en a qui habitent dans des familles. Ils ont leur chambre, leur cabinet de toilette; ils prennent leurs repas avec la famille, un seul repas ou pension complète.

Robert: Je croyais que les familles françaises étaient très fermées?

Mme Belleau: C'est assez vrai, dans un sens. Mais il y a des gens qui prennent des étrangers chez eux parce qu'ils ont un appartement trop grand pour eux, qu'ils ont besoin d'argent: des dames veuves, des retraités. . . . Il y a aussi des gens qui veulent donner des amis étrangers à leurs enfants.

6

Robert: La famille Belleau n'aurait pas l'intention de recevoir des étrangers, par hasard?

Mme Belleau (*riant*): Oh, vous savez, nous n'avons pas un grand appartement! Nous n'avons que sept pièces, en comptant la cuisine et la salle de bains. Je ne suis ni veuve, ni retraitée, et Mireille n'a pas besoin qu'on lui trouve des amis étrangers: elle les collectionne! En un an de fac, elle a réussi à connaître un Canadien, une Chilienne, une Algérienne, un Israélien, une Syrienne, un Tunisien, un Egyptien, une Italienne, une Japonaise, une Danoise, trois Anglais, une Allemande, deux Américains, un Roumain . . .

M. Belleau: . . . un Hongrois, un Turc, une Grecque, un Espagnol, une Russe, et un Suisse.

Mireille: Et tu oublies, un Suédois!

4. *debout*

L'abbaye est en ruine. Il ne reste qu'un mur **debout**.

5. **Le Monde**

M. et Mme Belleau lisent *Le Monde* tous les jours.

5. *étranger*

Mireille est française. Robert n'est pas français; il est **étranger**. (Il est américain.)

5. *particulier*

Un **particulier**: un individu (par opposition à une organisation).

5. *cabinet de toilette*

Il a un petit **cabinet de toilette**; il n'a pas de baignoire.

5. *pension*

Le prix de la **pension** complète comprend la chambre, le petit déjeuner, le déjeuner, et le dîner.

5. *fermé*

Les familles françaises sont très **fermées**.

5. *avoir besoin de*

Monsieur qui **a besoin d**'argent.

Monsieur qui **a besoin de** lunettes.

5. *retraité*

Général à la **retraite**.

MISE EN ŒUVRE

Ecoutez la mise en œuvre du texte et répondez aux questions suivantes.

1. Pourquoi Mireille aime-t-elle tant leur maison de Dreux?

2. Qui a sonné à la porte?

3. Quelle question le type à moustache a-t-il posée à Marie-Laure?

4. Qu'est-ce que Marie-Laure lui a répondu?

5. Pourquoi Mireille regrette-t-elle la réponse de Marie-Laure?

6. A quoi Mireille rêvait-elle, quand elle était plus jeune?

7. Quel est le rêve de beaucoup de Français?

8. Qu'est-ce que Mireille en pensait, quand elle était plus jeune?

9. Pourquoi comprend-elle mieux ce désir, maintenant?

10. En quoi est le toit de la maison des Belleau?

11. Pourquoi le toit n'est-il pas en ardoises?

12. En quoi sont la plupart des maisons, en France?

13. Pourquoi est-ce qu'on construit en dur?

14. Qu'est-ce qu'on trouve comme constructions en bois, en France?

15. En quoi est la maison des Belleau?

16. Quel âge a la maison?

17. Combien y a-t-il d'étudiants à Paris, d'après Robert?

18. Comment Robert sait-il cela?

19. Où les étudiants étrangers peuvent-ils habiter?

20. Comment s'organise la vie des étudiants qui habitent dans des familles?

21. Qui sont les particuliers qui louent des chambres aux étrangers?

22. Pourquoi le font-ils?

23. Pourquoi les Belleau ne veulent-ils pas loger d'étrangers?

24. Combien de pièces ont-ils?

MISE EN QUESTION

1. Comment Marie-Laure sait-elle que la personne qui vient de sonner est le frère de la bonne sœur qui a sonné la première fois?

2. Comment les Belleau prennent-ils cette histoire de bonne sœur et de frère de la bonne sœur? Est-ce qu'ils la prennent très au sérieux? Est-ce que ça les préoccupe beaucoup? Pourquoi n'y font-ils pas plus attention?

3. Comparez ce que dit Mireille au sujet de son attachement à la maison de Dreux avec ce que dit Colette sur sa maison de Provins (voyez leçon 33).

4. D'après ce que dit Mireille et d'après la citation de Robert ("Une chaumière et un cœur"), qu'est-ce qu'une chaumière? C'est une grande maison ou plutôt une petite maison? Une humble maison ou une maison luxueuse? Une maison habitée par des gens pauvres ou par des milliardaires? Une maison à la campagne ou dans une grande ville? Neuve ou vieille? Un logement peut-être commode mais qui laisse indifférent, auquel on ne s'attache pas, ou, au contraire, une habitation qui a une valeur sentimentale?

5. Quelle conception du bonheur suggère l'expression que cite Robert, "Une chaumière et un cœur"? Qu'est-ce qui est nécessaire, et suffisant, pour être heureux? Qu'est-ce qu'il faut avoir?

6. Est-ce que le chaume appartient au règne végétal, comme la paille, l'herbe, les feuilles, ou au règne minéral, comme l'ardoise, la pierre?

7. Qu'est-ce qui montre qu'Hubert continue à jouer son rôle d'aristocrate? Qu'est-ce qu'il dit au sujet des toitures? Est-ce que l'ardoise est bon marché? Pourquoi Hubert la préfère-t-il à la tuile?

8. D'après cette discussion sur les toits, quelles sont les toitures les plus romantiques? Les plus élégantes? Les plus populaires?

9. Qu'est-ce qui montre que Mireille aime ce qui dure et qu'elle a l'intention de fonder une famille?

10. D'après Marie-Laure, quelles sont les conditions nécessaires pour avoir des arrière-petits-enfants?

11. D'après vous, quand Robert demande si les Belleau n'ont pas l'intention de recevoir des étrangers, est-ce qu'il présente ça comme une question sérieuse, une simple plaisanterie, ou une demi-plaisanterie? Comment Mme Belleau le prend-elle?

Journal de Marie-Laure

LE REPAS FRANÇAIS AU PATRIMOINE CULTUREL IMMATÉRIEL DE L'HUMANITÉ DE L'UNESCO

Le 20 décembre 2010

Encore une soirée de gâchée par la Culture ! Foutue en l'air, la soirée, comme dirait Brice. Les Courtois nous avait invités à dîner avec Papa, Maman et Mireille. Comme je les aime bien, je ne me suis pas méfiée et j'ai accepté l'invitation avec plaisir. Parrain Courtois regardait la télé quand nous sommes arrivés. En nous voyant il s'est précipité vers nous en criant : « C'est merveilleux ! C'est une grande nouvelle ! Une journée à marquer d'une pierre blanche ! ». Nous, bien sûr, on s'attendait à un truc vraiment exceptionnel et on ne comprenait rien. En fait, il était excité comme une puce parce qu'on venait d'annoncer à la télé que le repas gastronomique français avait été inscrit au patrimoine culturel immatériel de l'humanité par l'UNESCO. Il nous a tenu la jambe toute la soirée avec cette histoire, il n'arrêtait pas d'en parler : « Vous vous rendez compte ! C'est incroyable, c'est du jamais vu ! Par le passé, des sites français, comme bien d'autres, ont été inscrits au patrimoine de l'UNESCO, comme le Port de la Lune de Bordeaux, la Cité Épiscopale d'Albi ou les Fortifications de Vauban. Mais c'est la première fois qu'une pratique tournant autour de l'alimentation est consacrée par l'UNESCO ! ». Il était lyrique : il est allé jusqu'à dire que le repas français est une « pratique sociale qui célèbre les moments les plus importants de la vie des individus » et d'autres trucs ronflants et prétentiards comme ça. Moi, pour le faire enrager, je lui ai dit que je préférais les hamburgers de chez McDo ! Ouais, d'accord, c'était pas très malin de dire ça surtout devant Marraine Courtois. C'était même plutôt une connerie, comme dirait Brice. En tout cas, j'espère que je serai réinvitée, parce qu'elle fait vraiment très bien la cuisine, Marraine, et ses repas mériteraient bien d'être reconnus par l'UNESCO !

Le 21 décembre 2010

Après quelques recherches sur Internet, je vois que beaucoup de choses ont été inscrites au patrimoine de l'humanité par l'UNESCO. Entre autres :

L'art du pain d'épices en Croatie du Nord
La cuisine traditionnelle mexicaine
L'alimentation méditerranéenne

A la prochaine session de l'UNESCO, ce sera peut-être la tête de veau ou le cassoulet toulousain !

twitter

bdgomme @mirbelle :
Parrain a une crise de foie.
C'est pas étonnant avec tout
ce qu'il a englouti hier soir.
#lesyeuxplusgrosqueleventre   21-déc-2010

DOCUMENTS

1

Habitat

A.

Maisons à Béthune, dans le nord de la France.

B.

Immeubles à appartements modernes dans le 15ème arrondissement à Paris.

C.

Pavillon de banlieue, environs de Paris.

D.

Maison à toit de chaume en Bretagne.

E.

Maison à Domme en Dordogne.

F.

Maison dans le Limousin.

G.

Maison à vendre.

2

Le chez-soi
Naître, vivre et mourir dans la même maison.
—Sainte-Beuve, *Les Consolations*

Tante Georgette dit: "On n'est jamais si bien que chez soi!"

Et quand Marie-Laure vient l'ennuyer en sonnant à sa porte quand elle veut faire la sieste: "On n'est plus chez soi!"

Et en parlant des Courtois, qui sont très accueillants, ont souvent des amis qui viennent passer plusieurs jours chez eux et qu'ils reçoivent toujours très bien: "C'est la maison du Bon Dieu!"

3

A 30 ans, encore chez papa-maman
Pour Elisa, le choc est rude: à 31 ans, elle vient de quitter le quartier branché du Marais pour réintégrer . . . sa chambre d'adolescente couleur pastel. "A la suite de la perte de mon emploi," dit-elle, "suivie d'une séparation il y a trois mois. Mes parents sont compréhensifs, j'ai de la chance, mais je n'aurais jamais imaginé vivre cela à mon âge."

Le phénomène est international, plus masculin que féminin—il concerne, par exemple, 35% des hommes européens de 25 à 34 ans, contre seulement 21% des Européennes de la même classe d'âge. Baptisés génération "boomerang," "kangourou," "hôtel Mama," "nidicole" (espèce dont les petits naissent incapables de se nourrir et de se déplacer seuls) ou "célibataires parasites," il ne s'agit pourtant pas de jeunes désireux de se faire cocooner le plus longtemps possible.

"Le syndrome est majoritairement subi et s'explique par des raisons économiques," analyse la sociologue Cécile Van de Velde, spécialiste de la jeunesse à l'Ecole des hautes études en sciences sociales (EHESS): envolée du chômage des jeunes, augmentation du coût des études, hausse des prix immobiliers, accélération des divorces et des séparations, pression professionnelle accrue (flexibilité subie, baisse de salaires), etc. "Ces 25–34 ans n'arrivent pas, alors qu'ils le désirent, à acquérir ou à conserver leur indépendance."

Aux Etats-Unis, où l'autonomie des jeunes est un des fondements de la réussite *made in USA*, 21,6% des 25–34 ans américains cohabitent désormais avec leurs parents selon le Census Bureau, contre 15,8% en 2000 et 11%

en 1980! Il faut remonter à la grande crise des années 1930 pour enregistrer des proportions supérieures. Les parents font partie désormais de la "génération sandwich," ceinturés entre ces grands enfants et . . . leurs propres parents, de plus en plus dépendants.

En France, ce recours au bercail des 25 à 34 ans est passé de 8% à près de 12% entre 2006 et 2011. Au Royaume-Uni, il oscille entre 15% et 17% depuis deux ans, contre 12% à 13% avant la crise. Ailleurs en Europe, ces ratios ont parfois grimpé de dix points en cinq ans: en Grèce, en Bulgarie, en Slovaquie et à Malte, plus de la moitié des 25–34 ans vivent désormais au domicile parental. En Espagne, en Italie, au Portugal, la proportion varie entre 40% et 50%. Dans les douze nouveaux pays membres, cette moyenne atteint 43% . . . contre 26% dans la zone euro.

De fait, cette tendance émergente révise la grille de lecture sociétale mondiale. "En 2000, on pouvait dire que les pays nord-européens, d'héritage protestant, et les pays anglo-saxons favorisaient l'indépendance des jeunes," commente Cécile Van de Velde, "alors que les cultures du Sud, plus latines, les maintenaient dans le cocon familial jusqu'au mariage. La France était un peu entre les deux." D'où un classique clivage Nord-Sud. Au début du XXIème siècle, l'âge médian—où 50% des jeunes sont partis du domicile—était de 20 ou 21 ans au Danemark, en Norvège, et en Suède, mais également au Canada, aux Etats-Unis, en Australie, au Royaume-Uni. Il avoisinait les 27–28 ans dans les pays méditerranéens et sud-américains, de tradition catholique. En France, il oscillait entre les deux, à 23 ans. Une décennie plus tard, Danemark, Norvège, et Suède, de tradition sociale-démocrate, restent les champions de l'autonomie (moins de 4% des plus de 25 ans vivent chez leurs parents).

Cette situation dans les pays développés est liée "en bonne partie à une mécanique d'écrasement économique des jeunes par les vieux qui ont accaparé la richesse du patrimoine immobilier," analyse l'historien et sociologue Emmanuel Todd. Cela entraîne, selon lui, "un déterminisme social encore plus accru, car les jeunes deviennent très dépendants de leurs familles."

D'ailleurs, les conséquences démographiques d'un tel phénomène commencent à se faire sentir, puisque ces jeunes adultes ne font pas d'enfants, ou en font très tard. Ils peuvent difficilement connaître une sexualité accomplie et les projets qui l'accompagnent. "La famille tue la famille," analyse Cécile Van de Velde.
—LeMonde.fr, 6 février 2013

4

Annonces immobilières

Appartement 3 pièces 61 m²
LA COTE ST ANDRE (38260) – Le 12 juin 2013 dans : Annonce Vente appartement

Appartement rénové – la cote st andre même, centre ville. Dans très bel immeuble ancien et avec cachet. Appartement t3 rénové – 61,94 m² habitables, comprenant entrée, séjour, 2 chambres, sal...

IMMO RESEAU

94 000 € [1]

Maison 7 pièces 142 m²
ST PALAIS SUR MER (17420) – Le juin 2013 dans : Annonce Vente maison

Maison bourgeoise – saisir à saint-palais-sur mer, 400 m de la plage, 800 m des commerces, du golf et l'équitation. Très belle villa des années 20, allie les atouts de l'ancien au confort et à ...

IMMO RESEAU

522 000 € [1]

Maison 6 pièces 151 m²
VAISON LA ROMAINE (84110) – Le 12 juin 2013 dans « Annonce Vente maison

Maison de campagne – a 10 mn de vaison la romaine, bénéficiant d'une vue dégagée sur des collines boisées, des oliviers et des vignes, charmante villa de plain pied de 1984 de 151 m² sur 4310 m² de te...

IMMO RESEAU

382 000 € [1]

Appartement 2 pièces 30 m²
MONTEBELIARD (25200) – Le 12 juin 2013 dans : Annonce Vente appartement

Appartement – spécial investisseur, autofinancement assuré, montbéliard, 5 mn du centre ville t1 30 m² neuf dans immeuble entièrement rénové proche toutes commodités comprenant : kitchenette, salle de...

IMMO RESEAU

48 000 € [1]

Maison 6 pièces 190 m²
SOLLIES TOUCAS (83210) – Le 12 juin 2013 dans : Annonce Vente maison

Maison – toulon sollies dans un cadre de rêve, prés d'une cascade mais sans risque vaste demeure de près de 200m². Idéal pour passer des jours serin en famille, à 15 minutes de toulon ou de hyères. Te...

IMMO RESEAU

591 000 € [1]

Maison 12 pièces 330 m²
LEPAUD (23170) – Le 12 juin 2013 dans : Annonce Vente maison

Maison de caractère – propriété de charme sur parc clos et arboré de 19281 m² avec piscine chauffée et sécurisée, tennis, et un étang de 4000 m² environ et comprenant une maison de maître construite v...

IMMO RESEAU

613 000 € [1]

—Adapté de Topannonces.fr

5

Paris, la ville préférée des étudiants du monde

La Sorbonne, un modèle dont rêvent les étudiants?

Paris, sa Sorbonne, ses grandes écoles, son effervescence culturelle et son cadre grandiose . . . Les jeunes du monde entier l'ont élue ville la plus prisée pour faire ses études. Le charme de la France ne se limite pas à sa capitale, qui arrive en première position dans une étude réalisée par une agence internationale qui prend en compte la population, le nombre d'établissements d'enseignement supérieur et leurs qualités, et qui fait entrer deux autres villes françaises dans le top 50: Lyon et Toulouse.

Beaucoup d'initiatives ont vu le jour ces dernières années au sein des universités françaises, afin de favoriser les échanges internationaux, mais aussi l'égalité des chances. Ainsi, l'opération Campus France a été mise en place pour améliorer les conditions d'accueil et la qualité des équipements.

17% d'étudiants étrangers à Paris

Pourquoi Paris attire-t-il tant les jeunes? Sans doute également grâce à son coût d'études peu élevé et son important système d'aides. Les frais de scolarité des universités publiques en France sont en effet très bas, avec une moyenne de 177 euros pour une année en Licence, et 245 euros pour une année en Master . . . Soit dix fois moins cher qu'aux Etats-Unis, au Royaume-Uni ou encore en Australie! La capitale compte actuellement 40.900 étudiants étrangers, soit 17% de ses étudiants. Un beau chiffre pour la ville à la fois prestigieuse et accessible, qui fait son maximum pour ouvrir ses portes à l'international. Les écoles parisiennes les plus prisées restent l'Ecole Normale Supérieure, l'Ecole Polytechnique, l'Université Pierre-et-Marie-Curie (UPMC), Sciences-Po, et Paris-Sorbonne.

Les 10 villes du monde préférées des étudiants

1. **Paris**, France
2. **Londres**, Royaume-Uni
3. **Boston**, États-Unis
4. **Melbourne**, Australie
5. **Vienne**, Autriche
6. **Sydney**, Australie
7. **Zurich**, Suisse
8. **Berlin**, Allemagne
9. **Dublin**, Irlande
10. **Montréal**, Canada

— LaVieImmo.com

6

Les Universités françaises devraient-elles dispenser des cours en anglais? Deux opinions

A. Français, gardez votre langue à l'université!
Le Parlement français examine un projet de loi qui risque de contribuer à l'expansion rapide de l'anglais comme vecteur principal d'enseignement dans le système universitaire français. Nous, qui décidons depuis la Chine, le Brésil, les Etats-Unis, l'Europe centrale, de l'envoi de nos étudiants en France, nous nous permettons de vous mettre en garde contre la disposition législative envisagée, présentée comme un remède miracle pour favoriser "l'attractivité" de vos universités auprès de nos étudiants. Elle repose en fait sur une double erreur d'appréciation. La première porte sur les raisons qui conduisent des étudiants étrangers à faire le choix de la France. Pas plus que les touristes ne viennent chercher dans votre pays des Starbucks ou des McDonald's, nos étudiants n'aspirent à recevoir en anglais, dans vos universités ou grandes écoles, une formation que, sans vouloir vous désobliger, vos partenaires anglophones sont mieux armés que vous pour dispenser. La mondialisation, qui provoque des phénomènes d'uniformisation, a cet effet paradoxal de faire de la diversité une valeur: ce que les meilleurs d'entre eux viennent chercher en France, la raison c'est justement une autre façon de penser, une autre façon de voir le monde, un modèle culturel alternatif aux modèles anglo-saxons dominants. Nous avons impérativement besoin de cette autre voie.

Or, cette différence est liée à la langue que vous parlez. Si le savoir est universel, la langue qui permet d'y accéder, elle, ne l'est jamais. Les langues ne sont pas interchangeables, on ne dit pas la même chose dans une langue et dans une autre. Vous avez la chance de disposer en français d'un formidable capital d'intelligence lié à une tradition plusieurs fois séculaire: ne le dilapidez pas en renonçant à la langue qui le constitue. Il est absurde de considérer le français comme un obstacle à l'attractivité de votre pays: dans la concurrence mondiale, il représente votre avantage comparatif, votre valeur différentielle.

Enfin, en venant en France, et parce que votre pays est une porte d'entrée vers le Maghreb et l'Afrique, nos étudiants cherchent aussi à bénéficier d'un tremplin, en accédant par votre intermédiaire à ce vaste espace francophone, à ses richesses, à ses perspectives de développement. Prenez garde à ne pas décourager les pays qui en font partie, car comment voulez-vous qu'ils conservent l'usage du français dans leurs systèmes éducatifs si vous-même y renoncez?

Améliorez vos infrastructures universitaires, facilitez l'obtention des visas, simplifiez les formalités administratives, offrez des perspectives de carrière aux étudiants étrangers que vous accueillez, renforcez chez eux, mais aussi chez les Français eux-mêmes, la maîtrise des langues: tels sont en France, comme partout ailleurs, les objectifs à poursuivre pour améliorer l'attractivité d'un système d'enseignement. Mais ne renoncez pas à l'usage de votre langue dans la transmission des savoirs, car en vous appauvrissant vous-même, vous appauvrirez aussi le monde entier.

—Lettre publiée par un groupe d'universitaires étrangers dans *Libération*, 22 mai 2013

B. Rejet de l'anglais à l'université: Défense du français ou élitisme culturel?

Marie Curie "réveille-toi!" Tes héritiers déraisonnent. Ton histoire—toi grande figure de la recherche française dont la nationalité d'origine ne t'autorisait pas à devenir professeur d'université—permet d'éclairer les motifs de certains cercles universitaires qui dénoncent avec vigueur le projet de réforme en évoquant le spectre du "tout à l'anglais." Ce sont en partie les mêmes ressorts cachés de l'élitisme à la française que l'on retrouve au fondement de cette prise de position. Nous voilà repartis dans la défense de la langue française, celle d'une République une et indivisible, porteuse d'une vision du monde émancipatrice et seule capable de résister à la langue du capitalisme mondialisé.

Aujourd'hui, le système de formation du supérieur est un Janus avec une tête bilingue. D'un côté, les institutions où l'on pratique la sélection par la langue anglaise et que l'on normalise par des séjours à l'étranger inclus dans le cursus—les grandes écoles historiques, les écoles commerce et de management, Sciences-Po Paris, et quelques autres. Ces dernières partagent l'idée selon laquelle la pratique de la langue anglaise a au moins deux vertus: mieux former à l'étranger des étudiants français susceptibles d'importer leur savoir-faire appris ailleurs, d'une part, et attirer en France des étudiants étrangers de bon niveau qui suivront une partie de leur programme en anglais et apprendront en retour le français, de l'autre.

Face à ces institutions, on trouve la majorité des universités françaises, où les diplômes restent cloîtrés dans la langue française, même si dans un grand nombre de disciplines des sciences dures—à commencer par la médecine—l'anglais a fini progressivement par s'imposer bon gré, mal gré. Le principal argument avancé concerne les étudiants étrangers qui ont pour obligation d'apprendre le français, puisque selon une logique toute cartésienne c'est bien pour le français qu'ils viennent en France. Toutefois, l'argument ne tient pas si l'on vise le "grand" public étudiant—les étudiants "normaux" (ceux qui ne vont pas à Sciences-Po et Cie) qui viennent passer une année d'études en France pour parfaire leur formation. Pourquoi ne pas penser au bilinguisme qui serait vertueux pour les étudiants étrangers, aujourd'hui très majoritairement anglophones, mais également pour les étudiants français qui à leur contact seraient confrontés à l'anglais?

Traduite par les universitaires qui s'y opposent, la réforme est stigmatisée comme une marche forcée vers le néolibéralisme et la pensée unique. Pour éviter le ridicule, il ne nous reste plus qu'à sortir de la culture de l'élitisme et apprendre à donner plus de possibilités de réussite aux étudiants normaux. Pas de crainte à avoir, car ils n'atteindront jamais le cercle fermé des élites, mais au moins ils n'en seront pas définitivement coupés.

—William Genieys dans Atlantico.fr, 29 avril 2013

7

Heureux qui, comme Ulysse . . .

Heureux qui, comme Ulysse, a fait un beau voyage,
Ou comme celui-là qui conquit la Toison,
Et puis est retourné, plein d'usage et raison,
Vivre entre ses parents le reste de son âge!
Quand reverrai-je, hélas, de mon petit village
Fumer la cheminée, et en quelle saison
Reverrai-je le clos de ma pauvre maison,
Qui m'est une province, et beaucoup davantage?
Plus me plaît le séjour qu'ont bâti mes aïeux,
Que des palais romains le front audacieux,
Plus que le marbre dur me plaît l'ardoise fine,
Plus mon Loire gaulois que le Tibre latin,
Plus mon petit Liré que le mont Palatin,
Et plus que l'air marin la douceur angevine.
—Joachim du Bellay, *Les Regrets*

Joachim du Bellay est né vers 1522 à Liré, dans la région de la Loire. A une époque où les artistes et intellectuels français redécouvrent la culture antique, grecque et latine, du Bellay se lie avec son contemporain Pierre de Ronsard et d'autres poètes pour former un mouvement littéraire, la Pléïade, qui abandonne les formes et le langage de la poésie médiévale et cherche à enrichir l'expression littéraire française en lui donnant la perfection des chefs-d'œuvre latins et grecs. (En 1549 du Bellay publie le manifeste de ces jeunes rebelles, la *Défense et illustration de la langue française.*) En 1553 il est secrétaire d'ambassade à Rome, et s'attend avec impatience à découvrir lui-même la culture antique et la grandeur de Rome, mais il est amèrement déçu. Du Bellay rentre en France en 1557 et en 1558 publie *Les Regrets,* un recueil de sonnets tour à tour élégiaques et satiriques, inspirés par son séjour romain. Il est mort en 1560 à l'âge de 37 ans.

8

🎧

Dimanche à Orly

A l'escalier C, Bloc 21
J'habite un très chouette appartement
Que mon père, si tout marche bien,
Aura payé en moins de vingt ans.
On a le confort au maximum
Un ascenseur et une salle de bains
On a la télé, le téléphone
Et la vue sur Paris au lointain.
Le dimanche ma mère fait du rangement
Pendant que mon père à la télé
Regarde les sports religieusement
Et moi j'en profite pour m'en aller.

Je m'en vais, dimanche à Orly
Sur l'aéroport, on voit s'envoler
Des avions pour tous les pays
Tout l'après-midi
'Y a de quoi rêver.

—Gilbert Bécaud

Gilbert Bécaud, chanteur, compositeur, pianiste, et acteur, est né en 1927. Il devient le chouchou de la jeune génération dans les années 60, quand la musique "yéyé" explose en France. (Il est le premier chanteur en France à produire des mouvements d'hystérie parmi ses jeunes fans, ce qui lui vaut le surnom de "Monsieur 100.000 volts.") La plus célèbre de ses 450 chansons, "Et maintenant," a été reprise sous le titre de "What Now My Love" par plusieurs chanteurs américains (Shirley Bassey, Sonny & Cher, Elvis Presley, Judy Garland, Frank Sinatra). Bécaud est mort en 2001.

LEÇON
36 Divertissements I

TEXTE

1

Jeudi soir, chez les Belleau. Le repas se termine enfin.

Mme Belleau: Et si nous passions au salon? . . . Vous voulez une menthe, un tilleul? (*A son mari*) Et toi, tu prendras ton infusion?

M. Belleau: Oui, s'il te plaît. . . . Vous désirez peut-être un alcool, Monsieur Taylor? Oui? Je vais voir ce que j'ai. . . . J'ai du Grand Marnier et du cognac. Colette?

Colette: Un petit Grand Marnier.

M. Belleau: Mireille, tu prends quelque chose?

Mireille: Oui, moi aussi, un Grand Marnier.

M. Belleau: Monsieur Taylor?

Robert: Un Grand Marnier, s'il vous plaît.

Hubert: Non, je préfère du cognac, si vous permettez.

M. Belleau: Il est très bon, très, très bon. . . . Voilà. . . . A votre santé. Moi, je ne prends rien.

2

Il se fait tard.

Mme Belleau: Tu as vu l'heure qu'il est, Marie-Laure? Allez, au lit, tout de suite! Dis bonsoir.

Marie-Laure: Bonsoir!

M. Belleau: Bonsoir, ma grande. Dors bien.

Marie-Laure: Tu viendras me dire bonsoir?

Mme Belleau: Oui. Dépêche-toi!

Après avoir embrassé ses parents, Marie-Laure est allée se coucher. Colette est partie vers 23 heures pour retourner à Provins.

Colette: Oh, là, là, onze heures! Il faut que je me sauve, je vais rater mon train!

M. et Mme Belleau se sont excusés peu après.

Mme Belleau: Je crois que nous ferions bien d'aller nous coucher.

M. Belleau: Oui, excusez-nous, nous avons pris l'habitude de nous coucher tôt!

Hubert: Bonsoir, Madame. Mes hommages; et merci. Dormez bien. J'espère que nous ne vous avons pas trop fatigués. . . . Quel délicieux repas! . . .

Mireille: Bonsoir. . . . Maman, tu me réveilles, demain matin, avant de partir?

Mme Belleau: Oui, ma chérie!

3

Enfin, Hubert prend congé. Il est plus de 23 heures.

Hubert: Bonsoir . . . parce que je vais partir, moi aussi.

Mireille: Toi aussi?

Hubert: Oui, oui, je vais prendre congé. (*Il embrasse Mireille.*) Au revoir, mon petit canard. Alors on se téléphone . . . d'accord? . . . Demain?

Robert et Mireille restent seuls.

Robert: Je suppose qu'il est trop tard pour aller au cinéma, maintenant!

Mireille: Oui, j'en ai peur. . . . Mais tu veux qu'on y aille demain, en matinée?

Robert: Demain matin?

Mireille: Non, en matinée . . . l'après-midi!

Robert: Oui, si tu veux. Qu'est-ce qu'on va voir?

Mireille: Je ne sais pas. . . . Tu vois un *Pariscope*, par là?

Robert: Qu'est-ce que c'est?
Mireille: C'est comme *L'Officiel des spectacles*. . . . Tiens, en voilà un. C'est un programme des spectacles: théâtre, danse, cinéma, expositions, concerts, enfin, tout, quoi! Ça donne tous les films qui passent à Paris, classés par quartiers et par genres.
Robert: Par genres? Parce qu'en France, même les films sont masculins ou féminins?

4

Mireille: Oh, mais ne fais pas l'idiot! Je veux dire qu'ils sont classés en films d'aventures, westerns, comédies dramatiques, drames psychologiques, comédies musicales, érotiques, dessins animés. . . . Il y a même un petit résumé de chaque film.
Robert: Ah, bon! Qu'est-ce que tu vois d'intéressant?

Mireille: Voyons, qu'est-ce qu'on donne, cette semaine? *La Cérémonie*, de Nagisa Oshima, version originale. Comment est ton japonais?
Robert: Un peu rouillé. Quoi d'autre?
Mireille: *Détachement féminin rouge*, version originale chinoise. *Le Grand silence*, yougoslave.

1. *infusion, alcools*

Le thé est une **infusion**; on fait **infuser** des feuilles de thé dans de l'eau bouillante. On peut aussi faire des **infusions** de feuilles de menthe ou de fleurs de tilleul, de fleurs de camomille, etc.

Le **Grand Marnier** est une liqueur à l'orange.

Le **cognac** est une eau-de-vie produite dans la région de Cognac, dans l'ouest de la France.

2. *se coucher, au lit*

Marie-Laure est allée **se coucher**. Elle est **couchée**. Elle est **au lit**.

3. *prendre congé*

Robert **prend congé**. (Il va s'en aller.)

3. **L'Officiel des spectacles**

4. *rouillé*

Robert: Non, sois sérieuse, il faut que je puisse comprendre!

Mireille: Oh, mais il y a toujours des sous-titres! . . . Tiens, *Trash*, américain. Tu crois que tu comprendrais? . . . Ah, mais ça ne va pas: c'est interdit aux moins de dix-huit ans!

Robert: Ecoute, arrête! Ça suffit comme ça!

5

Mireille (*vérifiant la date du Pari-scope*): Oh, zut! De toute façon, c'est celui de la semaine dernière!

Robert: Et alors?

Mireille: Et alors, ce n'est plus bon! Les programmes changent toutes les semaines. . . . On va regarder sur le Minitel. . . . Tiens! On passe *L'Amour l'après-midi* au 14 Juillet–Parnasse.

Robert: Ah, ça, c'est un beau titre. Ça doit être très instructif.

Mireille: Oh, tu sais, j'ai peur que tu sois déçu! C'est un des *Six Contes moraux* d'Eric Rohmer.

Robert: Ça ne fait rien. Ça doit être très intéressant! Allons voir ça.

Mireille: Tu veux qu'on y aille?

Robert: Oui.

Mireille: D'accord. Alors, rendez-vous à 13h 30, à la terrasse de la Rotonde. C'est juste à côté. Tu n'auras qu'à prendre le métro et descendre à Vavin. C'est juste en face. Tu ne peux pas te tromper.

6

Robert: Bon, entendu. Alors, à demain, à . . . comment tu dis?

Mireille: A la Rotonde, boulevard Montparnasse, métro Vavin.

Robert: D'accord, à la Rotonde, à 13h 30.

Mireille: Je te raccompagne. . . . Bonsoir! Le bouton de la minute-rie est là, à droite. Tu vois?

Robert: Où ça?

Mireille: Là! La petite lumière!

Robert: Ah!

Mireille: Tu as deux minutes pour descendre.

Robert: Deux minutes? Pourquoi ça? Il faut que je descende en deux minutes? Qu'est-ce que c'est que cette histoire?

Mireille: Eh bien, oui! Quand tu appuies sur le bouton, la lumière reste allumée deux minutes, et puis elle s'éteint. On a l'habitude de l'économie, en France! Il faut que tu comprennes ça!

Robert: Ils sont fous, ces Français!

Mireille: Mais non, nous ne sommes pas fous! Nous éco-nomisons l'énergie. Bon, allez, dépêche-toi, ça va s'éteindre!

Robert: Bonsoir! . . . (*La lumière s'éteint.*) Ah, zut!

4. *interdit*

Il ne faut pas marcher sur le gazon; c'est **interdit**, c'est défendu!

5. *déçu*

J'AI PEUR QUE TU SOIS DÉÇU...

5. *la Rotonde*

La Rotonde. C'est un grand café à Montparnasse.

6. *minuterie*

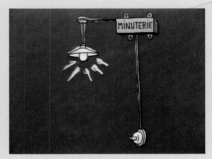

Il y a un système de **minuterie** dans les escaliers de tous les immeubles parisiens. La **minuterie** permet d'économiser l'électricité. Chaque fois qu'on allume la lumière, la **minuterie** l'éteint automatiquement au bout de deux ou trois minutes (le temps nécessaire pour monter ou descendre l'escalier).

6. *allumé, éteint*

ETEINS!

La lumière est **allumée**.

La lumière est **éteinte**.

MISE EN ŒUVRE

Ecoutez la mise en œuvre du texte et répondez aux questions suivantes.

1. Qu'est-ce que Mme Belleau offre à ses invités?

2. Qu'est-ce qu'elle propose à son mari?

3. Que fait Marie-Laure, peu après?

4. Pourquoi Colette est-elle partie à 23 heures?

5. Pourquoi devait-elle se dépêcher?

6. Qu'ont fait les Belleau, peu après le départ de Colette?

7. Pourquoi Robert et Mireille ne peuvent-ils pas aller au cinéma ce soir?

8. Quand décident-ils d'y aller?

9. Qu'est-ce qu'on trouve dans le *Pariscope* ou *L'Officiel des spectacles*?

10. Comment sont classés les films?

11. Comment peut-on savoir de quoi il s'agit dans un film?

12. Comment est le japonais de Robert?

13. Pourquoi Robert n'aurait-il pas de mal à comprendre un film étranger?

14. Pourquoi Mireille dit-elle que *Trash*, ça ne va pas?

15. Pourquoi le *Pariscope* n'est-il pas bon?

16. Quand les programmes changent-ils?

17. Qu'est-ce qu'on donne au 14 Juillet–Parnasse?

18. Quel genre de film est-ce?

19. De quoi Mireille a-t-elle peur?

20. Où Mireille donne-t-elle rendez-vous à Robert?

21. A quelle heure vont-ils se retrouver?

22. Comment Robert peut-il aller au 14 Juillet–Parnasse?

23. A quelle station devra-t-il descendre?

24. Qu'est-ce qu'il y a dans les escaliers des immeubles français, pour économiser l'électricité?

25. Combien de temps Robert a-t-il pour descendre?

26. Pourquoi les Français utilisent-ils ce système?

27. Pourquoi Mireille dit-elle à Robert de se dépêcher?

28. Pourquoi Robert dit-il "Ah, zut"?

MISE EN QUESTION

1. Qu'est-ce qui montre que M. et Mme Belleau sont des gens raisonnables? Quel genre de boisson est-ce que Mme Belleau propose après le repas? Qu'est-ce que M. Belleau a l'habitude de boire? Mais est-ce que les Belleau imposent leurs goûts et leurs habitudes aux autres? Qu'est-ce que M. Belleau propose?

2. Qu'est-ce que Marie-Laure fait avant de quitter la pièce pour aller se coucher?

3. Pourquoi Robert n'est-il pas très content quand tout le monde est enfin parti? Quelle heure est-il? Qu'est-ce que Robert n'a pas oublié? (Voyez leçon 29.)

4. Pourquoi Robert est-il un peu surpris quand Mireille propose qu'ils aillent au cinéma le lendemain en matinée? Quand peut-on aller au cinéma, en général? Si je dis: "Je vais aller acheter des billets dans la matinée," est-ce que ça veut dire que je vais y aller avant ou après midi? Et si je dis, "Nous avons vu *Le Cid* à la Comédie-Française en matinée," ça veut dire avant ou après midi?

5. Qu'est-ce qu'on peut consulter pour savoir ce qui passe au cinéma?

6. Est-ce que la plupart des films étrangers qui passent à Paris sont en version originale (avec sous-titres) ou doublés?

7. Pendant qu'elle passe en revue les films de la semaine, Mireille plaisante. Qu'est-ce qu'elle dit qui montre qu'elle plaisante? Qu'est-ce que Robert dit sur le même ton de plaisanterie?

8. Qu'est-ce que c'est que la Rotonde? Pourquoi Mireille donne-t-elle rendez-vous à Robert à la Rotonde? Où est-ce que c'est? Dans quel quartier de Paris? Quelle est la station de métro la plus proche?

9. Jusqu'où Mireille raccompagne-t-elle Robert? A quoi sert la petite lumière qu'elle montre à Robert? Qu'est-ce que cette petite lumière indique?

Journal de Marie-Laure

AUDREY OFFRE UN ORDINATEUR À TANTE GEORGETTE

Le 25 décembre 2009

Ah ! elle n'a pas beaucoup de jugeote, ma nièce ! Elle ne voit pas plus loin que le bout de son nez. Elle ne mesure pas les conséquences de ses actes. Qu'est-ce qui a bien pu lui passer par la tête ? Tonton Guillaume lui a offert un nouvel ordinateur portable pour Noël. Du coup, elle a voulu offrir son vieil ordinateur à Tante Georgette. Ça partait d'un bon sentiment mais ça nous a gâché la journée de Noël. Il a fallu expliquer à cette pauvre Tante Georgette le fonctionnement de l'ordinateur et ça a été un vrai cauche-mar. J'ai cru que j'allais devenir chèvre ! Tante Georgette nous a fait tourner en bourrique, elle ne comprenait rien, mais alors rien

du tout ! Pour commencer, Audrey branche l'ordi pour charger la batterie et demande à Tante Georgette de presser le bouton start. Tante Georgette : « Ah bon, ça marche comme mon four ? ». Air ahuri d'Audrey. « Ben oui, quand je mets une tarte à cuire, je presse le bouton du four ». Ça commençait bien ! Mais Audrey ne se démonte pas et continue. Bref, l'écran de l'ordinateur s'allume et le bureau apparaît, avec la barre de menus et les icônes. Audrey veut montrer à Tante Georgette comment faire pour choisir un logiciel ou une option en ouvrant un menu déroulant et Tante Georgette lui répond : « Merci, mais ne me parle pas de menu !

Après le repas de Noël de ta grand-mère, je ne veux plus entendre parler de nourriture ». Ou bien cette brave Tante Georgette est complètement idiote ou bien elle fait exprès pour nous faire enrager. Mais Audrey ne se laisse pas décourager et revient à la charge : « Bon, je vais te montrer comment faire un fichier ». « Quoi ! Faire chier ! Qu'est-ce que c'est que ça ? C'est comme ça que tu parles à ta grand-tante ? » Audrey s'est mise à crier que si Tante Georgette ne faisait pas attention à ce qu'on disait, on n'y arriverait jamais, qu'elle avait encore à lui expliquer comment « enregistrer sous » pour nommer, classer et sauvegarder un document, et aussi quelques raccourcis comme le copier-coller et surtout la différence entre clic droit et clic gauche, mais qu'à cette allure d'escargot, on n'aurait pas fini avant le jour de l'An. « Qu'est-ce que c'est que cette histoire de claque droite et de claque gauche ! Tu en veux, une paire de claques, pour t'apprendre le respect ? ». « Mais non, Tata, je ne parle pas de claque, je parle du clic que tu fais avec le pavé numérique ou la souris ». Tante Georgette s'est mise à hurler : « en plus il y a une souris dans cet ordinateur » et elle s'est sauvée en laissant le malheureux ordi chez mes parents ! Ma pauvre nièce ! Ça lui apprendra à faire des cadeaux branchés à sa Tante. ~~Pauvre Tante Georgette, elle est plutôt ramollo du ciboulot.~~ Il ne manquerait plus qu'elle lui offre une tablette numérique à écran tactile pour son anniversaire !

DOCUMENTS

1

Ordinateurs, tablettes, *smartphones*

Trois ménages français sur quatre disposent d'un ordinateur, contre 60% des ménages en 2007. Une véritable "révolution informatique" s'est engagée depuis le début des années 1990 en France comme dans le monde développé. (En 1993, les Français avaient acheté pour la première fois plus d'ordinateurs que de voitures neuves.)

Le développement du multimédia (symbiose du texte, du son, des images fixes ou animées) a constitué une motivation majeure pour l'achat d'un ordinateur. L'ordinateur est devenu un instrument d'éducation, de communication et d'information; il a remplacé le Minitel, le fax ou le répondeur téléphonique. L'ordinateur est aussi un centre de loisirs avec les jeux vidéo, l'écoute de la musique ou le visionnage des photos ou de films de famille numérisés.

Les *smartphones* peuvent se connecter à Internet et permettent de communiquer, de regarder la télévision, des films ou des photos, d'écouter la radio ou de la musique et de lire les informations.

A mi-chemin entre l'ordinateur portable et le *smartphone*, les tablettes numériques tactiles attirent majoritairement les professionnels et les 18–24 ans. La tablette est souvent utilisée pour les jeux, les réseaux sociaux, le suivi de l'actualité et la navigation sur les sites web. Elle est ainsi le prolongement du *smartphone*. On note d'ailleurs que 44% des applications téléchargées sont identiques sur les deux écrans. La tablette est aussi utilisée comme un terminal de lecture et pour les achats en ligne.

—*Francoscopie 2013*

2

Les Jeux vidéo

Près d'un Français sur deux joue aux jeux vidéo (40%). Le profil des joueurs a fortement évolué et l'image de l'adolescent rivé à sa console pendant des heures n'est plus représentative. L'âge moyen des joueurs est de 33 ans et les femmes en représentent déjà près de la moitié.

Le jeu vidéo est partie intégrante des modes de vie des adolescents et des jeunes. Le temps moyen de jeu des 13–19 ans est de 9 heures par semaine. 60% des filles y jouent mais leur temps de jeu est moindre que celui des garçons.

Les jeux sont devenus la catégorie d'application préférée des utilisateurs de *smartphones* et de tablettes. Les femmes préfèrent les jeux de réflexion tandis que les hommes choisissent les jeux de combat et de tir.

—*Francoscopie 2013*

3

L'Ordinateur est à l'origine d'une révolution culturelle

L'ordinateur et les nouveaux équipements électroniques de loisir représentent une rupture culturelle. Ils ont d'abord transformé la relation des gens aux médias. La "navigation" sur les supports électroniques ou sur les sites Internet est très différente de la "lecture" des livres, des journaux et des magazines. La linéarité a fait place à la circularité, rendue possible par les "liens hypertextes." Et le mode de navigation n'est pas fermé ou limité, mais totalement ouvert, ce qui fait d'Internet un outil d'une extraordinaire puissance.

Par contre, la culture générale ainsi constituée est fragmentée, parcellaire. Elle constitue une mosaïque plutôt qu'une image d'ensemble cohérente, telle que la fournit la culture "traditionnelle."

—*Francoscopie 2013*

4

Les Trente Ans du Minitel (1982–2012)

Le Minitel, précurseur mondial de l'informatique grand public (technologie vidéotex) avait vu le jour en 1982. Son arrêt technique définitif a eu lieu le 30 juin 2012. 800.000 appareils étaient encore en circulation; 2 millions de personnes l'utilisaient encore en 2010. Mais les différents services proposés avaient depuis des années migré sur Internet, où ils bénéficient d'une bien plus grande facilité d'usage.

Largement utilisé pour les informations pratiques (notamment l'accès à l'annuaire téléphonique en tapant le code 3611), le Minitel était aussi un outil d'achat à distance (billets de train, d'avion, etc. . . .). Le code 3615 était la porte d'entrée du "Minitel rose," constitué de sites de rencontre et de messageries intimes.

—*Francoscopie 2013*

Le Minitel, "faux frère" d'Internet, ferme définitivement

Le Minitel est devenu définitivement inutilisable le samedi 30 juin 2012. C'est une page de l'histoire française des télécommunications qui s'est tournée.

Le réseau du Minitel, Transpac, est très différent en

termes d'infrastructure du protocole TCP/IP d'Internet. Transpac était complètement centralisé, conçu pour que les utilisateurs se connectent directement à des serveurs centraux pour accéder aux données. Il était impossible pour les terminaux de communiquer entre eux, comme c'est le cas sur Internet.

"Internet est un réseau de réseaux," affirme Benjamin Thierry, spécialiste de l'histoire des interfaces homme-machine. Valérie Schafer, du Centre national de recherche scientifique, complète: "Avec le Minitel, les télécoms plaçaient l'intelligence dans le réseau, et non pas dans les terminaux. Internet place l'intelligence à la périphérie." Le réseau Internet n'est donc pas, à la différence de Transpac, un réseau centralisé client-serveur, mais un réseau où chaque ordinateur est à la fois émetteur et récepteur d'informations.

Valérie Schafer tempère néanmoins: "Dans les faits, on assiste à une évolution de l'architecture du réseau qui fait que de plus en plus, on s'éloigne de l'Internet des pionniers, un réseau horizontal et ouvert." Les usages d'Internet deviennent plus centralisés, et ont dévié sa nature même, passée d'un réseau décentralisé avec des ordinateurs connectés en individu à individu, à un réseau centralisé de type Minitel, où les ordinateurs se connectent tous aux mêmes serveurs pour accéder aux informations, Google, Yahoo et Microsoft en tête.

—D'après LeMonde.fr

5

Retour de croisade

C'est un mec qui rentre des croisades. Il enlève son armure et sa femme lui dit:
—Ah! T'es tout bronzé!
—Non, c'est la rouille!

—Coluche

6

Souvent j'oubliais

Souvent j'oubliais le sens des actes les plus simples. . . .

Un soir, rentrant chez moi, j'ai comme un vague souvenir qu'il me faut crier quelque chose dans l'allée de l'immeuble. Mais quoi? Misère, je ne le sais plus, je l'ai oublié.

Je murmure d'abord: "Bonne nuit!" puis, élevant peu à peu la voix: "L'addition! . . . Un hareng de la Baltique, un! . . . Les jeux sont faits! . . . Waterloo! . . . *Vade retro. . . .*" La concierge, furieuse, se lève en papillotes et m'insulte.

Je prends congé de mes amis Z . . . qui habitent au septième étage, *sans ascenseur.* On m'accompagne sur le seuil de l'appartement. Soudain, apercevant l'escalier, je suis pris de panique et pense, dans un éclair: "C'est quelque chose *qui sert à monter, non à descendre!*" Je ne vois plus les marches, mais l'espace vertical qu'elles découpent de haut en bas: une falaise abrupte, une faille, un précipice affreux!

Affolé, étourdi par le vertige, je crie: "Non! Non! Retenez-moi!" Je supplie mes amis de me garder chez eux pour la nuit. En vain. Pas de pitié: on me pousse, en plaisantant, vers l'abîme. Mais moi, hurlant comme un homme qu'on assassine, je résiste, je m'arc-boute—finalement je cède, perds l'équilibre, manque la première marche, tombe et me casse une jambe.

—Jean Tardieu, *La Part de l'ombre*

7

Arrivées et départs

Les amis font toujours plaisir; si ce n'est pas quand ils arrivent, c'est quand ils partent.

—Alphonse Karr

8

Suspense

Je ne sais pas ce qui se passe en ce moment dans mon immeuble, c'est très mystérieux!

Déjà, quand je rentre chez moi le soir après dix heures . . . la porte d'entrée est fermée. Je tire le cordon. J'appuie sur le bouton . . . j'attends . . . clac! . . . . La porte s'ouvre . . . toute seule! . . . Je rentre . . . j'appuie sur la minuterie . . . je passe devant la loge . . . les rideaux sont tirés . . . je dis mon nom . . . on ne me répond pas . . . je vois un écriteau sur la porte où il y a marqué "La concierge est dans l'escalier." . . . Je monte. . . . Arrivé au troisième . . . clic! . . . la minuterie s'arrête . . . j'appuie sur le bouton . . . dring! . . . j'entends sonner chez le voisin. Je me dis: "Tiens! Je le croyais en vacances . . . et puis . . . comment se fait-il que la minuterie ne marche pas? . . ." Je rappuie sur le bouton . . . dring! . . . Je dis: "Oh! Celui-là avec sa sonnerie! . . . il va réveiller tout le monde! . . ."

Je continue à monter dans l'obscurité . . . tout en tâtonnant . . . quatrième . . . cinquième . . . rien! . . . un silence! Et puis je me dis . . . "Comment se fait-il que je n'aie pas rencontré la concierge . . . puisqu'elle est dans l'escalier?" Je rentre chez moi. Clac! clac! clac! J'entends marcher au-dessus . . . c'est le voisin qui va et qui vient . . . je me dis . . . "Qu'est-ce qu'il peut faire?" . . . Je n'allume pas . . . j'écoute . . . . Clac! clac! clac! Au bout d'un moment . . . j'ouvre la radio. Je la monte . . . assez fort . . . tout se tait! . . . je la baisse . . . ça recommence . . . clac! clac! clac!

J'en ai parlé à ma voisine du dessous qui m'a dit:

—Moi aussi . . . quand vous êtes là! . . . j'entends marcher au-dessus.

—Tiens! . . . pourtant je suis tout seul!

—C'est peut-être vous! . . .

—Vous n'allez pas me soupçonner, non? . . .

—Non! . . . mais. . . .

Et puis elle m'a appris une chose qui m'a profondément troublé . . . elle m'a dit:

—Dans la journée, la concierge n'est jamais là!

—Où est-elle?

—Dans l'escalier. . . .

Je me dis: "Tiens! dans la journée aussi . . ." Et cette nuit . . . je ne me suis pas couché . . . . Jusqu'à minuit . . . clac! clac! clac! . . . et puis après . . . plus rien . . .

Puis tout à coup . . . tic! tac! tic! tac! tic! tac! Je me dis: "Qu'est-ce qui fait ce bruit-là?" C'est mon réveil. . . . Tiens! dans la journée il fait moins de bruit! . . . Deux heures . . . trois heures. . . . Tic! tac! tic! tac! Quatre heures . . . cinq heures . . . tic! tac! tic! tac! Et puis vers six heures . . . un bruit de poubelles . . . et puis . . . clac clac! . . . les pas ont recommencé . . . .

J'ai ouvert à nouveau ma radio . . . tout grand . . . alors là . . . j'ai nettement entendu: "Moins fort . . . vous me cassez les oreilles . . . arrêtez!!!" Je me dis: "Ça y est! . . . on se bat! . . ." J'ai baissé ma radio . . . Krn! krn! krn! . . . j'ai collé mon oreille à la cloison . . . et j'ai réussi à distinguer . . . la voix d'une femme qui disait: "Il va mourir . . . passe-moi le tisonnier."

Je me suis dit: "Qu'est-ce que je fais? . . . j'appelle ou quoi?" Et puis, j'ai entendu quelqu'un descendre . . . . . . Alors j'ai ouvert ma porte . . . personne! . . . Je suis descendu . . . je suis passé devant la loge . . . l'écriteau "La concierge est dans l'escalier" était toujours là! . . . alors que j'en venais! La porte d'entrée que j'avais fermée la veille était ouverte! . . . J'ai jeté un coup d'œil dans la rue . . . .

Sur le trottoir d'en face . . . il y avait un agent qui faisait les cent pas. . . . Eh bien! . . . ça m'a rassuré!

—Raymond Devos

9
La Petite Mort

Le temps d'un souffle coupé
Par un soir tardif d'été
Les anges partirent avant
Et leurs visages tachés de blanc
Je crois qu'il est trop tard
Pour t'avouer que j'ai mal
A mon cœur mourant
Et mes souvenirs tachés de blanc

Refrain

Si l'on me perd, sache que je serai la tienne
Et au creux de ses bras, la mort nous bercera
Car si l'on me perd, c'est seulement pour rester la tienne
Et au creux de ses bras la mort nous bercera

La pluie coule sur mes tempes
La foudre chante ta descente
Blottie contre ma vie
Ton rire résonne et puis s'enfuit
Je crois qu'il est trop tard
Pour te dire que ça fait mal
Mon cœur n'est plus comme avant
Car il s'endort tout doucement

(Refrain)

—Cœur de Pirate

Cœur de Pirate est le nom d'artiste de la chanteuse québécoise Béatrice Martin, née en 1989 à Montréal. Fille d'une pianiste professionnelle, elle commence à jouer du piano à l'âge de trois ans. A neuf ans, elle entre au Conservatoire de musique de Montréal, et à quinze ans devient claviériste dans un groupe. En 2007, encouragée par ses amis, elle commence à écrire des chansons. Elle obtient le prix Félix ("Révélation de l'année," 2009) et en 2010 sa chanson "Comme des enfants" est nommée chanson originale de l'année par le jury du prix Les Victoires de la Musique.

Béatrice Martin a dit que dans "La Petite Mort" elle cherche à évoquer quelqu'un qui vient de perdre une personne aimée et qui doit lui-même continuer à vivre. En français l'expression "la petite mort" désigne en effet le bouleversement produit par une catastrophe ou une perte, où on a l'impression de mourir un peu. Mais "la petite mort" est aussi un euphémisme pour l'expérience de sortie du corps ou de transcendance qui accompagne l'orgasme sexuel. La chanson semble suggérer qu'il peut s'agir de l'un ou de l'autre.

37 Divertissements II

TEXTE

1

Vendredi après-midi, deux heures moins
le quart. Mireille attend depuis un quart
d'heure à la terrasse de la Rotonde. A la table
à côté est assis un monsieur d'une quarantaine d'années. Il a une moustache noire,
les ongles noirs. Il est tout habillé de noir :
chapeau noir, cravate noire, complet noir, imperméable noir, chaussures noires. Il a aussi
une chaussette noire, mais l'autre est rouge.

Il a posé une paire de lunettes noires à côté
de sa tasse de café (noir, bien sûr). Il cligne
d'un œil, puis de l'autre, puis des deux. Ce
tic agace prodigieusement Mireille, qui va se
lever et partir, quand elle aperçoit Robert,
assis à la terrasse du café d'en face.

1. *chapeau, cravate, complet,*
chaussure, chaussette

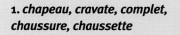

cravate noire — chapeau noir

— moustache noire

complet noir

chaussette noire

chaussure noire

1. *poser*

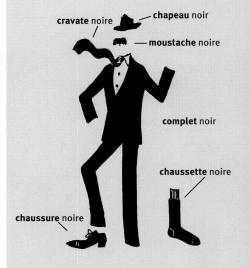

La bonne va **poser** la soupière sur
la table.

1. *cligner des yeux*

Il **cligne d'**un **œil**.

Il **cligne de** l'autre **œil**.

Il **cligne des** deux **yeux**.

2

Il regarde nerveusement autour de lui, à droite, à gauche. Il regarde sa montre. Puis il lève les yeux, et, tout à coup, il semble découvrir qu'il y a un café en face. Il se lève comme un ressort, bondit, fait quelques pas en avant, s'arrête, revient en arrière, jette un billet sur la table, repart en courant, s'élance

sur le boulevard, sans regarder ni à droite, ni à gauche. Un coup de frein strident, un juron retentissant, mais incompréhensible. Mireille a fermé les yeux; quand elle les rouvre, Robert est assis à côté d'elle.[1]

[1]. Robert a bien failli se faire écraser, mais nous avons encore besoin de lui: l'étude du subjonctif vient à peine de commencer. (Note des auteurs)

3

Robert: Je ne suis pas en retard, non?

Mireille: Non, non. . . . De toute façon, ça ne commence pas avant deux heures. Tu veux qu'on y aille?

Robert: D'accord, on y va.

Mireille: Allons-y!

Et ils y vont.

4

13 heures 50, devant le cinéma.

Robert: Deux places, s'il vous plaît.

Mireille: Attends! J'ai ma carte d'étudiante, moi. Une place étudiant, s'il vous plaît.

La caissière: Voilà. Alors, ça fait 64 francs . . . mais il faut que

vous attendiez un peu; ce n'est pas encore ouvert.

Mireille: C'est dommage que nous n'ayons pas pu venir lundi.

Robert: Pourquoi?

Mireille: Parce que c'est moins cher le lundi.

La caissière: Voilà, vous pouvez entrer.

Une ouvreuse prend leurs tickets et leur indique des places.

L'ouvreuse: Ici, ça ira?

Robert: Ce n'est pas un peu trop loin de l'écran?

L'ouvreuse: Ici, alors? . . . Merci!

5

Mireille: Tu as les tickets? Elle te les a rendus?

Robert: Oui . . . mais tu as entendu comme elle a dit "merci"? Son ton n'était pas très aimable. . . . D'ailleurs, pourquoi m'a-t-elle remercié? Je ne lui ai rien donné!

Mireille: Mais justement, c'est pour ça! Elle s'attendait à ce que nous lui donnions un pourboire!

Robert: Ah, bon? Il faut donner un pourboire aux ouvreuses?

Mireille: Ben, oui, c'est l'habitude.
Robert: Je ne savais pas! Tu aurais dû me le dire! Pourquoi ne me l'as-tu pas dit? Comment voulais-tu que je le sache? Je ne suis pas au courant, moi!
Mireille: Oh, ce n'est pas bien grave!

Robert: Quand est-ce que ça va commencer?
Mireille: Bientôt! Un peu de patience!

2. ressort

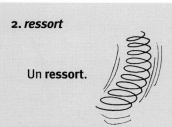

Un **ressort**.

2. bondir, s'élancer

2. pas

un **pas**

2. jeter

Dame **jetant** une vieille chaussette à la poubelle.
"Que celui qui est sans péché **jette** la première pierre." (Jésus-Christ)
"Il ne faut jamais rien **jeter**. Ça peut toujours servir!" (Tante Georgette)
"Moi, je ne **jette** rien. Je garde tout."
(Le grand-oncle Casimir)

2. juron

Un **juron**.

2. retentissant

Le conducteur n'a pas murmuré ce juron. Il l'a crié d'une voix **retentissante**. Le juron **a retenti**; tout le monde l'a entendu.

2. se faire écraser

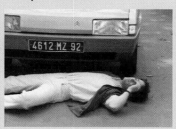

Robert a réussi à **se faire écraser** (leçon 52 . . .).

4. écran

Au cinéma, l'action est sur **l'écran**.
Au théâtre, l'action est sur la scène.
Au cirque, elle est sur la piste.
Les **écrans** de cinémascope sont plus larges que les **écrans** normaux.

5. s'attendre à

Je **m'y attendais**! Ça ne m'a pas surpris. Je savais ce qui allait arriver.

Je ne **m'y attendais** pas. Ça m'a surpris.

5. pourboire

Dans un café, dans un restaurant, le service est compris. Ce n'est pas la peine de laisser un **pourboire**.

5. au courant

Robert n'est pas **au courant**; il ne sait pas; il n'a pas été informé.
M. Courtois lit *Le Monde* tous les jours pour se tenir **au courant** de la politique internationale, de l'économie, des spectacles, et des arts.

6

Justement, les lumières s'éteignent. On passe d'abord de la publicité. Réclame pour du café, une planche à voile, un dentifrice, un rasoir, du cognac, de l'eau minérale, une machine à écrire électronique, et finalement des bonbons.

A ce moment précis, les lumières se rallument, et les ouvreuses deviennent vendeuses: "Demandez dans la salle, bonbons, esquimaux. . . ."

Robert: Tout ça, c'est très bien, mais ce n'est pas pour ça que je suis venu, moi! Moi, je suis venu pour voir *L'Amour l'après-midi*!

Mireille: Mais oui! ça va venir! Il faut que tu aies un peu de patience, voyons!

7

En effet, les lumières s'éteignent.

Robert: Ah, enfin! Je croyais que ça ne commencerait jamais. Dis, il faudra que tu m'expliques, si je ne comprends pas, hein? Promis?

Mireille: Oui, oui, je te ferai un petit dessin . . . mais tais-toi, maintenant!

Un voisin: Chut!!! Ils ne vont pas bientôt se taire, ces deux-là? Ce qu'il y a des gens mal élevés, quand même!

Le film raconte l'histoire d'un monsieur d'une trentaine d'années, un jeune cadre dynamique, sympathique, marié. Il retrouve une jeune femme un peu bohème qu'il connaissait avant son mariage, et qui se met en tête de le séduire. Ils se rencontrent plusieurs fois, l'après-midi. Il est tenté, mais, au dernier moment, il s'échappe. Il retourne à l'amour de sa femme, l'après-midi, bien sûr.

Robert: Eh bien, tout cela est très moral. . . .

Mireille: Tout est bien qui finit bien, comme dit ma tante Georgette!

---

6. réclame
On fait de la **réclame** (de la publicité) pour différents produits dans les journaux, à la télévision, dans le métro (avec des affiches).

6. dentifrice

Du **dentifrice**.

7. mal élevé, bien élevé

Un petit garçon bien **mal élevé**!

Il est très **mal élevé**; il se conduit mal, il parle mal, il est très désagréable. C'est un sauvage!
Il est très **bien élevé**, très poli.
Elle a été **élevée** en Suisse.
Il a été **élevé** chez les Frères, dans une école religieuse.

7. cadre

De jeunes **cadres** dynamiques (des hommes—ou des femmes—d'affaires jeunes et ambitieux).

7. bohème

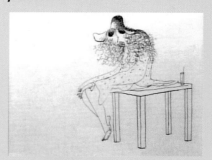

Une jeune fille un peu **bohème**. (Elle n'accepte pas le mode de vie bourgeois.)

7. séduire
Marie-Laure veut **séduire** Robert; elle lui offre une boule de gomme! Jean-Pierre se prend pour un grand **séducteur**, un vrai Dom Juan. . . . M. et Mme Courtois ont trouvé Robert très sympathique. Ils ont été **séduits**.

MISE EN ŒUVRE

Ecoutez la mise en œuvre du texte et répondez aux questions suivantes.

1. Depuis combien de temps Mireille attend-elle Robert?
2. Qui est assis à la table à côté?
3. Comment est-il habillé?
4. Comment sont ses chaussettes?
5. Quel tic a-t-il?
6. Pourquoi Mireille va-t-elle se lever et partir?
7. Où est Robert quand elle l'aperçoit?
8. Pourquoi Robert se lève-t-il comme un ressort?
9. Qu'est-ce que Robert fait quand il revient à sa table?
10. Pourquoi sait-on que Robert est imprudent?
11. Qu'est-ce que Mireille entend?
12. Où Robert est-il assis quand elle rouvre les yeux?
13. Pourquoi Mireille et Robert doivent-ils attendre un peu?
14. Combien coûtent leurs deux places?
15. Pourquoi est-il dommage qu'ils ne soient pas allés au cinéma un lundi?
16. Pourquoi le ton de l'ouvreuse n'était-il pas aimable?
17. Quelle est l'habitude, en France?
18. Pourquoi Robert n'est-il pas content? Qu'est-ce que Mireille aurait dû faire?
19. Qu'est-ce qu'on passe d'abord, avant le film?
20. Quelles sortes de réclames passe-t-on?
21. Que vendent les ouvreuses après les publicités?
22. Pourquoi Robert est-il si impatient?
23. Comment Mireille expliquera-t-elle le film à Robert, s'il ne comprend pas?
24. Qui est le héros du film?
25. Quel âge a-t-il?
26. Que fait la jeune femme bohème quand elle rencontre le monsieur?
27. Quand se rencontrent-ils?
28. Pourquoi la jeune femme ne réussit-elle pas?
29. Qu'est-ce que Tante Georgette aime bien dire?

MISE EN QUESTION

1. A quelle heure Robert et Mireille avaient-ils rendez-vous à la Rotonde? (Voyez leçon 36.) Pourquoi Robert n'est-il pas là? Examinez toutes les explications possibles. Il a eu un accident? Il s'est couché trop tard et il ne s'est pas réveillé? Il a oublié le rendez-vous? Il a changé d'idée, il a loué une voiture et il est reparti en Bourgogne? Son père l'a rappelé aux Etats-Unis? Il est allé voir sa mère en Argentine? Pourquoi? Il s'est perdu dans le métro ou dans la rue? Il a rencontré une belle Suédoise dans la cour de la Sorbonne?

2. Pourquoi le monsieur qui est assis à la table à côté de celle de Mireille est-il tout habillé en noir? Est-ce qu'il est veuf, en deuil? Est-ce qu'il travaille pour une entreprise de pompes funèbres et il revient des funérailles d'un client? Il trouve que le noir fait plus distingué? Il est prêtre d'une religion qui exige que tous ses prêtres s'habillent en noir? Il vient d'un pays où tous les hommes s'habillent en noir?

3. Pourquoi ce monsieur a-t-il une chaussette rouge? Examinez toutes les explications possibles. Il s'est levé très tôt ce matin et il s'est habillé dans le noir? Il ne distingue pas les couleurs, il est daltonien? Il a déchiré l'autre chaussette noire en s'habillant? Il a perdu l'autre chaussette noire quand il était petit? L'autre chaussette noire est restée dans la machine à laver? Il appartient à une secte dont c'est le signe secret? C'est un code, un message? Pour qui? Qu'est-ce que ça veut dire? Il veut attirer l'attention, se faire remarquer?

4. Où avez-vous déjà vu cet homme en noir?

5. Pourquoi Robert n'était-il pas au rendez-vous? Que s'est-il passé? Est-ce qu'il s'est trompé de station de métro?

6. Quand Robert s'aperçoit de son erreur, il se précipite pour rejoindre Mireille. Pourquoi revient-il en arrière? Qu'est-ce qu'il a oublié de faire dans sa précipitation?

7. Robert arrive-t-il au rendez-vous à l'heure? Alors pourquoi Mireille dit-elle qu'il n'est pas en retard? De toute façon, pourquoi cela n'a-t-il pas d'importance s'il est un peu en retard?

8. Qu'est-ce qui montre que Mireille est une jeune fille économe?

9. Est-ce qu'il y a beaucoup de monde dans la salle quand Robert et Mireille entrent? Pourquoi? A quoi sert l'ouvreuse? Qu'est-ce qu'elle fait? Pourquoi Robert ne savait-il pas qu'il y avait des ouvreuses et qu'il fallait leur donner un petit pourboire?

10. Quand Mireille dit qu'elle fera un petit dessin pour expliquer le film à Robert s'il ne comprend pas, est-ce qu'elle parle sérieusement, ou est-ce qu'elle emploie une expression toute faite par plaisanterie?

11. Pourquoi un voisin proteste-t-il? Est-ce qu'il s'adresse directement à Robert et à Mireille, ou est-ce qu'il fait semblant de parler à sa femme?

Journal de Marie-Laure

LES VOISINS ÉCOLOS

Le 3 mai 2011

Aujourd'hui, j'ai un peu bavardé avec Marine Bertrand, la fille de mes nouveaux voisins. Dans sa famille, ils sont tous super écolos : ils sont obsédés par tout ce qui concerne l'environnement et leur empreinte carbone est pour eux un vrai souci. Bien entendu, ils sont végétariens, ils mangent bio et ils achètent des légumes à l'AMAP (l'Association pour le Maintien de l'Agriculture Paysanne) de leur quartier, tous des légumes cultivés dans un petit village à une soixantaine de kilomètres de Paris et livrés un soir par semaine. On peut dire que ce sont des locavores ! Ils ne se fournissent que chez des producteurs locaux.

Mais ça ne s'arrête pas là : ils font un tri très sélectif de leurs déchets, ils ont au moins quatre poubelles, une pour les déchets alimentaires, une pour le plastique, une pour le verre et une pour les emballages cartonnés. « Tu comprends, comme ça, tout est recyclé et on ne gâche rien » m'a expliqué Marine.

En plus ils ont une poubelle à compost sur leur balcon. En fait, j'ai l'impression que tout leur mode de vie est organisé autour de l'écologie : ils ont une voiture qui roule à l'électricité, mais ils ne s'en servent jamais en ville. À la place, ils prennent les transports en commun : le métro, l'autobus, le tramway ou alors le vélib' ou l'autolib'. Ils militent dans des organisations pour la protection de la banquise et de la forêt amazonienne. Ils ne prennent jamais l'ascenseur et pourtant ils sont au 7ème étage ! Marine refuse même de prendre l'avion, parce que les avions polluent l'atmosphère et contribuent au réchauffement de la planète. Tout ça m'a paru très édifiant ; j'ai été impressionnée... être écolo c'est très bien mais le coup de l'avion ?... Là, je ne marche pas : « faut pas déconner », comme dirait Brice. J'aime trop voyager pour être écolo !

bdgomme Marine m'influence. Je vire écolo. Je me suis mise au tri sélectif. #vivelesverts
6-mai-2011

mirbelle @bdg : N'oublie pas de souhaiter sa fête à Jacques... #Faisunnœudàtonmouchoir
25-juil-2012

DOCUMENTS

1

Lettre à mes amis pour apprendre à faire du cinéma ensemble

Je joue
Tu joues
Nous jouons
Au cinéma
Tu crois qu'il y a
Une règle du jeu
Parce que tu es un enfant
Qui ne sait pas encore
Que c'est un jeu et qu'il est
Réservé aux grandes personnes
Dont tu fais déjà partie
Parce que tu as oublié
Que c'est un jeu d'enfants
En quoi consiste-t-il?
Il y a plusieurs définitions
En voici deux ou trois
Se regarder
Dans le miroir des autres
Oublier et savoir
Vite et lentement
Le monde
Et soi-même
Penser et parler
Drôle de jeu
C'est la vie.

—Jean-Luc Godard, *L'Avant-scène cinéma*, mai 1970

Jean-Luc Godard, réalisateur, scénariste, dialoguiste, acteur, producteur, critique et théoricien du cinéma, est né en 1930. Il a commencé sa carrière comme critique de cinéma, notamment aux *Cahiers du cinéma*. En 1959 il réalise un long-métrage, *A bout de souffle*, qui connaît un grand succès et devient un des films-clé de la "Nouvelle vague," mouvement du cinéma français de la fin des années 1950 qui regroupe les cinéastes François Truffaut, Eric Rohmer, Agnès Varda, Jean Eustache, Jacques Rivette, et Claude Chabrol. Godard a reçu deux prix internationaux pour l'ensemble de sa carrière: un Lion d'or au festival du cinéma de Venise en 1982 et un Oscar d'honneur à Hollywood en 2010.

2

Ma Nuit chez Maud est un des *Six Contes moraux* d'Eric Rohmer qu'il a publiés sous forme de livre (en 1974) après les avoir réalisés sous forme de films.

Le narrateur de *Ma Nuit chez Maud* vient d'arriver à Clermont-Ferrand, une ville de province importante dans le Massif Central. Il est ingénieur chez Michelin, la grande compagnie qui a lancé les pneumatiques pour les automobiles, et dont les usines sont installées à Clermont-Ferrand.

Ingénieur et catholique, il s'intéresse à Pascal qui, inventeur et mathématicien, était aussi catholique (surtout après la nuit du 23 novembre 1654 où il a une extase mystique et "se convertit").

La foi catholique du narrateur n'est pas aussi forte, mais il assiste à la messe tous les dimanches et, à défaut d'extase mystique, il a une révélation:

> Je vois, depuis quelques semaines, chaque dimanche à la même place, une jeune fille blonde d'une vingtaine d'années. C'est Françoise. Je ne sais encore rien d'elle. Je ne suis pas sûr qu'elle m'ait remarqué, et pourtant s'est déjà installée en moi l'idée nette, précise, définitive, qu'elle serait ma femme.

Il se sent absolument sûr que Françoise sera sa femme, mais sa foi en son destin ne le rend pas fataliste. Il est décidé à faire tout ce qu'il faudra pour que Françoise devienne sa femme.

> En essayant, par exemple, pour commencer, de suivre Françoise: mais ce n'était pas si simple. Elle venait à l'église à vélomoteur. Il fallait m'arranger pour sortir avant elle et dégager ma voiture. J'y réussis un jour, mais je perdis sa trace dans les petites rues du vieux Clermont. Habitait-elle dans le centre?
>
> La rencontrer par hasard, en semaine, dans les rues de Clermont, était cependant tout à fait improbable.

Un soir, pourtant, il l'aperçoit de loin; elle est sur son vélomoteur, lui en voiture, bloqué dans un embouteillage. Elle lui échappe.

Il continue à la chercher dans les grands magasins, les librairies, les cafés. En vain.

Le 23 décembre, dans un café où il était entré à tout hasard, il tombe sur Vidal, un ancien camarade de lycée qui est maintenant professeur de philosophie à l'université de Clermont. Ils s'étonnent de ne pas s'être rencontrés plus tôt.

L'idée de rencontre devait obséder Vidal non moins que moi, car la conversation dévia sur elle, presque sans transition.

—Tu viens souvent ici? lui demandai-je.

—Pour ainsi dire jamais. Et toi?

—C'est la première fois que j'y mets les pieds.

—Et c'est ici, précisément, que nous nous sommes rencontrés. C'est étrange!

—Non, au contraire, dis-je, c'est tout à fait normal. Nos trajectoires ordinaires ne se rencontrant pas, c'est dans l'extraordinaire que se situent nos points d'intersection: forcément! . . .

Et ils parlent des mathématiques, du calcul des probabilités, et du pari de Pascal. Le narrateur, catholique, dit que Pascal, qu'il est en train de relire, le déçoit. Vidal, qui est marxiste, le trouve, au contraire, très actuel.

—Tu es toujours marxiste?

—Oui, précisément: pour un communiste, ce texte du pari est extrêmement actuel. Au fond, moi, je doute profondément que l'histoire ait un sens. Pourtant, je parie pour le sens de l'histoire, et je me trouve dans la situation pascalienne. Hypothèse A: la vie sociale et toute action politique sont totalement dépourvues de sens. Hypothèse B: l'histoire a un sens. Je ne suis absolument pas sûr que l'hypothèse B ait plus de chances d'être vraie que l'hypothèse A. Je vais même dire qu'elle en a moins. Admettons que l'hypothèse B n'a que dix pour cent de chances et l'hypothèse A quatre-vingt-dix pour cent. Néanmoins, je ne peux pas ne pas parier pour l'hypothèse B, parce qu'elle est la seule qui me permette de vivre. Admettons que j'aie parié pour l'hypothèse A et que l'hypothèse B se vérifie, malgré ses dix pour cent de chances, seulement: alors j'ai absolument perdu ma vie. . . . Donc je dois choisir l'hypothèse B, parce qu'elle est la seule qui justifie ma vie et mon action. Naturellement, il y a quatre-vingt-dix chances pour cent que je me trompe, mais ça n'a aucune importance.

Vidal et le narrateur vont au concert, puis ils dînent ensemble dans une brasserie. Le lendemain, veille de Noël, Vidal accompagne le narrateur à la messe de minuit, puis il l'emmène chez une amie, Maud.

Maud habitait un immeuble moderne, au coin de la place de Jaude, juste au-dessus du café où j'avais rencontré Vidal. La bonne espagnole nous introduisit dans une vaste salle de séjour qui respirait la simplicité cossue. Face à la porte d'entrée, devant de hauts rayonnages bourrés de livres, sur une petite table ovale, le couvert était déjà mis. A l'autre extrémité, recouvert d'une ample fourrure blanche dont les pans traînaient sur la moquette, un divan— qui se révéla être le lit même de la maîtresse de maison—faisait face à un demi-cercle de fauteuils bas et moelleux. . . .

Maud entra. C'était une femme d'environ trente ans, brune, élancée, assurément "très" belle. Vidal alla vers elle et l'embrassa avec fougue. Elle se laissa faire un moment, puis se dégagea:

—Ah! Quelle tendresse! Tu as l'air d'être en pleine forme.

—On ne s'est pas vus depuis une éternité!

—Oui, depuis une semaine, dit-elle en me regardant.

Maud est médecin, elle vient de divorcer. Vidal est très amoureux d'elle, elle l'est beaucoup moins de lui. Ils ont des rapports assez complexes. Vidal, un peu par dépit, s'en va. Le narrateur veut, lui aussi, prendre congé, mais Maud le retient: il habite en dehors de la ville, dans la montagne, il neige, les routes doivent être dangereuses, et elle a envie de parler. Il passe donc la nuit chez Maud. Ils parlent de la religion, de l'amour, de leurs passés, de leurs principes moraux, mais il ne se passe rien entre eux.

Le lendemain matin, il entre dans un café. Il rencontre un collègue. Ils parlent et tout à coup il aperçoit, dans la rue. . . .

Oui, c'est "elle," c'est Françoise, qui passe sur son solex devant la vitre du café. Elle descend vers la place. Je ne réfléchis pas.

—Excusez-moi, dis-je.

Et, laissant coi mon interlocuteur, je bondis au dehors, sans prendre le temps de remettre ma canadienne. Je dévale la rue en courant, traverse la place jusqu'au terre-plein où Françoise est en train de se garer. Arrivé à quelques mètres d'elle je ralentis et m'avance au pas. Elle se retourne. Je parle aussitôt:

—Je sais qu'il faudrait trouver un prétexte, mais un prétexte est toujours idiot. Comment faut-il s'y prendre pour faire votre connaissance?

Elle me regarde, l'air interrogateur, sans hostilité, mais sans rien faire pour faciliter ma tâche. Brusquement, elle sourit et répond.

—Vous avez l'air de le savoir mieux que moi!

—Non! Sinon je ne vous aurais pas suivie comme ça, en dépit de tous mes principes.

—C'est très mal de faire des entorses à ses principes!

—J'en fais quelquefois. Et vous?

—Oui, mais je le regrette.

Pour me donner contenance, je regarde le vélosolex:

—C'est dangereux cet engin, avec ce temps-là.

—J'ai l'habitude. De toute façon, je ne m'en sers qu'en ville. Je rentre chez moi par le car.

—Où habitez-vous?

—A Sauzet, au-dessus de Ceyrat.

—On se voit quand?

—Quand on se rencontrera.

—On ne se rencontre jamais.

—Si, tout de même, dit-elle en riant.

—Demain, voulez-vous. . . . Je ne vous ai pas vue à la messe de minuit.

—Je n'y suis pas allée. J'habite trop loin.

—Bon. Et ensuite nous déjeunerons ensemble. Vous voulez?

—Oui, peut-être, nous verrons. Au revoir!

Dépêchez-vous, vous allez prendre froid!

Le narrateur va retrouver Maud, Vidal, et des amis pour faire une excursion dans la montagne. Il est très gai, il flirte un peu avec Maud. . . . Le soir, en rentrant chez lui, voilà qu'il tombe encore sur Françoise.

—Vous!

—Vous voyez! Ce matin nous parlions de hasard. . . .

—Vous m'avez reconnue de si loin?

—Même s'il n'y avait eu que dix chances sur cent que ce soit vous, je me serais arrêté!

Elle a un petit rire crispé:

—Eh bien vous voyez! C'est moi!

J'enchaîne aussitôt:

—Vous rentrez chez vous à bicyclette?

—Oui, j'ai raté mon car.

—Je vous raccompagne.

Ils parlent de l'amour, de la religion, de leurs passés, de leurs principes moraux. Ils se revoient. Il lui déclare son amour. Elle semble un peu réticente. Elle lui apprend qu'elle a eu une liaison, avec un homme marié. C'est fini, mais ça la gêne. Alors il dit que, lui aussi, il a eu des aventures. Ils se marient.

Cinq ans plus tard, ils sont en vacances en Bretagne, avec leur petit garçon . . . et, en descendant sur la plage, ils tombent sur Maud. Le narrateur veut lui présenter sa femme.

—Mais, nous nous connaissons, dit-elle. . . .
Enfin, de vue.

Françoise a l'air mal à l'aise, elle va sur la plage avec son petit garçon.

Maud et le narrateur continuent la conversation et le narrateur devine, et nous aussi, que c'est avec le mari de Maud que Françoise a eu une liaison. Maud s'en va. Le narrateur va retrouver sa femme sur la plage et il lui dit:

—Tu sais, quand je t'ai rencontrée, c'est de chez elle que je sortais. . . .

—D'après Eric Rohmer, *Six Contes moraux*

Eric Rohmer (1920–2010), cinéaste français, a été l'un des pionniers, avec Jean-Luc Godard, Claude Chabrol, et François Truffaut, de la "Nouvelle vague" au cinéma. De 1957 à 1963 il est rédacteur en chef des *Cahiers du cinéma*. *Ma Nuit chez Maude* fait partie de ses *Six Contes moraux*, avec *Le Genou de Claire*, *L'Amour l'après-midi* et trois autres films.

3

Le Cinéma français reste le premier d'Europe
La production cinématographique française reste la plus importante d'Europe, et la France demeure aussi le pays européen où le cinéma américain est le moins dominant. Outre la qualité des films proposés, le talent des réalisateurs et le flair des producteurs, le système de financement et d'aide au cinéma, partie de l'"exception culturelle" nationale, n'est sans doute pas étranger à ce succès.

—*Francoscopie 2013*

4

Au cinéma
Une dame entre au cinoche avec un très joli chapeau plein de fleurs, de fruits et de légumes . . . mais des vrais, des oiseaux et tout le tremblement! Elle s'assied, se retourne et dit au monsieur qui se trouve derrière elle:

—Mon chapeau ne vous dérange pas?

—Non, vous pouvez le garder: il est beaucoup plus drôle que le film.

—*Coluche*

5

Client difficile

Dans un cinéma où l'on joue un film policier à suspense, un spectateur entre au moment où le film vient de commencer.

Sa torche à la main, l'ouvreuse le guide, éclaire chaque marche pour qu'il ne trébuche pas, et l'amène jusqu'à un fauteuil libre.

—C'est trop près, vous n'auriez pas une autre place?

Elle repart dans l'autre sens et le guide jusqu'à un nouveau siège.

—Là c'est vraiment trop de côté. Il n'y a rien de plus central?

Elle parcourt toute l'allée, repère enfin une place en plein milieu, et elle y conduit le type, qui lui donne royalement une pièce de dix centimes.

Alors elle se penche vers lui et lui dit à l'oreille:

—L'assassin, c'est le juge.

—D'après Blaguedumatin.fr

6

Le Pourboire est-il obligatoire?

En France, un pourboire n'est pas obligatoire dans le sens où il n'est pas imposé par la loi. Cela dépend davantage des usages et coutumes propres à chaque profession.

Pour le métier de serveur ou garçon de café où le salaire est inférieur à ce qui est pratiqué dans d'autres domaines, les pourboires sont très courants. Sachez cependant que votre addition comprend le service qui est évalué à 15%. Il doit être inclus obligatoirement dans le montant de l'addition ou de la facture. Le code du travail oblige les employeurs à reverser les pourboires et le pourcentage de service inclus dans l'addition à leurs salariés.

Les autres professions concernées:
- Chez les coiffeurs, il est d'usage de laisser une pièce à la shampouineuse et au coiffeur qui vous a coiffé.
- Les chauffeurs de taxi reçoivent souvent un pourboire notamment s'ils viennent vous ouvrir la portière ou s'ils s'occupent de vos valises. Il est d'usage d'arrondir la note à l'euro supérieur et de leur laisser la monnaie.
- Dans l'hôtellerie également, les femmes de chambre et bagagistes reçoivent régulièrement des pourboires.
- Les guides touristiques. Leur pourboire est généralement déterminé selon la durée de la visite et la qualité du service.

Dans certaines professions, le pourboire tend à disparaître en raison de la disparition même de ces métiers. Par exemple, les ouvreuses de cinéma (qui tendent à disparaître totalement . . .).

—D'après Carole Caillaud, *Tout savoir sur le pourboire*, fiche pratique (2008)

7

Les Voyageurs généreux

Selon un sondage européen, les Français sont les voyageurs les plus généreux d'Europe. D'après l'enquête, un Français sur quatre donne systématiquement un pourboire lorsqu'il est en vacances.

Les vacances semblent détendre les touristes français, et les pourboires qu'ils laissent s'en ressentent. En effet, 37% d'entre eux donnent davantage de pourboire lorsqu'ils sont en vacances que dans la vie quotidienne. Etre loin du bureau semble rendre les voyageurs français généreux, plus que les Anglais (29%), les Italiens (27%), les Espagnols (24%), les Allemands (23%) et les Russes (16%).

—LeMonde.fr (19 juin 2013)

8

La Fidélité: valeur et idéal

Environ un Français sur trois avoue avoir trompé son conjoint au moins une fois. Les femmes sont désormais presque aussi nombreuses que les hommes. La jeune génération a une idée plus stricte de la fidélité; ses membres sont plus nombreux à regretter un acte d'infidélité que les plus âgés.

Les femmes restent moins tolérantes que les hommes à l'égard de l'infidélité conjugale. La fidélité est d'ailleurs la qualité qu'elles privilégient chez le partenaire idéal (56%), devant la sincérité (41%).

Le modèle du couple constitué pour la vie reste présent dans les esprits, mais les Français sont partagés sur sa réalité. Ainsi, 53% des femmes disent y croire, alors que 46% l'imaginent moins durable.

—*Francoscopie* 2013

9

Je te promets

T'aimerais que je te dise que je t'aimerai toute ma vie
T'aimerais que je te promette toutes mes nuits jusqu'à
l'infini
T'aimerais que je te suive à jamais sans faire de bruit
Et que je comprenne tout ceci sans que tu le dises

Refrain
Et je ne pourrai te dire ce que je ne sais pas
Et je ne pourrai te donner ce que je n'ai pas
Mais je ne pourrai te fuir même si tout nous sépare
Tout ce que je te promets c'est un nouveau départ

J'aimerais que le temps s'arrête lorsqu'on se parle
Et qu'apparaissent en plein jour dans le ciel un milliard
d'étoiles
Pour que je fasse un vœu, sans que mon soleil se voile
Et qu'on puisse être à nouveau deux, sans se faire ce
mal

(*Refrain*)

Et j'aimerais me cacher sous tes paupières
Pour que tu puisses me voir, quand tu fais tes prières
Et j'aimerais les casser, toutes ces lumières
Celles qui t'empêchent de voir un peu plus clair

(*Refrain, bis*)

—Zaho

Zaho (Zehira Darabid de son vrai nom) est une chanteuse d'origine algérienne qui réside actuellement au Canada. Jeune, elle a appris à jouer de la guitare toute seule. En 2008 son single "C'est chelou" l'a fait connaître. (Sur le sens de *chelou,* voir le *Journal de Marie-Laure*, leçon 16.) La même année elle est nommée "Meilleur artiste francophone" aux MTV Europe Music Awards, et, en 2009, "Révélation française de l'année" lors des NRJ Music Awards. *Dima,* l'album dont viennent "C'est chelou" et "Je te promets," devient disque de platine en 2010.

38

Divertissements III

TEXTE

1

Robert et Mireille sont allés voir L'Amour l'après-midi au 14 Juillet–Parnasse. Ils sortent du cinéma.

Robert: Et si on marchait un peu?
Mireille: Ah, oui, je veux bien. J'adore me promener dans Paris. Tiens, allons du côté de Montparnasse. Il faut que tu fasses connaissance avec le quartier des artistes et des intellectuels.
Robert: Je croyais que c'était Saint-Germain-des-Prés?
Mireille: Oui. . . . Ça a d'abord été Montmartre, puis Montparnasse, puis Saint-Germain. . . . Tiens, Modigliani a habité ici. Tu vois, tout ça, ce sont des ateliers de peintres.

Tout à coup, devant une librairie, Robert s'arrête, l'air inquiet. Il cherche dans ses poches.

Mireille: Qu'est-ce qu'il y a?
Robert: Mon passeport!
Mireille: Quoi? Tu l'as perdu?
Robert: Je ne sais pas! Je ne l'ai pas!
Mireille: Tu es sûr que tu l'avais? Tu ne l'as pas laissé dans ta chambre?
Robert: Tu crois? Je croyais que je l'avais pris. . . .
Mireille: Bon, écoute, va voir! Dépêche-toi! Je t'attends ici.

Robert part en courant. Il revient bientôt avec sa veste en seersucker et son passeport.

Mireille: Alors?
Robert: Je l'ai. Il était dans ma veste.
Mireille: Eh bien, tu vois! Tout va bien! Tout est bien qui finit bien, comme dit ma tante Georgette!

1. *atelier*

Un peintre au travail dans son **atelier**.

1. *librairie*

Une **librairie**.

2

Et ils reprennent leur promenade dans Montparnasse.

Mireille: Et voilà les cafés littéraires: au début du siècle, on y rencontrait Trotski, Lénine, Foujita, Picasso. . . . Alors, qu'est-ce que tu as pensé du film? Ça t'a plu?

Robert: Oui, bien sûr . . . mais à choisir, je crois que je préfère *Ma Nuit chez Maud*.

Mireille: Ah, oui? Quelle idée! Ça, alors! Pas moi! *Ma Nuit chez Maud*, c'est un peu trop chaste. Il ne se passe rien, il n'y a pas d'action! Ce ne sont que des discussions sur la religion, le marxisme, le pari de Pascal. . . . Je suppose qu'il y a des gens à qui ça plaît. . . . C'est intéressant, remarque, mais ce n'est pas du cinéma!

Robert: Pourquoi? Parce que pour toi, le cinéma, c'est la violence et l'érotisme? Kiss, kiss, pan, pan?

3

Mireille: Mais non, pas du tout, je n'ai jamais dit ça! Mais je me demande si le vrai cinéma, ce n'était pas le muet; tu vois, les films de Charlot.

Robert: Charlot? Quel Charlot? De Gaulle?

Mireille: Mais ne fais pas l'idiot! Tu n'as jamais entendu parler de *L'Emigrant*, de *La Ruée vers l'or*? Ça, c'est du cinéma! Il n'y a pas besoin de bande sonore. Regarde Griffith, les Russes . . . Eisenstein, Poudovkine. . . . Tout est dans les images,

le montage, le jeu des gros plans et des plans généraux.

Robert: Ah, bon! Alors, tu es contre le cinéma parlant! Et contre la couleur aussi, je suppose?

Mireille: Pas forcément, mais il y a de merveilleux films en noir et blanc. . . .

4

Tout en parlant, ils sont passés devant la statue de Rodin qui représente Balzac.

Mireille: Un jour, quand Marie-Laure était petite, elle est passée là avec Maman, et elle a dit: "Maman, regarde la vache!"

Puis ils sont passés devant le garage où Robert a loué une voiture pour aller à Provins.

Robert: Oh, c'est là que j'ai loué une voiture, l'autre jour, quand je suis allé me promener en Bourgogne! . . .

Mireille: Ah, bon!

Robert: Ouais, ouais. . . .

Puis ils ont suivi le boulevard Saint-Germain jusqu'à l'Assemblée nationale.

Mireille: C'est là que nos députés préparent les projets de lois. Ensuite, ils les envoient en face de chez nous, au Sénat.

5

Ils ont traversé la Seine sur le pont de la Concorde, où ils se sont arrêtés un instant.

Mireille: A droite, là-bas, c'est le musée d'Orsay. Autrefois, c'était une gare. Et maintenant, c'est un musée du XIXème siècle. Et au fond, là-bas, on aperçoit l'île de la Cité; à gauche, le Louvre et le jardin des Tuileries. . . . Et là-bas, en face, au fond de la rue Royale, c'est l'église de la Madeleine. C'est là que Maman veut que je me marie . . . à cause de l'escalier! . . . Et à gauche, la maison blanche derrière les arbres, c'est l'ambassade américaine. C'est là qu'il faudra que tu ailles la prochaine fois que tu perdras ton passeport! . . . Tu ne l'as pas encore perdu?

Robert: . . . Ça va, je l'ai. . . . Au milieu de la place, c'est l'Obélisque, j'imagine. Allons voir de plus près. J'aimerais bien essayer de déchiffrer quelques hiéroglyphes.

Mireille: Mais non! Tu es fou! Tu ne vois pas cette circulation? On va se faire écraser![1] Allons plutôt du côté des Champs-Elysées.

---

1. Robert a déjà failli se faire écraser une fois. Ça suffit.

2. *Pascal*

Blaise **Pascal**: mathématicien, physicien, philosophe et écrivain (1623–62). Voir le document 9 de cette leçon et leçon 16, document 1.

3. *muet*

Les premiers films étaient **muets**. Le cinéma est devenu sonore en 1927, et parlant un peu plus tard. Par exemple, *La Petite Marchande d'allumettes* de Renoir est un film sonore, mais non parlant.

3. *Charlot, Charles de Gaulle*

La Ruée vers l'or est un film de **Charlot** (Charlie Chaplin).

Le Général **de Gaulle** (**Charles** de son prénom).

3. *montage*

Quand un cinéaste fait un film, il tourne toutes les scènes plusieurs fois. Au **montage**, il choisit les meilleures prises et il **monte** la version finale du film.

3. *plan général, gros plan*

Un **plan général**.

Un **gros plan**.

5. *obélisque, hiéroglyphes*

L'**Obélisque** (rapporté de Louxor, en Egypte, par Napoléon) se trouve au milieu de la place de la Concorde.

L'**Obélisque** est couvert de **hiéroglyphes**.

5. *déchiffrer*

C'est Champollion qui **a déchiffré** les premiers hiéroglyphes égyptiens en 1824.

6

Dans les allées derrière le Petit Palais, c'est le calme et le silence. Quelques moineaux se baignent dans la poussière. Deux militaires en permission arrivent en sens inverse. La veste en seersucker de Robert semble les amuser.

L'un des soldats (à l'autre): Eh, dis, tu as vu le garçon boucher qui promène sa nana?

Mireille se retourne et, sans un mot, en trois gestes précis, elle l'envoie rouler dans la poussière . . . à la grande surprise des moineaux qui s'envolent, et de Robert. . . .

Robert: Qu'est-ce qui te prend? Tu ne crois pas que tu y vas un peu fort, non?

Mireille: Je n'aime pas qu'on se moque des gens! Et puis, il fallait que je fasse un peu d'exercice: j'ai manqué ma leçon de karaté, samedi. Je commençais à me rouiller un petit peu. J'ai un peu soif, tiens. . . . Si on allait boire quelque chose?

Robert: Si tu veux. . . .

6. allée

Une **allée** dans la forêt de Fontainebleau.

6. moineau, se baigner

Moineaux se baignant dans la poussière.

Il y a beaucoup de pigeons et de **moineaux** à Paris. On essaie de lutter contre les pigeons parce qu'ils salissent les façades des monuments, mais tout le monde aime les **moineaux**; il sont plus petits, et si mignons! On dit que quand ils **se baignent** dans la poussière, c'est signe qu'il va pleuvoir.

6. poussière

"Elle a encore poussé la **poussière** sous le tapis!"

6. soldat, en permission

Un **soldat en permission**, en congé.

6. veste de boucher
En France, les **bouchers** portent des **vestes** à fines rayures blanches et bleu-gris, qui ressemblent aux vestes en seersucker américaines.

Et Robert, *écœuré, jette sa veste en seersucker.*

Mireille: Mais qu'est-ce que tu fais? Ça ne va pas, non? Ils sont fous, ces Américains! En France, on a le sens de l'économie!

Elle ramasse la veste, et ils vont s'asseoir à la terrasse du Fouquet's.

6. s'envoler

L'oiseau **s'envole**, il s'échappe, il part.

6. qu'est-ce qui te prend
Qu'est-ce qui te prend? Tu deviens fou?
Je ne sais pas **ce qui lui a pris:** il est parti en claquant la porte.

6. y aller fort
Tu **y vas** un peu **fort**! Tu exagères!

6. avoir soif
Mireille **a soif.** Elle a envie de boire quelque chose.

MISE EN ŒUVRE

Ecoutez la mise en œuvre du texte et répondez aux questions suivantes.

1. Qu'est-ce que Mireille aime bien faire?
2. Pourquoi emmène-t-elle Robert du côté de Montparnasse?
3. Quel était le quartier des artistes et des intellectuels, avant Montparnasse et Saint-Germain-des-Prés?
4. Où les peintres travaillent-ils?
5. Pourquoi Robert est-il inquiet, tout à coup?
6. Où était son passeport?
7. Qui pouvait-on voir dans les cafés "littéraires," au début du XXème siècle?
8. Quel film Robert a-t-il préféré à *L'Amour l'après-midi*?
9. Pourquoi Mireille n'a-t-elle pas tellement aimé *Ma Nuit chez Maud*?
10. De quoi parle-t-on, dans ce film?
11. D'après Mireille, qu'est-ce qui serait le vrai cinéma?
12. Qu'est-ce qui est important dans le cinéma muet?
13. Qu'est-ce que Mireille pense des films en noir et blanc?
14. Que représente la statue de Rodin qu'ils regardent?
15. Quel commentaire Marie-Laure avait-elle fait devant la statue?
16. Pourquoi Robert connaît-il le garage devant lequel ils passent?
17. Que font les députés à l'Assemblée nationale?
18. Qu'en font-ils ensuite?
19. Le musée d'Orsay, autrefois, qu'est-ce que c'était?
20. Et aujourd'hui?
21. Quel jardin se trouve à côté du Louvre?
22. Qu'est-ce qui plaît à Mme Belleau dans l'église de la Madeleine?
23. Comment est l'ambassade américaine?
24. A quelle occasion Robert devrait-il aller à l'ambassade?
25. Qu'y a-t-il au milieu de la place de la Concorde?
26. Pourquoi Robert aimerait-il le voir de plus près?
27. Pourquoi Mireille refuse-t-elle d'y aller?
28. Qui se moque de Robert?
29. D'après le soldat, à qui Robert ressemble-t-il, avec sa veste en seersucker?
30. Comment Mireille répond-elle au commentaire du soldat?
31. Pourquoi a-t-elle réagi ainsi?
32. Qu'est-ce que Mireille a manqué, samedi?
33. Pourquoi Mireille suggère-t-elle qu'ils aillent boire quelque chose?

MISE EN QUESTION

1. Qui est Modigliani: un écrivain, un musicien, un peintre? Qu'est-ce qu'il était: français, italien, espagnol, américain? (Si vous ne savez pas, essayez de deviner.) Quand vivait-il, au XIXème siècle, au début du XXème, vers 1970? Où a-t-il habité?

2. Qui étaient Trotski et Lénine: des peintres, des romanciers, des hommes politiques révolutionnaires? Quelle était leur nationalité? Ils étaient polonais, russes, français, allemands? Est-ce qu'ils étaient fascistes, marxistes, monarchistes? Quand vivaient-ils, au XVIIIème siècle, au XIXème, au début du XXème? (Voyez leçon 46, document 4.)

3. Sur quel sujet Mireille amène-t-elle la conversation? En France, qu'est-ce qu'on fait quand on sort du cinéma, du théâtre, ou d'un concert avec quelqu'un? De quoi faut-il parler?

4. Qui est Pascal? Qu'est-ce qu'il a inventé, la machine à vapeur, le moteur à explosion, une machine à calculer, un logiciel pour ordinateur, le stéthoscope, la vaccination? Qu'est-ce qu'il était, anglais, allemand, français, arabe, russe, tchèque? A quel siècle vivait-il? (Voyez leçon 16, document 1B.)

5. Qu'est-ce que le pari de Pascal? De quoi s'agit-il, d'un système pour parier dans les courses de chevaux? Ou bien est-ce qu'il s'agit de l'existence de Dieu? Puisqu'il est difficile de savoir si Dieu existe, il faut parier, mais qu'est-ce qu'il vaut mieux parier, que Dieu existe ou qu'il n'existe pas? Si on parie que Dieu existe mais si, en réalité, il n'existe pas, qu'est-ce qu'on perd? On perd beaucoup, ou peu de chose? Mais si on parie qu'il n'existe pas et si, en réalité, il existe, qu'est-ce qu'on perd, la vie éternelle, le salut? Alors, qu'est-ce qu'il vaut mieux parier?

6. Est-ce que vous connaissez *Le Penseur*? Est-ce que c'est un roman de Balzac, un essai philosophique de Pascal, une statue de Rodin, ou un film d'Eisenstein?

7. Que pensez-vous du *Balzac* de Rodin et du sens artistique de Marie-Laure?

8. En passant devant le garage Shell, comment Robert parle-t-il de son petit voyage en Bourgogne? D'après ce qu'il laisse supposer, pourquoi serait-il allé en Bourgogne? Est-ce qu'il y serait allé par hasard, involontairement, ou exprès, délibérément?

9. Qu'est-ce que c'est que l'île de la Cité? Où est-elle? Qu'est-ce qu'il y a dans l'île de la Cité? (Voyez les documents des leçons 4 et 15.)

10. Qu'est-ce que c'est que le Louvre? (Voyez les leçons 15 et 23.)

11. Comment Mireille taquine-t-elle Robert au sujet de son passeport? Qu'est-ce qu'elle a l'air de dire? Est-ce qu'il a déjà perdu son passeport?

12. A votre avis, l'obélisque de la place de la Concorde est un monument préhistorique, sumérien, assyrien, égyptien, grec, romain, aztèque, ou maya?

13. Quel contraste y a-t-il entre la place de la Concorde et les allées derrière le Petit Palais?

14. Pourquoi les militaires se moquent-ils de la veste de Robert?

15. A votre avis, qu'est-ce qui est insultant dans la remarque du militaire, qu'il dise "nana" en parlant de Mireille, ou qu'il dise que Robert a l'air d'un garçon boucher?

Journal de Marie-Laure

ROBERT, CE HÉROS

Le 1er janvier 2000

Hier, Mireille est venue me souhaiter
la nouvelle année avec un petit sachet de
boules de gomme. Elle est très atten-
tionnée, ma sœur...

Elle m'a dit : « Tu ne devineras
jamais ce que j'ai vu hier en rentrant !
Robert a accompli un véritable exploit
pour marquer la fin de l'année ! Il a escaladé l'Obélisque sur la place de
la Concorde pieds nus et mains nues et sans corde ni pitons ».

Moi, bien sûr, je n'y ai pas cru du tout. Je lui ai dit : « Tu rigoles ?
Qu'est-ce que c'est que cette histoire ? Non, mais... tu te fous de moi ? »
comme dirait Brice. Mais elle a insisté : « Non, non, non, je t'assure.
Robert a escaladé l'Obélisque et il y avait même toute une foule autour de
lui qui l'admirait et qui l'a ovationné. C'était splendide, grandiose : il
devait avoir une vue imprenable sur la tour Eiffel, la place de la Concorde
et les Champs-Élysées. Et c'est pas la première fois qu'il fait un truc de ce
genre ! Il a déjà gravi la tour Elf à la Défense en 1994, la tour Eiffel en
1997 et la basilique du Sacré-Cœur l'année dernière. En tout, il a escaladé plus de cent tours, monuments et gratte-ciel. Et dire qu'il souffre de
vertige et qu'il est invalide à 66% à la suite d'un accident. On le surnomme
le « French Spiderman, l'homme araignée ».

Alors, là, je l'ai arrêtée : « Comment ça le French Spiderman ? Pourquoi French ? Ton histoire ne tient pas debout ! D'abord, Robert, il est
américain et en plus il est pas invalide que je sache ».

Là, Mireille n'a rien dit pendant quelques secondes, et puis elle a éclaté de rire : « Que tu es bête ! Tu ne changeras jamais, ma petite. Je ne parle pas de notre Robert, mais d'Alain Robert, le fameux spécialiste français d'escalade urbaine en solo intégral ! Bien sûr qu'il est français Alain Robert : il est de Pézenas ! Ma pauvre petite, tu n'as rien compris du tout, comme d'hab ! ».

Oui, peut-être que je n'ai rien compris, mais cette histoire de Robert, vous avouerez que ça prêtait à confusion, c'était trompeur quand même, oui, un vrai quiproquo. Maintenant, je parie qu'ils vont tous se payer ma tête avec cette histoire ! Je les entends d'ici dire : « Cette pauvre Marie-Laure, elle est un peu bêtasse, un peu gourde, elle n'est pas très fute-fute. Elle croit tout ce qu'on lui dit, elle avale tout. »

Hé bien, moi qui avais l'intention de lui acheter un T-shirt pour son anniversaire, je ne lui offrirai certainement pas un T-shirt d'Alain Robert ! Tant pis pour elle !

DOCUMENTS

1

Promenade dans Paris

La Madeleine.

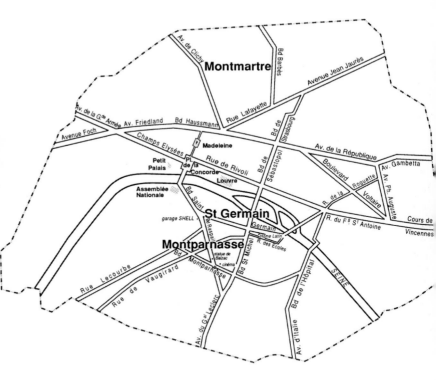

L'ambassade américaine.

La place de la Concorde et l'Obélisque.

Le Louvre.

L'Assemblée nationale et le pont de la Concorde.

La colline de Montmartre.

2

Montparnasse jadis et aujourd'hui

Mais d'où vient le nom Montparnasse? Dès le XVIIème siècle, les étudiants déclamaient des poèmes devant les remblais formés par les gravats issus du creusement des catacombes. Cette butte aujourd'hui disparue, située à l'angle du boulevard du Montparnasse et du boulevard Raspail, a pris un nom célébré par les poètes grecs: le Mont Parnasse.

A partir de 1900, c'est l'âge d'or de la bohème: poètes, écrivains, artistes, réfugiés politiques y débarquent en masse—Modigliani et Utrillo, qui émigrent de Montmartre, Max Jacob, Apollinaire, Paul Fort, Cendrars. . . . Lénine, qui y prépare le Grand Soir révolutionnaire, et Trotski, qui phosphore (déjà) sur les moyens d'empêcher Staline de dévoyer la révolution russe. C'est vrai que Montparnasse, alors, est un village. Les ateliers d'artistes se nichent dans les impasses fleuries. Après la Grande Guerre, le quartier attire de plus en plus de monde. Beaucoup viennent de très loin. Hemingway, Foujita, Soutine, Zadkine, Braque, Chagall, Picasso, Rouault, Klee fréquentent les grands cafés populaires.

Montparnasse continuera cependant à vivre sur sa réputation et à attirer les foules. Son aura intellectuelle

Une certaine Tour . . . (voir la leçon 32).

aurait pu poursuivre sans dommage sa lente dilution dans l'alcool de ses bistrots, mais les rois du béton en décidèrent autrement. Exit la vieille gare Montparnasse d'où, une fois, une locomotive décida toute seule d'aller boire un verre en face. A la place, un centre commercial qu'on pourrait trouver dans n'importe quelle ville du monde et une nouvelle gare dont la conception architecturale ne possède rien de bien original. Et la tour? Quelle tour? On ne sait pas de quoi vous parlez. . . .

—*Paris, Guide du Routard*

Une locomotive décide d'aller boire un verre en face de l'ancienne Gare Montparnasse (1895).

3

Assemblée nationale et Sénat

Le Parlement français de la Vème République est bicaméral: il se compose de l'Assemblée nationale et du Sénat. Les deux assemblées siègent dans des locaux distincts (le Palais Bourbon est affecté à l'Assemblée nationale et le Palais du Luxembourg au Sénat—vous vous souvenez que Mireille habite en face du Sénat, n'est-ce pas?). Le bicamérisme français est inégalitaire, l'Assemblée nationale disposant de pouvoirs plus étendus que ceux du Sénat.

Les 577 députés de l'Assemblée nationale sont élus au suffrage universel direct; les 348 sénateurs au suffrage universel indirect. Les citoyens connaissent mieux l'Assemblée nationale et les députés qu'ils ont directement élus; les médias relatent de manière plus suivie les travaux de l'Assemblée nationale, car ses débats se placent plus au cœur des enjeux du pouvoir et parce que la plupart des grands leaders politiques en sont membres ou en sont issus.

La première caractéristique du Sénat est sa permanence: à la différence de l'Assemblée nationale, il ne peut être dissous. C'est cette permanence qui justifie, notamment, que la Constitution de la Vème République confie au Président du Sénat l'exercice provisoire des fonctions du Président de la République si celui-ci est empêché, s'il démissionne ou vient à mourir.

Les sénateurs sont élus par un collège d'électeurs composé de députés, conseillers régionaux et délégués des conseils municipaux dont le nombre est fonction de la population de la commune. Ce système aboutit à une très forte représentation des petites communes rurales, puisqu'on compte environ trente mille communes de cette nature en France.

—D'après Assemblée-nationale.fr

4

Dispute au cinéma

UN: Je suis français, Monsieur!

DEUX: Eh bien, moi aussi, Monsieur, je suis français.

UN: Y a sûrement pas longtemps!

DEUX: Plus longtemps que vous, Monsieur!

UN: Moi, Monsieur?

DEUX: Avec la tête que vous avez, y a pas à chercher bien loin d'où vous venez. . . .

DEUX: J'étais à Dunkerque. Monsieur!

UN: Et alors?

DEUX: Et alors? Eh bien j'en connais qui n'y étaient pas, à Dunkerque, Monsieur.

UN: A Dunkerque?

DEUX: Et ça, vous ne pouvez pas le nier! C'est historique!

UN: Et qui n'y était pas, à Dunkerque, s'il vous plaît?

DEUX: Les Anglais, Monsieur!

UN: Monsieur, je vous prie de ne pas m'insulter!

DEUX: Je n'insulte personne, Monsieur, je me borne à rappeler un fait! Et qui se sent morveux se mouche!

UN: Je vous prie de ne pas me traiter d'Anglais, Monsieur! Je ne suis pas plus anglais que vous!

DEUX: Je vous prie de ne pas m'insulter, Monsieur!

UN: C'est vous qui me traitez d'Anglais!

DEUX: Vous n'êtes pas un Anglais, Monsieur, vous êtes une andouille!

UN: Monsieur, on vous a vu! vu! N'essayez pas de détourner l'attention, on vous a vu! Madame vous a vu, Monsieur vous a vu, tout le monde vous a vu!

DEUX: Personne n'a rien vu du tout, Monsieur, la salle était plongée dans l'obscurité!

UN: C'est justement ce qu'on vous reproche, Monsieur, de profiter qu'on est dans le noir pour laisser libre cours à votre sale saleté!

DEUX: Moi!

UN: Oui, vous! D'ailleurs, suivez-moi au commissariat de police.

DEUX: Voulez-vous, Monsieur, avoir l'audace de répéter devant ces jeunes filles ce que vous venez d'insinuer . . .

Détourné:

Monsieur, voulez-vous me servir de témoin?

UN: Ces étrangers, si on les laissait faire, c'est bien simple, on ne pourrait plus aller au cinéma.

DEUX: Monsieur, je m'appelle Duconnet, François Duconnet. Mon père et ma mère sont nés dans le 15e. Nous sommes français de père en fils depuis la prise de la Bastille, Monsieur, et je vous somme de vous expliquer!

UN: Un Français, hein? Français! Eh bien ça ne m'étonne pas! Vous avez tout ce qu'il faut pour ça: la lâcheté, la veulerie, la lubricité. Ah elle est belle, la France! Ah ils sont propres, les Français! Y a qu'à vous regarder avec votre petite tête de rond de cuir! Le bon Français Moyen, hein? Vous puez le vin à dix mètres. Le Français, avant d'aller au cinéma, il faut qu'il boive!

DEUX: Le Français, Monsieur, vous savez ce qu'il vous dit, le Français?

UN: Dites-le pour voir? Je suis sûr que j'ai deviné, rien qu'à voir votre figure de petite gouape!

DEUX: Le Français, il vous dit: vive la France! Monsieur. Oui, Monsieur, je suis un rond de cuir . . .

UN: Moi aussi, Monsieur!

DEUX: Et je n'en ai pas honte! Monsieur.

UN: Moi non plus!

DEUX: Je gagne honnêtement ma vie, et celle de ma femme et de mes trois enfants que voici, Monsieur.
Détourné:
Viens, bibiche, amène-les qu'on les voie!
UN: Moi aussi, Monsieur, j'ai une femme, et trois enfants.
Détourné:
Venez donc ici, qu'est-ce que vous faites là-bas!
—C'est justement pour ça, Monsieur, que je vous ai à l'œil! On vous a vu, Monsieur! on vous a vu vous asseoir sur le strapontin de ma fille, dans le noir! Sur le même strapontin, pendant tout le film!
DEUX: Possible, Monsieur. Je ne m'en suis pas aperçu. Et si ça l'avait gênée, j'espère qu'elle me l'aurait dit. Seulement voilà, elle ne s'en est pas aperçu non plus. Il n'y a que vous, Monsieur, qui vous en êtes aperçu. Parce que vous êtes bien comme tous les Français!
UN: Moi, Monsieur?
DEUX: Vous voyez le vice partout. Vous ne pensez qu'à ça!
UN: Ha! Vous me faites rire! Ha! ha! ha!
DEUX: D'ailleurs voilà la Police!
UN: Ah ben, c'est pas dommage! Monsieur l'agent!
DEUX: Monsieur l'agent!

Ils sortent en criant ça.
—Roland Dubillard, "Altercation," dans
Les Diablogues et autres inventions à deux voix

Roland Dubillard, écrivain, dramaturge, et comédien, est né en 1923. Il fait des études de philosophie à la Sorbonne, et en 1947 se met à écrire des nouvelles radiophoniques et une série de sketches réunis en 1976 dans *Les Diablogues*. En 1995 il reçoit le Grand prix du théâtre de l'Académie Française, et en 2008, à la cérémonie des Molières organisée par l'Association professionnelle et artistique du théâtre, on lui décerne le "Molière de l'auteur francophone vivant." Joués régulièrement au théâtre, *Les Diablogues* rappellent par leur humour subtilement absurde le théâtre de Ionesco (voir la leçon 39) et de Beckett. Dubillard est mort en 2011.

5

Au cinéma

Après avoir dîné dans un restaurant chinois du boulevard Montparnasse, Mamadou et moi sommes allés au cinéma. J'aurais voulu voir un de ces films à la mode; les affiches, en effet, étalaient une Martine Carole géante à la poitrine généreuse, ou Gérard Philipe, mon idole. Mamadou ne me proposa pas de choisir. Un chef-d'œuvre du septième art japonais passait dans une petite salle du quartier et il devait absolument le voir. Je n'ai jamais compris de quoi il s'agissait dans ce film. La salle était comble, je n'arrivais pas à lire les sous-titres. Je m'ennuyais à dormir.

Par la suite, aux salles obscures des cinémas, je préférais déambuler sur le "Boul-Mich" ou m'arrêter dans un café pour discuter avec des amis. Nous allions aussi, quelquefois, passer la journée du dimanche chez un couple d'étudiants amis où nous rencontrions d'autres camarades.

—Myriam Warner-Vieyra, *Juletane*

Myriam Warner-Vieyra est née à Pointe-à-Pitre à la Guadeloupe en 1939. Elle a fait des études en France, puis elle est devenue bibliothécaire à Dakar, au Sénégal. Elle a écrit deux romans, *Le Quimboiseur l'avait dit . . .* (1980) et *Juletane* (1982), et un recueil de nouvelles, *Femmes échouées* (1988).

6

Jean-Paul Sartre au cinéma

Les jours de pluie, Anne-Marie me demandait ce que je souhaitais faire, nous hésitions longuement entre le cirque, le Châtelet, la Maison Electrique et le Musée Grévin; au dernier moment, avec une négligence calculée, nous décidions d'entrer dans une salle de projection. Mon grand-père paraissait à la porte de son bureau quand nous ouvrions celle de l'appartement; il demandait: "Où allez-vous, les enfants?"—"Au cinéma," disait ma mère. Il fronçait les sourcils et elle ajoutait très vite: "Au cinéma du Panthéon, c'est tout à côté, il n'y a que la rue Soufflot à traverser." Il nous laissait partir en haussant les épaules; il dirait le jeudi suivant à M. Simonnot: "Voyons, Simonnot, vous qui êtes un homme sérieux, comprenez-vous ça? Ma fille mène mon petit-fils au cinéma!" et M. Simonnot dirait d'une voix conciliante: "Je n'y ai jamais été mais ma femme y va quelquefois."

Le spectacle était commencé. Nous suivions l'ouvreuse en trébuchant, je me sentais clandestin; au-dessus de nos têtes, un faisceau de lumière blanche traversait la salle, on y voyait danser des poussières, des fumées. . . . Le pianiste attaquait l'ouverture des *Grottes de Fingal* et tout le monde comprenait que le criminel allait paraître: la baronne était folle de peur. Mais son beau visage charbonneux cédait la place à une pancarte mauve: "Fin de la première partie." C'était la désintoxication brusquée, la lumière. Où étais-je? Dans une école? Dans une administration? . . . L'ouvreuse vendait à la criée des bonbons anglais, ma mère m'en achetait. . . . Les gens se frottaient les yeux, chacun découvrait ses voisins. Des soldats, les bonnes du quartier. . . .

Je vis *Zigomar* et *Fantômas*, *Les Exploits de Maciste*, *Les Mystères de New-York*: les dorures me gâchaient le plaisir. Le Vaudeville, théâtre désaffecté, ne voulait pas abdiquer son ancienne grandeur: jusqu'à la dernière minute un rideau rouge à glands d'or masquait l'écran; on frappait trois coups pour annoncer le commencement de la représentation, l'orchestre jouait une ouverture, le rideau se levait, les lampes s'éteignaient. J'étais agacé par ce cérémonial incongru, par ces pompes poussiéreuses qui n'avaient d'autre résultat que d'éloigner les personnages. . . .

Moi, je voulais voir le film au plus près. Dans l'inconfort égalitaire des salles de quartier, j'avais appris que ce nouvel art était à moi, comme à tous. Nous étions du même âge mental: j'avais sept ans et je savais lire, il en avait douze et ne savait pas parler. On disait qu'il était à ses débuts, qu'il avait des progrès à faire; je pensais que nous grandirions ensemble. Je n'ai pas oublié notre enfance dans la géométrie plane. Du noir et du blanc, je faisais des couleurs éminentes qui résumaient en elles toutes les autres et ne les révélaient qu'à l'initié; je m'enchantais de voir l'invisible. Par-dessus tout, j'aimais l'incurable mutisme de mes héros. Ou plutôt non: ils n'étaient pas muets puisqu'ils savaient se faire comprendre. Nous communiquions par la musique, c'était le bruit de leur vie intérieure. L'innocence persécutée faisait mieux que dire ou montrer sa douleur, elle m'en imprégnait par cette mélodie qui sortait d'elle; je lisais les conversations mais j'entendais l'espoir et l'amertume, je surprenais par l'oreille la douleur fière qui ne se déclare pas. J'étais compromis; ce n'était pas moi, cette jeune veuve qui pleurait sur l'écran et pourtant, nous n'avions, elle et moi, qu'une seule âme: la marche funèbre de Chopin.

—Jean-Paul Sartre, *Les Mots*

Jean-Paul Sartre (1905–1980) est une figure majeure de la vie intellectuelle en France pendant la deuxième moitié du XXème siècle. Auteur de romans, de pièces de théâtre, et d'écrits philosophiques associés au mouvement de l'Existentialisme dont il est le père, Sartre est connu aussi pour son militantisme politique de gauche et pour avoir été le compagnon de Simone de Beauvoir (voir la leçon 13). Il insiste sur la responsabilité de l'intellectuel, qui doit accepter qu'il est par définition engagé socialement et politiquement dans son temps. Ses écrits philosophiques sont moins lus aujourd'hui que ses pièces de théâtre (*Huis clos* est la plus connue) et ses romans, par exemple *La Nausée*. C'est en tout cas pour sa carrière littéraire que Sartre a reçu en 1964 le prix Nobel—qu'il a d'ailleurs refusé. Il est aussi l'auteur d'une autobiographie, *Les Mots*, qui raconte son enfance.

7

La Belle Saison
A jeun perdue glacée
Toute seule sans un sou
Une fille de seize ans
Immobile debout
Place de la Concorde
A midi le Quinze Août.

—Jacques Prévert, *Paroles*

Jacques Prévert est né en 1900. C'est un poète populaire anticonformiste. Il est l'auteur de *Paroles*, *Spectacle*, *Contes pour enfants pas sages*, *La Pluie et le beau temps*, *Histoires*, etc. Il a aussi écrit des scénarios de films: *Quai des Brumes*, *Les Visiteurs du soir*, *Les Enfants du paradis*. Il est mort en 1977.

8

Les Paris stupides

Un certain Blaise Pascal etc. . . . etc. . . .

—Jacques Prévert, *Paroles*

9

Pascal se moque de Descartes

Un jour où la bonne était absente, Blaise Pascal servait le thé à des amis et admirateurs qui écoutaient avec une extrême attention sa critique des théories mécanistes de son rival René Descartes.

Ayant laissé tomber quelques gouttes de liquide chaud sur la table, Pascal s'est saisi d'une serviette pour les nettoyer.

Etonnés, ses invités ont exprimé leur surprise de voir le maître s'occuper d'une banale tâche ménagère—lui qu'ils regardaient comme le plus grand philosophe du monde.

"Mais c'est normal," a répondu Pascal, un petit sourire aux lèvres. "J'ai l'esprit cartésien, moi. J'épanche, donc j'essuie!"[1]

—Les Blagues de Fido

1. Voir leçon 16, document 1A.

10

Qu'est-ce que vous comptez faire?

Mon projet le plus important, c'est de continuer à vivre.

—Coluche

11

Titine

J'ai retrouvé Titine
Titine, oh ma Titine
J'ai retrouvé Titine
Que je ne trouvais pas
Je l'ai r'trouvée par hasard
Qui vendait du buvard
Derrière une vitrine
De la gare St-Lazare
Je lui ai dit: Titine
Titine, oh ma Titine
Je lui ai dit: Titine
Pourquoi m'avoir quitté?
Tu es partie comme ça
Sans un geste, sans un mot
Voir un film de Charlot
Au ciné de l'Olympia
Et y a trente ans déjà

Que nous te cherchions partout
Mon Hispano et moi
En criant comme des fous
Je cherche après Titine
Titine, oh ma Titine
Je cherche après Titine

Mais j'ai r'trouvé Titine
Titine, oh ma Titine
J'ai retrouvé Titine
Que je ne trouvais pas
J' l'avais cherchée partout
Au Gabon, au Tonkin
J' l'avais cherchée en vain
Au Chili, au Pérou
Et j' lui ai dit: Titine
Titine, oh ma Titine
Et j' lui ai dit: Titine
Je t'en supplie, reviens!
Tu as changé, je sais bien
T'es un peu moins tentante
Puis tu marches comme Chaplin
Puis t'es devenue parlante
Mais enfin, c'est mieux que rien
Quand on vit depuis trente ans
Tout seul avec un chien
Et avec douze enfants
Qui cherchent après Titine
Titine, oh ma Titine
Qui cherchent après Titine

Mais j'ai r'trouvé Titine
Titine oh ma Titine
J'ai retrouvé Titine
Que je ne trouvais pas
J'aimerais qu' vous la voyiez
Titine, elle est en or
Bien plus que Valentine
Bien plus qu'Eléonore
Mais hier, quand j' lui ai dit
Titine oh ma Titine
Quand j' lui ai dit: Titine
Est-ce que tu m'aimes encore?
Elle est r'partie, comme ça
Sans un geste, sans un mot
Voir un film de Charlot
Au ciné de l'Olympia
Alors voilà pourquoi
Nous la r'cherchons partout
Mon Hispano et moi
En criant comme des fous
Je cherche après Titine
Titine oh ma Titine
Je cherche après Titine

Mais je r'trouverai Titine
Titine oh ma Titine
Je retrouverai Titine
Et tout ça s'arrangera
—Jacques Brel

Jacques Brel est né en 1929 à Bruxelles (Belgique). Adolescent, il aime la musique classique et compose des mélodies sur sa guitare. En 1953 il se rend à Paris pour tenter une carrière de chanteur. Il a son premier grand succès en 1956 avec la chanson "Quand on n'a que l'amour." Son second disque reçoit un grand prix en 1957, et c'est la célébrité. En 1966 il décide d'abandonner la chanson pour se consacrer au cinéma comme acteur et cinéaste. (En 1968 sort une comédie musicale américaine basée sur ses chansons, *Jacques Brel Is Alive and Well and Living in Paris;* elle est jouée dans le monde entier.) Il est mort d'un cancer du poumon en 1978.

12

Pour la vie.

—Maja, *Bonheurs*

Divertissements IV

TEXTE

1

La scène se passe sur les Champs-Elysées.
Les deux jeunes premiers, Robert et Mireille,
sont assis à la terrasse d'un grand café, le
Fouquet's.

Robert: Il va falloir que j'aille au
théâtre, un de ces jours. Il faut
que tu me dises ce que je devrais
aller voir. J'ai acheté *L'Officiel des*
spectacles, ce matin. C'est fou le
nombre de théâtres qu'il y a à
Paris!

Mireille: Il doit y en avoir une quarantaine, je pense, sans compter
une vingtaine de théâtres en banlieue, plus tous les cafés-théâtres.
Remarque que beaucoup sont
minuscules. Au théâtre de Poche-
Montparnasse, par exemple, ou au
théâtre de la Huchette, je ne crois
pas qu'il y ait cent places.

2

Robert: Alors, qu'est-ce que tu me
conseilles?

Mireille: Je ne sais pas, moi. . . .
Tu pourrais commencer par les
salles subventionnées. . . .

1. *jeune premier*

Robert et Mireille sont les **jeunes**
premiers. Dans un film, les **jeunes**
premiers sont toujours beaux et
séduisants.

1. *théâtres*

L'entrée (minuscule)
du **théâtre de Poche**.

2. *salle*

Il y a des **salles** à manger, des
salles de séjour, des **salles** de
bains. Et puis, il y a aussi des
salles de spectacle: des **salles** de
cinéma, des **salles** de théâtre, des
salles de concert.

1. *café-théâtre*

Dans un **café-théâtre**, on peut
dîner ou prendre un verre pendant
le spectacle.

Le **théâtre de la Huchette**,
rue de la Huchette dans le
Quartier Latin.

2. *subventionné*

Les salles **subventionnées** sont
des théâtres qui reçoivent des
subventions de l'Etat.

Robert: Qu'est-ce que c'est que ça?

Mireille: Eh bien, les théâtres nationaux, ceux qui reçoivent des subventions de l'Etat, comme la Comédie-Française, par exemple.

Robert: Ah, oui, la Comédie-Française, je connais, j'en ai beaucoup entendu parler. Est-ce que c'est bien? Ça vaut la peine d'y aller?

Mireille: Oh, oui, très bien! Evidemment, on ne peut pas dire que ce soit du théâtre d'avant-garde! Non, on y joue plutôt des pièces du répertoire classique: Molière, Racine, Labiche, Claudel. . . . Mais c'est toujours très bien joué, et la mise en scène est toujours très soignée. C'est un spectacle de qualité. Tu en as pour ton argent!

3

Robert: Et en dehors de ça, qu'est-ce que tu me conseilles?

Mireille: Eh bien, je ne sais pas, moi! Ça dépend de ce que tu aimes. . . . Il y a tous les genres: tu as du théâtre expérimental, du théâtre d'avant-garde, des pièces d'Arrabal, d'Obaldia, des mises en scène de Chéreau, Vitez, Mnouchkine. Et puis tu as les pièces traditionnelles, le théâtre bien fait, Anouilh, Françoise Dorin. . . . Et puis, il y a le théâtre de boulevard, les comédies ultra-légères, avec des histoires de ménage à trois . . . mais je ne pense pas que tu veuilles voir ça: ce n'est pas très profond. Ça ne doit pas faire beaucoup penser!

2. ça vaut la peine

Les spectacles de la Comédie-Française **valent la peine** d'être vus; on prend la peine d'y aller, on fait l'effort d'y aller, d'acheter un billet, mais on est bien récompensé de sa peine, parce que ce sont des spectacles de grande qualité. Le plaisir qu'on éprouve vaut la dépense.

2. Labiche, Claudel

Eugène **Labiche** (1815–88), auteur de comédies et de vaudevilles. Paul **Claudel** (1868–1955), auteur de drames: *L'Otage, Le Soulier de satin.* . . .

2. soigné

Travail mal fait.

Travail **soigné.**

2. en avoir pour son argent

Il **en a pour son argent.**

Il **n'en a** pas **pour son argent.**

2. mise en scène

Le **metteur en scène** dirige la **mise en scène.**

LEÇON 39   463

Robert: Mais qui est-ce qui t'a dit que j'avais envie de penser au théâtre?

Mireille: Eh bien, alors, va au Lido, ou aux Folies-Bergère! Là, tu n'auras pas besoin de beaucoup penser; ça ne te fatiguera pas trop les méninges! Mais je doute que ça vaille la peine.

4

Robert: Tu veux un autre Gini? Moi, je crois que je vais prendre une autre bière.

Mireille: Tiens! Mais voilà quelqu'un que nous connaissons! Mais oui, c'est bien lui, c'est Hubert lui-même! Comme c'est bizarre, comme c'est curieux, et quelle coïncidence!

Hubert: Mireille!

Mireille: Hubert!
Hubert: Comment? Toi au Fouquet's?
Mireille: Qu'est-ce que tu fais là?

3. Arrabal, Obaldia, Anouilh, Dorin
Fernando **Arrabal**: Auteur franco-espagnol, né en 1932; "théâtre-panique" (*Le Cimetière des voitures*).

René de **Obaldia,** né en Chine en 1918 d'un père panaméen et d'une mère française, auteur de romans et de pièces de théâtre: *Génousie* (1960), *Du vent dans les branches de Sassafras* (1965), *Les Bons Bourgeois* (1980).

Jean **Anouilh** (1910–87): auteur de pièces "roses" (*Le Bal des voleurs*), "grinçantes" (*Pauvre Bitos*), "noires" (*Antigone*).

Françoise **Dorin,** née en 1928, auteur de romans (*Virginie et Paul, Les Corbeaux et les renardes, Au nom du Père et de la fille*) et de pièces de théâtre (*Le Tout pour le tout, L'Intoxe, L'Etiquette, Les Cahiers tango*, etc.).

3. ménage
Cécile et Jean-Denis forment un **ménage** très uni. Ils ne se disputent jamais (enfin, presque jamais . . .). Marc et Catherine se sont mis en **ménage**. Ils vivent ensemble.

3. profond

Ce n'est pas très **profond**.   C'est plus **profond**.

3. Folies-Bergère, Lido
Les spectacles des **Folies-Bergère** et du **Lido** sont assez somptueux par les décors et les costumes (ou l'absence de costumes) mais pas très cérébraux.

3. méninges

cerveau

méninges

3. douter
Marie-Laure: J'espère que j'aurai une bonne note à mon devoir de maths!
Mireille: Alors là, j'en **doute**! Ça m'étonnerait vraiment beaucoup!

4. Gini, bière
Un **Gini** et une **bière**.

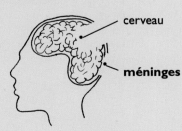

Hubert: Je passais. . . . Mais je ne m'attendais pas à te voir! Quelle heureuse coïncidence! Je suis heureux de te voir!

Et Hubert s'installe, avec beaucoup de sans-gêne.

5

Une table est libre à côté d'eux. Un jeune homme vient s'y asseoir. Il regarde Mireille avec insistance.

Le jeune homme: Mais, Mademoiselle . . . mademoiselle, nous nous connaissons! Nous n'avons pas bavardé ensemble au Luxembourg, il y a quelques jours? Mais si, mais si! Vous portiez une ravissante jupe rouge.

Mireille: Ah, oui? C'est bien possible! Le hasard est si grand! . . . Je portais une jupe rouge? Comme c'est curieux, comme c'est bizarre, et quelle coïncidence!

Jean-Pierre: Mais oui! . . . Vous permettez?

Et il s'invite avec autant de sans-gêne qu'Hubert.

6

Hubert (*à Robert*): Mais vous ne vous quittez plus, tous les deux! Avec un guide comme Mireille, vous allez bientôt connaître la France à fond, cher ami!

Robert: Mais je l'espère bien!

Hubert: Et quelles sont vos impressions?

Robert: Excellentes, jusqu'à présent. Mais je ne connais pas encore grand-chose! Mireille vient de me faire découvrir *L'Amour l'après-midi.*

Hubert: Ah, bon?

Robert: Vous connaissez? Vous aimez? . . . Ce n'est pas mal. Je dois dire que, dans l'ensemble, la France me plaît assez. Je ne fais que de très légères réserves. Par exemple, je suis tout à fait contre le pourboire aux ouvreuses dans les cinémas.

Hubert: Oh, là, je suis on ne peut plus d'accord avec vous, cher Monsieur. Le pourboire, c'est la honte de notre pays!

Mireille: Oh, tu sais, c'est partout pareil. . . .

7

Jean-Pierre: Il a raison. Ces ouvreuses ne servent qu'à déranger les gens. Elles ont toujours le chic pour vous aveugler avec leur torche au moment le plus . . . le plus pathétique. . . .

Robert: Il faut bien que ces pauvres femmes gagnent leur vie! Ce n'est pas si grave que ça. . . .

Hubert: Pas si grave que ça? Mais il s'agit de la dignité humaine! Le pourboire dégrade l'homme . . . et la femme. Il crée une mentalité d'esclave. . . .

Robert: Seriez-vous contre l'esclavage? Je ne l'aurais pas cru! . . . Et que pensez-vous de la publicité dans les salles de cinéma?

Hubert: C'est une honte! Un scandale! On profite de la passivité du public! C'est un vol, un viol, pire: c'est un abus de confiance. La publicité ne sert qu'à créer des besoins artificiels, et c'est le triomphe du mensonge, la dégradation de l'esprit humain!

Mireille: Mais allons, Hubert! Toujours les grands mots! Tu exagères! Il y a d'excellentes publicités! D'ailleurs, personne ne s'en plaint que toi!

Hubert: Eh bien, ça prouve à quel point le public est abruti!

4. sans-gêne

Robert n'est pas très content qu'Hubert s'installe à leur table. En effet, Hubert n'est pas très délicat. Il a pas mal de **sans-gêne**. La présence d'Hubert **gêne** Robert, ça l'ennuie. Mais Hubert, lui, n'est pas **gêné**! Il est même très à l'aise!

6. (se) quitter

Ils ne **se quittent** plus! Ils sont toujours ensemble.
Je **vous quitte**! Je vous laisse! Je m'en vais!

6. réserves

Je suis tout à fait d'accord avec vous. Je vous approuve sans **réserves**.
Je ne suis pas entièrement d'accord avec vous. Je fais quelques **réserves**.

7. avoir le chic pour . . .

Marie-Laure: Mireille! Aide-moi!
Mireille: Ah! Tu **as le chic pour** m'embêter, toi! Tu ne vois pas que je suis occupée?

7. aveugler, torche

Les ouvreuses s'arrangent toujours pour vous **aveugler** avec leur **torche**.

Si vous regardez le soleil en face, ça vous **aveugle**. Vous n'y voyez plus rien.

7. gagner sa vie

Il faut travailler pour **gagner sa vie**.

7. esclave, esclavage

Des **esclaves** au travail.

L'**esclavage** a été aboli dans toutes les possessions françaises en 1848.

7. vol, voler, voleur

Boris Vian a eu l'idée géniale de **voler** le camion des pompiers (voir leçon 17). Il a commis un **vol**. Ali Baba a eu l'idée géniale de cacher quarante **voleurs** dans des jarres d'huile.

7. viol

Lucrèce a été **violée** par un fils de Tarquin (509 avant l'ère chrétienne). C'est un **viol**. Il a eu des relations sexuelles avec elle contre sa volonté.

7. abus de confiance

C'est un **abus de confiance**: on abuse de la crédulité des gens.

7. se plaindre

Nurse **se plaignant** d'une autre nurse à un agent de police.

Personne ne **se plaint**; tout le monde est content.
Ils ne sont jamais contents! Ils **se plaignent** toujours!
Il ne faut pas **se plaindre**! Il y a des gens plus malheureux!

7. abruti

Le public est **abruti**, stupide.

8

A ce moment-là, un couple d'amoureux se dirige vers la table que Jean-Pierre a laissée libre, et va s'y installer quand un homme tout en noir arrive, les bouscule, et s'y asseoit à leur place. Il tire un numéro d'A suivre de sa poche, et fait semblant de se plonger dans la lecture de ce magazine.

En fait, il écoute la conversation des jeunes gens avec une attention soutenue. Qui est-ce? Qui est ce mystérieux personnage? Le saurons-nous jamais? Peut-être pas. . . . La vie est pleine de ces mystères. Il n'y a que dans la fiction que les énigmes se résolvent. Mystère . . . et boule de gomme, comme dirait Marie-Laure!

8. *bousculer*

Monsieur **bousculant** un couple d'amoureux.

A six heures dans le métro, il y a beaucoup de monde. On est **bousculé**. Les gens **se bousculent** pour monter. Ils vous marchent sur les pieds, ils vous poussent.

8. *tirer*

Le cheval **tire** la voiture.

Il **tire** un magazine de sa poche; il sort un magazine de sa poche.

8. *soutenir l'attention*

Monsieur écoutant avec une **attention soutenue**.

Il est difficile de **soutenir l'attention** très longtemps. Après un moment l'attention faiblit, elle baisse, elle diminue.

MISE EN ŒUVRE

Ecoutez la mise en œuvre du texte et répondez aux
questions suivantes.

1. Où sont Robert et Mireille?
2. Où Robert aimerait-il aller?
3. Qu'est-ce qu'il veut que Mireille lui dise?
4. Qu'est-ce qu'il a acheté?
5. Combien de théâtres y a-t-il à Paris?
6. Comment sont beaucoup de ces théâtres?
7. Qu'est-ce que c'est qu'une salle subventionnée?
8. Qu'est-ce qu'on joue souvent à la Comédie-Française?
9. Comment sont les spectacles de la Comédie-Française?
10. Pourquoi Mireille ne conseille-t-elle pas le théâtre de boulevard à Robert?
11. Qu'est-ce que Robert devrait aller voir, s'il ne veut pas beaucoup penser?
12. Qui arrive au café?
13. Où Jean-Pierre avait-il rencontré Mireille?
14. Qu'est-ce que Mireille portait ce jour-là?
15. Que dit Mireille de cette coïncidence?
16. Quelles sont les impressions de Robert sur la France?
17. Qu'est-ce que Robert connaît de la France?
18. D'après Hubert, qu'est-ce que le pourboire?
19. D'après Mireille, est-ce qu'il n'y a qu'en France qu'on donne des pourboires?
20. Que font les ouvreuses, d'après Jean-Pierre?
21. Avec quoi est-ce qu'elles aveuglent le public?
22. Que fait l'institution du pourboire, d'après Hubert?
23. Qu'est-ce qu'Hubert pense de la publicité au cinéma?
24. A quoi sert la publicité, d'après lui?
25. Qui vient s'installer à la table voisine?
26. Comment est-il habillé?
27. Qu'a-t-il dans sa poche?
28. Qu'est-ce qu'il fait semblant de faire?
29. En fait, que fait-il?

MISE EN QUESTION

1. D'après ce que dit Mireille, quels sont les mérites de la Comédie-Française? Quelle est la seule réserve qu'on puisse faire?

2. Etudiez de près ce que Mireille dit au sujet du théâtre de boulevard. D'après ce qu'elle dit, pensez-vous qu'elle a déjà vu de ces pièces? Pourquoi ne recommande-t-elle pas ce théâtre à Robert? Est-ce qu'elle sait de façon certaine que ces pièces ne font pas beaucoup penser ou est-ce qu'elle le suppose seulement?

3. De même, pour les Folies-Bergère et le Lido, est-ce que vous pensez que Mireille y est déjà allée ou qu'elle en parle d'après ce qu'elle en a entendu dire? Est-ce qu'elle sait de façon certaine que ça ne vaut pas la peine d'y aller ou est-ce qu'elle le suppose seulement?

4. Pourquoi pensez-vous qu'Hubert est surpris de voir Mireille au Fouquet's? Parce qu'elle n'a pas l'habitude d'y aller, parce que c'est loin de chez elle, parce que c'est un café trop chic et trop cher pour elle, parce qu'elle est une étudiante sérieuse qui ne passe pas son temps dans les cafés?

5. En quoi Hubert montre-t-il un grand sans-gêne (du moins dans l'opinion de Robert)? Qu'est-ce que vous auriez fait, vous, à la place d'Hubert?

6. Comment le jeune homme qui s'installe à la table à côté engage-t-il la conversation avec Mireille? Est-ce que c'est un exemple du truc "Comment? C'est vous!"? Est-ce que, cette fois-ci, il n'a pas déjà vraiment rencontré Mireille? Mais est-ce qu'on peut dire qu'ils ont "bavardé ensemble"

lors de cette rencontre? Qu'est-ce que Jean-Pierre dit de la jupe de Mireille? Qu'est-ce qu'il en avait dit quand il a essayé de draguer Mireille au Luxembourg? (Voyez leçon 11.) Mais qu'est-ce qu'il en a dit quand il a aperçu Mireille dans la cour de la Sorbonne? (Voyez leçon 13.)

7. Est-ce que Mireille est sérieuse quand elle a l'air de dire que, si elle portait une jupe rouge, c'était un grand hasard? Est-ce qu'elle porte souvent cette jupe rouge ou est-ce qu'elle ne la porte que rarement?

8. Sur quel ton Hubert dit-il à Robert qu'il ne quitte plus Mireille? C'est un ton ironique? Il est jaloux? Il se moque de Robert? Combien de fois a-t-il vu Robert avec Mireille?

9. Est-ce que vous pensez qu'Hubert se laisse tromper par l'ambiguïté de la phrase de Robert sur *L'Amour l'après-midi*, ou qu'il a bien compris qu'il ne s'agit que du film de Rohmer et qu'il fait seulement semblant d'avoir compris autre chose?

10. Dans la discussion sur les pourboires, qui est-ce qui se montre le plus chauvin, Mireille ou Hubert? Qui est-ce qui critique la France et qui est-ce qui la défend?

11. Quel sarcasme cinglant Robert adresse-t-il à Hubert à propos de l'esclavage? Qu'est-ce que Robert fait semblant de croire au sujet d'Hubert?

12. Dans quoi est-ce que les énigmes finissent toujours par être résolues, dans les romans policiers ou dans la vie?

Journal de Marie-Laure

MIREILLE À L'OPÉRA

Mercredi 7 octobre 2009

Tonton Guillaume m'a laissé un message sur mon répondeur dans lequel il me disait qu'il fallait absolument que j'aille voir Mireille. Je l'ai rappelé et je lui ai dit que j'aimais bien ma sœur mais que je l'avais vue hier et que j'avais pas besoin de la voir tous les jours. Il s'est mis à rigoler et il m'a dit « je te parle pas de ta sœur mais du magnifique opéra de Gounod d'après l'œuvre en provençal de Frédéric Mistral. Vas-y ! Attention, c'est pas à l'opéra Bastille. C'est au Palais Garnier ».

J'y suis allée. C'était pas mal. Mais c'est bien la dernière fois que je prends une place à 9 euros. Je ne voyais presque rien ! J'étais placée beaucoup trop haut et beaucoup trop loin de la scène !

J'ai trouvé que cette Mireille était aussi imprudente que ma Mireille à moi quand je l'ai vue s'embarquer dans la plaine désertique de la Camargue sous un soleil de plomb. Mais, j'ai été émue aux larmes à la fin quand elle meurt sous le soleil et les baisers brûlants de Vincent, son amoureux.

Mireille n'avait pas voulu m'accompagner. Elle m'a dit que Gounod, ce n'était pas son truc, pas son style. Moi, j'adore. Bon, ma plus grande passion, ce sera toujours Jacques, mais l'opéra vient juste après.

En fait, ma sœur n'aime pas l'opéra. « Ça l'emmerde, elle trouve ça chiant », comme dirait Brice. Il n'y a que le cinéma qui l'intéresse... Elle dit que l'opéra ce n'est pas naturel, que c'est ridiculement emphatique, que dans la vie réelle personne ne s'exprime comme ça... Quand les gens normaux ont quelque chose à dire, ils parlent (ou parfois ils crient), ils ne chantent pas pour faire admirer leur belle voix... et patati et patata... Il faudra que j'essaie de la convaincre d'y aller au moins une fois pour voir ce que c'est.

mirbelle Marre du métro. Je suis encore restée coincée 20 minutes à Opéra. #lopéracestpasmontruc

8-août-2009

DOCUMENTS

1

Consultez le *Pariscope* ou *L'Officiel des spectacles*

30 COMEDIE-FRANÇAISE - SALLE RICHELIEU
(862 places) 2, rue de Richelieu (1e). M⁺ Palais Royal- Musée du Louvre.
08.25,10 16.80. (0,15 €/mn) www.comédie-francaise. fr. Loc. au guichet
de 11h à 18h et par tél jusqu'à 18h30. Pl. 11 à 37 €. Gpes : 9 à 31 €. Gpes
-28 ans ; 8 et 16 €. Pour les «Fables» de 12 à 44 €, gpes : 11 à 36 €, gpes
-28 ans 8 et 20 €. Tarif dernière minute -28 ans 10 € et demandeur d'emploi
20 € (45 mn avant le début de la représentation). Petit bureau ; 95 places
à visibilité réduite 5 € en vente le soir même de 19h30 à 20h30.

A 14h Sam 22, A 20h30 Mar 25. A 14h Ven 28, Dim 30 déc., Mar 1e janvier :
Fables
De Jean de La Fontaine, Mise en scène Robert Wilson. Avec Christine
Fersen, Gérard Giroudon, Cécile Brune, Eric Ruf, Christian Blanc, Coraly
Zahonero, Céline Samie, Laurent Stocker (en alternance), Laurent Natrella (en
alternance), Nicolas Lormeau, Christian Gonon (en alternance), Julie Sîcard,
Madeleine Marion, Bakary Sangaré, Léonie Simaga, Grégory Gadebois,
Benjamin Jungers (en alternance), Adrien Gamba-Gontard.
La Fontaine a écrit plus de 240 fables, toutes plus belles les unes que
les autres. Seules 19 fables sont retenues. Le premier choix fut de ne
retenir que les fables animalières et d'éliminer celles dans lesquelles les
hommes sont les protagonistes principaux. Le fil directeur et les thèmes
sont les fruits d'un travail architectural et musical. (Durée 1h50).

A 20h30 Jeu 20, Mer 26 déc :
Le malade imaginaire
De Moliere. Mise en scène Claude Stratz. Avec Alain Pralon, Gérard
Giroudon, Catherine Sauvai, Cécile Brune, Bruno Raffaelli, Alain Lenglet,
Jérome Pouly. Nicolas Lormeau, Julie Sicard, Loïc Cobery, Cléopâtre
Touidjine. Alma de Monplaisir, Emma Kabouche
Argan, le «malade imaginaire», entend marier sa fille Angélique, qui aime
Cléante, à Thomas Diafoirus afin de disposer d'un médecin, Béline, sa
deuxième épouse qui complote pour profiter de son héritage. Préférerait
envoyer la Jeune fille au couvent. Argan se fait passer pour mort et découvre
la duplicité de sa femme et j'amour de sa fille Angélique. Il accédera à sa
demande. (Durée 2h).

51 HUCHETTE TP
(100 places) 23, rue de la Huchette (5e). M⁺ St-Michel. 01.43.26.38.99.
Résathéâtre 08.92.70.77.05 (0,34 €/mn). Loc. du Lun au Sam de 17h à 21h.
Accessible aux handicapés. Pl. : 19,50 € et pour 2 spect. le même soir 30 €.
Etud. -25 ans (sf Sam) : 22 € et pour 2 spect. le même soir 22 € . ·26 ans : 10 €
les Mar, Mer, Jeu (selon disponibilités).

A 19h du Lun au Sam :
La cantatrice chauve
D'Eugène Ionesco. Mise en scène Nicolas Bataille, Avec Les comédiens
de la Huchette.
Une autopsie de la société contemporaine par le truchement de propos
ridicules par leur banalité que tiennent deux couples au coin du feu. La pièce
est à l'affiche de ce théâtre depuis sa création en 1948. (Durée 1h).

A 20h du Lunau Sam :
La leçon
D'Eugène Ionesco. Mise en scène Marcel Cuvelier. Avec les comédiens de la
Huchette.
Un professeur timide, une élève insolente. Mais les rôles vont changer, la
situation se renverser. Ce nouveau rapport de forces se résoudra par un crime.
La pièce est à l'affiche de ce théâtre depuis sa création en 1948. (Durée 1h).

65 MICHEL TP
(350 places) 38, rue des Mathurins (8e). M⁺ Havre - Caumartin. 01.42.65 35.02.
Résathéâtre 08.92.70.77.05 (0,34 €/mn). Loc. ouverte du Mar au Sam de 11h
à 21h, Dim de 11h à 17h, Lun de 11h à 19h. Accessible aux handicapés. Salle
climatisée.

A 19h du Mar au Sam. A 17h Dim. Le Lun 31 déc à 19h, Pl. : 25 et 34 € -26
ans : 10 €. Le 31 déc : 42 et 60 €:
Monologues du vagin
D'Eve 'Ensler. Mise en scène Isabelle Rattier, Avec Micheline Dax,
Maimouna Gueye, Gabou.
Succès international traduit en 45 langues et joué dans le monde entier. Plus
de 200 femmes et jeunes filles ont confié à l'auteur leurs traumatismes, leurs
angoisses, leurs aspirations et parfois leurs joies les plus infimes.
Témoignages forts mêlant émotion et nres! (Durée 1h15).

A 20h45 du Mar au Sam, A 16h30 Sam. A 15h Dim. Le Lun 24 déc. à 20h45.
Mar 25 déc. à 16h30. Lun 31 déc. à 20h45 et 22h45. Mar 1e Janvier à 16h30.
Relâche du 7 au 14 janvier. PL : 26 et 36 € Le 31 déc : 45 et 55 € :
Happy Hanouka
D'Alex Pandev et Sylvie Audcoeur. Mise en scène Jean·Luc Moreau. Avec
Maaike Jansen, Alex Pandev, Sylvie Audcoeur, Ary Abittan. David rencontre
Julie Se marie à Las Vegas sur un coup de tête sans en informer sa famille.
Nous sommes le soir de Hanouka. la fête des lumières, et il s'agit pour lui de
l'annoncer à ses parents et particulièrement à sa mère, possessive, intolérante,
une emmerdeuse de haute volée qui avait rêvé de bien d'autres choses pour
son fils ... Sur l'échelle de Richter, amplitude maximale pour ce diner familial
sous la lumière des candélabres! (Durée 1h30).

2

Salles subventionnées

La Comédie-Française

L'Opéra Bastille

L'Opéra Garnier

3

Insistance

Vous croyez que je plaisante? Je suis on ne peut plus tout à fait sérieux.

—Jean Tardieu

4

Mais vous ne vous quittez plus!

C'est un mec qui voit son pote arriver avec un pingouin et il lui dit:

—Qu'est-ce que tu fais avec ça?

—Ben . . . j'ai trouvé ça dans la rue, je ne sais pas quoi en faire!

—Ecoute! Emmène-le au zoo!

—Oui, c'est pas bête, je vais l'emmener au zoo!

Ils se quittent et le lendemain, l'autre revoit son pote, avec le même pingouin. Il s'étonne:

—Ben quoi? Tu l'as pas amené au zoo?

—Si! Il a beaucoup aimé, et maintenant je l'emmène au cinéma!

—Coluche

5

Les Champs-Elysées

En 1670, l'architecte Le Nôtre prolonge l'allée centrale du jardin des Tuileries par une trouée dans la forêt: c'est les Champs-Elysées, ce qui, pour les Grecs, désignait le séjour des héros et des hommes vertueux.

De par son tracé exemplaire, la voie triomphale de la Ville Lumière demeure aussi prestigieuse aujourd'hui avec ses 71 mètres de largeur. C'est, durant le jour, un quartier d'affaires et de boutiques que font oublier le soir des boîtes, des cabarets comme *Le Lido*, avec ses nus bien corrects, des grands cafés comme *Le Fouquet's*, des cinémas et des restaurants de moins en moins gastronomiques. Aux jours de grands émois nationaux, c'est sur cette voie qu'ont lieu tous les défilés (14 juillet, 11 novembre, finale du Tour de France . . .).

Centre du luxe et de l'élégance au XIXème siècle, au XXème siècle des immeubles commerciaux remplacent les hôtels particuliers. Petit à petit, commerçants et restaurateurs s'y installent; aux premiers commerces succèdent les salles de cinéma, l'avenue devient le paradis du septième art et *Le Fouquet's* reçoit des cinéastes comme Abel Gance et Charlie Chaplin. La seconde partie du siècle est moins glorieuse pour la belle avenue, qui voit s'accélérer le trafic automobile et se développer un urbanisme sauvage.

Aujourd'hui l'avenue reflète une mixité—boutiques de luxe, vêtements de grandes marques, automobile, restauration et cinéma—que la ville de Paris tient à préserver. *Le Lido*, témoin d'une époque, est toujours là, fidèle au poste.

—D'après *Paris, Guide du Routard*

6

Le Temps d'un verre aux Champs-Elysées

Fouquet's — 99 av. des Champs-Elysées — 8e arr. — ☎ 01 47 23 50 00 — Tlj 8h00–0h30. Inscrit à l'inventaire des monuments historiques, le Fouquet's possède l'une des dernières terrasses renommées des Champs-Elysées. C'est un point de rendez-vous pour le show-biz comme pour le milieu littéraire. Le Fouquet's conjugue le côté brasserie avec une cuisine inventive.

—*Le Guide Michelin Vert de Paris*

7

La Cantatrice chauve, scène IV (extraits)

Mme et M. Martin sont assis, l'un en face de l'autre, dans le salon des Smith, à Londres.

M. Martin: Depuis que je suis arrivé à Londres, j'habite rue Bromfield, chère Madame.

Mme Martin: Comme c'est curieux, comme c'est bizarre! Moi aussi, depuis mon arrivée à Londres, j'habite rue Bromfield, cher Monsieur.

M. Martin: Comme c'est curieux! Mais alors, mais alors, nous nous sommes peut-être rencontrés rue Bromfield, chère Madame.

Mme Martin: Comme c'est curieux, comme c'est bizarre! C'est bien possible, après tout! Mais je ne m'en souviens pas, cher Monsieur.

M. Martin: Je demeure au numéro 19, chère Madame.

Mme Martin: Comme c'est curieux, moi aussi j'habite au numéro 19, cher Monsieur.

M. Martin: Mais alors, mais alors, mais alors, mais alors, mais alors, nous nous sommes peut-être vus dans cette maison, chère Madame!

Mme Martin: C'est bien possible, mais je ne m'en souviens pas, cher Monsieur.

M. Martin: Mon appartement est au cinquième étage, c'est le numéro 8, chère Madame.

Mme Martin: Comme c'est curieux, mon Dieu, comme c'est bizarre! Et quelle coïncidence! Moi aussi j'habite au cinquième étage, dans l'appartement numéro 8, cher Monsieur! . . .

M. Martin: Comme c'est bizarre, curieux, étrange! . . . C'est peut-être là que nous nous sommes rencontrés!

Mme Martin: Comme c'est curieux et quelle coïncidence! C'est bien possible que nous nous y soyons rencontrés, et peut-être même la nuit dernière. Mais je ne m'en souviens pas, cher Monsieur.

M. Martin: J'ai une petite fille, ma petite fille, elle habite avec moi, chère Madame. Elle a deux ans, elle est blonde, elle a un œil blanc et un œil rouge, elle est très jolie, elle s'appelle Alice, chère Madame.

Mme Martin: Quelle bizarre coïncidence! Moi aussi j'ai une petite fille, elle a deux ans, un œil blanc et un œil rouge, elle est très jolie et s'appelle aussi Alice, cher Monsieur!

M. Martin (*même voix traînante et monotone*): Comme c'est curieux et quelle coïncidence! Et bizarre! C'est peut-être la même, chère Madame!

Mme Martin: Comme c'est curieux! C'est bien possible, cher Monsieur!

—Eugène Ionesco

Eugène Ionesco, dramaturge et écrivain, auteur de contes, de nouvelles, de journaux intimes, est né en Roumanie en 1909 d'un père roumain et d'une mère française. Il a passé la plus grande partie de sa vie en France. Il est surtout connu comme le père du théâtre de l'absurde. *La Cantatrice chauve,* sous-titrée "anti-pièce," est sa première œuvre; elle a marqué durablement le théâtre contemporain. Ionesco a été élu à l'Académie française en 1970. Il est mort en 1994.

8

Champs-Elysées

Je m'baladais sur l'avenue
Le cœur ouvert à l'inconnu
J'avais envie de dire bonjour
A n'importe qui
N'importe qui ce fut toi
Je t'ai dit n'importe quoi
Il suffisait de te parler
Pour t'apprivoiser

Refrain
Aux Champs-Elysées
Aux Champs-Elysées
Au soleil, sous la pluie
A midi ou à minuit
Il y a tout ce que vous voulez
Aux Champs-Elysées

Tu m'as dit "J'ai rendez-vous
Dans un sous-sol avec des fous
Qui vivent la guitare à la main
Du soir au matin"
Alors je t'ai accompagnée
On a chanté, on a dansé
Et l'on n'a même pas pensé
A s'embrasser

(Refrain)

Hier soir deux inconnus
Et ce matin sur l'avenue
Deux amoureux tout étourdis
Par la longue nuit
Et de l'Etoile à la Concorde
Un orchestre à mille cordes
Tous les oiseaux du point du jour
Chantent l'amour

(Refrain)

—Joe Dassin

Joe Dassin (1938–1980) est un chanteur et compositeur franco-américain. "Champs-Elysées" (1969) est son plus grand succès international; l'année de sa sortie Dassin reçoit le grand prix du disque de l'Académie Charles-Cros, et en 1971 devient le plus grand vendeur de disques en France. Victime de malaises cardiaques, il refuse les conseils de son médecin et en 1980 fait une tournée en Europe dont il sort très fatigué. Il meurt à l'âge de 41 ans à Tahiti, où il était allé pour passer quinze jours de vacances et de repos.

Divertissements V

TEXTE

1

La terrasse du Fouquet's. On entend des fragments de conversation un peu snob: *"Vous avez vu le dernier film de Godard? C'est absolument génial."*

. . . *"Vous trouvez?"* . . . *Quatre jeunes gens sont assis à une table. A la table à côté, un homme tout en noir les regarde avec attention.*

Jean-Pierre (*à voix basse*): Eh, vous avez vu les yeux du type, à côté?

Mireille: Eh bien, quoi? Qu'est-ce qu'ils ont, ses yeux? Il a un œil qui dit zut à l'autre, comme mon oncle Victor?

Jean-Pierre: Non, non, ce sont les deux! Ce sont ses deux yeux qui disent zut à je ne sais qui. . . .

Robert: Comment ça?

Jean-Pierre: En morse!

Hubert: Qu'est-ce que c'est que cette histoire?

Jean-Pierre: Si, si, regardez: il cligne d'un œil, c'est un point; il cligne des deux yeux, c'est un

trait. Trait, trait, point, point: Z. Point, point, trait: U. Un point: T. Je croyais qu'il faisait de l'œil à Mireille. . . . Non, non, non! Pas du tout! C'est un message!

Hubert: Sûrement! Ça doit être un dangereux espion!

Mireille: Attention, il nous écoute. Reprenons la conversation comme si de rien n'était.

---

1. *un œil qui dit zut à l'autre*

L'oncle de Mireille, Victor, a un léger strabisme. Il louche. Il a **un œil qui dit zut à l'autre.**

1. *faire de l'œil*

Un homme qui **fait de l'œil** a une jeune femme. (C'est une technique plutôt élémentaire pour attirer l'attention de la jeune femme et engager la conversation.)

1. *espion*

Un **espion.**

2

Robert: . . . Quel est l'avenir du théâtre?

Jean-Pierre: Nul! L'avenir est au cinéma et à la télévision.

Hubert: C'est faux! Rien ne pourra jamais remplacer la présence de l'acteur en chair et en os.

Mireille: Hubert a raison. Le cinéma, c'est de la conserve. C'est mécanique. Tandis qu'au théâtre, l'acteur reste en contact avec le public. Au théâtre, un bon acteur modifie constamment son jeu d'après la réaction du public.

3

Jean-Pierre: Oui, mais au théâtre, le spectacle est éphémère, tandis qu'au cinéma, c'est fixé pour toujours. Avec les cinémathèques, à Chaillot, à Beaubourg, ou avec la vidéo, vous pouvez voir presque tous les bons films qui ont été tournés depuis que le cinéma existe. *Le Misanthrope,* mis en scène et joué par Molière, c'était sûrement génial, oui, mais personne ne pourra plus jamais le voir!

4

Robert: Et puis, le cinéma dispose de moyens tellement plus considérables que le théâtre! Au cinéma, on peut mettre deux mille figurants dans une plaine de Russie, avec des canons, des charges de cavalerie, et une armée perdue dans la neige. . . .

Mireille: L'armée perdue dans la neige, moi, j'ai vu ça au théâtre, dans *Ubu Roi,* sur une toute petite scène. Il y avait tout simplement un bonhomme avec une pancarte qui disait: "L'armée polonaise en marche dans l'Ukraine."

5

Robert: Oui, mais au cinéma, il est plus facile de jouer avec le temps et l'espace. Tous les trucages sont possibles: on peut transformer un monstre en prince charmant, faire sauter la tour Eiffel, incendier la tour Montparnasse. . . .

Jean-Pierre: Et puis, au cinéma, il y a la possibilité de doublage dans toutes les langues.

Mireille: Ah, eh bien, ça, je m'en passerais! Quelle horreur! Je déteste les films doublés. Il n'y a rien de plus faux!

Robert: Moi aussi, je préfère les V.O.[1] . . . avec des sous-titres pour les films japonais.

Mireille: Parce que son japonais est un peu rouillé!

6

Jean-Pierre: Moi, il n'y a que le cinéma, le music-hall, et le cirque qui m'intéressent.

Hubert: Le cirque? "Panem et circenses!"[2] Vous avez des goûts bien vulgaires. Parlez-moi plutôt

1. Version originale.
2. Ne cherchez pas; c'est du latin pour "du pain et des jeux." (Note de Marie-Laure)

2. *en chair et en os*

Un squelette. Une personne vivante est **en chair et en os,** mais dans un squelette il n'y a que des **os** sans **chair.**

3. *cinémathèque*

Cinémathèque française
51, rue de Bercy (12ᵉ). Mᵉ Bercy, Gare de Lyon. 01.71.19.33.33.
Pl : 6 €; TR : 5 €; - 12 ans : 3 €; Libre Pass : 10 €/mois; Forfait Atout prix : 30 € (30% de réduction)

MERCREDI 19 DÉCEMBRE
SALLE HENRI LANGLOIS. Séance jeune public: Folimage, La Poudrière et l'Equipe : le cinéma d'animation vu de Valence : 14h30 : Rencontre et avant-première avec Jacques-Rémy Girerd suivi d'un moyen métrage (durée 70 mn) (dès 6 ans). Rétrospective Howard Hawks : 19h : **La dame du vendredi. His girl friday** v.o. 1940 1h32 de Howard Hawks (Etats-Unis). 21h : **Air Force** v.o. 1943 2h04 de Howard Hawks (Etats-Unis).

3. *tourner*

Silence! On **tourne!**

4. *figurant*

Les acteurs principaux, les vedettes, reçoivent des millions, et ont leur nom en grosses lettres dans le générique. Les **figurants** sont peu payés et ils ne figurent pas au générique.

4. *pancarte*

Un bonhomme avec une **pancarte** sur une toute petite scène.

5. trucage

Dans les films, les acteurs ne sont pas mangés par les crocodiles. On utilise des **trucages**.

5. faire sauter

Anarchiste **faisant sauter** la tour Eiffel.

Pour **faire sauter** la tour Eiffel, il faudrait beaucoup de dynamite . . . ou alors un bon trucage.

5. incendie

Incendie (truqué) de la tour Eiffel.

5. doublage, V.O., sous-titre
Dans un film américain en **V.O.** (version originale), les personnages parlent en général anglais. Quand le film passe en France, ou bien il est en **V.O.** avec des **sous-titres** français, ou bien il est **doublé** en français (les personnages parlent français).

6. cirque

Une affiche du **cirque** Medrano.

6. prendre son pied

Il **prend son pied**! Il adore ça, il se régale!

6. nu

Les reines de France sont représentées habillées.

Les dieux et demi-dieux gréco-romains sont souvent représentes **nus**.

6. Bobino, Zouc

du ballet, de la danse moderne ou classique. Mais le music-hall, c'est pour les voyeurs qui prennent leur pied à regarder des femmes nues en train de lever la jambe, c'est tout!

Jean-Pierre: Mais non, pas du tout! Le music-hall, c'est le conservatoire de la culture contemporaine. Je ne parle pas des spectacles de music-hall comme ceux des Folies-Bergère ou du Concert Mayol, non! Je veux dire les grands récitals de Montand ou, autrefois, Brel, Brassens, à Bobino ou à l'Olympia. Et aussi les spectacles de cabaret et de café-théâtre avec Raymond Devos, Villeret, Coluche, Zouc. . . .

7

Mireille (*à voix basse*): Eh, le type nous écoute toujours?
Jean-Pierre: Ça alors, c'est bizarre!
Mireille: Quoi, qu'est-ce qu'il y a?

Jean-Pierre: Il n'est plus là. Mais à sa place, il y a une bonne sœur, tout en noir, qui lit *La Croix*. On dirait qu'elle fait du morse avec sa cornette!

MISE EN ŒUVRE

Ecoutez la mise en œuvre du texte et répondez aux
questions suivantes.

1. Que font les quatre jeunes gens?

2. Qui les regarde, à la table à côté?

3. Qu'est-ce que les yeux de l'oncle Victor ont de
particulier?

4. Qu'est-ce que le type fait pour produire un point
en morse?

5. Et pour produire un trait?

6. Qu'est-ce que Jean-Pierre a d'abord cru quand il a
vu l'homme en noir cligner des yeux?

7. D'après Hubert, qu'est-ce que cet homme en noir
doit être?

8. D'après Jean-Pierre, où est l'avenir?

9. D'après Hubert, qu'est-ce qui donne au théâtre un
avantage sur le cinéma?

10. D'après Jean-Pierre, pourquoi est-ce qu'un film
n'est pas un spectacle éphémère?

11. Qu'est-ce qu'on peut voir à la cinémathèque ou
avec la vidéo?

12. Dans quelle pièce Mireille a-t-elle vu une armée
perdue dans la neige?

13. Comment l'armée était-elle représentée?

14. Avec quoi peut-on jouer au cinéma, d'après
Robert?

15. Qu'est-ce qu'on utilise, au cinéma, pour faire
sauter la tour Eiffel, par exemple?

16. Quels films Mireille déteste-t-elle?

17. Qu'est-ce qu'il faut pour comprendre un film
japonais en version originale?

18. Quel genre de spectacle Jean-Pierre préfère-t-il?

19. Qu'est-ce qu'Hubert pense des goûts de
Jean-Pierre?

20. D'après Jean-Pierre, qu'est-ce que le music-hall?

21. Qui pouvait-on entendre autrefois à Bobino et à
l'Olympia?

22. Qui est maintenant assis à la place du type en
noir?

23. Qu'est-ce qu'elle fait?

24. Que fait-elle avec sa cornette?

MISE EN QUESTION

1. Pourquoi les quatre jeunes gens ont-ils interrompu leur conversation sur la publicité dans les salles de cinéma? Qu'est-ce qu'ils ont remarqué? Pourquoi ont-ils repris ostensiblement leur conversation? Quel nouveau sujet de conversation Robert a-t-il lancé?

2. Qu'est-ce que c'est qu'une cinémathèque? Qu'est-ce qu'on trouve dans un musée, dans une bibliothèque, dans une cinémathèque? Où y a-t-il une cinémathèque à Paris? Qu'est-ce que c'est que Beaubourg? (Voyez leçon 23.)

3. Qui est Molière? Un romancier, un acteur, un musicien, un metteur en scène, un auteur dramatique? Quand vivait-il, au XVIème siècle, au XVIIème, au XVIIIème, au XIXème, au Moyen Age? (Voyez leçon 15, document 2M.)

4. Est-ce que vous pouvez penser à un film dans lequel il y a des milliers de figurants? Est-ce que vous pouvez citer un film où on voit une armée dans la neige? Est-ce que vous pouvez penser à des films dans lesquels il y a des charges de cavalerie?

5. Quelles sont les deux constructions les plus hautes au centre de Paris? Qu'est-ce que la tour Montparnasse? Où est-elle? Quelle est sa hauteur? (Voyez leçon 32.)

6. Pourquoi Mireille déteste-t-elle les films doublés?

7. Pourquoi Robert parle-t-il des sous-titres pour les films japonais? (Voyez leçon 36.)

8. Quels sont les goûts, réels ou affichés, d'Hubert? Qu'est-ce qu'il aime? Qu'est-ce qu'il n'aime pas?

9. Qui est-ce qui voulait "du pain et les jeux du cirque"? Les patriciens romains, le peuple romain, les empereurs romains, les premiers chrétiens? Est-ce que les jeux du cirque à Rome étaient très raffinés, artistiques, intellectuels, ou plutôt violents, brutaux, grossiers?

10. Si les music-halls sont les conservatoires de la culture populaire, quels pourraient être les conservatoires de la culture à un niveau plus élevé?

11. Qu'est-ce que c'est que La Croix? C'est un journal communiste, catholique, musulman, protestant? Satirique, économique, scientifique, religieux?

12. Quel genre de spectacle préférez-vous? Le cinéma, le théâtre, le cirque, le music-hall, la classe de français? Pourquoi? Est-ce que vous allez souvent au cinéma, au théâtre, au music-hall, au cirque, au cours de français? Combien de fois par an y allez-vous, en moyenne?

Journal de Marie-Laure

ALLONS AU ZOO

Le 25 juin 1993

Hier, Cécile m'a demandé d'emmener Audrey au zoo... Ça me fait plaisir quand quelqu'un me fait confiance... J'en ai ras-le-bol que tout le monde me traite comme une gamine !

Audrey était tout excitée à l'idée de voir des animaux sauvages qu'elle n'avait jamais vus sauf à la télé. Je lui avais dit : « tu verras, il y aura des hippopotames, des girafes, des rhinocéros, des tigres et même des lions ». Je ne soupçonnais pas que nous verrions surtout des singes ! Audrey portait sa petite robe verte, des bottines, et elle courait avec l'étui d'un appareil photo à la main. Elle adorait cet étui dont elle se servait comme d'un vrai appareil. Elle se plantait devant une cage et « clic », le cacatoès, « clic », le buffle. Elle photographiait tous les animaux avec son appareil imaginaire. À un moment donné, elle a aperçu la fosse des chimpanzés.

C'était une grande fosse assez profonde où les singes vivaient en contre-bas, séparés des visiteurs par un fossé, un mur et une barrière. J'ai pris Audrey dans mes bras pour lui montrer les animaux. Elle avait son étui à la main et « clic »... elle l'a laissé tomber chez les singes. Horreur !

Heureusement que je la tenais bien serrée, elle aurait pu se jeter dans la fosse pour le récupérer tellement elle était triste de l'avoir laissé échapper. Ça a été des cris, des pleurs, des hurlements : « mon appareil ! », répétait-elle, « mon appareil ! ». Le plus terrible, ça a été quand un grand chimpanzé, peut-être le chef de la tribu, a pris l'étui et s'est mis à jouer avec. De grosses larmes coulaient sur les joues d'Audrey qui étouffait d'indignation : « Voleur ! », « Voleur ! ». Elle voulait que nous descendions dans la fosse pour reprendre son appareil au chimpanzé. Comme si de rien n'était, j'ai essayé de l'entraîner plus loin et de lui montrer d'autres animaux : « regarde ce beau zèbre et ce joli perroquet ! ». Audrey s'en moquait complètement, elle m'ignorait et marchait la tête baissée, boudeuse, en répétant « mon appareil, mon appareil ». Alors pour la consoler, je l'ai fait entrer dans un magasin de souvenirs et je lui ai dit : « Pour réparer la perte de ton appareil, je t'offre un cadeau, celui que tu préfères dans toute la boutique. Vas-y ! Choisis ! ». Elle s'est mise à battre des mains et à sauter à cloche-pied entre les rayons. Il y avait des appareils photos jetables et j'étais persuadée que c'était ce qu'elle voudrait. Au lieu de cela, elle s'est emparée d'une peluche, un ours blanc tout mignon avec sa robe de chambre et son bonnet de nuit. Très sérieuse, elle m'a dit : « c'est lui que je veux ». En ressortant du magasin je lui ai demandé pourquoi elle avait choisi cet ours. « Parce que, quand il sera grand et fort, il ira voir le chimpanzé et il lui reprendra mon appareil photo ».

Elle voit loin ma nièce !

mirbelle Audrey & Dominique se pacsent ! On est tous invités. Et pour les cadeaux ? Ça existe les listes de PACS ? #pacsforever
23-juin-2007

DOCUMENTS

1

Loisirs et médias

80% des Français s'informent sur l'actualité nationale et internationale en regardant la télévision;

45% en écoutant la radio;

35% en lisant la presse écrite;

30% en allant sur Internet.

75% des foyers ont accès à Internet.

Les Français consacrent 1h25 par jour en moyenne à naviguer sur Internet au moyen d'un ordinateur, et 3h via un *smartphone*.

Télévision

Un téléviseur reste allumé en moyenne 5h35 par jour en France.

54% des téléspectateurs préfèrent les documentaires et reportages;

29% les sports;

4% la télé-réalité.

L'écran contre l'écrit

93% des Français déclarent préférer le livre papier au livre numérique.

68% estiment qu'il faut envoyer des messages d'amour ou d'amitié sur papier.

52% préfèrent conserver leurs photos sur le disque dur de leur ordinateur.

Profil des internautes

85% des internautes sont inscrits sur des réseaux sociaux.

Chacun est membre de 2,8 réseaux sociaux en moyenne.

Ils ont en moyenne 14 comptes ou identités (alias, pseudos) différents;

63% utilisent entre 1 et 5 mots de passe différents.

Lorsqu'ils sont en ligne,

48% font des achats;

40% participent à des réseaux sociaux;

37% recherchent des informations sur leur santé;

33% écoutent la musique en streaming;

25% recherchent des offres d'emploi;

21% téléchargent de la musique, 15% téléchargent des films;

10% téléphonent par visioconférence.

—*Francoscopie* 2013

2

Télévision et cinéma

La télévision

Est un cinéma

Où on peut aller

En restant chez soi.

　　—Tiré de *Tirez sur le pianiste*, film de François Truffaut

François Truffaut (1932–1984), réalisateur, scénariste, producteur, acteur, et critique de cinéma, est l'auteur de 26 longs-métrages. Il a aussi publié plusieurs ouvrages sur le cinéma, dont un recueil d'interviews avec Alfred Hitchcock sorti en 1966. Son premier grand succès, *Les Quatre Cents Coups* (1959), qui a reçu le prix de la mise en scène au festival de Cannes, est un des premiers films du mouvement La Nouvelle Vague—un groupe de cinéastes qui évitent les studios et préfèrent tourner en décor réel. En 1977, Truffaut accepte l'invitation de Steven Spielberg, qui admire ses films, de jouer dans *Rencontres du troisième type*, dans le rôle d'un scientifique français.

3

C'est fou ce que je vous aime!

Mesdames et Messieurs, je n'ai jamais osé vous le dire, par pudeur, mais c'est fou ce que je vous aime! Je n'ai vécu que pour vous! Et je suis prêt à mourir pour vous, là, tout de suite, SUR SCÈNE! . . . si vous le souhaitez. . . .

　　—Raymond Devos

4

Vous n'auriez pas un petit autographe?

Bonjour, Monsieur! Dites donc, s'il vous plaît, vous n'auriez pas un petit autographe, s'il vous plaît? Enfin, c'est pas pour moi, c'est pour une amie, enfin disons c'est pour elle sans être pour elle. . . . C'est pour son gamin. Alors, vous marquez n'importe quoi. . . . Vous savez comment sont les gamins, il ne lira même pas! . . . Ah, non, je n'ai pas de papier. Ben, écoutez, vous n'avez qu'à le marquer là, et puis je le recopierai! Allez, au revoir!

　　—Jacques Villeret

Jacques Villeret, nom d'artiste de Mohammed Boufroura, né en 1951 d'un père algérien et d'une mère française, est un acteur et humoriste. Son rôle le plus célèbre est celui de François Pignon dans le film de Francis Veber *Le Dîner de cons*, pour lequel il remporte un César du meilleur acteur en 1998. Il est mort en 2005.

5

Les Autographes

(Il revient, souriant, prêt à parler, mais manifestement dérangé par quelqu'un qui attire son attention, en coulisse. Il s'approche et s'adresse d'abord à son partenaire invisible.)

. . . Quoi? Qu'est-ce qu'il y a encore? Ecoutez, mon vieux. . . . *(Au public)* C'est le pompier de service. Il est fou de moi. Il veut un autographe. . . . Il me fait signe, comme ça, en me montrant ma photo dans le programme. C'est très perturbant. *(Au pompier)* C'est fini, oui? Voulez-vous ranger ça dans votre casque ou je vous dénonce à votre capitaine. . . . Tout à l'heure. Allez coucher! *(De nouveau au public)* Les gens deviennent hystériques avec les autographes. 'Y a huit jours, même topo. Une bonne femme qui me demande un autographe, comme ça. Mais elle, elle me dit: —C'est pas pour moi. Moi, ça m'intéresse pas toutes ces bêtises. Non, c'est pour mon mari. Il aime bien vous regarder à la télé. Ça l'endort. Ah! merci, Madame. *(Il fait mine de signer)* Avec ma sympathie. Bonne nuit.

—Guy Bedos, *Petites Drôleries*

Guy Bedos, né en Algérie en 1934, fait des études théâtrales à Paris et débute au music-hall en 1965. Acteur et humoriste, il est connu surtout pour ses sketches satiriques. "L'humour est une langue étrangère," dit-il. "Pour certains, il faudrait ajouter des sous-titres."

6

Une Américaine à Paris

J'ai deux amours
Mon pays et Paris . . .
    —Josephine Baker, artiste de music-hall américaine

Josephine Baker, chanteuse et danseuse américaine dont la carrière s'est déroulée principalement en France, est née Freda Josephine McDonald à Saint-Louis, dans le Missouri, en 1906. Venue en France en 1925, elle est d'abord acclamée comme une sensation exotique, mais elle se crée rapidement une popularité durable. Elle devient citoyenne française en 1937, et pendant la Seconde Guerre mondiale est active dans la résistance française. Dans les années 1960 elle met sa célébrité au service de la lutte contre le racisme aux Etats-Unis, notamment en soutenant le mouvement de Martin Luther King. Elle est décédée en 1975.

7

Papa a connu mon professeur de danse

La dernière fois que nous sommes allés au cours de danse, papa m'a dit:
    —Catherine, c'est drôle. . . . J'ai connu dans le temps ton professeur, Madame Dismaïlova. . . . Elle ne me reconnaît pas car je ne suis plus le jeune homme que j'étais alors. . . . Elle aussi a bien changé. Je n'ai pas toujours travaillé dans le commerce. . . . En ce temps-

là, Catherine, j'étais un jeune homme assez bien de sa personne et, pour gagner un peu d'argent de poche, j'avais voulu faire de la figuration au Casino de Paris. . . . Un soir, on m'a demandé de remplacer l'un des porteurs. . . . Les porteurs, ma petite Catherine, sont ceux qui doivent porter les danseuses de la revue. . . .

Et la danseuse que je devais porter, c'était ta maman. . . . Nous ne nous connaissions pas encore. . . . Je l'ai prise dans mes bras de la façon que l'on m'a indiquée. . . . Je suis entré en scène avec elle en titubant, sans mes lunettes. . . . Et patatras! . . . Je me suis cassé la figure. . . . Nous sommes tombés tous les deux par terre. . . . Ta maman avait une crise de fou rire. . . . Il a fallu baisser le rideau. . . . Elle m'a trouvé très sympathique. . . . C'est au Casino de Paris que j'ai connu aussi ton professeur, Madame Dismaïlova. . . . Elle faisait partie de la revue. . . .

Et papa, comme s'il avait peur que quelqu'un nous suive, rue de Maubeuge, et entende notre conversation, a ralenti le pas et s'est penché vers moi.

—Eh bien, ma petite Catherine, a-t-il dit d'une voix très basse, presque un chuchotement, elle ne s'appelait pas Galina Dismaïlova à cette époque-là, mais tout simplement Odette Marchal. . . . Et elle n'était pas russe mais originaire de Saint-Mandé où ses parents, de très braves gens, tenaient un petit café-restaurant. . . . Elle nous y invitait souvent ta maman et moi, quand nous faisions relâche au Casino de Paris. . . . C'était une bonne camarade. . . . Elle n'avait pas du tout l'accent russe, mais pas du tout. . . .

Papa s'est assis avec les mères des élèves sur la banquette de moleskine rouge et le cours a commencé.

J'écoutais Madame Dismaïlova, qui s'appelait Odette Marchal, dire avec l'accent russe:

—Fondou. . . . Tendou . . . pas de cheval. . . . Attitou-de . . . ouvrrrez seconde. . . . Ferrrmez cinquième. . . .

Et j'aurais bien voulu connaître sa vraie voix.

Le cours de danse s'est achevé vers sept heures du soir. Madame Dismaïlova nous a dit:

—Au rrrevoir . . . et à jeudi prrrochain, les enfants. . . .

Dans l'escalier, j'ai chuchoté:

—Tu aurais dû lui parler et l'appeler par son vrai nom. . . .

Papa a éclaté de rire.

—Tu crois que j'aurais dû lui dire: bonjour, Odette . . . comment vont les amis de Saint-Mandé?

Il est resté un moment silencieux, et puis il a ajouté:

—Mais non. . . . Je ne pouvais pas lui faire ça. . . . Il faut la laisser rêver, elle et ses clients. . . .

—Patrick Modiano et Jean-Jacques Sempé,
Catherine Certitude

Patrick Modiano, prix Nobel de littérature en 2014, est né en 1945. Il est l'auteur d'une trentaine de romans. Un ami de sa mère, l'écrivain Raymond Queneau, s'intéresse à lui dès l'âge de quinze ans et le fait entrer dans le monde littéraire. Son troisième roman, *Les Boulevards de ceinture,* reçoit le Grand prix du roman de l'Académie française en 1972; Modiano est désormais une figure importante de la littérature française contemporaine. En 1978 il remporte le Prix Goncourt pour l'ensemble de son œuvre. Son roman *Pour que tu ne te perdes pas dans le quartier* est sorti en 2014. Modiano est le quinzième écrivain français à recevoir le prix Nobel de littérature.

8

🎧

J'suis snob

Je vais au cinéma
Voir des films suédois
Et j'entre au bistro
Pour boire du whisky à gogo
J'ai pas mal au foie
Personne fait plus ça
J'ai un
Ulcère
C'est moins banal et plus cher.

Refrain 2
J'suis snob
C'est bath
Je m'appelle Patrick mais on dit Bob
Je fais du cheval tous les matins
Car j'adore l'odeur du crottin
Je ne fréquente que des baronnes
Au nom comme des trombones
J'suis snob . . . excessivement snob
Et quand je parle d'amour
C'est tout nu dans la cour.
. . . .

Couplet 2
On se réunit
Avec les amis
Tous les vendredis
Pour faire des snobisme-parties
Il y a du coca

On déteste ça
Et du camembert
Qu'on mange à la petite cuiller.
Mon appartement
Est vraiment charmant
J'me chauffe au diamant
On n'peut rien rêver d'plus fumant
J'avais la télé
Mais ça m'ennuyait
Et j' l'ai
R'tournée
D' l'aut' côté c'est passionnant.

Refrain 3
J'suis snob
Ha, ha !
Je suis ravagé par ce microbe
J'ai des accidents en Jaguar
Je passe le mois d'août au plumard
C'est dans les p'tits détails comme ça
Que l'on est snob ou pas
J'suis snob
Encore plus snob que tout à l'heure
Et quand je serai mort
J'veux un suaire de chez Dior.

—Boris Vian

Boris Vian, écrivain, poète, chanteur, critique et musicien de jazz (trompettiste), est né en 1920. Jeune, Vian s'intéresse au jazz, et après la Seconde Guerre mondiale il joue un rôle important dans la popularisation du jazz américain en France. Il fréquente les cafés et cabarets "existentialistes" de Saint-Germain-des-Prés à l'époque où Saint-Germain est le centre de l'activité intellectuelle et artistique de la rive gauche. Ecrivain joyeux et irrévérencieux, Vian a écrit des scénarios de films et des œuvres de science-fiction, mais il est connu principalement comme poète et romancier. Il est mort jeune, à 39 ans, en 1959. Son roman le plus célèbre est *L'Ecume des jours,* "le plus poignant des romans d'amour contemporains" disait son contemporain Raymond Queneau.

9

Ubu Roi (extrait)

Suggestions d'Alfred Jarry pour la mise en scène d'*Ubu Roi* (extraits d'une lettre adressée à Lugné-Poë, directeur du Théâtre de l'Œuvre):

> Adoption d'un seul décor, ou mieux, d'un fond uni, supprimant les levers et baissers de rideau pendant l'acte unique. Un personnage correctement vêtu viendrait, comme dans les Guignols, accrocher une pancarte signifiant le lieu de la scène. (Notez que je suis certain de la supériorité "suggestive" de la pancarte écrite sur le décor. Un décor, ni une figuration ne rendrait l'armée polonaise en marche dans l'Ukraine.)
>
> Suppression des foules, lesquelles sont souvent mauvaises à la scène et gênent l'intelligence. Ainsi, un seul soldat dans la scène de la revue, un seul dans la bousculade où Ubu dit: "Quel tas de gens, quelle fuite, etc."

Ubu Roi, scène III. L'armée polonaise en marche dans l'Ukraine.

Père Ubu: Cornebleu. Jambedieu. Tête de vache! Nous allons périr, car nous mourons de soif et sommes fatigué. Sire Soldat, ayez l'obligeance de porter notre casque à finances, et vous, sire Lancier, chargez-vous du ciseau à merdre et du bâton à physique pour soulager notre personne, car, je le répète, nous sommes fatigué.

Les soldats obéissent.

Pile: Hon! Monsieuye! Il est étonnant que les Russes n'apparaissent point!

Père Ubu: Il est regrettable que l'état de nos finances ne nous permette pas d'avoir une voiture à notre taille; car, par crainte de démolir notre monture, nous avons fait tout le chemin à pied, traînant notre cheval par la bride. Mais quand nous serons de retour en Pologne, nous imaginerons, au moyen de notre science en physique et aidé des lumières de nos conseillers, une voiture à vent pour transporter toute l'armée.

Le général Lascy: Père Ubu, ne voyez-vous pas dans la plaine les Russes?

Père Ubu: C'est vrai, les Russes! Me voilà joli. Si encore il y avait moyen de s'en aller, mais pas du tout, nous sommes sur une hauteur et nous serons en butte à tous les coups.

L'armée: Les Russes! L'ennemi!

Père Ubu: Allons, Messieurs, prenons nos dispositions pour la bataille. Nous allons rester sur la colline et ne commettrons point la sottise de descendre en bas. Je me tiendrai au milieu comme une citadelle vivante et vous autres graviterez autour de moi. J'ai à vous recommander de mettre dans les fusils autant de balles qu'ils en pourront tenir, car 8 balles peuvent tuer 8 Russes et c'est autant que je n'aurai pas sur le dos. Nous mettrons les fantassins à pied au bas de la colline pour recevoir les Russes et les tuer un peu, les cavaliers derrière pour se jeter dans la confusion, et l'artillerie autour du moulin à vent ici présent pour tirer dans le tas. Quant à nous, nous nous tiendrons dans le moulin à vent et tirerons avec le pistolet à phynances par la fenêtre, en travers de la porte nous placerons le bâton à physique, et si quelqu'un essaye d'entrer, gare au croc à merdre!

Officiers: Vos ordres, Sire Ubu, seront exécutés.

Scène IV. *Les mêmes, un capitaine, puis l'armée russe.*

Un capitaine arrivant: Sire Ubu, les Russes attaquent.

Père Ubu: Eh bien, que veux-tu que j'y fasse? Ce n'est pas moi qui le leur ai dit. Cependant, Messieurs des Finances, préparons-nous au combat.

Le général Lascy: Un second boulet!

Père Ubu: Ah, je n'y tiens plus. Ici, il pleut du plomb et du fer, et nous pourrions endommager notre précieuse personne. Descendons.

Tous descendent au pas de course. La bataille vient de s'engager. Ils disparaissent dans des torrents de fumée au pied de la colline.

Un Russe (*frappant*): Pour Dieu et pour le Czar!

Rensky: Ah! Je suis mort!

Père Ubu: En avant! Ah, toi, Monsieur, que je t'attrape!

. . .

Le général Lascy: Père Ubu, nous avançons partout.

Père Ubu: Je le vois bien, je n'en peux plus, je suis criblé de coups de pied, je voudrais m'asseoir par terre. Oh, ma bouteille.

Le général Lascy: Allez prendre celle du Czar, Père Ubu.

Père Ubu: Eh! J'y vais de ce pas. Allons, sabre à merdre, fais ton office, et toi, croc à finances, ne reste pas en arrière. Que le bâton à physique travaille d'une généreuse émulation et partage avec le petit bout de bois l'honneur de massacrer, creuser et exploiter l'Empereur moscovite. En avant, Monsieur notre cheval à finances!

Il se rue sur le Czar.

Un officier russe: En garde, Majesté!

Père Ubu: Tiens, toi! Oh! Aïe! Ah! mais tout de même. Ah, Monsieur, pardon, laissez-moi tranquille! Oh, mais, je ne l'ai pas fait exprès!

Il se sauve, le Czar le poursuit.

Père Ubu: Sainte Vierge, cet enragé me poursuit! Qu'ai-je fait, grand Dieu! Ah! bon, il y a encore le fossé à repasser. Ah, je le sens derrière moi et le fossé devant! Courage, fermons les yeux.

Il saute le fossé. Le Czar y tombe.

Le Czar: Bon, je suis dedans!

Polonais: Hurrah! Le Czar est à bas!

Père Ubu: Ah! j'ose à peine me retourner! Il est dedans. Ah! C'est bien fait et on tape dessus. Allons, Polonais, allez-y à tour de bras, il a bon dos, le misérable! Moi, je n'ose pas le regarder! . . .

Les dragons russes font une charge et délivrent le Czar.

Le général Lascy: Cette fois, c'est la débandade!

Père Ubu: Ah! voici l'occasion de se tirer des pieds. Or donc, Messieurs les Polonais, en avant! Ou plutôt, en arrière!

Polonais: Sauve qui peut!

Père Ubu: Allons! En route. Quel tas de gens, quelle fuite, quelle multitude, comment me tirer de ce gâchis? (*Il est bousculé.*) Ah! mais toi! fais attention, ou tu vas expérimenter la bouillante valeur du Maître des Phynances. Ah! il est parti, sauvons-nous et vivement pendant que Lascy ne nous voit pas.

Il sort, ensuite on voit passer le Czar et l'armée russe poursuivant les Polonais.

—Alfred Jarry

Alfred Jarry (1873–1907) a imaginé le personnage d'Ubu avec ses camarades quand il était au lycée de Rennes (en Bretagne) vers 1888. Le Père Ubu est la caricature de leurs professeurs.

41 Question de chance I

TEXTE

1

A la terrasse du Fouquet's; Mireille, Hubert, Robert, Jean-Pierre.

Jean-Pierre: Garçon! . . . Garçon, l'addition!

Le garçon regarde ailleurs. Cinq minutes après, Hubert fait signe au garçon.

Hubert: Alors, elle vient, cette addition?

Aucun effet. Au bout de dix minutes, Mireille appelle le garçon.

Mireille: Vous nous apportez l'addition, s'il vous plaît?

Le garçon: Tout de suite, Mademoiselle. . . .

Et il se dirige vers une autre table. Dix minutes après, Robert tente sa chance.

Robert: Est-ce que nous pourrions avoir l'addition, s'il vous plaît?
Le garçon: Mais oui, Monsieur. Voilà, Monsieur. Ça fait 135F.

2

Robert tend un billet de 200F au garçon. Hubert, Jean-Pierre, et Mireille se détournent pudiquement. Le garçon pose son plateau plein de verres sur la table pour rendre la monnaie à Robert.

1. faire signe

Mireille **fait signe** au garçon.

1. tenter sa chance
Je vais **tenter ma chance**; je vais essayer.
"**Tentez votre chance!** Jouez au Loto!"
Robert **tente sa chance** . . . mais il n'a pas de chance: c'est lui qui est obligé de payer l'addition! Ce n'est pas de chance!

2. tendre
Quand un Français rencontre quelqu'un qu'il connaît, il lui **tend** la main.

Le garçon: Alors, 135 et 5, 40, et 10. . . . Voilà. Oh! . . .

Quand on veut écouter attentivement, on **tend** l'oreille.
"Si on te frappe la joue droite, **tends** la gauche." (Jésus-Christ)
Mme Courtois est **tendue** (c'est de la **tension** nerveuse). Elle devrait se **détendre** un peu . . . se reposer, partir en vacances. . . .

2. se détourner

Pendant que Robert se livre à de vulgaires transactions financières, les autres **se détournent**, ils regardent ailleurs (par délicatesse).

En rendant la monnaie, il laisse tomber une pièce. Tout le monde se précipite pour la ramasser. Le plateau tombe par terre: les verres se cassent en mille morceaux.

Jean-Pierre: Et merde![1]
Hubert: Ça, ce n'est pas de veine, alors!
Mireille: Mais non, au contraire, ça porte bonheur; c'est du verre blanc!

3

Hubert a pris congé. . . .

Hubert: Bon, eh bien, il ne me reste plus qu'à prendre congé, en vous remerciant. Au revoir tout le monde.

Jean-Pierre est parti. . . .

Jean-Pierre: Bon, ben, écoutez, ciao, hein!

Robert et Mireille se lèvent, eux aussi, et s'en vont. Ils descendent les Champs-Elysées. Robert note que plusieurs jeunes couples, et même des moins jeunes, se tiennent par la main. Il se demande s'il devrait prendre la main de Mireille, lui aussi . . . mais il n'ose pas.

1. Ce Jean-Pierre est extrêmement mal élevé! Malgré notre respect de l'authenticité, nous avons beaucoup hésité à reproduire son propos. (Note des auteurs)

4

Sur le trottoir, à côté d'un kiosque à journaux, il remarque un petit stand qui porte une pancarte: LOTERIE NATIONALE. TIRAGE MERCREDI.

Robert: Dis-moi, est-ce qu'on gagne quelquefois à cette loterie?
Mireille: Oh, j'imagine que oui, mais moi, je n'ai jamais rien gagné. Il faut dire que je n'ai jamais acheté de billet. Ce n'est pas exactement contre mes principes, mais je n'aime pas beaucoup ça.
Robert: Ce n'est pas particulièrement dans mes principes non plus, mais j'aurais bien besoin d'un peu d'argent frais. . . . La vie a l'air d'être chère, en France! Et puis, il faut profiter de la chance! Avec tout ce verre blanc cassé. . . . Allez, achetons un billet. D'accord?

5

Mireille: Si ça t'amuse. . . . De toute façon, une partie de l'argent va à une bonne œuvre: les tuberculeux, les maisons de retraite pour les vieux, les Ailes brisées, les Gueules cassées. . . .
Robert: Allez, vas-y, choisis!
Mireille: Non, choisis, toi!
Robert: Non, toi!
Mireille: Mais non, pas moi. Je n'ai jamais de chance!
Robert: Mais si, mais si! Tu dois avoir beaucoup de chance en ce moment, tu viens de casser au moins douze verres blancs!
Mireille: Ce n'est pas moi qui les ai cassés, c'est toi!

Robert: Non, ce n'est pas moi, c'est toi! . . . En fait, non, c'est Hubert. Je l'ai vu. Mais ça ne fait rien. Vas-y! Prends n'importe quel billet, pourvu que les deux derniers chiffres fassent 9: 18, 27, euh . . . 27, 36, 45, 54, 63, 72, 81, 90.
Mireille: Pourquoi ça?
Robert: C'est évident! Tu as dix-huit ans. . . .
Mireille: Presque dix-neuf!
Robert: Bon. . . . Tu habites au 18 (8 et 1, 9); les consommations ont coûté exactement 135F (3 et 1, 4, et 5, 9); et j'ai compté neuf couples, jeunes ou vieux, qui se tenaient par la main.

6

Mireille choisit un billet vendu au profit d'une organisation qui s'occupe de bébés abandonnés, parce que le billet lui a plu tout de suite; il porte, sur fond bleu pâle, un adorable poupon rose, et le numéro 63.728.127, série MR, ce qui fait beaucoup de 9, si on regarde bien, et des initiales reconnaissables. . . . Robert voudrait que Mireille garde le billet.

Robert: Tiens, garde-le.
Mireille: Oh, non, pas moi. J'aurais trop peur de le perdre!
Robert: Tu perds les choses, toi?
Mireille: Moi? Non! C'est toi qui perds les choses et qui te perds! Pas moi. . . . Mais quand même, je préfère que ce soit toi qui le gardes. Il ne faudra pas oublier d'acheter le journal, jeudi matin, pour voir la liste des gagnants.
Robert: Oui, pour voir combien on a gagné!

2. *se précipiter*

A six heures du soir à Paris, tout le monde **se précipite** dans le métro.

2. *par terre*

Ils sont assis **par terre**.

2. *(se) casser*

Un monsieur qui **s'est cassé** la jambe.

2. *veine*

Ce n'est pas de **veine**! Ce n'est pas de chance!
Vous partez en vacances? Vous avez de la **veine**!

2. *porter bonheur*

Un trèfle à quatre feuilles, un fer à cheval, ça **porte bonheur,** ça porte chance.

4. *kiosque*

Un **kiosque** à journaux à Saint-Germain-des-Prés.

4. *gagner*

Voilà un monsieur qui **a gagné** beaucoup d'argent au casino. (Il a eu de la chance!)

5. *bonne œuvre*

Autrefois, les dames de la bonne société ne travaillaient pas. Elles s'occupaient de leurs **bonnes œuvres**; elles appartenaient à de organisations charitables.

5. *Ailes brisées, Gueules cassées*

Les **Ailes brisées**: une association d'anciens combattants de l'Armée de l'Air qui ont été blessés pendant la guerre.

Les **Gueules cassées**: une association d'anciens combattants qui ont été blessés au visage pendant la guerre.

5. *pourvu que*

Nous irons nous promener **pourvu qu'**il ne pleuve pas . . . à condition qu'il ne pleuve pas.

6. *au profit de*

Le billet est vendu **au profit d'**une organisation. Une partie de l'argent va à l'organisation. L'organisation tire un certain profit de la vente des billets.

6. *poupon*

Un **poupon**.

Des **poupons** (des bébés en chair et en os) dans une pouponnière.

6. *garder*

Ne me donne pas le billet! **Garde**-le!
Je n'ai pas besoin de la voiture. Tu peux la **garder**.
Dans les crèches, les pouponnières, on **garde** les bébés des femmes qui travaillent.
Il y a des **gardiens** de nuit dans toutes les banques.

MISE EN ŒUVRE

Ecoutez la mise en œuvre du texte et répondez aux questions suivantes.

1. Qu'est-ce que Jean-Pierre demande au serveur?
2. De combien est l'addition?
3. Qui va payer?
4. Qu'est-ce que Robert donne au garçon?
5. Qu'est-ce que le garçon a dans les mains?
6. Pourquoi le pose-t-il sur la table?
7. En rendant la monnaie, que fait-il?
8. Que font Hubert, Jean-Pierre, et les autres?
9. Quel est le bilan?
10. D'après Mireille, pourquoi est-ce que ça porte bonheur?
11. Qu'est-ce que Robert remarque, sur les Champs-Elysées?
12. Pourquoi ne prend-il pas la main de Mireille?
13. Où se trouve le petit stand de la Loterie nationale?
14. Que dit la pancarte?
15. Pourquoi Mireille n'a-t-elle jamais acheté de billets de loterie?
16. Pourquoi Robert veut-il acheter un billet?
17. Comment lui paraît la vie, en France?
18. Où va une partie de l'argent, quand on achète un billet?
19. Qui va choisir le billet?
20. Combien doivent faire les deux derniers chiffres du billet?
21. Pourquoi?
22. A quelle organisation ira l'argent du billet?
23. Pourquoi Mireille aime-t-elle le billet qu'elle a acheté?
24. Quelles sont les initiales sur le billet?
25. Pourquoi Mireille ne veut-elle pas garder le billet?
26. Qu'est-ce que Mireille et Robert devront faire jeudi matin?
27. Qu'est-ce qui paraît dans le journal, ce jour-là?

MISE EN QUESTION

1. Quand les quatre jeunes gens veulent payer, est-ce qu'ils obtiennent facilement l'addition? Qui demande l'addition? Que fait le garçon? Qui est-ce qui réussit à avoir l'addition?

2. Comparez les différentes façons dont les jeunes gens ont demandé l'addition. Classez-les par degré de politesse. Quelle est la moins polie? Quelle est la plus polie?

3. Calcul: A combien se monte l'addition? (Observez ce que dit le garçon en rendant la monnaie.) Combien Robert a-t-il donné au garçon? Combien le garçon doit-il lui rendre?

4. Que font les trois autres jeunes gens pendant que Robert paie l'addition?

5. D'après vous, est-ce que casser du verre porte bonheur, porte malheur? Ou bien pensez-vous que cette histoire de verre cassé n'est qu'une superstition ridicule? Est-ce que ça fait une différence si le verre est blanc (transparent) ou de couleur? Et qu'est-ce qui se passe si on casse un miroir?

6. Hubert et Jean-Pierre se conduisent de façon très différente. D'après vous, lequel des deux a les meilleures manières? Lequel est le plus poli, le plus courtois? Leurs styles différents sont reflétés dans la narration: On dit que "Jean-Pierre est parti." Qu'est-ce qu'on dit pour Hubert? Que dit Hubert, en partant? Et que dit Jean-Pierre? Lequel fait une phrase correcte, bien construite?

7. Est-ce que Jean-Pierre et Hubert proposent de payer leur part des consommations? Est-ce que, au moins, ils remercient Robert?

8. Robert remarque plusieurs couples qui se tiennent par la main. Est-ce que ça se fait chez vous? Est-ce qu'il y a des couples qui se tiennent par la main dans la rue?

9. Robert n'ose pas prendre la main de Mireille. Est-ce qu'il a raison, est-ce qu'il a tort? Que feriez-vous si vous étiez à sa place? Maintenant supposez que vous êtes à la place de Mireille et

que Robert vous prenne la main: qu'est-ce que vous feriez?

10. Robert est-il un garçon timide ou audacieux? Qu'est-ce qu'il ose faire et qu'est-ce qu'il n'ose pas? Voyez comment il se comporte quand il voit Mireille dans la cour de la Sorbonne (leçons 12 et 14); quand Mireille parle d'aller à Chartres (leçon 16); quand il invite Mireille à la Closerie (leçon 18); quand il l'invite à déjeuner (leçon 21); quand il suggère qu'elle se fasse inviter chez les Courtois (leçon 23); quand il la raccompagne à sa porte (leçon 24); quand il lui téléphone avant d'aller à Chartres (leçon 27); quand Mireille propose qu'ils se tutoient (leçon 27); quand il se demande, à Chartres, s'il devrait acheter un cadeau pour Mireille (leçon 28), etc. Est-ce que vous approuvez la façon dont il se conduit dans ces occasions? Qu'est-ce que vous auriez fait à sa place?

11. A votre avis, pourquoi Robert propose-t-il d'acheter un billet de loterie? Est-ce que c'est une façon détournée de rappeler que c'est lui qui a payé les consommations au Fouquet's? Est-ce que c'est parce qu'il est joueur de nature? Est-ce qu'il espère vraiment gagner de l'argent? Est-ce que c'est un moyen de partager quelque chose avec Mireille (comme ils partagent le secret de leur première rencontre à la Sorbonne)?

12. Dans la discussion pour savoir qui a cassé les verres, au Fouquet's, est-ce que Mireille et Robert sont sérieux ou est-ce qu'ils s'amusent? Est-ce que Robert croit au verre blanc cassé? Est-ce qu'il croit que Mireille y croit vraiment? Ou est-ce qu'il fait semblant de croire qu'elle y croit?

13. Au fait, qui a cassé les verres, au Fouquet's?

14. D'après Robert, pourquoi faudra-t-il acheter le journal, pour voir s'ils ont gagné, ou pour voir combien ils ont gagné? Est-ce qu'il est sûr qu'ils vont gagner, ou est-ce qu'il plaisante? D'après vous, est-ce qu'ils vont gagner ou non? Pourquoi?

Journal de Marie-Laure

MIREILLE ET LE FRENCH LOVER

Le 15 octobre 2008

Hier, j'ai dîné avec Mireille. On est allées manger un couscous dans un petit resto près de Bastille. Elle m'a raconté une drôle d'histoire : « Tu ne connais pas la dernière ? » dit-elle. « J'ai fait une de ces gaffes ! Eh oui, ma pauvre, je ne m'en suis toujours pas remise. C'est la honte ! Je revenais du Musée Maillol où j'étais allée voir une expo sur Séraphine de Senlis (c'est vachement bien, tu de-vrais y aller), rue de Grenelle, je passe devant une parfume-rie et là, dans la vitrine, au milieu des flacons de parfum exposés, je vois "FRENCH LOVER-Pierre Bourdon".

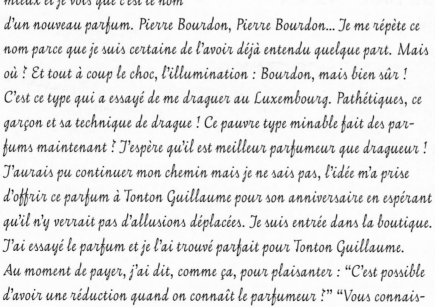

« Je m'arrête, je regarde mieux et je vois que c'est le nom d'un nouveau parfum. Pierre Bourdon, Pierre Bourdon... Je me répète ce nom parce que je suis certaine de l'avoir déjà entendu quelque part. Mais où ? Et tout à coup le choc, l'illumination : Bourdon, mais bien sûr ! C'est ce type qui a essayé de me draguer au Luxembourg. Pathétiques, ce garçon et sa technique de drague ! Ce pauvre type minable fait des par-fums maintenant ? J'espère qu'il est meilleur parfumeur que dragueur ! J'aurais pu continuer mon chemin mais je ne sais pas, l'idée m'a prise d'offrir ce parfum à Tonton Guillaume pour son anniversaire en espérant qu'il n'y verrait pas d'allusions déplacées. Je suis entrée dans la boutique. J'ai essayé le parfum et je l'ai trouvé parfait pour Tonton Guillaume. Au moment de payer, j'ai dit, comme ça, pour plaisanter : "C'est possible d'avoir une réduction quand on connaît le parfumeur ?" "Vous connais-

sez Monsieur Pierre Bourdon ?" a demandé la vendeuse, très étonnée et un peu admirative. "Oui, un type assez grand, qui traînait à la Sorbonne et qui draguait pitoyablement toutes les filles qui passaient : pour moi c'est plutôt un « French loser » qu'un « French lover », mais son parfum sent délicieusement bon". "Madame," a-t-elle répondu, très sèche et méprisante, "vous faites erreur : Monsieur Pierre Bourdon est diplômé de Sciences Po et c'est l'un des plus grands parfumeurs du monde. 130 euros s'il vous plaît... et, évidemment, pas de réduction, cela va sans dire".

« J'ai payé, je suis sortie, je me suis retrouvée dans la rue et j'étais tellement sous le choc que je ne savais même plus comment je m'appelais. J'ai fait quelques pas dans la rue et là, je me suis arrêtée et je me suis frappé le front. Ça m'est revenu d'un coup : c'est JEAN-PIERRE Bourdon que je connais, pas Pierre Bourdon ! Je me suis trompée de personne ! Plus jamais je ne remettrai les pieds dans cette boutique de la rue de Grenelle ».

Quelle idiote ! Elle n'arrête pas de trouver des occasions pour faire des bêtises, « des conneries », comme dirait Brice . . . Vraiment, ma sœur, elle n'en manque pas une, c'est la reine des gaffeuses, je vous jure !

DOCUMENTS

1

Loteries

2

Les Français et les jeux

Les trois quarts des Français disent aimer jouer pendant leur temps libre. Le paradoxe est que 76% se disent bons joueurs . . . mais que 83% jugent les autres mauvais joueurs, ce qui est mathématiquement incompatible.

Près de la moitié des 18–75 ans déclarent avoir joué de l'argent au cours des 12 derniers mois, soit 21 millions de Français.

Le jeu est d'abord un loisir, une façon d'occuper son temps. Les jeux d'argent ajoutent d'autres dimensions: ils fournissent aux gagnants le moyen d'accéder à une forme de pouvoir liée à la possession, ainsi qu'à la liberté qui est censée en découler. Beaucoup de Français ont le sentiment qu'il n'est plus possible de changer la vie. Chacun cherche alors plus modestement de changer sa vie, en jouant au Loto ou au PMU (Pari mutuel urbain: voir le document 3 de cette leçon). On observe chez les joueurs une volonté commune de s'évader de la réalité, de vivre dans un monde magique où tout est possible. Gagner, c'est avoir la possibilité de devenir un autre. Le jeu est pour les enfants un mode d'apprentissage de la vie; il est pour les adultes un moyen de retour à l'enfance.

—*Francoscopie* 2013

3

Les Jeux de hasard et d'argent

D'abord interdits en France par l'État royal et longtemps clandestins, les jeux de hasard et d'argent ont été légalisés en France dans le dernier tiers du 18ème siècle avec la création de la loterie royale.

Au 19ème siècle apparaissent les casinos (roulette, jeux de cartes et de dés, ainsi que, depuis 1986, les machines à sous), et au 20ème siècle le PMU (Pari mutuel urbain, 1931) et la Loterie nationale (en 1933).

Ces trois opérateurs de jeux se partagent encore actuellement en France la plus grande part du secteur du jeu. Cette activité contribue d'une manière non négligeable aux finances de l'Etat (6 milliards d'euros) et des communes impliquées.

—Le PMU (Pari mutuel urbain) gère les paris d'argent sur les courses de chevaux en dehors des hippodromes. Le tiercé, créé en 1954, a augmenté très rapidement le nombre de courses. Depuis 2010, le PMU a diversifié son offre en ligne (paris sportifs et jeux comme le poker).

—La Française des jeux (FDJ), successeur de la Loterie nationale en 1976, gère les jeux de tirage (le Loto, le Keno), les paris sportifs (le loto sportif), ainsi que les jeux de grattage. Fin 2009, une offre de jeu instantané sur Internet a été ouverte. En 2010, la FDJ a dénombré 27,8 millions de joueurs.

Les Jeux d'argent sur Internet

Une loi de 2010 ouvre le marché des jeux d'argent en ligne en mettant fin au monopole de la Française des jeux. Trois secteurs sont concernés: les paris sportifs, les paris hippiques et le poker. La loi rend accessible une offre légale encadrée, compétitive par rapport aux offres illégales. Un an après son ouverture, l'offre légale de jeux sur Internet a généré 2,9 millions de comptes de joueurs actifs.

—OFDT.fr (Observatoire français des drogues et des toxicomanies)

4
Jeux et dépendances
La prévalence du jeu excessif ou pathologique en France métropolitaine est estimée à 0,4%. Les joueurs excessifs sont plus souvent des hommes (75,5%), et se caractérisent par leur précarité financière. Plus d'un sur trois ne possède aucun diplôme et la quasi-totalité ont un niveau d'études inférieur ou égal au baccalauréat.

Deux joueurs excessifs sur trois sont des fumeurs quotidiens, contre 30% de l'ensemble de la population. Un quart sont également dépendants à l'alcool. Ils sont aussi davantage sujets à une consommation mensuelle de cannabis (6%) que leurs compatriotes (4,4%).

—*Francoscopie 2013*

5
Confession d'un gagnant du Loto
C'était un mardi, le 14 février, le jour de la Saint-Valentin. J'avais 36 ans. Avec mon fils, on est allés au café du coin, qui vendait aussi des journaux. Je lui ai acheté une petite voiture et, moi, je me suis cherché un magazine. Il n'y avait pas celui que je voulais, alors, à la place, j'ai tenté un Loto Flash. J'ai misé 10 euros. Juste comme ça, je ne jouais jamais. Le lendemain, je repasse devant le café. Il y a une pancarte énorme : "Ici, on a gagné 7 millions d'euros." Je rentre, je passe mon ticket dans la machine et, oui, je suis le gagnant de la supercagnotte. J'ai passé un quart d'heure sans bouger.

Le patron, que je connaissais un peu, a sorti le champagne. Il n'arrêtait pas de me parler, je ne l'écoutais pas, mais il ressassait en boucle. Il pianotait sur sa calculatrice et disait: "Si tu places bien ton argent, ça va te faire du 15.000 à 20.000 euros par mois sans rien faire." Il était surexcité. Et moi, j'étais ailleurs, complètement amorphe. J'ai appelé la Française des jeux et on m'a donné rendez-vous à Paris quatre jours plus tard.

Quatre jours d'angoisse! Car on t'explique calmement que le chèque est remis au porteur du ticket gagnant. Si tu le perds, c'est dommage pour toi. . . . Alors, tu ne penses qu'à ça, à ne pas le perdre. Je ne suis pas sorti de chez moi pendant quatre jours et je n'ai pas dormi non plus. Est-ce un rêve ou la réalité? Qu'est-ce que je vais faire de ce pactole? A qui je dois le dire?

Le plus génial, c'est que cet argent m'est tombé dessus à un bon moment. Quelques mois auparavant, je m'étais lancé dans la fringue. Ça ne marchait pas du tout. J'étais en dépôt de bilan, à deux doigts d'être interdit bancaire. Le lundi suivant, j'ai enfin récupéré mon chèque. Et là, je me suis dit: "Tu as 7 millions d'euros, tu vas claquer 1 million tout de suite." Comme ça, pour le plaisir. J'ai commencé par déménager, aussi sec. Pas question de rester dans ce quartier alors que les gens me regardaient comme le "gars qui a gagné le gros lot." Trop dangereux. Je me suis acheté une maison de 400 mètres carrés à l'autre bout de la ville.

Quand on gagne au Loto, le rapport aux autres change. Et ça, on ne peut rien y faire. C'est pour cela que je n'ai rien dit à mon gamin. Il pense que mes affaires marchent bien. Comment lui expliquer qu'il faut travailler en classe, sinon? Je l'ai dit à mes parents, à mes frères et sœurs et à quelques amis. J'ai remboursé les emprunts immobiliers de mes frères et sœurs. J'ai réussi à garder mes meilleurs amis. Au début, ils avaient des complexes à m'inviter manger une pizza avec une bière, juste comme avant. Mais, moi, je m'en fous. Je n'ai pas changé. Et puis, je ne vais pas me goin-frer de caviar matin, midi et soir! Ce qui m'importe, c'est d'être avec eux.

—LePoint.fr

6

Superstitions

Comme tout le monde, les Français entretiennent des superstitions, c'est-à-dire des croyances—sérieuses ou moins sérieuses, fondées sur la signification positive ou négative de certaines actions, de certaines situations.

Blanc ou noir, bien ou mal, bon ou mauvais, de nombreux petits faits peuvent "porter bonheur" ou "porter malheur." Il est utile de les connaître, afin d'éviter des maladresses culturelles embarrassantes ou, au contraire, afin de faire plaisir.

Ce qui porte chance

1. Toucher du bois en faisant un souhait
2. Trouver un trèfle à quatre feuilles
3. Accrocher un fer à cheval au-dessus de la porte
4. Casser du verre blanc
5. Marcher du pied gauche sur une crotte de chien
6. Toucher le pompon rouge du béret d'un marin
7. Voir un arc en ciel

Ce qui porte malheur

1. Quand le 13 du mois est un vendredi
2. Mettre des habits neufs un vendredi
3. Treize convives autour d'une même table
4. Placer le pain à l'envers sur la table
5. Renverser du sel sur la table
6. Croiser un chat noir la nuit
7. Passer sous une échelle
8. Poser son chapeau sur un lit
9. Ouvrir un parapluie dans une maison
10. Casser un miroir = 7 ans de malheur
11. Allumer trois cigarettes avec la même allumette

—French at HKU (www.french.hku.hk)

7

Evénement . . . rencontre?

1. Ce soir-là, nous sommes demeurés plus tard que d'habitude sur la terrasse. Les clients, peu à peu, avaient tous quitté la salle et il ne restait plus que nous et le pianiste. C'était un moment de vide, avant l'apparition des premiers dîneurs. Les gar-çons achevaient de dresser les tables dans la partie "restaurant" de l'établissement. Et nous, nous ne savions pas très bien à quoi occuper cette soirée. Rentrer dans notre chambre de la pension Sainte-Anne? Aller à la séance du soir du cinéma Le Forum? Ou attendre, tout simplement? . . .

2. Ça s'est fait de la manière la plus banale et la plus naturelle. Je crois que Neal est venu me demander du feu, au bout d'un instant. A part eux et nous, il n'y avait personne sur la terrasse et ils ont compris que c'était l'heure de fermeture.

—Alors, on ne peut même pas boire un verre? a dit Neal en souriant. Nous sommes complètement abandonnés?

3. Un garçon s'est dirigé vers leur table d'une démarche molle. Je me souviens que Neal a commandé un double café, ce qui m'a confirmé dans l'idée qu'il n'avait pas dormi depuis long-temps. Tout au fond, le pianiste tapait sur les mêmes touches, sans doute pour vérifier si son instrument était bien accordé. Aucun client ne se présentait pour le dîner. Dans la salle, les garçons attendaient, figés. Et ces notes de piano, toujours les mêmes. . . . Il pleuvait sur la Promenade des Anglais.

4. —On ne peut pas dire qu'il y ait beaucoup d'ambiance, a remarqué Neal.

Elle fumait, en silence, à côté de lui. Elle nous souriait. Il y a eu entre Neal et nous l'amorce d'une conversation:
—Vous habitez Nice?
—Et vous?
—Oui. Vous êtes en vacances ici?
—A Nice, la pluie, ce n'est pas très drôle.
—Il pourrait peut-être jouer autre chose, a dit Neal. Il me donne la migraine. . . .

5. Il s'est levé, il est entré dans la salle et a marché
vers le pianiste. La femme nous souriait toujours.
Au retour de Neal, nous entendions les premières
mesures de *Strangers in the Night*.

—Ça vous va, cette musique-là? nous a-t-il
demandé.

Le serveur a apporté les consommations et
Neal nous a proposé de boire un verre avec eux.
Et nous nous sommes retrouvés à leur table, Sylvia
et moi. Pas plus que le mot "événement," le mot
"rencontre" ne convient ici.
—Patrick Modiano, *Dimanches d'août*

8

🎧

Laisse tomber les filles

Laisse tomber les filles (*bis*)
Un jour c'est toi qu'on laissera
Laisse tomber les filles (*bis*)
Un jour c'est toi qui pleureras
Oui j'ai pleuré mais ce jour-là
Non je ne pleurerai pas (*bis*)
Je dirai c'est bien fait pour toi
Je dirai ça t'apprendra (*bis*)

Laisse tomber les filles (*bis*)
Ça te jouera un mauvais tour
Laisse tomber les filles (*bis*)
Tu le paieras un de ces jours
On ne joue pas impunément
Avec un cœur innocent (*bis*)
Tu verras ce que je ressens
Avant qu'il ne soit longtemps (*bis*)

La chance abandonne
Celui qui ne sait
Que laisser les cœurs blessés
Tu n'auras personne
Pour te consoler
Tu ne l'auras pas volé

Laisse tomber les filles (*bis*)
Un jour c'est toi qu'on laissera
Laisse tomber les filles (*bis*)
Un jour c'est toi qui pleureras
Non pour te plaindre il n'y aura
Personne d'autre que toi (*bis*)
Alors tu te rappelleras
Tout ce que je te dis là (*bis*)
—Serge Gainsbourg (chantée par France Gall)

Serge Gainsbourg est né en 1928. Chanteur, pianiste, écrivain, acteur et cinéaste, il se crée très tôt une image d'artiste incompris et maudit. (Son inspiration vient en partie des textes cyniques et drôles de Boris Vian, que Gainsbourg écoute au cabaret à Paris.) Il écrit des chansons pour Juliette Gréco et Petula Clark, mais ses premiers grands succès auprès du jeune public sont les chansons que chantent Françoise Hardy (voir la leçon 15, document 6) et surtout France Gall, première interprète de "Laisse tomber les filles." Vers la fin de sa carrière Gainsbourg se laisse aller à des comportements de plus en plus provocateurs et décadents. Une de ses chansons, "Je t'aime . . . moi non plus," a longtemps été censurée. Il est aussi l'auteur d'une version reggae de "La Marseillaise." Il meurt en 1991 d'une crise cardiaque.

42 Question de chance II

TEXTE

1

Jeudi matin, à 7 heures 15, le téléphone sonne chez les Belleau. Mireille vient, à moitié endormie, à l'appareil.

"Nous avons gagné!" crie Robert.

Mireille: Nous avons gagné? Qui est-ce qui a gagné?

Robert: Nous! Toi et moi!

Mireille: Nous avons gagné quelque chose? Qu'est-ce que nous avons gagné?

Robert: 400.000 francs! Oui, c'est dans le journal! Tous les billets qui se terminent par 8127 gagnent 400.000 francs!

Mireille: 400.000 balles! Ce billet de loterie gagne 400.000 francs? . . . Oh, mais tu n'as acheté qu'un dixième! Ça, c'est malin, alors! Je prends la peine de choisir un billet gagnant, pour la première fois de ma vie, et toi, tu n'achètes qu'un dixième! Ça ne fait que 40.000 francs.

2

Robert: Qu'est-ce que c'est que cette histoire?

Mireille: Ben, oui! Ce que nous avons acheté l'autre jour, ce n'est pas le billet entier, ce n'est qu'un dixième. Le billet a gagné 400.000F; chaque dixième a gagné 400.000F divisé par 10: ça fait 40.000. C'est simple, non?

Robert: Tu veux dire qu'on n'a gagné que 40.000F?

Mireille: Ben, oui! . . . Remarque que 40.000F, ce n'est pas si mal que ça! C'est déjà pas mal! Te voilà riche! Qu'est-ce que tu vas faire de cet argent?

Robert: Je ne sais pas. . . . Qu'est-ce que tu suggères?

3

Mireille: Eh bien, tu pourrais entretenir une danseuse de l'Opéra, bien que ça ne se fasse plus beaucoup aujourd'hui (c'était plutôt pour les riches banquiers du siècle dernier) . . . ou tu pourrais acheter une île déserte dans le Pacifique, ou aller explorer les sources de l'Amazone; ça se fait beaucoup, ces temps-ci, les sources de l'Amazone. Mais avec 40.000F, tu n'iras pas loin: c'est cher, pour remonter l'Amazone!

Robert: Non. De toute façon, l'Amérique du Sud, je connais. Ça ne m'intéresse pas . . . à moins que tu viennes, bien sûr. Mais avec tous ces piranhas, ce n'est pas commode pour se baigner. Tu ne préférerais pas qu'on aille explorer la France? Ce serait moins dangereux.

4

Mireille: Oh, la France, tu sais, je connais un peu. J'avais d'autres projets pour cet été. . . . J'avais pensé à la Yougoslavie, ou la Suède . . . ou alors les chutes du Zambèze, ou les chutes d'Iguaçu, ou les chutes du Niagara. Tu vois, ce qui m'attirerait, ce serait plutôt la nature sauvage, la grande nature américaine.

Robert: Ecoute, il faut que nous en parlions . . . mais pas au téléphone. On ne pourrait pas se voir?

Mireille: Quand?

Robert: Maintenant!

Mireille: Ben non, écoute! Tu as vu l'heure qu'il est? Il n'est même pas 7 heures et demie. Je ne suis pas habillée, et il faut que je fasse déjeuner Marie-Laure.

Robert: Bon, alors à neuf heures.

Mireille: Disons dix heures, au Luxembourg, près de la fontaine Médicis.

Robert: Bon, d'accord.

5

Mireille téléphone aussitôt à Hubert.

Mireille: Allô, Hubert! Qu'est-ce que tu fais à midi? Tu es libre? On déjeune ensemble? Où ça? . . . Ah, rue de Rivoli chez Angélina? OK, si tu veux. . . . Ben, à midi et demie chez Angélina. Je t'embrasse. A tout à l'heure. Salut!

Et Mireille va préparer le petit déjeuner.

Mireille: Alors, Marie-Laure, ça y est? Tu es prête?

Marie-Laure: Ouais, j'arrive. . . . Je ne trouve pas mon livre de français!

Mireille: Dépêche-toi!

Marie-Laure s'installe devant son bol de chocolat à la table de la cuisine, et se fait une tartine avec un fond de pot de confiture.

Marie-Laure: La confiture, c'est comme la culture. Moins on en a, plus on l'étale . . . comme dit Tante Georgette.

1. *à moitié endormi*

Mireille est mal réveillée; elle est **à moitié endormie** (et à **moitié réveillée**).

3. *entretenir*

Au XIXème siècle, les messieurs qui avaient beaucoup d'argent **entretenaient** (quelquefois) des danseuses.

Il faut beaucoup d'argent pour **entretenir** une famille de sept personnes!
Il ne travaille pas. C'est sa sœur qui l'**entretient**.
Les grosses voitures coûtent cher à **entretenir**.
Quand on est en copropriété, il faut payer une part de l'**entretien** de l'immeuble.

4. *projet*

—Vous avez des plans pour les vacances ?
—Non, nous n'avons pas fait de **projets**. Je ne sais pas ce que nous ferons.

4. *attirer*

La grande nature américaine **attire** Mireille. Mireille a envie de voir la grande nature.

5. *prêt*

Il a raté son examen. . . . Ce n'est pas étonnant! Il n'était pas **prêt**, il ne savait rien! Il ne s'était pas préparé sérieusement.
Partez sans moi, je ne suis pas **prête**. Je dois finir de m'habiller. Je vous retrouverai là-bas.

5. *bol*

Un **bol** de café au lait.

5. *tartine*

Marie-Laure se fait une **tartine**. Elle étale de la confiture sur une tranche de pain. Il ne reste qu'un tout petit peu de confiture dans le fond du pot.

5. *étaler*

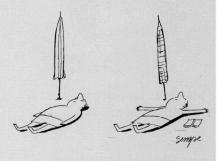

Des gens **étalés** sur la plage.

6

Robert, lui, dès dix heures moins dix, fait les cent pas devant la fontaine Médicis. Il a déjà acheté une carte de l'ensemble du réseau routier français, la carte Michelin numéro 989. Enfin, à dix heures dix, Mireille arrive.

Robert: Te voilà! Tu as mis le temps. . . . Ecoute, voilà ce que je te propose: avec nos 40.000F, on loue une voiture, et on part sur les routes.

Mireille: Eh là, eh là, doucement! Ne t'excite pas! Minute papillon, je ne t'ai pas encore dit que je partais, moi!

Robert: Tu ne peux pas me laisser partir tout seul; je me perdrais! Tu sais bien que je suis venu en France pour me trouver. Tu verras, ce sera très amusant! . . . On ira où on voudra, on pourra s'arrêter dans les auberges de jeunesse (il paraît que c'est très bon marché), on pourra faire du camping. Et puis, de temps en temps, avec tout l'argent qu'on a, on pourra descendre dans les palaces, rien que pour voir la tête des clients quand ils nous verront arriver avec nos sacs à dos et nos sacs de couchage, et nos barbes de trois semaines!

7

Mireille: Mais je n'ai aucune intention de me laisser pousser la barbe! Et puis, j'ai bien un sac de couchage, comme toutes les jeunes filles de bonne famille, mais je n'ai pas de sac à dos. Et puis, tu sais, je n'ai pas grand-chose comme matériel de camping.

Robert: Pas de problème. C'est simple; il n'y a qu'à en acheter.

Mireille: Si tu veux, mais rien ne presse. De toute façon, moi, je ne peux pas m'en aller avant quinze jours. J'ai un examen à passer de lundi en huit. Et puis, il faut que je dise au revoir à mes enfants!

Robert: Quels enfants?

Mireille: Un groupe de gosses dont je m'occupe. Mais si tu veux, on peut toujours aller faire un tour dans un magasin, si ça t'amuse. Ça n'engage à rien.

8

Robert: Eh, prenons un taxi! Maintenant qu'on roule sur l'or, on peut se payer ce luxe. On va rouler en taxi. Tiens, en voici justement un!

Mireille ouvre la portière et se baisse pour entrer dans le taxi. Soudain, elle recule avec un cri, "Ah!" Elle referme la portière du taxi qui démarre aussitôt.

---

6. faire les cent pas

Robert **fait les cent pas** devant la fontaine Médicis.

6. carte, l'ensemble

La **carte** Michelin 989 montre la totalité, **l'ensemble** du réseau

routier. Il y a d'autres **cartes**, plus détaillées, qui montrent les routes d'une petite partie du pays.

6. minute, papillon!

Minute, papillon! Pas si vite! (Les **papillons** sont des insectes aux ailes très colorées. Il y a des gens qui les collectionnent, mais il faut d'abord les attraper, et ce n'est pas facile!)

6. auberge de jeunesse

En voyage, on peut loger dans les **auberges de jeunesse.**
Ce n'est jamais très luxueux, mais ce n'est pas cher du tout.

6. faire une (drôle de) tête

Regarde **la tête qu'ils font!**

Robert: Qu'est-ce qu'il y a?
Mireille: Rien. . . . Il était pris. Il y avait quelqu'un dedans. Un drôle de type, tout en noir. Il me semble que je l'ai déjà vu quelque part. Il a fait comme s'il voulait m'attraper le bras et me faire monter dans le taxi.

Robert: Tu es folle!
Mireille: Mais non, je t'assure! Il a avancé vers moi une main velue, horrible! . . . avec des ongles en deuil. . . .
Robert: Bizarre, bizarre!

8. se baisser

Mireille **se baisse** (pour monter dans le taxi).

8. reculer

Mireille **recule**.

8. velu

Une main toute **velue**.

6. sac à dos

Un **sac à dos**.

6. sac de couchage

Un **sac de couchage**.

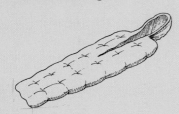

7. matériel de camping

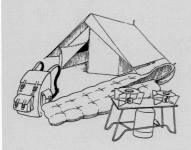

Du **matériel de camping** (un sac à dos, un réchaud, une tente . . .).

7. rien ne presse

Rien ne presse, nous avons le temps! Nous ne sommes pas pressés, **rien ne** nous **presse**!

7. de . . . en huit

L'examen n'est pas lundi prochain, mais **de** lundi **en huit**.

vendredi	samedi	dimanche	lundi	mardi	. . .	lundi
aujourd'hui	demain	après-demain	lundi prochain			. . . **de lundi en huit**

7. ça n'engage à rien

Ça **n'engage à rien**. Ça ne nous oblige à rien.

8. rouler sur l'or

Monsieur qui **roule sur l'or**.

Robert et Mireille **roulent sur l'or**; ils sont riches! Ils peuvent se payer le luxe de rouler en taxi puisqu'ils **roulent sur l'or**!

8. en deuil

Dame **en deuil** (remarquez les vêtements noirs).

Monsieur **en deuil** (remarquez le brassard noir).

Ongles **en deuil** (remarquez le noir).

MISE EN ŒUVRE

Ecoutez la mise en œuvre du texte et répondez aux questions suivantes.

1. Comment est Mireille quand elle répond au téléphone, ce matin-là?
2. Combien le billet a-t-il gagné?
3. Pourquoi Robert n'a-t-il pas gagné 400.000F?
4. Pourquoi Robert n'a-t-il pas envie d'aller remonter l'Amazone?
5. Pourquoi est-ce qu'il n'est pas prudent de se baigner dans l'Amazone?
6. Qu'est-ce que Robert préférerait faire?
7. Pourquoi préférerait-il la France?
8. Quels projets Mireille avait-elle faits pour l'été?
9. Qu'est-ce qui l'attirerait plutôt?
10. Pourquoi Mireille ne peut-elle pas retrouver Robert tout de suite?
11. Où Mireille donne-t-elle rendez-vous à Robert?
12. A qui Mireille téléphone-t-elle après?
13. Qu'est-ce qu'elle demande à Hubert?
14. A quelle heure Robert est-il arrivé au rendez-vous?
15. Qu'est-ce qu'il a acheté?
16. A quelle heure Mireille arrive-t-elle?
17. Qu'est-ce que Robert veut faire de leurs 40.000F?
18. Pourquoi Mireille ne peut-elle pas laisser Robert partir seul?
19. Où dormiront-ils?
20. Pourquoi descendront-ils dans des palaces, de temps en temps?
21. Qu'est-ce que Mireille n'a pas?
22. C'est un gros problème de ne pas avoir de matériel de camping? Qu'est-ce qu'on peut faire?
23. Pourquoi Mireille ne peut-elle pas partir tout de suite?
24. Qui sont ces enfants dont Mireille parle?
25. En attendant, qu'est-ce que Mireille et Robert peuvent aller faire?
26. Est-ce qu'ils seront obligés d'acheter quelque chose?
27. Pourquoi Mireille et Robert peuvent-ils rouler en taxi?
28. Qu'est-ce que le type a fait?

MISE EN QUESTION

1. Pourquoi Mireille n'a-t-elle pas l'air de très bien comprendre quand Robert téléphone, le jeudi matin?

2. Est-ce qu'elle achète souvent des billets de loterie? Quel effort spécial a-t-elle fait en achetant ce billet?

3. A votre avis, à qui appartient l'argent que ce billet a gagné? A Mireille? A Robert? Pourquoi? Qu'est-ce que Mireille a l'air de penser à ce sujet?

4. Est-ce que les suggestions que fait Mireille pour dépenser l'argent de la loterie sont sérieuses? Qu'est-ce qui le montre?

5. Qu'est-ce qui montre que Robert ne prend pas ces suggestions au sérieux? Comment y répond-il, sérieusement ou en plaisantant? Quelle raison donne-t-il pour écarter la suggestion de remonter l'Amazone?

6. Est-ce que Robert à l'esprit aventureux? Est-ce qu'il a un esprit réaliste? Pourquoi préférerait-il visiter la France? Est-ce qu'il pense qu'il a plus de chances de pouvoir visiter la France avec Mireille ou de remonter l'Amazone avec elle?

7. Pourquoi Mireille écarte-t-elle la suggestion de visiter la France en disant qu'elle la connaît? Comment Robert avait-il écarté la suggestion d'aller en Amérique du Sud?

8. Pourquoi Mireille téléphone-t-elle tout de suite à Hubert? Parce que c'est son meilleur ami? Parce qu'elle sent une certaine rivalité entre Hubert et Robert et que ça l'amuse d'entretenir cette rivalité en annonçant à Hubert qu'elle partage quelque chose avec Robert? Ou bien y a-t-il une autre raison?

9. Qu'est-ce que Marie-Laure boit pour son petit déjeuner? Dans quoi le boit-elle? Qu'est-ce qu'elle mange? (Vous vous rappelez ce qu'on sert à Robert pour le petit déjeuner, au Home Latin? Voyez leçon 25.) D'après Marie-Laure (et Tante Georgette) quel rapport y a-t-il entre la culture et la confiture? Qu'est-ce qu'il faut faire, quand on n'a pas beaucoup de confiture, pour faire une tartine? Et les gens qui ne sont pas très cultivés, qui n'ont pas beaucoup de culture, qu'est-ce qu'ils font? Ils cachent le peu de culture qu'ils ont, ou, au contraire, ils la montrent, ils l'étalent?

10. Montrez que Robert est très excité, exalté, impatient pendant tout cet épisode.

11. Comment Robert prouve-t-il à Mireille qu'il faut qu'elle parte avec lui? Pourquoi Robert est-il venu en France? Qu'est-ce qui va se passer s'il part à travers la France sans Mireille? Qu'est-ce qu'il faut donc que Mireille fasse?

12. Qu'est-ce qui semble montrer que Mireille n'est pas loin d'accepter l'idée de partir en voyage avec Robert? Quelles difficultés signale-t-elle? Est-ce que ce sont des obstacles insurmontables? Comment peut-on résoudre chacune de ces difficultés? Si elle n'accepte pas tout de suite de partir, qu'est-ce qu'elle accepte cependant de faire?

13. Quelle couleur portent les gens en deuil, en général? De quelle couleur sont des ongles "en deuil"? (Est-ce que des ongles "en deuil" sont sales ou propres?) Est-ce que nous avons déjà rencontré quelqu'un qui avait les ongles en deuil? (Voyez leçon 37.)

Journal de Marie-Laure

NOUVELLES DU QUÉBEC

Le 23 mars 1990

Chère Marie-Laure,

Enfin un peu de temps pour te donner de mes nouvelles et t'envoyer quelques photos. Depuis notre déménagement au Québec il s'en est passé des choses; chaque jour est une découverte! D'abord l'école: l'ambiance est sympa, nous appelons les profs par leur prénom et nous les tutoyons mais nous leur disons "s'il vous plaît" (bizarre, non!?) Maintenant, j'ai toute une bande d'amis, c'est ma "gang" et un "chum", un petit ami, qui est très "cute", il s'appelle Félix. Moi, je suis sa "blonde". On "placote" c'est-à-dire qu'on papote, et en fin de semaine on va au cinéma ou jouer aux jeux de quilles, et parfois je vais magasiner avec Maman. Les garçons sont très hockey: ils y jouent, en parlent et regardent les matchs à la télévision.

À propos de "magasinage", nous avons dû refaire toute notre garde-robe, aller acheter du linge, c'est-à-dire des vêtements: des tuques (ce sont des chapeaux), des mitaines (des gants), des bas (ce sont des chaussettes), un cache-cou (une écharpe), des feutres (à mettre dans les bottes). Pour les sous-vêtements, c'est très compliqué : il y a la camisole anti-froid et les culottes chaudes pour mettre sous les culottes, c'est-à-dire les pantalons. Alors comment dit-on culotte ? Ben, sous-vêtement ! Et brassière pour le soutien-gorge ! Ils ne portent pas des chaussures mais des souliers ! Tu vois j'apprends le joual, c'est l'fun !

Le soir il y a toujours un dépanneur ouvert. On y trouve tout ce qu'on veut en matière de nourriture. On y va à pied ou quelquefois en char. On paye en piasses et en sous. Les Québecois dînent vers midi et soupent à six heures du soir. Depuis deux semaines il fait un peu moins frette alors dans les érablières c'est le temps des sucres, l'eau des érables est récoltée puis bouillie pendant de longues heures pour obtenir le sirop d'érable. Je t'en apporterai, quand je viendrai pour les vacances. Dans les cabanes à sucre, on peut aller manger un repas typique (tout est cuit avec du sirop d'érable). Au dessert le serveur étend du sirop d'érable sur la neige et avec un bâton en bois que tu roules sur le liquide qui se fige, tu fais un suçon (une sucette). Délice garanti !

Voilà, ma nouvelle vie faite de grands espaces, d'animaux sauvages qui passent dans le jardin (j'ai vu une mouffette ou putois, des chevreuils en famille, une marmotte sans parler des écureuils) et de maringoins qui te harcèlent à la noirceur (c'est-à-dire les moustiques qui t'attaquent la nuit). Ce soir c'est l'ouverture saisonnière du bar laitier, nous allons, avec ma gang, déguster de la crème glacée. Alors je te laisse, je te raconterai dans une prochaine lettre la suite, j'attends de tes nouvelles parisiennes et te fais un bec.

Ton amie Caroline

twitter

mel Je pars au Québec pour le boulot. Qui connaît le cours de la piasse ? Qui veut du sirop d'érable ?   2-sept-2012

DOCUMENTS

1
Tourisme

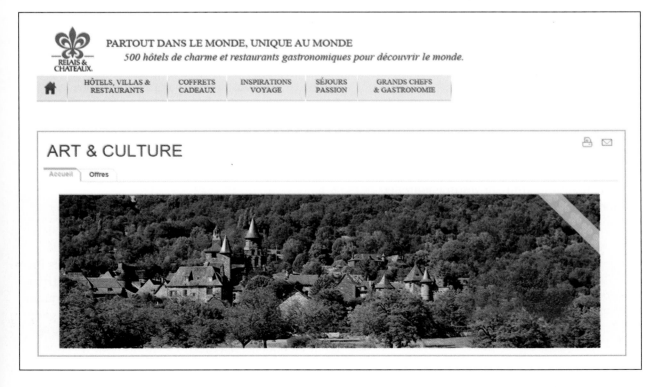

2

Les Français et les vacances

Neuf séjours de vacances sur dix faits par les Français s'effectuent en France. Les Français sortent moins de leurs frontières que les habitants des autres pays européens, notamment ceux du Nord. La richesse et la variété des sites touristiques expliquent cet engouement des vacanciers nationaux pour l'Hexagone. Il est d'ailleurs partagé par de nombreux étrangers, puisque la France reste la première destination mondiale en nombre de visiteurs. Lieu de passage obligé (par voie terrestre) entre le nord et le sud de l'Europe, la France voit aussi passer un grand nombre de touristes étrangers en transit.

Les enquêtes internationales montrent depuis des années que la France bénéficie globalement d'une image plutôt bonne en tant que destination touristique. Elle est appréciée pour sa richesse culturelle, sa gastronomie (consacrée par son inscription au patrimoine culturel immatériel de l'Unesco depuis 2010)[1] et considérée comme une destination où l'on peut s'amuser et faire la fête.

—*Francoscopie 2013*

3

Lieux symboliques des vacances

Le temps des vacances est celui de l'évasion et de la magie. Les personnes concernées rêvent d'être "ailleurs," dans un cadre magique et enchanteur, et d'échapper aux soucis de la "vraie vie." C'est pourquoi les lieux de vacances ont une forte valeur imaginaire et symbolique. La *mer* représente le retour aux sources, l'origine de l'Humanité. La *montagne* rapproche du ciel, de la vérité et du sens. La *campagne* permet de retrouver la nature, l'authenticité, le jardin d'Eden et le bonheur, que l'on dit être "dans le pré."[2] Elle est aussi un lieu de "régression" a priori préservé des effets nocifs de la civilisation (pollution, encombrements, délinquance . . .) où l'on peut retrouver la pureté des premiers matins du monde. La *plage* est un lieu de transition entre la terre et la mer, entre la société et l'individu, entre le dépouillement (notamment vestimentaire) et la sophistication.

—*Francoscopie 2013*

1. Pour l'inscription de la gastronomie française sur la liste Unesco du patrimoine culturel de l'humanité, voir la leçon 50, document 1.

2. Voir la leçon 33, document 12.

4

A quoi s'attendent les vacanciers?

Interrogées sur leurs attentes en matière de vacances, les personnes de 18–64 ans en citent principalement cinq:

L'étonnement (61%). Beaucoup souhaitent se dépayser, se couper du quotidien, rêver, être émerveillé, enchanté.

Construire des liens (60%), en particulier ceux qui ont des enfants; créer ou recréer des liens humains jugés insuffisants dans un contexte de *zapping* familial, amical, social, professionnel ou sentimental.

Vivre à son propre rythme (52%), se laisser vivre, ne plus être esclave du temps.

Se recentrer (36%), prendre soin de soi, se réconcilier avec soi-même, condition pour être en sympathie avec les autres.

Consolider son couple (28%): renouer avec le partenaire, renforcer la complicité et la tendresse.

—*Francoscopie 2013*

5

La Machine à sandwichs

C'est un mec complètement bourré qui sort du casino. Il a perdu toutes ses économies. Il lui reste seulement deux cents euros et le billet d'avion. Dépité, il arrive à l'aéroport et voit une machine où il y a écrit: "sandwich: 2 euros." Il met deux euros, il a un sandwich. Alors il court faire de la monnaie en pièces de deux euros, revient, met toutes les pièces et, à chaque fois, il a un sandwich. Au bout d'un moment, il y a soixante-quinze sandwichs par terre. Le chef de la station arrive et s'écrie:

—Dites donc, vous n'allez pas me laisser ça là! Qu'est-ce que vous faites, un commerce? Vous les revendez, ou quoi?

L'autre lui répond:

—Mais non! Taisez-vous, pour une fois que je gagne!

—*Coluche*

6

Bizarre! . . . Bizarre! . . .

Le texte suivant est une des scènes les plus connues d'un classique du cinéma français, *Drôle de drame*, de Marcel Carné (1937). Les dialogues sont de Jacques Prévert. Le succès de ce film est dû, en partie, à la participation de très grands acteurs, Louis Jouvet (l'évêque), Michel Simon (Molyneux), Françoise Rosay (Margaret Molyneux), Jean-Louis Barrault (William Kramps, le tueur de bouchers), et Jean-Pierre Aumont (le laitier).

La scène se passe à Londres. Molyneux est un botaniste un peu rêveur qui s'intéresse au mimétisme des
mimosas et aux plantes carnivores. Pour gagner un
peu d'argent, il écrit, en secret, sous le pseudonyme de
Félix Chapel, des romans policiers pleins d'horreurs.

L'évêque de Bedford, qui est le cousin de Molyneux,
et qui ignore que Molyneux est Félix Chapel, est venu
à Londres pour faire un conférence dans laquelle il
dénonce Félix Chapel et la mauvaise influence de ses
romans policiers. Il doit dîner, le soir, chez les Molyneux et espère bien manger du canard à l'orange que
la cuisinière des Molyneux fait admirablement bien.
Mais les Molyneux sont très ennuyés parce que, à la
suite d'une dispute, leur cuisinière les a quittés. Ils ne
veulent pas que leur cousin l'évêque découvre qu'ils
n'ont plus de cuisinière. Ils décident que Madame
Molyneux fera la cuisine, et que Molyneux expliquera
que sa femme est absente parce qu'elle a dû partir sou-
dainement en voyage.

Pendant le dîner, l'évêque est très surpris de l'absence de Madame Molyneux. Il pose beaucoup de
questions. Molyneux est très embarrassé. Il explique
que sa femme a dû aller chez des amis qui sont
malades. . . . L'évêque demande où habitent ces amis.
Molyneux est de plus en plus embarrassé.

Molyneux: Ah! . . . oui . . . , où ils demeurent exactement? . . . Oui, bien sûr. . . . Vous me demandez,
cher cousin, où ils demeurent exactement? . . . Ils
demeurent exactement dans les environs de Brighton
. . . , oui . . . , je crois. . . .

L'évêque: Vous croyez . . . , cher cousin. (*Il prend son
couteau et le regarde avec insistance*) Bizarre . . . , bizarre.

Molyneux: Qu'est-ce qu'il a?

L'évêque (*surpris*): Qui?

Molyneux: Votre couteau. . . .

L'évêque: Comment?

Molyneux: Oui . . . , vous regardez votre couteau et
vous dites . . . "bizarre, bizarre." Alors, je croyais
que . . .

L'évêque (*jouant la surprise*): Moi, j'ai dit: "bizarre . . . ,
bizarre"? Comme c'est étrange! Pourquoi aurais-je dit
"bizarre, bizarre."

Molyneux: Je vous assure, cousin, vous avez dit:
"bizarre, bizarre."

L'évêque: Moi, j'ai dit "bizarre"? . . . (*Il hoche la tête*)
Comme c'est bizarre!

—*L'Avant-Scène du cinéma*, mars 1969

7

Une Enfance canadienne

Je suis né le 26 juin 1941 à Noranda, une ville minière
située dans le nord-ouest du Québec. J'ai peu connu
cette ville, mes parents l'ayant quittée alors que je
n'avais que cinq ans. Mais mes grands-parents demeuraient là. Je me rappelle aussi notre maison sur la rue
Chadburn. Nous avions des voisins polonais, et à trois
ou quatre ans, je connaissais quelques mots de leur
langue, car je jouais avec les enfants. Evidemment,
j'ai bien vite oublié mes leçons de polonais! C'est
dommage.

Mon père travaillait pour le gouvernement du Québec. Il était employé au Ministère des Terres et Forêts.
Alors que j'avais cinq ans, mes parents ont déménagé
à Clova où mon père avait été envoyé par la Compagnie internationale de papier. Clova était un tout petit
village où vivaient une vingtaine de familles. C'était
un lieu privilégié pour vivre sa jeunesse. C'était en
pleine nature avec des lacs tout autour. J'y ai vécu de
l'âge de cinq à douze ans. J'ai même fréquenté une
véritable école de village; la maîtresse y enseignait de
la première à la septième année. L'école était divisée
par un mur: la section française et la section anglaise.
Environ 40% de la population était francophone. Les
francophones demeuraient au bas de la côte et les
anglophones en haut. C'est la voie ferrée qui séparait le
village en deux. Le village n'était accessible que par le
train ou l'avion. Il n'y avait aucune route. Il y avait un
seul prêtre. Et il n'y avait pas de maire. C'était le gérant
de la banque qui exerçait ce rôle.

Le village était la propriété de la compagnie. Nous leur appartenions en quelque sorte; la compagnie louait ses maisons pas cher et vendait la nourriture à bon compte. Ces petites faveurs compensaient sans doute pour l'éloignement.

Seul le médecin du village avait un poste de télévision chez lui; mais il avait besoin d'une antenne de 200 pieds pour capter une émission de temps à autre!

A Clova, les enfants jouissaient de la plus grande liberté possible conciliable avec la sécurité. On pouvait faire à peu près n'importe quoi . . . à condition de ne tuer personne! J'ai vécu une enfance beaucoup moins encadrée que si j'avais vécu en ville ou dans un village agricole.

Notre village était forestier. J'y ai appris des choses qui ont coloré ma vision du monde.

Parfois, on apercevait un bûcheron ou un Indien. Les Indiens habitaient la réserve d'Oskélanéo, tout près de chez nous. Quant aux bûcherons, leurs camps se trouvaient à plusieurs milles de notre village. Les bûcherons partaient plusieurs mois par année loin de la civilisation, loin des femmes, loin de la boisson! C'était une vie dure. Néanmoins, leurs conditions s'étaient améliorées en comparaison des années 20 ou 30. Je me souviens qu'ils étaient bien nourris. Et pour y être allé avec mon père en tournée d'inspection, j'ai conservé de cette époque une idée d'abondance. Il y avait beaucoup de mouches, de beignes, de pâtisseries!

Une mouche.

Blancs et Indiens ne se mêlaient pas, même si l'entente était cordiale. Certains Indiens faisaient de la coupe avec les bûcherons, mais la plupart s'adonnaient plutôt à la chasse et à la pêche; ils faisaient la traite des fourrures. L'été, ils s'adonnaient à la cueillette des framboises et des bleuets.

Encore tout jeune, j'ai réalisé

Des bleuets.

qu'il y avait différents niveaux sociaux. Dans notre village, il y avait une différence marquée entre le haut de la côte, habité par les anglophones cadres, et le bas de la côte où logeaient les francophones ouvriers.

Quelques personnes se situaient dans l'intermédiaire. Mon père était de ceux-là. Il travaillait au bureau; la majorité des gens y parlaient en français.

Beaucoup d'anglophones ne disaient pas un mot en français. Par contre, la majorité des francophones parlaient anglais. J'ai appris l'anglais en jouant au cowboy avec des voisins anglophones, les Morin, un nom bien français. Très tôt, j'ai réalisé qu'il y avait bien plus de francophones qui apprenaient l'anglais que l'inverse. C'était sans doute plus important de connaître l'anglais. Et, dans la vie, les gens font d'abord les choses importantes . . . ensuite les secondaires. Généralement, les gens apprennent une langue plus par nécessité que comme loisir culturel.

C'est aussi à cette époque de ma jeunesse que j'ai réalisé que je n'étais absolument pas sportif. A cause d'une faiblesse congénitale, ma vision de l'œil gauche n'est que de 10%; j'ai exclu les sports comme le baseball et le tennis. Quand je m'essayais dans un sport, le résultat était plus que mauvais. J'ai compensé par la lecture. Et comme nous avions la chance de ne pas appartenir à cette population de victimes qui passent des heures devant le petit écran, j'ai pu lire à mon goût.

—Yves Beauchemin (avec Mel B. Yoken),
Entretiens québécois

Yves Beauchemin, né au Québec en 1941, a été professeur de littérature, éditeur, puis conseiller musical et documentaliste à Télé-Québec. Ecrivain, il a publié plusieurs romans pour adultes et quatre romans pour enfants, ainsi que de nombreuses nouvelles. Son premier roman, *L'Enfirouapé* (1975), a reçu le Prix France-Québec et en 1989 son troisième roman, *Juliette Pomerleau*, a été nommé finaliste au Prix Goncourt (Paris).

8

A la claire fontaine

A la claire fontaine,
M'en allant promener,
J'ai trouvé l'eau si claire
Que je m'y suis baignée.

Il y a longtemps que je t'aime,
Jamais je ne t'oublierai.

Cette chanson date du XVIIème siècle. Elle était chantée par les soldats français du Marquis de Montcalm (1712–1759) qui défendaient le Canada français contre les attaques des Anglais.

Jacques Cartier, explorateur français, avait pris possession du Canada au nom du roi de France en 1534, mais depuis la fin du XVIIème siècle les Anglais, établis en Amérique du Nord, cherchaient à s'emparer du Canada. Le Marquis de Montcalm est mort en 1759 en défendant Québec.

9

J'te le dis quand même

On aurait pu se dire tout ça
Ailleurs qu'au café d'en bas,
Que t'allais p't êt' partir
Et p't êt' même pas rev'nir,
Mais en tout cas, c'qui est sûr,
C'est qu'on pouvait en rire.

Alors on va s'quitter comme ça,
Comme des cons d'vant l'café d'en bas.
Comme dans une série B,
On est tous les deux mauvais.
On s'est moqué tellement d'fois
Des gens qui faisaient ça.

Refrain
Mais j'trouve pas d'refrain à notre histoire.
Tous les mots qui m'viennent sont dérisoires.
J'sais bien qu' j' l'ai trop dit,
Mais j'te l'dis quand même . . . je t'aime.

J'voulais quand même te dire merci
Pour tout le mal qu'on s'est pas dit.
Certains rigolent déjà.
J'm'en fous, j'les aimais pas.
On avait l'air trop bien.
Y en a qui n'supportent pas.

(Refrain)

—Patrick Bruel

Patrick Bruel, acteur et chanteur, est né Maurice Benguigui en 1959 à Tlemcen (Algérie). Très jeune il écoute les chansons de Brel, Brassens, et Gainsbourg et se découvre une vocation musicale. Il se passionne aussi pour le théâtre, et dans les années 1970 obtient des petits rôles dans des pièces et dans des films. En 1986 il sort son premier album; dès les années 1990 il jouit d'un grand succès médiatique, surtout auprès des jeunes (on parle de "Bruelmania"). *Entre Deux* (2002), un album de chansons classiques où il chante en duo avec, entre autres, Charles Aznavour, est vendu à 2 millions d'exemplaires. Son film *Le Prénom* lui vaut d'être nommé au César du meilleur acteur en 2013 (mais c'est Jean-Louis Trintignant qui reçoit le César).

43 Pensez vacances I

TEXTE

1

Aux Grands Magasins de la Samaritaine. Robert et Mireille sont sur l'escalier roulant. Ils arrivent au quatrième étage, où se trouve le rayon du camping.

Robert: Quatrième . . . c'est ici. Pardon, Monsieur, nous avons l'intention de faire une grande randonnée. Nous voudrions voir ce que vous avez comme matériel de camping. Est-ce que vous pourriez nous conseiller?

Le vendeur: Excusez-moi, le camping, ce n'est pas mon rayon. Je n'y connais rien. Moi, je suis au rayon des poissons rouges. Adressez-vous à mon collègue, là-bas.

2

Robert (*au nouveau vendeur*): Ça vaut combien, une tente comme celle-là?

Le vendeur: Ce modèle fait 955F. C'est une excellente occasion à ce prix-là. C'est une petite tente très pratique. C'est de la toile de coton imperméabilisée; vous avez un double toit, un tapis de sol indépendant, une porte avec fermeture à glissière.

Robert: Oui, ça a l'air pas mal. . . .

Et comme sacs à dos, qu'est-ce que vous nous conseillez?

Le vendeur: Ça dépend de ce que vous voulez y mettre. . . .

Robert: Eh bien, nos affaires . . . des vêtements et quelques provisions. . . .

Le vendeur: Non, je veux dire: combien vous voulez y mettre en argent, combien vous voulez dépenser, parce que nous en avons à tous les prix. Tenez, voilà un très bel article pour 1.200F, solide, léger, trois poches, bretelles réglables. . . .

3

Mireille (*à Robert*): Tu dois avoir besoin d'un sac de couchage, non?

Robert: Oui, j'ai été idiot, je n'ai pas apporté le mien. (*Au vendeur*) Qu'est-ce que vous auriez comme sacs de couchage?

Le vendeur: Là aussi, ça dépend de ce que vous voulez y mettre. . . . Tenez, ce modèle-ci est en solde. Il fait 174F. C'est du nylon, garni de fibres synthétiques. C'est ce qu'il y a de moins cher. Dans le haut de gamme, vous avez ça: c'est du duvet. C'est très chaud, très léger. C'est ce qu'on fait de mieux. Vous ne trouverez pas mieux. C'est le plus beau que nous ayons. En fait, celui-ci est le dernier que nous ayons dans ce modèle.

Mireille: Bon, merci. Nous allons réfléchir. Nous reviendrons. Au revoir!

1. escalier roulant

Un **escalier roulant**.

1. randonnée

Si on a le temps et si on aime marcher, on peut faire des **randonnées** à pied dans le Massif Central, les Alpes, les Pyrénées. Il y a des cartes spéciales et des itinéraires balisés, en particulier les sentiers de grandes **randonnées** (GR). On peut aussi faire des **randonnées** à cheval à travers toute la France.

1. rayon, poisson rouge

Le vendeur au **rayon** des **poissons rouges**.

2. occasion

Des cravates à 30€, c'est une **occasion**!

2. toile

Les voiles des bateaux sont faites en **toile**. Les sacs à dos aussi.

2. tapis

Des **tapis**.

2. fermeture à glissière

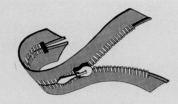

Une **fermeture à glissière**.

2. vêtements, provisions

Si on part pour faire une randonnée, il faut emporter des **vêtements** (un pull, un anorak, des chaussettes . . .) et des **provisions** (des biscuits, des fruits secs, des conserves, des œufs durs . . .).

2. bretelles

Des **bretelles**.

3. en solde

Ce sac de couchage est **en solde**: le prix a été réduit de 200€ à 80€.

3. gamme

A la Samaritaine, on peut trouver une **gamme** complète de sacs de couchage, du moins cher (le bas de **gamme**) au plus luxueux (le haut de **gamme**).

3. duvet

Dans les sacs de couchage et les couettes, on utilise du **duvet** de canard ou d'oie.

4

Robert: Ce n'est pas de la blague! Il faudra qu'on revienne. Je ne suis pas équipé du tout; je n'ai rien! Tout ce que j'ai pour aller me promener dans la nature, c'est un maillot de bain. C'est un peu insuffisant! Est-ce qu'on ne pourrait pas s'arrêter au rayon d'habillement, en descendant? Justement, c'est là.

Mireille: Bon, écoute, tu achèteras tes caleçons tout seul. Tu sauras bien te débrouiller sans moi. Il n'y a pas de danger que tu te perdes! Il faut que je m'en aille. Je viens de me rappeler que j'ai rendez-vous avec Hubert. Je te laisse. Je suis curieuse de voir la tête qu'il fera quand je lui dirai que nous avons gagné à la loterie! Bon, au revoir! On se téléphone?

Robert: Quand?

Mireille: Ben, quand tu voudras!

5

Dans la rue, elle rencontre Jean-Pierre Bourdon, qu'elle ne reconnaît pas.

Jean-Pierre: Pardon, Mademoiselle, s'il vous plaît! Mademoiselle, vous auriez du feu?

Mireille (*sans trop le regarder*): Tenez, écoutez, voilà 10F: allez vous acheter une boîte d'allumettes. . . . Ah, c'est vous? Quelle coïncidence!

Jean-Pierre (*la pièce de 10F dans la main*): Ben, vous voilà bien généreuse!

Mireille: Je n'aime pas les dragueurs. . . .

Jean-Pierre: Ah, bon. . . .

Mireille: Et vous n'allez pas me croire, mais je viens de gagner à la Loterie nationale.

Jean-Pierre: Ah? Vous avez gagné à la Loterie nationale?

Mireille: Oui!

Jean-Pierre: Ah, mais ça ne m'étonne pas! Avec tout ce verre blanc cassé. . . .

Mireille: Ah, vous aussi, vous croyez au verre blanc cassé?

Jean-Pierre: Ah, non, non, moi, je ne suis pas superstitieux; mais le verre blanc cassé, alors là, ça marche à tous les coups. C'est vrai, hein! Ça ne rate jamais.

6

Mireille: Vous croyez au verre blanc cassé, mais vous n'êtes pas superstitieux. . . . Et vous passez sous les échelles, vous?

Jean-Pierre: Non, jamais, mais ça, ce n'est pas par superstition. C'est parce qu'une fois, il y en a une qui m'est tombée dessus . . . avec un pot de peinture.

Mireille: Et quand vous renversez une salière sur la table, qu'est-ce que vous faites?

Jean-Pierre: Alors là, je prends un peu de sel et je le jette par-dessus mon épaule gauche.

Mireille: Par-dessus votre épaule gauche? Et pourquoi?

Jean-Pierre: Eh bien, parce que je suis droitier, tiens!

Mireille: Et vous écrasez les araignées?

Jean-Pierre: Ah, les araignées, ça dépend. Le matin seulement: araignée du matin, chagrin; araignée du soir, espoir.

Mireille: Evidemment. . . . Et vous accepteriez d'être treize à table?

Jean-Pierre: Ah, oui, bien sûr! Le nombre treize m'a toujours porté bonheur!

7

A ce moment-là, Jean-Pierre lève les yeux pour regarder le numéro treize sur l'immeuble devant lequel ils passent, et il se fait mal à la jambe en heurtant une borne sur le trottoir: "Ah, ah . . . ah, si, si, ah. . . ."

Mireille: Bon, allez, ce n'est pas la peine, ça ne marche pas, ce truc-là, avec moi! . . .

Jean-Pierre: Aïe, si, si, aïe, ouille!

Mireille: Bon, vous ne vous êtes pas fait mal?

Jean-Pierre: Ah, si, ben si!

Mireille: Bon, il faut que j'y aille. Salut!

4. *maillot de bain*

Un **maillot de bain** (pour homme).

4. *caleçon*

Un **caleçon**.

5. *boîte d'allumettes*

Des **boîtes d'allumettes**.

6. *par-dessus*

Jean-Pierre jette du sel **par-dessus** son épaule gauche.

6. *sous, dessous, sur, dessus*

Jean-Pierre ne passe pas **sous** les échelles. Il ne passe jamais **dessous**.

Une échelle lui est tombée **dessus**, et il a reçu le pot de peinture **sur** la tête.

6. *salière*

Une **salière** debout, une **salière** renversée.

6. *droitier, gaucher*

6. *araignée*

Une **araignée**.

6. *chagrin*

Mme Courtois a eu beaucoup de **chagrin** quand la mère de Minouche est morte.
"Plaisir d'amour ne dure qu'un moment / **Chagrin** d'amour dure toute la vie." (Chanson de la fin du XVIIIème siècle)

6. *espoir*

L'**espoir** fait vivre. (Dicton)
Tant qu'il y a de la vie, il y a de l'**espoir**. (Dicton)
Il n'y a plus d'**espoir**. Tout est fini.
Je n'espère rien. Je n'ai aucun **espoir**.

7. *borne*

Une **borne**.

MISE EN ŒUVRE

Ecoutez la mise en œuvre du texte et répondez aux questions suivantes.

1. Où Robert et Mireille sont-ils?

2. A quel étage s'arrêtent-ils?

3. Qu'est-ce qu'ils ont l'intention de faire pendant l'été?

4. De quoi est-ce qu'ils ont besoin pour leur randonnée?

5. A quel rayon travaille le premier vendeur?

6. Combien coûte la première tente qu'ils regardent?

7. En quoi est la tente?

8. De quoi d'autre Robert a-t-il besoin?

9. Combien coûtent les sacs à dos?

10. Qu'est-ce que Robert n'a pas apporté des Etats-Unis?

11. Pourquoi le sac de couchage que lui montre le vendeur est-il peu cher?

12. Quels sont les avantages du sac de couchage haut de gamme?

13. Qu'est-ce que Robert a comme vêtements pour cette randonnée?

14. Où Robert veut-il s'arrêter?

15. Pourquoi Mireille pense-t-elle que Robert n'a pas besoin d'elle au rayon vêtements?

16. Pourquoi doit-elle quitter Robert?

17. Qu'est-ce que Mireille donne au type qui lui demande du feu?

18. Qu'est-ce qu'elle lui dit de faire de cet argent?

19. Quel type d'hommes Mireille n'aime-t-elle pas?

20. Pourquoi Jean-Pierre ne passe-t-il plus sous les échelles?

21. Que fait Jean-Pierre quand il a renversé une salière sur la table?

22. Pourquoi jette-t-il le sel par-dessus son épaule gauche?

23. Qu'est-ce qu'on dit en France au sujet des araignées?

24. Pourquoi Jean-Pierre aime-t-il le nombre treize?

MISE EN QUESTION

1. Où se trouve le rayon des poissons rouges? A quel étage? Près de quel autre rayon?

2. Pourquoi le premier vendeur à qui Robert demande des renseignements sur le matériel de camping ne peut-il pas répondre? Est-ce qu'il s'y connaît, en matériel de camping?

3. Qu'est-ce qu'on met dans un sac à dos, normalement? De quelle autre façon peut-on dire "Combien voulez-vous dépenser pour ça?"? Qu'est-ce qui intéresse le vendeur, ce que Robert a l'intention de mettre dans son sac à dos, ou ce que Robert est prêt à payer?

4. Normalement, est-ce qu'un article qui est en solde est plus cher ou moins cher qu'un article qui n'est pas en solde? Normalement, est-ce qu'un article haut de gamme est plus cher ou moins cher qu'un article bas de gamme?

5. Si vous êtes dans un magasin et que vous voulez partir sans acheter aucun des articles que le vendeur vous a montrés, qu'est-ce que vous pouvez dire? Quand on dit ça, est-ce qu'on a vraiment l'intention de revenir, ou est-ce que c'est une formule toute faite? Est-ce que Robert, lui, a l'intention de revenir? Pourquoi?

6. Pourquoi Mireille dit-elle à Robert qu'elle a rendez-vous avec Hubert? Parce qu'il faut qu'elle explique à Robert pourquoi elle le quitte? Parce qu'elle dit toujours la vérité, toute la vérité, rien que la vérité? Parce qu'elle pense que ça va exciter la jalousie de Robert, et que ça l'amuse? Pourquoi tient-elle à dire à Hubert que Robert et elle

ont gagné à la loterie? Quelle va être la réaction d'Hubert?

7. Quand Mireille donne 10 francs à Jean-Pierre et lui dit d'aller s'acheter une boîte d'allumettes, est-ce que c'est simplement un moyen de se débarrasser de lui? Ou bien, est-ce que c'est une façon de le remettre à sa place, d'insulter le dragueur?

8. Quand Jean-Pierre dit à Mireille qu'elle est bien généreuse, est-ce qu'il le pense vraiment ou est-ce que c'est un moyen d'ignorer l'insulte en plaisantant?

9. Comment Mireille explique-t-elle sa générosité?

10. Est-ce que Jean-Pierre est superstitieux? Qu'est-ce qui le prouve? Est-ce que vous connaissez des gens qui sont superstitieux? Est-ce que vous connaissez des gens qui admettent qu'ils sont superstitieux? Et vous-même, vous êtes superstitieux ou superstitieuse?

11. Qu'est-ce que vous pensez de l'attitude de Mireille envers Jean-Pierre? Est-ce qu'elle l'ignore complètement, comme elle l'avait fait au jardin du Luxembourg? Pourquoi? Comment le traite-t-elle? Est-ce qu'elle lui dit des injures, est-ce qu'elle est insultante, ou est-ce qu'elle se moque simplement de lui? Est-ce qu'elle est grossière, vulgaire, malpolie, désagréable avec lui? Est-ce qu'elle se laisse draguer? Qui est-ce qui a le dessus, dans cette rencontre? Si vous aviez été à la place de Mireille, qu'est-ce que vous auriez fait? Qu'est-ce que vous auriez dit?

Journal de Marie-Laure

PARIS-PLAGE

Le 25 juillet 2003

On aura beau dire que je râle tout le temps, que je critique tout, que rien ne me plaît et que je suis une vraie tête de cochon, comme le répète ma très chère sœur, mais ce n'est pas vrai du tout ! Demandez à Jacques ! Il dirait que je suis adorable, en particulier ~~quand on rigole sous la couette~~. En tout cas, je dis les choses comme elles sont : Paris-Plage, c'est vraiment nul ! « C'est naze », comme dirait Brice. Je n'y étais pas allée l'année dernière, mais j'avais entendu dire que ça valait la peine, que c'était une belle initiative de la mairie de Paris et sur la pub ça avait effectivement l'air génial. J'avais vu à la télé un programme qui disait que pendant une partie de l'été, la mairie fermait une voie de circulation sur les berges de la Seine et installait de longues plages de sable, avec parasols, palmiers, jeux, buvettes, murs d'escalade...

    Hier, on a décidé avec Mireille d'aller y faire un tour et, honnêtement, je n'avais aucune idée préconçue. En fait, c'est nul, ouais, c'est minable ! Déjà, il faisait super chaud : les murs des quais étaient de vrais fours solaires qui renvoyaient la chaleur sur le sable. En plus, la plage est super étroite : on était tous serrés comme des sardines. Difficile de trouver une place pour poser sa serviette. On se serait cru sur la Côte d'Azur un 15 août ! Et tout ce monde braille, Madame hurle après ses gamins qui vont trop loin, Monsieur après Madame parce qu'elle a oublié la crème solaire et les enfants... ben, parce que ce sont des enfants. En plus il y a le vacarme des voitures qui passent dans la rue juste au-dessus de la plage, les marchands ambulants qui crient « glaces, chouchous, beignets » comme si tout le monde était sourd et la musique des jeunes qui vous casse les oreilles : au bout de dix minutes, j'avais une migraine pas possible !

Mais ce qui est pire que tout, c'est l'ambiance : pas de doute, l'enfer, c'est les autres, comme disait Jean-Paul Sartre ! Les filles se mettent en maillot de bain et se trémoussent en faisant semblant de ne pas remarquer que tout le monde les reluque ! Et les garçons se promènent en bande et draguent toutes les nanas ! Mireille et moi, on venait de trouver un petit coin à l'ombre après un quart d'heure de marche en plein cagnard, quand deux types sont venus nous accoster, la chemise entrouverte, l'air faussement charmeur et les lunettes de soleil sur le nez pour se donner un air de rock star ! Pas possible de se débarrasser d'eux, tout ce que j'ai trouvé à faire, c'est leur demander de nous offrir une glace, au stand un peu plus loin : on a profité de ce qu'ils s'éloignaient pour partir dans l'autre direction. On les a bien eus !

Non, Paris-Plage, très peu pour moi ! Il faut dire que Mireille et moi, nous sommes beaucoup trop jolies pour ce genre d'endroit !

bdgomme Quelqu'un sait d'où vient le sable pour Paris-Plage ? #souslespavéslaplage

2-août-2007

DOCUMENTS

1

Camping

Camping organisé: terrain de camping dans les Alpes.

Camping sauvage.

sempé

sempé

2

Que feriez-vous si vous gagniez 10 millions au Loto?

1. Une crise cardiaque à tous les coups! MDR!

—leilas

2. Je pars à Bora Bora après avoir invité mes amis et ma famille dans le meilleur restaurant de France !

—dominiquerivron

3. Je pense que ma première réaction serait de rechercher et d'acheter une boulangerie-pâtisserie, j'ai été commerçante il y a des années et la mienne me manque beaucoup. Donc premier reflex: reprendre ma passion. Ensuite payer un appartement à chacun de mes enfants pour qu'ils démarrent du bon pied dans la vie active et de couple.

— mvpapapoule

4. Je ne joue jamais . . . Risque pas de gagner . . .

—bledine

5. Si je gagnais:

—Je prends une baby-sitter le soir même, une bonne bouteille de vin, des sushis et je me prélasse dans une chambre d'hôtel.
—Direction la banque! J'en change et je vais voir mon tonton banquier qui a déjà géré la fortune d'un heureux gagnant. Il lui a placé son argent de manière à ce qu'il ait assez d'intérêts par mois pour vivre comme un roi sans y toucher!
—Je rachète la maison de mes grands-parents décédés dans laquelle j'ai grandi. Je prends mes fils sous le bras et leur offre les plus belles vacances! On va vivre à Disneyland quelques mois! hihi
—J'offre une maison à chacune de mes sœurs et mon frère—mais des petites, hein! Je ne vais pas tout dilapider pour ces pestes!

Ça fait du bien de rêver de temps à autre! Mais bon, pour le moment je vais continuer à calculer mon budget; peut-être qu'un jour je pourrai gaspiller mes sous au loto!

— Nanako04

6. Tiens, c'est l'occasion de vérifier mon ticket Euro-millions . . .

—LOOPING_48

7. Comment ça, 10 millions? Pas plus?
Comme bcp de parents, ce sera: 1) un 2-pièces à chacun de mes enfants; 2) pour moi une petite maison avec un jardin; 3) je partirai avec toute la famille en voyage au soleil, une façon de dire merci à mes parents pour tout ce qu'ils m'ont offert pendant toutes ces années; 4) faire un don pour une association qui soutient les parents ayant des enfants malades; 5) s'il en reste un peu, de quoi passer mon permis avion . . . j'adore voler, être un oiseau.

—MonSourir

8. Si je gagnais une très grosse somme, je crois que je ne le dirais à PERSONNE pendant quelque temps pour prendre le temps de la réflexion: quoi faire avec cet argent? Pour éviter de me disputer avec mon époux, la meilleure solution serait qu'il ne sache pas que j'ai gagné! ou qu'il ne connaisse pas la réelle somme gagnée! Comme je suis mariée sur le régime de la communauté, la moitié lui reviendrait. . . . A réfléchir!

—rosetremiere17

9. Je commencerais déjà par me disputer avec mon chéri, il est pragmatiste et pense à l'argent, à notre couple (avoir une maison). Quant à moi, je suis une utopique humaniste qui rêve de parcourir le monde en vivant uniquement de bénévolat. Donc ma réponse est: je me disputerais avec lui. Et d'ailleurs, vous, avez-vous forcément les mêmes envies que votre compagnon?

—Gaia_33

10. J'en profiterais et j'en mettrais aussi de côté pour plus tard. Mais surtout, surtout je créerais mon propre refuge pour animaux malheureux ou abandonnés, ce serait un refuge de rêve ou tous ces loulous auraient tout ce dont ils ont besoin! Quand je regarde la télé, tous ces jeux idiots qui rapportent du fric à des gens qui n'en ont même pas besoin, souvent je me dis, si seulement on pouvait sauver toutes ces petites misères. Je les aime tellement! Et j'aiderais aussi toutes les associations qui s'impliquent dans la protection animale. Voilà, je n'en demanderais pas plus; voir un animal heureux me suffirait amplement.

—lela2410
—Extraits d'une enquête menée par Aujourdhui.com

3

Les Fourmis et les cigales

Près de deux ménages français sur trois déclarent mettre de l'argent de côté. Leur principale motivation est de faire face à l'imprévu, en particulier la perte d'un emploi.

Au sein des pays de l'Union Européenne, les Français apparaissent comme des "fourmis," avec un taux d'épargne national de 12,3%. Ils devancent les Allemands (11,3%), les Suisses (10,7%) et les Irlandais (8,9%). Aux Etats-Unis le taux est de 5,3%. A côté d'eux, les pays "cigales," où les ménages consomment plutôt que d'économiser: le Royaume-Uni (1,2%) et le Danemark (-0,5%).

—*Francoscopie 2013*

4

Les Nouveaux Tourismes

Les formes de voyage et de vacances se diversifient. Parmi les offres existantes (ou à venir):

Ethnotourisme. Recherche de contacts authentiques avec les habitants des pays ou régions visités.

Ecotourisme. Solutions de tourisme bon marché ou d'un rapport qualité/prix avantageux.

Ecolotourisme. Baptisé aussi tourisme responsable, qui se donne pour objectif de respecter l'environnement et les cultures des habitants.

Egotourisme. Tourisme de "recentrement" ou de "ressourcement" des personnes désireuses de donner (ou redonner) un sens à leur vie.

Héliotourisme. Recherche de destinations ensoleillées au climat agréable et garanti.

Technotourisme. Visites d'installations à vocation industrielle ou scientifique.

Ludotourisme. Séjours (souvent courts) consacrés aux activités ludiques, notamment dans les parcs d'attraction.

Médicotourisme. Séjours dans des pays étrangers pour y faire pratiquer (si possible sans risque) des opérations: chirurgie esthétique; implantations capillaires; opérations dentaires, etc.

Spatiotourisme. Possibilité d'effectuer des vols à plus de 200 km d'altitude, orbitaux ou non orbitaux (permettant des conditions d'apesanteur).

—*Francoscopie 2013*

5

Les Vacances et la voiture

Trois vacanciers sur quatre ont utilisé leur voiture pour partir en vacances—81% pour les séjours effectués en France. Outre son avantage économique sur les autres moyens de transport (dans le cas de plusieurs personnes voyageant ensemble), la voiture permet une plus grande autonomie. Elle est en particulier bien adaptée aux formules itinérantes et donne la possibilité d'improviser ses vacances au jour le jour.

—*Francoscopie 2013*

6

Vive les vacances

Pendant tout l'été
Sur les routes on a roulé
C'est papa qui conduisait
C'est maman qui rouspétait
Prends garde au camion
Y a les p'tits, fais attention
Pas question d'accélérer
Et tout le monde nous doublait
Oui vraiment la vie est dure
Il fait chaud dans la voiture
On s'en va à l'aventure
On n'sait même pas
A quelle heure on mangera

Refrain
Vive les vacances
Vive l'insouciance
Les jours d'affluence
Sur les routes de France

Les embouteillages
D'péage en péage
Une panne d'allumage
Arrêt au garage

A peine arrivés
Y a les sacs à décharger
Comme les grands sont fatigués
C'est nous qui d'vons les porter
L'hôtel est tout p'tit
Une chambre pour toute la famille
Et pour les enfants
Désolé, y a plus d'lits d'camp

Y a papa qui ronfle la nuit
La p'tite sœur qui fait pipi
On est tous dans le même lit
C'est pas une vie
Vite, rentrons à Paris

(Refrain)

Les embouteillages
Dans les petits villages
Une panne d'embrayage
Arrêt au garage

Sur la plage ensoleillée
Partout où on met les pieds
On s'retrouve tout englué
C'est à cause des pétroliers
Quand on trouve un endroit sec
Vite, on étale sa serviette
En faisant bien attention
D'pas la mettre sur les tessons

Les pieds dans l'eau on s'amuse
En employant mille ruses
Pour éviter les méduses
C'est amusant
Ça fait passer le temps

(*Refrain*)

Autour de la plage
Les embouteillages
Une panne de freinage
Arrêt au garage

—Dorothée

Dorothée, née Frédérique Hoschedé en 1953, est une chanteuse, actrice, productrice, et animatrice de télévision. Adolescente, elle découvre le rock 'n' roll et se passionne pour le cinéma et pour les comédies musicales américaines. Elle devient actrice de cinéma et en 1979 joue dans *L'Amour en fuite* de François Truffaut. Son premier album sort en 1980; "Vive les vacances" date de son cinquième album, *Allô allô Monsieur l'ordinateur*, en 1985, année où *Les Petits Ewoks* est nommé "meilleur album pour enfants" par le jury des Victoires de la musique. Dorothée a aussi été pendant très longtemps une animatrice populaire à la télévision; son *Club Dorothée* est resté pendant 10 ans l'émission favorite de la jeunesse française.

7 Il faut être raisonnable

Ce qui m'étonne, moi, c'est qu'à la maison on n'a pas encore parlé de vacances! Les autres années, Papa dit qu'il veut aller quelque part, Maman dit qu'elle veut aller ailleurs, ça fait des tas d'histoires. Papa et Maman disent que puisque c'est comme ça, ils préfèrent rester à la maison, moi je pleure, et puis on va où voulait aller Maman. Mais cette année, rien.

Pourtant, les copains de l'école se préparent tous à partir. Geoffroy, qui a un papa très riche, va passer ses vacances dans la grande maison que son papa a au bord de la mer. Geoffroy nous a dit qu'il a un morceau de plage pour lui tout seul, où personne d'autre n'a le droit de venir faire des pâtés. Ça, c'est peut-être des blagues, parce qu'il faut dire que Geoffroy est très menteur.

Agnan, qui est le premier de la classe et le chouchou de la maîtresse, s'en va en Angleterre passer ses vacances dans une école où on va lui apprendre à parler l'anglais. Il est fou, Agnan.

Alceste va manger des truffes en Périgord, où son papa a un ami qui a une charcuterie. Et c'est comme ça pour tous: ils vont à la mer, à la montagne ou chez leurs mémés à la campagne. Il n'y a que moi qui ne sais pas encore où je vais aller, et c'est très embêtant, parce qu'une des choses que j'aime le mieux dans les vacances, c'est d'en parler avant et après aux copains.

C'est pour ça qu'à la maison, aujourd'hui, j'ai demandé à Maman où on allait partir en vacances. Maman, elle a fait une drôle de figure, elle m'a embrassé sur la tête et elle m'a dit que nous allions en parler "quand Papa sera de retour, mon chéri," et que j'aille jouer dans le jardin, maintenant.

Alors, je suis allé dans le jardin et j'ai attendu Papa, et quand il est arrivé de son bureau, j'ai couru vers lui; il m'a pris dans ses bras, il m'a fait "Ouplà!" et je lui ai demandé où nous allions partir en vacances. Alors, Papa a cessé de rigoler, il m'a posé par terre et il m'a dit qu'on allait en parler dans la maison, où nous avons trouvé Maman assise dans le salon.

—Je crois que le moment est venu, a dit Papa.

—Oui, a dit Maman, il m'en a parlé tout à l'heure.

—Alors, il faut le lui dire, a dit Papa.

—Eh bien, dis-lui, a dit Maman.

—Pourquoi moi? a demandé Papa; tu n'as qu'à lui dire, toi.

—Moi? c'est à toi de lui dire, a dit Maman; l'idée est de toi.

—Pardon, pardon, a dit Papa, tu étais d'accord avec moi, tu as même dit que ça lui ferait le plus grand bien, et à nous aussi. Tu as autant de raisons que moi de le lui dire.

—Ben alors, j'ai dit, on parle des vacances, ou on ne parle pas des vacances? Tous les copains partent et moi je vais avoir l'air d'un guignol si je ne peux pas leur dire où nous allons et ce que nous allons y faire.

Alors, Papa s'est assis dans le fauteuil, il m'a pris par les mains et il m'a tiré contre ses genoux.

—Mon Nicolas est un grand garçon raisonnable, n'est-ce pas? a demandé Papa.

—Oh! oui, a répondu Maman, c'est un homme maintenant!

Moi, j'aime pas trop quand on me dit que je suis un grand garçon, parce que d'habitude, quand on me dit ça, c'est qu'on va me faire faire des choses qui ne me plaisent pas.

—Et je suis sûr, a dit Papa, que mon grand garçon aimerait bien aller à la mer!

—Oh! oui, j'ai dit.

—Aller à la mer, nager, pêcher, jouer sur la plage, se promener dans les bois, a dit Papa.

—Il y a des bois, là où on va? j'ai demandé. Alors c'est pas là où on a été l'année dernière?

—Ecoute, a dit Maman à Papa. Je ne peux pas. Je me demande si c'est une si bonne idée que ça. Je préfère y renoncer. Peut-être, l'année prochaine. . . .

—Non! a dit Papa. Ce qui est décidé est décidé. Un peu de courage, que diable! Et Nicolas va être très raisonnable; n'est-ce pas, Nicolas?

Moi j'ai dit que oui, que j'allais être drôlement raisonnable. J'étais bien content, avec le coup de la mer et de la plage, j'aime beaucoup ça. La promenade dans les bois, c'est moins rigolo, sauf pour jouer à cache-cache; alors là, c'est terrible.

—Et on va aller à l'hôtel? j'ai demandé.

—Pas exactement, a dit Papa. Je . . . je crois que tu coucheras sous la tente. C'est très bien, tu sais. . . .

Alors là, j'étais content comme tout.

—Sous la tente, comme les Indiens dans le livre que m'a donné tante Dorothée? j'ai demandé.

—C'est ça, a dit Papa.

—Chic! j'ai crié. Tu me laisseras t'aider à monter la tente? Et à faire du feu pour cuire le manger? Et tu m'apprendras à faire de la pêche sous-marine pour apporter des gros poissons à Maman? Oh! ça va être chic, chic, chic!

Papa s'est essuyé la figure avec son mouchoir, comme s'il avait très chaud, et puis il m'a dit:

—Nicolas, nous devons parler d'homme à homme. Il faut que tu sois très raisonnable.

—Et si tu es bien sage et tu te conduis comme un grand garçon, a dit Maman, ce soir, pour le dessert, il y aura de la tarte.

—Et je ferai réparer ton vélo, comme tu me le demandes depuis si longtemps, a dit Papa. Alors, voilà. . . . Il faut que je t'explique quelque chose. . . .

—Je vais à la cuisine, a dit Maman.

—Non! reste! a dit Papa. Nous avions décidé de le lui dire ensemble. . . .

Alors Papa a toussé un peu dans sa gorge, il m'a mis ses mains sur les épaules et puis il m'a dit:

—Nicolas, mon petit, nous ne partirons pas avec toi en vacances. Tu iras seul, comme un grand.

—Comment, seul? j'ai demandé. Vous ne partez pas, vous?

—Nicolas, a dit Papa, je t'en prie, sois raisonnable. Maman et moi, nous irons faire un petit voyage, et comme nous avons pensé que ça ne t'amuserait pas, nous avons décidé que toi tu irais en colonie de vacances. Ça te fera le plus grand bien, tu seras avec des petits camarades de ton âge et tu t'amuseras beaucoup. . . .

—Bien sûr, c'est la première fois que tu seras séparé de nous, Nicolas, mais c'est pour ton bien, a dit Maman.

—Alors, Nicolas, mon grand . . . qu'est-ce que tu en dis? m'a demandé Papa.

—Chouette! j'ai crié, et je me suis mis à danser dans le salon. Parce que c'est vrai, il paraît que c'est terrible, les colonies de vacances: on se fait des tas de copains, on fait des promenades, des jeux, on chante autour d'un gros feu, et j'étais tellement content que j'ai embrassé Papa et Maman.

Pour le dessert, la tarte a été très bonne, et j'en ai eu plusieurs fois parce que ni Papa ni Maman n'en ont mangé. Ce qui est drôle, c'est que Papa et Maman me regardaient avec des gros yeux ronds. Ils avaient même l'air un peu fâché.

Pourtant, je ne sais pas, moi, mais je crois que j'ai été raisonnable, non?

René Goscinny (1926–1977), le créateur d'Astérix et du Petit Nicolas, est un écrivain, humoriste, et scénariste de bande dessinée. Né en France, Goscinny accompagne sa famille en Argentine, puis il va à New-York, où il rencontre un auteur belge de bande dessinée qui remarque son talent et son sens du gag et du jeu verbal, et qui l'encourage. De retour en France en 1959, Goscinny fait partie de l'équipe d'un nouveau magazine, *Pilote*, où il lance, avec Albert Uderzo, sa plus célèbre création, Astérix. La même année il publie *Le Petit Nicolas*, illustré par Jean-Jacques Sempé (voir leçon 29). Avec 500 millions d'ouvrages vendus, Goscinny est l'un des auteurs français les plus lus au monde.

—René Goscinny, *Les Vacances du petit Nicolas*

TEXTE

1

Avant d'aller retrouver Hubert, Mireille va faire un tour place Vendôme. . . .

Elle arrive chez Angélina, rue de Rivoli, où Hubert l'attend pour déjeuner.

Mireille: Hubert! Tu ne devineras jamais! Je te le donne en mille!

Hubert: Puisque je ne devinerai jamais, dis-le-moi tout de suite.

Mireille: Nous avons gagné à la loterie!

Hubert: Qui ça, "nous"?

Mireille: Eh bien, Robert et moi, pardi!

Hubert: C'est une honte! La loterie est une des institutions les plus immorales de notre triste époque.

Il n'y a que le loto et le tiercé qui soient pires.

Mireille: Mais qu'est-ce que ça a de si honteux que ça, la loterie?

Hubert: D'abord, ça décourage les vertus capitales de notre société capitaliste: le travail, l'économie, l'épargne. Et puis, ça encourage la paresse; au lieu de compter sur leur travail, les gens ne comptent plus que sur leur chance. Ils vivent dans l'attente du jeudi matin.

Mireille: Mais je croyais que tu jouais aux courses à Longchamp, non?

Hubert: Ce n'est pas la même chose, parce que moi, je travaille pour l'amélioration de la race chevaline!

2

Pendant ce temps, Robert essaie courageusement de faire quelques achats. Il est au rayon des chaussures à la Samaritaine.

Le vendeur: Vous cherchez des bottes?

Robert: Non. Je voudrais des chaussures que je puisse mettre pour conduire et pour faire de la marche. Quelque chose qui soit solide, mais pas trop lourd.

Le vendeur: Quelle est votre pointure?

Robert: Comment?

Le vendeur: Du combien chaussez-vous?

Robert: Ah! Je chausse du onze et demi.

Le vendeur: Vous, du onze et demi? Vous plaisantez! Vous faites au moins du 43, je dirais même du 44!

3

Robert: Mais je vous assure! La dernière fois que j'ai acheté des chaussures (c'était à Boston, cet hiver), c'était du onze et demi. Tenez, ce sont justement celles que j'ai aux pieds.

Le vendeur: Eh bien, elles devaient être élastiques! Elles ont grandi depuis cet hiver. Du onze et demi!

Ha, ha! Vous autres Américains, vous ne dévaluez pas le dollar, mais vous avez certainement dévalué vos pointures! Asseyez-vous, que je prenne vos mesures. . . . 44 juste! C'est bien ce que je pensais. Oh, je ne me trompe pas souvent. J'ai le compas dans l'œil!

Robert: Un compas dans l'œil? Ça ne vous gêne pas pour prendre les mesures?

---

1. donner en mille
Je te le **donne en mille!** Je parie un contre mille que tu ne devineras pas.

1. pardi!
Pardi! Evidemment! Bien sûr!

1. tiercé

Quand on joue au **tiercé,** on met son argent sur les trois chevaux qui vont arriver en tête de course.

1. épargne
Ne dépensez pas tout ce que vous gagnez. **Epargnez** pour vos vieux jours.
L'épargne est à la base du système capitaliste.
Les gens qui n'ont pas beaucoup d'argent peuvent placer leurs économies à la caisse d'**épargne.** Ça ne rapporte pas un gros intérêt, mais c'est un placement sûr. La caisse d'**épargne** est gérée par l'Etat.

1. paresse
Marie-Laure est **paresseuse;** elle n'aime pas travailler.

La **paresse** est la mère de tous les vices. (Tante Georgette)

2. faire des achats

2. pointure, chausser du (faire du)

Chaussure du Général de Gaulle (grande **pointure:** le Général **chaussait du** 46; il **faisait du** 46).

2. botte

Des **bottes.**

3. prendre les mesures

Robert enlève ses chaussures pour que le vendeur puisse **prendre ses mesures.**

Chaussure de Cendrillon (petite **pointure:** Cendrillon **chaussait du** 26; elle **faisait du** 26).

3. avoir le compas dans l'œil

Un **compas.**

Le vendeur a le **compas** dans l'œil: il n'a pas eu besoin de **compas** pour voir que Robert chaussait du 44; il l'a deviné en regardant les pieds de Robert.

3. gêner
Marie-Laure, éteins la télé! Le bruit me **gêne** pour travailler!
J'ai une petite pierre dans ma chaussure, ça me **gêne** pour marcher.

4

Mireille arrive chez Tante Georgette, toujours très excitée.

Georgette: Alors, qu'est-ce que ton père m'a dit? Tu as gagné à la loterie?

Mireille: Oui!

Georgette: Gagner à la Loterie nationale, mon rêve! Mais aujourd'hui, il n'y en a plus que pour les jeunes. . . . Eh bien, les vieux n'ont plus qu'à crever dans leur coin, ou trier des lentilles. . . .

Mireille: Bon, attends, je vais t'aider.

Georgette: Mmm, celle-là, non! . . . Non, celle-là, non!

Mireille: Elle n'est pas bonne?

Georgette: Non! . . . Ah, c'est Georges qui les aimait, les lentilles. . . .

Mireille: Georges?

Georgette: Non, pas ton cousin, non. . . . Georges, Georges de Pignerol, il s'appelait. Tu ne l'as pas connu. Tes parents ne l'aimaient pas, ils ne voulaient pas le voir. Quel bel homme! Grand, brun, distingué. . . . Je l'avais rencontré, un soir, sur le boulevard des Italiens. On avait pris un café. On se comprenait. . . . On voulait monter ensemble un salon de coiffure pour chiens. On avait réuni nos économies pour acheter un très beau magasin. Ton père n'était pas d'accord. Il a été très désagréable avec Georges. Georges ne l'a pas supporté. Il est parti . . . et je ne l'ai jamais revu. . . . Alors, dis-moi, c'est combien que tu as gagné à la loterie?

5

Georgette: 40.000F? Mais qu'est-ce que tu vas faire de tout cet argent?

Mireille: Ben, je ne sais pas. J'ai téléphoné à Cécile, tout à l'heure, pour lui annoncer la nouvelle; elle me conseille de garder l'argent pour quand je serai mariée. Son mari dit que je devrais acheter un terrain. Il dit que c'est le placement le plus sûr. Papa voudrait que j'achète des tableaux qui vaudront des millions dans dix ans. . . . Et toi, qu'est-ce que tu me conseilles?

Georgette: Eh bien, c'est bien égoïste, tout ça, hein! Moi, si j'étais toi, je ferais une donation à la SPA.

Mireille: La SPA? Qu'est-ce que c'est que ça?

Georgette: Mais la Société Protectrice des Animaux, voyons! Et puis, tu pourrais m'aider pour mon cimetière de chiens. Pas vrai, Fido?

6

Robert est toujours au rayon des chaussures.

Le vendeur: Vous voulez des chaussures de montagne?

Robert: Non, j'ai peur que ce soit trop lourd. Tout de même, pour la marche, il vaudrait mieux des chaussures montantes, pas des souliers bas.

Le vendeur: Voilà ce qu'il vous faut: des Pataugas. Ce sont des chaussures montantes. Ça tient très bien la cheville, mais c'est très souple, très léger. Vous avez des semelles anti-dérapantes. Avec ça, vous ne pouvez pas glisser. Essayez-les, vous verrez. . . . Comment vous vont-elles?

Robert: Pas mal, mais celle de gauche me serre un peu.

Le vendeur: Oh, ce n'est rien, vous vous y habituerez.

7

Robert: Combien valent-elles?

Le vendeur: 450 francs.

Robert: Celle de droite est vraiment très bien, mais celle de gauche me serre vraiment. . . . Et si je ne prenais que celle de droite, ce serait combien?

Le vendeur: 450 francs. Je regrette, Monsieur, mais nous ne les vendons pas séparément.

Robert: Vraiment? Bon, alors, tant pis, je prendrai la paire. Celle de droite est réellement très bien. Je m'y sens très bien!

Le vendeur: Vous n'avez pas besoin de sandales, d'espadrilles, de pantoufles?

Robert: Non, merci; pas aujourd'hui.

4. rêve

Le **rêve**
de Tante
Georgette.

4. il n'y en a que pour

Il **n'y en a** plus **que pour** les jeunes.
Tout est pour les jeunes, rien pour
les vieux. On ne s'occupe que des
jeunes.

4. crever

Les vieux peuvent **crever** dans leur
coin, ils peuvent mourir tout seuls.

4. trier

Georgette **trie** des lentilles. (Dans
les paquets de lentilles, on trouve
aussi de petites pierres, des cailloux. Il faut donc **trier** les lentilles
pour enlever les cailloux et les
lentilles qui ont noirci et qui risque-
raient de donner mauvais goût.)

4. salon de coiffure

Un **salon de coiffure** pour chiens.

5. nouvelle

Je ne lis plus les journaux: il n'y a
que des **nouvelles** catastrophiques.

—Tu as des **nouvelles** de Ghislaine?
—Oui, je viens de recevoir une
carte. Mais je n'ai aucune **nouvelle**
de Tonton Guillaume: il n'écrit pas,
il ne téléphone pas. . . .

Pas de **nouvelles**, bonnes **nouvelles**! (Tante Georgette)

5. terrain

Les Courtois ont acheté un petit
terrain au Pays Basque. Ils vont
faire construire une maison.
On vend les **terrains** au mètre carré.
La villa des Besson, à Provins, n'est
pas très grande, mais il y a beaucoup de **terrain** autour.

5. valoir

En 1905, les tableaux de Picasso ne
valaient pas très cher. Ils **valent** des
fortunes maintenant.
Les tableaux d'Ambrogiani **vaudront** très cher dans quelques
années.

5. cimetière

Un **cimetière** de chiens.

6. chaussure de montagne

Des **chaus-
sures** de
montagne.

6. chaussure montante, soulier bas

Une
**chaussure
montante**.

Un **soulier
bas**.

6. semelle, anti-dérapant

Si vous avez des **semelles anti-
dérapantes** Agrippine, vous ne
glisserez pas.

S'il avait
eu des
**semelles
anti-
dérapantes**,
il n'aurait
pas glissé.

6. serrer

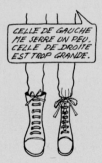

7. sandale, espadrille, pantoufle

Des
sandales.

Une
espadrille.

Des
pantoufles.

MISE EN ŒUVRE

Ecoutez la mise en œuvre du texte et répondez aux questions suivantes.

1. Où Hubert et Mireille se sont-ils donné rendez-vous?
2. Qu'est-ce qu'Hubert ne devinera jamais?
3. Qu'est-ce qu'Hubert pense de l'institution de la loterie?
4. Pour lui, qu'est-ce qui est encore pire que la loterie?
5. D'après Hubert, qu'est-ce que l'institution de la loterie décourage?
6. Qu'est-ce que ça encourage?
7. Que font les gens qui jouent à la loterie?
8. A quoi Hubert joue-t-il?
9. Pourquoi pense-t-il que ce n'est pas la même chose que de jouer à la loterie?
10. Où Robert va-t-il pendant ce temps-là?
11. Quel genre de chaussures Robert cherche-t-il?
12. Quelle est sa pointure?
13. Dans le système français, du combien chausse-t-il?
14. Où et quand Robert a-t-il acheté les chaussures qu'il porte maintenant?
15. Pourquoi le vendeur demande-t-il à Robert de s'asseoir?
16. Qui Mireille va-t-elle voir après le déjeuner avec Hubert?
17. De quoi Georgette a-t-elle toujours rêvé?
18. De qui Georgette parle-t-elle?
19. Comment était-il physiquement?
20. Qu'est-ce que Georgette et lui pensaient faire ensemble?
21. Pourquoi Georges a-t-il dû quitter Georgette?
22. Qu'est-ce que Cécile pense que Mireille devrait faire de son argent?
23. Selon le mari de Cécile, qu'est-ce qui est un excellent placement?
24. Qu'est-ce que M. Belleau conseille à Mireille de faire?
25. Que ferait Georgette si elle avait cet argent?
26. Quelles sont les chaussures qui sont bien pour la marche?
27. Pourquoi le vendeur recommande-t-il des Pataugas?
28. Pourquoi ne peut-on pas glisser avec des Pataugas?
29. Comment les chaussures qu'il essaie vont-elles à Robert?
30. Qu'est-ce que le vendeur essaie de vendre à Robert, en plus des Pataugas?

MISE EN QUESTION

1. Pourquoi Mireille avait-elle tellement envie de voir Hubert? Est-ce qu'elle est amoureuse de lui? Est-ce qu'elle ne peut pas se passer de lui? Ou bien elle était simplement impatiente de lui annoncer la nouvelle? Pourquoi? Pour jouir de sa surprise? Quelle autre raison pouvait-elle avoir?

2. Pourquoi Hubert attaque-t-il si violemment la loterie? Est-ce qu'il pense vraiment que c'est si honteusement immoral? Quelle autre raison peut-il avoir?

3. Quel genre de courses y a-t-il à Longchamp? Des courses à pied, des courses de chevaux, des courses d'auto, des courses cyclistes?

4. Dans le système français, le onze et demi est une pointure d'enfant ou d'adulte? Et dans le système américain?

5. A quoi sert un compas? A mesurer, à peser, à mieux voir? Qu'est-ce qu'on dit de quelqu'un qui estime les mesures avec beaucoup d'exactitude?

6. Hubert disait (leçon 33) qu'il n'y en avait plus que pour la classe ouvrière. Et Tante Georgette, de quoi se plaint-elle? Qu'est-ce qu'elle dit? Pourquoi dit-elle ça? D'après cette remarque amère, pourquoi Mireille aurait-elle gagné à la loterie et pas elle?

7. Est-ce que Tante Georgette achète des lentilles toutes préparées, en conserve? Ou est-ce qu'elle les fait cuire elle-même? Est-ce que les lentilles sont un plat cher? Vous vous rappelez ce qu'on a servi au dîner chez les Belleau (leçon 33)? A votre avis, qu'est-ce qui coûte le moins cher, des lentilles ou du foie gras?

8. Voyez comme Mireille est gentille, compatissante! Qu'est-ce qu'elle fait pour sa pauvre Tante Georgette qui n'a jamais gagné à la loterie et n'a plus qu'à crever dans son coin en triant des lentilles?

9. Qui était ce Georges de Pignerol? Pourquoi est-ce que Mireille ne l'a jamais connu? A votre avis, est-ce qu'il aimait sincèrement Tante Georgette ou est-ce qu'il s'intéressait surtout à ses économies?

10. A votre avis, est-ce que ce Georges est parti parce que M. Belleau n'a pas été aimable avec lui ou pour une autre raison? Où pensez-vous que sont les économies de Tante Georgette maintenant? Qu'est-ce qu'elles sont devenues?

11. Est-ce que vous pensez que Mireille devrait suivre le conseil de son père et acheter des tableaux? Est-ce que c'est un bon conseil? Pourquoi?

12. Que pensez-vous des différentes suggestions faites à Mireille, sur le plan moral? Et sur le plan financier? Si vous étiez à la place de Mireille, qu'est-ce que vous feriez?

Journal de Marie-Laure

LES PINOT-CHAMBRUN ONT FAIT FAILLITE ! C'EST LA CATA !

Le 21 février 2009

C'est une véritable catastrophe pour les Pinot-Chambrun ! Ils sont ruinés ! Ils viennent de faire faillite. Pauvre Hubert ! C'est la crise en ce moment et pour eux, c'est la banqueroute. Je n'ai pas très bien compris ce qui s'est vraiment passé : il semble que la crise soit liée à des problèmes financiers qui ont eu lieu aux États-Unis. Papa, qui croit tou-

jours que j'ai douze ans, m'a expliqué en long, en large et en travers qu'il y a une crise bancaire depuis septembre 2008 qui a débuté quand plusieurs banques américaines ont eu des problèmes pour honorer leurs paiements. Ensuite ça a été la dégringolade, un vrai cercle vicieux : il y a eu des liquidations d'entreprises et des rachats par des compagnies concurrentes qui en profitaient parce que les prix étaient bas. Il paraît que tous les pays du monde sont maintenant touchés par la crise. C'est ça la mondialisation : on est tous solidaires dans les ennuis parce que ceux d'un pays voisin deviennent très vite les vôtres !

La crise est donc arrivée en France comme partout dans l'Union européenne et les Pinot-Chambrun ont payé les pots cassés, comme beaucoup d'autres personnes d'ailleurs. Ils avaient fait des investissements dans les secteurs d'activité qui ont été touchés en premier, comme l'automobile et l'hôtellerie. Je crois qu'ils avaient pas mal d'actions chez les constructeurs de voitures Renault-Nissan et PSA Peugeot-Citroën. Juste avant le début de la crise, ils avaient acheté un hôtel cinq étoiles sur la Côte d'Azur en

plus de leur restaurant gastronomique à Lyon. Résultat : tous ces investissements se sont cassé la figure et ils ont dû vendre à bas prix ce qu'ils
avaient acheté à prix d'or, ce qui leur a fait perdre beaucoup d'argent !
Il faut dire que dans les moments de crise, les vacances dans des hôtels
chics et les dîners gastronomiques dans les beaux restaurants, c'est ce que
les gens suppriment en priorité pour faire des économies. Ils réduisent
d'abord le budget loisirs et c'est bien compréhensible.

En tout cas, pour les Pinot, c'est vraiment la catastrophe. J'espère qu'ils
vont s'en sortir ! Après tout, Monsieur de Pinot-Chambrun est un malin,
un homme d'affaires très futé, il est plein de ressources et il a un réseau
social très étendu. Comme il a des tas de relations, il saura vite se tirer de
ce mauvais pas.

twitter

auddubois Il paraît que la France
a des milliards d'euros de dette.
Et mon banquier qui m'embête
pour mon découvert de 20
euros ! #lacrise   8-mai-2009

Le 22 octobre 2011

Maman a téléphoné. Une heure au moins . . . elle n'en finissait pas de me raconter ~~les aventures de sa concierge qui paraît-il s'envoie en l'air avec le type du troisième~~ Et tout ça pour me dire que ça allait être l'anniversaire de Papa ! Comme si je ne le savais pas ! Elle me prend vraiment pour une idiote ! Mais elle avait une idée derrière la tête . . . Elle m'a fait remarquer que Papa prenait du poids et qu'avec sa bedaine il n'entrait plus dans ses pantalons de costume. Elle m'a suggéré de lui offrir comme cadeau d'anniversaire une paire de tennis ou de baskets qui l'encouragerait à faire du jogging au Luxembourg juste en face. Pas des chaussures de montagne, pas des tongs, pas des espadrilles, pas des sandales, pas des mocassins, pas des bottes, mais

des tennis. Le jour J, Papa flottait dans ses nouvelles baskets. J'avais pris du 45 pensant qu'il avait grossi, mais sa pointure n'avait pas changé bien sûr. Il a pris du ventre, mais il ne chausse toujours que du 42 !

bdgomme @mirbelle : Papa ne quitte plus sa nouvelle paire de chaussures 5 doigts. Elles sont atroces. Je refuse de me promener avec lui. #leconfortcestpastout
07-mar-2012

DOCUMENTS

1

Evénements (extrait)

Avez-vous des nouvelles?
Des nouvelles de quoi?
Des nouvelles du monde
des nouvelles du monde . . . il paraît qu'il va changer
la vie va devenir très belle
tous les jours on pourra manger
il y aura beaucoup de soleil
tous les hommes seront grandeur naturelle
et personne ne sera humilié. . . .

—Jacques Prévert, *Paroles*

2

Les Français achètent près de 7 paires de chaussures par an

La très grande majorité (près de neuf sur dix) des chaussures achetées sont fabriquées à l'étranger. Six paires de chaussures importées sur dix viennent de Chine, contre 7% seulement d'Italie. Les hommes achètent en moyenne 4 paires, les femmes 6 et les enfants un peu moins de 8. Les femmes sont de plus en plus concernées par les chaussures de sport, aux usages diversifiés.

Les vêtements de sport sont aujourd'hui une composante essentielle des modes vestimentaires. Ils représentent un code de reconnaissance pour les jeunes, mais aussi de plus en plus pour les moins jeunes. Les chaussures de sport sont plus souvent destinées au macadam des villes qu'aux terrains de sport: un tiers seulement sont destinées à un usage strictement sportif. La notoriété et l'image de certaines marques leur permettent de pratiquer des prix très élevés qui en font des objets de luxe.

—Francoscopie 2013

3

Le PMU en progression

Depuis plus d'une décennie les dépenses des Français aux paris hippiques du PMU sont en hausse. Cette croissance a été obtenue grâce notamment à l'évolution technologique, qui a permis de jouer jusqu'au départ de chaque course, mais aussi à l'enrichissement de l'offre et un accroissement du nombre de courses. Les paris hippiques en ligne sur Internet ont connu une progression de 45% en un an.

2009 avait été l'année du lancement de terminaux permettant les paiements par carte bancaire. La chaîne Equidia a ajouté un site de replay. La présence du PMU sur les réseaux sociaux tels que Facebook (55.000 fans) ou encore Twitter vise à toucher un public plus jeune.

—Francoscopie 2013

4

Tiercé, quarté, quinté

Le *tiercé* est un pari hippique dans lequel le parieur est invité à choisir les trois chevaux qui arriveront en tête d'une course. Le gain est plus important si on les met dans l'ordre, moins important si on les met dans un ordre différent.

Créé en 1954, le tiercé s'est imposé comme le plus populaire des paris et a fait du PMU le premier opérateur européen de paris hippiques. Le tiercé a été suivi d'une série de paris de combinaison, notamment le *quarté* (les quatre premiers chevaux) et le *quinté* (les cinq premiers chevaux).

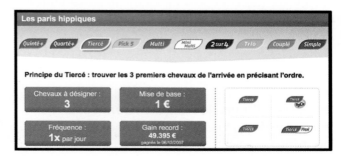

Les paris hippiques

Quinté+ Quarté+ Tiercé Pick 5 Multi Mini Multi 2 sur 4 Trio Couplé Simple

Principe du Tiercé : trouver les 3 premiers chevaux de l'arrivée en précisant l'ordre.

| Chevaux à désigner : 3 | Mise de base : 1 € |
| Fréquence : 1x par jour | Gain record : 49.395 € gagné le 06/12/2007 |

—pmu.fr

5

L'Ordre et le désordre ou le tiercé

Ça y est! . . . J'ai gagné le tiercé! (*Heureux et ému*): J'ai gagné! (*Les larmes aux yeux*): J'ai gagné! (*Avec conviction et repentir*): O mon Dieu! pourquoi m'avez-vous procuré une si grande joie? . . . Que vous ai-je fait? Oh! Je sais! Vous allez me dire:

—Tu n'avais pas à jouer au tiercé! Tu n'as que ce que tu mérites! C'est bien fait pour toi!

C'est vrai! . . . Pourtant, je l'ai fait sans malice. Oui, j'ai joué! J'ai joué! Le huit, le trois et le quatre dans l'ordre! Comme j'aurais pu jouer le quatre, le huit et le trois dans le désordre! Ce n'était pas prémédité!

Mon Dieu, je vous jure que je n'ai pas joué dans l'espoir de gagner! . . . Mes intentions étaient pures! Je n'ai fait que suivre l'exemple des autres. . . . Tout le monde joue au tiercé et personne ne gagne jamais. . . . Alors . . . pourquoi moi? . . . Peut-être vouliez-vous m'éprouver? . . . Si c'est cela, je déchire mon ticket!

(Sur le point de le faire): Mon Dieu, donnez-moi la force et le courage de renoncer aux biens de ce monde! (Hésitant): O mon Dieu! pourquoi retenir mon bras! . . . Non! Non! Laissez-moi faire. . . . Pourquoi m'empêchez-vous de déchirer ce ticket? N'avons-nous pas toujours vécu humblement, ma femme, mon fils, et moi, dans l'ordre? Dans un trois-pièces: chambre, cuisine, toilettes, dans le désordre? N'ai-je pas toujours gardé à mes côtés la sainte femme que vous m'avez choisie en pénitence de mes fautes? N'ai-je pas résisté cent fois à la tentation de la chair, lorsque celle-ci se présentait à moi en jupe courte et en pull collant? Ne souriez plus, laissez-moi déchirer mon ticket (nouvelle tentative), je n'en ai plus la force! Je sens que vous m'abandonnez!

Seigneur! Vous qui m'avez toujours maintenu dans une certaine pauvreté, ne permettez pas que votre serviteur sombre dans l'opulence! Avec la bénédiction, là-haut, du Père, du Fils et du Saint-Esprit, dans l'ordre! Je resterai humble, pauvre et fidèle dans le désordre . . . ici-bas! (Levant son ticket vers le ciel): Tenez! Déchirez-le vous-même! (Soupirant): Bon! Eh bien, je vais aller le toucher.

—Raymond Devos

6

Quatorze millions de Français vivent seuls

Le nombre de personnes qui habitent seules dans leur logement a augmenté de 50% depuis 1990. Cette augmentation s'explique en partie par le vieillissement de la population, puisque 44% des personnes concernées sont âgées de 60 ans ou plus. Parmi elles, les femmes sont majoritaires, car elles sont plus jeunes que leur mari et bénéficient d'une espérance de vie supérieure: 38% vivent seules contre 17% des hommes.

Chez les plus jeunes, les occasions de vivre seul sont de plus en plus fréquentes. C'est le cas de 18% des jeunes de 20 à 29 ans, du fait qu'ils s'installent moins rapidement en couple après avoir quitté le domicile parental. L'augmentation est sensible aussi entre 30 et 59 ans, car les ruptures d'unions sont plus nombreuses. Les hommes de cette tranche d'âge sont plus touchés que les femmes, car ils se mettent en couple plus tardivement et, en cas de divorce, obtiennent plus rarement la garde des enfants.

Les personnes qui vivent seules le font pour des raisons diverses: elles sont célibataires, séparées, divorcées, veuves. . . . Pendant des années, on a célébré et souvent envié ces "célibattants," symbole d'une liberté individuelle totale non entravée par l'existence et la présence d'une autre personne.

Cependant des enquêtes ont montré que la solitude n'était pas toujours choisie et que le modèle de la vie en couple présentait de nombreux avantages. D'autant qu'elle peut prendre des formes diversifiées: mariage ou union libre, PACS hétéro ou homo, cohabitation ou non, fidélité ou non, couple monoactif ou biactif, avec ou sans enfant. . . . L'accroissement de la solitude constitue un sujet de réflexion pour les observateurs, un thème de dossier pour les médias, et un marché pour les entreprises.

—Francoscopie 2013

7

Les Seniors

Les Retraitées pauvres

La pension de retraite moyenne perçue par les femmes ne représente que 58% de celle des hommes. Cet écart s'explique par le fait que celles nées entre 1920 et 1940 ont eu des carrières plus courtes. L'écart est moins important pour les retraitées plus récentes, qui ont eu des carrières plus longues. Dans le même temps, l'écart entre le salaire moyen des femmes et celui des hommes a fortement baissé. Le salaire féminin moyen reste toutefois 20% inférieur à celui des hommes.

Les Techno-seniors

Soixante-huit pour cent des Français de 50 ans et plus ont une image positive d'Internet. Parmi les 27% qui ne l'utilisent pas, la moitié n'en voient pas l'intérêt, 27% se sentent "dépassés" par l'outil et 25% considèrent qu'Internet est comme la télévision "un média d'où sort le meilleur et le pire." Pour 8% il est "un gadget dont on peut très bien se passer."

Les seniors utilisateurs d'Internet s'en servent pour communiquer avec leurs amis et leurs proches (68%); 12% d'entre eux sont sur Facebook (contre 35% des 18 ans et plus); 27% se servent du web pour organiser leur vie quotidienne. Les 50–70 ans représentent un tiers des acheteurs en ligne français et réalisent 48% des dépenses sur Internet.

La fracture numérique devient apparente au-delà de 70 ans. Les aînés doivent en effet changer radicalement leurs habitudes et leurs équipements: l'usage de smartphones, de tablettes tactiles, de liseuses ou de téléviseurs connectés ne leur est pas naturel. Une formation et un apprentissage sont nécessaires pour les rassurer et éviter l'abandon. Ce sont souvent les enfants ou les petits-enfants qui s'en chargent; ils constituent d'ailleurs la motivation principale des personnes âgées à l'usage de ces outils.

—Francoscopie 2013

8

Jean-Paul Sartre au cimetière des chiens

Au cimetière des chiens, l'an dernier, dans le discours tremblant qui se poursuit de tombe en tombe, j'ai reconnu les maximes de mon grand-père: les chiens savent aimer; ils sont plus tendres que les hommes, plus fidèles; ils ont du tact, un instinct sans défaut qui leur permet de reconnaître le Bien, de distinguer les bons des méchants. "Polonius, disait une inconsolée, tu es meilleur que je ne suis: tu ne m'aurais pas survécu; je te survis." Un ami américain m'accompagnait: outré, il donna un coup de pied à un chien de ciment et lui cassa l'oreille. Il avait raison: quand on aime trop les enfants et les bêtes, on les aime contre les hommes.
— Jean-Paul Sartre, *Les Mots*

9

Ne me quitte pas
Ne me quitte pas
Il faut oublier
Tout peut s'oublier
Qui s'enfuit déjà
Oublier le temps
Des malentendus
Et le temps perdu
A savoir comment
Oublier ces heures
Qui tuaient parfois
A coups de pourquoi
Le cœur du bonheur
Ne me quitte pas
Ne me quitte pas
Ne me quitte pas
Ne me quitte pas

. . . .

Ne me quitte pas
Je t'inventerai
Des mots insensés
Que tu comprendras
Je te parlerai
De ces amants-là

Qui ont vu deux fois
Leurs cœurs s'embraser
Je te raconterai
L'histoire de ce roi
Mort de n'avoir pas
Pu te rencontrer
Ne me quitte pas
Ne me quitte pas
Ne me quitte pas
Ne me quitte pas

. . . .

Ne me quitte pas
Je ne vais plus pleurer
Je ne vais plus parler
Je me cacherai là
A te regarder
Danser et sourire
Et à t'écouter
Chanter et puis rire
Laisse-moi devenir
L'ombre de ton ombre
L'ombre de ta main
L'ombre de ton chien
Ne me quitte pas
Ne me quitte pas
Ne me quitte pas
Ne me quitte pas.

—Jacques Brel

10

Ça n'a pas de sens

Il y en a des choses qui n'ont pas de sens!

Tenez! Moi qui vous parle, j'ai le pied gauche qui est jaloux du pied droit, alors quand j'avance le pied droit, le pied gauche qui ne veut pas rester derrière . . . passe devant . . . le pied droit en fait autant . . . et moi . . . comme un imbécile . . . je marche! . . .

(Il fait le tour de la scène, revient au milieu.)

Ça n'a pas de sens! . . . *(Regardant ses chaussures)* Et puis, j'ai les pieds qui sont comme ça *(geste montrant que ses pieds sont trop serrés)* . . . dans mes chaussures! . . . Elles ne me vont pas! . . . Je l'avais dit au vendeur:

—Elles ne me vont pas!

—De l'extérieur, elles font bien.

—Oui, mais à l'intérieur, elles font mal.

—De l'extérieur ça ne se voit pas!

—Alors vous n'avez qu'à me les retourner.

—Si je vous les retourne, ça se verra.

—Ah! Je ne veux pas que ça se voie. Je les garde comme ça!

En partant, il me dit:

—Si ça ne va pas, vous n'aurez qu'à me les retourner!

Ça n'a pas de sens!

Il y en a des choses qui n'ont pas de sens. . . . Un chapeau. . . . Un chapeau, ça n'a pas de sens. Quand je mets le mien, il y en a qui me disent: "Pour porter un pareil chapeau, il faut être malade." Et d'autres qui me disent: "Avec ce chapeau tu as bonne mine!" Les avis sont partagés.

Remarquez, je mettrais bien un béret; mais un béret non plus ça n'a pas de sens. Vous pouvez le tourner de tous les côtés, il est toujours de face. Ou alors, il faut le mettre sur l'oreille à cause du soleil. Mais le soleil non plus, ça n'a pas de sens! Ça tourne! . . . Alors, quand le soleil est là *(il trace une courbe)* . . . le béret, il faut le changer d'oreille. Et quand le soleil se couche, le béret, il faut le mettre dans sa poche. Là aussi, les avis sont partagés; il y en a qui le mettent dans la poche droite, d'autres dans la poche gauche; il y en a qui le mettent dans la poche revolver, mais ça n'a pas de sens. On ne met jamais un revolver dans cette poche-là, on le met dans un tiroir. Là non plus, ça n'a pas de sens! Parce que si vous mettez votre revolver dans un tiroir et que vous êtes attaqué dans la rue, vous n'allez pas sortir votre béret de votre poche revolver pour vous couvrir? Faut mettre un casque. Un casque non plus ça n'a pas de sens, il vaut mieux garder son chapeau. Il y en a, des choses qui n'ont pas de sens!

L'autre jour, j'étais dans la rue, je vois tomber un pot de fleurs du cinquième étage. Il y avait un monsieur qui était juste au-dessous.

J'ai dit: "C'est pour lui!"

Paf! Il l'a pris sur la tête! . . . Parce qu'il ne regardait pas en l'air.

Moi, quand je traverse la rue, je regarde en l'air. Alors, l'automobiliste . . . qu'est-ce qu'il fait? . . . Il s'arrête, il regarde aussi . . . pendant ce temps-là, je passe! . . . Ben tiens! . . .

Il y en a un plus malin que les autres qui m'a dit:

—Oui mais alors, si, lorsque vous traversez, l'automobiliste regarde en l'air aussi, il ne vous voit pas . . . et il vous écrase!

—Comment voulez-vous qu'il m'écrase, s'il ne me voit pas! . . . Allons!

Ça n'a pas de sens!

—Raymond Devos

45 Pensez vacances III

TEXTE

1

Mireille téléphone à son oncle Guillaume.

Mireille: Allô, Tonton Guillaume? Devine ce qui m'arrive!

Guillaume: Tu te maries?

Mireille: Mais non! C'est une bonne nouvelle! C'est bien mieux que ça!

Guillaume: Alors, je ne vois pas.

Mireille: Je viens de gagner 40.000F à la Loterie nationale!

Guillaume: Sans blague! Mais c'est formidable, ça, hein! Te voilà riche. . . . Ecoute, il faut fêter ça!

Et Tonton Guillaume invite Mireille à prendre le thé à la Grande Cascade.

Guillaume: Quatre heures, ça te va? Bon, alors, parfait. Je passe te prendre?

Mireille: Non, non, je me débrouillerai.

Guillaume: Tu es sûre? Bon; eh bien, alors, à quatre heures. D'accord; à tout à l'heure. Au revoir!

2

A quatre heures, Mireille arrive au salon de thé de la Grande Cascade.

Guillaume: Alors, comme ça, tu as gagné 40.000F? Qu'est-ce que tu vas en faire?

Mireille: Ben, je me le demande. . . . Tante Georgette voudrait que je lui donne de l'argent pour son cimetière de chiens. . . .

Guillaume: Ah, ça, c'est bien elle! C'est Georgette tout craché! C'est vrai! Il y a des millions de gosses qui meurent de faim partout dans le monde, et tout ce qui l'intéresse, c'est d'assurer une sépulture décente aux toutous défunts! Quel vieux chameau, cette Georgette!

Mireille: Oh, tu n'es pas gentil, Tonton, là! . . . Tante Paulette a une autre idée: elle dit que je devrais lui acheter sa vieille bagnole.

Guillaume: Oh, là, méfie-toi! C'est une très belle voiture, mais, tu sais, elle n'a pas roulé depuis l'exode de 1940. Et puis, une voiture, moi, je peux toujours t'en prêter une! Tu n'as pas besoin de t'acheter une voiture! Avec l'assu-

rance, l'essence, les réparations. . . . Il vaut mieux que tu te serves de celle de ton vieux tonton!

3

Mireille: Philippe me conseille d'acheter des actions à la Bourse.

Guillaume: Aïe! Attention! La Bourse baisse, en ce moment. Ce n'est peut-être pas un bon investissement. Moi, je te conseillerais plutôt de faire quelques bons gueuletons avec des copains. Hein? Tu pourrais essayer tous les restaurants à trois étoiles de Paris. Tu garderais les menus; ça te ferait des souvenirs pour tes vieux jours. Les bons souvenirs, c'est encore la valeur la plus sûre.

Mireille: Ouais . . . mais tu sais bien qu'il faut que je fasse attention à mon foie!

1. *fêter*

Le 21 juin, on **fête** l'anniversaire de Marie-Laure.

2. *tout craché*

C'est elle **tout craché**! C'est exactement elle!

2. *chameau*

Un vieux **chameau**.

2. *se méfier*

Méfiez-vous, c'est dangereux! Marie-Laure est naïve et imprudente. Elle ne **se méfie** pas.

2. *exode*

En juin 1940, les troupes allemandes ont envahi la France. Les populations sont parties sur les routes, vers le sud, pour fuir les Allemands. Des centaines de milliers de personnes sont ainsi parties en **exode**, en voiture, à bicyclette, à pied.

3. *actions, Bourse*

On achète et on vend les **actions** à la **Bourse**. Quand la conjoncture économique est favorable, la valeur des **actions** monte.

La **Bourse** monte et puis elle baisse.

3. *gueuleton*

Tonton Guillaume et M. Courtois aiment bien manger, et beaucoup! Ils aiment faire de bons **gueuletons**.

3. *foie*

Aigle dévorant le **foie** de Prométhée.

Les Français aussi ont mal au **foie** parce qu'ils font trop de gueuletons.

Guillaume: Poh, poh, poh! Encore une invention de ta mère, ça! Tu n'as pas le foie plus malade que les cinquante-cinq millions d'autres Français. Et puis tu n'auras qu'à faire une cure d'eau de Vichy!

Mireille: Mais non! Tu sais très bien que depuis Pétain, Papa ne veut plus entendre parler de Vichy à la maison!

Guillaume: Eh bien, il te reste encore Vittel, Evian, Badoit, Vals, et Volvic.

Mireille: Non . . . de toute façon, je dois dire que l'idée de dépenser 300 ou 400F pour un repas, je trouve ça presque immoral. . . . Non, tu sais, je crois que je vais plutôt faire un voyage en France avec mon copain américain . . . tu sais, Robert. D'ailleurs, l'argent est un peu à lui; c'est lui qui a payé le billet.

4

Robert, au rayon des vêtements pour hommes. . . .

Le vendeur: On s'occupe de vous?

Robert: Non. Je voudrais un blouson, ou une veste de sport, peut-être. Quelque chose que je puisse mettre en ville, et aussi pour faire du camping.

Le vendeur: Vous tenez à une couleur particulière?

Robert: Non, pas vraiment. Ça m'est un peu égal. Bleu foncé, peut-être? Et surtout quelque chose qui ne soit pas trop salissant.

Le vendeur: Vous faites quelle taille?

Robert: Ma foi, je ne sais pas.

Le vendeur: Voyons. Permettez, je vais prendre votre tour de poitrine . . . 124. . . . Tenez, celui-ci devrait vous aller. C'est votre taille.

5

Robert: Ce n'est pas vraiment bleu foncé!

Le vendeur: C'est le seul que nous ayons dans votre taille. Nous n'avons plus de bleu. Celui-ci est jaune et blanc.

Robert: C'est ce qu'il me semblait, oui. . . .

Le vendeur: Tenez, essayez-le donc. *(Robert, en garçon obéissant, l'essaie.)* Il vous va comme un gant! C'est exactement ce qu'il vous faut.

Robert: Je n'aime toujours pas la couleur. . . . Enfin, avec ça, je ne passerai pas inaperçu; on me verra de loin! Si je me perds, on me retrouvera facilement. Je voudrais aussi un pantalon.

Le vendeur: Vous devez faire 88 comme tour de taille. . . . Ah, non, 83. . . . Tenez, voilà un très beau pantalon en velours côtelé.

La couleur irait très bien avec votre blouson . . . non? . . . Tenez, voilà un article en tergal; c'est très beau comme tissu, ça tient très bien le pli, c'est . . . c'est à la fois, comment dirais-je? . . . Eh bien, je dirais tout simplement: sport et habillé. Vous voulez l'essayer?

Robert: Non, ça a l'air d'aller. Je le prends.

6

Le vendeur: Vous n'avez pas besoin de chemises? C'est très bien pour le voyage, ça se lave très facilement, ça sèche en quelques minutes.

Robert: Non, merci.

Le vendeur: Des slips?

Robert *(extrêmement étonné)*: Mais je ne porte pas de slips!

Le vendeur: Des caleçons, alors?

Robert: Je ne porte plus de caleçons non plus.

Le vendeur *(lui aussi extrêmement étonné)*: Mais alors, qu'est-ce que vous portez? Vous ne portez rien en-dessous?

Robert: Mais si, je porte ces espèces de petits caleçons très courts. . . .

3. Vichy

L'eau de **Vichy** est une eau minérale qui favorise la digestion.

3. Pétain

Pendant l'occupation allemande (1940–44), le gouvernement français était dirigé par le Maréchal **Pétain** et était installé à Vichy, petite ville du centre de la France, célèbre pour son eau minérale.

4. blouson

Robert essaie un **blouson**.

4. foncé

Gris clair.   Gris **foncé**.

4. salissant

C'est **salissant**! Ça se salit, c'est vite sale! La saleté se voit!

4. taille

Robert n'est pas très grand; il est de **taille** moyenne. Quand il achète des vêtements, il n'a pas besoin d'une grande **taille**.

5. aller comme un gant

Ça vous **va comme un gant**. Ça vous va très bien. C'est exactement votre taille. On dirait que ça a été fait pour vous, sur mesures.

5. passer inaperçu

L'homme en noir essaie de **passer inaperçu**: il se cache, il se dissimule, il ne veut pas qu'on le remarque.

5. tour de taille

Le vendeur mesure le **tour de taille** de Robert.

5. sport, habillé

C'est à la fois **sport** et **habillé** . . .

6. sécher

Le nylon **sèche** vite. C'est **sec** en quelques minutes.

6. caleçon, slip

Des **caleçons**.

Des **slips**.

Le vendeur: C'est bien ce que je disais, des slips!

Robert: Ah! Mais je croyais que les slips, c'était pour les dames!

Le vendeur: Ah, oui, nous en avons aussi pour les dames, mais alors avec de la dentelle . . . c'est plus féminin.

Robert: Non, merci. Avec ou sans dentelle, j'ai tout ce qu'il me faut.

7

En sortant du magasin, Robert aperçoit un taxi qui semble l'attendre. Il y monte, et donne l'adresse du Home Latin. Le taxi démarre aussitôt, et fonce à travers la circulation parisienne avec une rapidité et une maladresse inquiétantes.

Il avance par bonds désordonnés. C'est une succession d'accélérations courtes et d'accélérations plus longues. Intrigué et vaguement inquiet, Robert cherche la cause de ce phénomène. Il remarque que c'est bien le pied du chauffeur qui imprime des secousses irrégulières à l'accélérateur. Ce pied est chaussé d'une chaussure noire au-dessus de laquelle apparaît une chaussette rouge. En regardant mieux, Robert s'aperçoit qu'il s'agit, en fait, de l'extrémité d'un caleçon long en laine rouge.

8

Intrigué et inquiet, Robert l'est encore plus quand il voit, dans le rétroviseur, que le chauffeur cligne d'un œil, puis de l'autre, en parfaite synchronisation avec les coups d'accélérateur. Tout à coup, Robert s'aperçoit qu'ils sont en train de passer devant la gare Saint-Lazare.

Robert: Mais où allez-vous comme ça? Je vous ai dit "rue du Sommerard"! C'est à l'opposé!

Le chauffeur ne répond pas, mais donne un formidable coup d'accélérateur. Robert, en garçon prudent, profite de l'intervalle entre deux accélérations pour sauter en marche du taxi. Celui-ci s'éloigne en faisant du morse avec ses clignotants.

---

7. maladresse
Marie-Laure est **maladroite**; elle a laissé tomber le plateau du goûter. Elle fait tout le temps ce genre de **maladresses**.

7. bond
Le taxi avance par **bonds** . . . comme un kangourou.

7. imprimer, secousse

Un **imprimeur** au travail dans une **imprimerie**.

Un caractère d'**imprimerie**.

Le pied du chauffeur **imprime** des **secousses** à l'accélérateur.

ON EST UN PEU SECOUÉ À L'ARRIÈRE!...

On est très **secoué**, il y a beaucoup de **secousses**!

7. caleçon long

Un **caleçon long**.

7. laine

GARANTI PURE LAINE

8. rétroviseur

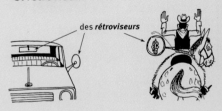

des **rétroviseurs**

8. en marche, s'éloigner

Robert saute **en marche** hors du taxi. (Le taxi ne s'arrête pas pour le laisser descendre.) Le taxi **s'éloigne**; il s'en va.

MISE EN ŒUVRE

Ecoutez la mise en œuvre du texte et répondez aux questions suivantes.

1. A qui Mireille téléphone-t-elle?
2. Comment Mireille et son oncle vont-ils fêter la nouvelle?
3. Qu'est-ce que Tonton Guillaume pense de Tante Georgette?
4. Quelle est l'idée de Tante Paulette?
5. Comment est sa voiture?
6. Pourquoi Tonton Guillaume pense-t-il que Mireille n'a pas besoin d'acheter de voiture?
7. Qu'est-ce que Philippe conseille à Mireille de faire?
8. D'après Guillaume, pourquoi est-ce que ce n'est pas une bonne idée?
9. Qu'est-ce que Guillaume conseille à Mireille de faire de son argent?
10. Pourquoi Mireille devrait-elle garder les menus des restaurants?
11. Qu'est-ce que Mireille pense de l'idée de dépenser tant d'argent pour un repas?
12. Qu'est-ce que Mireille préférerait faire?

13. Pourquoi Mireille considère-t-elle que l'argent est un peu à Robert?
14. Où est Robert?
15. Quel genre de blouson veut-il?
16. Quelle couleur voudrait-il pour son blouson?
17. Comment le blouson jaune va-t-il à Robert?
18. Pourquoi l'achète-t-il, finalement?
19. Qu'est-ce que Robert veut aussi s'acheter?
20. Quel est l'avantage des articles en tergal?
21. Pourquoi Robert dit-il qu'il ne veut pas de slips?
22. Comment appelle-t-on un petit caleçon très court?
23. En quoi les slips pour dames sont-ils différents des slips pour hommes?
24. Comment le taxi que Robert a pris avance-t-il?
25. Qu'est-ce que le chauffeur du taxi porte?
26. Qu'est-ce que Robert remarque dans le rétroviseur?
27. Où Robert veut-il aller?
28. Pourquoi Robert saute-t-il en marche du taxi?

MISE EN QUESTION

1. Comment Mireille avait-elle engagé la conversation pour annoncer à Hubert qu'elle avait gagné à la loterie? Qu'est-ce qu'elle avait dit? (Voyez leçon 44.) Et maintenant, comment commence-t-elle la conversation avec Tonton Guillaume? Qu'est-ce qu'elle lui dit? Qu'est-ce qu'elle cherche à faire, surtout? Les informer, les rendre jaloux, les étonner?

2. Quand elle dit "Devine ce qui m'arrive!" qu'est-ce qu'on comprend? Que ce qui lui arrive est sans importance, très important, heureux, malheureux?

3. Est-ce que Tonton Guillaume comprend qu'il s'agit d'une bonne nouvelle ou d'une mauvaise nouvelle? Quelle est la première idée qui lui vient à l'esprit? D'après ce que dit Mireille, est-ce qu'annoncer qu'on se marie est une bonne ou une mauvaise nouvelle? Toujours d'après ce qu'elle a l'air de dire, qu'est-ce qu'il vaut mieux, se marier ou gagner beaucoup d'argent à la loterie? Est-ce qu'elle suggère cela parce qu'elle le pense vraiment, ou pour plaisanter?

4. Tonton Guillaume traite sa sœur de vieux chameau. Ce n'est pas gentil du tout! Est-ce que vous pensez qu'il a raison? Croyez-vous qu'il pense vraiment ce qu'il dit, ou qu'il se moque un peu d'elle pour plaisanter? Que savons-nous sur Tante Georgette? Qu'est-ce que vous pensez d'elle? Que savons-nous de Tonton Guillaume? Que pensez-vous de lui? Est-ce qu'il y en a un qui vous paraît plus sympathique que l'autre? Lequel?

5. D'après Tonton Guillaume, quel serait le meilleur investissement que Mireille pourrait faire? Pensez-vous qu'il soit entièrement sérieux ou qu'il s'amuse à jouer son rôle de bon vivant? D'après vous, est-ce qu'il vaut mieux avoir de bons souvenirs ou des actions en Bourse?

6. En interprétant ce que disent Mireille et Tonton

Guillaume, pensez-vous que les Français se préoccupent beaucoup de leur foie, en général? Est-ce que dans votre pays les gens parlent beaucoup de leur foie? Pensez-vous que Mireille se préoccupe vraiment de son foie ou qu'elle plaisante et se moque gentiment de sa mère? Comment pourrait-on expliquer que les Français boivent tant d'eau minérale?

7. Pensez-vous que les parents de M. Belleau étaient plutôt pétainistes et collaborateurs, ou gaullistes et résistants? Pensez-vous que M. Belleau ait vraiment une aversion pour l'eau de Vichy à cause du souvenir de Pétain, ou que c'est encore une plaisanterie de la part de Mireille?

8. Pourquoi peut-on penser qu'il est immoral de dépenser beaucoup d'argent pour un repas?

9. Pourquoi le vendeur propose-t-il à Robert un blouson jaune alors qu'il préférerait du bleu?

10. Quelle raison Robert donne-t-il pour accepter le blouson jaune? Est-il sérieux ou plaisante-t-il?

11. Est-ce que les slips et les caleçons sont des sous-vêtements, des vêtements, ou des sur-vêtements? Dans le contexte américain, les "slips" sont des sous-vêtements pour hommes ou pour femmes?

12. En quoi le taxi que prend Robert est-il bizarre? Est-ce que ses bonds désordonnés pourraient constituer un message en code, en morse, par exemple? A quoi correspondraient les accélérations plus longues, et les accélérations plus courtes? Est-ce que ces accélérations irrégulières sont dues à un mauvais fonctionnement du moteur, de la transmission, des freins, ou bien est-ce qu'elles sont causées par le chauffeur? Est-ce qu'elles sont volontaires, ou est-ce qu'il s'agit de mouvements nerveux, involontaires?

13. Dernière question: Robert serait-il un peu paranoïaque? Comment interprétez-vous ce qui s'est passé à la fin de sa visite à Chartres (leçon 28)?

Journal de Marie-Laure

LA SAMARITAINE EST FERMÉE !

Le 17 juin 2005

J'en reviens pas ! C'est pas possible ! Tante Georgette vient de me téléphoner, elle était affolée comme si la guerre venait d'être déclarée !
« Tu sais quoi ? La Samaritaine est fermée ! ».

Ben ça alors ! J'y croyais pas ! Ça m'a fichu un coup ! J'en suis
restée comme deux ronds de flan ! J'ai allumé la radio pour avoir
France-Info parce qu'ils sont toujours au courant de tout ce qui se
passe et je voulais en avoir le cœur net. Je suis bien tombée, ils parlaient justement de la fermeture de la Samaritaine. Ils disaient que le
magasin était fermé pour raisons de sécurité : il fallait le mettre aux
normes, le mettre en conformité avec les mesures actuelles de sécurité.
Il n'empêche, ça ne m'a vraiment pas fait plaisir ! Surtout qu'on ne
dit pas quand le magasin va rouvrir. On parle de travaux de longue
durée. Est-ce que c'est vrai ou pas ? Allez savoir ! Moi, j'y vais depuis
que je suis gamine à la Samaritaine ! C'était le plus grand magasin de
Paris, encore plus grand que Le Printemps et les Galeries Lafayette !
C'est même là que j'ai acheté mon premier poisson rouge. Mireille et son
copain américain, eux aussi, ils y trouvaient toujours tout ce qu'ils
cherchaient : sacs de couchage, tente de camping, sac à dos, vestes,
blousons, caleçons, ~~sans oublier leurs coquins... Je connais ma sœur~~ !
Bref, tout ce qu'il leur
fallait. « On trouve tout à
la Samaritaine ! » disait le
slogan, d'ailleurs. Comment
je vais faire maintenant ? Je
vais être obligée de me mettre
à commander sur Internet !

Ça ne me plaît pas trop de payer en ligne parce que j'ai peur que mes données perso soient divulguées et parce que je préfère voir ce que j'achète. Pourtant il faut que je m'y mette. Des millions de gens le font déjà. Même Parrain Courtois et Tonton Guillaume s'y sont mis depuis longtemps !

mirbelle @robtailleur : Marie-Laure est désespérée. Bubulle son poisson rouge est mort. #cigîtbubulle   22-janv-2008

robtailleur Pauvre Bubulle ! #paixàsonâme   22-janv-2008

DOCUMENTS

1

L'Occupation allemande et le régime de Vichy

1. En septembre 1939, Hitler envahit la Pologne, puis se dirige vers les Pays-Bas, la Belgique, et la France. La résistance française et alliée s'effondre, et les troupes se retirent vers le sud, dans un flot désorganisé de centaines de milliers de réfugiés: c'est "l'exode." Paris est occupé par la Wehrmacht nazie le 14 juin 1940; le gouvernement français se réfugie à Tours, puis à Bordeaux. Le président du Conseil de la Troisième République, Paul Reynaud, démissionne; il est remplacé par l'ancien ministre de la guerre, le maréchal Philippe Pétain, qui propose aussitôt un armistice, c'est-à-dire l'arrêt des combats:

2.

A l'appel de M. le Président de la République, j'assume à partir d'aujourd'hui la direction du gouvernement de la France. Sûr de l'affection de notre admirable armée, qui lutte avec un héroïsme digne de ses longues traditions militaires contre un ennemi supérieur en nombre et en armes, sûr que par sa magnifique résistance elle a rempli nos devoirs vis-à-vis de nos alliés . . . sûr de la confiance du peuple tout entier, je fais à la France le don de ma personne pour atténuer son malheur.

. . . C'est le cœur serré que je vous dis aujourd'hui qu'il faut cesser le combat.

Je me suis adressé cette nuit à l'adversaire pour lui demander s'il est prêt à rechercher avec nous, entre soldats, après la lutte et dans l'honneur, les moyens de mettre un terme aux hostilités. (Discours du 17 juin 1940)

3. Devant cette acceptation de la défaite, le général Charles de Gaulle rassemble autour de lui des Français qui refusent l'armistice: leur mouvement s'appellera "France Libre." De Gaulle, ancien sous-secrétaire dans le gouvernement Reynaud, a quitté Bordeaux pour aller en Angleterre, et, parlant à la radio de Londres, il lance un appel à la résistance:

4.

Certes, nous avons été, nous sommes submergés par la force mécanique, terrestre et aérienne de l'ennemi. . . .

Mais le dernier mot est-il dit? L'espérance doit-elle disparaître? La défaite est-elle définitive? Non!

Croyez-moi, moi qui vous parle en connaissance de cause et vous dis que rien n'est perdu pour la France. . . . Car la France n'est pas seule! Elle n'est pas seule! Elle n'est pas seule! Elle a un vaste empire derrière elle! Elle peut faire bloc avec l'Empire britannique qui tient la mer et continue la lutte. Elle peut, comme l'Angleterre, utiliser sans limites l'immense industrie des Etats-Unis. . . .

5.

Moi, Général de Gaulle, actuellement à Londres, j'invite les officiers et les soldats français qui se trouvent en territoire britannique ou qui viendraient à s'y trouver . . . , j'invite les ingénieurs et les ouvriers spécialisés des industries d'armement qui se trouvent en territoire britannique . . . à se mettre en rapport avec moi.

Quoi qu'il arrive, la flamme de la résistance française ne doit pas s'éteindre et ne s'éteindra pas. (Discours du 18 juin 1940)

6. Le maréchal Pétain établit son gouvernement à Vichy, où il exerce une dictature personnelle. Il cherche à régénérer la France en exaltant les valeurs chrétiennes et traditionnelles, à l'aide de vigoureuses campagnes de propagande. Le slogan de son gouvernement sera "Famille. Travail. Patrie." Mais le gouvernement réactionnaire de Vichy tourne le dos à la tolérance et aux valeurs libérales de la Troisième République: les étrangers sont internés dans des camps de concentration, les juifs sont d'abord exclus des fonctions d'autorité et d'influence, puis persécutés méthodiquement. L'occupation allemande et la collaboration de Vichy, humiliantes pour les Français, soumettent aussi la France à une exploitation économique systématique. Les gens souffrent de faim; pour faire face à leur mécontentement, Vichy adopte des pratiques de plus en plus répressives, jusqu'à devenir, vers la fin de 1941, un état policier.

7. La résistance intérieure organise une lutte clandestine en France, pratiquant le terrorisme contre l'ennemi, sabotant les voies de communication, aidant les réfugiés, mobilisant l'énergie du peuple français

contre l'occupation. Ces activités coûtent extrêmement cher: des milliers de résistants sont arrêtés et torturés ou exécutés, ou déportés dans des camps de concentration.

Au printemps 1942, la Résistance reconnaît le général de Gaulle comme son chef. Celui-ci forme à Alger, en Afrique du Nord, un Comité Français de Libération Nationale qui deviendra en 1944 le gouvernement provisoire de la République française, prêt à prendre la France en main à la libération.

8. La Résistance déclenche une insurrection nationale qui aide les Alliés dans la Bataille de France. La libération des villes françaises par les troupes alliées progresse rapidement à partir de juillet 1944. Le 26 août 1944 Paris est libéré, et le général de Gaulle descend les Champs-Elysées au milieu d'une foule joyeuse. Au début de 1945 de Gaulle est reconnu, en France et à l'étranger, comme le chef du gouvernement légal de la France libérée. Il avait rangé le pays dans le camp des Alliés, et il va exiger d'eux qu'elle figure désormais au rang des grandes puissances victorieuses.

D'après Serge Bernstein et Pierre Milza,
Histoire: Classe de première; De la fin du XIXème siècle au lendemain de la Seconde Guerre mondiale

2

L'Exode de 1940

1. Le texte suivant est extrait du scénario de *Jeux interdits*, un film de René Clément qui a obtenu le Lion d'or à Venise en 1952, et dans lequel Brigitte Fossey a commencé sa carrière d'actrice. Elle avait alors six ou sept ans. Elle est devenue, par la suite, réalisatrice et productrice de films.

L'action du film se passe pendant l'exode de 1940. Un jeune couple, leur petite fille, Paulette, âgée de cinq ou six ans (Brigitte Fossey), et le chien de la petite fille fuient sur les routes dans leur voiture.

2. *Route de campagne—jour*
On peut distinguer un pont en pierres au-dessus d'une rivière . . . et une route départementale . . . sur laquelle défile, en se traînant le plus rapidement possible, une file de gens portant des valises, des sacs, des enfants en bas âge, poussant ou tirant des charrettes, ou guidant un cheval attelé à une charrette pleine. Il y a aussi quelques automobiles, des camionnettes, etc.

3. Nous sommes, en fait, sur une route de France, en juin 1940, en plein "exode." Le ciel est légèrement nuageux. De ce troupeau qui avance lentement, on entend des cris de toute sorte, ainsi que le bruit des charrettes ou des voitures (coups d'avertisseurs).

Plusieurs plans de la route entièrement obstruée par ces automobiles, ces charrettes, ces cyclistes, ces piétons surchargés.

4. Tout à coup, bruit (off) d'avions et plan rapide sur le ciel d'un Messerschmitt qui pique. (Bruit *assourdissant*) Retour sur la foule en pleine panique qui abandonne voitures, paquets, vélos. . . . Tous se précipitent sur les bas-côtés de la route et se couchent à plat ventre. Nombreux plans de cette panique où se mélangent, au point de vue son, les cris des femmes, des enfants et le bruit des moteurs qui grandit . . . , devient effrayant. Gros plan d'un visage de femme: elle hurle, affolée.

5. Plan rapproché des avions dans le ciel: certains piquent, d'autres lâchent leurs bombes. Gros plan d'une bombe qui, dans sa chute, semble tomber sur nous. Cris, lamentations . . . et plans divers sur les bombes qui éclatent près du pont en faisant un nuage de poussière et de terre. . . .

Les avions s'éloignent. La foule se relève et remonte vers la route.

6. Gros plan, en contreplongée, d'une vieille guimbarde dont le moteur tousse; plan sur la file des voitures abandonnées. . . .

Plan de la prairie en pente qui longe la route. Maintenant, presque tous les gens se sont relevés et remontent vers la route, en se bousculant, pour récupérer leurs affaires. Plan, parmi d'autres gens, d'un jeune couple et d'une enfant. Ils grimpent vite, eux aussi, vers la route. Pour se dépêcher, la mère saisit l'enfant—une petite fille blonde d'environ cinq ans—qui, elle-même, tient serré dans ses bras un petit chien. Le couple et l'enfant remontent vers leur voiture (une 202 Peugeot décapotée) et s'y installent. Plan rapproché, face au pare-brise: la mère est assise, sa fille sur ses genoux, et le père, au volant, près d'elles. Il essaie le moteur qui crache et ne démarre pas. Il recommence deux ou trois fois. Même résultat.

7. Derrière eux, une voiture "corne". . . , des gens commencent à crier. Le père se retourne, hausse les épaules, fataliste, et insiste à nouveau. Le moteur semble mort. . . .

Le jeune couple et l'enfant abandonnent la voiture et continuent à pied.

Nouveau plan de l'exode . . . Cris divers et, une fois encore, bruit des moteurs d'avions. Plan, dans le ciel, d'une escadrille au grand complet.

Plan rapproché de l'escadrille allemande au moment

où celle-ci lâche ses bombes. Plan sur l'affolement général des gens qui courent un peu partout, se couchent, crient. . . .

Un avion se rapproche. On entend un série de coups de mitrailleuse.

8. Au bruit saccadé (*off*) des coups de mitrailleuse venant de l'avion, correspond la marque des balles frappant la route et une traînée de poussière. Cette traînée passe sur le corps du père et de la mère couchés près de Paulette. La mère, en un sursaut douloureux, se retourne sur elle-même. Son visage tombe mort près de celui de sa fille qui assiste, inconsciente, au drame. Gros plan des deux visages: la mère a les yeux fermés, le visage face au ciel. Paulette, qui cachait sa tête vers la terre, lève un œil, contemple étonnée sa mère, soulève sa main, et lui caresse la joue . . . doucement, longuement.

9. Les avions se sont tus . . . , et, en fond sonore, on réentend les bruits provenant de "l'exode" qui va reprendre sa marche. Paulette relève un peu plus la tête et distingue, étonnée, le visage de son père identique à celui de sa mère. Puis à côté d'elle, elle aperçoit le petit chien, visiblement mort, lui aussi, mais encore secoué de tremblements aux pattes. Elle s'approche, le prend, se lève et le serre dans ses bras en le caressant et en murmurant son nom. Elle regarde autour d'elle. . . . Puis son regard se fixe une seconde sur ses parents qui ne bougent pas. Tout à coup, un bruit d'avion grandit suivi de l'éclatement très proche d'une bombe. Paulette a peur et serre son chien contre elle.

Elle s'en va, seule dans la foule, son chien mort dans les bras.

—*L'Avant-Scène cinéma*, mai 1962

3

Pour me rendre à mon bureau

Pour me rendre à mon bureau j'avais acheté une auto
Une jolie traction avant qui filait comme le vent
C'était en juillet '39, je me gonflais comme un bœuf
Dans ma fierté de bourgeois d'avoir une voiture à moi.
Mais 20 septembre je pars pour la guerre; dix mois
   plus tard en revenant
Réquisition de ma 11 CV légère: "Strengst Verboten!"
   (Ha!, provisoirement!)

Pour me rendre à mon bureau alors j'achète une moto
Un joli vélomoteur faisant du 40 à l'heure

A cheval sur mon teuf-teuf je me gonflais comme un
   bœuf
Dans ma fierté de bourgeois d'avoir une moto à moi.
Elle ne consommait presque pas d'essence mais
   presque pas c'est beaucoup trop
Voilà qu'un jour on me retire ma licence; j'ai dû
   revendre ma moto!

Mais pour me rendre à mon bureau alors j'achète un
   vélo
Un très joli tout nickelé avec une chaîne et deux clés
Monté sur des pneus tout neufs je me gonflais comme
   un bœuf
Dans ma fierté de bourgeois d'avoir un vélo à moi.
J'en ai eu tour à tour une douzaine; on me les volait
   périodiquement
Et comme chacun valait le prix d'une Citroën je fus
   ruiné très rapidement.

Mais pour me rendre à mon bureau alors j'ai pris le
   métro
Ça ne coûtait pas très cher et il y fait chaud l'hiver
Alma, Iéna et Marbeuf, je me gonflais comme un bœuf
Dans ma fierté de bourgeois de rentrer si vite chez moi.
Hélas par économie de lumière on dut fermer bien des
   stations
Et puis ce fut la ligne toute entière qu'on supprima
   sans rémission.

Mais pour me rendre à mon bureau j'ai mis deux bons
   godillots
Et j'ai fait quatre fois par jour le trajet à pied
   aller-retour
Les Tuileries, le Pont Neuf, je me gonflais comme un
   bœuf
Fier de souffrir de mes cors pour un si charmant
   décor.
Hélas bientôt je n'aurai plus de godasses: le cordonnier
   ne ressemelle plus
Mais en homme prudent et perspicace pour l'avenir j'ai
   tout prévu.

Je vais apprendre demain à me tenir sur les mains
J'irai pas très vite bien sûr, mais j'userai plus mes
   chaussures
Je verrai le monde de bas en haut, c'est peut-être plus
   rigolo
J'y perdrai rien par surcroît: il est pas drôle à l'endroit!
Pour peu que sur le trottoir j'aie la chance de mettre la
   main en plein dedans

En plein dedans de la chose que je pense,[1] je serai
  l'homme le plus content.
Ça me portera bonheur et ça me donnera du cœur
  pour attendre patiemment
Ma future traction avant!

—Georges Tabet

1. Sur le porte-bonheur dont parle Tabet, voir la leçon 41, le
numéro 5 du document 6, "Ce qui porte chance."

La 11 CV légère.

Il se tient sur
les mains.

Georges Tabet (1905–1984) a été
chanteur, compositeur, acteur,
dialoguiste, scénariste, et chef
d'orchestre. Il a écrit les dialogues
du film de Gérard Oury, *La Grande
Vadrouille* (1966), comédie qui
raconte les aventures des Français
face aux Allemands pendant
l'Occupation (1940–1944). Le film
est resté le plus grand succès cinématographique sur
le territoire français (17 millions de spectateurs), avant
d'être dépassé par *Titanic* en 1998. "Pour me rendre à
mon bureau" (1945) raconte aussi sur un ton comique—
parce que rétrospectif—la pénurie de la vie à Paris sous
l'Occupation, quand beaucoup de nécessités de la vie ont
été réquisitionnées par les Nazis (manque de pétrole pour
les voitures et de fuel pour le chauffage; manque de cuir
pour les semelles des chaussures).

4

Vêtements . . . et sous-vêtements

Comme en matière d'hygiène-beauté,[2] les hommes
sont plus concernés par la mode vestimentaire que
par le passé. Pourtant, leurs achats de vêtements ont
baissé au cours des dix dernières années. Seuls les
sous-vêtements ont connu une légère croissance (1,8%),
loin cependant des 4% de la lingerie féminine. Les
achats de chemises ont souffert de la concurrence des
tee-shirts et des polos, tandis que ceux des pantalons
subissent celle des jeans.

Les Françaises dépensent en moyenne 133€ par an
pour les sous-vêtements. Le montant diminue avec
l'âge; il est supérieur dans les régions du Sud. Les
jeunes femmes de 15 à 24 ans achètent en moyenne
8 slips par an contre 5 pour les 25 ans et plus, 4
soutiens-gorge contre 2, et 1 vêtement de nuit (aucun
pour les plus âgées). Le string arrive désormais à égalité avec la culotte.

Comme pour les vêtements, les hommes mani-
festent davantage d'intérêt pour leurs achats de sous-
vêtements, mais le budget moyen des hommes (39€ en
2011) est nettement plus faible que celui des femmes.
Le slip revient à la mode et représente 30% de la lingerie masculine vendue, à quasi-égalité avec le caleçon
et le boxer. La reprise des ventes de slips a été portée
par la création de nombreuses collections qui plaisent
à la population gay et le développement de magazines
homosexuels comme *Têtu*.

—*Francoscopie* 2013

2. Voir la leçon 33, document 3.

5

On n'aime pas les riches en France

La richesse est de plus en plus présente en France,
parce que le nombre de riches s'accroît, et parce que le
thème est récurrent dans les médias, les débats politiques et les conversations. On en parle le plus souvent
pour la dénoncer et pour demander des mesures de
réduction des inégalités de revenus ou de patrimoine.

Car les Français n'ont jamais vraiment aimé les
riches. Pour eux, la fortune témoigne des inégalités
sociales, auxquelles ils sont plus sensibles que la plupart des peuples, même si la France n'est pas un pays
particulièrement inégalitaire du fait des prestations
sociales et de la redistribution.

—*Francoscopie* 2013

6

Les Français ont une faible culture financière

Les crises économiques renforcent un sentiment d'incertitude et une peur du risque déjà très présents chez les Français. L'idée d'une perte totale de leurs avoirs n'apparaît plus comme une impossibilité aux épargnants, même si elle ne pourrait être que la conséquence d'une faillite de l'Etat.

L'anxiété des Français est sans doute renforcée par la faiblesse générale de la culture financière. Beaucoup éprouvent des difficultés à appréhender des concepts élémentaires et à effectuer des calculs financiers simples. Ainsi, seul un Français sur deux est capable d'indiquer que 100€ placés à 2% conduisent à un capital de 102€ au bout d'un an. Ces lacunes nourrissent aussi un sentiment d'incompétence: 80% disent se sentir un peu perdus en matière de finance, et 77% sont réceptifs à l'idée de suivre une formation dans leur entreprise.

—*Francoscopie 2013*

7

A. Le Roi Dagobert

Le bon roi Dagobert
A mis sa culotte à l'envers
Le bon saint Eloi
Lui dit: "O mon roi,
Votre Majesté est mal culottée."
"C'est vrai, lui dit le roi,
Je vais la remettre à l'endroit."

B. Pur coton

Comment appelait-on le roi Dagobert, quand il allait à l'école? Le roi Dagobert mettait ses vêtements à l'envers. Et tous les autres avaient leur nom sur leurs vêtements. Lui n'avait pas son nom puisqu'il les mettait à l'envers. On l'appelait "pur coton."

—Coluche

8

Le Tombeau de Monsieur Monsieur

Dans un silence épais
Monsieur et Monsieur parlent
c'est comme si Personne
avec Rien dialoguait.

L'un dit: Quand vient la mort
pour chacun d'entre nous
c'est comme si personne
n'avait jamais été.
Aussitôt disparu
qui vous dit que je fus?

—Monsieur, répond Monsieur,
plus loin que vous j'irai:
aujourd'hui ou jamais
je ne sais si j'étais.
Le temps marche si vite
qu'au moment où je parle
(indicatif présent)
je ne suis déjà plus
ce que j'étais avant.
Si je parle au passé
ce n'est pas même assez
il faudrait je le sens
l'indicatif néant.

—C'est vrai, répond Monsieur,
sur ce mode inconnu
je conterai ma vie
notre vie à tous deux:
A nous les souvenirs!
Nous ne sommes pas nés
nous n'avons pas grandi
nous n'avons pas rêvé
nous n'avons pas dormi
nous n'avons pas mangé
nous n'avons pas aimé.
Nous ne sommes personne
et rien n'est arrivé.

—Jean Tardieu, *Monsieur Monsieur*

46 Invitations au voyage

TEXTE

1

Hubert et Mireille, à la terrasse d'un café.

Hubert: Mais enfin, ma petite Mireille, tu ne vas tout de même pas t'en aller toute seule sur les routes avec ce jeune Américain!

Mireille: Pourquoi pas?

Hubert: Mais, au bout de deux jours, tu vas t'ennuyer à mourir.

Mireille: Mais pourquoi? Robert est un garçon intelligent et intéressant. Je ne vois pas pourquoi je m'ennuierais avec lui! Non, au contraire, voyager en France avec un étranger, lui faire découvrir ce qu'on aime, ça doit être passionnant.

Hubert: Et comment comptez-vous parcourir l'Hexagone?

Mireille: Eh bien, avec une voiture que nous louerons! Nous passerons les nuits en plein champ, sous un arbre, au milieu des fleurs et des petits oiseaux, ou alors dans un bon hôtel, quand on sentira le besoin de prendre une douche.

2

Hubert: Mais une location de voiture, ça va vous coûter les yeux de la tête! Vous n'y pensez pas! . . . Ecoute! J'ai une idée. Je viens justement de m'acheter une Méhari. . . .

Mireille: Un chameau?

Hubert: Non, pas un méhari; une Méhari, une voiture. Pour l'été, ce sera parfait! C'est exactement ce qu'il vous faut. Je l'amène demain. Tu verras. . . .

Mireille: C'est gentil, ça. . . . Mais je ne sais pas si nous devrions. . . .

Hubert: Mais si, mais si, tu verras! C'est une petite voiture formidable. Ça passe partout. On s'amusera comme des fous!

Mireille: Ah! . . . parce que tu viendrais avec nous?

Hubert: Ben, oui, bien sûr!

3

Un peu plus tard, Mireille téléphone à Colette.

Mireille: Allô, Colette? Tu viens à Paris, cet après-midi? . . . Il faut absolument que je te voie. C'est urgent. . . . Bon, à 4 heures, à la Passion du Fruit. C'est quai de la Tournelle. Je t'attendrai. Je te fais un bisou. Salut!

A 4 heures, Colette et Mireille se retrouvent à la Passion du Fruit.

Colette: Alors, qu'est-ce qui se passe?

Mireille: Eh bien, voilà. . . . Mais d'abord, dis-moi, est-ce que tu as des projets fermes pour l'été?

Colette: Ben, non, pas vraiment.

Mireille: C'est épatant! Alors, voilà, écoute: j'ai quelque chose à te proposer; et si tu peux accepter, tu me rends un sacré service. . . .

4

Mireille raconte alors à Colette l'histoire du verre blanc cassé, du billet de loterie, le projet de voyage avec Robert, et l'intrusion d'Hubert.

Mireille: Tu imagines bien que je ne meurs pas d'envie de me

1. au bout de

Ils voulaient partir pour quinze jours mais il a fait tellement mauvais qu'ils sont revenus **au bout de** deux jours.

1. passionnant

—C'est intéressant, ce que tu lis?
—Oui, c'est **passionnant**.

1. parcourir

Quand Robert allait chez les Courtois, il a fait tout un **parcours** dans Paris. Il **a parcouru** tout Paris à la recherche du quai de Grenelle.

1. l'Hexagone

L'Hexagone
(la France).

1. champ

Ils passent la nuit en plein **champ**.

2. coûter les yeux de la tête

C'est horriblement cher! Ça **coûte les yeux de la tête**!

2. méhari

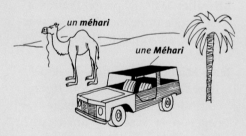

un méhari

une Méhari

2. passer partout

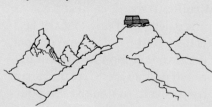

La Méhari est une petite voiture qui **passe partout**.

2. s'amuser comme un fou

Ils **s'amusent comme des fous**!

3. ferme

Colette n'a pas encore décidé ce qu'elle allait faire cet été. Elle n'a pas de projets **fermes**.

3. épatant

Super! C'est formidable! C'est magnifique! C'est **épatant**!

3. sacré

"Le téléphone est une **sacrée** invention." (Louis Aragon)
Marie-Laure a mis sa chambre en ordre. Ça a été un **sacré** travail!

3. rendre (un) service

J'ai reçu un chèque de mes parents. Ça m'**a rendu un** sacré service! Je n'avais plus un sou!
Si on est scout, on doit **rendre service**: porter les sacs des vieilles dames, aider sa mère. . . .

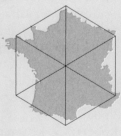

trouver seule entre Hubert et mon Américain. Si tu pouvais venir avec nous, ça arrangerait tout, et on pourrait vraiment s'amuser!

Colette: Quand partiriez-vous? Et ça serait pour combien de temps?

Mireille: On partirait dans une quinzaine de jours, et on reviendrait, disons, fin août . . . à moins qu'on en ait assez avant.

Colette: Ça pourrait être amusant. . . . De toute façon, je n'ai aucune envie de rester à Provins entre Papa et Maman. Ecoute, euh . . . oui, en principe, j'accepte.

Mireille: Formidable! Tu me sauves la vie! Et à quatre, ce sera sûrement plus intéressant.

5

Le dimanche suivant, Mireille va voir "ses enfants." C'est un groupe de filles et de garçons dont elle s'est occupée, l'été dernier, comme monitrice, dans une colonie de vacances. Il y avait là, aussi, comme moniteur, Jean-Michel, un jeune homme très sympathique, à tendances gauchistes, que les enfants adoraient. A la fin de l'été, Mireille et Jean-Michel ont décidé de rester en contact avec le groupe et de les réunir tous les dimanches matin. C'est à cette réunion hebdomadaire que Mireille est allée aujourd'hui. Après la réunion:

Jean-Michel: Il faut que je te dise. . . . Je ne crois pas que je puisse aller à la colo cet été. Je suis crevé. Je n'en peux plus. Il faut que je prenne de vraies vacances, tu vois, que je change un peu d'horizon.

Mireille: C'est vrai que tu as l'air fatigué. Mais est-ce que tu prends des vitamines?

Jean-Michel: Non, Docteur!

Mireille: Moi aussi, j'ai besoin de changer d'air. Justement, je voulais te dire, je ne pourrai plus venir après dimanche prochain.

6

Et Mireille raconte à Jean-Michel ses projets pour l'été. Elle ne mentionne pas le verre blanc cassé, ni la loterie, mais elle parle du voyage projeté avec Robert, de l'intrusion d'Hubert, et de l'appel à Colette. Et puis soudain:

Mireille: Mais, j'y pense! Pourquoi est-ce que tu ne viendrais pas avec nous? C'est ça qui te changerait les idées!

Jean-Michel: Non, mais dis donc! Tu te f—[1] de moi ou quoi? Tu me vois, moi, entre cet aristocrate dégénéré et ce sauvage américain? Qu'est-ce que j'irais f—[1] dans cette galère?

Mireille: D'abord, ce n'est pas une galère, c'est une Méhari! Et Hubert n'est pas dégénéré du tout, je t'assure! Et mon Américain n'a rien d'un sauvage! C'est un garçon très instruit, très cultivé. Tu pourras discuter avec lui, tu verras; ce sera très intéressant pour tous les deux. Allez! Viens avec nous! A cinq, on s'amusera comme des fous!

Et Mireille finit par convaincre Jean-Michel.

1. Là aussi, nous avons beaucoup hésité. Ce Jean-Michel parle encore plus mal que Jean-Pierre! Ah, la jeunesse d'aujourd'hui! (Note des auteurs)

7

Maintenant, il s'agit d'expliquer à Robert qu'ils vont partir à cinq, et à Hubert qu'il y aura cinq personnes dans sa petite Méhari.

Mireille (à Robert): Eh bien, tu sais, nos projets prennent forme. En fait, même, tout est arrangé. J'ai un tas de bonnes nouvelles. D'abord, Hubert nous prête sa Méhari.

Robert: C'est gentil, ça. . . . Mais je ne sais pas si nous devrions. . . .

Mireille: Naturellement, il viendra avec nous!

Robert: Ah! Je me disais aussi que je devais me méfier de ce chameau-là. . . . Non, sérieusement, je ne crois pas que ça marche très bien à trois. . . .

Mireille: C'est ce que je me suis dit aussi; alors j'ai invité Colette à venir, et elle a accepté.

Robert: Mince! On sera quatre?

Mireille: Mais non, tu vas voir! On ne sera pas quatre, on sera cinq, parce que j'ai aussi invité un garçon formidable, super-sympa; Jean-Michel, il s'appelle. Je suis sûre qu'il te plaira. C'est un type très intéressant. Il est trotskiste ou guevariste, ou quelque chose comme ça. . . . Avec Hubert qui est plutôt à droite, ça va faire des étincelles! Ce sera très intéressant pour toi.

Robert: Ça, je n'en doute pas, mais j'aurais quand même préféré la solitude à deux. . . .

5. colonie de vacances

Une **colonie de vacances** (une **colonie**, une **colo**, une **col' de vac'**).

Mireille n'a jamais passé ses vacances en **colonie de vacances**. Elle est toujours partie avec ses parents, en Bretagne ou dans le Pays Basque; mais Nicolas, lui, va aller en **colonie de vacances**. (Voyez leçon 43, document 7.)

5. moniteur

Georges Belleau est très bon en ski. Pendant les vacances de Noël et de Pâques, il est **moniteur** dans un camp de l'UCPA (Union des Centres Sportifs de Plein Air). Il donne des leçons de ski.

5. crevé, n'en plus pouvoir

5. changer d'air/d'horizon

Il ne faut pas toujours rester au même endroit. Il faut **changer d'horizon**, voir du nouveau. Il faut **changer d'air**, aller respirer l'air de la mer ou l'air des montagnes. Le **changement d'air** fait du bien.

6. (se) changer les idées

Ça fait cinq heures que je travaille. . . . Je vais aller au cinéma pour me **changer les idées**.

6. (se) f----- (vulgaire)

Tu **te f---** de moi? Tu te moques de moi?
Qu'est-ce que j'irais **f-----** dans cette galère! Qu'est-ce que j'irais faire dans cette galère!

6. galère

Jean-Michel est désespérément littéraire. Il cite Molière: "Qu'allait-il faire dans cette **galère**?" (*Les Fourberies de Scapin,* acte II, scène xi)

Les **galères** étaient des bateaux à rames et à voiles de l'Antiquité. Il y avait encore des **galères** au XVIIème siècle, à l'époque de Molière.

6. instruit, cultivé

En France, l'**instruction** est obligatoire pour tous les enfants entre six et seize ans.
Robert est **instruit** et **cultivé**: il a une vaste **culture**. Il sait beaucoup de choses.

6. convaincre

Mireille est très persuasive: elle **a convaincu** Jean-Michel de partir avec eux.

7. étincelle

Les chocs violents produisent des **étincelles**.

8

Mireille, Hubert, et la Méhari.

Hubert: Voilà le chameau des grandes randonnées d'été. Sobre, résistant, passe-partout. Tu veux l'essayer?

Mireille (*montant dans la Méhari*): Alors, j'ai parlé à Robert. C'est entendu, il accepte. Mais nous avons pensé que ça ne marcherait peut-être pas très bien à trois, si bien que j'ai demandé à Colette de nous accompagner. Et elle a été assez gentille pour accepter.

Hubert: Eh, mais la Méhari n'est pas extensible! A quatre, on va être serrés comme des sardines!

Mireille: Mais allons, Hubert, je te connais! Malgré tes airs d'enfant de chœur, ça m'étonnerait que tu sois fâché d'être serré contre Colette!

Hubert: Serré pour serré, ma chère Mireille, je préférerais que ce soit contre toi.

9

Mireille: Oh, et puis aussi, avant que j'oublie: j'ai vu mon copain, hier, tu sais, Jean-Michel. Il avait l'air vachement déprimé, si bien que je l'ai invité, lui aussi, à venir.

Hubert: Mais c'est un dangereux anarchiste, ce garçon-là!

Mireille: Lui? Il n'est pas anarchiste du tout, il est marxiste! Et j'ai pensé qu'il ferait équilibre à tes opinions d'un autre âge.

Hubert: Mais où veux-tu mettre tout ce monde-là? La Méhari n'a pas d'impériale, je te signale!

Mireille: Bah! On sera peut-être un peu à l'étroit, mais ça ne fait rien! Plus on est de fous, plus on rit, comme dit ma tante Georgette . . . qui, elle, ne rit pas beaucoup, la pauvre! . . . Tu me laisses chez moi?

Hubert: Oui.

---

8. enfant de chœur

Un **enfant de chœur.**

8. fâché

9. vachement

Il est extrêmement déprimé. Il est **vachement** déprimé!

9. déprimé

Il est **déprimé.** Il souffre de dépression.

9. faire équilibre

Les opinions politiques de Jean-Michel **font équilibre** à celles d'Hubert.

9. impériale

A Londres, les autobus ont des **impériales.**

9. à l'étroit

On est un peu **à l'étroit!** On est un peu serrés!

MISE EN ŒUVRE

Ecoutez la mise en œuvre du texte et répondez aux questions suivantes.

1. Pourquoi, d'après Hubert, Mireille ne devrait-elle pas partir seule avec Robert?

2. Pourquoi Mireille pense-t-elle qu'elle ne s'ennuiera pas avec lui?

3. Qu'est-ce qui semble passionnant à Mireille?

4. Comment Robert et Mireille comptent-ils voyager?

5. Où comptent-ils coucher?

6. Pourquoi Hubert désapprouve-t-il l'idée de louer une voiture?

7. Qu'est-ce qu'une Méhari?

8. Pourquoi Hubert dit-il que c'est une voiture formidable?

9. Pourquoi Mireille aimerait-elle tant que Colette accepte sa proposition?

10. Quand Robert et Mireille comptent-ils partir?

11. Quand reviendront-ils?

12. Pourquoi Colette accepte-t-elle la proposition de Mireille?

13. Où était Mireille l'été dernier?

14. Qu'est-ce qu'elle y faisait?

15. Qui est-ce qu'elle a rencontré?

16. Comment Mireille et Jean-Michel restent-ils en contact avec les enfants dont ils s'occupaient l'été d'avant?

17. Pourquoi Jean-Michel ne pense-t-il pas retourner à la colo cet été?

18. De quoi a-t-il besoin?

19. Qu'est-ce que Mireille lui propose?

20. Pourquoi Jean-Michel refuse-t-il d'abord?

21. Qu'est-ce que Mireille dit à Robert?

22. Quelle est la première grande nouvelle que Mireille annonce à Robert?

23. Pourquoi Robert pense-t-il que c'est une mauvaise idée qu'Hubert les accompagne?

24. Qui sera la quatrième personne du groupe?

25. Pourquoi Mireille pense-t-elle que ce sera intéressant pour Robert d'être en présence d'Hubert et de Jean-Michel?

26. Qu'est-ce que Robert aurait préféré?

27. Quelle objection Hubert fait-il quand Mireille lui dit qu'elle a invité Colette?

28. Qu'est-ce que Mireille pense?

29. Par quelle galanterie Hubert répond-il?

30. Pourquoi Mireille a-t-elle invité Jean-Michel?

31. Pourquoi Hubert n'a-t-il pas l'air enchanté que Mireille ait invité Jean-Michel?

32. Pourquoi Mireille pense-t-elle que ce sera très bien à cinq?

MISE EN QUESTION

1. Hubert a l'air de penser que Mireille ne devrait pas partir seule avec Robert. Pourquoi? Robert est un personnage dangereux? Il va lui voler son argent? Ils vont se perdre? Il conduit mal et ils vont avoir un accident? Il va ennuyer Mireille parce que, étant américain, il n'a pas les mêmes intérêts, les mêmes valeurs? Hubert serait-il jaloux? Donnez votre opinion personnelle.

2. Qu'est-ce que c'est que l'Hexagone?

3. Comment Mireille décrit-elle ses projets de voyage avec Robert? Comparez avec la façon dont Robert voit ce voyage dans la leçon 42. En quoi la description que fait Mireille vous semble-t-elle inspirée de celle de Robert? En quoi diffère-t-elle? En quoi est-elle plus idyllique? Pensez-vous que Mireille évoque ainsi son voyage avec Robert pour exciter la jalousie d'Hubert? En quoi son évocation pourrait-elle susciter sa jalousie?

4. Comment Hubert réagit-il? Est-ce qu'il se montre jaloux? Est-ce qu'il continue à dénigrer Robert? Quel genre d'objection présente-t-il, morale ou économique?

5. Hubert offre sa Méhari. Pourquoi est-ce que ce n'est pas une offre entièrement désintéressée?

6. Comment Mireille comprend-elle qu'Hubert a l'intention de se joindre à elle et à Robert pour faire le voyage? Qu'est-ce qu'il dit qui révèle son intention?

7. Quel genre de voiture la Méhari doit-elle être? Est-ce que c'est une voiture qui est mieux adaptée à l'hiver ou à l'été? Est-ce que c'est une conduite intérieure, une décapotable, ou une voiture à toit ouvrant? Est-ce que c'est une voiture de grand luxe, très confortable, ou une voiture relativement bon marché? Pourquoi l'a-t-on appelée "Méhari"? Quel rapport a-t-elle avec les chameaux? Est-ce que les chameaux boivent peu ou beaucoup, par rapport aux distances qu'ils parcourent? Est-ce que la Méhari doit consommer beaucoup ou peu d'essence?

8. Quand Mireille téléphone à Colette, est-ce qu'elle a l'air de penser qu'il y a de bonnes chances pour que Colette vienne à Paris ce jour-là? (Voyez leçon 33.)

9. Pourquoi Mireille s'occupe-t-elle encore des enfants de la colonie de vacances? Est-ce que c'est une obligation? Ça fait partie de son contrat de monitrice? Parce qu'elle s'est attachée à ces enfants? Parce qu'elle trouve Jean-Michel particulièrement sympathique?

10. Quand Mireille demande à Jean-Michel s'il prend ses vitamines, est-ce que vous croyez qu'elle est sérieuse ou qu'elle plaisante?

11. Pourquoi Mireille ne parle-t-elle pas à Jean-Michel du verre blanc cassé? Que savons-nous de lui? Est-ce que vous pensez qu'il doit être superstitieux ou rationaliste, positiviste? Pourquoi Mireille ne lui parle-t-elle pas de la loterie? Est-ce qu'elle pense qu'il n'approuve pas, que c'est contre ses principes moraux? Pourquoi? Parce qu'il a le culte du travail? Que disait Hubert à ce sujet (leçon 44)? Mais alors, est-ce que Jean-Michel et Hubert seraient d'accord sur la question de la loterie? Pourtant, est-ce qu'ils partagent les mêmes opinions politiques? Est-ce que vous pensez qu'Hubert est plutôt à droite ou à gauche? Et Jean-Michel? Comment pouvez-vous expliquer qu'Hubert dise, au sujet de la loterie, à peu près la même chose que ce que Jean-Michel doit probablement en penser?

12. Pourquoi Mireille annonce-t-elle tout de suite à Robert qu'elle a tout un tas de bonnes nouvelles? Est-ce qu'elle pense que Robert va trouver que ce sont de bonnes nouvelles, où bien a-t-elle peur qu'il ne soit pas d'accord et veut-elle le persuader que ce sont de bonnes nouvelles?

13. Pourquoi Robert hésite-t-il à accepter l'offre d'Hubert de leur prêter sa Méhari? Parce qu'il se considère comme un rival d'Hubert et ne veut pas accepter de faveur d'un rival, ou parce qu'il a peur de la responsabilité, d'avoir un accident et d'abîmer la voiture, ou parce qu'il se doute que cette offre cache quelque piège? En fait, est-ce que cette offre cache un piège? Lequel? Est-ce que c'est un truc qu'utilise Hubert? Pour quoi faire?

14. Quand Mireille dit à Hubert qu'il a un air d'enfant de chœur, est-ce qu'elle veut dire qu'il a l'air angélique ou diabolique? Qu'est-ce que Mireille insinue? Qu'Hubert est pur et innocent ou qu'il a l'air pur et innocent mais qu'il ne l'est pas vraiment? Comment Hubert répond-il? En proclamant sa pureté ou par une galanterie qui suggère qu'il n'est pas aussi innocent que ça?

15. Mireille essaie de rassurer Hubert en disant que Jean-Michel n'est pas anarchiste mais marxiste. Pour Hubert, qui est-ce qui est le moins inquiétant, un marxiste ou un anarchiste? Ou bien pense-t-il qu'ils sont aussi dangereux l'un que l'autre?

16. Comment Hubert répond-il? Par des considérations politiques ou logistiques? Lesquelles?

Journal de Marie-Laure

MARIE-LAURE CHEZ LES BOBOS

Le 14 juin 2001

Il y a quelques jours, j'ai fait la connaissance de la nouvelle jeune collègue de Mireille, qui s'appelle Océane. Elle est plutôt sympa. Elle m'a invitée chez elle dans le 5ème arrondissement pour qu'on passe l'après-midi ensemble et que je rencontre ses parents. Son père dirige une agence de pub et sa mère est attachée de presse. Ils ont un duplex, un grand appartement sur deux étages avec un bel escalier intérieur. C'est élégant et discret, mais ça a dû leur coûter un max ! J'ai un peu parlé avec ses parents, des gens très décontractés. Mine de rien « ils doivent être pétés de tunes », comme dirait Brice. C'est la gauche caviar, de vrais bourgeois-bohèmes ; des bobos, quoi ! Monsieur roule dans un gros 4x4, même en ville, et Madame a une jolie petite Smart rouge ; sur ses jeans, elle porte un pull en cachemire. On a parlé des droits de l'homme en Chine, de la condition de la femme en Arabie

DEUX BOBOS

DEUX BOBOS

saoudite, du commerce équitable et de l'agriculture bio parce qu'ils sont contre les pesticides et pour les petits agriculteurs. Je vais leur refiler le CD du chanteur Renaud ! Ça les amusera...

C'est quand même marrant ! Quand j'étais toute petite et que je parlais d'un bobo, je voulais dire que c'était une petite blessure, une petite douleur, rien d'important, rien de sérieux, rien de grave.

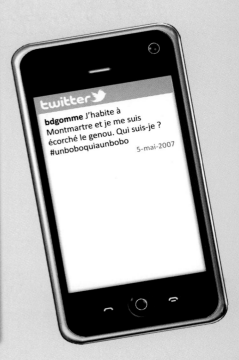

twitter

bdgomme J'habite à Montmartre et je me suis écorché le genou. Qui suis-je ? #unboboquiaunbobo

5-mai-2007

PERDUE DANS LE DÉSERT IMMENSE

Le 24 août 2011

Océane dans sa carte postale d'Ouarzazate me fait doucement rigoler avec son extase devant les déserts marocains... Quelle frimeuse, quelle bêcheuse, « quelle péteuse », comme dirait Brice.

*   C'est bien joli, tout ça, le sable, les Bédouins, les chameaux, les dromadaires, les bivouacs, le trekking, le thé à la menthe, les souks... mais dans la magistrature on a du boulot et il faut le faire, pas le temps d'aller courir les déserts. Et pourtant, ce n'est pas l'envie qui m'en manque : Jacques est en Afrique avec Médecins sans frontières. Je pourrais aller le voir...*

*   Les déserts et les chameaux d'Océane m'ont rappelé ce qu'on chantait quand on était petites, Cécile, Mireille et moi :*

*   Perdu dans le désert immense*
*   L'infortuné Bédouin douin, douin, douin, douin*
*   N'irait pas loin, loin, loin, loin, loin*
*   Si la divine Providence*
*   N'allégeait son fardeau deau, deau, deau, deau*
*   Par un cadeau deau, deau, deau, deau*
*   Et ce cadeau précieux*
*   Ce précieux cadeau*
*   De la bonté des cieux*
*   C'est le chameau*
*   Ali, Alo*
*   Voyez comme il trotte !*
*   Ali, Alo*
*   Voyez comme il est beau !*

bdgomme On part au Maroc pour les vacances. A nous le couscous et les souks. Qui veut des babouches ? #jadoremarrakech   4-juil-2012

DOCUMENTS

1

Voyages

Les voyages forment la jeunesse.

—Tante Georgette

(Mais) les vrais voyageurs sont ceux-là seuls qui partent
Pour partir; cœurs légers, semblables aux ballons,
De leur fatalité jamais ils ne s'écartent,
Et, sans savoir pourquoi, disent toujours: Allons!

—Charles Baudelaire, "Le voyage," *Les Fleurs du mal*

Je hais les voyages et les explorateurs.

—Claude Lévi-Strauss, *Tristes Tropiques*

Tout le malheur des hommes vient d'une seule chose, qui est de ne savoir pas demeurer en repos dans une chambre.

—Blaise Pascal

J'ai peine à croire à l'innocence des êtres qui voyagent seuls.

—François Mauriac, *Journal I*

Le voyageur est encore ce qui importe le plus dans un voyage.

—André Suarès

Le chameau voyage sans boire
Et moi, je bois sans voyager.

—Guillaume Apollinaire

Partir, c'est mourir un peu.

—Edmond Haraucourt

On ne part pas.

—Arthur Rimbaud

2

Méharis

—Un *méhari* est un dromadaire capable de courir rapidement. Son nom vient de l'arabe *mahri*, "qui vient des Mahra," une tribu dans le sud de l'Arabie (le Yémen moderne). On se sert des méharis dans des courses ou randonnées organisées dans le désert et appelées *méharées*, et dont les participants s'appellent *méharistes*.

—Une *Méhari* est une voiture de plein air à deux ou quatre places fabriquée par Citroën entre 1968 et 1987. Sa carrosserie est faite d'une résine plastique capable de reprendre sa forme originale après un choc. La Méhari apparaît dans *The Muppet Movie* (1979) et dans le film *Banzaï* (1983) avec Coluche. (Nous ne pouvons pas affirmer qu'il s'agit là de la Méhari d'Hubert.)

—MEHARI est l'acronyme de la "Méthode harmonisée d'analyse des risques," méthode qui permet de mieux sécuriser l'informatique dans les entreprises et les organismes. Elle a été développée par le Club de la sécurité de l'information français (CLUSIF).

Des méharis à Seb Seb, Ghardaïa (Algérie).

Le logo de MEHARI du CLUSIF.

La Méhari de Citroën.

3

Le Chameau

1. Perdu dans le désert immense
   L'infortuné Bédouin, douin, douin, douin, douin
   N'irait pas loin, loin, loin, loin,
   Si la divine Providence
   N'allégeait son fardeau, deau, deau, deau, deau,
   Par un cadeau, deau, deau, deau, deau,
   Ce cadeau précieux, ce précieux cadeau
   De la bonté des cieux, c'est le chameau,
   Ali, alo!

   Refrain
   Ali, alo! et vive le chameau!
   Voyez comme il trotte,
   Ali, alo! et vive le chameau!
   Voyez comme il est beau.
   Himalaya–Java–Calcutta–Sidiborina
   Ha, lea, lea, lea, ohé! (quater)

2. Il sait faire la révérence
   Et se mettre à genoux, nou, nou, nou, nou,
   Sur les cailloux, you, you, you, you,
   Et sur son dos quand on s'élance
   Aussi léger qu'un daim, din, din, din, din,
   Il part soudain, din, din, din, din,
   Les yeux fermés, le nez ouvert.
   Des sables du désert, il soulève les flots,
   De ses sabots, ali, alo!

   (Refrain)

3. Grâce à cet animal utile,
   Vrai chemin de fer vivant, van, van, van, van,
   De l'Hindoustan, tan, tan, tan, tan,
   On transporte d'un pas agile,
   Cachemire et rubis, bi, bi, bi, bi,
   Et des habits, bi, bi, bi, bi,
   De la gomme et du thé, du sucre et du café,
   Du riz, du cacao, de l'indigo, ali, alo!

4

Guevarisme, trotskisme

Ernesto "Che" Guevara

Le *guevarisme* désigne un mouvement politique qui s'inspire des pensées d'Ernesto "Che" Guevara (1928–1967), révolutionnaire latino-américain de nationalité argentine. Le guevarisme s'inscrit dans l'idéologie marxiste et aspire au renversement du capitalisme par les classes sociales exploitées et opprimées afin d'instaurer une société d'égalité et de justice sociales grâce à la mise en commun (collectivisation) de tous les moyens économiques.

Léon Trotski

Le *trotskisme* est un courant politique qui fait référence aux idées de Léon Trotski (1879–1940), l'un des plus proches collaborateurs de Lénine qui est évincé du pouvoir par Staline, expulsé de l'URSS[1] et assassiné en 1940 par un agent de Staline. Considéré comme l'aile gauche du parti communiste, le trotskisme prône la "révolution permanente et mondiale" et la lutte des classes incessante jusqu'à la mise en place du socialisme.
—Toupie.org

1. Trotski se réfugie par la suite à Montparnasse (voir la leçon 38, document 2).

5

La Galère

C'est des mecs qui sont sur une galère en train de ramer et il y en a un qui dit:

—Voilà! J'ai deux nouvelles à vous annoncer. Il y en a une bonne et une mauvaise.

—Commencez par la bonne. . .

—Vous allez avoir une double ration de rhum!

—Ah!!! Et la mauvaise?

—Le capitaine veut faire du ski nautique!

—Coluche

6

Surpopulation

La Chine, c'est gai! Plus on est de fous, moins il y a de riz . . .

—Coluche

7

Le Message

La porte que quelqu'un a ouverte
La porte que quelqu'un a refermée
La chaise où quelqu'un s'est assis
Le chat que quelqu'un a caressé
Le fruit que quelqu'un a mordu
La lettre que quelqu'un a lue
La chaise que quelqu'un a renversée
La porte que quelqu'un a ouverte
La route où quelqu'un court encore
Le bois que quelqu'un traverse
La rivière où quelqu'un se jette
L'hôpital où quelqu'un est mort.

—Jacques Prévert, *Paroles*

8

Les Bobos

On les appelle bourgeois bohèmes
Ou bien bobos pour les intimes
Dans les chansons d'Vincent Delerm
On les retrouve à chaque rime
Ils sont une nouvelle classe
Après les bourges et les prolos
Pas loin des beaufs, quoique plus classe
Je vais vous en dresser le tableau
Sont un peu artistes c'est déjà ça
Mais leur passion c'est leur boulot
Dans l'informatique, les médias
Sont fiers d'payer beaucoup d'impôts

Les bobos, les bobos
Les bobos, les bobos

Ils vivent dans les beaux quartiers
Ou en banlieue mais dans un loft
Ateliers d'artistes branchés,
Bien plus tendance que l'avenue Foch
Ont des enfants bien élevés,
Qui ont lu le *Petit Prince* à 6 ans
Qui vont dans des écoles privées
Privées de racaille, je me comprends

Ils fument un joint de temps en temps,
Font leurs courses dans les marchés bios
Roulent en 4x4, mais l'plus souvent,
Préfèrent s'déplacer à vélo

Les bobos, les bobos
Les bobos, les bobos
. . . .

La femme se fringue chez Diesel
Lui, c'est Armani, ou Kenzo
Pour leur cachemire toujours nickel
Zadig & Voltaire, je dis bravo
Ils fréquentent beaucoup les musées,
Les galeries d'art, les vieux bistrots
Boivent de la manzana glacée en écoutant Manu Chao
Ma plume est un peu assassine
Pour ces gens que je n'aime pas trop
Par certains côtés, j'imagine . . .
Que j'fais aussi partie du lot

Les bobos, les bobos
Les bobos, les bobos

—Renaud

Renaud est le nom d'artiste de Renaud Séchan, un auteur-compositeur-chanteur né en 1952. Il est l'un des interprètes les plus populaires en France (23 albums, 20 millions d'exemplaires) et à travers le monde francophone. Il s'est engagé tout au long de sa carrière dans des causes sociales, telles que les droits de l'homme, l'antimilitarisme et l'environnement—activisme qui dérange les gens au pouvoir et lui vaut le surnom du "chanteur énervant."

9

Le Petit Nicolas part en colonie de vacances

1. Aujourd'hui, je pars en colonie de vacances et je suis bien content. La seule chose qui m'ennuie, c'est que Papa et Maman ont l'air un peu tristes; c'est sûrement parce qu'ils ne sont pas habitués à rester seuls pendant les vacances.

Maman m'a aidé à faire la valise, avec les chemisettes, les shorts, les espadrilles, les petites autos, le maillot de bain, les serviettes, la locomotive du train électrique, les œufs durs, les bananes, les sandwiches au saucisson et au fromage, le filet pour les crevettes, le pull à manches longues, les chaussettes et les billes. Bien sûr, on a dû faire quelques paquets parce que la valise n'était pas assez grande, mais ça ira.

2. Moi, j'avais peur de rater le train, et après le déjeuner, j'ai demandé à Papa s'il ne valait pas mieux partir tout de suite pour la gare. Mais Papa m'a dit que c'était encore un peu tôt, que le train partait à 6 heures du soir et que j'avais l'air bien impatient de les quitter. Et Maman est partie dans la cuisine avec son mouchoir, en disant qu'elle avait quelque chose dans l'œil.

Je ne sais pas ce qu'ils ont, Papa et Maman, ils ont l'air bien embêtés. Tellement embêtés que je n'ose pas leur dire que ça me fait une grosse boule dans la gorge quand je pense que je ne vais pas les voir pendant presque un mois. Si je le leur disais, je suis sûr qu'ils se moqueraient de moi et qu'ils me gronderaient.

3. Moi, je ne savais pas quoi faire en attendant l'heure de partir, et Maman n'a pas été contente quand j'ai vidé la valise pour prendre les billes qui étaient au fond.

—Le petit ne tient plus en place, a dit Maman à Papa. Au fond, nous ferions peut-être mieux de partir tout de suite.

—Mais, a dit Papa, il manque encore une heure et demie jusqu'au départ du train.

—Bah! a dit Maman, en arrivant en avance, nous trouverons le quai vide et nous éviterons les bousculades et la confusion.

—Si tu veux, a dit Papa.

4. Nous sommes montés dans la voiture et nous sommes partis. Deux fois, parce que la première, nous avons oublié la valise à la maison.

A la gare, tout le monde était arrivé en avance. Il y avait plein de gens partout, qui criaient et faisaient du bruit. On a eu du mal à trouver une place pour mettre la voiture, très loin de la gare, et on a attendu Papa, qui a dû revenir à la voiture pour chercher la valise qu'il croyait que c'était Maman qui l'avait prise. Dans la gare, Papa nous a dit de rester bien ensemble pour ne pas nous perdre. Et puis il a vu un monsieur en uniforme, qui était rigolo parce qu'il avait la figure toute rouge et la casquette de travers.

5. —Pardon, Monsieur, a demandé Papa, le quai numéro 11, s'il vous plaît?

—Vous le trouverez entre le quai numéro 10 et le quai numéro 12, a répondu le monsieur. Du moins, il était là-bas la dernière fois que j'y suis passé.

—Dites donc, vous . . . a dit Papa; mais Maman a dit qu'il ne fallait pas s'énerver ni se disputer, qu'on trouverait bien le quai tout seuls. . . .

—Bon, a dit Papa, restons calmes. Nous devons aller devant la voiture Y.

6. Comme le wagon qui était le plus près de l'entrée du quai, c'était la voiture A, on a dû marcher longtemps, et ça n'a pas été facile, à cause des gens, des chouettes petites voitures pleines de valises et de paniers et du parapluie du gros monsieur qui s'est accroché au filet à crevettes, et le monsieur et Papa se sont disputés, mais Maman a tiré Papa par le bras, ce qui a fait tomber le parapluie du monsieur qui était toujours accroché au filet à crevettes. Mais ça s'est très bien arrangé, parce qu'avec le bruit de la gare, on n'a pas entendu ce que criait le monsieur.

—René Goscinny, *Les Vacances du petit Nicolas*

LEÇON

47 Quelle variété!

1

Nos cinq amis sont réunis chez les Belleau pour parler de leur voyage.

Jean-Michel: Alors, où on va?
Hubert: Où va-t-on? Mais partout! On va aller partout! On va voir la France entière, telle que l'ont faite la nature, deux mille ans d'histoire, et nos quarante rois.
Jean-Michel: Tes quarante rois et la sueur du peuple, oui! Et les géants de 93!
Marie-Laure: C'est qui, les géants de 93?
Jean-Michel: Les grands hommes de la Révolution française! Tu sais, Danton, Robespierre . . . des grands, des purs, des durs. . . .
Hubert: Des monstres assoiffés de sang! (*A Robert*) Il faut absolument que vous voyiez nos campagnes françaises, soignées comme des jardins, nos magnifiques forêts, nos sites incomparables: les aiguilles de Chamonix, le cirque de Gavarnie, les gorges du Verdon et celles du Tarn, les calanques de Cassis, les Baux-de-Provence. . . .

2

Mireille: Mais il faut surtout qu'il voie nos cathédrales.
Robert: Mais j'ai déjà vu Notre-Dame!
Mireille: Et tu crois que quand tu en as vu une, tu les as toutes vues?
Robert: On a aussi vu Chartres. . . .
Mireille: Pfeuh! Mais deux cathédrales, mais ce n'est rien! Il y a des centaines d'églises à voir!
Hubert: Amiens et sa nef, Strasbourg et sa flèche, Reims où tous nos rois ont été sacrés, Bourges et ses vitraux, le Mont-Saint-Michel et sa merveille. . . .
Marie-Laure (*récitant un passage de son livre de géographie*): Et ses marées qui avancent à la vitesse d'un cheval au galop. . . .

Mireille: Et la cathédrale d'Albi avec ses énormes murailles de petites briques roses. . . .

Hubert: Toutes les merveilleuses églises romanes, Vézelay, Paray-le-Monial, Saint-Benoît-sur-Loire, Poitiers, Conques, Saint-Nectaire.
Colette: Saint-Nectaire, là où on fait le fromage! . . .
Hubert: Toutes les églises fortifiées: Agde, les Saintes-Maries-de-la-Mer, Luz. . . .
Mireille: Et toutes les églises modernes! Yvetot, l'église du plateau d'Assy, celle de Cocteau, Royan, Ronchamp. . . .

3

Hubert: Et puis, il faut que vous voyiez nos châteaux: Champ, Chambord, Chaumont, Chantilly.

Colette: Chantilly, hmmm . . . la crème chantilly. . . .
Hubert: Châteaudun, Chenonceau, Chinon, Valençay. . . .
Colette: Là où on fait le fromage de chèvre. . . .
Hubert: Anet, Amboise, Angers, Azay-le-Rideau, Blois, Fontainebleau. . . .

Colette: Ah! Fontainebleau . . . le fromage à la crème. . . .

Hubert: Loches, Langeais, Pierre- fonds, Saumur. . . .

Colette: Saumur, là où il y a le vin.

Hubert: Et une des meilleures écoles de cavalerie du monde!

4

Robert: Tout ça m'a l'air fort inté- ressant, passionnant, admirable, mais il me semble que ça fait beaucoup! On ne va pas pouvoir aller partout.

Mireille: Oh, mais tu sais, la France n'est pas bien grande!

Marie-Laure: Juste un millième des terres des bergers.

Mireille: E-mer-gées! Au-dessus de la mer!

Marie-Laure (*vexée*): Evidemment! Si ce n'est pas au-dessus de la mer, ce n'est pas une terre!

Mireille: La France est un peu plus petite que le Texas.

Hubert: Mais quelle variété! Quelle richesse! Il y a de tout en France!

5

Robert: Ouais, mais j'étais en train de penser . . . on va être plutôt serrés à cinq dans votre Méhari. On va avoir les articulations rouillées! Je me demande si ce ne serait pas mieux de faire ça à vélo, histoire de faire un peu d'exercice.

Mireille: Oh. oui, la France à vélo, ce ne serait pas mal! Cécile et son mari ont fait les châteaux de la Loire à vélo quand ils étaient

---

1. *sueur*

"Tu gagneras ton pain à la **sueur** de ton front." (Dieu, dans le livre de la Genèse)

1. *assoiffé, sang*
Les vampires sont **assoiffés** de **sang**; ils ont **soif** de **sang**.

1. *aiguille*

Une **aiguille** et du fil.

la petite **aiguille**   la grande **aiguille**

Les **aiguilles** de Chamonix.

---

2. *nef, flèche*

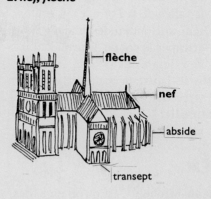

flèche
nef
abside
transept

2. *marée*

Au Mont-Saint-Michel, en Nor- mandie, les **marées** avancent à la vitesse d'un cheval au galop.

2. *muraille*

La Grande **Muraille** de Chine.

5. *articulation*

Une **articulation**.

fiancés, et ils ont trouvé ça formidable. . . . Il faut dire que la vallée de la Loire, ça va tout seul, surtout en descendant! Mais grimper le col du Tourmalet ou de l'Iseran. . . .

Marie-Laure (*imbattable en géographie*): 2.770 mètres!

Mireille: . . . ça, c'est une autre histoire!

6

Jean-Michel: C'est qu'on en a, des montagnes, en France!

Marie-Laure: Les Alpes, les Pyrénées, le Jura, les Ardennes, le massif des Vosges, le Massif Central. . . .

Mireille: Et tu en oublies un . . . en Bretagne. . . .

Marie-Laure: Ah, oui! Le Massif Américain!

Mireille: Armoricain!

Marie-Laure: Armoricain? Qu'est-ce que c'est que ça?

Mireille: Euh, ça veut dire breton. L'Armorique, c'est la Bretagne. On ne t'a pas appris ça, en géographie?

Marie-Laure (*détournant la question*): Oh, mais ce n'est pas très haut, alors, ça ne compte pas!

Colette: Oui, ce ne sont pas les montagnes qui manquent; et moi, je tiens absolument à aller en montagne. Je commence à en avoir assez de la plaine de l'Ile-de-France.

Marie-Laure: C'est où, l'Ile-de-France?

Mireille: Eh bien, ici! Paris, Provins, c'est dans l'Ile-de-France.

Marie-Laure: Mais ce n'est pas une île!

Mireille: Mais ça ne fait rien, ça s'appelle comme ça.

Jean-Michel: Moi aussi, j'en ai marre de la plaine; j'en ai ras le bol. Je veux aller faire de la montagne.

7

Hubert: Eh bien, c'est entendu! Pas de problème! On ira dans le Massif Central; mes parents ont une propriété dans le Cantal.

Colette: Là où on fait le fromage!

Jean-Michel: Bien sûr! Le Massif Central, c'est de la montagne à vaches. . . . (*A Hubert*) C'est ce que tu appelles de la montagne, toi? Il faut aller au moins dans les Pyrénées!

Hubert: Les Pyrénées? Mais il n'y a plus de Pyrénées, mon cher ami!

Jean-Michel: Il n'y a plus de Pyrénées! . . . Ah! Encore une stupidité de ton Louis XIV!

Marie-Laure les regarde d'un air étonné; elle ne comprend plus.

Mireille (*à Marie-Laure*): Mais oui, tu as étudié ça en histoire, non? Tu sais bien, la paix des Pyrénées, en 1659. . . . Louis XIV avait signé un traité avec l'Espagne, et il a dit: "Voilà, maintenant on est amis, copains-copains, il n'y a plus de problème. Rien ne sépare plus la France de l'Espagne . . . c'est comme s'il n'y avait plus de Pyrénées!"

8

Jean-Michel: Il n'y a plus de Pyrénées! Ah, elle est bien bonne, celle-là! Ah, c'est la meilleure de l'année! Il n'y a plus de Pyrénées!

Allez donc demander aux coureurs du Tour de France quand ils se tapent[1] le col d'Aubisque et le col du Tourmalet dans la même étape! . . . Remarquez que moi, à choisir, je crois que je préfère les Alpes, c'est plus haut: la Meije (3.983 mètres), le Mont-Blanc (4.807 mètres). . . .

Hubert: 4.810!

Mireille: Mais allons, Hubert, où es-tu allé chercher ça? Tout le monde sait que le Mont-Blanc n'a que 4.807 mètres! N'est-ce pas, Marie-Laure? Le Mont-Blanc, altitude?

Marie-Laure: 4.807 mètres!

Mireille: Tu vois!

Hubert: Moi, on m'a toujours appris 4.810. Je sais que de mauvais Français, qui n'avaient pas le sens de la grandeur, ont essayé de le rabaisser à 4.807; mais ça, moi, je ne l'accepterai jamais.

Jean-Michel: Cocorico!

1. Pourquoi ne pas dire *font* le col d'Aubisque, comme tout le monde? On peut se demander si Jean-Michel n'utilise pas le mot d'argot *se taper* pour le seul plaisir de faire un très mauvais jeu de mots (se tapent . . . dans la même étape). Ce jeune homme, pourtant bien sympathique, nous déçoit un peu! (Note des auteurs)

5. *grimper*

Il **grimpe.**

Ça **grimpe!**

6. *montagnes*

6. *en avoir marre, en avoir ras le bol*

Bol plein à **ras.**

Il **en a marre.**

7. *montagne à vaches*

haute montagne

montagne à vaches

7. *paix*
La France et l'Espagne étaient en guerre. Elles ont signé un traité de **paix** pour mettre fin à la guerre.

8. *col*

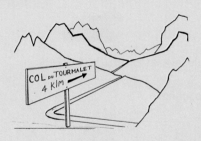

La route passe au **col.**

8. *étape*

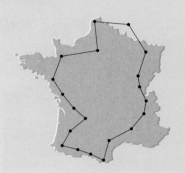

Les coureurs du Tour de France font le tour de la France en une vingtaine d'étapes.

8. *cocorico*

Le coq français (emblème de la France) fait **"cocorico."**

9

Mireille (*ouvrant une carte*): Bon, parlons peu, parlons bien. Où va-t-on?

Jean-Michel: Je propose de faire le tour de la France dans le sens inverse des aiguilles d'une montre. Première étape: Lille, Roubaix, Tourcoing.

Colette: Le Nord? Oh, non, encore de la plaine, des champs, des mines, des usines. . . . Qu'est-ce qu'il y a à voir?

Jean-Michel: Mais le peuple, Mademoiselle! La vraie France, la France qui travaille!

Colette: Oui, mais pour la gastronomie, le Nord, ce n'est pas formidable. Si on commençait par la Normandie, plutôt? Là, au moins, on mange bien. . . . Le camembert, la crème fraîche, le beurre d'Isigny, la sole normande, le canard rouennais, les tripes à la mode de Caen. . . .

Tous: Hmm. . . . Va pour la Normandie!

10

Pendant que les jeunes gens discutent de leur voyage, derrière la fenêtre apparaît l'homme en noir. Il lave les carreaux. Bizarre, bizarre. Personne ne le remarque, sauf Marie-Laure qui l'observe, un peu intriguée.

Hubert: Départ lundi matin à l'aube. Première étape, Rouen!

Jean-Michel: Non, Tourcoing!

Tous: Rouen! Rouen!

Jean-Michel: Tourcoing!

Tous: Rouen!

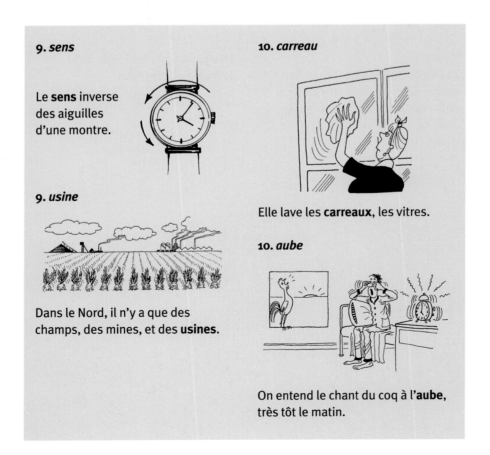

9. *sens*

Le **sens** inverse des aiguilles d'une montre.

9. *usine*

Dans le Nord, il n'y a que des champs, des mines, et des **usines**.

10. *carreau*

Elle lave les **carreaux**, les vitres.

10. *aube*

On entend le chant du coq à l'**aube**, très tôt le matin.

MISE EN ŒUVRE

Ecoutez la mise en œuvre du texte et répondez aux
questions suivantes.

1. Pourquoi les cinq amis se sont-ils réunis?
2. D'après Hubert, qui a fait la France?
3. Qui sont les géants de 93?
4. D'après Hubert, comment sont les campagnes
   françaises?
5. Pourquoi, d'après Mireille, la visite de deux
   cathédrales n'est-elle rien?
6. Qu'est-ce qu'il y a d'intéressant à voir à
   Saint-Nectaire?
7. Qu'est-ce qu'on y fait aussi?
8. Qu'est-ce qu'il y a à voir à Chambord, Chaumont,
   Chantilly?
9. Qu'est-ce qu'on fait à Valençay?
10. A Saumur, qu'est-ce qu'on fait?
11. Comment est la France par rapport au Texas?
12. Pourquoi Hubert dit-il que la France est riche et
    variée?
13. Pourquoi Robert préférerait-il faire le voyage à
    vélo?
14. Quel voyage Cécile et son mari ont-ils fait à vélo?
15. Qu'est-ce que les Alpes, les Pyrénées, le Jura, etc.?
16. Pourquoi Colette tient-elle à aller en montagne?
17. Où sont Paris et Provins?
18. Où Hubert propose-t-il d'aller?
19. Pourquoi?
20. Qu'est-ce qu'on fait dans le Cantal?
21. Quel type de montagne est le Massif Central,
    d'après Jean-Michel?
22. Qu'est-ce que Louis XIV a fait en 1659?
23. Qui est-ce qui fait les cols des Pyrénées à vélo,
    tous les étés?
24. Pourquoi Jean-Michel préfère-t-il les Alpes aux
    Pyrénées?
25. Quelle est l'altitude du Mont-Blanc?
26. Qu'est-ce que Jean-Michel propose de faire?
27. Pourquoi Colette ne veut-elle pas aller dans le
    Nord?
28. Qu'est-ce qu'on peut manger de bon en
    Normandie?
29. Quand les amis partiront-ils?
30. Quelle sera leur première étape?

MISE EN QUESTION

1. Comment Jean-Michel demande-t-il où ils vont aller? Qu'est-ce qu'il dit? Que dit Hubert pour poser la même question? Comparez les deux phrases. Est-ce que l'une de ces phrases vous paraît plus correcte, plus élégante, plus recherchée que l'autre? Laquelle? Pourquoi Hubert répète-t-il, sous une forme différente, la question de Jean-Michel? Est-ce qu'il n'est pas sûr d'avoir bien entendu ou est-ce qu'il veut faire remarquer, en passant, que Jean-Michel ne parle pas d'une façon très distinguée?

2. En quoi Hubert et Jean-Michel montrent-ils des opinions opposées? D'après Jean-Michel, qui a fait la France? Et d'après Hubert? Qui est à droite, et qui est à gauche?

3. Pourquoi la cathédrale de Reims paraît-elle particulièrement intéressante à Hubert?

4. D'après le livre de géographie de Marie-Laure, quelles sont les deux choses qu'il faut savoir sur le Mont-Saint-Michel?

5. D'après vous, que doit être la "merveille" du Mont-Saint-Michel? Une pâtisserie, une église, une plage?

6. D'après vous, de quand datent les églises fortifiées? De l'époque gallo-romaine, du Moyen Age, du XIXème siècle, du XXème siècle?

7. Qu'est-ce que Mireille et Hubert considèrent comme intéressant en France? Et Colette?

8. Quelle objection Robert soulève-t-il?

9. Quand Robert propose de partir à bicyclette plutôt que dans la Méhari d'Hubert, est-ce que c'est vraiment parce qu'il veut faire de l'exercice? Quelle autre raison pourrait-il avoir?

10. Quelle excuse Marie-Laure trouve-t-elle pour avoir oublié le Massif Armoricain, dans sa liste des montagnes de France?

11. Quel est l'ancien nom de la Bretagne?

12. Observez comment Colette dit que la plaine de l'Ile-de-France commence à l'ennuyer. Quelle expression emploie-t-elle? Comment Jean-Michel exprime-t-il la même idée? Lequel des deux s'exprime le plus familièrement?

13. Comment les alpinistes, qui aiment escalader des pics vertigineux, appellent-ils les petites montagnes sans intérêt?

14. Quand Hubert dit qu'il n'y a plus de Pyrénées, est-ce qu'il est sérieux, ou est-ce qu'il joue sur les mots pour taquiner Jean-Michel? Où sont les Pyrénées?

15. Quel est le plus haut sommet d'Europe? Quand Hubert fait preuve d'un chauvinisme excessif en refusant d'admettre que le Mont-Blanc ne fait que 4.807 mètres, est-ce qu'il est sérieux ou est-ce qu'il plaisante?

16. Qu'est-ce qu'on dit pour se moquer d'une manifestation du chauvinisme français?

Journal de Marie-Laure

MADAME LE JUGE MARIE-LAURE A TROP DE TRAVAIL

Le 10 mars 2010

Y'a pas à dire, je croule sous le boulot. Déjà, quand j'ai été nommée juge au tribunal de grande instance de Paris en 2006, je me suis dit que ce serait pas du gâteau. Mais ça a été pire que tout ce que j'avais imaginé. Et quand j'ai été nommée trois ans plus tard vice-président à Rouen je pensais que ça irait mieux. Je me disais qu'un président même s'il n'est que « vice » doit pouvoir se faire un emploi du temps acceptable. Eh bien, c'est vraiment pas le cas. Je suis absolument débordée. Je suis obligée d'emporter des dossiers chez moi pour y travailler le soir. J'en peux plus. Je suis à bout. Du travail tout le temps. « C'est la galère », comme dirait Brice !

Je suis bouffée par le travail. C'est un vrai cauchemar à la Goya. C'est ce que j'ai dit à ma collègue Sophie. Elle a répondu : « Du Goya ? Alors c'est sans doute que tu devrais faire du yoga pour te détendre ! Moi, ça fait six mois que j'en fais et c'est vraiment génial ». J'ai suivi son conseil, même si j'étais pas très convaincue au départ. Mais j'ai vite adoré ça et je peux plus m'en passer. J'ai commencé par suivre des cours, puis j'ai acheté des DVD. Ça me tranquillise et ça m'aide à respirer.

Comme je me sentais mieux, j'ai décidé de me mettre aussi à la méditation. Je sais, la plupart des gens disent que c'est des bêtises, un truc de hippies ou de bobos qui n'ont rien de mieux à faire. Mais en fait, ça me relaxe ; je me sens plus détendue et je ne pense plus à ~~cette nouvelle infirmière dans le service de Jacques qui n'arrête pas de lui faire les yeux doux. Jacques nie mais moi j'ai bien vu son petit jeu.~~ Quand je médite, j'essaie de chasser toutes les idées négatives qui me parasitent l'esprit. En général, ça marche très bien et j'arrive à me réconcilier intérieurement avec tout le monde, même avec mon collègue Michel, ce vieux schnock qui n'arrête pas de faire des blagues sexistes et même avec Nathalie qui me lance sans arrêt de petites piques sur mon style vestimentaire. La seule chose qui résiste à la méditation, c'est quand je me souviens du jour où Mireille a mangé le macaron à la framboise que j'avais acheté chez Ladurée ! Alors ça, ça me met hors de moi et j'arrête aussitôt de méditer ! Mais bon, peut-être qu'avec de la pratique, j'arriverai un jour à pardonner à Mireille et à atteindre le nirvana !

twitter

bdgomme Grands progrès en yoga. Je maîtrise : le cobra, le chat, le chameau, la charrue, le cadavre, l'arbre. #gagaduyoga
9-oct-2010

mel @bdgomme : Il te reste à apprendre la sauterelle, la chandelle, la mouette, le poisson, le pont, la montagne et le tailleur. #etjenpasse
9-oct-2010

DOCUMENTS

1

A. Variété du paysage français

La volonté de grandeur de Dieu le Père ne dépasse pas
4.810 mètres en France, altitude prise au-dessus du
niveau de la mer.

—André Breton et Philippe Soupault,
Les Champs magnétiques

Une forêt de sapins dans les Pyrénées.

Le village des Baux, en Provence.

Des campagnes soignées comme des jardins.

Le cirque de Gavarnie, dans les Pyrénées.

Les gorges du Verdon.

Une calanque sur la Méditerranée.

Une des aiguilles de Chamonix, l'Aiguille Verte.

Le Mont Blanc.

B. Eglises

Une église moderne.

Une église fortifiée.

Une église romane.

Une église gothique.

2

Enfance heureuse

C'était le Paradis. Chaque matin, je m'éveillais dans une stupeur de joie, admirant la chance folle qui m'avait fait naître dans la famille la plus unie, dans le plus beau pays du monde. Les mécontents me scandalisaient: de quoi pouvaient-ils se plaindre?

—Jean-Paul Sartre, *Les Mots*

3

Ecologie, égologie

Le consensus scientifique sur le changement climatique et l'information accumulée sur les menaces écologiques ont entraîné une prise de conscience des Français et, plus récemment, des changements de comportement. Beaucoup adoptent des gestes écocitoyens dans la vie quotidienne: éteindre les appareils électriques plutôt que de les laisser en veille, trier les déchets, préférer les produits respectueux de l'environnement, prendre des douches plutôt que des bains, conduire plus souplement et moins vite . . . L'écologie se développe ainsi en complément de l'"égologie," forme contemporaine de l'individualisme.

Certains freins à l'engagement demeurent, comme la méfiance des Français envers les "élites" et l'autorité en général (politique, institutionnelle, scientifique, médiatique . . .). La culture du confort incite aussi à repousser à plus tard les changements d'habitudes, les efforts, voire les sacrifices.

Les Français sont en tout cas désormais convaincus que la dégradation de l'environnement est une menace réelle et grave.

—*Francoscopie 2013*

4

Ce que Marie-Laure sait des "quarante rois qui ont fait la France"

Mireille: Alors, Marie-Laure, tu connais tous tes rois de France?

Marie-Laure: Oh, ben, dis, hé! . . . Je les connais pas tous, hein! Il y en a trop! Mais j'en connais quelques-uns!

Mireille: Voyons! Lesquels?

Marie-Laure: Eh ben . . . Vercingétorix.

Mireille: Mais non! Ce n'est pas un roi de France! C'était le chef des Gaulois. Il n'y avait pas encore de roi de France! C'était au temps des Romains et des Gaulois! C'était au moins cinquante ans avant Jésus-Christ!

Marie-Laure: Bon, eh bien, alors, il y a Clovis, en

481 . . . , que ses soldats ont porté sur un bouclier et qu'ils ont élu roi, et après, il s'est converti au christianisme pour que le Dieu des chrétiens l'aide à gagner la bataille de Tolbiac contre les Alamans.

Puis après, il y avait le bon roi Dagobert qui s'occupait tellement des affaires, qui travaillait tant, qu'il était un peu surmené; alors il était distrait et il mettait sa culotte à l'envers. Mais il avait un très bon conseiller, saint Eloi, qui arrangeait tout ce qui n'allait pas.

Après, il y a eu les rois fainéants, des paresseux qui ne faisaient rien que parcourir leur royaume, pas à cheval parce que c'était trop fatigant pour eux, mais couchés sur un lit, sur un chariot tiré par des bœufs.

Puis après, c'est Charles Martel qui avait un gros marteau pour taper sur ses ennemis. C'est comme ça qu'il a arrêté les Arabes, qui avaient envahi l'Espagne et le sud de la France, à Poitiers, 732.

Mireille: Oui, mais il n'était pas roi, il était seulement maire du palais.

Marie-Laure: Tu es sûre? En tout cas son fils Pépin le Bref, lui, a été roi. C'était un petit costaud, qui s'amusait à se battre avec des taureaux et des lions pour montrer comme il était fort.

Après, il y a Charlemagne, avec une grande barbe. Il était très riche, il avait beaucoup de plats en argent, de bijoux en or. Il voyageait beaucoup pour inspecter ses domaines et vérifier les comptes. Et en plus il envoyait des messagers partout pour tout surveiller. Et il allait dans les écoles pour voir si on travaillait bien. Et puis il est allé en Espagne pour battre un peu les Arabes, avec son neveu Roland. Et en revenant, quand ils passaient les Pyrénées, les Basques les ont attaqués, mais ça c'est une autre histoire . . . c'est la *Chanson de Roland*, c'est trop long; je ne raconte pas!

Ensuite, il y a Charles le Simple qui était très ennuyé parce qu'il y avait les Normands qui arrivaient du nord, sur leurs bateaux, qui remontaient la Seine, et qui pillaient tout, volaient tout, brûlaient, tuaient, et Charles le Simple ne savait pas comment faire pour les arrêter. Alors il leur a dit: "Ecoutez, je vous donne la Normandie, prenez-la, et fichez-nous la paix." Et c'est comme ça que les Normands sont devenus français et après ils ont conquis l'Angleterre . . . mais ça aussi c'est une autre histoire; je ne raconte pas.

Après, il y a eu Hugues Capet qui a été élu roi par les seigneurs de l'Ile-de-France, et son arrière-petit-fils, Louis VI, le Gros, qui aimait bien manger et puis son petit-fils Philippe-Auguste, qui a fait beaucoup de constructions à Paris, comme le Louvre, qui était un château-fort dans les fortifications de Paris.

Après ça, tu as saint Louis, Louis IX. Il habitait au château de Vincennes, mais il passait son temps assis sous un chêne, dans le parc, à rendre la justice. Il allait faire des visites aux pauvres. Il était très religieux, alors il est parti faire une croisade pour convertir à la religion chrétienne les Turcs et les Arabes, qui étaient musulmans, et pour reprendre le tombeau du Christ, à Jérusalem, qui était entre leurs mains. Mais ça n'a pas bien marché. Il est mort de la peste, à Tunis, avant même d'être arrivé en Terre sainte.

Je connais aussi Louis X, le Hutin, qui aimait bien la bagarre et les sports. Un jour il faisait un match de jeu de paume (c'était le tennis de l'époque) au château de Vincennes, il faisait très chaud, alors il est descendu à la cave pour boire du vin bien frais, et hop, il est mort. Ce qui prouve qu'il ne faut pas jouer au tennis . . .

Mireille: . . . ou boire du vin . . .

Marie-Laure: . . . trop froid, quand on a chaud. . . .

Après, il y a Charles V qui se battait contre les Anglais qui n'arrêtaient pas d'envahir la France; et Charles VI qui est devenu fou; et Charles VII que Jeanne d'Arc a fait couronner à Reims et qui a fini par réussir à chasser les Anglais. Et puis, Louis XI qui enfermait ses ennemis dans des cages en fer tellement petites qu'ils ne pouvaient pas se tenir debout.

Ensuite, il y a Charles IX qui, avec sa mère Catherine de Médicis, a fait massacrer tous les protestants le jour de la Saint-Barthélemy, en 1572. Et son frère, Henri III, qui a fait assassiner le duc de Guise qu'il n'aimait pas, et qui a été assassiné lui aussi peu après.

Là, on arrive à Henri IV. Il était béarnais; il était né au château de Pau, dans le Béarn, dans le sud-ouest de la France. Quand il est né, son père lui a fait boire une goutte de vin blanc de Jurançon et il lui a frotté les lèvres avec une gousse d'ail, pour qu'il devienne très fort. Il était roi de Navarre. Il était protestant et, à cause de ça, il a dû beaucoup se battre pour se faire accepter comme roi de France. Il avait des plumes blanches sur son casque et, dans les batailles, il disait à ses soldats, "Ralliez-vous à mon panache blanc!" Il avait peut-être, aussi, un cheval blanc; mais ça, on n'a jamais bien su, parce qu'on demande toujours: "Quelle était la couleur du cheval blanc d'Henri IV?" Ah, ah, ah! Mystère et boule de gomme! Il a réussi à se faire accepter comme roi de France en disant: "Paris vaut bien une messe!" Il est devenu catholique, ou il a fait semblant. Pour protéger les protestants, il a signé l'édit de Nantes qui interdisait de les persécuter. C'était un bon roi, on l'appelait le "bon roi Henri." Il voulait que les sujets de son royaume puissent avoir une poule au pot tous les dimanches. Ça ne l'a pas empêché d'être assassiné par un fou qui s'appelait Ravaillac (1610).

Après, on arrive à Louis XIII qui avait des mousquetaires, avec d'Artagnan. Ensuite Louis XIV qui a fait beaucoup de guerres, qui habitait au palais de Versailles, qui avait une cour très brillante, alors on l'appelait "le roi soleil." C'était un monarque absolu. Il disait "L'Etat, c'est moi." Quand on ne faisait pas tout de suite ce qu'il voulait, il disait "J'ai failli attendre!" En fait, il se croyait tellement important, que, en parlant de lui, en général, il ne disait pas "je" mais "nous."

Après Louis XIV il y a eu Louis XV, on l'appelait le Bien-Aimé, mais ce n'était pas vrai, on ne l'aimait pas du tout. Il aimait beaucoup s'amuser et il a eu tout un tas de favorites, la marquise de Pompadour, Mme du Barry, et beaucoup d'autres. Il n'était pas très sérieux. Il disait: "Après moi, le déluge!" Enfin, on arrive à Louis XVI qui était marié à Marie-Antoinette qui était autrichienne. Ils habitaient à Versailles. Lui aimait bien bricoler, il s'amusait à faire des clés, et elle, elle s'amusait à jouer à la bergère dans une ferme-modèle qu'elle avait fait construire dans le parc de Versailles. On a dit aussi qu'elle s'amusait à flirter avec un ambassadeur suédois qui s'appelait Fersen, mais je ne sais pas si c'est vrai. Pendant ce temps-là, la Révolution française commençait et ils ont fini par être guillotinés tous les deux. Fin!

Mireille: Eh, eh! Mais c'est pas fini! Après la Révolution et l'Empire, il y a encore eu Louis XVIII, et Charles X, et Louis-Philippe!

Marie-Laure: Oh, arrête! Ça suffit comme ça! Je ne veux pas en entendre parler! Après la Révolution, vive la République!

5

Ceux qui . . .

(Extraits de "Tentative de description d'un dîner de têtes à Paris-France")

. . . .

ceux qui croient
ceux qui croient croire

. . . .

ceux qui ont du ventre
ceux qui baissent les yeux
ceux qui savent découper le poulet
ceux qui sont chauves à l'intérieur de la tête

. . . .

ceux qui ont quatre mille huit cent dix mètres de Mont-Blanc, trois cents de Tour Eiffel, vingt-cinq centimètres de tour de poitrine et qui en sont fiers

. . . .

Le soleil brille pour tout le monde, il ne brille pas
dans les prisons, il ne brille pas pour ceux qui
travaillent dans la mine,

ceux qui écaillent le poisson
ceux qui mangent la mauvaise viande
ceux qui fabriquent les épingles à cheveux
ceux qui soufflent vides les bouteilles que d'autres
    boiront pleines
ceux qui coupent le pain avec leur couteau
ceux qui passent leurs vacances dans les usines
ceux qui ne savent pas ce qu'il faut dire
ceux qui traient les vaches et ne boivent pas le lait
ceux qu'on n'endort pas chez le dentiste
ceux qui crachent leurs poumons dans le métro
ceux qui fabriquent dans les caves les stylos avec les-
    quels d'autres écriront en plein air que tout va pour
    le mieux
ceux qui en ont trop à dire pour pouvoir le dire
ceux qui ont du travail
ceux qui n'en ont pas
ceux qui en cherchent
ceux qui n'en cherchent pas
ceux qui donnent à boire aux chevaux
ceux qui regardent leur chien mourir
ceux qui ont le pain quotidien relativement
    hebdomadaire
ceux qui l'hiver se chauffent dans les églises
ceux que le suisse envoie se chauffer dehors
ceux qui voudraient manger pour vivre
ceux qui voyagent sous les roues
. . . .
ceux qui regardent la Seine couler
. . . .
ceux qui n'ont jamais vu la mer
. . . .
ceux qui n'ont pas l'eau courante
. . . .
ceux qui vieillissent plus vite que les autres
. . . .
ceux qui crèvent d'ennui le dimanche après-midi
parce qu'ils voient venir le lundi
et le mardi, et le mercredi, et le jeudi, et le vendredi
et le samedi
et le dimanche après-midi

—Jacques Prévert, *Paroles*

6

Le Col du Tourmalet

TOURMALET (Col du)—Carte Michelin nº 85—pli 18
    Alt. 2.115m. Son nom signifie "mauvais détour."
Jusqu'au 17e s., il ne pouvait être franchi qu'en chaise à

porteurs; les premières voitures s'y engagèrent en 1788
alors que la route de la gorge de Luz était coupée par
une crue du gave de Pau.

Du col, le **panorama** est remarquable par l'âpreté
des sommets qu'il fait découvrir.

—Michelin Guide Vert, *Pyrénées-Aquitaine*

7

Comment Louis XIV a supprimé les Pyrénées

I. **La paix des Pyrénées.** Un traité de paix entre la
France et l'Espagne est signé le 9 novembre 1659 dans
l'île des Faisans, au milieu de la Bidassoa, petite rivière
basque qui marque la frontière entre la France et l'Espagne. La paix des Pyrénées met fin à une guerre qui
durait depuis une dizaine d'années. Elle prévoit que
Louis XIV épousera Marie-Thérèse, fille de Philippe IV,
roi d'Espagne.

2. **Le mariage de Louis XIV.** Prévu par le traité des
Pyrénées, le mariage du roi avec l'infante d'Espagne est
retardé par la passion que le roi éprouve pour Marie
Mancini, nièce de Mazarin. Mais le cardinal exile la
jeune fille et le roi cède à la raison d'Etat. Accompagné
de sa suite, il arrive à Saint-Jean-de-Luz le 8 mai 1660.

3. **Le 9 juin au matin, le roi, logé à la maison
Lohobiague, rejoint la maison de l'infante.** Entre les
Suisses qui font la haie, le cortège s'ébranle en direction de l'église. Derrière deux compagnies de gentils-
hommes, le cardinal Mazarin, en costume somptueux,
ouvre la marche, suivi par Louis XIV, en habit noir
orné de dentelles. A quelques pas derrière, Marie-
Thérèse, en robe tissée d'argent et manteau de velours
violet, la couronne d'or sur la tête, précède Monsieur,
frère du roi, et l'imposante Anne d'Autriche. Toute la
cour vient derrière.

Le service, célébré par Mgr d'Olce, évêque de
Bayonne, dure jusqu'à 3h. La porte par laquelle sort le
couple royal est murée après la cérémonie.

Le cortège regagne la maison de l'infante. Du
balcon, le roi et Mazarin jettent à la foule des médailles
commémoratives. Puis, les jeunes époux soupent à
la maison Lohobiague en présence de la cour. Une
étiquette rigoureuse les conduit jusqu'au lit nuptial dont
la reine-mère ferme les rideaux en donnant la bénédiction traditionnelle.

4. **Corbeille de noce.** La jeune reine a reçu des présents dignes des *Mille et une nuits*. Le roi a offert six pa-
rures complètes de diamants et de pierres précieuses;
Monsieur, douze garnitures de robes en pierreries. Le
cadeau du richissime Mazarin est princier: douze cent

mille livres de diamants et de perles, un grand service de table en or massif, et deux calèches d'apparat tirées l'une par six chevaux de Russie, l'autre par six chevaux des Indes, dont les robes sont assorties aux couleurs des voitures.

Marie-Thérèse sera, pour Louis XIV, une épouse douce et digne. Quand elle mourra, le roi dira: "C'est le premier chagrin qu'elle me cause."

—*Michelin Guide Vert, Pyrénées-Aquitaine*

Une Belle Histoire

C'est un beau roman, c'est une belle histoire
C'est une romance d'aujourd'hui
Il rentrait chez lui, là-haut vers le brouillard
Elle descendait dans le midi, le midi
Ils se sont trouvés au bord du chemin
Sur l'autoroute des vacances
C'était sans doute un jour de chance
Ils avaient le ciel à portée de main
Un cadeau de la providence
Alors pourquoi penser au lendemain

Ils se sont cachés dans un grand champ de blé
Se laissant porter par le courant
Se sont raconté leur vie qui commençait
Ils n'étaient encore que des enfants, des enfants
Qui s'étaient trouvés au bord du chemin
Sur l'autoroute des vacances
C'était sans doute un jour de chance
Qui cueillirent le ciel au creux de leurs mains
Comme on cueille la providence
Refusant de penser au lendemain

C'est un beau roman, c'est une belle histoire
C'est une romance d'aujourd'hui
Il rentrait chez lui, là-haut vers le brouillard
Elle descendait dans le midi, le midi
Ils se sont quittés au bord du matin
Sur l'autoroute des vacances
C'était fini le jour de chance
Ils reprirent alors chacun leur chemin
Saluèrent la providence en se faisant un signe de la main

Il rentra chez lui, là-haut vers le brouillard
Elle est descendue là-bas dans le midi
C'est un beau roman, c'est une belle histoire
C'est une romance d'aujourd'hui

—Michel Fugain

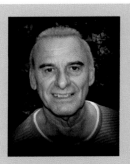

Michel Fugain, né en 1947, chanteur, compositeur, et interprète, abandonne des études de médecine pour devenir assistant du cinéaste Yves Robert. En 1964, il écrit ses premières chansons; son premier album, *Je n'aurai pas le temps*, sort en 1967. En 2011, il sort *Le Printemps*, le premier de quatre mini-albums de chansons au fil des saisons. Les autres saisons apparaissent en 2012, en Europe et au Canada.

Quelle richesse!

1

Le lendemain, chez les Belleau. Mireille, Robert, et Marie-Laure attendent leurs amis. Ils ont quelques difficultés à arrêter un itinéraire. On sonne.

Marie-Laure: Je vais ouvrir. . . . C'est Hubert!

Hubert: Ça va depuis hier? Tenez, regardez, j'apporte *Les Châteaux de France*. Les autres ne sont pas là?

Mireille: Tiens, les voilà.

Colette *(les bras chargés de petits paquets)*: Bonjour, les enfants!

Mireille: Mais tu es bien chargée! Qu'est-ce que tu apportes?

Colette: *Le Gault et Millau*, le *Guide de l'Auto-Journal*, le *Guide Michelin* avec la carte des trois étoiles, des madeleines de Commercy, des berlingots de Carpentras, du nougat de Montélimar, et des bêtises de Cambrai pour Marie-Laure.

Mireille: Oh, je pense que tu la gâtes un peu trop!

Colette: J'espère qu'elle nous en laissera goûter un peu.

2

Marie-Laure: Je ne sais pas, il faut voir. . . . Si vous m'emmenez avec vous, d'accord. Sinon, je garde tout.

Mireille: Mais allons, Marie-Laure, tu sais très bien qu'on ne peut pas t'emmener! Tu iras à Saint-Jean-de-Luz avec Papa et Maman.

1. *chargé*

Colette est **chargée**. Elle a les bras **chargés** de cadeaux et de livres.

1. *madeleine, berlingot, nougat, bêtise*

Les **madeleines** sont de petits gâteaux qu'on sert avec le thé.

Les **berlingots** sont des bonbons à rayures rouges et blanches. Le **nougat** est une confiserie à base de miel, d'amandes et de blanc d'œuf.

Les **bêtises** sont des bonbons à la menthe.

1. *gâter*

Tonton Guillaume **gâte** Marie-Laure: Il lui apporte toujours des cadeaux, des gâteaux, des bonbons (ça finira par lui **gâter** les dents . . .).

Marie-Laure: Non, non! Moi, je ne veux pas aller à Saint-Jean-de-Luz avec Papa et Maman, je veux aller avec vous! . . . Je m'en fiche,[1] si vous ne voulez pas m'emmener, je partirai toute seule. Et je ne dirai pas où je vais. Et tu seras bien embêtée!

1. Allons, Marie-Laure! On dit: "Ça m'est égal." On voit bien que tes parents ne sont pas là! (Note des auteurs)

Mireille: Mais allons, Marie-Laure, arrête de dire des bêtises et offre des bonbons à tout le monde.

Marie-Laure: Pas à toi! (*A Robert*) Qu'est-ce qu'il veut, mon cow-boy adoré? Des bêtises de Cambrai, des berlingots de Carpentras, du nougat de Montélimar, ou des madeleines de Commercy?

Robert: Une bêtise!

3

Hubert: Alors, on est bien tous d'accord, on va d'abord à Rouen?

Jean-Michel: A Tourcoing!

Mireille: Bon, alors, j'ai bien réfléchi: on ne va ni à Rouen, ni à Tourcoing, mais à Ouessant.

Robert: Ouessant? Où est-ce, ça, Ouessant?

Mireille: En mer. A vingt kilomètres des côtes de Bretagne. . . . Bon, j'ai une idée. On met la table de côté et on met la carte par terre. Ce sera mieux! . . .

Hubert: C'est une idée. Faisons la France en bateau.

Robert: La France en bateau? C'est moi que vous voulez mener en bateau. . . .

Hubert: Mais non, cher ami, personne ne veut vous mener en bateau! Je ne me permettrais pas de me moquer de vous. Non, non, c'est tout à fait sérieux, je ne plaisante pas. On peut très bien faire la France en bateau! Pensez, cinq mille kilomètres de côtes!

Mireille: Ça en fait, des plages! On va pouvoir se baigner tous les jours.

Jean-Michel: Oh, eh, là, minute!

Ça dépend où! Moi, je ne me baigne pas dans la Manche ni dans la Mer du Nord. Pas question! C'est trop froid.

Hubert: Monsieur est frileux! Mais, cher Monsieur, en Russie, il y a des gens qui se baignent en janvier, au milieu des glaçons et des ours blancs!

Marie-Laure: C'est vrai?

Mireille: Je n'en suis pas sûre.

Marie-Laure: Ils ont sûrement des combinaisons thermiques!

4

Robert: Je vois très bien comment on pourrait longer la côte depuis la Belgique jusqu'au Pays Basque, mais comment passer de là à la Méditerranée, ça, je vois moins bien . . . même si Louis XIV a supprimé les Pyrénées! . . .

Marie-Laure: Mais il ne les a pas supprimées pour de vrai!

Hubert: Aucun problème! On remonte la Garonne, et puis on prend le canal du Midi (encore une grande réalisation de Louis XIV, entre parenthèses), et on arrive à la Méditerranée.

Jean-Michel: Oh, là, là! Il y en a qui commencent à m'embêter avec leur Louis XIV! Cela dit, je reconnais qu'on peut aller presque partout en bateau, avec tous ces fleuves, toutes ces rivières, tous ces canaux. . . .

Hubert: Oui, bien sûr! De la Manche, on pourrait remonter la Seine, puis la Marne; de la Marne, passer dans la Saône par le canal; de la Saône, on passe dans le

Rhône, et on descend tranquillement jusqu'à la Méditerranée. . . .

Colette: . . . Et on va manger une bouillabaisse à Marseille! . . . Voilà: la vraie bouillabaisse de Marseille. Vous voulez la recette?

5

Hubert: Mais j'y pense! Ma famille a un petit voilier à Villequier. On pourrait peut-être l'emprunter!

Mireille: Eh, minute! Je n'ai pas envie d'aller me noyer à la fleur de l'âge!

Marie-Laure: Pourquoi tu te noierais? Tu sais nager!

Mireille: Oui, mais faire de la voile à Villequier, c'est dangereux.

Marie-Laure: Pourquoi?

Mireille: Tu sais, Victor Hugo. . . .

Marie-Laure: Oui. . . .

Mireille: Eh bien, il avait une fille. . . .

Marie-Laure: Oui. . . .

Mireille: Et cette fille, elle s'est mariée. . . .

Marie-Laure: Ouais. . . .

Mireille: Et un jour, elle est allée avec son mari à Villequier, sur la

2. *bêtise*

—Que tu es **bête**! Arrête de dire des **bêtises**!

3. *Ouessant*

3. *côte*

La **côte**.

3. *frileux*

Les Russes ne sont pas **frileux**: ils se baignent en janvier au milieu des pingouins et des ours blancs.

4. *longer*

La route **longe** la côte, elle suit la côte.
Les quais **longent** la Seine.

4. *fleuve, rivière, canal*

Un **fleuve**, la Seine. (Un **fleuve** se jette dans la mer.)

Une **rivière**. (Une **rivière** se jette dans une autre **rivière** ou dans un fleuve.)

Un **canal**.

4. *bouillabaisse*

La **bouillabaisse** est une spécialité marseillaise. C'est une sorte de soupe de poissons.

5. *voilier*

Un **voilier**.

Seine, dans une propriété de la famille. . . .

Marie-Laure: Ouais. . . .

Mireille: Et là, il y avait un bateau, un voilier; alors elle est allée faire du bateau sur la Seine, avec son mari. . . .

Marie-Laure: Ouais?

Mireille: Et le bateau s'est retourné, et elle s'est noyée.

Marie-Laure: Et alors?

Mireille: Et alors, Victor Hugo a écrit un poème.

Marie-Laure: Et toi, tu ne veux pas aller te noyer à Villequier, parce que Papa n'écrirait pas de poème.

Mireille: Voilà, tu as tout compris.

5. *se noyer*

Un monsieur qui est en train de **se noyer**.

5. *la fleur de l'âge*

Mireille est à **la fleur de l'âge**; elle a dix-huit ans! Tante Amélie, elle, n'est plus à **la fleur de l'âge**; c'est une vieille dame.

5. *se retourner*

Le bateau où était la fille de Victor Hugo **s'est retourné**; il s'est renversé.

6

Jean-Michel: Eh bien, moi, je n'ai pas non plus envie d'aller me noyer à la fleur de l'âge. . . . Et puis moi, je ne vais pas passer l'été à faire du tourisme sur un yacht de fils à papa! J'aurais mauvaise conscience. Et puis, de toute façon, ce n'est pas à bord d'un yacht qu'on peut découvrir la vraie France. Non, il faut aller voir la France qui travaille, il faut aller voir les ouvriers des aciéries de Lorraine, les mineurs de fond. Il faut aller voir fabriquer les pneus Michelin, l'Airbus, les voitures Renault et les pointes Bic. C'est ça, la France! La vraie France, ce sont les travailleurs.

Hubert: Les travailleurs! Ce ne sont pas eux qui fabriquent les Renault!

7

Jean-Michel: Ah, non? Et c'est qui, d'après toi?

Hubert: Les robots! Et puis, vous me faites rire avec vos pointes Bic. La France est peut-être à la pointe du progrès avec les pointes Bic; la pointe Bic est une magnifique réussite technique et commerciale, d'accord. Mais il y a des choses encore plus remarquables. Tenez, prenez l'usine marémotrice de la Rance, par exemple, hein? Ce n'est pas partout qu'on fait de l'énergie électrique avec la force des marées!

Jean-Michel: Tu me fais rigoler avec ta marémotrice. La marémo-trice de la Rance, oui, ce n'est pas mal, mais les Russes aussi en ont une, de marémotrice!

Hubert: Qu'ils ont copiée sur la nôtre!

Jean-Michel: Ça, c'est à voir!

Hubert: C'est tout vu! D'ailleurs, il n'y a pas que les Russes! Le monde entier nous copie, parce que toutes les grandes découvertes ont eu leur origine en France: la pasteurisation, la radioactivité, la boîte de conserve, le stéthoscope, euh . . . le champagne, l'avia-tion, le télégraphe, le cinéma, le principe de Carnot, le foie gras, l'amour, la liberté. . . .

Jean-Michel: Ce n'est pas possible d'être chauvin à ce point-là! . . .

8

Jean-Michel: Tenez, un truc qui est vachement bien, c'est les installations d'énergie solaire dans les Pyrénées Orientales. Vous connaissez? Ça, c'est quelque chose! Je me rappelle avoir vu, quand j'étais petit, un four solaire qui liquéfiait les métaux en un clin d'œil. Vous vous rendez compte? Du métal qui fond au soleil! Ça m'avait sidéré.

Colette: Tu nous embêtes avec ta sidérurgie. Ça n'intéresse personne.

Jean-Michel: Ah, ben! La sidé-rurgie solaire, je t'assure que c'est quelque chose. C'est impressionnant!

Mireille: Tiens, Marie-Laure, on a sonné. Tu vas voir?

9

Marie-Laure va ouvrir la porte d'entrée; c'est l'homme en noir. . . . Elle revient dans le salon. Personne n'a fait très attention à ce qui s'était passé.

Mireille (*plus occupée de son projet de voyage que de l'incident de la porte*): Qu'est-ce que c'était?

Marie-Laure: Le frère de la sœur.

Mireille: Qui?

Marie-Laure: Tu sais bien, le frère de la bonne sœur qui était venue l'autre jour.

Mireille: Et qu'est-ce qu'il voulait?

Marie-Laure: Il me rapportait mes boules de gomme.

Mireille: Tu les avais perdues?

Marie-Laure: Non.

10

Mireille: Mais qu'est-ce que c'était, ces boules de gomme qu'il te rapportait?

Marie-Laure: Ce n'étaient pas les miennes. C'étaient d'autres boules de gomme.

Mireille: Je n'y comprends rien.

Marie-Laure: C'est pourtant simple! Il m'a dit: "Je vous rap-porte vos boules de gomme." Mais j'ai vu que ce n'étaient pas les miennes, alors je lui ai dit: "Non, ce ne sont pas les miennes." Je les lui ai rendues, alors il est parti.

Mireille: Ce n'est pas très clair! C'est bien mystérieux, cette his-toire de boules de gomme.

Marie-Laure: Ben, toi, on peut dire que tu n'es pas douée, hein!

11

Tout le monde se lève pour partir.

Colette: Oh, mais il est cinq heures. Il faut que je parte.

Hubert: Je vous accompagne.

Jean-Michel: Oui, moi aussi, il faut que je parte.

Hubert: Au revoir! On se téléphone.

Robert aussi s'en va.

Marie-Laure: Moi aussi, je descends.
Mireille: Tu vas où?

Marie-Laure: Au jardin.
Mireille: Bon, d'accord, mais tu reviens à six heures, tu entends? Six heures pile! . . . Papa et Maman ne sont pas là, ce soir. Alors, on mangera tôt, et si tu es sage, on ira au cinéma.
Marie-Laure: Chouette!
Mireille: Six heures, pile! Pas une minute de plus!
Marie-Laure: Oui!!!

7. *rigoler*
—Marie-Laure, arrête de rire comme une idiote!
—Oh, si on ne peut plus **rigoler**, maintenant!

7. *découverte*
Trois grandes **découvertes** françaises:

le cinéma . . .

l'amour . . .

. . . et la liberté.

7. *chauvin*
Hubert est **chauvin**; il est français et fier de l'être.

8. *four solaire*

Le **four solaire** d'Odeillo, dans les Pyrénées.

8. *fondre*
La neige **fond** au soleil. Le beurre aussi. Les métaux **fondent** à de très hautes températures.

8. *sidéré*

Dame **sidérée** par ce qu'elle lit dans le journal.

C'est extrêmement surprenant. C'est **sidérant**.

MISE EN ŒUVRE

Ecoutez la mise en œuvre du texte et répondez aux questions suivantes.

1. Où les amis se retrouvent-ils?
2. Quels guides Colette a-t-elle apportés?
3. Quelles sortes de bonbons a-t-elle apportées pour Marie-Laure?
4. A quelle condition Marie-Laure leur fera-t-elle goûter des bêtises de Cambrai?
5. Où Marie-Laure doit-elle aller cet été?
6. Qu'est-ce qu'elle menace de faire s'ils ne l'emmènent pas?
7. Où Mireille propose-t-elle d'aller?
8. Où est Ouessant? Qu'est-ce que c'est?
9. Quand Hubert dit qu'il veut faire la France en bateau, est-ce qu'il est sérieux ou est-ce qu'il veut "mener Robert en bateau"?
10. Pourquoi y a-t-il tant de plages en France?
11. Pourquoi Jean-Michel refuse-t-il de se baigner dans la Manche ou la Mer du Nord?
12. Comment peut-on passer du Pays Basque à la Méditerranée?
13. Pourquoi peut-on aller presque partout en bateau en France?
14. Comment peut-on passer de la Marne dans la Saône?
15. Pourquoi Colette aimerait-elle aller à Marseille?
16. Qu'est-ce que la famille d'Hubert possède à Villequier?
17. Pourquoi Mireille ne veut-elle pas aller faire de la voile à Villequier?
18. Comment est morte la fille de Victor Hugo?
19. Pourquoi Jean-Michel ne veut-il pas emprunter le voilier de la famille d'Hubert?
20. Quelle est la France que Jean-Michel veut voir?
21. D'après Hubert, qui fabrique les Renault?
22. A quoi sert l'usine marémotrice de la Rance?
23. Quelles découvertes ont été faites en France?
24. Qu'est-ce que Jean-Michel reproche à Hubert?
25. Qu'est-ce qu'il y a dans les Pyrénées Orientales?
26. Qu'est-ce que Jean-Michel avait vu quand il était petit?
27. Qui sonne à la porte des Belleau?
28. Pourquoi l'homme en noir est-il venu?
29. Pourquoi Marie-Laure n'a-t-elle pas accepté les boules de gomme de l'homme en noir?
30. Qu'est-ce que Mireille et Marie-Laure feront ce soir, si Marie-Laure est sage?

MISE EN QUESTION

1. Qu'est-ce que Colette apporte? Qu'est-ce que cela nous dit sur ses goûts? Qu'est-ce qui l'intéresse? (Voyez aussi leçon 47.) Pour qui a-t-elle apporté tous ces bonbons? Uniquement pour Marie-Laure?

2. Quand Marie-Laure dit qu'elle va partir toute seule, qu'elle ne dira pas où elle va, est-ce que Mireille considère ça comme des menaces sérieuses? Qu'est-ce qu'elle dit que c'est? Quand Marie-Laure offre des bonbons à Robert, qu'est-ce qu'il prend?

3. Vous vous rappelez quand Marie-Laure a fait croire à Mireille que Mme Belleau l'attendait à la maison et que ce n'était pas vrai (leçon 15)? Qu'est-ce qu'on peut dire que Marie-Laure a fait?

4. Quand Hubert dit qu'il y a, en Russie, des gens qui se baignent au milieu des glaçons, est-ce que vous pensez que c'est vrai, qu'Hubert le sait, ou bien qu'il invente ça pour plaisanter et se moquer un peu de Jean-Michel? Pensez-vous qu'il y ait des ours blancs en Russie?

5. Savez-vous où est Marseille? C'est dans les montagnes, au bord de la mer? Pouvez-vous deviner ce que c'est que la bouillabaisse? C'est un plat de poisson, de viande, une pâtisserie, un fromage?

6. Est-ce que Marie-Laure considère son père comme un grand poète?

7. Qu'est-ce que c'est que l'Airbus? Un appareil-photo, un magnétoscope, une voiture, un bateau, un avion, un train?

8. Bic est une marque de lave-vaisselle, de stylos, de planches à voile, de rasoirs, de couteaux?

9. Qui pensez-vous qu'on considère, en France, comme le premier aviateur, le premier homme à avoir réussi à voler avec un appareil à moteur, Clément Ader ou les frères Wright? Qui considère-t-on comme l'inventeur du cinéma, Edison ou les frères Lumière?

10. Que faisait ce four solaire que Jean-Michel a vu, dans les Pyrénées Orientales, et qui l'a beaucoup impressionné, qui l'a sidéré? Comment appelle-t-on l'industrie métallurgique dans laquelle on fait fondre les métaux?

11. Pourquoi Marie-Laure dit-elle que Mireille n'est pas douée? Est-ce que cette histoire de boules de gomme vous paraît claire, simple, normale, mystérieuse, inquiétante?

12. Pourquoi Mireille insiste-t-elle pour que Marie-Laure revienne à six heures pile?

PAPA VA SAUVER LE MONDE

Le 24 novembre 2011

Hier j'ai dîné chez Papa et Maman avec Mireille.

Papa était déchaîné. Il parlait tellement que je n'ai pas pu placer un mot et je ne suis pas sûre d'avoir bien compris tout ce qu'il disait.

En gros, je crois que ce qu'il disait c'est qu'il va sauver le monde.

Parce que le monde court à la catastrophe.

LE CAUCHEMAR DE FRANÇOIS BELLEAU

La planète se réchauffe. La pollution envahit l'atmosphère, les océans et la terre.

La tension entre les pays augmente sans cesse et les guerres éclatent un peu partout. Ça, on le sait ! « C'est la cata », comme dirait Brice.

LE RÊVE DE FRANÇOIS BELLEAU

Et tout ça, d'après Papa, c'est la faute à Ford,... pas John, non, l'autre, Henry, celui qui fabriquait des voitures. Les premières voitures marchaient à l'électricité paraît-il ; mais ce Ford, qui était très fort, et qui voulait faire fortune, a calculé que s'il fabriquait des voitures qui marchent à l'essence, d'une part, ça lui coûterait moins cher, et d'autre part, il en vendrait beaucoup plus et donc gagnerait beaucoup plus d'argent. Alors c'est ce qu'il a fait. Et les autres constructeurs ont suivi. Bientôt, avec toutes ces voitures, ces camions, tous les tanks qui marchent à l'essence, tout le monde a voulu avoir de l'essence et s'est disputé pour avoir la plus grande partie du pétrole existant. L'Angleterre et l'Argentine se sont disputé le pétrole des Îles Falkland. La Chine et le Japon se disputent le pétrole de Sibérie. Les Russes veulent le pétrole de Tchétchénie, tout le monde veut le pétrole du Moyen-Orient, de l'Arabie saoudite, de la Libye, de l'Irak, de l'Iran, du Kazakhstan, etc. Et des conflits éclatent partout dans le monde, et des milliers et des milliers de gens se font tuer... à cause du pétrole.

Alors, a dit Papa, pour résoudre le problème, on essaie de revenir aux voitures qui marchent à l'électricité. Très bien, mais l'ennui, c'est qu'elles ne peuvent faire que 150 ou 200 kilomètres et puis il faut recharger leur batterie... ce qui prend des heures. Pas commode si on veut aller loin et si on est pressé. Mais c'est là que Papa intervient. Depuis qu'il est à la retraite, il travaille comme consultant sur un projet de pointe avec un de ses anciens collègues. Ils mettent au point un système d'accumulateur électrique qui peut être monté sur une voiture en quelques minutes, pas plus de temps qu'il n'en faut pour faire un plein d'essence. Et alors, il suffira d'avoir un réseau de stations avec des batteries toutes chargées, prêtes à l'emploi, au lieu du réseau de stations-essence.

Intéressant d'avoir un père qui prépare l'avenir, n'est-ce pas ?

Je lui ai demandé s'il pouvait m'obtenir un bon prix pour la petite Renault Twingo dont je rêve, il m'a dit : « Attends ! On verra ! »

bdgomme Jacques a acheté une hybride. Il ne pouvait pas attendre que le système d'accumulateur électrique de mon père soit au point. #vivelesvolts

18-mars-2012

DOCUMENTS

1

Tour de France en bateau

Le canal du Midi.

Port-Grimaud, sur la Méditerranée, près de Saint-Tropez.

Le port de La Rochelle, sur l'Atlantique.

La plage de Royan.

Le port et la vieille ville de Menton, près de la frontière italienne.

Castelnaudary, où on peut louer des bateaux pour descendre le canal du Midi jusqu'à la Méditerranée.

Le château d'If (prison du comte de Monte-Cristo) à l'entrée du port de Marseille.

Le vieux port de Marseille.

La plage et le port de Collioure, sur la Méditerranée, près de la frontière espagnole.

2

Petits Problèmes et travaux pratiques

La géographie
Où la Seine se jetterait-elle si elle prenait sa source dans les Pyrénées?

—Jean Tardieu, *Le Professeur Froeppel*

3

Boomerang
En Australie, un jeune homme est devenu fou: sa mère lui a offert un nouveau boomerang, et il a essayé de jeter le vieux!

—Coluche

4

Demain, dès l'aube . . .
Demain, dès l'aube, à l'heure où blanchit la campagne,
Je partirai. Vois-tu, je sais que tu m'attends.
J'irai par la forêt, j'irai par la montagne.
Je ne puis demeurer loin de toi plus longtemps.

Je marcherai les yeux fixés sur mes pensées,
Sans rien voir au dehors, sans entendre aucun bruit,
Seul, inconnu, le dos courbé, les mains croisées,
Triste, et le jour pour moi sera comme la nuit.

Je ne regarderai ni l'or du soir qui tombe,
Ni les voiles au loin descendant vers Harfleur,
Et quand j'arriverai, je mettrai sur ta tombe
Un bouquet de houx vert et de bruyère en fleur.

—Victor Hugo, *Les Contemplations*

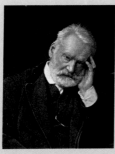

Victor Hugo (Victor-Marie Hugo) est né en 1802. Son père était général dans les armées de Napoléon.

Hugo est sans doute l'écrivain français le plus populaire. Il a énormément écrit: des poèmes, des romans, des pièces de théâtre. Ses poèmes les plus connus sont *Les Contemplations, La Légende des siècles, Les Orientales, L'Art d'être grand-père*. Il est généralement reconnu comme un très grand poète, bien qu'on fasse parfois quelques réserves. André Gide, à qui on avait demandé quel était, à son avis, le plus grand poète français, a répondu: "Victor Hugo, hélas!"

Avec sa pièce de théâtre *Hernani,* Hugo est devenu le champion du romantisme contre la tradition classique. La pièce, jouée en 1830 à la Comédie-Française, a provoqué une véritable bataille entre les défenseurs du classicisme et les jeunes romantiques. Il y a eu une "bataille d'Hernani," comme il y avait eu une "dispute du Cid" au temps de Corneille.

Dans son œuvre poétique, comme dans son œuvre en prose, Hugo a toujours défendu les humbles, les pauvres, les opprimés. Il s'est opposé au coup d'état de Louis-Napoléon Bonaparte, le neveu de Napoléon, et a passé, à cause de cela, près de vingt ans en exil dans les îles anglaises de Jersey et Guernesey, entre la France et l'Angleterre.

Dans sa jeunesse, il avait publié le *Dernier jour d'un condamné à mort,* qui demandait la suppression de la peine de mort. Et son premier roman, *Bug Jargal,* publié bien avant *Notre-Dame de Paris* et *Les Misérables,* avait pour sujet une révolte des noirs dans l'île de Saint-Domingue, aux Antilles.

A sa mort, en 1885, le gouvernement lui a fait des funérailles nationales et il a été enterré au Panthéon, avec les "Grands Hommes" de la nation.

5

De l'amour

AMOUR. Les Français ont en quelque sorte stylisé l'amour, créé un certain style, une certaine forme de l'amour; et après cela ils y ont cru, ils se sont obligés à le vivre d'une certaine manière. . . .

[En France] tout le monde est exposé à cette notion littéraire de l'amour, émotion, sensualité, jalousie, ambition, c'est-à-dire désir de réussir auprès d'une femme; enfin l'amour à la française, qui va d'*Andromaque* à *L'Education sentimentale*. Il y a là beaucoup de convention.
—Marguerite Yourcenar et Matthieu Galey, *Les Yeux ouverts*

6

L'Amour, invention française

L'idée que l'amour est apparu en France au milieu du XIIème siècle est illustrée par des extraits tirés des manuels scolaires les plus traditionnels et les plus courants: *Les Classiques Larousse* et l'*Histoire de la littérature* de Lagarde et Michard, par exemple.

A. Classiques Larousse: Les Romans courtois.

[Au cours du XIIème siècle,] la chevalerie se transforme en une classe héréditaire qui tend à se clore et à codifier ses règles de conduite. A la suite de cette évolution, une vie mondaine se crée dans les cours royales et seigneuriales où les dames donnent le ton et imposent une politesse raffinée, et même non dénuée de formalisme; "la chambre des dames"—expression employée par le comte de Soissons à la bataille de Mansourah—annonce ainsi, dès le XIIème et le XIIIème siècles, les ruelles et les salons des Précieuses. Dans le domaine de la vie sentimentale apparait la notion de l'**amour courtois** caractérisé par la soumission absolue du chevalier à l'égard de la dame. Cette attitude est calquée sur celle du vassal à l'égard de son suzerain; la dame (**domina**) est traitée comme une souveraine. C'est du Midi de la France que cette conception de l'amour courtois s'est répandue dans le Nord, surtout sous l'influence de très grandes dames comme la reine Aliénor d'Aquitaine et ses deux filles, Marie de Champagne et Aélis de Blois. . . .

Les deux grands thèmes du roman courtois sont l'aventure et l'amour, tantôt opposés, tantôt associés, l'amour surtout, avec tout ce que le mot comporte de nuances psychologiques. Or, la chanson de geste ignorait presque ce sentiment et il arrivait aux héros épiques de traiter la femme avec une grossièreté qui persistera longtemps dans les fabliaux. Les chevaliers des romans courtois sont exaltés ou emportés par l'amour comme par la plus noble ou la plus tragique des passions et ils rendent à la femme aimée un culte où l'élégance du ton et des manières s'ajoute à la profondeur et à la délicatesse du sentiment. L'amour courtois s'oppose à l'amour gaulois.

B. Lagarde et Michard: Le Moyen Age

La Littérature courtoise
Dans la **deuxième moitié du XIIème siècle**, les chansons de geste trouvent des auditoires enthousiastes sur les places et sur les routes des pèlerinages. Mais l'aristocratie, qui a évolué dans sa structure et dans ses mœurs, se tourne vers des œuvres moins rudes.

1. L'ADOUCISSEMENT DES MŒURS: La noblesse devient une classe héréditaire de plus en plus fermée. Sous l'influence de l'Eglise (Paix de Dieu et Trêve de Dieu), des sentiments de **générosité** et de **politesse** viennent adoucir les mœurs. Une **vie mondaine** se crée: les dames imposent des habitudes plus raffinées et les beaux usages se codifient.

2. LES ŒUVRES COURTOISES: . . . Ces œuvres, écrites spécialement pour une élite plus civilisée, content des aventures **sentimentales** et présentent des tableaux de la **vie élégante** et **luxueuse.** . . .

Elles font déjà une grande place au **merveilleux**, aux aventures **romanesques**: Alexandre descend au fond de la mer dans un tonneau de verre . . . . Déjà **l'amour** occupe le centre du roman et parfois commande l'intrigue: les filles d'Œdipe sont amoureuses, mais leurs amants sont tués; tel poète conte les amours d'Enée et de Didon, d'après Virgile, et, très longuement, les amours d'Enée et de Lavinie (1.600 vers); Achille refuse de combattre les Troyens parce qu'il aime Polyxène, fille de Priam.

Ces intrigues amoureuses invitent les auteurs à pénétrer dans les âmes, à tracer des portraits, à présenter même, dans des monologues, des **analyses de sentiments.** . . .

L'Influence provençale

Le Midi de la France a connu avant le Nord les douceurs d'une civilisation plus aimable. Jouissant d'un climat moins rude et d'une vie moins belliqueuse, initiés par la croisade aux splendeurs orientales, les seigneurs du Midi s'habituèrent à une **vie plus douce**, dans un cadre plus luxueux où la femme occupait une place importante. Ils attiraient à eux les artistes et eux-mêmes furent poètes ou **"troubadours."**

Les principaux de ces poètes sont **Jaufré Rudel, Bertran de Born, Raimbaut de Vaqueyras, Bernard de Ventadour** et **Giraut de Borneil**. Leurs œuvres, surtout lyriques, chantent le printemps, les fleurs, l'amour heureux, l'amour lointain, l'amour perdu.

Dans la **deuxième moitié du XIIème siècle**, ces mœurs plus polies ont gagné lentement le Nord de la France. C'est **Aliénor d'Aquitaine** qui paraît avoir le plus contribué à y acclimater la courtoisie du Midi, d'abord comme reine de France (épouse de Louis VII), puis comme reine d'Angleterre, deux ans après son second mariage avec Henri Plantagenet, comte d'Anjou et duc de Normandie, devenu roi d'Angleterre en 1154. Aliénor aimait les artistes et s'entourait d'une **cour** cultivée et raffinée. Cette influence fut encore élargie par ses deux filles, **Aélis de Blois** et surtout **Marie, comtesse de Champagne**. Cette dernière, protectrice

de Chrétien de Troyes, lui imposait même certains thèmes courtois; elle organisait, dit-on, des **"tribunaux"** ou **"cours d'amour"** où l'on discutait de subtils problèmes de sentiment, prélude aux salons de nos précieuses du XVIIème siècle.

La Courtoisie

Elle apparaît dans les romans à la rencontre de ces trois influences, et place **la préoccupation amoureuse** au centre de toute activité humaine.

1. LE SERVICE D'AMOUR: Les chevaliers sont aussi vaillants, aussi aventureux que dans les chansons de geste. Mais leurs exploits ne sont plus dictés par leur fidélité à Dieu ou à leur suzerain: ils sont désormais dictés par le **"service d'amour,"** soumission absolue du chevalier à sa "dame," souveraine maîtresse (le mot vient du latin **domina**, maîtresse).

2. LE CODE DE L'AMOUR COURTOIS: Ce service d'amour se codifie en un certain nombre de **règles charmantes** et artificielles qui honorent l'amour terrestre de tous les rites de l'amour divin. C'est pour plaire à sa dame que le chevalier recherche **la perfection**: en lui, la vaillance et la hardiesse s'allient à l'élégance de l'homme de cour. La dame ennoblit son héros en le soumettant à des épreuves, pour lui permettre de manifester sa valeur; l'amour qui peut faire agir contre la raison et même contre l'honneur est aussi la **source de toute vertu** et de toute prouesse.

Mais les exploits ne suffisent pas à fléchir une dame altière et inaccessible; il faut encore **savoir aimer** et souffrir en silence, avec discrétion et patience, être ingénieux pour exprimer sa passion, s'humilier pour traduire son adoration. C'est seulement quand le chevalier a souscrit aux caprices despotiques de son idole qu'il est récompensé de sa constance et payé de retour. . . .

Les Lais de Marie de France

LA PEINTURE NUANCEE DE L'AMOUR est vraiment la grande originalité de cet auteur. Ce n'est pas encore l'amour "courtois" codifié par les amoureux transis de la poésie provençale, ni l'aveuglement des chevaliers soumis aux caprices d'une dame impassible, comme dans Chrétien de Troyes. Ce n'est pas non plus la passion fatale, violente, et tragique de Tristan et Iseut. C'est la peinture très délicate, **très féminine**, de sentiments tendres, d'une émotion voilée et doucement mélancolique. Dans ces lais, la femme est une créature aimante et fidèle, prête à se sacrifier pour le bonheur de l'être aimé. Le **rêve** tient dans cet amour plus de place que les réalités.

7

La Tour Eiffel se met au vert

La tour Eiffel, monument emblématique, se met à l'écologie et produira bientôt une partie de l'énergie dont elle a besoin grâce à des panneaux solaires. Le premier étage, le plus vaste du monument, est en plein travaux de modernisation avec l'objectif de rendre la "vieille dame" plus accessible, plus attractive et plus écologique.

Situé à 57 mètres de hauteur, ce premier étage est le moins fréquenté de la tour mais cela pourrait changer lorsque les touristes auront accès au plancher transparent qui sera construit au-dessus du vide, en périphérie de l'espace créé par les quatre piliers. Les travaux prévoient aussi l'arrivée de petites éoliennes, de panneaux solaires, et la récupération des eaux pluviales. L'objectif est d'améliorer les performances énergétiques de la tour de 30%.

L'accessibilité aux personnes à mobilité réduite va par ailleurs être renforcée pour qu'elles puissent profiter de l'ensemble de l'espace, contrairement à aujourd'hui. Une salle de congrès sera aussi ouverte dans l'un des pavillons de l'étage, tandis que les boutiques, le musée et le restaurant du second pavillon seront rénovés. Les travaux, qui n'entraîneront pas de fermeture de l'étage, coûteront 25 millions d'euros.

—LeSoir.be, 8 janvier 2012

8

Kenavo

J'ai eu froid bien souvent dans ces pays du Nord,
Gelé au gris de leurs décors
Mais ils m'ont tant donné, si bien reçu chez eux,
Je n'ai jamais pu leur dire adieu
Et puis ces filles de Flandres, qui m'ont appris l'amour,
Ça valait bien un p'tit détour
Au moment de partir, je leur ai laissé ces mots
Qu'on dit de Brest à Saint-Malo

Refrain
Kenavo, comme on dit chez moi
Kenavo, on se reverra
Kenavo, comment oublier ça?
Kenavo, je repasserai par là

J'ai eu chaud bien souvent dans ces pays du Sud,
J'ai brûlé sous leurs latitudes
Si j'aime le soleil, sachez également,
J'aime bien sentir d'où vient le vent
J'ai appris le respect, j'ai appris l'amitié,
Pris des leçons de tolérance
Ce n'est pas dire adieu que de dire ces mots
Qu'on dit de Nantes à Concarneau

(Refrain)

Sûr que mon voyage s'arrêtera un jour
Je poserai mon sac pour toujours
Auprès d'une bergère ou d'une fille de joie,
D'une fille qui voudra bien de moi
Je promettrai d'être sage, de ne plus m'envoler,
De regarder le temps passer
A moins d'une envie folle de lui lancer ces mots
Qu'on dit d'Lorient à Landerneau

(Refrain)

—Gérard Jaffrès

Gérard Jaffrès, né en 1956, est un auteur-compositeur-interprète de culture bretonne. Il apprend la guitare au lycée, et joue d'abord principalement le répertoire folk breton (il s'inspire d'Alan Stivell et de Tri Yann) et la musique rock (Deep Purple, Led Zeppelin). Il est connu aujourd'hui pour une musique qui se situe entre le rock celtique et la chanson française traditionnelle aux accents folk, et pour des chansons où il chante son amour de la Bretagne.

49 Quelle horreur!

TEXTE

1

Chez les Belleau. Il est plus de six heures, et Marie-Laure n'est pas rentrée. Mireille attend, et elle s'inquiète.

Mireille: Mais qu'est-ce qu'elle fait? . . . Mais ce n'est pas possible! Qu'est-ce qu'elle peut bien faire? . . . Mon Dieu, il lui est sûrement arrivé quelque chose!

Vers 19 heures, elle se décide à téléphoner à Robert.

Mireille: Allô, Monsieur Taylor, s'il vous plaît. . . . Allô, Robert, c'est toi? Est-ce que Marie-Laure est avec toi?

Robert: Marie-Laure? Mais non, pourquoi?

Mireille: Je ne sais que faire: elle a disparu. Mais qu'est-ce qui a bien pu lui arriver? Elle devait être ici à six heures. Il est sept heures et quart, et elle n'est toujours pas rentrée. Mon Dieu! Je me disais qu'elle était peut-être partie avec toi?

Robert: Non, je crois qu'elle est allée au Luxembourg.

Mireille: Mais alors, elle devrait être là! . . . Ah, je ne sais pas que faire!

Robert: Ecoute, tu veux que je vienne? J'arrive tout de suite.

Mireille: Bon, je t'attends. Fais vite. Au revoir!

2

Un quart d'heure plus tard, Robert est là.[1]

Mireille: Il est 7h 40! Ça fait une heure et demie qu'elle devrait être là! Je ne comprends pas.

Robert: Tu as regardé dans sa chambre?

Mireille: Son bateau n'est pas là.

1. Il a fait vite! Il ne s'est pas perdu!

Robert: Il me semble bien qu'elle est partie avec, tout à l'heure. . . . Allons voir au Luxembourg.

3

Au Luxembourg. Robert et Mireille cherchent, cherchent. Mais il n'y a plus personne. Tout à coup, Mireille aperçoit le bateau de Marie-Laure, à moitié caché derrière un palmier.

Mireille: Regarde, son bateau! Ah, mon Dieu, le bassin! Mais c'est affreux!

Robert et Mireille courent vers le bassin. Ils aperçoivent des cheveux blonds dans l'eau . . . mais ce sont ceux d'une poupée!

3. poupée

Ce n'est pas Marie-Laure, mais une **poupée** que Robert sort du bassin.

Robert: C'est une poupée. Elle n'est pas à elle?

Mireille: Mon Dieu, où peut-elle bien être passée? Mais qu'est-ce qui a bien pu lui arriver? Je n'aurais jamais dû la laisser partir. . . . Il paraît qu'il y a un drôle de type qui se promène dans le quartier. La concierge l'a vu. Tu crois. . . .

Robert: Mais non, qu'est-ce que tu vas imaginer! Ecoute, on va revenir chez toi et téléphoner à la police.

Mireille: Huit heures! Ça fait trois heures qu'elle est partie! Il lui est sûrement arrivé quelque chose.

4

Mais, chez les Belleau, Marie-Laure est assise sur son lit, en train de jouer tranquillement avec son bateau.

Mireille: Marie-Laure, mais qu'est-ce que tu fais?

Marie-Laure: J'arrange mon bateau. Les ficelles sont tout emmêlées. . . .

Mireille: Mais où étais-tu?

Marie-Laure (*pas bavarde*): Je viens de rentrer. . . .

Mireille n'en peut plus. Elle se met à pleurer. Robert essaie de la calmer.

Robert: Allons, allons, calme-toi! Tu vois: tout va bien. Tout est bien qui finit bien, non? Il ne lui est rien arrivé du tout!

Mireille (*à Marie-Laure*): Tu veux manger?

Marie-Laure: J'ai déjà mangé. Je vais me coucher.

Mireille: Bon, c'est ça. Couche-toi. Je viendrai te dire bonsoir.

5

Mireille raccompagne Robert jusqu'à la porte.

Mireille: Qu'est-ce qu'elle a bien pu faire?

Robert: L'essentiel, c'est qu'elle soit là! Ça va aller?

Mireille: Oui. . . . C'est gentil d'être venu. J'ai eu tellement peur!

Robert: C'est fini! Je peux te laisser? Ça va aller, tu es sûre? A demain; tâche de dormir. Tu ne vas pas être trop en forme pour ton examen. . . . C'est quand, le matin ou l'après-midi?

Mireille: L'après-midi. Je devrais avoir fini à six heures. Et on a rendez-vous avec les autres à six heures et demie.

Robert: Où ça?

Mireille: A Saint-Germain-des-Prés, au petit square près de l'église, tu sais, juste en face des Deux Magots.

Robert: Des deux gâteaux?

Mireille: Des Deux Magots, idiot! Espèce d'idiot! Aux Deux Magots, le café.

Robert: Je crois que je vois où c'est. . . . Bon, allez, à demain!

4. ficelle
Les voiles du bateau de Marie-Laure sont attachées avec des ficelles.

5. tâcher de
Tâche de dormir! Essaie de dormir!

5. square

Un **square**.

5. magot

Les **deux magots** qui ont donné son nom au café.

6

Un peu plus tard, dans la chambre de Marie-Laure.

Mireille: Tu es couchée? Ça va? Alors, dis-moi, maintenant. Qu'est-ce qui t'est arrivé?

Marie-Laure: C'est un secret. Alors, je ne peux pas te le dire. De toute façon, ça ne servirait à rien que je te le dise, parce que si je te le dis, tu ne me croiras pas.

Mireille: Mais si!

Marie-Laure: Mais non!

Mireille: Mais si!

Marie-Laure: Eh bien, voilà. . . . Je suis allée jouer au Luxembourg, et là, j'ai vu le frère de la sœur, qui se promenait avec un air bizarre. Il avait l'air d'observer la maison. Alors je me suis dit: "Qu'est-ce qu'il veut, celui-là? Il n'a pas l'air net! C'est un voleur, un espion, ou quoi? . . ." Alors, à ce moment-là, je crois qu'il m'a vue. Il m'a reconnue. Alors il a eu peur et il est parti. Alors j'ai vite caché mon bateau et j'ai commencé à le suivre, mais en me cachant, pour qu'il ne sache pas que je le suivais. Et lui, il se retournait tout le temps pour voir si je le suivais. Tu me suis? . . . Il avait vachement peur, parce qu'il se doutait bien que je le suivais.

7

Marie-Laure: Il est sorti du jardin. Il a traversé, et il est entré dans le métro. Moi, je l'ai suivi, bien sûr. Il est monté dans le RER. Moi aussi, mais pas dans le même wagon. A Denfert, j'ai vu qu'il descendait. Alors je suis descendue aussi. Il est sorti, et il a commencé à marcher. Il croyait que je l'avais perdu. Mais il m'a vue. Alors, là, il a eu vachement peur! Et il est parti à toute vitesse . . . et il s'est précipité dans la première porte ouverte qu'il a vue. Devant la porte, il y avait un type en uniforme qui criait: "Dépêchons-nous pour la dernière visite!" Je suis vite entrée. . . . C'était tout noir. On ne voyait rien. Puis le type en uniforme est entré. Il a fermé la porte. Il a dit: "Par ici, messieurs-dames," ce qui était bête, parce qu'il n'y avait que l'homme en noir, il n'y avait pas de dame. (Il y avait bien moi, mais il ne m'avait pas vue: je m'étais cachée derrière; alors il ne savait pas que j'étais là.) Il a commencé à faire visiter (parce que c'était une sorte de guide, tu vois). Il y avait tout un tas de trucs bizarres, des têtes de mort, des os, des vrais! Et l'homme en noir, il avait vachement peur, parce qu'il savait que je le suivais.

8

Marie-Laure: Puis, on est revenus à l'escalier. . . .

Le guide: Voilà, Mesdames et Messieurs, la visite est terminée. Par ici la sortie. N'oubliez pas le guide, svp. . . . Merci!

Marie-Laure (enfermée à l'intérieur, tapant à la porte): Eh! Ouvrez! Eh!

Le guide (ouvrant la porte): Qu'est-ce que vous faites là, vous?

Marie-Laure: Ben, j'attendais que vous m'ouvriez! Je ne vais pas passer la nuit ici! . . .

L'homme en noir en avait profité pour disparaître. Alors je suis rentrée . . . à pied, parce que je n'avais pas assez d'argent pour prendre le métro. Et puis, j'avais envie de prendre l'air! . . . Et voilà! Tu es contente?

6. net

Il n'a pas l'air **net**. Il n'a pas l'air innocent, honnête.
Il n'est pas **net**. On ne peut pas lui faire confiance.

7. RER

Le **RER** (**R**éseau **E**xpress **R**égional): des lignes de métro qui sont plus rapides et qui vont plus loin en banlieue.

7. tête de mort

Des **têtes de mort**.

8. enfermé, taper

Marie-Laure **tape** sur la porte parce qu'elle est **enfermée** dans les catacombes! Elle ne peut pas sortir!

8. prendre l'air

Quand elle a fait tous ses devoirs, Marie-Laure va se promener au Luxembourg pour **prendre l'air**.

Mireille: Je me demande où tu vas chercher toutes ces histoires à dormir debout!

Marie-Laure: Parce que tu ne me crois pas? . . . Je savais bien que tu ne me croirais pas. C'est toujours pareil. Tu ne veux jamais me croire! . . . Bon, je suis fatiguée, moi; je dors.

Mireille: C'est ça, dors, et ne rêve pas trop à l'homme en noir. . . . Et dis-moi, je crois qu'il vaudrait mieux ne rien dire à Papa et Maman. D'accord?

Marie-Laure: D'accord . . . mystère et boule de gomme! Tiens, passe-m'en une pour m'endormir.

8. *histoire à dormir debout*
C'est une **histoire à dormir debout,** une histoire incroyable!

8. *passer*
Mireille **passe** une boule de gomme à Marie-Laure. Elle la lui donne, elle la lui tend.

MISE EN ŒUVRE

Ecoutez la mise en œuvre du texte et répondez aux questions suivantes.

1. Pourquoi Mireille s'inquiète-t-elle?
2. A qui téléphone-t-elle?
3. A quelle heure Marie-Laure devait-elle rentrer?
4. Qu'est-ce que Mireille avait pensé?
5. Qu'est-ce que Robert et Mireille ne voient pas dans la chambre de Marie-Laure?
6. Où vont-ils chercher Marie-Laure?
7. Où Mireille voit-elle le bateau de Marie-Laure?
8. Qu'est-ce que Robert voit dans le bassin?
9. A qui sont les cheveux blonds?
10. Qu'est-ce que Mireille pense qu'elle n'aurait pas dû faire?
11. Qui la concierge a-t-elle vu dans le quartier?
12. Où est Marie-Laure?
13. Qu'est-ce qu'elle fait?
14. Pourquoi Robert essaie-t-il de calmer Mireille?
15. Qu'est-ce que Mireille a, le lendemain?
16. Où Robert et Mireille ont-ils rendez-vous, le lendemain, à 6h et demie?
17. Pourquoi Marie-Laure ne veut-elle pas dire son secret?
18. Qui Marie-Laure a-t-elle vu au Luxembourg?
19. Qu'est-ce que Marie-Laure a décidé de faire?
20. Pourquoi le type se retournait-il tout le temps?
21. Pourquoi avait-il peur?
22. Où le type, suivi de Marie-Laure, est-il entré?
23. Qui était le type en uniforme?
24. Qu'est-ce qu'il y avait de bizarre dans cet endroit?
25. Pourquoi Marie-Laure a-t-elle dû taper à la porte?
26. Qu'est-ce que le type en noir avait fait pendant que Marie-Laure était enfermée?
27. Pourquoi Marie-Laure est-elle rentrée à la maison à pied?
28. Pourquoi Marie-Laure n'est-elle pas surprise que Mireille ne la croie pas?
29. Qu'est-ce que Marie-Laure veut manger pour s'endormir?

MISE EN QUESTION

1. Mettez-vous à la place de Mireille. Marie-Laure devait être revenue à 6 heures; il est 7 heures et elle n'est pas encore là. Qu'est-ce que vous feriez si vous étiez Mireille?

2. Pourquoi Mireille pensait-elle qu'il y avait une chance pour que Marie-Laure soit avec Robert?

3. A votre avis, pourquoi Robert propose-t-il de venir tout de suite? Est-ce qu'il pense qu'il a plus de chances que Mireille de retrouver Marie-Laure? Pourquoi? Est-ce qu'il veut simplement apporter à Mireille un réconfort moral? Est-ce qu'il veut profiter de cette occasion pour retrouver Mireille?

4. Pourquoi Robert demande-t-il à Mireille si elle a regardé dans la chambre de Marie-Laure? Est-ce qu'il pense qu'elle est assez stupide pour n'avoir pas pensé à vérifier si Marie-Laure n'était pas dans sa chambre? Ou bien est-ce qu'il pense qu'on peut trouver quelqu'indice dans sa chambre? Quoi par exemple?

5. Que croyez-vous qu'il est arrivé à Marie-Laure? Pensez-vous qu'elle a mis sa menace à exécution et qu'elle est partie sans dire où elle allait parce que les autres ne voulaient pas l'emmener en voyage avec eux? Dans ce cas pensez-vous qu'elle aurait laissé un mot dans sa chambre?

6. Le bateau de Marie-Laure n'est pas dans sa chambre. Qu'est-ce que ça suggère à Robert?

7. Qu'est-ce que Mireille pense qu'il est arrivé à Marie-Laure quand elle voit des cheveux blonds flotter à la surface du bassin? Qu'est-ce qui pourrait conduire à cette hypothèse? (Voyez leçon 17.)

8. Pourquoi est-il important de savoir si la poupée que Robert ramasse dans le bassin appartient à Marie-Laure?

9. Qui peut bien être ce drôle de type que la concierge a vu se promener dans le quartier? Est-ce que ça pourrait être l'homme en noir que Robert et Marie-Laure ont vu dans le jardin du Luxembourg (leçon 22) et qui a sonné chez les Belleau deux fois déjà (leçons 35 et 48)?

10. Comment se fait-il que Marie-Laure soit dans sa chambre? Elle n'est jamais partie? Elle s'est cachée pendant que Mireille et Robert la cherchaient? Elle est partie mais elle est revenue? Quand aurait-elle pu revenir? Comment se fait-il que Mireille et Robert aient vu son bateau au Luxembourg? Ils n'ont pas ramené le bateau à la maison? Pourquoi ne l'auraient-ils pas ramené? Pourquoi auraient-ils oublié de le prendre?

11. Qu'est-ce que Mireille propose à Marie-Laure, après la crise, pour retrouver le calme? Qui est-ce qui a besoin d'être calmée, Marie-Laure ou Mireille? Quand Marie-Laure aurait-elle pu manger?

12. Quand Robert demande s'ils ont rendez-vous aux Deux Gâteaux, c'est parce qu'il a mal entendu? Ou bien il essaie de faire un jeu de mots idiot pour faire rire Mireille et la détendre après la crise?

13. Qu'est-ce que vous pensez de l'histoire de Marie-Laure? Est-ce qu'elle est vraie ou est-ce que Marie-Laure l'invente? Pourquoi le pensez-vous?

14. Est-ce que Mireille la croit? Pourquoi demande-t-elle à Marie-Laure de ne rien dire aux parents?

Journal de Marie-Laure

LA FAMILLE COTILLARD

Le 27 mai 2011

Hier soir, je suis allée au cinéma avec Mireille et Jacques voir le dernier film de Woody Allen : <u>Minuit à Paris</u> avec Marion Cotillard et Owen Wilson. J'ai adoré. Jacques, un peu moins. Il était fatigué après sa nuit de garde à l'hôpital. En sortant du film, je n'arrêtais pas de parler de Marion Cotillard, de son talent, de son charme. Mireille m'a laissé parler et, tout d'un coup, l'air de rien, elle m'a demandé comme si ça lui traversait tout juste l'esprit :

« Au fait ! Tu te souviens de l'homme en noir ? » « L'homme en noir ? » « Mais oui ! Tu sais bien : l'homme au chapeau noir, à l'imper noir, à la veste noire, aux lunettes noires, aux chaus-settes noires, aux chaussures noires ! Celui qui avait l'air de nous suivre, qu'on voyait par-

tout autour de nous. Je me rappelle qu'une fois, il s'est assis au café près de Robert et moi, il nous a regardés d'un air bizarre, avec les yeux qui faisaient du Morse... » « Tu parles que je m'en souviens ! J'ai même failli rester coincée dans les Catacombes avec ce drôle de type ! Mais pourquoi tu me parles de cet olibrius ? » « Cet olibrius, comme tu l'appelles avec si peu de respect, c'est le père de Marion Cotillard, Jean-Claude ». « Sans blague ! T'es sûre ? Comment tu peux savoir ça ? » « C'est que j'ai mes entrées dans le monde du cinéma, moi ! Je l'ai même rencontré plusieurs fois. C'est un mime et un metteur en scène très respecté, il a aussi été directeur pédagogique de l'École supérieure d'art dramatique de la ville de Paris. Un monsieur important, quoi ». « Ah bon ! Mais ça ne me dit toujours pas pourquoi il avait l'air de nous suivre ! » « Ah ça... mystère et boules de gomme ! » Et elle a continué à étaler ses connaissances en matière de cinéma :

« Cette Marion Cotillard est devenue une super star ! Elle a reçu un nombre impressionnant de récompenses notamment pour son interprétation d'Édith Piaf dans <u>La Môme</u> : le Golden Globe, le BAFTA, le César et surtout l'Oscar 2008 de la meilleure actrice. Je me rappelle, le jour où c'est arrivé, Tonton Guillaume était lyrique : « Tu te rends compte ! C'est la seconde française à recevoir l'Oscar de la meilleure actrice, 48 ans après Simone Signoret ! La deuxième après l'actrice italienne Sofia Loren à être récompensée pour une prestation dans une autre langue que l'anglais ! Et la première à ce jour à être couronnée pour un rôle en langue française ! Chapeau Mademoiselle Cotillard ! Vous faites honneur à la France et la France vous remercie ! » (des fois, je me demande si Tonton Guillaume ne se prend pas un peu pour le général de Gaulle, avec cette manie de parler au nom de la France...). En tout cas, Marion Cotillard est une merveilleuse actrice et j'adore tous ses films ! Mireille, par contre, elle dit qu'elle ne la trouve pas très convaincante, qu'il lui arrive d'en faire trop, de surjouer... Ça ne m'étonnerait pas qu'elle soit un peu jalouse !

auddubois @hommeennoir :
C'est votre fille Marion
Cotillard ? J'aimerais bien avoir
son autographe.   27-mai-2011

DOCUMENTS

1

Les Catacombes

Il existe, sous les rues et les maisons de Paris, des centaines de kilomètres de galeries souterraines, celles du métro, bien sûr, celles des égouts, et celles des catacombes. Les galeries des catacombes ont été creusées au cours des siècles pour extraire la pierre dont on s'est servi pour construire les maisons de Paris. Certaines galeries, celles qui se trouvent sous l'hôpital Sainte-Anne, correspondent à une ancienne mine de charbon.

Les catacombes ont servi à de nombreux usages, et surtout de cachette, évidemment. Au moment de la Libération de Paris, le 20 août 1944, le colonel qui commandait les Forces Françaises de l'Intérieur (FFI) avait installé son P.C. (Poste de Commandement) dans les catacombes. A la fin du XVIIIème siècle, les grands cimetières de Paris, comme celui des Saints Innocents qui se trouvait à l'emplacement actuel du Forum des Halles, étaient pleins. On les a alors vidés, et on a transporté les ossements dans les catacombes. Il y a ainsi, le long des galeries, de cinq à six millions de squelettes (dont celui de la marquise de Pompadour), méthodiquement rangés par cimetière d'origine et par catégorie anatomique: il y a des piles de crânes, des piles de tibias, des piles de fémurs, etc.

On peut visiter une partie des catacombes. L'entrée officielle se trouve 2 bis, place Denfert-Rochereau, mais il y a beaucoup d'autres entrées plus mystérieuses.

2

Extraits du *Guide du routard*

Le Guide du routard est un guide touristique, relativement bon marché, destiné principalement aux jeunes qui prennent la route sac au dos. Le but du *Guide de routard* est de leur permettre de voyager "pas cher." Le guide indique où dormir, où manger, mais aussi ce qu'il y a à voir.

Voici ce qu'il dit des catacombes et du quartier de Paris parcouru par Marie-Laure à la poursuite de l'homme en noir.

14e arrondissement

Les catacombes: 2 bis, place Denfert-Rochereau. Ⓜ: Denfert. Visite tous les jours sauf le lundi et jours fériés. Du mardi au vendredi de 10h à 17h. Samedi et dimanche de 9 à 11h et de 14 à 16h. Entrée: 8€. Visite guidée pour les groupes. Ces catacombes ne remontent pas aux premiers chrétiens, mais à la fin du XVIIIème siècle. On y déversa par tombereaux entiers les dépouilles et ossements des grands cimetières parisiens, saturés après dix siècles de bons et loyaux services. Le sous-sol de Paris à cet endroit, vrai gruyère du fait de l'exploitation de nombreuses carrières de pierre et de gypse (il y eut même, à l'emplacement de l'hôpital Sainte-Anne, une mine de charbon), se révélait le lieu idéal. On évalue à cinq ou six millions le nombre de squelettes entreposés là. Parmi eux, celui de Mme de Pompadour (guettez l'orbite séductrice) et probablement celui de La Fontaine. Le 20 août 1944, les catacombes servirent de P.C. au chef des FFI, le colonel Rol-Tanguy. On y accède par un escalier en colimaçon amenant à une vingtaine de mètres sous terre. Sur le linteau de la porte de l'ossuaire, une inscription: "Arrête, c'est ici l'empire de la mort." Bien, on vous laisse frissonner! A propos, si un jour, marchant benoîtement dans la rue, vous apercevez une plaque d'égout se soulever et, tels des diables hors de leur boîte, quelques dizaines de jeunes gens jaillir du néant, ne vous étonnez pas. C'est la fin d'une "carrière-party." On ne peut imaginer le nombre de carrières (reliées entre elles par des galeries, des égouts) existant sous une grande partie du sud de Paris. C'était le truc branché il y a quelque temps: concerts, expos de peinture, parties réunissant des centaines de cataphiles.

Place Denfert-Rochereau: Le lion de Belfort, œuvre de Bartholdi (oui, celui de la statue de la Liberté), contemple d'un œil désabusé les embouteillages quotidiens d'un des carrefours les plus importants de Paris. Les deux pavillons à frises sculptées sont les survivants

de la "Barrière d'Enfer" percée dans le mur des fermiers généraux à la fin du XVIIème siècle. Ils abritaient les bureaux de l'octroi.

Le lion de Belfort, place Denfert-Rochereau

3

Sachez maîtriser votre émotivité!

Elles vont, viennent, nous étreignent, parfois nous submergent . . . Difficile de dire ce qui provoque en nous des émotions. Souvent inattendues, elles peuvent se révéler paralysantes.

Une émotion est déclenchée par une situation, une sensation, ou même seulement une pensée. Ce stimulus provoque un signal nerveux qui atteint une partie du cerveau appelée système limbique. C'est donc dans le cerveau que s'élabore la réponse qui va être diffusée à notre corps par des neurotransmetteurs. Les réactions physiques aux émotions peuvent être très différentes: le cœur crée des palpitations, les vaisseaux capillaires nous font rougir ou blêmir, le cervelet peut provoquer des tremblements . . .

Il ne s'agit pas de contrôler ses émotions pour les faire disparaître, mais de faire en sorte qu'elles ne vous empêchent pas d'agir comme vous êtes capable de le faire habituellement. En effet, les émotions provoquent parfois des réactions involontairement violentes: mains moites, jambes flageolantes, bafouillage voire impossibilité de prononcer le moindre mot. . . . Au mieux gênant, ce genre de situation peut se révéler vraiment handicapant.

Le psychologue et coach Bernard Sananès nous livre quelques conseils. "La première chose à faire est de retrouver physiquement sa maîtrise: respirez profondément et pensez à détendre vos muscles." Il suggère de poser calmement ses deux mains sur la table pour acquérir une sensation de stabilité. On peut aussi regarder autour de soi, se décrire mentalement le lieu où on est. "Toutes les activités rationnelles vont dans le bon sens. En effet, plus on est rationnel, moins on est émotionnel. Autrement dit, plus vous pensez, moins vous êtes ému!"

Autre "truc" de psychologue: relativiser. Est-ce vraiment si terrible? Cette question aide à recadrer les choses, à leur redonner la place réelle qu'elles méritent.

—D'après LeMonde.fr

4

Affabulation

Il y a quelque temps, mon voisin me dit:

—Il vient de m'arriver une étrange aventure. . . . Figurez-vous que j'étais dans mon jardin . . . et qui je vois, sur un arbre perché? Un corbeau!

Je lui dis:

—Qu'y a-t-il d'étrange à cela?

—C'est que, me dit-il, il tenait dans son bec un fromage!

—Vous vous croyez malin? lui dis-je.

—Je me croyais malin! Mais attendez la suite! Alléché par l'odeur, je lui tins à peu près ce langage. . . . "Eh, bonjour, Monsieur du Corbeau, que vous êtes joli, que vous me semblez beau! Sans mentir, si votre ramage se rapporte à votre plumage, vous êtes le phénix des hôtes de ces bois!" A ces mots, le corbeau ne se sent plus de joie et, pour montrer sa belle voix, il ouvre un large bec et laisse tomber sa proie! Je m'en saisis et dis: "Mon bon Monsieur, apprenez que tout flatteur vit aux dépens de celui qui l'écoute!"

Je lui dis:

—Et vous avez conclu en disant: "Cette leçon vaut bien un fromage, sans doute."

—Eh bien, détrompez-vous! Elle ne le valait pas! Son fromage était immangeable! Il m'a eu! Un corbeau, c'est parfois plus rusé qu'un renard!

Je le regarde. Il avait une tête de fouine. Je me dis: "Encore un qui affabule! Il se prend pour ce qu'il n'est pas, l'animal!"

—Raymond Devos

5

Le Jardin du Luxembourg

Le jardin du Luxembourg
Ça fait longtemps que je n'y étais pas venu
Il y a des enfants qui courent et des feuilles qui tombent
Il y a des étudiants qui rêvent qu'ils ont fini leurs études
Et des professeurs qui rêvent qu'ils les commencent
Il y a des amoureux qui remontent discrètement
Le tapis roux que l'automne a déroulé devant eux
Et puis il y a moi, je suis seul, j'ai un peu froid

Encore un jour sans amour
Encore un jour de ma vie
Le Luxembourg a vieilli
Est-ce que c'est lui?
Est-ce que c'est moi?
Je ne sais pas

Là où cet enfant passe, je suis passé
Il suit un peu la trace que j'ai laissée
Mes bateaux jouent encore sur le bassin
Si les années sont mortes
Les souvenirs se portent bien

—Joe Dassin

50 Encore de la variété, encore de la richesse

TEXTE

1

Dans le petit square derrière l'église Saint-Germain.

Jean-Michel (*à Hubert*): Salut, l'aristo!
Hubert: Bonjour, crapule! Ça va?
Jean-Michel: On est les premiers?
Hubert: Ah! . . . Tiens, voilà l'Amerloque qui arrive, en roulant ses mécaniques . . . et Colette. . . .
Colette: Bonjour! Ça va?
Hubert: Mmm . . . bien, Colette. Mireille n'est pas avec vous?
Robert: Vous savez bien qu'elle passait son examen! . . .
Hubert: Ah, la voilà! . . . Alors, comment ça va? Ça s'est bien passé?
Mireille: C'est fini, on n'en parle plus. Parlons plutôt d'autre chose, si ça ne vous fait rien. Du voyage, par exemple. Moi, ce que je préfère, dans les voyages, c'est la préparation. . . faire des plans.

2

Jean-Michel: Oui, à mon avis, il faudrait s'organiser. On ne peut pas partir comme ça, au hasard. Il faut avoir un fil conducteur, un thème.
Hubert: Ça pourrait être les châteaux. . . .

Mireille: Ou les églises romanes.
Colette: Moi, j'ai une meilleure idée. Je vous propose un tour de France culturel et éducatif. Par exemple, une étude systématique des charcuteries et des fromages de France. La France et ses trois cents fromages! Ah! Quelle richesse, quelle variété! On pourrait commencer par la Normandie, comme prévu, avec le camembert et le pont-l'évêque pour les fromages, les rillettes du Mans et l'andouille de Vire pour les charcuteries.
Hubert: L'andouille de Vire? Ah, non, quelle horreur! Comme c'est vulgaire! C'est fait avec des tripes de porc. . . .

3

Colette: Et alors? C'est très bon, les tripes! Les tripes à la mode de Caen . . . oh, c'est fameux!

Mireille: Arrête, tu nous embêtes avec ta bouffe! Tu ne penses qu'à ça! Il n'y a pas que ça dans la vie! D'abord, la Normandie, c'est trop riche, trop gras . . . trop de crème, trop de beurre. . . . C'est un pays enfoncé dans la matière . . .
Jean-Michel: . . . grasse!
Mireille: Voilà! . . . Parlez-moi plutôt de la Bretagne! Voilà un pays qui a de l'âme! C'est mystique, austère! Et tous ces calvaires bretons sculptés dans le granit, Saint-Thégonnec, Guimilliau, Plougastel. . . . Et les pardons bretons, avec toutes ces femmes en coiffe qui suivent la procession. . . .

Colette: Oui, la Bretagne, c'est intéressant. Il y a les crêpes, les huîtres de Cancale, le homard à l'armoricaine. . . .

1. crapule, Amerloque

C'est une **crapule**! C'est un bandit, un gangster!
C'est un Américain, un **Amerloque**.

1. rouler les mécaniques

Il **roule les mécaniques**: il roule les épaules pour montrer qu'il est sportif et musclé.

1. si ça ne te fait rien

Dis donc, c'est toi qui as pris mes boules de gommes? Eh bien, rends-les moi, **si ça ne te fait rien**! . . . Quel culot, quand même!

2. fil

Une bobine de **fil**.

2. rillettes, andouille

Les **rillettes** sont faites avec de la viande de porc cuite dans la graisse. On en fait des tartines.

Une **andouille** (c'est une sorte de saucisse).

3. bouffe

Colette ne pense qu'à la **bouffe**, la nourriture. Elle ne pense qu'à manger, à **bouffer**.

3. gras, matière grasse

Le beurre, l'huile sont des corps **gras**, des **matières grasses**.

3. âme

Dans beaucoup de religions, l'être humain a un corps (c'est son aspect matériel) et une **âme** (c'est son aspect spirituel).

3. calvaire

Le **calvaire** de Tronoën, en Bretagne.

3. coiffe

Une jeune femme bretonne portant la **coiffe** traditionnelle de dentelle.

3. homard

Un **homard**.

Robert: A l'américaine!

Hubert: A l'armoricaine! C'est une vieille recette bretonne, évidemment!

Jean-Michel: Mais non, mais non, pas du tout! Où est-ce que vous êtes allés chercher ça? Tu es tombé sur la tête? C'est le homard à l'américaine!

Mireille: A l'armoricaine, tout le monde sait ça!

4

Colette: Bon, de toute façon, c'est très bon. . . . On pourrait organiser notre voyage autour des spécialités régionales: le cassoulet toulousain, la choucroute alsacienne, la fondue savoyarde, les calissons d'Aix. . . .

Hubert: Mais oui, ma petite Colette, il est vrai que la cuisine, la confiserie, la pâtisserie sont parmi les plus hautes expressions de la culture française. Mais il n'y a pas que ça! Il y a aussi les porcelaines de Limoges, la poterie de Vallauris, les tapisseries d'Aubusson. . . .

Mireille: La dentelle du Puy, la toile basque. . . .

Colette: Oh, vous m'embêtez, vous deux, avec votre artisanat! Ce qu'il y a de mieux, dans le Pays Basque, c'est la pelote et le poulet basquaise.

Hubert: Poulet pour poulet, moi, je préfère le poulet Mireille!

Mireille: Oh, tu nous embêtes avec tes galanteries de basse cuisine!

Colette: La pelote, le poulet basquaise, et le jambon de Bayonne.

5

Mireille: Bof! Mon oncle Guillaume, qui est un fin gourmet, prétend que le jambon de montagne qu'on trouve en Auvergne est meilleur.

Hubert: Ce qu'il y a d'intéressant en Auvergne, ce sont les eaux.

Colette: Les os de jambon?

Hubert: Ha, ha, ha, elle est bien bonne! . . . Les eaux thermales!

Vichy, la Bourboule, le Mont-Dore. . . . Les eaux thermales, et les volcans.

Jean-Michel: Pfeuh . . . tous éteints, ces volcans!

Colette: Et depuis longtemps!

Mireille: Mais heureusement! Que ferions-nous de volcans en éruption dans notre douce France? La France est le pays de la raison, un pays civilisé. Les fureurs de la nature, les cataclysmes, ce n'est pas notre genre. Nous préférons le calme d'une palme qui se balance sur la mer. . . .

6

Robert: Une palme? La France est peut-être le paradis terrestre, mais je doute que vous ayez beaucoup de palmes en France!

Mireille: Mais si, il y a des palmiers sur la Côte d'Azur . . . comme en Afrique, ou en Floride.

Hubert: Il y a de tout en France, mon cher!

Robert: Sans blague? Vous avez des séquoias, par exemple?

Mireille: Des séquoias? Non, bien sûr, c'est trop grand! Je viens de te dire que la France est le pays de la raison et de la mesure. Il n'y a pas de séquoias, mais dans tous les jardins publics, il y a des cèdres du Liban, ramenés par Jussieu dans son chapeau.

Hubert: Il y a aussi des séquoias; pas aussi grands que ceux de Californie, mais il y en a. Et puis, nous avons de magnifiques forêts de sapins dans les Vosges et dans les Alpes . . .

Mireille: . . . comme au Canada ou en Norvège . . .

Hubert: . . . de grandes forêts de pins dans les Landes . . .

Jean-Michel: . . . pour la résine et le papier.

Hubert: Et même des chênes-liège, comme au Portugal . . .

Jean-Michel: . . . pour faire des bouchons!

Colette: Très important, les bouchons, pour le vin!

---

3. tombe sur la tête
Il est **tombé sur la tête!** Il est fou!

4. fondue
La **fondue,** une spécialité de Savoie (la province des Alpes françaises), se prépare avec du vin blanc dans lequel on fait **fondre** trois sortes de fromages: du gruyère, de l'emmenthal, et du beaufort. On met la **fondue** au centre de la table, et chacun y trempe des morceaux de pain.

4. calisson

Les **calissons** sont une spécialité d'Aix-en-Provence à base de pâte d'amandes.

4. *confiserie*

Le nougat, les berlingots, les fruits confits, les bonbons sont de la **confiserie**.

4. *poterie*

4. *tapisserie*

Une **tapisserie**.

6. *cèdre*

Jussieu ramenant dans son chapeau un **cèdre** du Liban.

4, 5, 6, 7

Caen
Vire
PARIS
Plougastel
Cancale
Le Mans
VOSGES
ALSACE
Aubusson
Vichy
Limoges
La Bourboule
Mont-Dore
SAVOIE
AUVERGNE
ALPES
Le Puy
LANDES
Aix-en-Provence
Vallauris
Bayonne
Toulouse
CAMARGUE
CÔTE D'AZUR
PAYS BASQUE

Un **cèdre** du Liban.

6. *sapin*

Des **sapins**.

6. *pin*

Des **pins**.

6. *bouchon*

Des **bouchons**.

7

Hubert: Il y a de tout, absolument de tout! Du blé, comme en Ukraine ou dans le Kansas; du maïs, comme en Hongrie ou dans l'Iowa; du riz, comme en Chine ou au Cambodge. . . .

Robert: Du riz? Ha, ha, je ris! Du riz? Vous voulez rire! Ça m'étonnerait que vous ayez beaucoup de riz en France!

Jean-Michel: Mais si! Pour une fois, je dois reconnaître qu'Hubert a raison. On produit pas mal de riz dans le sud de la France, en Camargue. Tu as entendu parler de la Camargue? C'est génial. Il faudra y aller, je suis sûr que ça te plaira: il y a des chevaux sauvages, des taureaux sauvages, des cow-boys . . .

Mireille: . . . comme au Texas!

Jean-Michel: Seulement, en Camargue, on les appelle des gardians. Mais c'est la même chose. Il y a même des flamants roses.

Mireille: Comme en Egypte!

Robert: Et de la canne à sucre, vous en avez, en France?

Mireille: Mais oui! Bien sûr que nous en avons! A la Martinique!

8

Robert: Bon, admettons que vous ayez du sucre . . . mais est-ce que vous avez du café?

Mireille: Le café au lait au lit? Tous les matins . . . avec des croissants!

Jean-Michel: Evidemment, le café vient du Brésil, de Colombie, ou de Côte d'Ivoire.

Robert: Et des oliviers, vous en avez?

Mireille: Mais oui, évidemment qu'on en a, dans le Midi! Heureusement! Avec quoi est-ce qu'on ferait l'huile d'olive, l'aïoli, ou la mayonnaise?

Colette: L'huile d'olive, je n'aime pas trop ça. Ça a un goût trop fort. Chez moi, on fait toute la cuisine au beurre.

Mireille: A la maison, on fait toute la cuisine à l'huile.

Jean-Michel: Dans ma famille, qui est du Sud-Ouest, on fait la cuisine à la graisse.

Hubert: Ah, tiens, ça me rappelle une version que j'ai faite en cinquième. C'était du César, si je ne me trompe: "Gallia omnia divisa est in partes tres,"[1] que j'avais traduit: la France est divisée en trois parties: la France du beurre dans le Nord, la France de l'huile dans le Midi, et la France de la graisse dans le Centre et le Sud-Ouest.

1. Il n'est vraiment pas fort en latin, cet Hubert! César a écrit: "Gallia est omnis divisa in partes tres."

9

Jean-Michel: Eh bien, dis donc, tu ne devais pas être très fort en version latine, hein! . . . Ben, oui! Quand César dit que la Gaule est divisée en trois parties, ça n'a rien à voir avec les matières grasses!

Hubert: Vraiment?

Jean-Michel: En fait, je vais vous dire. . . . La vérité, c'est qu'il y a la France du vin dans le Midi, la France de la bière dans l'Est et dans le Nord, et la France du cidre dans l'Ouest: en Bretagne et en Normandie.

Colette: Ah, le cidre! Ce que j'aime ça! J'en boirais bien une bouteille, tiens!

Hubert: Qu'à cela ne tienne! Allons prendre un pot aux Deux Magots!

Mireille: Bonne idée!
Tous: On y va!

7. *blé, maïs*

Des épis de **blé**.

Un épi de **maïs**.

7. *taureau*

Taureaux sauvages, en Camargue.

7. *flamant rose*

Un **flamant rose**.

8. *café au lait au lit*

Le **café au lait au lit** . . . avec des croissants.

8. *aïoli*
L'**aïoli** est une mayonnaise fortement parfumée d'ail.

8. *version*
Quand il était en classe de cinquième, Hubert apprenait le latin. Pour apprendre le latin, il faut faire beaucoup de traductions: des **versions** (du latin en français), et des thèmes (du français au latin).

9. *rien à voir*
Ça n'a **rien à voir**! Ça n'a aucun rapport!

9. *qu'à cela ne tienne!*
Tu veux boire du cidre? **Qu'à cela ne tienne**! Pas de problème! C'est facile!

9. *prendre un pot*
—Allons boire un verre!
—D'accord, allons **prendre un pot**.

MISE EN ŒUVRE

Ecoutez la mise en œuvre du texte et répondez aux questions suivantes.

1. Comment Jean-Michel appelle-t-il Hubert?
2. Comment Hubert appelle-t-il Robert?
3. Pourquoi Mireille n'est-elle pas encore arrivée?
4. Qu'est-ce que Mireille aime dans les voyages?
5. D'après Jean-Michel, qu'est-ce qu'il faut avoir quand on organise un voyage?
6. Quelle sorte de voyage Colette propose-t-elle?
7. Combien de fromages y a-t-il en France?
8. De quoi est faite l'andouille?
9. Pourquoi Mireille ne veut-elle pas aller en Normandie?
10. D'après Mireille, comment est la Bretagne?
11. Qu'est-ce qu'il y a d'intéressant à voir en Bretagne?
12. Que portent les femmes bretonnes?
13. Quelles sont les spécialités gastronomiques de la Bretagne?
14. Autour de quoi Colette pense-t-elle qu'ils devraient organiser leur voyage?
15. Quelle est la spécialité de Limoges?
16. Et d'Aubusson?
17. Qu'est-ce que Mireille dit à Hubert quand il parle du poulet Mireille?

18. Qu'est-ce qu'il y a dans le Pays Basque?
19. Quel jambon Guillaume préfère-t-il au jambon de Bayonne?
20. Qu'est-ce qu'il y a à Vichy, à la Bourboule, au Mont-Dore?
21. Comment sont les volcans en France?
22. D'après Mireille, qu'est-ce que la France?
23. Où y a-t-il des palmiers en France?
24. Quels arbres trouve-t-on dans les jardins publics?
25. Quels arbres donnent la résine et la pâte à papier?
26. Qu'est-ce qu'on fait avec les chênes-liège?
27. Qu'est-ce qu'on cultive en Camargue?
28. Dans quel département français trouve-t-on de la canne à sucre?
29. Comment Mireille aime-t-elle le café?
30. Avec quoi est-ce qu'on fait la mayonnaise et l'aïoli?
31. Chez Colette, comment fait-on la cuisine?
32. Quelles sont les trois matières grasses qu'on utilise le plus en France pour faire la cuisine?
33. Quelles sont les trois boissons principales?
34. De quoi est-ce que Colette a envie?
35. Qu'est-ce que les amis décident de faire?

MISE EN QUESTION

1. De quoi "aristo" est-il l'abréviation? Pensez-vous que traiter quelqu'un de "crapule," c'est lui faire un compliment ou l'insulter? Vous pensez qu'une crapule est quelqu'un d'honnête ou de malhonnête, en haut ou en bas de l'échelle sociale? Est-ce que ce serait plutôt un équivalent ou l'opposé d'"aristo"?

2. Est-ce que la façon dont Hubert et Jean-Michel se saluent est cordiale? Ou hostile, insultante?

3. "Amerloque" doit être de l'argot pour quel mot?

4. Quand Hubert se moque de Robert en disant qu'il arrive en roulant les mécaniques, vous croyez qu'il veut dire que Robert roule les yeux? Ou roule les épaules parce qu'il est très costaud? Ou qu'il essaie d'avoir l'air sportif? Ou qu'il a l'air arrogant?

5. Pourquoi Mireille ne veut-elle pas parler de son examen? Parce que tous les examens sont désagréables? Parce qu'elle a peur de n'avoir pas très bien fait?

6. Pont-l'évêque est le nom d'un fromage; c'est aussi le nom d'une petite ville. Où sont Pont-l'Evêque, Vire, Caen?

7. D'après ce que dit Mireille, quelle serait la région la plus matérialiste, la Normandie ou la Bretagne? La plus riche? La plus religieuse?

8. Dans quels produits y a-t-il des matières grasses?

9. Vous vous rappelez ce que c'est que l'Armorique? (Voyez leçon 47.)

10. Les calissons d'Aix, les bêtises de Cambrai, le nougat de Montélimar, les berlingots de Carpentras (voyez leçon 48), ce sont des plats cuisinés ou de la confiserie?

11. La dentelle du Puy, les tapisseries d'Aubusson, les poteries, ce sont des produits industriels ou artisanaux? C'est fait à la main ou à la machine, en grande série?

12. Pourquoi Mireille dit-elle que la galanterie d'Hubert est une galanterie "de basse cuisine"? A quoi Hubert fait-il allusion dans le compliment galant qu'il adresse à Mireille?

13. Où trouve-t-on des sources d'eaux thermales, en général?

14. Où y a-t-il des palmiers? Des séquoias? Du blé? Du riz? Des flamants roses? Des chênes-liège? Des cèdres? Des cow-boys?

15. A quoi servent les pins des Landes? Que fait-on avec le liège? Et avec les olives?

16. Il y a de tout en France . . . , enfin presque de tout. Mais est-ce qu'il y a des caféiers, est-ce qu'on produit du café?

17. Quand Hubert dit que, d'après César, la Gaulle est divisée en trois régions, celle de l'huile, celle du beurre, et celle de la graisse, est-ce qu'il est sérieux ou est-ce qu'il plaisante? Mais qu'est-ce qui montre qu'il n'est pas très fort en latin?

Journal de Marie-Laure

BAPTÊME À KAOLACK

Le 30 janvier 1992

Cet aprèm, Mireille m'a fait suivre un message qu'elle venait de recevoir, un message d'Ousmane . . . Oui, oui, oui ! Ça fait au moins trois ans qu'Ousmane est reparti au Sénégal,

mais apparemment ces deux-là s'écrivent encore . . . Ça ne m'étonne pas, Ousmane est vachement sympa ! En plus c'est un très beau garçon . . . grand, mince et très sportif : tout pour plaire à ma chère sœur ~~qui a eu un beau palmarès de mecs de ce genre dans sa vie~~. Il lui écrit pour dire qu'il est allé au baptême du septième fils de son oncle qui habite à Kaolack. Lui, Ousmane, il vit à Dakar, à deux cents kilomètres de Kaolack.

Après avoir fait des études en France, son oncle est retourné en Afrique. Il est resté très traditionnaliste, par exemple il est polygame. Oui, il a deux épouses. C'est la coutume chez les Musulmans : sa première femme a à peu près le même âge que lui, dans les 55 ans, et vit à Dakar. La deuxième qui est beaucoup plus jeune a dans les 35 ans peut-être et vit à Kaolack. C'est leur deuxième enfant qu'ils baptisent selon le rite musulman.

D'après ce que dit Ousmane, le baptême au Sénégal, c'est pas une mince affaire. C'est très important. D'abord, pour respecter la tradition religieuse, il faut absolument baptiser l'enfant le huitième jour après la naissance. Les parents du nouveau-né organisent une très grande fête. Il y a beaucoup de monde. Beaucoup de gens viennent sans être invités. La fête commence tôt le matin avec une bouillie de mil et du lait caillé, une sorte de yaourt, semble-t-il, sucré et parfumé à l'eau de fleur d'oranger.

Vers 10 heures on tue un mouton dans la cour de la maison et un homme dans la foule annonce d'une voix forte le prénom de l'enfant. C'est généralement le nom de quelqu'un qu'on aime bien, dans ce cas l'oncle d'Ousmane avait choisi le prénom de son meilleur ami, Idrissa, qui était rayonnant et que tout le monde a félicité.

Puis les femmes (comme d'habitude, ce sont toujours elles qui font le boulot !) se sont mises à préparer le repas de l'après-midi pendant que les hommes jouaient tranquillement à la belote, au scrabble, aux dames ou aux dominos tout en discutant les derniers matches de foot entre la France, l'Angleterre, l'Espagne, l'Italie et le Sénégal. Il y avait des boissons fraîches, des jus de fruits locaux et des sortes de beignets, le tout à volonté.

À deux heures et demie, rassemblement des hommes pour faire la prière, puis les préparatifs pour le repas : de grandes assiettes, posées sur des nappes en plastique étendues par terre, sept ou huit personnes assises autour de chaque assiette. Pas de couteaux, pas de fourchettes ; on se lave les mains et puis on mange avec les doigts. D'habitude, il y a deux plats traditionnels : du riz au poisson ou du riz avec de la viande d'agneau et une sauce très épicée avec des oignons et des olives. Il paraît qu'il y en avait pour 150 personnes. 150 personnes ! Nous étions moins nombreux au baptême d'Audrey !

mirbelle @bdgomme :
Ousmane est à Paris. On est allé dîner au « Petit Dakar », un resto sénégalais. J'ai adoré leur soupoukandia.
#jecraquepourousmane
24-avril-2011

DOCUMENTS

1

La Gastronomie française est inscrite au patrimoine culturel immatériel de l'humanité de l'Unesco

Pour en préserver l'histoire, l'originalité et l'identité, la tradition culinaire française a été enregistrée, avec la cuisine traditionnelle mexicaine et la diète méditerranéenne, dans la liste Unesco du patrimoine culturel immatériel de l'humanité.

Le repas gastronomique des Français est une pratique sociale destinée à célébrer les moments les plus importants de la vie des individus et des groupes, tels que naissances, mariages, anniversaires, succès et retrouvailles. Il s'agit d'un repas festif dont les convives pratiquent, pour cette occasion, l'art du "bien manger" et du "bien boire." Le repas gastronomique met l'accent sur le fait d'être bien ensemble, le plaisir du goût, l'harmonie entre l'être humain et les productions de la nature. Parmi ses composantes importantes figurent: le choix attentif des mets parmi un corpus de recettes qui ne cesse de s'enrichir; l'achat de bons produits, de préférence locaux et dont les saveurs s'accordent bien ensemble; le mariage entre mets et vins; la décoration de la table; et une gestuelle spécifique pendant la dégustation (humer et goûter ce qui est servi à table). Le repas gastronomique doit respecter un schéma bien arrêté: il commence par un apéritif et se termine par un digestif, avec entre les deux au moins quatre plats, à savoir une entrée, du poisson et/ou de la viande avec des légumes, du fromage et un dessert. Des personnes reconnues comme étant des gastronomes et qui possèdent une connaissance approfondie de la tradition et en préservent la mémoire, veillent à la pratique vivante des rites et contribuent ainsi à leur transmission orale et/ou écrite, aux jeunes générations en particulier. Le repas gastronomique resserre le cercle familial et amical et, plus généralement, renforce les liens sociaux.

—Unesco.org

2

Les Français et l'équilibre nutritionnel

Mieux informés sur les bénéfices nutritionnels de ce qu'ils mangent, les Français consomment moins de viande rouge, d'alcool, de tabac et de graisses animales et davantage de fruits et de corps gras d'origine végétale que dans le passé. Ils sont aussi plus attentifs à équilibrer leur alimentation. Plus d'un sur deux atteint en un seul jour le niveau maximal de diversité alimentaire (présence de toutes les catégories répertoriées), contre seulement un Américain sur trois.

Vin et bière en baisse

Sur les vingt dernières années la consommation globale d'alcool a diminué de 20%. Les Français de 14 ans et plus ont consommé en moyenne 50 litres de vin en 2010, contre 76 litres en 1995. La proportion des non-buveurs a doublé, de 19% à 38%. Un million de Français ont cessé de boire du vin entre 2000 et 2010. La proportion de consommateurs réguliers est passée de 36% à 26% chez les hommes, et de 13% à 11% chez les femmes.

Comme celle du vin, la consommation de bière a diminué en volume au fil des années, ayant baissé de 25% en 25 ans. Au sein des pays européens, la consommation française se situe loin derrière celle des Tchèques (150 litres), des Allemands (110 litres), des Irlandais (90 litres), des Belges (81 litres) ou des Anglais (76 litres).

Eaux et boissons non-alcoolisées en hausse

La consommation des eaux minérales est de 140 litres environ par habitant, ce qui fait de la France le troisième consommateur en Europe, derrière l'Italie et l'Espagne. Deux Français sur trois déclarent boire de l'eau du robinet tous les jours alors qu'ils sont 47% à déclarer boire quotidiennement de l'eau en bouteille. Sept Français sur dix trouvent que l'eau du robinet a bon goût, mais 21% restent insatisfaits de sa qualité organoleptique. Un ménage sur cinq est équipé en carafes destinées à filtrer l'eau courante.

La consommation des boissons rafraîchissantes sans alcool (BRSA)—sodas, colas, limonades, tonics, boissons aux fruits—a plus que doublé depuis 1980. Elle concerne surtout les adolescents. La France se situe très en-dessous de la moyenne européenne pour les BRSA (96 litres), dominée par l'Allemagne (139 litres), la Belgique (125) et le Royaume-Uni (107).

La consommation des jus de fruits commercialisés a triplé en 10 ans. Le jus d'orange représente la moitié des achats, suivi de très loin par le jus de pomme (10%).

—*Francoscopie 2013*

3

Politesse volcanique

C'est un volcan qui est à côté d'une montagne et qui lui dit:

—Ça ne vous dérange pas que je fume?

—Coluche

4

Palme

—Calme, calme, reste calme!
Connais le poids d'une palme
Portant sa profusion

—Paul Valéry, *Charmes*

5

J'ai trop mangé

Ce matin au petit déjeuner
J'avais si faim que j'ai tout mangé
Hey, hey, hey je me suis régalé

Un gros jambon cinq ou six œufs
Du saucisson j'étais si heureux
Hey, hey hey je n'ai rien digéré

Refrain
Ah, ah, ah j'ai bien trop mangé
Ça fait mal, mal, mal je voudrais crier
C'est mon foie, -ah, -ah qui va éclater
Wo-ouh-oh-oh moi je crois que je vais y rester

Je suis allé prendre un verre d'eau
Du sel de fruit et du Bromo
Hey, hey, hey puis j'ai tout avalé

J'ai pris un bain avec du soda
Vingt comprimés faits pour le foie
Hey, hey, hey et ça n'a pas marché

(Refrain)

—Patrick Zabé

Patrick Zabé, de son vrai nom Jean-Marie Rusk, né en 1943, est un chanteur de pop et de rock qui a connu beaucoup de succès dans les années 1960 et 1970 au Québec, où il devient l'une des vedettes du rock 'n' roll. Conscient en même temps de la fragilité de la célébrité, il commence à s'intéresser au monde du commerce, ouvre une boutique de fleuriste, puis une fabrique de chaussures (Zabé le Bottier) avant de se consacrer définitivement à la vente de jeans (la chaîne de boutiques "Zabé Jeans" est très connue au Canada).

6

Le Petit Nicolas part en colonie de vacances
(suite du document 9, Leçon 46)

Devant le wagon Y, il y avait des tas de types de mon âge, des papas, des mamans, et un monsieur qui tenait une pancarte où c'était écrit "Camp Bleu": c'est le nom de la colonie de vacances où je vais. Tout le monde criait. Le monsieur à la pancarte avait des papiers dans la main, Papa lui a dit mon nom, le monsieur a cherché dans ses papiers et il a crié: "Lestouffe! Encore un pour votre équipe!"

Et on a vu arriver un grand, il devait avoir au moins dix-sept ans, comme le frère de mon copain Eudes, celui qui lui apprend à boxer.

—Bonjour, Nicolas, a dit le grand. Je m'appelle Gérard Lestouffe et je suis ton chef d'équipe. Notre équipe, c'est l'équipe Œil-de-Lynx.

Et il m'a donné la main. Très chouette.

—Nous vous le confions, a dit Papa en rigolant.

—Ne craignez rien, a dit mon chef; quand il reviendra, vous ne le reconnaîtrez plus.

Et puis Maman a encore eu quelque chose dans l'œil et elle a dû sortir son mouchoir. Une dame, qui tenait par la main un petit garçon qui ressemblait à Agnan, surtout à cause des lunettes, s'est approchée de mon chef et elle lui a dit:

—Vous n'êtes pas un peu jeune pour prendre la responsabilité de surveiller des enfants?

—Mais non, Madame, a répondu mon chef. Je suis moniteur diplômé; vous n'avez rien à craindre.

—Ouais, a dit la dame, enfin. . . . Et comment faites-vous la cuisine?

—Pardon? a demandé mon chef.

—Oui, a dit la dame, vous cuisinez au beurre, à l'huile, à la graisse? Parce que je vous préviens tout de suite, le petit ne supporte pas la graisse. C'est bien simple: si vous voulez qu'il soit malade, donnez-lui de la graisse!

—Mais Madame . . . a dit mon chef.

—Et puis, a dit la dame, faites-lui prendre son médicament avant chaque repas, mais surtout pas de graisse; ce n'est pas la peine de leur donner des médicaments si c'est pour les rendre malades. Et faites bien attention qu'il ne tombe pas pendant les escalades.

—Les escalades? a demandé mon chef, quelles escalades?

—Eh bien, celles que vous ferez en montagne! a répondu la dame.

—En montagne? a dit mon chef. Mais il n'y a pas de montagnes où nous allons, à Plage-les-Trous.

—Comment! Plage-les-Trous? a crié la dame. On m'a dit que les enfants allaient à Sapins-les-Sommets. Quelle organisation! Bravo! Je disais bien que vous étiez trop jeune pour. . . .

—Le train pour Sapins-les-Sommets, c'est à la voie 4, Madame, a dit un monsieur en uniforme, qui passait. Et vous feriez bien de vous dépêcher, il part dans trois minutes.

—René Goscinny, *Les Vacances du petit Nicolas*

7

La Camargue

La Camargue est située à l'endroit où le Rhône se jette dans la Méditerranée en formant un vaste delta. C'est un pays d'étangs et de marécages. Beaucoup d'oiseaux, en particulier des flamants roses, s'y arrêtent. On y trouve des taureaux—généralement noirs—et des chevaux—généralement blancs—à demi sauvages.

Les Saintes-Maries-de-la-Mer est un village pittoresque construit au bord de la mer autour d'une église fortifiée du XIIème siècle. D'après une légende locale, vers l'an 40 de l'ère chrétienne quelques amis et parents du Christ ont été abandonnés en mer, au large de Jérusalem, sur un petit bateau sans voile. Il y avait, dans ce groupe, Marie-Jacobé, qui était la sœur de la Vierge, c'est-à-dire la tante de Jésus, et une autre Marie, Marie-Salomé, la mère des apôtres Jacques et Jean; il y avait aussi Lazare, le ressuscité, et ses sœurs Marthe et Marie-Madeleine. Par miracle, le petit bateau serait arrivé sur la plage des Saintes-Maries, où Marie-Salomé et Marie-Jacobé seraient restées jusqu'à la fin de leur vie. Leurs os sont conservés dans un reliquaire dans l'église fortifiée. Cette légende est à l'origine de deux pèlerinages qui attirent beaucoup de monde, au mois de mai et au mois d'octobre. On sort les statues des deux Maries, on les promène dans les rues et jusque dans la mer, accompagnées par des gardians à cheval, des Arlésiennes en costume, et des gitans, ce qui fait un spectacle très pittoresque.

Autre détail intéressant: il y a, aux Saintes-Maries-de-la-Mer, une statue de Mireille sur la place Mireille.

La Camargue est une réserve naturelle destinée à conserver l'environnement et protéger la biodiversité.

Flamants roses sur un étang.

Les statues des deux Maries.

La pro-
cession
finit
dans la
Médi-
terranée
pour les
pèlerins
(et les
touristes)
aussi.

Maison camarguaise.

Gardians à cheval dans la mer, à la fin de la procession.

Rue aux Saintes-
Maries-de-la-Mer.

Chevaux
sauvages.

L'église fortifiée des
Saintes-Maries-de-la-Mer.

Etangs et marais.

TEXTE

1

Mireille, Robert, Colette, Hubert, et Jean-Michel s'installent à la terrasse des Deux Magots. Jean-Michel trouve que c'est une drôle d'idée.

Jean-Michel: Vous ne trouvez pas que ça fait un peu snob, non?

Hubert: Pas du tout! Moi, je trouve ça tout à fait naturel! . . .

aux deux magots
BOISSONS
le Rendez-vous de l'élite intellectuelle
6, Place Saint-Germain-des-Prés

Regardez, c'est le rendez-vous de l'élite intellectuelle! Et puis ça fait partie de l'éducation de Robert. C'est un café historique. *(A Robert)* Ça ne vous fait pas quelque chose de penser que vous êtes peut-être assis sur la chaise de Jean-Paul Sartre?

Robert: Si, si, si! Je me suis déjà assis sur la chaise d'Hemingway à la Closerie des Lilas. . . . Mon postérieur est très honoré. Je vais avoir un postérieur bien frotté de littérature.

2

Hubert *(au garçon):* Garçon, une bouteille de cidre bouché, s'il vous plaît!

Le garçon: Je suis désolé, nous n'en avons pas, Monsieur.

Hubert: Mademoiselle veut une bouteille de cidre.

Le garçon: Mais puisque je vous dis que nous n'en avons pas, Monsieur. . . .

Hubert: Débrouillez-vous! Trouvez-nous du cidre . . . de Normandie!

3

A ce moment-là, Mireille, qui fait face au boulevard, s'écrie, avec le plus grand étonnement: "Tiens, comme c'est curieux!" Jean-Pierre Bourdon passe sur le trottoir.

Mireille: Mais oui, c'est Jean-Pierre, lui-même! Qu'est-ce que vous faites là? Vous venez prendre un pot avec nous?

Jean-Pierre: Non, merci. Je regrette, mais je ne peux pas. Je suis pressé: j'ai un rendez-vous avec une fille superbe à la Martinique, au Club Med. Je me dépêche, sinon je vais rater mon avion. Ciao!

Et il s'en va.

Colette: Eh bien, il n'a pas changé, celui-là! Toujours aussi puant!

4

Une dame passe sur le trottoir avec un chat dans les bras.

Robert *(à Mireille):* Tiens, dis, regarde, ce n'est pas ta marraine, ça, la dame avec le chat?

Mme Courtois (*apercevant Mireille*): Ah, ma petite Minouche! Qu'est-ce que tu fais là? Tu as passé tes examens? Tu es reçue? Tu vois, moi, j'emmène Minouche en pension. Nous partons ce soir pour la Bulgarie. Il paraît que c'est formidable. Je vais faire une cure de yaourt! Malheureusement, ils n'ont pas voulu donner son visa à Minouche. Elle va s'ennuyer, la pauvre chérie, toute seule à Paris. Tu ne voudrais pas aller la voir, de temps en temps?

Mireille: Ah, non, je suis désolée, je ne pourrai pas. Nous partons tous demain matin à l'aube.

5

Hubert (*au garçon*): Alors, cette bouteille de cidre?

Le garçon: Oui, Monsieur, je m'en occupe.

Hubert: Du cidre normand, hein?

Et le garçon se dirige vers une autre table.

Mireille: Eh, pas possible, mais c'est Ghislaine! Ghislaine, où vas-tu comme ça?

Ghislaine: Je pars en Angleterre, à Brighton, Bruce m'attend. Bye, je t'enverrai des cartes postales!

Hubert (*au garçon*): Notre cidre?

Le garçon: Tout de suite, Monsieur, je vous l'apporte.

Et le garçon se dirige vers une autre table.

1. faire partie de
Ça **fait partie de** l'éducation de Robert. Ça constitue une part de son éducation.
Hubert a l'impression qu'il **fait partie de** l'élite intellectuelle parisienne.

1. faire quelque chose à
Quand Robert a vu la lumière des vitraux sur les cheveux de Mireille, à Chartres, ça lui a **fait quelque chose**; il a été ému.
Quand Robert pense qu'il est assis sur la chaise de Sartre, ça lui **fait quelque chose**; il est impressionné.

1. postérieur

Un coup de pied dans le **postérieur**.

2. cidre bouché

Du **cidre bouché** (c'est du jus de pomme fermenté et champagnisé).

4. en pension
Mme Courtois doit partir en voyage, alors elle va mettre sa chatte **en pension**; elle va la mettre (temporairement) dans un chenil, une sorte d'hôtel pour chiens et chats.

4. cure de yaourt

Elle va faire une **cure de yaourt**: elle ne va manger que du **yaourt** (c'est bon pour la santé).

6

Deux jeunes gens passent à vélo.

Colette (*à Mireille*): Dis donc, ce n'est pas ta sœur, là-bas, sur ce magnifique vélo de course à dix vitesses?

Mireille: Mais si! C'est Cécile et son mari! Quelle surprise et quelle coïncidence! . . . Cécile! . . . C'est à vous, ces vélos?

Cécile: Oui, on vient de les acheter au B.H.V. On part demain au Portugal.

Mireille: A vélo?

Cécile: A vélo.

Colette: Rapportez-moi une bouteille de porto. Je vous rembourserai. (*Aux autres*) Il paraît qu'il est pour rien, là-bas.

Hubert (*au garçon*): Ce cidre? On commence à avoir soif!

Le garçon: Une minute, Monsieur!

7

Mireille: Mais ça, c'est formidable! Oncle Victor!

Hubert: Un de tes oncles? Où ça?

Mireille: Mais oui, là-bas, dans la

petite 2CV qui vient de s'arrêter au feu rouge, avec les cannes à pêche et les valises sur la galerie. . . . Eh, Tonton Victor, tu vas à Brest?

Oncle Victor: Non, je vais à Bordeaux.

Hubert: C'est dommage qu'il n'aille pas en Bretagne! On aurait pu lui demander de nous la rapporter, cette bouteille de cidre!

Colette: Ah, non! Moi, je tiens à mon cidre de Normandie.

Hubert: Dites donc, garçon, ce cidre, ça vient?

Le garçon: Mais certainement, Monsieur.

8

Un peu plus tard. . . .

Mireille: Comme c'est curieux, comme c'est bizarre! . . . Mais oui, c'est Tonton Guillaume dans ce vieux tacot! . . . Eh, Tonton Guillaume, qu'est-ce que tu as fait de ta 604?

Guillaume: Je l'ai vendue! Oui, je suis ruiné, ma pauvre petite Mireille! J'ai tout perdu à la roulette, au casino à Monte-Carlo. Il ne me reste rien. J'ai besoin de changer d'horizon. Je vais refaire ma vie. Je pars pour Katmandou. . . . Ben oui, il paraît qu'on peut y vivre pour trois fois rien. . . .

Mireille: Pauvre Tonton Guillaume! Tu veux que je te prête mon sac de couchage?

Guillaume: Non, merci, tu es gentille . . . ce n'est pas la peine. Je file!

9

Robert: Tiens, il me semble que je reconnais ces belles jambes musclées!

Colette (*intéressée*): Où? Où? Où ça?

Robert: Là, le type sur le Vélosolex! Qu'est-ce qu'il a fait de son Alpine 310, celui-là?

Mireille: Lui? Mais il n'a jamais eu d'Alpine! Il est fauché comme les blés. Il n'a pas un rond. Hé, Fersen, où est-ce que tu vas comme ça?

Fersen: Je pars pour la Grèce: Delphes, le théâtre d'Epidaure, le Parthénon. . . . Et vous, vous partez, non?

Mireille: Oui, demain, à l'aube.

Colette: Dès qu'on aura bu notre cidre.

Fersen: A votre santé! Skoal!

Hubert (*au garçon*): Alors, ce cidre?

Le garçon: Oui, oui, il arrive.

10

Arrive un magnifique cabriolet décapotable.

Mireille: Eh, mais pincez-moi, dites-moi que je rêve! Ce n'est pas possible! . . . Mais non, il n'y a pas d'erreur! C'est bien elle!

Hubert: Qui?

Mireille: Mais si, c'est elle!

Colette: Mais qui?

Mireille: Mais là-bas, dans le cabriolet bleu pâle, avec les lunettes de soleil et la grande écharpe Balenciaga. . . .

Robert: Mais qui, enfin?

6. *vélo de course*

Un **vélo de course** à multiples vitesses.

Course de vélos.

7. *canne à pêche*

Pêcheur qui **pêche** avec une **canne à pêche**.

7. *galerie*

La vieille 2CV de l'oncle Victor a une **galerie** sur le toit, pour mettre les cannes à pêche et les valises.

8. *tacot*

Un vieux **tacot**.

8. *refaire sa vie*
Guillaume va **refaire sa vie**. Il va recommencer à zéro. Il va vivre une autre vie.

8. *trois fois rien*
Trois fois rien (rien x 3), c'est moins que rien! Mireille a payé sa jupe rouge **trois fois rien** (à Prisunic).

9. *vélosolex*

Un **vélosolex**: un vélo avec un petit moteur sur la roue avant.

9. *pas un rond, fauché*
Il n'a **pas un rond** . . . il n'a pas un sou, pas un centime. Il est **fauché**.

Des blés **fauchés**.

10. *pincer*

Crabe qui a **pincé** le doigt de pied de Marie-Laure.

Une **pince** à linge.

10. *écharpe*

Une **écharpe**.

Mireille: Mais là, vous ne voyez pas? Dans la décapotable, à côté du beau type brun tout bronzé, avec la chemise en soie de chez Bronzini, et le collier de barbe noire et les lunettes noires!

Colette: Ah, il n'est pas mal, le beau ténébreux, mais qui est la nana?

Mireille: Mais la nana, la nana! Mais tu ne la reconnais pas? C'est ma tante Georgette, voyons!

Colette: Non, pas possible!

Mireille: Mais si, je t'assure! C'est ma tante Georgette!

11

Mireille se lève et s'approche de la décapotable.

Georgette *(apercevant Mireille):* Hou-hou, Mireille! Tu ne devineras jamais ce qui m'arrive. Je te le donne en mille!

Mireille: Puisque je ne devinerai jamais, dis-le-moi tout de suite!

Georgette: Tu n'as pas lu, dans les journaux? J'ai gagné le gros lot à la loterie!

Mireille: Ce n'est pas vrai! Mais comment ça? Tu achètes des billets, maintenant?

Georgette: Penses-tu! Il y a long-temps que je n'en achète plus. Je ne gagnais jamais! Non, c'est un billet que Fido a trouvé pendant que je le promenais le long de la grille du Luxembourg. Oh, un drôle de numéro: rien que des 9: 99 999 999 GG. Cinq cent mille balles qu'il a gagnées, ce numéro! . . . Et le lendemain, j'ai retrouvé Georges! Alors, nous partons vivre notre vie en Orient: nous allons en Inde, nous allons nous fiancer au Taj-Mahal, puis nous irons en Iran respirer les roses d'Ispahan. Ah, ce n'est pas enivrant, tout ça?

12

Mireille *(qui a rejoint les autres):* Elle va se fiancer au Taj-Mahal!

Hubert: A son âge? C'est délirant! . . . Alors, garçon, ce cidre normand?

Le garçon: Le voilà, Monsieur.

Colette: Enfin!

Jean-Michel: Pas trop tôt!

Hubert: Nous avons failli attendre, comme dirait Louis XIV!

Mireille: Mieux vaut tard que jamais, comme dirait ma tante Georgette!

Robert: Tout vient à point à qui sait attendre, comme dirait ma mère.

Hubert *(au garçon):* Donnez-nous vite cette bouteille. Nous allons la déboucher nous-mêmes.

Le garçon: Méfiez-vous, Monsieur, c'est du mousseux.

Hubert: Tenez, Robert. A vous l'honneur. Attention de ne pas faire sauter le bouchon. Allez-y doucement!

13

Robert sollicite le bouchon avec des précautions infinies mais pourtant insuffisantes. Le bouchon saute. Une gerbe de cidre mousseux inonde la veste en seersucker de Robert et la jupe rouge de Mireille. Le bouchon vient frapper en plein visage le garçon, qui laisse tomber son plateau. Les verres se cassent en mille morceaux. Le bouchon continue sa trajectoire au-dessus de deux groupes de consommateurs et vient frapper en plein front un monsieur qui se lève et s'enfuit précipitamment en renversant deux ou trois chaises, et en abandonnant sur sa table une tasse de

café noir, des lunettes noires, et un carnet d'où s'échappent plusieurs photos . . . et dont les pages sont noircies de notes. En haut de la première page, on peut lire: Mireille Belleau, 18, rue de Vaugirard, Paris, 6ème. Etudiante en histoire de l'art. Attention, elle fait du karaté. Il faut absolument la surprendre seule le plus vite possible. Malheureusement, elle est presque toujours accompagnée d'un grand jeune homme brun. Plan d'attaque: [illisible, illisible].

Malheureusement, le reste des notes est absolument indéchiffrable.

10. *soie*

La **soie** est un textile de luxe. On fait des foulards, des chemisiers en **soie**. Les kimonos japonais sont en **soie**. Aujourd'hui la **soie** naturelle est souvent remplacée par du nylon ou d'autres textiles artificiels.

10. *collier de barbe*

Beau téné-breux avec un **collier de barbe**.

11. *respirer, enivrant*

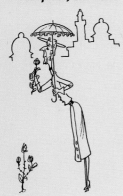

Georgette **respirant** une rose, à Ispahan. Le parfum des roses est **enivrant**, comme l'alcool.

12. *à point*

—Ah, tu arrives **à point**! Justement, j'ai besoin de toi.
—Eh oui, j'arrive toujours au bon moment. . . .

12. *déboucher*

Il **débouche** la bouteille.

12. *mousseux*

Quand le garçon de café vous apporte un verre de bière, il y a deux ou trois centimètres de **mousse** blanche sur le dessus. Le champagne est un vin blanc **mousseux**. Il y a du cidre **mousseux** (comme le champagne), et du cidre non-mousseux.

13. *gerbe*

Le bouchon saute et libère une **gerbe** de cidre.

Une **gerbe** de blé.

13. *inonder*

La veste de Robert est **inondée** de cidre, elle est trempée.
Si vous oubliez de fermer le robinet de votre baignoire, vous allez **inonder** votre salle de bains.
Quand il pleut beaucoup, il y a quelquefois des **inondations**.

13. *consommateur*

Consommateurs à la terrasse d'un café. Ils **consomment**. Ils prennent des **consommations**: de la bière, du café, etc.

13. *front*

Le bouchon l'a frappé en plein **front**.

13. *s'enfuir*

Il **s'enfuit**. Il se sauve.

MISE EN ŒUVRE

Ecoutez la mise en œuvre du texte et répondez aux
questions suivantes.

1. Où les amis vont-ils boire un verre?
2. Pourquoi Jean-Michel trouve-t-il que c'est une drôle d'idée d'aller aux Deux Magots?
3. Quel genre de café est le café des Deux Magots?
4. Quel écrivain célèbre venait régulièrement aux Deux Magots?
5. Qui allait souvent à la Closerie des Lilas?
6. Quelle boisson Hubert commande-t-il?
7. Qui passe sur le trottoir?
8. Pourquoi Jean-Pierre n'accepte-t-il pas la proposition de Mireille?
9. Où va-t-il?
10. Qu'est-ce que Colette pense de Jean-Pierre?
11. Où Mme Courtois emmène-t-elle Minouche?
12. Pourquoi?
13. Pourquoi Minouche ne peut-elle pas aller en Bulgarie?
14. Pourquoi Mireille ne pourra-t-elle pas aller voir Minouche?
15. Que va faire Ghislaine?
16. Qui Colette aperçoit-elle à vélo?
17. Comment est le vélo?
18. Où Cécile et son mari vont-ils?
19. Qu'est-ce que Colette aimerait qu'ils lui rapportent du Portugal?
20. Qui Mireille aperçoit-elle dans la petite 2CV?
21. Qu'est-ce qu'il y a sur la galerie de la voiture?
22. Où Oncle Victor va-t-il?
23. Pourquoi Oncle Guillaume conduit-il un vieux tacot?
24. Pourquoi est-il ruiné?
25. Qu'est-ce qu'il va faire à Katmandou?
26. Pourquoi a-t-il choisi Katmandou?
27. Où le beau Suédois part-il?
28. Qu'est-ce qu'il a l'intention de visiter?
29. Comment est le type brun que Mireille aperçoit dans la voiture décapotable?
30. Qui est à côté de lui dans la voiture?
31. Qu'est-ce que Mireille ne devinera jamais à propos de Tante Georgette?
32. Pourquoi Tante Georgette n'achetait-elle plus de billets?
33. Qui a trouvé ce billet gagnant?
34. Qu'est-ce que ce billet avait de spécial?
35. Combien Tante Georgette a-t-elle gagné?
36. Avec qui part-elle en Inde?
37. Que vont-ils y faire?
38. Qu'est-ce qu'ils feront en Iran?
39. Pourquoi Robert doit-il se méfier en débouchant la bouteille?
40. Qu'est-ce que le cidre va inonder?
41. Pourquoi le garçon laisse-t-il tomber son plateau?
42. Qui le bouchon frappe-t-il ensuite?
43. Que fait le monsieur?
44. Qu'est-ce qu'il abandonne sur la table?
45. Qu'est-ce qu'il y a dans le carnet?
46. De qui s'agit-il dans le carnet?
47. Pourquoi est-ce difficile de surprendre Mireille seule?
48. Pourquoi ne peut-on pas lire le plan d'attaque?

MISE EN QUESTION

1. Pourquoi Hubert dit-il que les Deux Magots est un café historique?

2. Quelle est l'attitude d'Hubert quand le garçon lui dit qu'il n'y a pas de cidre? Il est insistant, autoritaire, entêté, déplaisant, accommodant, compréhensif? Est-ce que c'est un client de bonne composition, difficile, embêtant, ou exigeant?

3. Quelle est l'attitude de Mireille quand elle aperçoit Jean-Pierre Bourdon? Est-ce qu'elle est rancunière, froide, distante, désagréable, sociable, bien disposée, magnanime, ou tout simplement amusée?

4. Pourquoi Colette dit-elle que Jean-Pierre n'a pas changé, qu'il est toujours aussi puant? Comparez ce que disait Jean-Pierre en quittant le couloir de la Sorbonne (leçon 13) et ce qu'il dit maintenant.

5. Pourquoi Mme Courtois va-t-elle en Bulgarie? Pourquoi la Bulgarie semble-t-elle réputée, en France? Mme Courtois va profiter de son séjour en Bulgarie pour faire quoi?

6. Pourquoi Mireille devrait-elle aller voir Minouche?

7. Qui est ce Bruce qui attend Ghislaine à Brighton? Qu'est-ce que Ghislaine avait envoyé à Mireille la dernière fois qu'elle était en Angleterre? (Voyez leçon 12.)

8. Comparez l'attitude du garçon avec celle du garçon du Fouquet's. (Voyez leçon 41.) Est-ce qu'il faut en conclure que tous les garçons de café font pareil? (Voyez leçon 22.)

9. Qu'est-ce que l'oncle Victor va faire? Qu'est-ce qu'il y a sur le toit de sa voiture? Vers où se dirige-t-il? Pourquoi Mireille se trompe-t-elle sur sa direction? (Voyez leçon 10.)

10. Qu'est-ce que c'est qu'un tacot? Une belle voiture toute neuve ou une vieille voiture en mauvais état? Pourquoi Tonton Guillaume a-t-il changé de voiture?

11. Comment Mireille fait-elle preuve de générosité envers Tonton Guillaume? Qu'est-ce qu'elle lui propose? Au fait, est-ce qu'elle en a un? (Voyez leçon 42.)

12. Est-ce que "il est fauché comme les blés" veut dire qu'il roule sur l'or ou qu'il n'a pas d'argent du tout?

13. Est-ce que tous les Suédois s'appellent Fersen? Connaissez-vous un Suédois qui s'appelait Fersen? (Voyez la rencontre d'Astérix et de Marie-Antoinette, leçon 47.)

14. Où est le jeu de mots dans la phrase par laquelle le Suédois demande si Mireille et ses amis partent en vacances? Qu'est-ce qu'il dit? Qu'est-ce qu'il va voir à Athènes?

15. Qu'est-ce qu'on peut faire pour réveiller quelqu'un qui rêve?

16. Qu'est-ce que Tante Georgette dit, avant d'annoncer qu'elle a gagné à la loterie? Et qu'est-ce que Mireille avait dit à Hubert avant de lui dire qu'elle avait gagné à la loterie? (Voyez leçon 44.)

17. Qui est ce Georges que Tante Georgette a retrouvé? (Voyez leçon 44.)

18. La jupe rouge de Mireille n'a pas de chance! Vous vous rappelez ce qui lui était arrivé à la Closerie des Lilas? (Voyez leçon 20.)

19. Encore des verres cassés! Est-ce que ça porte bonheur ou malheur? (Voyez leçon 41.)

Journal de Marie-Laure

LA DICTÉE DE BERNARD PIVOT

Le 24 janvier 2004

Ah ! Quelle barbe ! Comme Tante Georgette s'ennuie toute seule, elle m'avait invitée à déjeuner et à passer l'après-midi chez elle, mais je ne m'attendais pas à ce qu'elle me tende un piège pareil ! Pauvre Tante Georgette ~~elle m'avait invitée à passer un bon vieux temps et son Lido ? A des photos rétro dans toutes les pièces...~~ !

Après le déjeuner, elle était toute contente, elle m'a dit : « on va faire la dictée de Bernard Pivot ! Aujourd'hui, ce sont les Dicos d'or 2003 ». Moi, je savais même pas ce que c'était. Enfin, si, j'avais vaguement entendu parler des fameuses dictées de Pivot mais je n'en avais jamais fait. Il faut dire que j'ai fait des tas de dictées à l'école, quand j'étais petite ; alors, les dictées pour le plaisir, ça, c'est pas mon truc !

Elle m'a expliqué, avec des trémolos dans la voix, que c'était une dictée rédigée par un amoureux de la langue française, Bernard Pivot, qui cherche à mettre en valeur les beautés et les subtilités du français. Tous les ans, il passe à la télé et à la radio et il y a beaucoup de monde qui tente de faire sa dictée, même des gens connus ou des personnes importantes, comme des sénateurs. Le but est de faire le moins de fautes possible, et évidemment il y a un tas de pièges et de difficultés. Des pièges, pour ça, il y en avait un paquet... Non, ce ne sont pas les pièges qui manquaient ! Elle était super dure cette dictée ! Il y avait plein de mots complexes et peu connus que personne n'utilise et des traquenards à chaque phrase ! Par exemple, il fallait écrire des mots rares comme « réveille-matin », « faribole », « arcane », « ciboulot » ou « tête de linotte ». C'était un vrai parcours du combattant ! À la fin, j'étais épuisée et j'avais mal à la tête tellement j'avais dû me concentrer ! En plus, ne parlons pas de ma note catastrophique : moins dix-huit ! Pourtant, dans la magistrature, on a l'habitude du jargon ! Tante Georgette, elle, elle triomphait : dix-sept sur

vingt, son meilleur score depuis des années ! Elle s'en voulait juste d'une chose :
elle avait écrit « jugeote » avec deux « t »
au lieu d'un seul. Elle arrêtait pas de
dire que c'était une vraie faute de débu-
tante. Il faut dire que Tante Georgette
s'entraîne depuis 1992.

Si j'avais compris en arrivant qu'elle
allait me faire faire une dictée, je me
serais immédiatement sauvée, j'aurais
pris mes jambes à mon cou, « je me
serais tirée, barrée, cassée, bref, j'aurais
foutu le camp », comme dirait Brice !

DOCUMENTS

1

Le Progrès, c'est formidable!

Moi, j'ai un copain, il est pilote d'essai . . . enfin, il ne l'est pas encore; pour l'instant, il essaie d'être pilote! Il me dit:

—Tu n'as jamais franchi le mur du son?

—Jamais!

—Viens, tu vas prendre le baptême de l'air.

—Il n'y a pas de danger?

—Aucun! Tu mets simplement une ceinture de sauvetage, un parachute ventral . . . un parachute dorsal! . . . au cas où . . . parce que si le parachute que tu as sur le ventre ne s'ouvre pas, l'autre . . . tu l'as dans le dos!

—J'aime mieux prendre le train.

—Il n'y a pas de danger!

—Aucun?

—Aucun! Tu mets ton masque à oxygène, parce que sans cela, tu étouffes. . . . Un casque pour que la tête n'éclate pas!

—J'aime mieux prendre le train.

—Il n'y a pas de danger!

—Aucun?

—Aucun!

—Bon!

Je monte dans un avion supersonique . . . double réacteur! . . . Uuouh! . . . (Il imite le sifflement des réacteurs.) Le pilote me dit:

—Attention, on décolle!

—Tiens! mes oreilles aussi!

Il me dit:

—C'est normal!

Arrivé à deux mille mètres, il me dit:

—Eteins ta cigarette!

—Je n'ai pas de cigarette!

—Tu ne fumes pas?

—Non!

—Alors, c'est l'avion!

Effectivement . . . une fumée! . . . Alors là, il me dit:

—Ça, ce n'est pas normal!

Je jette un coup d'œil sur le côté; je lui dis:

—Dis donc, il y a le feu à ton réacteur.

—Alors c'est normal, il n'y a pas de fumée sans feu!

Tout à coup . . . j'entends . . . Bang! . . . je lui dis:

—Tiens! On a franchi le mur du son?

—Non! C'est le réacteur qui vient de sauter.

—Ah! Le progrès, c'est formidable! Un réacteur saute, on ne s'en aperçoit pas!

Bang! Bang!

—Double bang! Alors là, on a franchi le mur du son?

—Non! C'est l'autre réacteur qui vient de sauter.

—Ah! ah! . . . le progrès, c'est formidable! . . . Les réacteurs sautent . . . on continue . . . on irait même plus vite que tout à l'heure! . . .

—C'est aussi qu'on descend!

—Le progrès, c'est . . .

—Tu n'as pas peur?

—Oh! Maintenant, je suis baptisé!

—Alors fais ta prière, et fais-la courte, parce qu'on sera arrivé en bas avant que tu l'aies finie.

—Le progrès, tout de même! Ça va plus vite qu'une prière! On sera en bas avant d'avoir fini sa prière?

—Non, on sera là-haut!

—Ah! Le progrès, c'est. . . .

Tout à coup il me dit:

—Saute!

—Comment?

—Saute!

—Où?

—A terre!

—Comment! Je peux sauter . . . d'ici?

—Oui!

—Et toi?

—Je saute aussi!

—Et l'avion?

—Il saute aussi!

—Tout le monde saute, alors! . . . Le progrès, c'est. . . .

—D'ailleurs, on n'a plus le temps de sauter . . . je vais éjecter les sièges.

Il a appuyé sur un bouton. J'ai été projeté avec mon fauteuil dans l'espace . . . (uitte) lui dans son fauteuil! Je lui dis:

—Qu'est-ce que tu fais?

—Je sauve les meubles.

Alors, dans un fauteuil . . . assis, au grand air, avec un parasol qui s'est ouvert au-dessus de moi . . . lui la même chose . . . je lui dis:

—Ça, au bord de la mer, ce serait idéal!

—On y arrive!

Effectivement . . . Plouf! . . . Plouf! . . . double plouf! . . . Dans l'eau jusque-là! Pas besoin de nager . . . la ceinture de sauvetage s'est gonflée d'elle-même! . . . On s'est laissé emporter par les flots. . . . Deux jours plus tard, on s'est retrouvés sur la Côte d'Azur . . . allongés sur la plage . . . sans connaissance!

Mon copain me dit:

—Qu'en penses-tu?

—Ce n'est pas mal . . . mais si on avait pris le train, on serait venus deux jours plus tôt! Alors le progrès, hein? . . .

—Raymond Devos

2

Composition française

Tout jeune Napoléon était très maigre
et officier d'artillerie
plus tard il devint empereur
alors il prit du ventre et beaucoup de pays
et le jour où il mourut il avait encore
du ventre
mais il était devenu plus petit.

—Jacques Prévert, *Paroles*

3

Ces Petits Riens

Mieux vaut n'penser à rien
Que n'pas penser du tout
Rien c'est déjà
Rien c'est déjà beaucoup
On se souvient de rien
Et puisqu'on oublie tout
Rien c'est bien mieux
Rien c'est bien mieux que tout
Mieux vaut n'penser à rien
Que de penser à vous
Ça n'me vaut rien
Ça n'me vaut rien du tout
Mais comme si de rien
N'était je pense à tous
Ces petits riens
Qui me venaient de vous
Si, c'était trois fois rien
Trois fois rien entre nous
Evidemment
Ça ne fait pas beaucoup
Ce sont ces petits riens
Que j'ai mis bout à bout
Ces petits riens
Qui me venaient de vous
Mieux vaut pleurer de rien
Que de rire de tout
Pleurer pour un rien
Rien c'est déjà beaucoup
Mais vous vous n'avez rien
Dans le cœur et j'avoue
Je vous envie

Je vous en veux beaucoup
Ce sont ces petits riens
Qui me venaient de vous
Les voulez-vous?
Tenez! Que voulez-vous
Moi je ne veux pour rien
Au monde plus rien de vous
Pour être à vous
Faut être à moitié fou.

—Serge Gainsbourg

4

Saint-Germain-des-Prés

Extraits du *Guide du routard*
Cafés historiques

—Les Deux Magots: pl. Saint-Germain-des-Prés, 75006. ☎ 45.48.55.25. Ⓜ Saint-Germain-des-Prés. Ouvert de 7h30 à 1h30 du matin tous les jours. Une institution à Paris. Impossible de mettre ici tous ceux qui honorèrent ces lieux de leur présence. "Les Deux Magots" était le nom d'un magasin qui vendait de la soie chinoise et des tissus à cet emplacement au XIXème siècle. Lorsqu'en 1875, un café-liquoriste lui succéda, il garda l'enseigne. Le décor actuel date de 1914. Vers 1885, Verlaine, Rimbaud, et Mallarmé aimaient s'y retrouver. En 1925, ce furent les surréalistes: Breton, Desnos, Bataille, Artaud, etc. Picasso, Saint-Exupéry, et Giacometti y avaient aussi leurs habitudes. Jean Giraudoux y prenait son petit déjeuner à 10h pile chaque matin. En 1933 fut créé le prix des Deux Magots qui se trompa rarement dans le choix des lauréats, puisque fut couronnée la première œuvre de Raymond Queneau, puis Bataille, Antoine Blondin, Henri-François Rey, etc. Vers 1950, Sartre et Simone de Beauvoir venaient y écrire deux heures sans relâche chaque jour, remplissant trois cendriers.

La qualité du service a toujours été la fierté de l'établissement, à telle enseigne que le fameux chocolat fait maison fut longtemps servi dans des pots en argent. Jusqu'à ce qu'au 42ème volé par les clients, la direction craque et se résigne à les remplacer par des pots en porcelaine (idem pour les centaines de cuillères en argent qui disparurent). Un détail curieux: on calcula très sérieusement combien de kilomètres un serveur parcourait dans une journée. Le résultat: une moyenne de 12km! Beaucoup de clients fidèles. Le record appartient à un client qui venait depuis 50 ans et, depuis sa retraite, tous les après-midi, à la même table. L'été, la terrasse est prise d'assaut. Venez le matin de bonne heure, vous prendrez sur cette place un mémorable petit déjeuner.

—*Le Flore:* 172, bd Saint-Germain, 75006. ☎ 45.48.55.26.
Ⓜ Saint-Germain-des-Prés. Ouvert tous les jours de
7h à 2h du matin. Un autre grand café chargé d'histoire. Né en 1890. D'abord fréquenté par les fondateurs
de l'Action française, puis il eut une clientèle plus à
gauche: Sartre, Camus, et Jacques Prévert, son frère,
Pierre, ainsi que Marcel Carné. Le Flore fut vendu, en
1982, pour une somme faramineuse (on parle de 2,8
millions d'euros). Pourquoi vous livre-t-on ce chiffre?
Comme ça, pour montrer qu'au moins la limonade, ça
marche! . . .
—*Lipp:* 151, bd Saint-Germain, 75006. ☎ 45.48.53.91.
Ⓜ Saint-Germain-des-Prés. Ouvert tous les jours de
10h jusqu'à 2h du matin. La brasserie parisienne la
plus célèbre. Presqu'une légende. Ce fut pour nous une
première en tout cas. Un peu inquiet quand même à
l'idée de ne pas plaire au patron, M. Cazes, et de rater
l'examen de passage. François Mitterrand était un
client assidu. Car chez Lipp, pas de réservation, sauf
pour Bernard Pivot qui traditionnellement y dînait
après "Apostrophes." Il vaut mieux venir de bonne
heure ou savoir attendre. Finalement, enfin assis, force
est de constater que l'épreuve n'est pas si terrible que
ça. Et puis le vieux décor un peu suranné (grands
miroirs, jolis panneaux en céramiques, fresques qui
s'estompent), l'atmosphère plutôt relax, dissipent les
dernières craintes.

Lipp est un endroit chaleureux, pas du tout prétentieux. Quand le courant passe, les garçons possèdent
même un humour assez subtil et traitent parfois les
clients avec une familiarité discrète. Ils sont d'une
efficacité légendaire. Les acteurs, auteurs, vedettes de
la chanson font partie naturellement du paysage et ne
distrairont même pas votre lecture du menu. Classique,
sans surprise. L'honnête choucroute n'a jamais été la
meilleure de Paris et ça n'a pas d'importance. Les plats
sont ici d'une bonne qualité constante, c'est l'essentiel.
—*La Rhumerie:* 166, bd Saint-Germain, 75006.
☎ 43.54.28.94. Ⓜ Mabillon ou Saint-Germain-des-Prés.
Un classique devenu complètement institutionnalisé.
Toutes les variétés de punchs (daïquiri, coco, planteur,
etc.). Si vous trouvez d'emblée une place, jouez tout de
suite après au Loto. Les artistes et poètes ont depuis
longtemps cédé la leur aux bourgeois de tout poil.

A voir
—*Saint-Germain-des-Prés:* la plus ancienne des églises
parisiennes. C'est pratiquement tout ce qui reste (avec
le palais abbatial) de la grande abbaye, véritable ville
dans la ville, qui prospéra jusqu'à la Révolution. . . .
—*Place Furstenberg:* l'une des plus jolies places de Paris
dont les grands arbres donnent au printemps de belles
fleurs bleues ou mauves. Les réverbères confèrent à

l'ensemble une atmosphère gentiment romantique.
Quelques rues pittoresques autour: rue Cardinale (en
coude et bordée de vieilles maisons), de l'Echaudé, de
Bourbon-le-Château. Rue de Seine, beaux hôtels particuliers, parfois sur petite cour avec façades couvertes
de lierre. Rue Jacob, il suffit de regarder les plaques
pour connaître tous les gens illustres qui y habitèrent.
Marguerite Duras habitait rue Saint-Benoît. . . .
—*Musée Delacroix:* 6, rue de Furstenberg, 75006.
☎ 43.54.04.87. Ⓜ Mabillon ou Saint-Germain-des-Prés.
L'appartement et l'atelier de Delacroix. C'est dans cet
endroit serein, à côté d'un petit jardin, que le grand
artiste trouvait son inspiration. . . .
—*Rue des Saints-Pères:* au coin de la rue Jacob, un chef-
d'œuvre mussolinien mâtiné de stalinisme: la fac de
médecine. On reste sidéré qu'ils (qui, "ils"?) aient pu
laisser construire ça. Seule chose remarquable: la belle
porte en bronze du sculpteur Paul Landowski, celui-
là même qui sculpta le christ de Corcovado, à Rio de
Janeiro. L'une des rues les plus oxydecarbonées de
Paris. Un flic de carrefour ne tient pas plus de deux
heures sans tente à oxygène. Vers la Seine, Belmondo
se repose entre deux films.

Au-delà, c'est le 7e arrondissement. Même si la frontière n'est pas marquée par une guérite et une barrière
rouge et blanche, on sent que, de l'autre côté, c'est un
autre monde, un vide dans les rues, pas de vibrations,
une atmosphère feutrée, que dis-je, cataleptique. André
Bercoff a dit: "Le 7e arrondissement n'existe pas: je le
sais, j'y vis, et j'aime." Nous n'irons pas plus loin! Un
petit verre au coin des rues des Saints-Pères et Jacob,
pour reprendre des forces. . . .
—*Vers les quais:* au débouché de la rue Dauphine,
prendre à gauche. On trouve l'impasse de Nevers,
percée au XIIIème siècle, toujours bordée de maisons
anciennes. Elle bute sur un vestige de l'enceinte de
Philippe Auguste. Au coin de la rue de Nesle, splendide
maison toute ventrue. Au 13, rue de Nesle, adorable
petite cour pavée et moussue. . . .
—En continuant, on rencontre **l'Institut de France**,
splendide ensemble architectural couronné de sa
fameuse coupole (1663). Il abrite la bibliothèque Mazarine et les 40 "Immortels" de l'Académie française
dont les Français connaissent à peine la moitié des
noms. Créée en 1635 par Richelieu, la noble institution, dont la tâche principale est de défendre la langue
française, a enfin accepté en 1980, après quatre siècles
de réflexion, une femme dans ses rangs: Marguerite
Yourcenar. Chaque jeudi, les académiciens se réu-
nissent pour élaborer le dictionnaire. Aux dernières
nouvelles, ils en seraient à la lettre P et envisagent de le
terminer dans une petite cinquantaine d'années.
Devant l'Institut, la passerelle du Pont-des-Arts, refuge

des romantiques, des peintres, et des amoureux, mène au Louvre. Elle remplace, depuis juin 1984, l'ancienne passerelle qui succomba aux coups répétés de péniches en folie. Un peu plus loin, l'Ecole des beaux-arts avec une entrée rue Bonaparte et une quai Malaquais.
—*La rue Visconti*: entre la rue de Seine et la rue Bonaparte. On a un coup de cœur pour cette rue étroite bordée presque entièrement de maisons et d'hôtels du XVIème. Percée en 1540, y vivait une majorité de protestants (dont Bernard Palissy), ce qui lui avait valu son surnom de Petite Genève. Du fait de la discrétion et de l'isolement de cette voie, beaucoup échappèrent d'ailleurs au massacre de la Saint-Barthélemy. Racine mourut au No 24. Balzac avait créé, au 17, une imprimerie.

5
La Martinique

La Martinique et la Guadeloupe sont deux îles des Antilles où l'on parle français. En fait, elles sont devenues des départements français en 1946.

Christophe Colomb a découvert la Martinique en 1493, mais, peut-être parce qu'il avait entendu dire que les Indiens Caraïbes qui y habitaient étaient un peu

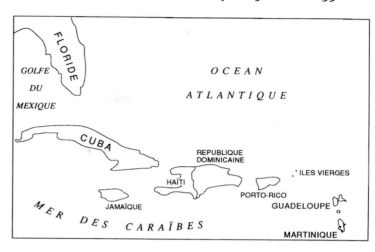

cannibales, il a regardé l'île de loin, sans mettre pied à terre. Il y a abordé brièvement en 1502, mais ne s'y est pas arrêté.

Les Français sont arrivés à la Martinique en 1635 et s'y sont installés. Ils y ont introduit les plantations de bananes et de canne à sucre. L'île, devenue riche, a été disputée aux Français par les Hollandais et les Anglais et, au cours d'un siècle et demi de guerres, elle a souvent changé de mains.

Une plage.

La plage du Carbet où Christophe Colomb a débarqué en 1502 et où le peintre Gauguin a passé quelque temps avant d'aller à Tahiti.

La plage et le rocher du Diamant où l'armée anglaise avait installé ses canons pour bombarder l'île.

En 1902, Saint-Pierre, qui était alors la ville principale, a été entièrement détruite par une éruption du volcan local, la montagne Pelée. Les 30.000 habitants ont été tous tués, sauf un, un homme qui avait été mis en prison la veille et qui a été protégé par les murs épais de sa prison.

Avec ses montagnes volcaniques, ses belles plages, sa végétation tropicale, sa forêt de la pluie, et ses fleurs multicolores, l'île est très pittoresque. Aujourd'hui, sa ressource principale est le tourisme. On y trouve plusieurs grands hôtels et un Club Méditerranée.

On y cultive des ananas, des bananes, et surtout de la canne à sucre avec laquelle on fait un rhum dont les Martiniquais sont très fiers. Ils sont aussi très fiers de Joséphine de Beauharnais, qui est née à la Martinique, a épousé Napoléon, et est ainsi devenue impératrice des Français.

La baie de Fort-de-France.

Plantation de bananiers.

Plantation de canne à sucre.

Gravure représentant l'éruption de la montagne Pelée.

Le village des Anses d'Arlet.

Ruines du théâtre
de Saint-Pierre.

Statue de Joséphine de Beauharnais sur la place principale de Fort-de-France. Elle a été décapitée en 1991.

Yaourt et santé
Un sexagénaire est toujours robuste
Un septuagénaire est toujours robuste
Un octogénaire est toujours robuste
Un nonagénaire est toujours robuste
Un centenaire est toujours bulgare.[1]

—Gustave Flaubert

1. A cause du yaourt! (Note des auteurs)

Gustave Flaubert, écrivain, est né en 1821. Fin psychologue, observateur lucide des individus et de la société de son temps, styliste incomparable, il a profondément marqué la littérature française. Flaubert est l'auteur d'un des plus grands romans du XIXe siècle, *Madame Bovary* (1857), et de *Salammbô* (1862), *L'Éducation sentimentale* (1869), et d'un recueil de nouvelles, *Trois Contes* (1877). Ecrivain "réaliste," il cherche à communiquer la vérité de son sujet par la force et l'intensité de son style ("Je fais du réel écrit," disait-il). A propos d'"Un Cœur simple," l'une des nouvelles des *Trois Contes,* Ezra Pound a dit, "It contains all that anyone knows about writing." Flaubert est mort en 1880.

7

Septuagénaire

D'une vigne, Jenner[1] était propriétaire
Un confrère lui dit: "Tes ceps sont épatants!
Ah! quels beaux ceps tu as Jenner!"
Et Jenner répondit: "Je n'ai que soixante ans!"

—Tristan Bernard

1. Les auteurs ne peuvent affirmer qu'il s'agit du célèbre scientifique anglais Edward Jenner, père de l'immunologie, qui en 1796 a pratiqué les premières vaccinations. Il est permis en tout cas de douter que Jenner ait jamais possédé des ceps de vigne, étant anglais.

Tristan Bernard, de son vrai nom Paul Bernard, romancier et auteur dramatique, est né en 1866. Il adopte le pseudonyme Tristan en 1891, au moment de ses premières publications dans *La Revue blanche*. Auteur d'une quarantaine de romans et essais et d'une cinquantaine de pièces de théâtre, il est célèbre surtout pour ses jeux de mots. (Sa remarque au moment de l'invasion allemande de 1940: "En 1914, on disait 'on les aura!' Eh bien, maintenant, on les a.") Il est mort en 1947.

52 Tout est bien qui finit bien . . . ou mal

TEXTE

1

Le lendemain matin, Jean-Michel et Robert se retrouvent place Vavin.

Jean-Michel: Il y a longtemps que tu es là?
Robert: Non, je viens d'arriver.
Jean-Michel (*montrant le sac de Robert*): C'est tout ce que tu emportes?
Robert: Oui, j'aime voyager léger. Tu es bien chargé, toi! Qu'est-ce que c'est que ça?
Jean-Michel: Une tente. Hubert en apporte une aussi, comme ça on pourra camper si on trouve un endroit sympa. . . . Tiens, les voilà!

2

En effet, la Méhari arrive avec Hubert, Colette, et Mireille.

Tous: Salut! Ça va?
Mireille: Ça fait longtemps que vous êtes là?
Jean-Michel: Non, on vient d'arriver. . . . Où est-ce que je mets tout ça?

Hubert: Par là. . . . On va prendre un petit café avant de partir?

Mireille jette un coup d'œil au petit café sur la place et aperçoit l'homme en noir, caché derrière son journal.

Mireille: Oh . . . non, non, on n'a pas le temps. . . . Tout à l'heure, sur la route, plus tard. . . . Allez, hop, en voiture! On part!

3

Jean-Michel: Comment est-ce qu'on se met?
Colette: Eh bien, les garçons devant et Mireille et moi derrière.
Hubert: Ah, non! Non, non, non, il n'y a pas assez de place devant; ça va me gêner pour conduire. . . . Mireille, qui est petite, devant, et les autres derrière.
Colette: Non, on va être serrés comme des sardines! Non, Jean-Michel devant, et Robert avec nous derrière.
Mireille (*secrètement inquiète, cherchant à accélérer le départ*): Allez, tout le monde en voiture, dépêchez-vous!
Hubert: Bon, alors, ça y est, tout le monde y est? On n'a rien oublié?

Mireille: Non, non!
Colette: Allons-y!

Et ils y vont; la Méhari Azur démarre bruyamment.

1. endroit
Aujourd'hui, il est difficile de trouver un **endroit** pour camper. On est obligé d'aller dans un camping organisé. Mais dans les montagnes, on peut encore trouver des **endroits** pour camper. Le bord d'une rivière peut être un **endroit** agréable pour camper ou pique-niquer.
Les deux amis se retrouvent toujours au même **endroit** (au Luxembourg).
Ils passent toujours leurs vacances au même **endroit**, un petit village dans le Pays Basque.

2. jeter un coup d'œil
Je me demande où Mireille peut bien être. Tiens, je vais **jeter un coup d'œil** au Flore et aux Deux Magots.
Attends-moi. Je **jette un coup d'œil** à Prisunic et j'arrive.

4

Jean-Michel a pris le volant. Au premier croisement, il oblique vers la gauche.

Hubert: A droite, voyons!

Jean-Michel: Mais non, c'est à gauche!

Hubert: Je vous dis que c'était à droite qu'il fallait aller!

Jean-Michel: Mais non, mais non, mais non, à gauche!

Mireille: Bon, passe-moi la carte. . . . Eh bien, à droite ou à gauche, ça revient au même!

5

A l'arrière de la voiture, Mireille étudie dans le guide la description des musées et des églises de Rouen. Colette est plongée dans le Gault et Millau pour découvrir les meilleurs restaurants de la région. Devant, Hubert et Jean-Michel discutent politique avec de grands gestes.

Hubert: Marx! Marx! Mais Marx vivait au siècle dernier, mon cher ami!

Colette: Ah, là, j'ai un restaurant qui a l'air très intéressant . . . spécialité de sole normande. . . .

Jean-Michel (*poursuivant sa discussion avec Hubert*): On croit rêver!

Colette: Canard rouennais. . . .

Hubert: Mais c'est faux, faux, archifaux!

Colette: Poulet Vallée d'Auge. . . .

Jean-Michel: Tu raisonnes comme une casserole. . . .

Hubert: Mais c'est vous qui raisonnez comme une casserole, mon cher ami! . . . Ah, voilà Rouen!

6

Ils entrent dans la ville par des rues étroites et pittoresques, passent sous le Gros Horloge, et arrivent sur la place du Vieux Marché. Hubert, debout à l'avant de la voiture, fait le guide.

Hubert: C'est sur cette place qu'on a brûlé Jeanne d'Arc sur un bûcher.

Robert: J'aurais aimé vivre à cette époque.

Jean-Michel: Tu te sens une vocation pour le bûcher?

Robert: Non, au contraire. J'ai une vocation de pompier. J'ai toujours rêvé d'être pompier. Je me vois très bien arrivant sur mon cheval (les pompiers étaient à cheval à l'époque, je suppose) avec un magnifique casque d'argent, plongeant dans la fumée et sauvant Jeanne d'Arc des flammes.

Hubert: Vous auriez saboté la formation de la nation française!

Jean-Michel: Quelle bêtise! La formation d'une nation est due à des raisons purement économiques!

Hubert: Matérialisme débile! . . . Où va-t-on pouvoir se garer?

7

Une fois la Méhari garée près de l'église Saint-Maclou, pas très loin de la cathédrale, Hubert commence à s'intéresser sérieusement à la question du déjeuner.

Hubert: Bon! Alors, Colette, où est-il, ce fameux restaurant?

Colette: Il ne doit pas être loin d'ici. . . . Attends, je vais voir. . . . (*Elle regarde le guide*) Euh . . . quel jour on est, au fait? Mardi? Ah, zut! Ça, alors!

Tous: Quoi?

Colette: Ben, il est fermé le mardi! Qu'est-ce qu'on va faire?

Hubert: Oh, ben, ce n'est pas grave! On n'a qu'à aller ailleurs.

Colette: Dommage, quand même!

Mireille: Oh, écoutez, j'ai une idée: on va acheter des provisions, et on va aller pique-niquer sur les bords de la Seine!

Jean-Michel: Bonne idée!

Mireille: Bon, alors, allez visiter la cathédrale; il est midi et demie . . . je m'occupe des provisions. Il faut que je me dépêche avant que tous les magasins soient fermés! Rendez-vous à une heure devant la cathédrale.

Hubert: Parfait. Nous, allons visiter.

Robert (*à Mireille*): Je viens avec toi.

8

Robert et Mireille, seuls dans une rue de Rouen.

Robert: Tu t'amuses, toi?

Mireille: Ben, oui!

Robert: Pas moi. J'en ai assez d'entendre Hubert et Jean-Michel discuter, et Colette lire des menus. Ecoute, laissons-les et partons tous les deux, seuls!

Mireille: Mais, Robert, on ne va pas faire ça, voyons!

Robert: Pourquoi?

Mireille: Parce que!

9

Ils font quelques pas en silence. Ils passent devant un café, et, à la terrasse de ce café, Mireille aperçoit . . . qui? L'homme en noir, caché derrière un journal. . . .

Mireille: Tu vois le café, à gauche? Ne te retourne pas.

Robert: Eh bien, qu'est-ce qu'il a de spécial, ce café?

Mireille: Rien, mais je viens de voir un type que j'ai déjà vu ailleurs.

Robert: Quelqu'un que tu connais?

Mireille: Non. . . . Tu te souviens, le jour où on est allés au cinéma? Je t'ai attendu dans un café. . . . Eh bien, ce type était assis à côté de moi. C'est le même.

Robert: Sans blague! Tu es sûre?

Mireille: Oui, mais le plus inquiétant, c'est que je l'ai vu ce matin, place Vavin, avant qu'on parte, au café où Hubert voulait aller.

10

Robert: Tu as rêvé!

Mireille: Mais non, je suis sûre que c'est lui! Et je suis sûre de l'avoir vu ailleurs aussi. Tu te souviens,

---

4. *croisement*

4. *revenir au même*
Ça **revient au même**; c'est la même chose. Ça ne fait pas de différence.

5. *sole normande, canard rouennais*
La **sole normande** se prépare avec du vin blanc, de la crème, du beurre, et quelques huîtres.
Le **canard rouennais** est un canard élevé dans la région de Rouen. Il est souvent servi à la rouennaise, c'est-à-dire, avec une sauce au vin rouge, échalotes, et foie de canard.

5. *archi-*
C'est **archifaux**! C'est complètement faux! C'est connu, c'est **archiconnu**; c'est plein, c'est **archiplein**.

5. *poulet Vallée d'Auge*
C'est une spécialité normande; le poulet est préparé avec de la crème et du Calvados, de l'alcool de pomme.

5. *casserole*

Une **casserole**.

5. *raisonner/résonner*
Les casseroles peuvent **résonner**, faire du bruit, si on les frappe avec une cuillère, par exemple. Mais elles ne **raisonnent** pas; elles ne pensent pas logiquement.

---

6. *brûler, bûcher*

Jeanne d'Arc a été **brûlée** sur un **bûcher**, comme sorcière, à Rouen en 1431.

Une **bûche**.

6. *argent*
L'**argent** est un métal précieux (moins précieux que l'or). On en fait des cuillères, des fourchettes, des bijoux.

6. *saboter*
Les mauvais ouvriers **sabotent** le travail.
Les combattants clandestins **sabotent** les lignes de chemin de fer, les usines de l'ennemi.

6. *débile*
Il est complètement idiot! Il est complètement **débile**!

6. *(se) garer*
M. Belleau n'a pas de garage. Il **gare** sa voiture dans la rue.
On ne peut pas **se garer** ici: le stationnement est interdit.

le jour où on est allés à la Samaritaine . . . on a voulu prendre un taxi, et il y avait quelqu'un dedans. . . . Eh bien, c'était lui, j'en suis sûre!

Robert: Tu crois? Tu l'as reconnu?

Mireille: Oui!

Robert: Comment est-il?

Mireille: Il est habillé tout en noir; il a un tic dans les yeux: il cligne constamment des yeux.

Robert: Ça, alors!

Mireille: Quoi?

Robert: Un type tout en noir, et qui cligne des yeux. . . . Tu sais, le jour où on est allés faire des courses à la Samaritaine? En revenant, j'ai pris un taxi avec un chauffeur tellement dingue que j'ai été obligé de sauter en marche. . . . Eh bien, maintenant que j'y pense, ce chauffeur était habillé tout en noir, et clignait des yeux comme un fou!

11

Mireille: Tu es sûr?

Robert: Oui. . . . Et le jour où on est allés à la Closerie des Lilas . . . quand je suis allé téléphoner, il y a un type tout en noir qui m'a suivi; je suis sûr que c'est le même. Et plus tard, je l'ai revu quand j'étais au Luxembourg avec Marie-Laure.

Mireille: Et Marie-Laure qui parle toujours d'un homme en noir quand elle raconte ses histoires à dormir debout! . . . C'est peut-être vrai. . . . Elle n'inventait pas! . . . Mais qui c'est? Qu'est-ce qu'il veut? Pourquoi il nous suit? Mais qui est-ce qu'il suit, d'abord? Toi ou moi? Il est de la police? C'est un terroriste? . . . Pourquoi tu es venu en France? Tu as tué quelqu'un? Tu es un terroriste? Tu fais du trafic de drogue?

Robert: Mais non. . . . C'est peut-être toi qu'il suit.

10. *dingue*

Il est **dingue**! Il est fou!

C'est **dingue**, ce truc-là! C'est incroyable!

—Il y a beaucoup de monde sur les plages?
—Oh, il y a un monde **dingue**! C'est **dingue**, le monde qu'il y a!

13. *pare-brise*

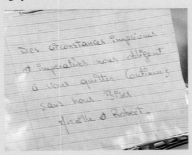

Ils ont laissé un mot sur le **pare-brise** de la Méhari.

13. *imprévu*

Ça, c'est **imprévu**! C'est inattendu! Je n'avais pas prévu ça; je ne m'y attendais pas!

14. *essoufflé*

Mireille est **essoufflée** parce qu'elle a couru. Elle respire difficilement.

15. *ahuri*

Il est **ahuri**, stupéfait.

15. *décoller, atterrir*

L'avion **décolle**. Il quitte le sol; il part.
L'avion **atterrit**. Il se pose sur le sol. Il arrive.

12

Mireille: Robert, je crois que j'ai peur. J'ai peur parce que je ne comprends pas. Qu'est-ce qu'on va faire?

Robert: Il faut partir tout de suite.

Mireille: Oui, c'est ça, allons rejoindre les autres!

Robert (qui a de la suite dans les idées): Non, il faut partir sans les autres!

Mireille: Mais pourquoi?

Robert: Réfléchis! Si le type nous a suivis jusqu'ici, c'est qu'il nous a vus partir ce matin dans la Méhari. Il faut laisser partir les autres avec la Méhari, et partir de notre côté. Allez, viens vite!

13

Robert et Mireille courent jusqu'à la Méhari. Ils prennent leurs sacs et laissent un mot sur le pare-brise:

"Des circonstances imprévues et impératives nous obligent à vous quitter. Continuez sans nous. Bises. Mireille et Robert"

Robert: Tu as ton sac?

Mireille: Oui. Tu as le fric?

Robert: Quoi?

Mireille: Le fric, l'argent . . . l'argent de la loterie.

Robert: Oui. . . . Prends-en la moitié.

Mireille: Oh, non, j'aurais peur de le perdre.

Robert: On ne sait jamais ce qui peut arriver! Prends-en la moitié, tiens. . . . Filons!

Mireille: Mais où on va?

Robert: Je ne sais pas. L'important, c'est de partir d'ici le plus vite possible. Allez, viens!

Et ils partent en courant à travers les vieilles rues de Rouen.

14

Mireille (essoufflée): Faisons du stop!

Le premier camion qui passe s'arrête.

Le chauffeur: Bonjour, vous allez où?

Mireille: Et vous?

Le chauffeur: En Turquie.

Mireille: Ah, ben, nous aussi!

Le chauffeur: Eh bien, ça, c'est une coïncidence! Eh bien, montez! Allez-y!

Mireille: Merci!

Dix minutes après, le camion passe devant un aéroport. Robert aperçoit un petit avion qui semble prêt à partir. Il demande aussitôt au chauffeur d'arrêter.

Robert: Vous pouvez nous arrêter?

Le chauffeur: On n'est pas arrivés!

Robert: Je sais, mais j'ai oublié ma brosse à dents!

Le chauffeur: Ah, dans ce cas. . . .

15

Le camion s'arrête. Robert et Mireille descendent et courent vers l'aéroport. Robert s'approche du petit avion, discute avec le pilote, essaie d'être persuasif. Il sort un paquet de billets qu'il met dans les mains du pilote ahuri (car Robert est un garçon honnête, même quand il est pressé).

Robert: Ça, c'est pour l'essence . . . et ça, c'est pour l'assurance. . . . Merci. Salut!

Et les voilà tous les deux dans l'avion, avant que le pilote ait bien compris ce qui se passait. Robert essaie tous les boutons, pousse, tire . . . par miracle, le moteur commence à tourner, l'avion démarre et, après quelques hésitations bien compréhensibles, accepte de décoller.

Mireille: Tu sais piloter?

Robert: Un peu. . . . Il nous suit?

Mireille regarde derrière eux et ne voit pas trace de l'homme en noir.

16

Robert fonce, droit devant lui.

Mireille: Tu sais où tu es?

Robert: Non, je suis complètement perdu! . . . Regarde! Qu'est-ce que tu vois?

Mireille: Je crois que je vois le Mont-Saint-Michel. Oui, oui, c'est le Mont-Saint-Michel!

Robert: Qu'est-ce que je fais?

Mireille: Je ne sais pas. . . . Va vers la droite!

Robert: Bon, regarde. Qu'est-ce que tu vois maintenant?

Mireille: Un château. . . . On doit être au-dessus des châteaux de la Loire. Oui, c'est ça. Ça, ça doit être Chinon . . . Azay-le-Rideau. Ça, c'est Cheverny. . . . Oh, Chambord! Ça, je crois que c'est Valençay.

Robert: Là où on fait le fromage de chèvre?

Mireille: Oui, c'est ça.

17

Robert: Qu'est-ce que tu vois maintenant?

Mireille: Attends. . . . Je vois des volcans.

Robert: Eteints?

Mireille: Oui, bien sûr. On doit être au-dessus du Massif Central.

Robert: Et maintenant?

Mireille: Je vois une ville fortifiée. C'est Carcassonne! On est dans le Midi! Mais oui, on est dans le Midi, je vois des arènes gallo-romaines. Ça, ça doit être Nîmes . . . ou Arles. . . .

Robert: Bon, qu'est-ce que je fais?

Mireille: Ben, tourne vers la droite! . . . On est au-dessus de la Côte d'Azur! Mais oui, oui, c'est la Méditerranée. . . . Maintenant je vois des montagnes. Ce sont les Alpes . . . oui, sûrement. Ça doit être le Mont-Blanc. . . . Ça, ça doit être les gorges du Verdon. . . . Mais qu'est-ce que tu fais? On redescend vers le sud! Voilà la mer de nouveau. Les calanques de Cassis. . . . Oh, des chevaux . . . c'est la Camargue! . . . Mais où vas-tu? On est sur les Pyrénées, maintenant!

18

Robert: Qu'est-ce qu'on fait? On passe en Espagne?

Mireille: Mais non, non, remonte vers le nord! . . . On est sur l'Atlantique, maintenant. Je vois La Rochelle. . . . On est au-dessus de la Bretagne. . . . Une cathédrale. . . . Mais c'est Notre-Dame! On est au-dessus de Paris. Une

autre cathédrale. Je crois que c'est Amiens . . . Reims. . . . Tiens, Strasbourg! On est en Alsace! Attention, on va passer en Allemagne! Tourne, tourne, reviens en arrière. . . . Des vignes! On est en Bourgogne!

Robert: Eh bien, dis donc, on peut dire qu'on a parcouru l'Hexagone . . . dans tous les sens!

Mireille: Avec tous les zigzags qu'on a faits, l'homme en noir ne risque pas de nous retrouver.

Robert: Ah, ça, non!

Le petit avion descend dangereusement.

Mireille: Eh, remonte, remonte! Attention! Attention, remonte, remonte!

19

Robert réussit à remonter, mais juste à ce moment-là, un avion à réaction traverse le ciel. Robert, qui a l'esprit vif, a tout de suite compris que c'est l'homme en noir.

Robert: Zut, c'est lui, il nous a rattrapés!

Mireille: Qu'est-ce qu'on fait?

Robert: On descend. . . . De toute façon, il n'y a plus d'essence.

Mireille: Attention, il paraît que c'est l'atterrissage qui est le plus dangereux!

Robert: Ne t'inquiète pas! On va se poser comme un papillon!

20

Robert arrive à poser l'avion au milieu d'un champ. Robert et Mireille sautent de l'avion et se dirigent vers une route qu'ils aperçoivent pas très loin.

Robert: Enfin seuls! Ça repose. . . .

Ils arrivent à la route et voient un panneau indicateur. Robert lit "Lyon," et ajoute (car il commence à avoir une grande culture): "Lyon . . . la capitale gastronomique de la France."

Robert: On y va?

Mireille: Allons-y! Il n'y a qu'à faire de l'auto-stop!

Une dame, qui conduit une toute petite voiture, s'arrête.

La dame: Vous allez où?

Mireille: A Lyon.

La dame: Et où, à Lyon?

Mireille: A la gare.

La dame: C'est justement mon chemin.

Mireille: Oh, merci.

Et la dame emmène Robert et Mireille dans sa toute petite voiture, et les laisse devant la gare de Lyon.

21

Robert: Cette fois, je crois que ça y est, on l'a semé! Qu'est-ce qu'on fait?

Mireille: On prend le premier TGV pour Marseille; on va quelque part sur la Côte; tranquilles, au soleil. . . on va se reposer de nos émotions!

Robert: Chouette! J'ai toujours voulu prendre le TGV!

Dans le TGV, ils se laissent aller à une douce béatitude.

Mireille (*posant sa main sur celle de Robert*): J'ai vraiment eu peur. Je suis bien contente que tu aies été là.

Le haut-parleur annonce: "Mesdames et Messieurs, nous venons d'atteindre notre vitesse de pointe de 270km/h."

Robert: A la vitesse où on va, ça m'étonnerait qu'il puisse nous rattraper!

Mais Robert et Mireille ne voient pas que l'homme en noir, caché par son journal, est là, juste derrière eux.

22

Le Carlton, à Cannes, l'après-midi. Robert et Mireille ont pu avoir deux belles chambres avec balcon donnant sur la mer: vue imprenable sur la plage, les palmiers, et la Méditerranée.

Mireille s'installe dans sa chambre et commence à peigner ses cheveux, qui sont longs et fins, devant la fenêtre ouverte. Robert s'avance vers son balcon, perdu dans la contemplation du ciel, qui est bleu comme les yeux bleus de Mireille.

Robert (*se parlant à lui-même*): Quel beau temps!
Mireille (*continuant à peigner ses cheveux blonds*): Robert!

Mais Robert ne l'entend pas. Toujours perdu dans la contemplation du bleu de la mer et du ciel, il continue à avancer. . . .

17. *arènes*

Les **arènes** gallo-romaines de Nîmes.

19. *avion à réaction*
Lindbergh a traversé l'Atlantique dans un avion à hélice. Robert, beaucoup plus tard, l'a traversé dans un **avion à réaction**.

21. *semer*
On a **semé** l'homme en noir! Il est loin derrière, il ne pourra pas nous rattraper!

21. *se laisser aller*

Voilà un monsieur qui **se laisse aller** à une douce béatitude; il se sent bien, il se détend.

21. *haut-parleur*

Un **haut-parleur**.

22. *(se) peigner/peindre*

Mireille **se peigne**. Elle **se peigne** les cheveux. Elle **peigne** ses longs cheveux blonds. (Mais elle **peint** des tableaux, les murs de sa chambre.)

Robert: Quelle mer! Quel ciel! Pas un nuage!

Mireille, un peu étonnée de ne pas avoir de réponse, arrête de se peigner un instant.

Mireille: Robert?

23

Toujours pas de réponse. Sérieusement inquiète, cette fois, elle se lève, se précipite sur le balcon, se penche . . . et voit Robert étendu par terre.[1]

Un infirmier et une infirmière le mettent dans une ambulance qui démarre dans un grand bruit de sirène.

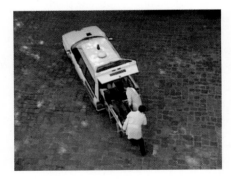

"Ce n'était pas l'hélicoptère de la gendarmerie, mais ils l'emmènent sûrement à l'hôpital," pense Mireille, car elle a toujours l'esprit aussi vif. "Pourvu qu'il n'ait que des contusions légères," pense-t-elle encore, car elle manie aisément le subjonctif.

[1]. Vous l'aviez deviné: il est encore tombé du balcon! On ne peut pas le laisser seul deux minutes! (Note des auteurs)

24

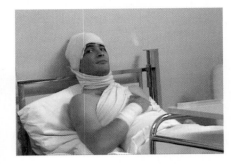

A l'hôpital, Robert est dans son lit, bandé des pieds à la tête. Mireille a mis une blouse blanche. Elle joue les infirmières avec beaucoup de talent. Elle fait boire un peu de thé à Robert.

Mireille: Allez, ce n'est rien. Ce n'est pas aussi grave que ça aurait pu l'être. . . . Ça va aller mieux! (Elle regarde sa montre.) Quelle heure il est? Huit heures, déjà! Il faut que je rentre à l'hôtel. Tu n'as besoin de rien? Surtout sois sage, hein! Et sois prudent, et ne fais pas de bêtises, hein!

Et elle s'en va, sa blouse d'infirmière sous le bras.

25

Au moment où elle arrive au Carlton, elle voit l'homme en noir qui en sort et qui se dirige vers elle.

Elle s'arrête, terrifiée. L'homme en noir aussi s'est arrêté. Il la regarde. Lentement, il met sa main droite dans la poche intérieure de sa veste. Mireille a fermé les yeux. Quand elle les rouvre, elle voit que l'homme en noir lui tend . . . une carte de visite.

L'homme en noir: Mademoiselle . . . permettez-moi. . . . Ça fait un mois. . . . Excusez-moi, je ne me suis pas présenté. . . . Oui, ça fait un mois . . . que dis-je? Permettez-moi de . . . Fred Barzyk, cinéaste. . . . Je dois tourner un film pour enseigner le français. Voilà, je vous observe depuis . . . Ça fait un mois que je cherche à vous aborder . . . parce que je cherche . . . voyez-vous . . . une jeune fille . . . bien française, jolie . . . fine, distinguée . . . pour le rôle principal, n'est-ce pas . . . et vous êtes exactement ce qu'il faut! J'espère que vous voudrez bien accepter le rôle!

Mireille: Mais c'est le plus beau jour de ma vie! J'ai enfin réalisé le rêve de mon enfance: être infirmière et actrice! Quel bonheur!

23. étendu

Robert est **étendu** par terre.

23. manier, aisément
Elle **manie aisément** le subjonctif; elle le manipule avec facilité.

24. blouse

Les infirmiers et infirmières portent des **blouses** blanches.

26

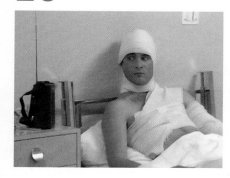

Dans sa chambre d'hôpital, le pauvre Robert s'ennuie. Il écoute la radio pour passer le temps. Il dort à moitié . . . mais tout à coup, il se réveille: "Nous apprenons à l'instant qu'une bombe vient d'éclater à l'hôtel Carlton. L'immeuble est en flammes. On ignore s'il . . ."

Robert se lève comme un ressort. Il bondit vers la porte, s'arrête, arrache ses bandages, met son pantalon, et se précipite dans la rue. Juste à ce moment, un camion de pompiers, qui roule à toute vitesse, passe devant l'hôpital. Robert court et, se prenant pour Tarzan, saute sur le camion qui va évidemment au Carlton.

Robert cherche des yeux la grande échelle et une fenêtre qui crache des flammes et de la fumée pour y plonger, mais il ne voit que de

25. aborder
Les pirates **abordent** les bateaux pour les piller.
Jean-Pierre a tout un tas de trucs pour **aborder** les jeunes filles.

26. éclater

Une bombe qui **éclate**.

BOUM

26. arracher

aïe

Dent **arrachée**. (On **arrache** les dents, les carottes, les mauvaises herbes . . .).

la fumée. Il s'élance alors, sans regarder ni à droite ni à gauche, pour se précipiter dans la fumée, mais un pompier l'arrête: "Arrêtez, le port du casque est obligatoire!"

Qu'à cela ne tienne! Robert prend le casque du pompier et plonge héroïquement dans la fumée. . . .

Quelques minutes plus tard, il réapparaît, traîné par Mireille, à moitié évanoui.

26. évanoui

Robert s'est **évanoui**; il a perdu connaissance, il est inconscient.

27

Ça doit être une erreur: ils ont dû se tromper de scénario! Est-ce que ce ne serait pas plutôt Robert qui devrait sortir de la fumée en portant Mireille évanouie dans ses bras? Mais oui, mais oui, c'est ça! . . . Allez, on recommence! Ils disparaissent de nouveau dans la fumée, et réapparaissent quelques minutes plus tard, Robert portant triomphalement Mireille, évanouie ou souriante, dans ses bras.

C'est le soir. La fumée a disparu. Le soleil se couche sur la mer. Des lumières s'allument tout le long de la côte. C'est vraiment une très belle soirée de printemps. Un couple qui se tient par la main s'éloigne sur la plage. C'est sûrement Mireille et Robert, qui s'en vont vers de nouvelles aventures.

MISE EN ŒUVRE

Ecoutez la mise en œuvre du texte et répondez aux questions suivantes.

1. Où les amis se sont-ils donné rendez-vous?
2. Qu'est-ce qu'Hubert aimerait faire avant de partir?
3. Pourquoi Mireille dit-elle qu'ils n'ont pas le temps?
4. Où Jean-Michel va-t-il s'asseoir?
5. Qui sera à l'arrière de la voiture?
6. Que fait Colette à l'arrière de la voiture?
7. Qu'est-ce que le *Gault et Millau*?
8. Que font Hubert et Jean-Michel à l'avant?
9. Où Jeanne d'Arc est-elle morte?
10. Quelle est la vocation de Robert?
11. Qu'est-ce que Robert se verrait bien faire?
12. D'après Jean-Michel, à quoi est due la formation d'une nation?
13. Pourquoi les amis ne peuvent-ils pas aller déjeuner au restaurant que Colette avait choisi?
14. Qu'est-ce que Mireille propose de faire?
15. Pourquoi Mireille doit-elle se dépêcher pour faire les courses?
16. Pourquoi Robert ne s'amuse-t-il pas?
17. Qu'est-ce qu'il veut faire?
18. Qui est-ce que Mireille aperçoit, à la terrasse du café?
19. Où Mireille a-t-elle déjà vu l'homme en noir?
20. Où était-il ce matin?
21. Dans quel autre endroit Mireille avait-elle vu le type?
22. Comment est-il?
23. Quel jour Robert a-t-il déjà vu ce type?
24. Que faisait-il alors?
25. Qu'est-ce qui s'est passé à la Closerie des Lilas?
26. Quelle est la question que Mireille se pose au sujet de ce type?
27. Et qu'est-ce qu'elle se demande au sujet de Robert?
28. Pourquoi Mireille a-t-elle peur?
29. Pourquoi Robert veut-il partir sans les autres?
30. Où Robert et Mireille laissent-ils un mot pour les autres?
31. Qu'est-ce que leur mot dit?

32. Pourquoi Mireille ne veut-elle pas prendre l'argent?
33. Comment Mireille et Robert vont-ils continuer leur voyage?
34. Où va le chauffeur du camion?
35. Où Mireille et Robert veulent-ils descendre?
36. Qu'est-ce que Robert dit au chauffeur du camion pour expliquer qu'il veut s'arrêter là?
37. Où Robert et Mireille courent-ils?
38. A qui Robert donne-t-il de l'argent?
39. Qu'est-ce que cela paiera?
40. Dans quoi Mireille et Robert montent-ils maintenant?
41. Qui pilote?
42. Qu'est-ce que le type en noir a fait?
43. Pourquoi Robert et Mireille doivent-ils descendre de toute façon?
44. En avion, qu'est-ce qui est le plus dangereux?
45. Où Mireille et Robert décident-ils d'aller?
46. Comment Robert et Mireille arrivent-ils à Lyon?
47. Pourquoi Robert est-il si content de prendre le TGV?
48. Où est Robert quand il admire la mer et le ciel qui sont si bleus?
49. Qu'est-ce qui arrive à Robert?
50. Où Mireille va-t-elle voir Robert?
51. Quand Mireille rentre à l'hôtel, qui voit-elle?
52. Que sort-il de sa poche?
53. Depuis combien de temps le type suit-il Mireille?
54. Quel genre de film doit-il tourner?
55. Pourquoi observait-il Mireille depuis un mois?
56. Pourquoi Mireille dit-elle que c'est le plus beau jour de sa vie?
57. Quel était son rêve d'enfant?
58. Quelle annonce Robert entend-il à la radio?
59. Comment Robert va-t-il au Carlton?
60. Pourquoi un pompier veut-il arrêter Robert quand il se précipite vers le Carlton en feu?
61. Qu'est-ce que Robert fait?

MISE EN QUESTION

1. Qui est-ce qui finit par régler le petit ballet pour attribuer à chacun une place dans la voiture? Quelle était l'idée d'Hubert? Qui voulait-il avoir à côté de lui? Quelle est l'idée de Colette? Pourquoi?

2. Qu'est-ce que l'Alpine et la Méhari ont en commun? Comment démarrent-elles?

3. Tiens! Ce n'est plus Hubert qui conduit? Pourquoi? Qui est-ce qui penche pour la gauche et qui pour la droite? Qu'est-ce que Mireille pense de cette dispute entre la droite et la gauche? Est-ce que Mireille paraît être très politisée? Qu'est-ce qu'Hubert a l'air de penser du marxisme? Que c'est une doctrine sans aucune valeur ou qu'elle est simplement dépassée?

4. Est-ce qu'une casserole est douée de raison? Si on frappe sur une casserole, est-ce qu'elle émet un son, un bruit? Est-ce qu'une casserole raisonne ou résonne?

5. Pourquoi est-ce que Robert aurait aimé vivre à l'époque de Jeanne d'Arc?

6. D'après Hubert, est-ce que le martyre de Jeanne d'Arc a servi à quelque chose? A quoi est-ce qu'il a contribué? Pourquoi Jean-Michel n'est-il pas d'accord?

7. A quoi Robert s'intéresse-t-il? Aux discussions politiques, au déjeuner? Quelle semble être son idée fixe?

8. Comment se fait-il que l'homme en noir soit là? Que savez-vous sur l'homme en noir? En savez-vous plus que Mireille et Robert? Quand l'avez-vous remarqué? Où? Dans quelles circonstances?

9. Comment Robert profite-t-il de la présence de cet homme en noir et de l'inquiétude de Mireille?

10. Pourquoi Mireille et Robert ont-ils de la chance quand ils font de l'auto-stop? A votre avis, combien de temps faut-il pour aller de France en Turquie par la route? Plusieurs heures ou plusieurs jours?

11. Pourquoi le chauffeur du camion comprend-il que Robert veut descendre? Quelle notion d'hygiène a-t-il?

12. Pourquoi l'avion hésite-t-il à décoller?

13. Qu'est-ce qui arrive à Robert après qu'il a réussi à faire décoller l'avion? Est-ce qu'il arrive à piloter, plus ou moins bien? Mais est-ce qu'il est très fort en navigation?

14. Comment l'homme en noir poursuit-il Mireille et Robert? Comment lui échappent-ils? Quel avion peut le plus facilement atterrir dans un champ, un petit avion à hélice ou un avion à réaction ultra-rapide?

15. Quand Mireille et Robert sont dans le TGV, pourquoi Robert pense-t-il que l'homme en noir ne pourra jamais les rattraper? Oui, mais . . . où est l'homme en noir?

16. Où est le Carlton? Quels arbres y a-t-il devant? Sur quoi donnent les chambres? Comment est la vue? (Comment est la vue de l'appartement de Mireille à Paris? Voyez leçon 32.) Pourquoi Robert tombe-t-il du balcon? Parce que c'est une habitude chez lui, ou bien y a-t-il d'autres raisons? Dans quoi est-il perdu? Comment est le bleu du ciel? (Voyez leçon 11.)

17. Pourquoi Mireille comprend-elle tout de suite que l'ambulance emmène Robert à l'hôpital? (Voyez leçon 27.)

18. Est-ce que Mireille est infirmière, maintenant? Est-ce qu'elle a son diplôme d'infirmière? Alors, qu'est-ce qu'elle fait à l'hôpital?

19. Mireille est terrifiée quand elle voit l'homme en noir mettre sa main droite dans la poche de sa veste. Qu'est-ce qu'elle pense qu'il va tirer de sa poche?

20. Qu'est-ce que Mireille voulait être, quand elle était petite? (Voyez leçon 17.) Qu'est-ce qui est arrivé maintenant? Est-elle vraiment infirmière? Va-t-elle vraiment être actrice? Est-ce que vous pensez que la proposition de l'homme en noir est sérieuse? Pourquoi a-t-il sonné plusieurs fois chez les Belleau? (Voyez leçon 35.) Que pensez-vous de cet homme en noir? Pourquoi n'a-t-il pas abordé Mireille plus tôt? Par discrétion? Par indécision, parce qu'il n'était pas sûr qu'elle soit la personne qui convenait pour le rôle? C'est un grand timide? Un imbécile? Un dangereux espion qui cache bien son jeu? Au fait, existe-t-il vraiment? Est-ce qu'il n'existe que dans l'imagination de Mireille qui rêve d'être actrice? D'ailleurs . . . Mireille existe-t-elle vraiment, ou n'est-ce qu'une invention . . . pour apprendre le français?

21. Pendant ce temps-là, Robert somnole sur son lit de douleur à l'hôpital. Qu'est-ce qui le réveille tout à coup? Qu'est-ce qu'il fait? Comparez son comportement avec celui qu'il a, dans la leçon 37, sur le boulevard Montparnasse. Toujours aussi impulsif et imprudent!

22. Pourquoi le camion sur lequel Robert saute en marche va-t-il justement au Carlton?

23. Pourquoi Robert cherche-t-il une fenêtre qui crache des flammes? Que doit faire un pompier? (Voyez leçon 17.)

24. Pensez-vous qu'il y ait eu une erreur dans le scénario? A votre avis, comment cela devrait-il finir?

Journal de Marie-Laure

MONEO

Le 23 octobre 2000

Audrey est passée cette après-midi. Elle vient d'entrer à la fac et elle m'a montré avec fierté sa carte d'étudiante flambant neuve avec puce Moneo intégrée. Avec ça elle peut payer son repas au resto-U, ses sorties au ciné, à la piscine, ses photocopies, tant qu'elle ne dépasse pas trente euros. Après ça, il lui suffit de la recharger à la borne Moneo de l'université ou en ligne sur le site Moneo. On n'arrête pas le progrès ! Moi, quand j'étais étudiante, c'était la galère, il fallait se trimballer avec un tas de monnaie. Je ne parle même pas du resto-U où il fallait absolument avoir l'appoint. Je me souviens de cette fois au resto de Mabillon où je me suis engueulée avec la caissière qui refusait de prendre mon billet de cinq euros pour payer un repas à 2,75€. La bonne nouvelle dans tout ça, c'est Audrey qui me l'a fait remarquer, c'est que la carte Moneo, je l'ai déjà ! Il y a un sigle sur ma carte bancaire auquel je n'avais jamais fait attention qui indique que l'option Moneo est incluse dans ma carte de crédit.

Le 28 octobre

Ça fait 3 jours que j'utilise ma carte Moneo et je trouve ça formidable ! Ça m'a changé la vie ! Maintenant, je l'utilise pour toutes mes petites dépenses : ma baguette de pain, mon litre de lait, mon bifteck, mes boules de gomme, mon titre de transport, mon journal, tout ce que je ne pouvais pas payer avant en carte bancaire que les commerçants refusent pour des achats inférieurs à 15€. J'ai même pu payer le teinturier pour le nettoyage de ma robe de juge.

   Je trouve ça génial et super pratique : ça ne prend qu'une minute pour la recharger à un distributeur automatique de billets. Vive le progrès !

mel On m'a piqué mon portefeuille, plus de Carte Bleue, plus de carte Moneo, plus de passe Navigo, plus de carte Vitale. #incognito

7-nov-2011

Y'A PLUS DE MADEMOISELLE !

Le 2 avril 2012

Je reviens de la maison de retraite de Tante Georgette. Je l'ai trouvée en pleine forme. Elle venait de recevoir une lettre des impôts adressée à Madame G. Belleau. Elle a dit : « Tiens ! ils se sont trompés, aux impôts. Ce doit être pour ta mère cette lettre. C'est elle, Madame Belleau, c'est pas moi. Moi, c'est Mademoiselle G. Belleau. Pourtant, G. c'est moi, Georgette, et puis c'est mon adresse. Qu'est-ce que c'est que cette histoire ? » J'ai dû lui expliquer que depuis février 2012 « Mademoiselle » et le nom de jeune fille, c'était fini. Maintenant dans les administrations, c'est « Madame » et « nom de famille », qu'on devait ça à deux organisations « Osez le féminisme » et « les Chiennes de garde » qui avaient lancé une campagne intitulée « Mademoiselle, la case en trop ». Distinguer entre Madame et Mademoiselle, c'est sexiste. Moi, je suis tout à fait d'accord avec cette mesure. Les hommes, eux, on leur dit toute leur vie « Monsieur ». On ne dit pas « mondamoiseau » que je sache.

Tante Georgette n'était pas contente du tout. « Nous, les femmes célibataires, on nous appelle Mademoiselle depuis Napoléon 1er. Moi, j'aime bien quand on me dit Mademoiselle. Ça montre que je suis indépendante et pas asservie à un homme. En plus, ça fait jeune, Mademoiselle. De toutes les façons, ces Chiennes de garde, comme tu dis, elles feraient mieux de s'occuper de choses sérieuses comme de la disparité des salaires ».

En partant, j'ai entendu l'infirmière qui lui apportait son dîner lui dire : « Bonsoir, Mademoiselle ! » et Tante Georgette lui répondre d'un ton sec : « Vous voulez dire, bonsoir, Madame ! »

En rentrant à la maison, j'ai trouvé une lettre qui avait l'air officiel adressée à Madame Marie-Laure Belleau... Madame... Madame... Ça fait bizarre quand même... Je me demande ce que Jacques en penserait... ~~Si seulement ça pouvait lui mettre un bon coup de pied aux...~~

MERCI MADAME !

twitter

bdgomme @mirbelle : Jacques m'emmène dîner à la Closerie ce soir. Il a quelque chose à me demander. #mystère&bdg
2-avril-2012

mirbelle @bdgomme : Fais-toi belle ! #motusetbouchecousue
2-avril-2012

DOCUMENTS

1

Histoire de diamant

Moi aussi, j'avais pensé à Bruxelles pour m'y réfugier avec Sylvia, mais nous avions préféré ne pas quitter la France. Il fallait choisir une ville importante où nous passerions inaperçus. Nice comptait plus de cinq cent mille habitants parmi lesquels nous pourrions disparaître. Ce n'était pas une ville comme les autres. Et puis, il y avait la Méditerranée. . . .

Je croyais que ma vie prendrait un cours nouveau et qu'il suffirait de rester quelque temps à Nice pour effacer tout ce qui avait précédé. . . .

"Tout droit," m'avait dit un passant auquel j'avais demandé le chemin de la gare. Tout droit. J'avais confiance dans l'avenir. Ces rues étaient nouvelles pour moi. Aucune importance si je me guidais un peu au hasard. Le train de Sylvia n'arrivait en gare de Nice qu'à dix heures et demie du soir.

Elle avait un grand sac en cuir grenat pour tout bagage et, à son cou, la Croix du Sud. J'étais intimidé de la voir s'avancer vers moi. Je l'avais laissée une semaine auparavant dans un hôtel d'Annecy car j'avais voulu partir tout seul à Nice et m'assurer que nous pouvions bien nous fixer dans cette ville.

La Croix du Sud brillait sur le jersey noir dans l'encolure du manteau. Elle a croisé mon regard, elle a souri et elle a rabattu son col. Ce n'était pas prudent de porter ce bijou d'une façon ostentatoire. Et si, dans le train, elle s'était trouvée assise en face d'un diamantaire et avait attiré son attention? Mais à cette pensée saugrenue, j'ai fini par sourire moi aussi. Je lui ai pris son sac de voyage.

—Il n'y avait pas de diamantaire dans ton compartiment?

Je dévisageais les rares voyageurs qui venaient de descendre du train en gare de Nice, et marchaient sur le quai autour de nous.

—Patrick Modiano, *Dimanches d'août*

2

Jeanne d'Arc et la guerre de Cent Ans

La guerre de Cent Ans, qui a duré de 1337 à 1453, a été une période particulièrement troublée et difficile de l'histoire de France. C'est, pendant plus d'un siècle, une succession de guerres, essentiellement entre Anglais, qui voulaient s'installer en France, et Français, qui voulaient chasser les Anglais.

Sous prétexte qu'il est le petit-fils d'un roi de France (sa mère Isabelle était en effet la fille du roi de France Philippe IV), le roi d'Angleterre, Edouard III, revendique le trône de France. En 1346, il envahit la France. Il bat les troupes françaises à la bataille de Crécy. Il continue la guerre contre le roi de France, Jean le Bon, puis contre son fils Charles VI. Celui-ci, grâce à un général en chef exceptionnel, Du Guesclin, réussit à battre les Anglais. Mais il devient fou. Les Anglais en profitent pour envahir la France une seconde fois. Ils battent les Français à Azincourt. La résistance française continue, mais tout le pays est à feu et à sang. Les Anglais contrôlent une grande partie de la France. Le royaume entier est plongé dans une grande misère et il semble que seul un miracle puisse le sauver.

C'est alors qu'à Domrémy, un petit village entre la Champagne et la Lorraine, au nord-est de la France, une petite bergère, Jeanne d'Arc, déclare qu'elle a entendu des voix célestes qui lui ont dit qu'elle devait aider le dauphin (le fils du roi de France) à chasser les Anglais. Elle demande au seigneur local une petite escorte de soldats et elle va voir le dauphin Charles au château de Chinon. Elle ne le connaît pas, elle ne l'a jamais vu, mais elle le reconnaît tout de suite et va lui parler. Elle le persuade qu'elle est envoyée par Dieu pour chasser les Anglais et lui rendre son royaume. Il finit par la laisser partir avec toute son armée, et elle va libérer la ville d'Orléans qui était depuis longtemps assiégée par les Anglais. (C'est à cause de cette victoire qu'on appelle souvent Jeanne d'Arc "la Pucelle d'Orléans.") A partir de là, les choses vont mieux pour les Français et Jeanne d'Arc fait couronner le dauphin roi de France à Reims qui vient d'être libéré (1429). Les combats continuent. Jeanne est faite prisonnière. Elle est condamnée par un tribunal ecclésiastique, présidé par l'évêque Cauchon, comme hérétique et sorcière, et elle est brûlée par les Anglais sur un bûcher à Rouen.

Mais vingt ans plus tard les Anglais étaient à peu près complètement chassés de France. L'Eglise, qui avait condamné Jeanne d'Arc à être brûlée en 1430, l'a canonisée en 1920 et la vénère maintenant comme une sainte qui a sauvé la France.

Tous les Français ne considèrent pas Jeanne d'Arc comme une sainte, mais elle est généralement perçue comme une héroïne nationale de premier plan (souvent associée, dans une vue extrêmement simpliste de l'histoire, à Napoléon, autre chef de guerre). On estime que la victoire sur les Anglais a été possible parce que l'intervention de Jeanne d'Arc a aidé à la formation de la notion même d'unité et de nation françaises.

C'est l'opinion de Jules Michelet, un grand historien du XIXème siècle, qui a écrit un livre sur Jeanne d'Arc: "Pour la première fois, on le sent, la France est aimée comme une personne. Et elle devient telle du jour qu'elle est aimée."

"C'était jusque-là une réunion de provinces, un vaste chaos de fiefs, grand pays d'idée vague. Mais, dès ce jour, par la force du cœur, elle est une Patrie. . . ."

"Souvenons-nous toujours, Français, que la Patrie, chez nous, est née du cœur d'une femme, de sa tendresse et de ses larmes, du sang qu'elle a donné pour nous." (Michelet, *Jeanne d'Arc* [1856])

"L'histoire moderne part de la mort de la Pucelle d'Orléans" (Michelet, *Cours au Collège de France* [1836])

3
Jehanne d'Arc

Jadis on se permettait des choses qu'on n'oserait plus faire maintenant. . . .

Jehanne d'Arc entendait des voix; tout le monde trouvait ça normal.

Allez dire maintenant: "J'entends des voix!" On va dire: "Il est fou!"

Eh bien moi, j'ai reçu un coup de téléphone curieux. . . .

Déjà la sonnerie . . . n'était pas comme d'habitude. . . .

Je décroche:
—Allô! . . . Qui est à l'appareil?

J'entends une voix de femme qui répond:
—C'est Jehanne!
—Qui?
—La Pucelle!

Je ne connaissais pas de pucelle. . . .
—Je vous demanderai de préciser!
—Jehanne d'Arc!
—C'est une plaisanterie?
—Pas du tout! Je suis une femme sérieuse. . . . Je voudrais vous parler.
—Je vous écoute, Jehanne.
—Pas au téléphone, on pourrait nous entendre!
—Où?
—Dans le jardin. . . .

Je raccroche . . . je vais dans le jardin . . . j'entends:
—Raymond! Raymond!

Je lui dis:
—Où êtes-vous?

Elle me dit:
—Là-haut!

Je ne voyais pas bien, je n'avais pas mes lunettes. . . .
—Ah oui! Je vois comme une petite flamme. . . .
—C'est tout ce qui me reste. . . .
—!!!
—Raymond! Vous allez aller à l'Elysée. . . .
—Oui, Jehanne!
—Vous allez voir le président de la République. . . .

Et vous direz au président de la République que son histoire de tunnel sous la Manche, moi, Jehanne d'Arc, je considère ça comme une offense personnelle! Ce n'est pas la peine de les avoir rejetés par au-dessus, pour les faire rentrer par en dessous!

Moi: C'est tout?

Jehanne: C'est tout!

Pfuitt! . . . disparue!!!

Ça n'a l'air de rien! . . . Mais allez frapper à la porte de l'Elysée . . . allez dire au président de la République: "Je viens de la part de Jehanne d'Arc!" Il va dire:
—Il est dérangé!

Eh bien, j'y suis allé. Pas du tout. . . . Il m'a dit:
—Comment va-t-elle?
—Elle va bien, monsieur le Président, je vous remercie. Elle est un peu éteinte . . . mais. . . .
—Toujours jalouse?
—De qui?
—De moi!
—Elle ne m'en a pas parlé, monsieur le Président! Elle m'a chargé de vous dire . . .
—Je sais! Le tunnel sous la Manche. . . .
—Vous êtes au courant?
—Oui! . . . Et vous répondrez à Jeanne d'Arc que les ordres . . . je les reçois directement d'en haut!

—Raymond Devos

4
Jeanne d'Arc avec nous!!

5

Je prends le large

Vouloir m'échapper de tout
Juste une envie de respirer
Ne me demandez pas où
Je n'ai pas de chemin tracé
Ici c'est déjà le passé
Je n'ai pas l'âge pour les regrets
Ailleurs je sais que je vivrai
Un jour nouveau Oh Oh Oh Oh

Refrain
Ce soir je prends le large
Sans savoir où je vais
Je suivrai les étoiles
Oh Oh Oh Oh
Ce soir je prends le large
Je vis ma destinée
Mon chemin c'est ma liberté
Oh Oh Oh Oh

Je pars pour me retrouver
J'ai ma vie à réinventer
Je verrai bien si j'ai tort
Je n'ai pas l'âge pour les remords
Faire passer tous les feux au vert
Dépasser toutes les frontières
Ailleurs je sais que je vivrai
Un jour nouveau Oh Oh Oh Oh

(Refrain)

Je prends le large
Mon cœur s'emballe
Prendre un nouveau départ
Recommencer
Ailleurs je sais que je vivrai

(Refrain)

—Tal

Tal, née Tal Benyerzi en 1989, est une chanteuse et danseuse franco-israélienne; elle a aussi des origines yéménites et marocaines. Sa famille, qui déménage en France quand elle a un an, compte de nombreux musiciens. Adolescente, elle découvre des artistes comme Michael Jackson, Ray Charles, Stevie Wonder, Aretha Franklin. Aujourd'hui ses différents styles musicaux comprennent la pop, le R&B et le hip-hop, avec des influences "orientalisantes" marquées. "Je prends le large" est extrait de son premier album *Le Droit de rêver* (2012). En 2013, Tal est nommée aux Victoires de la musique dans la catégorie "Groupe ou artiste révélation du public" et elle remporte le prix de "Révélation francophone de l'année" aux NRJ Music Awards, décernés par une station de radio privée française.

Abréviations

a.	adjective
abbr.	abbreviation
adv.	adverb
adv. phr.	adverbial phrase
angl.	anglicism
aux.	auxiliary
coll.	colloquial
conj.	conjunction
def. art.	definite article
excl.	exclamative
f.	feminine
indef. art.	indefinite article
indef. pron.	indefinite pronoun
inf.	infinitive
int.	interjection
inv.	invariable
m.	masculine
n.	noun
p.	proper
p. part.	past participle
part. art.	partitive article
pl.	plural
prep.	preposition
prep. phr.	prepositional phrase
pron.	pronoun
sl.	slang
v.	verb

Lexique

USING THIS LEXIQUE

This Lexique glosses items in both Part 1 and Part 2 of *French in Action*. Each word or expression listed in the Lexique is followed by one or a series of number-letter references to its first several occurrences: e.g., 14A, 23ABD. The numbers refer to lesson numbers; the letters refer to specific sections of the lesson, as follows:

A	Texte	C	Mise en œuvre
B	Captions and explanations in the screened illustration sections	D	Documents
		E	Mise en question
		M	Journal de Marie-Laure

Each verb is listed in the infinitive form. Most are followed by a number in parentheses, which refers to the verb charts at the end of each of the *French in Action* workbooks. The conjugation of the verb listed in the Lexique follows the conjugation of the numbered model in the workbook verb charts. Verbs that follow none of these models are identified in the Lexique by an asterisk (*); specifics of their conjugation may be found listed alphabetically at the end of the verb charts.

4x4 m.n. 46DM four-wheel drive

A (section A; section Lettres) 19A letter that designates a liberal arts concentration in secondary school

à prep. in, to, at; **à moi, à toi** 9A, 10A it's my turn, it's your turn; **ils sont à moi autant qu'à toi** 18A they are mine as much as yours; **à onze heures** at eleven o'clock; **à Paris** in Paris; **aux Etats-Unis** in the United States; **à la** in the style of; **à la française** 2D, 35D 48D French-style

abandon m.n. 34D, 44D abandonment

abandonner (4) v. 16D, 19D, 20D, 34A, 35D to abandon, to leave

abattoir m.n. 18AB slaughterhouse

abbatial a. 51D of or belonging to an abbot; **palais abbatial** 51D abbot's residence

abbaye f.n. 35B, 51D abbey

abbé m.n. 8D, 34D abbot, curate; **l'Abbé X** Father X

abdiquer (4) v. 38D to abdicate, to renounce

abîme f.n. 36D abyss

abîmer (4) v. 46AE to damage; **s'abîmer** 33D to get spoiled; **les gens sont abîmés** 18D people are twisted

abolir (5) v. 39B to abolish

abominable a. 20M, 27M abominable

abondance f.n. 42D abundance

abonner (4) v. 20D to subscribe

abord (d') adv. phr. 5AB, 8D, 9AC, 11D, 13A (at) first

aborder (4) v. 51D, 52ABE to accost, to approach

aboutir à (5) v. 38D to lead to

abréviation f.n. 50E abbreviation

abricot m.n. 26AB apricot

abrité a. 31D sheltered

abriter (4) v. 49D, 51D to house, to shelter

abrupt a. 36D steep, sheer

abruti a. 39AB moronic, stupid

absence f.n. 19D, 21D, 24D, 39B, 42D absence, lack

absent a. & n. 13D, 22A, 23A absent

absenter (s') (4) v. 20D to be absent, to play hooky; 32B to leave (the room)

abside f.n. 28AB apse

absolu a. 33D, 47D, 48D absolute, total

absolument adv. 10D, 16D, 20DM, 21DE, 24A absolutely, really

absorber (4) v. 23D, 24D to drink, to absorb

abstrait a. 19AB abstract

absurde a. 9D, 13D, 24D, 31D, 33D absurd, silly, nonsensical; **Théâtre de l'Absurde** 11D, 33D style of theatrical writing that sees existence as meaningless

abus m.n. 21D, 27D misuse, abuse; **abus de confiance** 39AB breach of trust

abuser (4) v. 39B to take advantage

académicien m.n. 51D member of the Académie française

académie f.n. academy; **Académie française** 2D, 5D, 8D, 12D, 13D French learned society that studies and defends the French language; **Académie de Paris** 13D educational district; **Académie Goncourt** 15D, 19D, 21D, 24D association of writers; **Académie Charles-Cros** 39D organization awarding prizes to French musicians

Acadie p.n. 2D, 16D French colony in eastern Canada

Acadien a. & n. 16D inhabitant of Acadia

accablé a. 23M overwhelmed

accaparer (4) v. 35D to monopolize

accéder (10) v. 22D, 35D, 36D, 41D, 49D to accede to, to gain access to

accélérateur m.n. 30BD, 45AB accelerator (pedal)

accélération f.n. 35D, 45AE acceleration

accélérer (s') (10, 7) v. 29C, 34D, 39D, 43D, 52A to accelerate, to speed up

accent m.n. 14ACD, 18D, 22A, 23ACE, 40D accent; **mettre l'accent sur** 50D to emphasize

acceptable a. 15D, 19D, 47M fair, acceptable

acceptation f.n. 21D, 45D acceptance, admission

accepter (4) v. 13DM, 14D, 18A, 21AC, 23M to accept, to agree

accès m.n. 4M, 12D, 22D, 27D, 32D admittance, access

accessibilité f.n. accessibility; **accessibilité aux personnes à mobilité réduite** 48D disabled access

accessible a. 32D, 35D, 41D, 42D, 48D accessible

accident m.n. 8D, 18B, 19B, 20DM, 27DM accident; **simple accident** 20E fortuitous event; **par accident** 32D by chance

acclamé a. 40D acclaimed

acclimater (4) v. 48D to adapt, to acclimate

accointances f.pl.n. 29D connections

accommodation f.n. 19D accommodation

accommoder (4) v. 51E to comply; **accommodant** 51E accommodating

accompagner (4) v. 12AB, 14ACM, 16A, 18E, 22A to accompany, to escort

accompagnant m.n. 27D accompanying person

accompli a. 35D full-fledged

accomplir (5) v. 38M to carry out, to accomplish

accorder (4) v. 41D to tune; **s'accorder** 50D to go well together

accoster (4) v. 43M to accost

accoucher (4) v. 8M to deliver (a baby), to give birth

accrochage m.n. 31BC collision

accroché a. 30M perched

accrocher (4) v. 25D to latch onto; 31ABC, to run into, to hit, to scrape; 40D, 41D to hang, to attach; **s'accrocher** 46D to snag

accroissement m.n. 44D increase, growth

accroître (s') (*, 7) v. 13D, 45D to grow

accru a. 32D increased; 35D intensified

accueil m.n. 20D, 35D hospitality, reception

accueillant a. 35D welcoming, hospitable

accueillir (*) v. 27D, 30D, 35D to receive, to welcome

accumulateur m.n. 48M battery

accumuler (4) v. 33D, 47D to accumulate, to pile up

accus (abbr. for **accumulateurs**) m.pl.n. 31ABE battery

achat m.n. 15D, 30D, 33D, 34D, 36D purchase

acheter (8) v. 2D, 5M, 11M, 12M, 14BC to buy, to purchase

acheteur m.n. 32D, 44D buyer, purchaser

achever (4) v. 40D, 41D to end, to finish

Achille m.p.n. 48D Achilles, Greek hero of the Trojan War

acide m.n. 21A acid

aciérie f.n. 48A steel works

acquérir (*) v. 35D, 49D to get, to acquire

acte m.n. 23D, 40D, 46B act (theater); 20M, 36DM, 37D action, deed

acteur, actrice n. 2D, 5D, 8D, 11D, 13D actor, actress

actif a. 3D, 13D, 20D, 23D, 30D active; **les actifs** m.pl.n. 18D, 32D workforce; **population active** 29D labor force

action f.n. 8D, 27D, 37BD, 38A, 41D involvement, activism, action, act; 44M, 45ABE shares (stock exchange); **Action française** 51D far-right political organization

activisme m.n. 46D activism

activité f.n. 6D, 9DM, 15DE, 20D, 32D activity

actualité f.n. 36D, 40D news

actuel a. 5D, 16D, 20D, 21D, 34D current, present-day

actuellement adv. 29D, 33D, 35D, 37D, 41D currently

adaptation f.n. 23D, 24D adaptation

adapté adj. 19D, 20ACD, 32D adapted, arranged; 43D, 46E fit, suitable

adapter (4) v. 24D to adapt; **s'adapter** 32D to become adapted

addition f.n. 26ABM, 36D, 37D, 41ABCE restaurant check; 21A addition

Adèle f.p.n. 35D feminine first name

adepte m.n. 17D follower, fan

Ader, Clément (1841–1925) 48E French engineer

adieu m.n. 48D farewell; **L'Adieu aux armes** m.p.n. 29D A Farewell to Arms, novel by Ernest Hemingway

adjudant m.n. 34D warrant officer

admettre (24) v. 20C, 21E, 25D, 34E, 37D to confess, to admit, to allow

administratif a. 2D, 35D administrative

administration f.n. 13B, 19D, 38D, 52M administration; 32D management

admirable a. 19AB, 23D, 45D, 47A wonderful, excellent

admirablement adv. 11D, 42D wonderfully

admirateur m.n. 15D, 38D admirer

admiratif a. 29E, 41M admiring

admiration f.n. 13D, 19AB admiration, wonder; **transporté d'admiration** 19A carried away

admirer (4) v. 7D, 15D, 19D, 20E, 26A to admire

ado m.n. 27D abbr. for **adolescent**

adolescent m.n. 13D, 19D, 35D, 36D, 38D adolescent

Adolphe m.p.n. 8AC masculine first name

adonner (s') (7) v. 42D to indulge in

adopter (4) v. 3D, 8M, 21A, 25M, 47D to adopt, to take up; 45D to pass (a law)

adoption f.n. 8M, 34D, 40D adoption

adorable a. 8M, 25M, 41A, 43M, 51D adorable, delightful

adoration f.n. 48D adoration

adorer (4) v. 4AC, 5A, 8A, 9A, 14BM to adore, to dote on

adoucir (5) v. 48D to refine, to become gentler

adoucissement m.n. 48D softening, easing

adresse f.n. 14A, 15A, 22A, 24B, 45A address

adressé a. 40D, 52M addressed

adresser (4) v. 22D, 37E, 39E, 50E to address; **s'adresser à** 22D, 37E, 40D, 45D to speak to, to inquire of, to ask

adulte a. & n. 6D, 7D, 8D, 9D, 19D adult

adversaire m.n. 45D rival, opponent, adversary

aérien a. 12D, 45D aerial

aéroglisseur m.n. 27AB hovercraft

aéroport m.n. 4ABCDE, 9M, 14M, 20M, 22M airport

affabulation f.n. 49D fictitious story, fable

affabuler (4) v. 49D to make up a story

affaire f.n. 12B, 18B, 19M, 30M, 33D concern, matter, business; **pas une petite affaire!** 5M no small matter!; **pas une mince affaire!** 50M no minor matter!; **occupe-toi de tes affaires!** 12A mind your own business!; **les affaires** 11M, 15D, 18ABC, 22A, 23AM business; 17D, 43A, 45D belongings

affairé a. 29M busy

affecté a. 38D assigned

affectif a. 24D emotional

affection f.n. 45D affection; **terme d'affection** 24E term of endearment

affichage (tableau d') m.n. 12AB bulletin board

affiche f.n. 10B, 16BD, 31D, 33M, 34M poster

affiché a. 40E assumed, feigned, pretended

affirmation f.n. statement, affirmation; **affirmation de soi** 29D self-affirmation

affirmer (4) v. 13C, 34D, 36D, 46D, 51D to affirm, to state positively; **s'affirmer** 33D to assert oneself

affliction f.n. 10D pain, distress

affluence f.n. 43D crowds

affolé a. 36D, 45DM scared, distracted

affolement m.n. 45D panic, distraction

affranchissement m.n. 15M postage

affreux a. 6M, 10D, 12AB, 20M, 28M dreadful, horrible, hideous

afin de prep. 35D, 41D, 46D in order to

africain a. & n. 2D, 3D, 5D, 7D African

Afrique f.p.n. 2AD, 3BD, 9M, 14M, 25D Africa

agaçant a. 6M, 8AB, 9A, 16A, 19B annoying, irritating

agacé a. 24A, 38D annoyed, irritated

agacer (4a) v. 8B, 11M, 18ABE, 20B, 23E to irritate, to get on someone's nerves

agave m.n. 33D agave flower

Agde p.n. 47A picturesque port in the south of France

âge m.n. 5C, 6E, 8A, 9E, 10D age; **quel âge as-tu?** 5C how old are you?

âgé a. 5A, 7D, 10D, 13D, 15D old, aged, elderly

agence m.n. 35D agency; **agence de voyages** 32D travel agency; **agence de pub** 46M advertising agency

agent m.n. 31D, 32D, 36D, 38D, 46D agent; **agent de police** 39B policeman; **agent d'assurance** 15D insurance agent

agile a. 46D agile, nimble

agir (5) v. 48D, 49D to act; **s'agir de** 14B, 23M, 28E, 33D, 34D to be a question of, to involve, to concern; **de quoi s'agit-il?** 14A what's going on?; **de quoi s'agit-il dans X?** 14B, 22E, 36E what is X about?

agitation f.n. 12M agitation

Agnan m.p.n. 43D, 50D masculine first name

agneau m.n. 19D, 25E, 50M lamb; **côtelette d'agneau** 25A lamb chop

agréable a. 8A, 12A, 25A, 27E, 28A, 29B pleasant

agrégé n. 2D, 13D person who has passed the highest qualifying exam for teachers

agression f.n. 33D damage

agressivement adv. 19D aggressively

agressivité f.n. 28D aggressiveness

agricole a. 17E, 34D, 42D agricultural

agriculteur m.n. 18A, 34D, 46M farmer

agriculture f.n. 18AC, 46M agriculture

Agrippine f.p.n. feminine first name; f.p.n. 17D, 44B cartoon series about a teenager by Claire Bretécher

ahuri a. 36M, 52AB flabbergasted

aide f.n. 18D, 35D, 37D, 45D help, aid; **aide au logement** 33D housing stipend

aider (4) v. 8D, 12AB, 13A, 17M, 18AD to help

aïe int. 40D, 43A, 45A ouch!

aïeux m.pl.n. 35D ancestors

aigle m.n. 7D, 45B eagle

aiguille f.n. 47B needle; **aiguille d'une montre** 47B hands (of watch, clock); **dans le sens inverse des aiguilles d'une montre** 47AB counterclockwise; **Aiguilles de Chamonix** 47ABD peaks in the Alps

aiguillette (de canard) f.n. 26A duck fillet

ail m.n. 16D, 25E, 26D, 33D, 47D garlic

aile f.n. 23B, 26D, 42B, 46D wing; 31AB fender; **Ailes brisées** 41AB association of former air force pilots injured during the war

ailleurs *adv.* 14D, 20E, 22E, 33D, 35D elsewhere; **d'ailleurs** 6M, 19M, 39A, 45A, 48A besides, otherwise; 8A, 14M, 23M, 32D, 35D as it happens, as a matter of fact, for that matter; **par ailleurs** 48D moreover, for that matter

aimable *a.* 22M, 37AC, 44E, 48D likeable, pleasant, kind; **vous êtes bien aimable** 12A, 27A it's very kind of you

aimant *a.* 48D loving

aimé *a.* 36D, 37D, 48D, 52D loved, beloved; **les aimés** *pl.n.* 6D loved ones

aimer (4) *v.* 4AC, 5B, 6D, 7D, 8ACE to like, to be fond of, to love; **aimer bien** 5D, 7M, 10M, 12M, 13M to like; **j'aime autant faire de l'auto-stop** 29A I'd just as soon hitchhike; **aimer mieux** 51D to prefer

aîné *a. & n.* 8D, 13D, 44D oldest, first-born

ainsi *adv.* 22D, 27D, 29D, 32D, 33D thus; **pour ainsi dire** 20D, 37D so to speak; **ainsi que** 13D, 33D, 41D, 42D, 45D as well as

aïoli *m.n.* 50ABC garlic mayonnaise

air *m.n.* 31D, 35D, 44D, 46BDE, 51D air; 15D, 21E, 26D, 27D, 36M look, appearance; **Air Inter** 27B French airline that merged with Air France in 1990; **prendre des airs** 33M to put on airs; **avoir l'air** 5M, 13A, 23E, 28A, 32AM to appear, to look; **avoir l'air de** 6M, 11AC, 15M, 22M, 29AEM to look as if, to look like; **l'air de rien** 49M just like that; **ça n'a l'air de rien** 52D it doesn't seem like much; **foutu en l'air** (*sl.*) 35M ruined; **plein air** 16E, 46B, 47D outdoor; **au grand air** 51D in the open; **prendre l'air** 49A to get some fresh air

Airbus *m.p.n.* 48AE type of wide-bodied airplane

aire *f.n.* place; **aire de repos** 30M rest area

aise *f.n.* ease; **à l'aise** 33E, 39B at ease; **mal à l'aise** 28M, 33DE, 37D uncomfortable, uneasy; **à l'aise, Blaise!** 30D Easy peasy!

aisé *a.* 5AE, 23D, 33D, 34D well-off, well-to-do

aisément *adv.* 21D, 52AB easily, comfortably

Aix-en-Provence *p.n.* 5D, 28M, 33B, 50ABE town in the south of France

ajouter (4) *v.* 10M, 12D, 13D, 15DE, 21D to add

Alain *m.p.n.* 5D, 12D, 13BM, 15D, 32A masculine first name

Alain (Emile-Auguste Chartier, 1868–1951) 15D French philosopher

Alamans *m.p.n.pl.* 47D Alamani, confederation of Germanic tribes

Albi *p.n.* 35M, 47A southern French city known for its pink brick cathedral

album *m.n.* 8AE, 17D, 18D, 30D, 32D album; 7D, 29D, 31D comic book

Alceste *m.p.n.* 43D masculine first name

alcool *m.n.* 4B, 18B, 19B, 21B, 22ADE alcohol; 36A after-dinner drink

alcoolisé *a.* 19D, 50D alcoholic, containing alcohol

alcoolisme *m.n.* 27D alcoholism

Alexandre *m.p.n.* 5D masculine first name

Alexis *p.n.* 5D masculine or feminine first name

algèbre *f.n.* 19B, 21D algebra

Alger *m.p.n.* 45D Algiers

Algérie *f.p.n.* 13D, 40D, 42D, 46D Algeria

algérien *a. & n.* 2D, 17D, 18D, 23M, 25D Algerian

ali, alo *int.* 46DM song refrain

alias *m.n.* 40D alias, pseudonym

Aliénor d'Aquitaine (c. 1122–1204) 48D queen of France, subsequently queen of England

aligoté *m.n.* 19B white wine produced in Burgundy

aliment *m.n.* 34D food, nourishment

alimentaire *a.* 26D, 37M, 50D dietary

alimentation *f.n.* 35M, 50D eating and drinking

Allain, Valérie (b. 1965) 34M French actress famous for her role in *French in Action*

Allais, Alphonse (1835–1905) 13D French humorist

alléché *a.* 19D, 49D attracted by, enticed by

allée *f.n.* 14D, 36D, 37D, 38ABDE, 39D avenue, path, passageway

alléger (4b, 10) *v.* 21D, 46DM to lighten, to ease up

Allemagne *f.p.n.* 3D, 18D, 20D, 21D, 23D Germany

allemand *a* 4D, 13D, 19D, 32D, 33D German; *m.n.* 19AB, 20D, 21ACD German (language); **Allemand** *m.f.n.* 3D, 22D, 33D, 35A, 37D German (person)

Allen, Woody (b. 1935) 49M American actor, director, and writer

aller (3) *v.* 2D, 3D, 4DE, 5D, 7M to go, to be going; **ça va bien/mal** 2D things are going well/badly; **ça va?** 2AB, 12AB, 22A, 24A, 25D how are you?; **ça va** 2A, 12A, 28A I'm OK, I'm fine; **ça vous irait?** 27A would that be okay with you?; **ça va aller mieux** 2AD, 52A things are going to get better; **aller bien/mal** 2A to feel well/sick; **je vais y aller** 28A, 32D, 36E I'm going to go now; **aller + inf.** (*aux. use*) 2AC, 3ABCDE, 4ACDEM, 5C, 6ABC to be going to, to be about to; **aller à** 22A, 44D to fit, to suit someone; **aller bien à quelqu'un** 29M, 32M to fit well, to look good; **aller comme un gant** 45AB to fit like a glove; **aller jusqu'à dire** 35M to go so far as to say; **s'en aller** 16C, 27D, 28A, 34D, 35D to leave, to go away; **allons, les enfants** 9A all right kids; **allons!** 39A, 40D, 44D, 46D come on!; **allez-y, allons-y!** 4A, 9A, 27A, 30D, 37A off you go, let's go; **allez!** 5M, 9A, 19D, 46A all right!, let's go!, come on!; **où es-tu allé chercher ça?** 47A where did you get that idea?; **va pour la Normandie!** 47A off to Normandy!

aller-retour *m.n.* 9M, 27ABD, 45D round trip, round-trip ticket

aller simple *m.n.* 27B one-way ticket

allié *a.* 45D allied

allier (s') (4) *v.* 48D to combine, to be joined

alliés *m.pl.n.* 45D countries allied against Germany in World Wars I and II

allô *int.* 4D, 12A, 13M, 16D, 20B hello (on the telephone)

allongé *a.* 6ABD, 7D long, elongated; 51D stretched out

allongement *m.n.* 32D lengthening

alloué *a.* 21D allotted

allumage *m.n.* 43D ignition

allumer (4) *v.* 20M, 25D, 26M, 36BDM, 41D to light, to switch on; **allumé** *a.* 10D, 31B, 36AB, 40D lit, on

allumette *f.n.* 7M, 10D, 38B, 41D, 43ABE match; **boîte d'allumettes** 43ABE matchbox

allure *f.n.* 36M pace, speed

allusion *f.n.* 41M allusion, hint; **faire allusion à** 16A, 50E to allude to

Alma *p.n.* 45D Paris métro station

alors *adv.* 2AD, 3AD, 4DM, 5AC, 7AM then (at that time), then (in that case), therefore, so; **ça alors!** 32A, 33M, 38A, 40A, 45M well!, well I never!; **et nous alors?** 3A what about us?; **mais alors** 10D, 12M, 13A, 15A, 21A well then; **mais alors il est complètement chauve** 7M but the guy is completely bald!; **alors que** 14D, 16M, 19D, 25D, 27D while, when, whereas

Aloxe-Corton *p.n.* 30ADE, 33A town in Burgundy famous for its red and white wines

Alpes *f.pl.p.n.* 10D, 13BE, 34AD, 43BD, 47AC Alps (highest mountains in France)

alphabet *m.n.* 22D alphabet

Alpine *f.p.n.* 28AB, 29ABCE, 30ABC, 51A, 52E Renault sports car

alpinisme *m.n.* 6A mountain climbing

alpiniste *m.n.* 47E mountain climber

Al-Qaida *p.n.* 20M radical Islamist terrorist organization

Alsace *f.p.n.* 2A, 52A province in eastern France

alsacien *a. & n.* 19B, 26B, 50A Alsatian

altercation *f.n.* 38D quarrel, altercation

alternant *a.* 12D alternating

alternatif *a.* 35D alternative

alternative *f.n.* 8D alternative

altière *a.* 48D proud, haughty

altitude *f.n.* 43D, 47ACD altitude

amande *f.n.* 48B, 50B almond

amant *m.n.* 11D, 44D, 48D lover

amateur *m.n.* 9D fan, enthusiast

Amazone *f.p.n.* 42ACE Amazon river

amazonien *a.* 37M Amazon

ambassade *f.n.* 35D, 38ACD, embassy

ambassadeur *m.n.* 16D, 18A, 47D ambassador; *p.n.* **Ambassadeur** 19A brand of apéritif wine

ambiance *f.n.* 41D, 42M, 43M atmosphere, ambiance

ambigu *a.* 29D ambiguous

ambiguïté *f.n.* 39E ambiguity

ambitieux *a.* 3D, 37B ambitious

ambition *f.n.* 16D, 21D, 48D ambition

Amboise *p.n.* 26AB, 42D, 47AM town on the Loire river famous for its Renaissance castle

ambulance *f.n.* 52AE ambulance

ambulant *a.* 43M itinerant

âme *f.n.* 13D, 15D, 21D, 23D, 28D soul

Amélie *f.p.n.* 6D, 8AC, 10A, 24B, 34AD feminine first name

amélioration *f.n.* 31D, 44A improvement, betterment

amélioré *a.* 21D improved

améliorer (4) *v.* 31D, 35D, 48D to improve; **s'améliorer** 42D to get better

amendement *m.n.* 12D improvement, amendment

amener (8) *v.* 9D, 10D, 14AB, 15A, 18D, 21D to bring, to lead, to take someone somewhere; **s'amener** 31AB to arrive, to show up

amer *a.* 44E bitter, sharp

amèrement *adv.* 35D bitterly

américain *a.* 3ABE, 4ABD, 5ABC, 6D, 7AM American; **Américain** *m.f.n.* 3A, 4ABD, 7A, 12D, 13AB American (person)

Amérique du Nord *f.p.n.* 13D, 16D, 42D North America

Amérique du Sud *f.p.n.* 12D, 14AB, 16D, 42AE South America

Amérique Latine *f.p.n.* 14AE Latin America

amerloque *m. & f.n.* (*sl.*) 50ABE Yank, Yankee

amertume *f.n.* 38D bitterness

ameublement *m.n.* 32D furniture

ami, amie *m. & f.n.* 2A, 3B, 5D, 6D, 8A friend; **petit ami** 12A, 15AM, 29E, 42M boyfriend; **petite amie** 26AC girlfriend

amical *a.* 42D, 50D pertaining to friendship

Amiens *p.n.* 47A, 52A city north of Paris famous for its Gothic cathedral

amitié *f.n.* 29D, 40D, 48D friendship

amnésique *a.* 22M, 24D amnesiac

amorce *f.n.* 41D beginning

amorphe *a.* 41D passive, motionless

amour *m.n.* 4ABC, 6D, 10D, 11D, 13D love; **l'amour courtois** 48D idealized courtly love; **l'amour gaulois** 48D sensual bourgeois love; **c'est un amour** 19A (s)he's an angel; **mal d'amour** 28D heartache

amoureux *a.* 9MD, 10D, 14M, 15D, 18D in love; *m.n.* 24A boyfriend; 35D, 39M, 48D, 51D lover; *m.pl.n.* 18D, 24B, 39D, 49D lovers, loving couple

amphithéâtre *m.n.* 2B, 13D lecture hall

ample *a.* 14D, 37D large, abundant

amplement *adv.* 43D largely

ampoule *f.n.* 32D light bulb

amusant *a.* 3ABD, 4D, 5A, 9BC, 10AD amusing

amuse-bouche *m.n.* 31M bite-sized hors-d'œuvre

amusement *m.n.* 12A amusement

amuser (4) *v.* 7D, 32A, 38A, 41A, 42AD to entertain, to divert; **s'amuser** 15D, 24DE, 24D, 27E, 32BE to have fun; **s'amuser**

comme des fous 46AB to have a ball

an *m.n.* 7D, 9A, 11A, 13A, 15E year

anagramme *f.n.* 5D anagram

Anaïs *f.p.n.* 5D feminine first name

analyse *f.n.* 19D, 21D, 46D, 48D analysis

analyser (4) *v.* 13D, 21D, 24D, 30D, 35D to analyze

ananas *m.n.* 9M, 51D pineapple

anarchiste *a. & n.* 46AE anarchist

Anatole *m.p.n.* 8ABC, 30D masculine first name

anatomique *a.* 49D anatomical

ancêtre *m. & f.n.* 7D, 8E, 32A ancestor

anchois *m.n.* 26AB anchovy

ancien, ancienne *a.* 4D, 17E, 18DM, 19AB, 29BD old, ancient; 9M, 22D, 24A, 27M, 37D former; **Ancien Régime** 49D the monarchy before the French Revolution of 1789; **Ancien Testament** 20E Old Testament

andalou *a.* 4D Andalusian

Andernos *p.n.* 12M coastal town near Bordeaux

andouille *f.n.* 38D, 50ABC chitterling sausage

Andromaque *f.p.n.* 15D, 48D tragedy by Racine

anecdote *f.n.* 5B, 15D anecdote

Anet *p.n.* 47A town near Dreux with sixteenth-century castle

ange *m.n.* 14D, 36D angel

Angélina (Chez) *p.n.* 42A, 44AB fashionable tearoom near the Louvre

angélique *a.* 46E angelic

Angers *p.n.* 47A town on the Loire river

angevin *a.* 35D Angevin (the region of the town of Angers), from Angers or Anjou

anglais *a.* 3A, 4AB, 5B, 12ABE, 15A English; *m.n.* 2AD, 4AC, 5B, 16D, 17A English (language); **Anglais** *m.f.n.* 16D, 31D, 35A, 37D, 38D English (person)

angle *m.n.* 38D corner, angle

Angleterre *f.p.n.* 12ACE, 16D, 19A, 27B, 43D England

anglicisme *m.n.* 33D anglicism

anglophone *a.* 16D, 33D, 35D, 42D

English-speaking; *n.* 2D, 42D English speaker

anglo-saxon, anglo-saxonne *a. & n.* 18D, 22D, 35D Anglo-Saxon

angoisse *f.n.* 30M, 41D dread

animal *m.n.* 3B, 18D, 19D, 20D, 24D, 25E animal; **animal familier** 24D family pet

animateur, animatrice *m. & f.n.* 43D host

animer (4) *v.* 9D to lead, to host; **animé** *a.* 16ABD animated, lively; 36AD animated (image)

anis *m.n.* 24B anise

Anjou *p.n.* 48D former county and duchy in Western France, present-day department of Maine-et-Loire

Anne d'Autriche (1601–1666) 47D queen of France

Annecy *p.n.* 10D, 52D city located in the Alps

année *f.n.* 2D, 3M, 4M, 5M, 7D year; **bonne année** 5M happy new year

Annick *f.p.n.* 13ABCE feminine first name

anniv *abbr.* for **anniversaire** 14M

anniversaire *m.n.* 15AB, 20B, 23D, 26M, 36M birthday; 20M anniversary

annonce *f.n.* 8A, 52A announcement; 25M, 35D advertisement, listing

annoncer (4a) *v.* 9M, 11M, 24E, 28M, 31D to announce; 11D, 31D to prefigure

annuaire *m.n.* 24AB, 36D telephone directory

annuel *a.* 20BD, 27D, 28D yearly

anonymat *m.n.* 22D anonymity

anorak *m.n.* 43B parka

Anouilh, Jean (1910–1987) 39A French dramatist

antenne *f.n.* 42D antenna

anthropomorphe *a.* 30M hominoid

antibiotique *m.n.* 5D antibiotic

anticipation *f.n.* 4AC anticipation; **roman d'anticipation** 4AC science-fiction novel

anticonformiste *m.n.* 5D, 13D, 38D nonconformist

antidépresseur *m.n.* 13D antidepressant, tranquilizer

anti-dérapant *a.* 44AB nonskid

antimilitarisme *m.n.* 46D antimilitarism

anti-pièce *f.n.* 39D anti-play

anti-raciste *a.* 8D, 27D antiracist

anti-tabac *a.* 27D anti-smoking

Antilles *f.pl.n.* 2AD, 48D, 51D West Indies

antique *a.* 35D ancient

antiquité *f.n.* 46B antiquity

anxiété *f.n.* 45D anxiety

anxieux *a.* 19E, 20E anxious, troubled

août *m.n.* 5M, 12M, 14M, 25M, 30M August; **le 15 août** 43M date of Assumption, a French holiday

apercevoir (33) *v.* 22ABC, 28A, 32A, 36D, 37ACD to catch sight of, to catch a glimpse of; **s'apercevoir** 19D, 29E, 32D, 34D, 37E to realize, to become aware of

apéritif *m.n.* 19A, 22D, 24BCE, 25A, 26AB apéritif, before-dinner drink

apesanteur *f.n.* 43D weightlessness

aphoristique *a.* 26D aphoristic

Apollinaire, Guillaume (1880–1918) 10D, 22D, 23D, 24D, 29D French poet

Apollon (Bassin d') *p.n.* 27D fountain at Versailles

apologie *f.n.* 16D justification

Apostrophes *p.n.* 51D popular French television program

apôtre *m.n.* 28A, 50D apostle

apparaître (14) *v.* 7D, 13D, 19D, 22D, 23D to appear

appareil *m.n.* 22ABM, 27A, 33D, 36D, 42A appliance, device, telephone; **à l'appareil** 27A speaking (telephone); **qui est à l'appareil?** 52D who's calling?; **appareil-photo** 40M, 48E camera; **appareil à moteur** 48D airplane

apparemment *adv.* 30M, 50M apparently

apparence *f.n.* 6B, 7D, 12D, 17D, 19D appearance, aspect; **en apparence** 33D outwardly

apparent *a.* 33D, 44D apparent

apparition *f.n.* 27D, 41D appearance, arrival

appartement *m.n.* 21B, 22E, 23CD, 24A, 25M apartment

appartenir (à) (37) v. 13D, 18A, 26E, 32B, 33D to belong (to)

appauvrir v. 35D to impoverish

appel m.n. 19D, 45D, 46A call; 28D appeal; **la Cour d'Appel** 28M, 34M appellate court

appeler (9) v. 7D, 8DE, 12B, 13AM, 14A to call, to hail (a taxi), to send for; **s'appeler** 5D, 7D, 8A, 10D, 11A to be called, to be named; **comment vous appelez-vous?** 16A what's your name?

appétit m.n. 21D, 24D appetite; **bon appétit** 2ABE, 25A, 28A enjoy your meal

application f.n. 36D application

appoint m.n. 52M exact change

apporter (4) v. 8C, 9A, 11D, 19D, 24AB to bring

appréciation f.n. 35D appraisal, evaluation

apprécier (4) v. 17E, 19ABC, 20M, 29A, 32D to appreciate, to like

appréhender v. 45D to comprehend

apprendre (32) v. 2ABCD, 3ADE, 4A, 5A, 8D to learn; 20D, 36DM, 43D, 48D to teach; 37D to inform; **ça m'apprendra!, ça t'apprendra!** 22M, 41D that'll teach me! that'll teach you!

apprentissage m.n. 30D apprenticeship; 32D, 41D, 44D learning

apprivoiser (4) v. 39D to tame, to win over

approche f.n. 12D, 31D approach

approcher (4) v. 18M to approach; **s'approcher de** 11AC, 13ACD, 14D, 15A, 16D to approach, to come up to

approfondi a. 20D, 50D detailed, full

approprier (s') (7) v. 30D to adopt

approuver (4) v. 13B, 22E, 39B, 41E, 46E to agree, to approve

appui m.n. 17D window sill

appuyer (11) v. 22M, 24AB, 30BD, 31A, 32ABD to lean, to press; **appuyer sur le bouton** 24AB, 32AD, 36AD, 51D press the button

aprèm abbr. for après-midi 15M, 19M, 21M, 27M, 30M

après prep. 3D, 4CD, 5D, 6D, 9B after; **après avoir éclipsé** 15D after

having surpassed; **d'après** 2D, 3D, 5D, 6BD, 7D according to

après-demain m.n. 16A, 22AE, 23A, 29D, 42B day after tomorrow

après-midi m.n. 9DM, 10D, 11M, 17D, 18A afternoon

âpreté m.n. 47D austerity

arabe a. & n. 16M, 33D, 38E, 47D Arab; m.n. 2A, 3D, 19D, 23M, 30M Arabic language

Arabie f.p.n. 46D Arabia; **Arabie saoudite** 46M, 48M Saudi Arabia

arachide f.n. 26B peanut

Aragon, Louis (1897–1982) 34D, 46B French writer

araignée f.n. 38M, 43ABC spider

arbitre m.n. 8D umpire

arbre m.n. 11B, 13D, 19D, 22AM, 24D tree; **arbre généalogique** 8A family tree

arc m.n. arch, curve; **Arc de Triomphe de l'Etoile** m.p.n. 7M, 15B triumphal arch on the place de l'Etoile; **arc en ciel** 41D rainbow

Arcachon (lac d') p.n. 12M inland sea in southwestern France

arcade f.n. 12AB, 15A arcade, archway

arcane m.n. 51M mystery

arc-bouter (s') (7) v. 36D to brace oneself

archéologie f.n. 28D archaeology; **Institut d'Art et d'Archéologie** 11ABE, 19AE home of the art history faculty of the University of Paris

archéologue m.n. 13M, 19D archaeologist

archiconnu a. (coll.) widely known; **c'est archiconnu** 52B everyone knows that

archifaux a. (coll.) 52AB completely wrong

archiplein a. (coll.) 52B completely full

architecte m.n. 4D, 18D, 33D, 39D architect

architectural a. 33D, 38D, 51D architectural

architecture f.n. 4D, 33B, 36D architecture

Ardèche p.n. 34D department in south-central France

Ardennes f.pl.p.n. 47A wooded region in northeastern France

ardent a. 16D ardent

ardoise f.n. 35ABDE slate

arène f.n. 52AB arena, amphitheater; **les Arènes de Lutèce** 25AE Roman amphitheater ruins in Paris; **les arènes Picasso** 33D apartment complex outside of Paris

argent m.n. 5AB, 13B, 14BD, 15ABCDE, 18BD silver, money; **avoir de l'argent** 8A, 15D to be rich, to have money; **argent de poche** 15D, 20D, 40D pocket money; **en avoir pour son argent** 39AB to get one's money's worth; **jeux d'argent** 41D gambling; **mettre de l'argent de côté** 43D to save money

argentin a. & n. 14AB, 46D Argentinian

Argentine f.p.n. 14A, 15AC, 22A, 37E, 43D Argentina

argot m.n. 22D, 47A, 50E slang

argument m.n. 21E, 24E, 35D argument

aristo m. & f.n. 50AE abbr. for **aristocrate**

aristocrate m. & f.n. 18D, 32AE, 33E, 35E, 46A aristocrat

aristocratie f.n. 48D aristocracy

aristocratique a. 15D, 32A aristocratic

Aristote m.p.n. 15D Aristotle

arithmétique f.n. 19B, 21D arithmetic

Arles p.n. 5D, 13D, 33B, 52A city in southern France known for its Roman monuments

arlésien, arlésienne m. & f.n. 50D inhabitant of Arles

Arlette f.p.n. 8A feminine first name

armagnac m.n. 15D, 21B, 24AE armagnac brandy

Armand m.p.n. 8AC, 23D masculine first name

Armani p.n. 46D Italian luxury fashion brand

arme f.n. 29D, 45D weapon

armé a. 35D equipped

armée f.n. 18AC, 27DE, 40ACDE, 45D, 48D army; **l'Armée de l'Air** 12D, 41B air force; **l'Armée du**

Salut 27ABD Salvation Army; **l'Armée Rouge** 27D Red Army of the Soviet Union

armement m.n. 45D equipping (an army), arming

arménien a. 4D, 26D Armenian

armistice m.n. 45D armistice

armoire f.n. 24M wardrobe

armoricain a. & n. 47AE, 50A Armorican

Armorique f.p.n. 47A, 50E Armorica, Brittany

armure f.n. 36D armor

Arp, Jean (1887–1966) 13D French sculptor

Arrabal, Fernando (b. 1932) 39A Spanish playwright and film director

arracher (4) v. 24M, 26D, 52AB to tear off, to pull out

arrangé a. 14D, 21ABC organized, contrived; 31A, 46A fixed, all set

arranger (4b) v. 16AB, 27AE, 31A, 46A, 47D to arrange, to put in order, to put right, to fix; **s'arranger** 23B, 27M to find a way to; 29M, 33B to get better; 37D, 39B to contrive; **ça m'arrange** 20B that's better for me; **tout s'arrangera** 23A, 38D things will turn out all right; **ça s'est bien arrangé** 46D it worked out fine

arrêt m.n. 6M, 24M, 36D, 45D, 47M stop, stopping, cancellation; **arrêt-déjeuner** m.n. 30M lunch stop

arrêté a. 20D, 21D, 22B, 45D arrested, stopped, at a standstill; 50D fixed, established

arrêter (4) v. 9D, 10BM, 11M, 12AEM, 17M to stop; 29A, 52A to drop off; **arrêter un itinéraire** 48A to settle on an itinerary; **s'arrêter** 9D, 11M, 12AC, 14D, 15AD to stop

arrière a. back 31D; m.n. back; **à l'arrière** 29B, 30D, 52AC in the back; **en arrière** 37AE, 40D, 52A behind, in back

arrière-grand-mère f.n. 8A, 16B great-grandmother

arrière-grand-père m.n. 8A great-grandfather; **arrière-**

arrière-grand-père 8A great-great-grandfather

arrière-petite-fille f.n. 8A great-granddaughter

arrière-petit-fils m.n. 8A, 47D great-grandson

arrière-petits-enfants m.pl.n. 35A great-grandchildren

arrivée f.n. 19D, 26D, 30M, 32B, 36D arrival

arriver (4) v. 4ACDE, 5MD, 8ADE, 10D, 12ABC to arrive, to come, to get to; **j'arrive** 4D I'll be right there; **arriver à** 9DM, 20M, 23M, 27D, 30D to be able to, to succeed; **arriver à quelqu'un ou à quelque chose** 9D, 17C, 28C, 29ABC, 31D to happen to someone or something; **ça m'est arrivé** 29A it happened to me; **il lui est arrivé quelque chose** 31D something has happened to her/him; **quoi qu'il arrive** 45D come what may

arrogant a. 50E arrogant

arrondir (5) v. 37D to round (up or down)

arrondissement m.n. 5D, 23B, 35D, 46M, 49D administrative division of Paris

arrosage m.n. watering; **tuyau d'arrosage** 24B hose

arroser (4) v. 26D to water, to sprinkle

art m.n. 10D, 11D, 13A, 14A, 15A art; **Art et essai** p.n. 33M movie theater promoting independent films; **septième art** 38D, 39D the seventh art, cinema

Artaud, Antonin (1896–1948) 51D French writer

artériel a. 26D arterial

Arthaud, Florence (b. 1957) 17D French navigator

artichaut m.n. 27D artichoke

article m.n. 2D, 20DM, 21D article; 43AE, 45AC piece of merchandise

articulation f.n. 47AB joint

articuler (4) v. 21D to articulate

artificiel a. 21A, 24D, 39A, 48D, 51B artificial

artillerie f.n. 40D, 51D artillery

artisanal a. 33E, 50E handcrafted, locally made

artisanat m.n. 50A handicrafts

artiste a. & n. 11D, 14D, 19ABC, 22D, 30D artist; **nom d'artiste** 31D, 34M, 36D, 40D, 46D stage name

artistique a. 6D, 10D, 11D, 18E, 19D artistic

ascendant m.n. 32D member of the older generation

ascenseur m.n. 32ABDE, 33A, 35D, 36D, 37M elevator

aseptique a. 14B aseptic

aseptiser (4) v. 33D to sanitize

Asie p.n. 25D, 33D Asia

asile m.n. 22M asylum

aspect m.n. 11D aspect; 50B side

aspirateur m.n. 33AB vacuum cleaner

aspirer (4) v. 29D, 35D, 46D to aspire (to)

aspirine f.n. 12AB aspirin

assassin m.n. 13BD, 37D assassin, murderer; **assassine** a. 46D scathing

assassiner (4) v. 36D, 46D, 47D to assassinate, to murder

assaut m.n. 51D assault, attack

assemblée f.n. 38D assembly; **Assemblée nationale** f.p.n. 2D, 14D, 38ACD the French National Assembly

assembler (s') (4) v. 12D assemble

assener (8) v. 18D to fling back

asseoir (s') (*, 7) v. 14AB, 24AE, 32AC, 34A, 37D to sit down

asservi a. 52M subjugated

assez adv. 5A, 7AM, 8D, 10B, 12M rather, enough; **en avoir assez** 17M, 20B, 46A, 47AB, 52A to be fed up

assidu a. 51D regular

assidûment adv. 29D assiduously

assiégé a. 52D besieged

assiette f.n. 25ABCE, 26AM, 27D, 28AB, 33D plate, dish

assimiler (4) v. 7D to assimilate

assis a. 14AB, 15AE, 16AM, 18B, 19ACD seated

assistant f.n. 47D assistant

assisté a. assisted, helped; **freins à**

disques assistés 29A power disk brakes

assister à (4) *v.* 26E, 28AB, 31M, 36D, 37D to be present at, to attend, to witness

association f.n. 9M, 38D, 41B, 43D association

Association pour le maintien de l'agriculture paysann f.p.n. 37M community-supported agriculture network

associé *a.* 26D, 29D, 38D, 48D, 52D associated

assoiffé *a.* 47AB thirsty

assorti *a.* 24M, 47D matched

assourdissant *a.* 45D deafening

assumer (4) *v.* 45D to assume, to take on

assurance f.n. 15D, 18ABC, 30D, 45A, 52A insurance; **assurance contre coups et blessures** 30D accident insurance; **assurances sur la vie** 18B life insurance

assurément *adv.* 37D assuredly

assurer (4) *v.* 10A, 20B, 38M, 42AD, 44A to assure; 30D to insure; 14B, 18D, 27B, 28D, 32D to ensure; **assuré** 26D, 30D guaranteed; 30D insured

assureur m.n. 30D insurer

Assy p.n. 47A Alpine site of church decorated by Chagall, Matisse, Rouault, and others

assyrien *a.* 38E Assyrian

Astérix m.p.n. 3A, 7D, 9D, 14D, 23B French cartoon character representing a shrewd Gaul

astrophysique f.n. 13A astrophysics

astuce f.n. 13B, 24D astuteness, cleverness

atelier m.n. 9M, 38ABD, 46D, 51D studio

Athènes f.p.n. 51E Athens

athlète m. & f.n. 5D, 9A, 18A athlete

athlétisme m.n. 5D, 6AD athletics

Atlantique m.p.n. 48D, 52AB the Atlantic Ocean

atmosphère f.n. 37M, 48M, 51D atmosphere, air

atmosphérique *a.* 16D atmospheric

atout m.n. 32D, 33D asset, virtue

atroce *a.* 31M, 44M atrocious

attaché m.n. administrative employee; **attaché de presse** 46M publicist

attachement m.n. 13D, 14D, 32D, 35E attachment

attacher (4) *v.* 32AB, 49B to attach, tie up, tether; **s'attacher à** 35ABE, 46E to become attached to, to become fond of

attaque f.n. 7D, 21E, 42D, 51AC attack

attaquer (s') (4) *v.* 14B, 24A, 27D, 38D, 40D to attack

atteindre (20) *v.* 14M, 16D, 29D, 35D, 47M to attain, to reach

attelé *a.* 45D harnessed

attendre (6) *v.* 5M, 8A, 9A, 10AB, 12A to wait, to wait for; 16B, 22A, 23D to expect; **elle attend un bébé** 8M she's expecting a baby; **en attendant** 14M, 24A, 42C, 46D in the meantime, meanwhile; **s'attendre à** 35DM, 37AB, 42D, 51M to expect, to be prepared for

attentat m.n. 20M attack

attente f.n. 30D, 33D, 42D, 44A waiting, expectation, anticipation

attentif *a.* 50D attentive

attention f.n. 9A, 12M, 13BD, 18E, 20AE attention, care; **avec attention** 40A attentively; **faire attention à** 11D, 13A, 17C, 19M, 36M to take care to, to pay attention to; **fais attention! attention!** 9A, 10A, 12M, 19A, 20A look out! careful!

attentionné *a.* 38M considerate

attentivement *adv.* 41B attentively

atténuer (4) *v.* 33D, 45D to alleviate

atterrir (5) *v.* 52BE to land

atterrissage m.n. 52A landing, touchdown

attirer (4) *v.* 13B, 18D, 19D, 20DE, 21M to attract, to appeal to

attitoude f.n. 40D attitude, ballet position (*Russian accent*)

attitude f.n. 20E, 21E, 32B, 33E, 43E attitude

attractif *a.* 48D attractive

attraction f.n. 7D attraction

attractivité f.n. 35D attractiveness, drawing power

attrait m.n. 33D liking for

attraper (4) *v.* 12ABCM, 16AB, 17AB, 19D, 40D to catch

attribuer (4) *v.* 27D, 52E to attribute

attribut m.n. 23D attribute

au *prep.* contraction of **à** and **le**

aube f.n. 47B, 48D, 51A dawn

auberge f.n. inn; **auberge de jeunesse** 42AB youth hostel

aubergine f.n. 26AB eggplant

Aubisque (col d') p.n. 47A mountain pass in the Pyrénées

Aubusson p.n. 50ACE town in central France famous for its tapestry production

Aucassin et Nicolette p.n. 6D, 7D, 10D thirteenth-century love story

aucun *a.* 5D, 13M, 14ACDE, 16AD, 18M any, no; *pron.* 14E, 26D, 43E, 45D, 51D none

audacieux *a.* 7D, 35D, 41E brave

au-delà *adv.* 24D, 44D, 51D beyond, past

au-dessous *adv.* 30B, 31M, 44D below

au-dessus *adv.* 7E, 16D, 27D, 30AB, 32D above, over

audible *a.* 26D audible

auditoire m.n. 24D, 48D audience

Auge (vallée d') p.n. valley in Normandy; **poulet vallée d'Auge** 52AB chicken dish prepared with cream and calvados

augmentation f.n. 21D, 35D, 44D increase; **en augmentation** 27D growing

augmenter (4) *v.* 8D, 14D, 16D, 22D, 33D to increase, to raise

aujourd'hui *adv.* 3D, 5ACM, 6AC, 7DM, 8D today

auparavant *adv.* 29D, 33D, 41D, 52D before, beforehand

auprès *adv.* 13D, 48D close to, close by; 20D, 35D, 41D, 42D, 48D among, with

aura f.n. 38D aura

Aurélie f.p.n. 5D, 8M feminine first name

aussi *adv.* 2D, 3D, 4ABCDM, 5AD, 6ADM as, so, also, too; 37D just as; *conj.* after all, therefore

aussitôt *adv.* 13D, 27A, 30A, 32A, 37D immediately, at once; **aussitôt que possible** 27E as soon as possible

austère *a.* 50A austere, stern

austérité *f.n.* 21D austerity

Austerlitz (gare d') *p.n.* 27B Paris train station

Australie *f.p.n.* 35D, 48D Australia

autant *adv.* 16A, 18A, 20D, 22D, 29A as much, so much, as many, as well; **d'autant que** 27D, 44D especially since; **j'aime autant faire de l'auto-stop** 29A I'd just as soon hitchhike; **distance d'autant plus grande que la vitesse est plus élevée** 31D the greater the speed, the greater the distance; **d'autant meilleur qu'il est plus loin** 22D the further away the better it is

auteur *m.n.* 2D, 4B, 5D, 7D, 11DE author

authenticité *f.n.* 41A, 42D authenticity

authentique *a.* 43D authentic

auto (*abbr. for* **automobile**) *f.n.* 5B, 17B, 18ABC, 27ABC, 29D car; **auto-école** 30D driving school; **en auto** 27ABC by car; *Guide de l'Auto-Journal* 48A restaurant travel guide

autobiographie *f.n.* 11D, 13D, 21E, 24D, 38D autobiography

autobiographique *a.* 13D, 20D, 21D autobiographical

autobus *m.n.* 4D, 10B, 29AB, 37M, 46B bus

autocar *m.n.* 27ABC motor coach

autodidacte *a. & n.* 24D self-taught, self-educated

autographe *m.n.* 40D, 49M autograph

autolib' *p.n.* 37M electric car sharing service in France

automatique *a.* 22D, 27B, 27M, 30A, 52M automatic

automatiquement *adv.* 36B automatically

automatiser (4) *v.* 27M to automate

automne *m.n.* 10D, 11ABD, 49D fall, autumn

automobiliste *m. & f.n.* 29D, 31D, 44D car driver

autonomie *f.n.* 14D, 18D, 21D, 32D, 35D autonomy

autorisation *f.n.* 4M, 17D permission

autorisé *a.* 3M authorized

autoriser (4) *v.* 4M, 35D to authorize

autoritaire *a.* 20A, 51E authoritarian

autorité *f.n.* 13D, 21D, 22D, 45D, 47D authority

autoroute *f.n.* 29M, 30ABCD, 47D highway

auto-stop *m.n.* 29ABCE, 31ADE, 52AE hitchhiking; **faire de l'auto-stop** 29ABC, 52AE to hitchhike

auto-stoppeur *m.n.* 31ADE hitchhiker

autour *adv.* 9M, 12M, 13B, 14D, 18D around, round, about

autre *a. & pron.* 3DM, 4D, 5A, 6A, 7D other, another; **autre chose** 18D, 20A, 24D, 39E, 41D something else; **vous autres Américains** 44A you Americans

autrefois *adv.* 2D, 9D, 16AD, 17AE, 19B formerly, in the past, at one time

autrement *adv.* 38D otherwise; **autrement dit** 49D in other words

Autriche *f.n.* 21D, 35D, 47D Austria

autrichien *a. & n.* 14D, 47D Austrian

Autun *f.p.n.* 30D town in the Burgundy region famous for its romanesque cathedral

Auvergne *f.p.n.* 15D, 50A region in central France

aux *prep. contraction of* à *and* les

avaler (4) *v.* 38M, 50D to swallow, to fall for

avance *f.n.* advance; **en avance** 28AD, 46D in advance, early

avancer (4) *v.* 35D, 37D, 40D, 42A, 44D to advance, to move forward

avant *prep. & adv.* 5D, 7D, 8DE, 9B, 12M before; *a.* front 31D; *m.n.* front; **à l'avant** 29B, 52AC in the front; **en avant** 27D, 40D for-

ward; **mettre en avant** 19D to put forth; **en avant!** 26E, 40D let's go!

avantage *m.n.* 3D, 22D, 23D, 24D, 27DM advantage

avantageux *a.* 43D attractive, favorable

avant-garde *f.n.* 19AE, 24D, 39A avant-garde

avant-hier *adv.* 22A, 24A day before yesterday

avant-première *f.n.* 34M preview

avant-scène *f.n.* 37D, 42D, 45D forestage, foreground

avare *a.* 15D stingy; *L'Avare* 26D comedy by Molière

avec *prep.* 2BD, 3A, 4ACD, 5DM, 6ADM with

avenir *m.n.* 8M, 9B, 13AM, 15D, 18D future

aventure *f.n.* 3A, 4ABC, 7D, 11D, 19D adventure; 37D affair

aventureux *a.* 16D, 42E, 48D adventurous

avenue *f.n.* 11D, 30AC, 39D avenue; **Avenue Montaigne** 11M chic Parisian shopping district; **Avenue Foch** 46D upscale Parisian street

aversion *f.n.* 45E aversion, dislike

avertissement *m.n.* 13D, 19D, 27D warning

avertisseur *m.n.* 45D warning signal

Avétonou *p.n.* 9M town in Togo

aveu *m.n.* 13D admission, confession

aveugle *a. & n.* 22D, 23D blind, blind person

aveuglement *m.n.* 48D blindness

aveugler (4) *v.* 39ABC to blind

Aveyron *p.n.* 14M *département* in southern France

aviateur, aviatrice *n.* 12D, 17A, 20D, 48E aviator

aviation *f.n.* 48A aviation

Avignon *p.n.* 5D city in southern France, former residence of the popes, known for its bridge on the Rhône

avion *m.n.* 9M, 12D, 15ACE, 20DM, 35D airplane; **avion à hélice** 52BE propeller plane; **avion à réaction** 52ABE jet plane; **en avion** 27ABCE, 29M, 52C by plane; **par avion** 15ACE airmail avis m.n. 18M, 21AB, 23DM, 44D, 48D opinion, judgment; **à votre avis** 6E, 7E, 8E, 9E, 10E in your opinion; **changer d'avis** 21D, 27D to change one's mind

avocat, avocate n. 12B, 13B, 18ABCD lawyer

avoir (1) v. & aux. 3ACD, 4AC, 5AE, 6AE, 8D to have, to possess, to get; **avoir l'air** 5M, 6M, 11AC, 12E, 14E to seem; **avoir . . . ans** 5AD, 7M, 8AD, 13AM, 15B to be . . . years old; **avoir besoin de** 11M, 18D, 21D, 24B, 29M to need; **avoir chaud/froid** 6D, 17D, 43D, 47D, 48D, 49D to be hot/cold; **avoir de la chance** 9B, 10E, 14M, 28A, 30M to be lucky; **avoir envie de** 13AB, 16ABC, 18AE, 20BD, 21E to want to; **avoir faim/soif** 16B, 21AB, 22A, 24B, 25A to be hungry/thirsty; **avoir l'habitude de** 14AB, 22E, 24BE, 27A, 29M to be in the habit of; **avoir mal à** 12AB, 17AD, 18A, 23ABE, 28M to have a pain in; **avoir du mal à** 22D, 23ABE, 36C, 46D to have difficulty; **avoir peur de** 3D, 26E, 27AB, 29AC, 31E to be afraid; **avoir raison/tort** 13AB, 14ACD, 16D, 18D, 19D to be right/wrong; **il y a** 2AD, 4ABD, 5M, 6DM, 7DM there is, there are; **qu'est-ce qu'il y a?** 2A, 8A, 11C, 12A, 16A what's the matter? what's up? what's going on?; **il n'y a qu'à en acheter** 42A all we have to do is buy one/some; **il n'y a pas de quoi** 27A don't mention it, it's my pleasure; **il n'y en a plus que pour la classe ouvrière/les jeunes** 33AB, 44AB workers/young people get everything these days; **il n'y a pas que ça dans la vie** 50A that's not all there is in life; **il y a longtemps que vous êtes en France?** 14A have you been in France long?; **il y a deux ans** 9A, 10DE two years ago; **on les a bien eus!** (coll.) 43M we showed them!; **se faire avoir** 5M to get taken; **il m'a eu** 49D I was had; **avoir à** 22D, 27M, 43D, 44D to have to; **je ne sais pas ce qu'ils ont** 46D I don't know what's up with them; **on les aura!** 51D we'll get them!

avoir m.n. 45D possession, asset

avoisiner (4) v. 35D to border on

avortement m.n. 13D, 17D abortion

avouer (s') (7) v. 19D, 36D, 37D, 38M, 51D to admit, acknowledge

avril m.n. 11M, 16B, 21M, 23M, 25M April; **poisson d'avril!** 27M April Fools!

axe m.n. 29M route

ayant present part. of avoir 15D, 18D, 22D, 26D, 29D

Aymé, Marcel (1902–1967) 15D French writer

Azay-le-Rideau p.n. 47A, 52A town in the Loire valley famous for its Renaissance castle

Azincourt p.n. 52D location of English victory during the Hundred Years War

Aznavour, Charles (b. 1924) 26D, 31D, 42D French singer and songwriter

aztèque a. & n. 38E Aztec

azur m.n. 18D azure, blue; **Côte d'Azur** 23D, 43M, 44M, 50A, 51D the Riviera

baba a. 27M flabbergasted; **baba au rhum** m.n. 26B cake soaked in rum syrup

Babar m.p.n. 3AB main character and title of a children's storybook

babouche f.n. 31M, 46M Turkish slipper

baby-sitter m. & f.n. 43D babysitter

baby-sitting m.n. 8D babysitting

bac m.n. (abbr. for **baccalauréat**) 13BDM, 19ABD, 27M, 41D general certificate of high school education; **rater son bac** 19E to fail one's baccalauréat exam

Bach, Johann Sebastian (1685–1750) 28A German composer

Bachelard, Gaston (1884–1962) 24D French philosopher

Badoit f.p.n. 26A, 45A brand of mineral water

bafouillage m.n. 49D stammering

BAFTA p.n. 49M British Academy of Film and Television Arts

bagage m.n. 4B, 9M, 26M, 29B, 52D baggage, luggage

bagagiste m.n. 37D porter

bagarre f.n. 47D fight

bagnole f.n. (sl.) 30M, 45A car; **ça c'est de la bagnole** 29AB now there's a real car

bague f.n. 18M ring

baguette f.n. 5M, 52M loaf of French bread

bah int. 22A, 31M, 34A, 46AD bah!

baie f.n. 14M, 30M, 51D bay

baigner (se) (7) v. 38AB, 42ACD, 48ABCE to take a swim, to bathe; **tout baigne dans l'huile** 29M everything's going swimmingly

baignoire f.n. 24M, 30M, 31M, 33ABD, 35B bathtub

bâiller (4) v. 25AB to yawn

bain m.n. 25B, 32D, 33A, 50D bath; **salle de bains** 30M, 31M, 32AB, 33D, 34C bathroom; **maillot de bain** 29M, 43ABM, 46D bathing suit

bain-marie m.n. 24D double-boiler

baïonnette f.n. 16D bayonet

baiser (4) v. 33A, 39M to kiss

baiser m.n. 26D, 31M kiss; **bons baisers** 14A love and kisses

baisse f.n. 35D fall; **en baisse** 25D, 31D, 50D falling, decreasing

baisser m.n. 40D lowering

baisser (4) v. 11B, 20D, 22D, 34D, 36D to drop, to lower; **se baisser** 42AB to stoop, to bend down

Baker, Joséphine (1906–1975) 40D American singer who lived in Paris during the 1920s

bal m.n. 39B ball, dance

balader (se) (7) v. 39D to stroll

baladeur m.n. 19D portable audio player

balai m.n. 22D, 24M broom

Balance f.n. 31D constellation Libra

balancer (se) (4a, 7) v. 50A to swing, to rock

balcon m.n. 13M, 21ABC, 22B, 25A, 27B balcony

baleine f.n. 16D, 17D whale

Balenciaga, Cristóbal (1895–1972) 51A Spanish fashion designer

balisé *a.* 43B marked out, planned

ballade *f.n.* 17D, 28D, 33D ballad

balle *f.n.* 9BD ball; 40D, 45D bullet; (*sl.*) 42A, 51A smacker (franc, euro)

ballerine *f.n.* 14D ballerina; 24M ballet shoe

ballet *m.n.* 32D, 40A, 52E ballet

ballon *m.n.* 26B, 46D ball, balloon

Baltique *f.p.n.* 36D Baltic Sea

Balzac, Honoré de (1799–1850) 24D, 38AE, 51D French novelist

balzacien *a.* 32E Balzacian

banal *a.* 19D, 33D, 38D, 40D, 41D banal

banane *f.n.* 9M, 46D, 51D banana

bananier *m.n.* 51D banana tree

banc *m.n.* 15AC, 16A, 17A, 18ACDE, 19E bench

bancaire *a.* 41D, 44DM, 52M bank, banking

bandage *m.n.* 52A bandage

bandana *m.n.* 30M bandanna

bandé *a.* 52A bandaged

bande *f.n.* 13D, 42M band; **bande sonore** 38A soundtrack; **bande dessinée (BD)** 7D, 20D, 43D cartoon, comic strip; 22M, 43M gang, bunch

bandit *m.n.* 30M, 50B bandit

banlieue *f.n.* 8D, 15E, 20D, 27ABD, 33D suburb

banque *f.n.* 5M, 14ABCE, 15D, 18A, 22M bank

banqueroute *f.n.* 44M bankruptcy

banquette *f.n.* 31D, 40D bench, seat

banquier *m.n.* 15A, 42A, 43D, 44M banker

banquise *f.n.* 37M polar ice cap

Banville, Théodore de (1823–1891) 23D French poet

banyuls *m.n.* 24AC apéritif wine from the south of France

baptême *m.n.* 50M baptism; **baptême de l'air** 51D first flight

baptisé *a.* 35D, 43D, 51D baptized

baptiser (4) *v.* 50M to baptize

bar *m.n.* 22D, 42M bar

Barbara (Monique Andrée Serf, 1930–1997) 28D French singer

barbe *f.n.* 7ABCM, 10ACD, 14D, 42A, 47D beard; **quelle barbe!** 51M what a pain!

barbouiller (4) *v.* 19AB to smear

barde *f.n.* 25D piece of fat or bacon for larding meat

barder (4) *v.* to load, to kick off; **Ça va barder!** 32M Sparks will fly!

baron, baronne *m. & f.n.* 15D, 38D, 40D baron, baroness

barque *f.n.* 28D small boat

Barrault, Jean-Louis (1910–1994) 42D French actor

barre *f.n.* 9D, 36M bar, candy bar

barreau *m.n.* 26D bar (of cage)

barrer (se) (7) *v.* (*coll.*) 28D, 51M to leave, to split

barrière *f.n.* 40M, 49D, 51D barrier

Barry, Mme du (1743–1793) 47D favorite of Louis XV

Barthes, Roland (1915–1980) 24D, 26D, 30D French writer and essayist

Bartholdi, Frédéric Auguste (1834–1904) 49D French sculptor

bas *m.n.* bottom; **en bas** 22A, 32A, 42D downstairs; 28B, 33D, 50E, 51D on the bottom; 40D below; **en bas de la rue/du boulevard** 30AC at the end of the street/boulevard; **ici-bas** 44D here below; *m.pl.n.* (*Québécois*) 42M socks; **bas-côté** *m.n.* 45D side, shoulder (of road); **de haut en bas** 18D, 32D, 36D from top to bottom; **de bas en haut** 45D upside-down

bas, basse *a.* 27D, 32BD, 35D, 37D, 40AD low; **à bas** *adv. phr.* 30M, 40D down with

base *f.n.* 24D, 26DE, 44B, 48B, 50B basis, foundation, chief ingredient

basé *a.* 19D, 38D based

base-ball *m.n.* 42D baseball

basilique *f.n.* 38M basilica

basket *abbr. for* **basketball** *m.n.* 6D, 7ADM basketball; *f.pl.n* 11M, 44M sneakers; **lâchez-moi les baskets!** 17M get off my back!

basketteur, basketteuse *m. & f.n.* 6D basketball player

Basque *a. & n.* 9AC, 47D Basque; **le Pays Basque** 9B, 15B, 16ABCDE, 44B, 46B the Basque region of southwestern France; **poulet basquaise** 16D, 50A Basque-style chicken

bassin *m.n.* 14D, 16ABCE, 17ABC-DEM, 18A, 27A basin, pool

Bastille *f.p.n.* 38D, 41M French prison; **Opéra Bastille** 15B, 33AD, 39DM modern opera house on the Place de la Bastille in Paris

bataille *f.n.* 7D, 27D, 40D, 45D, 47D battle

Bataille, Georges (1897–1962) 51D French writer

bateau *m.n.* 14D, 15ABE, 16ABCE, 17ABM, 18AB boat; **en bateau** 27AB, 29M, 48CD by boat; **mener en bateau** 48AC to pull someone's leg

bateau-mouche *m.n.* 29AB Paris sight-seeing boat

bath *a.* (*coll.*) 40D great, smashing

bâtiment *m.n.* 9M, 32D building

bâtir (5) *v.* 16D, 35D to build

bâton *m.n.* 24D, 42M stick; **bâton à physique** 40D invented weapon

batterie *f.n.* 36M, 48M battery

batteur *m.n.* 24D beater

battre (se) (6, 7) *v.* 19B, 20D, 24D, 27D, 30D to beat, to fight; **battre des mains** 40M to clap one's hands

Baudelaire, Charles (1821–1867) 18D, 23D, 24D, 46D French poet

Baux, Les (Baux-de-Provence) *m.pl.p.n.* 47AD town with medieval ruins in the south of France

bavard *a.* 11ABCE, 21D, 23AE, 49A talkative, chatty

bavarder (4) *v.* 37M, 39AE to chatter, to chat

bavarois *a.* 26A Bavarian cream dessert

Bayonne *p.n.* 16ABCD, 47D, 50AC town in the Basque region

bcp *abbr. for* **beaucoup** 43D

BD *abbr. for* **bande dessinée** 7D; **bd** *abbr. for* **boulevard** 29D, 51D

Béarn *m.p.n.* 47D former province in southwestern France that includes the Basque region

béarnais *a.* 25M, 47D from the Béarn region

Béart, Emmanuelle (b. 1963) 12D, 29D French actress

Béart, Guy (b. 1930) 12D, 29D French singer and songwriter

beat *a.* 31D of the Beat Generation of unconventional writers in the 1940s and 50s

béatitude *f.n.* 52AB beatitude, bliss

beau, bel, belle, beaux, belles *a.* 5D, 6M, 7DM, 8DM, 9AC beautiful, handsome, lovely; 35D ample, hefty; beau-frère *m.n.* 18A brother-in-law; beau-père 15D father-in-law; beaux-parents 8D parents-in-law

Beaubourg *p.n.* 15AB, 23AD, 33AC, 40AE Georges Pompidou Cultural Center in Paris

Beaucaire *p.n.* 6D, 7D town in Provence

Beauce *f.p.n.* 28D fertile plain between Chartres and Orléans where much of France's wheat is grown

Beauchemin, Yves (b. 1941) 42D Canadian writer

beaucoup *adv.* 2D, 3ABD, 4D, 5ABDM, 6ABDEM much, a great deal, a lot

beauf (*coll.*) *m.n.* 46D right-winger

beaufort *m.n.* 50B type of cheese

Beauharnais, Joséphine de (1763–1814) 51D French empress, Napoleon's first wife

beaujolais *m.n.* 22AB, 30D wine from the Beaujolais region; monts du Beaujolais *m.pl.p.n.* 30D mountain range in Burgundy

Beaune *p.n.* 30ADE, 33A city in Burgundy

beauté *f.n.* 23D, 24D, 28D, 45D, 51M beauty

Beauvoir, Simone de (1908–1986) 13D, 20B, 29D, 38D, 51D French writer

beaux-arts *m.pl.n.* fine arts; Ecole des Beaux-Arts (Ecole nationale supérieure des Beaux-Arts) *f.p.n.* 29D, 51D art school in Saint-Germain-des-Prés, Paris

bébé *m.n.* 8BM, 17ADE, 18D, 25M, 41AB baby

bec *m.n.* 19D, 49D beak; *abbr. for* bécot *m.n.* 42M kiss

bécasse *f.n.* woodcock; (*sl.*) 9A, 19D, 22M numbskull, idiot

Bécaud, Gilbert (1927–2001) 35D French singer and songwriter

bêcheur, bêcheuse *m. & f.n.* 46M poser

Beckett, Samuel (1906–1989) 38D Irish playwright, theater director, novelist, and poet

bécoter (se) (7) *v.* (*coll.*) 18D to kiss, to smooch

bedaine *f.n.* 44M potbelly

Bedos, Guy (b. 1934) 13D, 40D French humorist and performer

bédouin *a. & n.* 46DM Bedouin

Begag, Azouz (b. 1957) 18D, 22D, 25D, 26D Algerian writer

beigne *f.n.* (*Québécois*) 42D doughnut

beignet *m.n.* 43M, 50M fried dough, fritter

Belfort *p.n.* 49D city in eastern France, site of victory in 1870 that inspired Bartholdi's statue the Lion of Belfort

belge *a.* 5D, 11D, 13M, 18D, 29D Belgian

Belgique *f.p.n.* 2ACD, 3D, 19D, 20D, 21D Belgium

belgo-rwandais *a.* 2D Belgian-Rwandan

Bellay, Joachim du (1522–1560) 35D French poet

Belle-Ile-en-Mer *f.p.n.* 9A, 16ADE small island off the coast of Brittany

belliqueux *a.* 48D quarrelsome, combative

Belmondo, Jean-Paul (b. 1933) 51D French film actor

belote *f.n.* 9ABE, 50M belote, pinochle

ben (*sl. for* bien) *int.* 9A, 10A, 12A, 13AM, 15A well, why; ben oui! 2A, 36M why yes!; ben quoi? 39D so what?

Bénédictine *f.p.n.* 24E liqueur named for the Benedictine monks who formulated it

bénédiction *f.n.* 44D, 47D benediction, blessing

bénéfice *m.n.* 50D benefit

bénéficier (4) *v.* 19D, 27D, 35D, 36D, 42D to benefit from, to make a profit from

bénévolat *m.n.* 43D charity work

bénévole *a.* 9M charitable

béninois *a.* 2D Beninese

benoîtement *adv.* 49D sanctimoniously

bercail *m.n.* 35D fold, (childhood) home

bercer (4a) *v.* 26D, 36D to rock

béret *m.n.* 41D, 44D beret, typically worn by Basque men

berge *f.n.* 24D, 43M bank, edge of river, canal

berger, bergère *n.* 16D, 17ABC, 27D, 47AD, 48D shepherd, shepherdess; jouer à la bergère 27D, 47D to play shepherdess

Berlin *p.n.* 12D, 35D capital city of Germany

berlingot *m.n.* 48AB, 50BE hard candy specialty from the town of Carpentras

Bermudes (les) *f.pl.n.* 14AB, 20B Bermuda

Bernard, Claude (1813–1878) 23D French physiologist

Bernard, Tristan (1866–1947) 33D, 51D French novelist, playwright, and journalist

Bernard de Ventadour (c. 1140–1200) 48D French troubadour

Bertran de Born (c. 1140–1215) 48D French troubadour

besoin *m.n.* 14D, 18D, 20D, 24B, 29M need, want; avoir besoin de 11M, 21M, 35ABD, 39AM, 41AB to need

best-seller *m.n.* 13D, 17D, 21D successful book

bêtasse *a.* 38M thick, dumb

bête *a.* 9A, 10AB, 11AE, 12A, 15D stupid; il est bête comme ses pieds! 10A he's too stupid for words!; 32D, 44D beast; *La Belle et la Bête* 18D, 32D *Beauty and the Beast*, film by Jean Cocteau

Béthune *p.n.* 35D town in northeast France

bêtise *m.n.* 19M, 20D, 21M, 23D, 40D stupidity, nonsense; dire des bêtises 16M, 48AB to talk nonsense; bêtises de Cambrai 48ABC, 50E candy from Cambrai

béton *m.n.* 38D concrete

beuh *int.* 18A um . . . , er . . .

beur *a.* 16M, 18D young French person of North African origin (term coined by reversing the syllables of **arabe**)

beurre *m.n.* 9D, 14M, 25AB, 47A, 48B butter; **faire son beurre** (*coll.*) 13AB, 41M to make a fortune, to rake it in

Béziers *p.n.* 28M town in southern France

Biarritz *p.n.* 16D fashionable seaside resort in southwest France

bibelot *m.n.* 28ABC trinket

Bibiche *f.p.n.* (*coll.*) 24A, 38D affectionate name for a woman

bibli (*abbr. for* bibliothèque) *f.n.* 2ABD library

bibliothécaire *m.n.* 13M, 38D librarian

bibliothèque *f.n.* 2B, 13D, 20D, 27M, 40E library

Bibliothèque Sainte-Geneviève *f.p.n.* 27M public library in Paris

Bic *p.n.* 48E French consumer-goods company; **briquet Bic** 13A Bic lighter; **pointe Bic** 48A Bic ballpoint pen

bicaméral *a.* 38D bicameral

bicamérisme *m.n.* 38D bicameralism

bicyclette *f.n.* 7M, 17B, 27B bicycle; **à bicyclette** 27AB, 37D, 45B, 47E by bike

Bidassoa *f.p.n.* 47D river in the Basque region

bidet *m.n.* 33AB bidet

bien *adv.* 2AB, 3A, 4A, 5ADM, 6A well, right, really, quite; **bien entendu** 22D, 23D, 37M, 47E of course, naturally; **bien français** 4D, 19A, 42D, 52A typically French; **c'est bien notre chance** 10A that's just our luck; **bien sûr** 2A, 3A, 4A, 7A, 9A of course; **aussi bien** 26D, 28B just as well; **faire bien de** 28M, 32D, 36A, 50D to be well advised to; **il ferait bien de** 28M he'd do well to, he really should

bien *m.n.* 43D, 44D good; **faire du bien** 28M, 46B to benefit; **ça fait du bien** 43D that feels good; **se**

faire du bien 32D to be good to oneself; **c'est pour ton bien** 43D it's for your own good

bien-aimé *m.n.* 47D beloved

bien-être *m.n.* 18D well-being

bienheureux *a.* 26D blessed

bien que *conj.* 13D, 19D, 23D, 27D, 42A although, though

bientôt *adv.* 15D, 21A, 28M, 33DM, 37A soon; **à bientôt** 12A see you soon!

bière *f.n.* 22D, 23D, 39AB, 41D, 50AD beer

bifteck (biftèque) *m.n.* 10D, 24D, 26D, 30D, 52M steak

bifurquer (4) *v.* 30D to branch off, to fork

bijou, -oux *m.n.* 8M, 11M, 18B, 52D jewel; **bijoux** 11M, 18AEM, 23M, 32M, 47D jewelry

bijouterie *f.n.* 11M jewelry store

bijoutier *m.n.* 18ABE jeweler

bikini *m.n.* 29M bikini

bilan *m.n.* 31AC, 41C evaluation, sum, assessment; **bilan énergétique neutre** 33D net-zero energy expenditure; **en dépôt de bilan** 41D insolvent

bile *f.n.* bile; **se faire de la bile** 31ABC to worry, to fret

bilingue *a.* 23M, 35D bilingual

bilinguisme *m.n.* 35D bilingualism

bille *f.n.* 46D marble

billet *m.n.* 5M, 13B, 25ABC, 37AB, 41A banknote; 27ABCD, 29E, 36DE, 41AB, 42ACDE ticket; **billet de loterie** 34A, 41CE, 42AE, 46A lottery ticket

bio *abbr. for* biologique *a.* 37M, 46DM organic

biodiversité *f.n.* 50D biodiversity

biographie *f.n.* 11D, 13D, 21E, 24D, 38D biography

biologie *f.n.* 13A biology

biologique *a.* 8D biological; organic

biologiste *m.n.* 13D biologist

bis *adv.* 15D, 27D, 34D, 37D, 41D repeat (musical refrain); **2 bis** (house number) 49D number 2 1/2 or 2A)

biscuit *m.n.* 9D, 16M, 26B, 43B cookie, cracker

bise *f.n.* (*coll.*) kiss; **bises** 27M, 52A lots of love (closing of a letter)

bison *m.n.* bison; **Bison Futé** *m.p.n.* 29M traffic information service

bisou *m.n.* (*coll.*) 12B, 27M, 46A kiss; **bisou!** 12A lots of love!, take care!

bistre *a.* 22D dark brown color

bistro, bistrot *m.n.* (*coll.*) 19AB, 22D, 26D, 29D, 38D bistro, café-restaurant

bivouac *m.n.* 46M bivouac

bizarre *a.* 10B, 13B, 14M, 15A, 16M odd, weird

Black-Blanc-Beur 7M black-white-Arab (nickname for the multicultural 1998 French World Cup soccer team)

blague *f.n.* (*coll.*) 3D, 4D, 16AB, 33M, 37D joke, hoax; **sans blague** 11M, 13AM, 20A, 27A, 32A no kidding!; **ce n'est pas de la blague** 43A seriously!, no joke!

blanc, blanche *a. & n.* 6D, 7AC, 9D, 11M, 12A white; **noir sur blanc** 30D absolutely, you bet; **blanc d'œuf** *m.n.* 48B egg white; **film en noir et blanc** 38A black-and-white movie

blanchir (5) *v.* 48D to lighten

blasphématoire *a.* 21D blasphemous

blé *m.n.* 28D, 47D, 50ABE, 51B wheat; **être fauché comme les blés** 51A to be flat broke

blêmir (5) *v.* 49D to turn pale

blender *m.n.* (*angl., Québécois*) 33D blender

blesser (4) *v.* 10D, 41BD to injure, to wound; **blessé** *n.* 28M injured or wounded person

blessure *f.n.* 30D, 46M injury, wound

bleu *a.* 2D, 6AC, 7ACD, 9A, 10AD blue; **bleu ciel** 29A sky-blue; **bleu-gris** 38B blue-gray; **bleu foncé** 45A dark blue; **bleu pâle** 41A, 51A pale blue; **steak bleu** 26A blood-rare steak

bleuet *m.n.* 42D cornflower

bloc *m.n.* 35ABD block; **faire bloc** 45D to stand together with

Blois *p.n.* 47A, 48D town on the Loire river famous for its castle blond *a.* 6ABCDE, 7ACDEM, 9A, 10D, 13AC blond

bloqué *a.* 37D stuck

bloquer (4) *v.* 16D to block

blottir (5) *v.* 36D to press against, to nestle

blouse *f.n.* 52AB smock

blouson *m.n.* 45ABCEM jacket, windbreaker

BNF (Bibliothèque nationale de France) *f.p.n.* 27M National Library of France in Paris

bobine *f.n.* 50B spool, bobbin

Bobino *m.p.n.* 40ABC music hall in Paris

bobo *m.n.* (*coll.*) 46DM, 47M *abbr.* for bourgeois-bohème; 46M boo-boo

bobonne *f.n.* (*coll.*) 23A term of endearment for one's wife

bocal *m.n.* 17M (fish)bowl

bœuf *m.n.* 17AB, 25E, 45D, 47D ox, steer, beef; bœuf bourguignon 26M beef stewed in red wine

bof *int.* (*coll.*) 11M, 13A, 18A, 50A bah

bohème *a.* 32D, 37ABC bohemian, unconventional; 38D *f.n.* bohemian lifestyle

bohémien *a.* 11D bohemian

boire (12) *v.* 9D, 16B, 20AD, 21AB, 22A to drink

bois *m.n.* 17B, 22D, 25D, 35ABC, 40D wood; 19D, 26D, 43D, 46D, 49D woods, forest

boisson *f.n.* 19D, 23D, 24D, 36E, 42D beverage

boîte *f.n.* 13M, 17D, 22D, 25AM, 29B box; grosse boîte 18M firm, big company; boîte d'allumettes 43ABE matchbox; boîte de conserve 48A can; boîte aux lettres 15ABCE mailbox; boîte de nuit 12D, 16E, 39D nightclub; aller en boîte 27M to go out to a nightclub

bol *m.n.* 26M, 42AB, 47AB bowl

boléro *f.n.* 16D bolero (dance)

bombarder (4) *v.* 51D to bombard

bombe *f.n.* 4D, 45D, 52AB bomb

bon, bonne *a.* 3BD, 6ACE, 7A, 8D, 9ABM good, fine, kind, fit; *int.* 2AD, 3A, 4AB, 5A, 6AM right, OK; bon, alors 3A, 5A, 10A, 42A, 44A all right then; bon appétit 2ABE, 25A, 28A enjoy your meal; bon marché 14B, 26D, 35E, 42A, 43D inexpensive; bonne sœur 34ABC, 35AE, 40A, 48A nun; bon vivant 23AB, 45E jovial, easy-going person; bon voyage 22A good-bye, have a good trip; bonne nuit 24A, 36D, 40D good night; il fait bon 11BC, 14B it's nice out

Bonaparte, Louis-Napoléon (1808–1873) 48D nephew of Napoléon Bonaparte

bonbon *m.n.* 19D, 37A, 48ABCE, 50B candy; bonbon anglais 38D licorice candy

bond *m.n.* 45ABE leap, jump

bondé *a.* 29AB jam-packed

bondir (5) *v.* 12M, 37ABD, 52A to leap, to jump

bon gré, mal gré *adv.* 35D willy-nilly

bonheur *m.n.* 15D, 16D, 18D, 30D, 33D happiness; porter bonheur 21M, 41ABCDE, 51E to bring good luck

bonhomme *m.n.* (*coll.*) 8D, 10A, 29D, 40AB fellow, guy

bonjour *m.n.* 2AB, 3A, 4D, 8A, 19D good day, hello

bonne *f.n.* 9AB, 14B, 17M, 22A, 23AM maid, servant

Bonne Espérance (Cap de) *f.p.n.* 3B Cape of Good Hope

bonnet *m.n.* bonnet; bonnet de nuit 40M nightcap

bonsoir *m.n.* 24A, 33A, 36A, 49A, 52M good evening, good night

bonté *f.n.* 33B, 46DM kindness, goodness; avoir la bonté de 33A to be kind enough to

boomerang *m.n.* 35D, 48D boomerang

Bora Bora *p.n.* 43D island in French Polynesia

bord *m.n.* 16ABC, 30M, 31AD, 43D, 47D edge, border; à bord (de) 29D, 48A on board, aboard

bordé *a.* 26D, 51D edged

Bordeaux *p.n.* 10AB, 15D, 21BD, 35M, 45D, major seaport in southwestern France; bordeaux *m.n.* 24A bordeaux wine

borne *f.n.* 43AB post; 22M, 52M terminal

borner (4) *v.* 38D to limit

bosse *f.n.* (*coll.*) 13M, 27M talent

bosser (4) *v.* 27M to work, to slog away

botanique *f.n.* 19ACE botany

botaniste *m.n.* 42D botanist

botte *f.n.* 42M, 44ABM boot

bottier *m.n.* 50D bootmaker

bottine *f.n.* 40M ankle boot

bouche *f.n.* 10ABD, 17D, 19D, 25BE, 31BM mouth; motus et bouche cousue 52M my lips are sealed, mum's the word

bouché *a.* 13M clogged; 51AB corked

bouchée *f.n.* 34D mouthful

boucher *m.n.* 17ABC, 24A, 38ABE, 42D butcher

Boucher, François (1703–1770) 17AE French painter

Boucher, Hélène (1908–1934) 17AE, 20D French aviator

boucherie *f.n.* 17A butcher shop

bouchon *m.n.* 29M, 30M traffic jam; 50AB, 51ABC cork

boucle *f.n.* loop, curl, circle; boucles d'oreille *f.pl.n.* 18M earrings; en boucle 41D again and again

bouclé *a.* 7D curly

boucler (4) *v.* to complete; boucler un dossier 34M to finish a brief

bouclier *m.n.* 47D shield

boudeur, boudeuse *a.* 40M sulky

boudin *m.n.* 34D blood sausage

bouée (de sauvetage) *f.n.* 17B life buoy

bouffe *f.n.* (*coll.*) 50AB food, grub

bouffer (4) *v.* (*coll.*) 47M, 50B to eat, to wolf down

bouffi *a.* 30D bloated, puffy

bouger (4b) *v.* 14BD, 26D, 41D, 45D to move, to budge

bouillabaisse *f.n.* 48ABE Provençal seafood stew

bouillant *a.* 24D, 36B, 40D boiling

bouillie *f.n.* 50M porridge

bouillir (*) *v.* 24D, 42M to boil

bouillon *m.n.* 24B broth

boulanger, boulangère *m.& f.n.* 5M, 17ABCE baker

boulangerie f.n. 5M, 17B, 24D, 25AC, 43D bakery

boule f.n. 6M, 11B, 30B, 46D ball; **boule de gomme** 4M, 15AB, 23B, 24M, 31M gumdrop; **mystère et boule de gomme** 8M, 15A, 16A, 22A, 23A it's a secret, that's for me to know and you to find out; **une boule dans la gorge** 46D a lump in my throat

boulet m.n. 40D cannonball

boulevard m.n. 2A, 4D, 12AM, 13D, 15D boulevard

bouleversement m.n. 36D disruption, havoc

Boulez, Pierre (b. 1925) 17E French composer and conductor

boulimie f.n. 32D hunger

Boul-Mich 38D *abbr. for* **Boulevard Saint-Michel**

Boulogne p.n. 27AB French port on the English Channel

boulot m.n. (coll.) 17M, 18ABM, 21B, 34M, 42M work, job

boum int. 30D bang!

bouquet m.n. 33A, 48D bouquet

bouquin m.n. (coll.) 18D, 20M book

bourbon a. 10B of the royal House of Bourbon; **Palais Bourbon** m.p.n. 38D seat of the French National Assembly

Bourboule (la) f.p.n. 50AC spa in central France

bourge a. 46D *abbr. for* **bourgeois**

bourgeois a. 13D, 19D, 37B, 39B, 45D bourgeois, middle-class; *Le Bourgeois Gentilhomme* 15D play by Molière; **bourgeois-bohême** 46DM yuppie

Bourges p.n. 28B, 47A town in central France famous for its Gothic cathedral

Bourgogne f.p.n. 19B, 24A, 30ADE, 31A, 33AE Burgundy; **bourgogne** m.n. 19B burgundy wine

bourguignon a. & n. 26M, 30AD, 31A Burgundian

bourré a. (coll.) 37D bursting with; 42D drunk

bourrer (4) v. 30D to hit, to slug; **se bourrer** 25M to stuff oneself with

bourrique f.n. donkey; **faire tourner en bourrique** 36M to drive someone up the wall

Bourse f.p.n. 45ABE Paris stock exchange

bousculade f.n. 40D, 46D scuffle, jostling

bousculer (4) v. 39AB, 40D, 45D to jostle, to knock into

bout m.n. 12BM, 13AB, 17M, 23D, 26D end, extremity; **au bout de** 23D, 36B, 41AD, 42D, 43M after (length of time); **au bout d'un moment** 30D, 36D, 42D after a while; **de bout en bout** 32D from beginning to end; **bout de bois** 40D piece of wood; **être à bout** 17M, 47M to be exhausted

bouteille f.n. 9AB, 19D, 26A, 33D, 40D bottle

boutique f.n. 11M, 28D, 30M, 39D, 40M boutique, specialty shop

bouton m.n. 11AB, 24AB, 32AD, 36ADM, 51D button; 19D (flower) bud

bouvier m.n. 10D, 17ABCE, 18D cowherd, cattle driver

boxe f.n. 8D, 19E boxing

boxer (4) v. 50D to box; m.n. 45D boxer shorts

boxeur m.n. 18A, 19B boxer

bracelet m.n. 7D, 18M bracelet

brailler (4) v. 43M to holler

branche f.n. 26D, 39B branch, bough

brancher (4) v. 36M to connect, to plug in; **branché** a. 22D, 35D, 36M, 46D, 49D hip, trendy

Braque, Georges (1882–1963) 24D, 38D French painter

bras m.n. 7DM, 10D, 13AD, 14E, 17D arm

brassard m.n. 42B armband; **brassard réfléchissant** 31D reflective armband

Brassens, Georges (1921–1981) 18D, 20D, 28D, 31D, 40A French poet, singer, and songwriter

brasserie f.n. 28E, 29D, 37D, 39D, 51D tavern/restaurant

brassière f.n. (Québécois) 42M bra

brave a. 7D, 40D worthy, brave; 36M touchingly naïve

bravo int. 7M, 46D, 50D well done!

brebis f.n. 16D, 26E, 30M ewe

bref, brève a. 11D, 13D, 47D brief, short

bref adv. 36M, 45M, 51M in short, in a word

Brel, Jacques (1929–1978) 19D, 25D, 38D, 40A, 42D Belgian poet, singer, and songwriter

Brésil m.p.n. 4B, 7M, 35D, 50A Brazil

brésilien a. & n. 4AC Brazilian

Brest p.n. 10AB, 48D, 51A French seaport at the western tip of Brittany

Bretagne f.p.n. 9ABD, 10A, 12AM, 16ABCD, 27B Brittany

Bretécher, Claire (b. 1940) 17D French cartoonist known for portraying women's and gender issues

bretelle f.n. 43AB strap, suspender

breton a. & n. 9ABCD, 47A, 48D, 50ABC Breton

Breton, André (1896–1966) 13D, 29D, 47D, 51D French poet

Brice m.p.n. 27M, 28M, 35M, 37M, 38M masculine first name

bricole f.n. 17D odds and ends

bricoler (4) v. 47D to putter, to tinker

bricoleur m.n. 32D handyman, do-it-yourselfer

bride f.n. 40D bridle

bridge m.n. 3B, 9A, 21A bridge (card game)

brie m.n. 19D, 25ABCE, 26AE cheese from the Brie region east of Paris

brièvement adv. 51D briefly

Brighton p.n. 12A, 42D, 51AE seaside resort in southern England

Brigitte f.p.n. 5D feminine first name

brillant a. 13M, 23M, 26AD, 47D brilliant

Brillat-Savarin, Jean Anthelme (1755-1826) 26D French writer on gastronomy

briller (4) v. 14D, 15D, 25D, 47D, 52D to shine

brioche f.n. 25ABC brioche, cake

brique f.n. 35AB, 47A brick

briquet m.n. 13AB, 26M lighter

brisé a. 23D, 41AB broken, crushed

britannique a. & n. 16D, 22D, 45D British

brocciu m.n. 30M Corsican whey cheese

broche f.n. 18M brooch

brochette f.n. 26BM kebab

brocoli m.n. 34M broccoli

broder (4) v. 29D to embellish

broderie f.n. 22E embroidery

Bromo p.n. 50D *abbr.* for the commercial antacid Bromo-Seltzer

Brontë, Charlotte (1816–1855) 5B English writer

Brontë, Emily (1818–1848) 5B English writer

bronzant a. tanning; autobronzant 12M self-tanning

bronze m.n. 21M, 51D bronze

bronzé a. 9ABE, 36D, 51A tanned

bronzer (4) v. 12M to tan

Bronzini p.n. 51A brand of high-fashion clothing

brosse f.n. brush; brosse à dents 52A toothbrush

brosser (4) v. to brush; se brosser 12M, 25AB to brush

brouillard m.n. 12B, 47D fog

brouillé a. 24A scrambled; 31D on the outs (with someone)

brousse f.n. 9M bush

Bruel, Patrick (Maurice Benguigui, b. 1959) 42D French singer and actor

bruit m.n. 10D, 11D, 12D, 14D, 16E noise, sound

brûlant a. 11D, 25D, 26D, 39M burning hot

brûler (4) v. 17D, 24D, 25D, 4?, 48D to burn; brûler un fe? rouge 31ABC to go through red light; brûlé a. 19D? burned

brun, brune a. 6ABC?, 13ACD, 16AC, 37D ? dark-haired; f.n. 6A, 13? nette; m.n. 10D dark-haired

Bruni, Carla (Carla Bruni-Sark?, b. 1967) 2D, 30D Italian-born singer, former first lady of France

brusqué a. 38D sudden

brusquement adv. 20A, 37D suddenly, abruptly

brutal a. 3B brutal

Bruxelles p.n. 3D, 5D, 18D, 19D, 38D capital city of Belgium

bruyamment adv. 28AB, 52A loudly, noisily

bruyant a. 27M noisy

bruyère f.n. 48D heather

bûche f.n. 52B log

bûcher m.n. 52ABD stake

bûcheron m.n. 42D woodcutter, lumberjack

budget m.n. 21D, 22D, 32D, 43D, 44M budget

budgétaire a. 21D budgetary

buffet m.n. 32D buffet

buffle m.n. 40M buffalo

Bugul, Ken (Mariètou Mbaye Biléoma, b. 1947) 2D Senegalese writer

bulgare a. & n. 51D Bulgarian

Bulgarie f.p.n. 35D, 51ACE Bulgaria

bulle f.n. bubble; bulle de savon 19D soap bubble

bulletin m.n. report; bulletin météo 32A weather forecast

buraliste m. & f.n. 15A tobacconist

bureau m.n. 13A, 15A, 18A, 24D, 28M office; 36M desktop; bureau de poste 14ABC, 15M post office; bureau de tabac 14AB, 15A tob??shop

burl? ?D burlesque

b? ?obus) m.n. 4ADE, ??22E bus

?ective; 7M,

?ainst

?, en butte

?non-buveur

?r

? blotting paper

?M refreshment stand

? good-bye

?.p.n. 19A brand of apéritif

?ne

ça pron. (coll. for cela) 2ABD, 3ACD, 4ABCDE, 5ADM, 6EM it, that; c'est ça 2AD, 8A, 15A, 20M, 27B that's it; ça alors! 32A, 33M, 38A, 40A, 45M well!, well I never!; qu'est-ce que c'est que ça? 39A, 44A, 47A, 52A what's that?

cabane f.n. cabin; cabane à sucre (Québécois) 42M maple syrup shack

cabaret m.n. 6D, 39D, 40AD, 41D nightclub, cabaret

cabine f.n. 30M cabin; cabine téléphonique f.n. 13M, 22ACDEM phone booth

cabinet m.n. 14M cabinet; les cabinets 33A toilets; cabinet de toilette 35AB lav; chef de cabinet 18M chief of staff

cabriolet m.n. 51A convertible

cacao m.n. 46D cocoa

cacatoès m.n. 40M cockatoo

caché a. 24D, 29ACE, 30D, 31D, 33D hidden

cache-cache m.n. 43D hide-and-seek

cache-cou m.n. (Québécois) 42M neck warmer

cachemire m.n. 46DM cashmere

cacher (4) v. 10AB, 14B, 15M, 23E, 24D to hide; se cacher 16D, 22A, 26D, 30M, 37D to hide, to be hiding

cachette f.n. 49D hiding place; en cachette 33M secretly

cadavre m.n. 47M cadaver

cadeau m.n. 8ABE, 9A, 14DM, 15D, 28AE gift

cadre m.n. 33D, 37AB executive, middle manager; 34B, 35D, 42D, 48D frame, setting; cadre (de vie) 32E, 34D living environment

Caen p.n. 47A, 50AE city in Normandy

café m.n. 4D, 6D, 9D, 12DM, 14AM coffee, coffee shop; café au lait 25ACD, 50AB coffee with milk; café-restaurant 22A, 40D café that also serves meals; café-théâtre cabaret 39B, 40A; café crème 29D espresso coffee with steamed milk; café-liquoriste 51D café-bar

caféier m.n. 50E coffee plant

cage f.n. 9M, 26D, 33AB, 40M, 47D cage, coop, hutch

cagnard m.n. furnace (hot sunny area); en plein cagnard 43M in the scorching heat

cagnotte f.n. 41D jackpot; super-cagnotte 41D super jackpot

cahier m.n. 3M, 13D, 39B notebook; *Cahiers du cinéma* 10D, 37D French film magazine

cailler (4) v. to curdle; lait caillé 50M curds

caillou m.n. 44B, 46D pebble

Caïn m.n. 5B Cain, brother of Abel in the Bible

Caire, Le p.n. 12D, 29D Cairo

caisse f.n. 14B, 22A cash drawer, cashier's window; (sl.) 29M car, wheels; **La Caisse d'Epargne** 44B savings bank; **les fusains en caisse** 22D potted shrubs

caissier, caissière m. & f.n. 10M, 14ABE, 22A, 37A, 52M cashier

calanque f.n. 47AD, 52A deep, narrow inlet in the Mediterranean, surrounded by rocky slopes

calcul m.n. 13E, 14E, 15E, 16D, 22E calculation; **calcul différentiel/intégral** 19B, 21A differential/integral calculus

calculatrice f.n. 21AC, 41D calculator

calculé a. 38D calculated

calculer (4) v. 13E, 43D, 48M, 51D to calculate; **machine à calculer** 16D, 38E adding machine

calèche f.n. 47D caleche (two-wheeled carriage)

caleçon m.n. 15M, 43AB, 45ABC-DEM boxer shorts

caler (4) v. 31ABC to stall (of car)

Californie f.p.n. 2D, 14M, 50A California

câline! int. (Québécois) 33D damn!

calisson m.n. 28M, 50ABE almond specialty from Aix-en-Provence

calme m.n. 16E, 18E, 38A, 49E, 50A calm, stillness; a. 6D, 7A, 23C, 26D, 46D calm, quiet, composed

calmement adv. 12B, 41D, 49D calmly

calmer (se) (7) v. 26D, 49ACE to calm down, to be quiet

calomniateur, calomniatrice m. & f.n. 24D slanderer

calorie f.n. 26AE calorie

calorique a. 26D caloric

calqué (sur) a. 48D modeled (on)

Calvados m.n. 52B apple brandy

calvaire m.n. 9D, 50AB calvary, roadside cross

calvitie f.n. 7M baldness

camarade m. & f.n. 37D, 38D, 40D, 43D comrade, friend, classmate

camarguais a. 50D from the Camargue region

Camargue f.p.n. 39M, 50ABCD, 52A region of the Rhône delta

Cambodge m.p.n. 50A Cambodia

cambodgien a. 4A Cambodian; **Cambodgien** m.f.n. 4AB Cambodian (person)

Cambrai p.n. 48AC, 50E town in the north of France famous for its candy (**bêtises**)

cambriolé a. 11M burgled

camélia f.n. 15D, 24D camellia

camembert m.n. 11M, 25ABCE, 26AE, 40D, 47A variety of cheese from Normandy

camerounais a. 17D Cameroonian

camion m.n. 17D, 18ABE, 30BM, 39B, 43D truck

camionnette f.n. 24D, 27D, 28ABC, 30D, 45D van

camisole f.n. (Québécois) 42M tank top, undershirt

camomille f.n. 36B camomile

camoufler (4) v. 19D to camouflage

camp m.n. 12M, 42D, 45D, 46B, 50D camp; **lit de camp** 43D cot; **camp (de concentration)** 20D, 45D concentration camp; **foutre le camp** (sl.) 51M to get the hell out

campagnard a. & n. 18D rustic, country person

campagne f.n. 33ABD, 34D, 35A, 42D, 45D country, countryside; **à la campagne** 34AD, 35E, 43D in the country

campagne f.n. 27D, 45D, 52M campaign

Campari m.p.n. 24A brand of apéritif wine

camper (4) v. 52AB to camp

camping m.n. 42ABC, 43ADE, 45M, 52B camping; **faire du camping** 42A, 45A to go camping; **camping sauvage** 43D camping in the wilderness

Campus France p.n. 35D service of the French Embassy promoting study in France

Camus, Albert (1913–1960) 29D, 33D, 51D French writer, winner of the Nobel Prize for literature in 1957

Canada m.p.n. 2ACD, 3D, 5B, 16D, 26M Canada

canadien a. & n. 4AD, 16D, 17D, 35A, 42D Canadian

canadienne f.n. 37D sheepskin jacket

canal, -aux m.n. 48ABD canal; **Canal du Midi** 48AD canal in the south of France connecting the Atlantic Ocean to the Mediterranean Sea

canapé m.n. 24M, 32D sofa

canard m.n. 24B, 26ABE, 36A, 42D, 43B duck

Cancale p.n. 50A fishing port in Brittany

cancer m.n. 8AD, 12M, 19D, 38D cancer

candidat m.n. 8D, 12D, 13DM, 18M, 27D candidate

cane f.n. 18D, 20D female duck

Canigou p.n. 34D brand of dog food

cannabis m.n. 41D marijuana

canne f.n. cane; **canne à pêche** 51AB fishing rod; **canne à sucre** 50AC, 51D sugar cane; **canne de bines** (Québécois) 33D can of beans

Cannes p.n. 19D, 35B, 52A fashionable resort on the French Riviera; **festival de Cannes** 40D Cannes film festival

cannibale m. & f.n. 51D cannibal

canoë m.n. 6A canoe, canoeing

canon m.n. 17B, 27D, 40A, 51D cannon

canonisé a. 52D canonized

Cantal m.p.n. 26ACE, 47AC region in central France known for its cheese

cantatrice f.n. professional singer; *La Cantatrice chauve* 39D play by Eugène Ionesco

cantine f.n. 22D canteen, school lunchroom

cap m.n. course (of boat); **cap sur la Corse!** 29M heading to Corsica!

CAP (Certificat d'aptitude professionnelle) m.n. 32D diploma received for completing studies at a technical/professional high school

Cap de Bonne Espérance m.p.n. 3B Cape of Good Hope

capable a. 8D, 21AD, 24D, 27M, 31E able, capable

capacité f.n. 21D, 29D capacity

Capet, Hugues (c. 938–996) 47D king of France, founder of the Capetian dynasty

capillaire a. 43D hair; 49D capillary

capitaine m.n. 20D, 40D, 46D captain

capital m.n. 8D, 35D, 45D wealth; a. 44A essential, dominant

capitale f.n. 3D, 9M, 13D, 24A, 35D capital

capitalisme m.n. 35D, 46D capitalism

capitaliste a. & n. 44AB capitalist

capot m.n. 28AB, 31A hood

câpre f.n. 26A caper

caprice m.n. 48D caprice, whim

capté a. 16D captured

capter (4) v. 42D to pick up (a radio signal)

capturer (4) v. 20D to seize, to capture

car conj. 9D, 14D, 15D, 33D, 34E for, since, because; **car enfin** 34A because after all

car m.n. 31D, 37D bus

caractère m.n. 7D, 8AB, 15DE, 22D, 33D character, nature, disposition; **avoir bon/mauvais caractère** 6AC, 8M, 9AC to be good-/bad-tempered

caractérisé a. 48D characterized

caractériser (se) (7) v. 41D to be characterized

caractéristique f.n. 19C, 30D, 38D characteristic

carafe f.n. 28A, 50D carafe, decanter

caraïbe a. 51D Caribbean

caramel m.n. 24D caramel

caramélisé a. 24D caramelized

carbone m.n. 37M carbon

carbonisé a. 25A, 26D burned, charred

Carcassonne p.n. 52A fortified town in southern France

cardiaque a. 39D cardiac; **crise cardiaque** 22E, 41D, 43D heart attack

Cardin, Pierre (b. 1922) 11AD French fashion designer

cardinal m.n. 23D, 47D, 51D cardinal

cardio-vasculaire a. 28D cardiovascular

caresser (4) v. 45D, 46D to caress

caricature f.n. 40D caricature

Carlton m.p.n. 35B, 52ACE luxury hotel in Cannes

Carné, Marcel (1909–1996) 6D, 42D, 51D French film director

carnet m.n. 33D, 51AC notebook; **carnet de tickets** 27AB book of tickets

carnivore a. 42D carnivorous, meat-eating

Carnot, Sadi (1796–1832) 48A French physicist who discovered the second law of thermodynamics

Carole, Martine (1920–1967) 38D French actress

carolingien a. 33A pertaining to the Carolingian period (eighth to tenth centuries)

carotte f.n. 13D, 15D, 25M, 28B, 52B carrot

Carpentras p.n. 48A, 50E town in Provence known for its candy (**berlingot**)

carré a. & m.n. 6ABC, 7ABM, 41D square; **au mètre carré** 44B by the square meter

carreau m.n. 47AB small square, window pane

carrefour m.n. 31D, 49D, 51D intersection, crossroad

carrelage m.n. 22D tiling, tiled floor

carrière f.n. 11D, 18D, 19D, 23D, 24D career; 49D quarry

carrosserie f.n. 46D body (of car)

carte f.n. 9A, 12C, 14C, 15B, 22ABM card, map; **carte d'étudiant** 37A, 52M student ID card; **carte postale** 8E, 12ABC, 14AC, 15AE, 27M postcard; **carte des vins** 26A wine list; **carte de visite** 32A, 52A calling card; **jeu de cartes** 3B, 9B, 41D card game; **carte bancaire** 44D, 52M bank card; **Carte Bleue** 52M French debit card; **carte Vitale** 52M French national health insurance card

cartésien a. 35D, 38D Cartesian

Cartier, Jacques (1491–1557) 42D French explorer who claimed Canada for France

Cartier p.n. 18E luxury jewelry store

carton m.n. 19D, 27B cardboard

cartouche f.n. 31M cartridge

cas m.n. 14D, 15D, 24E, 31E, 33D case; **en tout cas, dans tous les cas** 6M, 7DM, 8M, 13AM, 21M in any case, at any rate; **dans ce cas** 5D, 24A, 49E, 50M, 52A in this case; **au cas où** 51D just in case

cascade f.n. cascade, waterfall; **La Grande Cascade** 45A elegant scenic restaurant in Paris

case f.n. 52M box, space

caserne f.n. barracks; **caserne des pompiers** 27AE firehouse

Casimir m.p.n. 8A, 37B masculine first name

casino m.n. 40D, 41BD, 42D, 51A casino; **Casino de Paris** 40D music hall in Paris

casque m.n. 27AB, 31D, 40D, 44D, 47D helmet

casquette f.n. 46D cap

cassé a. 34B, 41AE, 43A, 44M, 46AE broken; **Les Gueules cassées** 41AB association of veterans whose faces were disfigured during the war; **payer les pots cassés** 44M to pick up the pieces

casse-cou a. 27M reckless

casse-pieds m.pl.n. 15M nuisance, pain in the neck

casser (4) v. 24D, 30D, 33B, 37D, 41ADE to break; **se casser** v. 27M, 36D, 40D, 41AB, 51A to break; (sl.) 29M, 51M to split, to take off, to get out of here; **casser les oreilles** 36D, 43M to deafen

casserole f.n. 24D, 52BE saucepan; **tu raisonnes comme une casserole** 52A you sound like an idiot

Cassis p.n. 47A, 52A small picturesque harbor on the Mediterranean; m.n. 19B black-currant liqueur

cassoulet m.n. 26ABCE, 35M, 50A stew of beans, pork, goose, etc., made in the Toulouse area

Castelnaudary p.n. 48D town in southwestern France

Castor m.p.n. 3B character in Greek and Roman legends, twin brother of Pollux

cata f.n. (coll.) abbr. for catastrophe 44M, 48M catastrophe

cataclysme m.n. 50A disaster

catacombes f.pl.n. 38D, 49BDM catacombs

cataleptique *a.* 51D cataleptic

cataphile *m.* & *f.n.* 49D fan of the catacombs

catastrophe *f.n.* 2D, 9B, 20AM, 32A, 36D catastrophe

catastrophique *a.* 44B, 51M catastrophic

catégorie *f.n.* 21D, 33D, 36D, 49D, 50D category

cathédrale *f.n.* 4D, 15B, 16ACD, 27AE, 28ABCDE cathedral

catholique *a.* 16D, 19B, 21B, 25D, 26B Roman Catholic

cauchemar *m.n.* 9M, 36M, 47M nightmare

cause *f.n.* 8D, 16D, 24D, 45A, 46D cause; **à cause de** 14D, 19ADE, 22D, 25M, 29E because of, on account of, owing to; **en connaissance de cause** 45D with full knowledge of the facts

causé *a.* 45E caused

causer (4) *v.* 13D to talk, to converse; 47D to cause

caustique *a.* 8D, 27D caustic

cavalerie *f.n.* 40AE, 47A cavalry

cavalier *m.n.* 40D cavalier, gentleman

cave *f.n.* 19D, 47D cellar

caverne *f.n.* 8E, 30M cavern, cave

caviar *m.n.* 41D, 46M caviar

ce *pron.* 2ADE, 3B, 4ABM, 5M, 6DM it, that; **ce, cet, cette, ces** *a.* this, that, these, those; **ce qui, ce que** *pron.* what, which; **ce que tu peux être bête!** 9A, 10A, 10B how dumb can you get!; **c'est fou ce que les parents peuvent être vaniteux** 28M it's incredible how vain parents can be; **ce dont** 20D, 27M, 43D the thing that, of which; **c'est qu'on en a, des montagnes** 47A you see, we have lots of mountains

ceci *pron.* 3M, 15D, 37D this

Cécile *f.p.n.* 3M, 5A, 8ACM, 9AE, 10ABE feminine first name

céder (10) *v.* 9D, 19D, 22D, 36D, 38D to yield, to give up

cédérom *m.n.* 15D CD, compact disk-ROM

cèdre *m.n.* 50ABE cedar tree

ceinture *f.n.* 31D, 40D belt; **cein-**

ture de sauvetage 51D life preserver

ceinturé *a.* 35D encircled, stuck

cela *pron.* 5D, 7D, 9D, 10D, 12D that

célébration *f.n.* 23D celebration

célèbre *a.* 6D, 7D, 9D, 11D, 12D famous

célébrer (10) *v.* 21B, 27D, 28D, 35M, 38D to celebrate, to observe

célébrité *f.n.* 15D, 16D, 18B celebrity; 19D, 38D, 40D, 50D fame

céleri *m.n.* 28B celery

céleste *a.* 52D heavenly

célibataire *a.* & *n.* 8AD, 23D, 32D, 35D, 44D unmarried, single

célibattant *m.n.* 44D single intent on enjoying his/her liberty

Céline *f.p.n.* 5D, 8M feminine first name; 11M fashion design house

celle, celui, celles, ceux *pron.* 6D, 9D, 11D, 12D, 13A the one, those (things); he, she, those (people); **celui-ci, celle-ci** *m.* & *f.n.* 12M, 19A, 24E, 25A, 30DE the latter, who

cellule *f.n.* 23D, 26D cell

celtique *a.* 48D Celtic

Cendrars, Blaise (Frédéric-Louis Sauser, 1887–1961) 38D Swiss-born novelist and poet

cendre *f.n.* 25D ash

cendrier *m.n.* 25D, 51D ashtray

Cendrillon *f.p.n.* 44B Cinderella

censé *a.* 26D, 41D supposed, presumed

censeur *m.n.* 28D censor

censure *f.n.* 24D censorship

censuré *a.* 24D, 34D, 41D censored

censurer (4) *v.* 4M to censor

cent *a.* 8A, 9M, 15BD, 22A, 24D one hundred; **faire les cent pas** 36D, 42AB to pace back and forth

centaine *f.n.* 15AC, 31D, 45BD, 47A, 49D approximately a hundred

centaure *m.n.* 5B, 21A centaur

centenaire *m.* & *f.n.* 51D centenarian, 100-year-old

centime *m.n.* 5M, 22ABD, 37D, 51B centime

centimètre *m.n.* 7E, 47D, 51B centimeter

central *a.* 33ABD, 35D, 37D, 39D

central; *p.n.* **Centrale (Ecole centrale des arts et manufactures)** 13M prestigious engineering school near Paris

centralisé *a.* 36D centralized

centre *m.n.* 4D, 6D, 11D, 15BD, 21B center; **centre commercial** 38D shopping center

Centre national de recherche scientifique (CNRS) *p.n.* 36D National Center for Scientific Research, largest governmental research organization in France

cep *m.n.* 51D vine stock

cèpe *m.n.* 24AB porcini (boletus) mushroom

cependant *adv.* 23M, 37D, 38D, 40D meanwhile; *conj.* 13D, 14D, 15D, 23M, 33D however, nevertheless

céramique *f.n.* 51D ceramics

cercle *m.n.* 8D, 32D, 35D, 44M, 50D circle, club

céréale *f.n.* 9D cereal

cérébral, -aux *a.* 39B cerebral

cérémonial *m.n.* 38D ceremonial

cérémonie *f.n.* 8D, 16D, 36A, 38D, 47D ceremony

cérémonieusement *adv.* 24D ceremoniously

cérémonieux *a.* 14AB, 33E formal, ceremonious

cerise *f.n.* 6D, 16D, 26ABC cherry

cerner (4) *v.* 17D to figure out, to get one's mind around

certain *a.* 3D, 4M, 6D, 15D, 16D some, selected; 7E, 39E, 40D, 41M certain, sure; **certains** *pl.n.* 13D, 14D, 20D, 30M, 35A some people, some of them

certainement *adv.* 4D, 19D, 34D, 38M, 44A certainly, surely

certes *adv.* 33D, 45D most certainly, surely

certificat *m.n.* certificate; **certificats médicaux** 21M medical certificates

certitude *f.n.* 21D, 33D, 40D, 45D certainty

cerveau *m.n.* 13AB, 19D, 21D, 49D brain; **c'est un cerveau** 13AB (s)he's a real brain

cervelet *m.n.* 49D cerebellum

ces. *See* ce

César m.p.n. 40D, 42D, 49M French film award

César, Jules (101–44 B.C.E.) 7D, 50AE Roman emperor

cesser (4) v. 23D, 29D, 43D, 45D, 50D to cease, to stop; sans cesse 26D, 29M, 48M endlessly

cet. See ce

cette. See ce

Ceyrat p.n. 37D city in the Auvergne region

chablis m.n. 24ABC white wine from the region near the town of Chablis in Burgundy

Chabrol, Claude (1930–2010) 10D, 33M, 34M, 37D French New Wave filmmaker

chacun pron. 13D, 24A, 26DM, 27D, 32D each (one), everyone, everybody

Chagall, Marc (1887–1985) 38D Russian/Belarusian-born French artist

chagrin m.n. 30D, 32D, 43AB, 47D grief, sorrow, trouble

chahut m.n. 29D rowdiness

chahuter (4) v. 13D to be rowdy

Chaillot (Palais de) p.n. 40A a national theater in Paris

chaîne f.n. 5B, 7M, 44D radio or television station; 45D, 50D chain

chair f.n. 44D flesh; en chair et en os 40AB, 41B in the flesh, in person

chaise f.n. 11A, 30M, 32A, 46D, 51AB chair; chaise à porteurs 47D sedan chair

chalet m.n. 34AD, 35A chalet

chaleur f.n. 26D, 43M heat, warmth

chaleureux a. 18AB, 24E, 51D warm, hearty, cordial

Chambertin Clos de Bèze m.n. 24A famous red burgundy wine

Chambolle-Musigny p.n. 30A, 31E, 33A town in Burgundy famous for its red wines

Chambord p.n. 47AC, 52A village in the Loire valley renowned for its Renaissance castle

chambre f.n. 9M, 14B, 16D, 17M, 18D room, bedroom; Chambre des Députés 14D the French Chamber of Deputies

chameau m.n. 46ADEM, 47M camel; (sl.) 45ABE peevish, quarrelsome person

Chamfort (Sébastien-Roch Nicolas, 1741–1794) 15D French moralist and satirist

Chamonix p.n. 47ABD resort in the Alps

champ m.n. 46AB, 47AD, 52AE field; champ de blé 28D, 47D wheat field

champagne m.n. 41D, 48AD, 51B, 52D champagne

Champagne f.p.n. 52D province in northeastern France, now part of the Champagne-Ardenne province

champagnisé a. 51B made sparkling by the champagne method

champignon m.n. 24B, 26D mushroom

champion, championne m. & f.n. 6D, 17ADE, 19ABDE, 35D, 48D champion

Champollion, Jean François (1790–1832) 38B French Egyptologist who first deciphered hieroglyphics

Champs-Élysées 14D, 15AD, 22D, 38ADM, 39AD famous avenue in Paris

chance f.n. 10AE, 21M, 22D, 28A, 30M, 31E luck; 18M, 22D chance, opportunity; avoir de la chance 9B, 14M to be lucky; c'est bien ma/notre chance! 9A, 10A, 25M that's just my/our luck!; je n'ai jamais de chance 41A I'm unlucky; c'est pas de chance! 15M tough luck!; vous avez de grandes chances 21D chances are good

chanceux m.pl.n. 31D lucky ones

chandelle f.n. 47M candle

Chanel p.n. 11DM fashion design house

changement m.n. 14M, 27A, 32D, 33D, 46B transfer, change; changement de vitesses automatique ou manuel 30AB automatic or manual gear-shift; changement climatique 3D, 47D climate change

changer (4b) v. 3D, 5M, 7DM, 8D, 13D to change; c'est ça qui te changerait les idées 46A that would take your mind off things; se changer 18A to change clothes

chanoine m.n. 19B canon (of church)

chanson f.n. 5D, 6D, 8D, 11D, 12D song; chanson de geste 48D medieval epic poem

chansonnier m.n. 8D, 27D singer-songwriter

chant m.n. 7D, 10D, 19D, 47B singing, song

Chantal f.p.n. 5D, 6M, 11M, 16M, 24M feminine first name

chanter (4) v. 11D, 12M, 14D, 16D, 18D to sing; c'est pas ça qui me chante 18D that doesn't interest me

chanteur, chanteuse m. & f.n. 2D, 5D, 6D, 11D, 12D singer, vocalist

chantier m.n. 9M volunteer camp; chantier de construction 27B construction site

Chantilly p.n. 47AC town north of Paris famous for its medieval and Renaissance castle; crème Chantilly 47A whipped cream

Chao, Manu (b. 1961) 46D French rock singer of Spanish origin

chaos m.n. 17M, 52D chaos

chapeau m.n. 9D, 13AB, 25D, 37ABD, 41D hat; chapeau! 49M hats off!

chapelle f.n. 13D, 19B, 22ABE chapel

chaperon m.n. hood; Le Petit Chaperon rouge 3AE Little Red Riding Hood

Chaplin, Charlie (1889–1977) 10B, 38BD, 39D American comic actor and film director

chaque a. 2D, 7D, 13D, 17DM, 19D each, every

char m.n. (Québécois) 42M car

charbon m.n. 10D, 17AB, 25A, 49D coal

charbonneux a. 38D sooty

charbonnier m.n. 17AB, 28AC coal merchant, coalman

charcuterie f.n. 43D, 50A pork

butcher's shop; 16D, 28B, 30M pork cold cuts; **assiette de charcuterie** 28AB assorted cold cuts

Charentes f.pl.p.n. 19A southwestern region of France

charge f.n. 34ABD expense, maintenance fee; 40D charge; **enfant à charge** 34D dependent; **charge de cavalerie** 40AE cavalry charge; **revenir à la charge** 36M to try again

chargé a. 48AB, 51D, 52A loaded, laden; 32D entrusted with; 48M charged; **chargé de mission** m.n. 13D task-force director

charger (4b) v. 36M, 52M to charge; 52D to entrust with, to direct; **se charger de** 40D, 44D to take responsibility for

chariot m.n. 47D wagon

charitable a. 34E, 41B charitable

charité f.n. 3B charity

Charlemagne (742–814) 47D emperor of France who established the Holy Roman Empire

Charlot p.n. (coll.) 38ABD nickname for Charlie Chaplin and Charles de Gaulle

charlotte f.n. 26A variety of cake

charmant a. 24A, 40AD, 45D, 48D charming

charme n. 18D, 22D, 29A, 35D, 43M charm

charmeur a. 43M charming

charpente f.n. 17A framework

charpentier m.n. 17A, 34A carpenter, builder

Charpentier, Gustave (1860–1956) 17AE French composer

charrette f.n. 45D cart

charrue f.n. 47M plow

Chartres p.n. 2A, 16ACE, 27ABCE, 28ABDE, 29AE city southwest of Paris, in the Beauce region, renowned for its Gothic cathedral

chasse f.n. 32B, 34AD, 42D hunting; 32AB, 34D hunting ground, hunt

chasser (4) v. 11D, 34AB, 47DM, 52D to drive away; 31M to hunt

chaste a. 38A chaste

chat, chatte m. & f.n. 8D, 15D, 18D, 22AD, 23ABE cat

châtain adj. 6A, 7AC chestnut brown, brownhaired

château, -eaux m.n. 15D, 24D, 27ABD, 28D, 30D castle; **château-fort** 47D fortified castle

Chateaubriand, François René (1768–1848) 13D, 33D French writer

Châteaudun p.n. 47A city southeast of Paris famous for its Renaissance castle

Châtelet m.p.n. 38D medieval fortress built to protect the center of Paris

chaton m.n. 25M kitten

chaud a. 11ABC, 12AC, 13B, 14BC, 17D hot, warm; **au chaud** 27D where it's warm

chauffage m.n. 17B, 34AB, 45D heating system; **chauffage central** 33ABD central heating

chauffer (4) v. 26D, 29AB, 33C, 40D, 47D to heat (up)

chauffeur m.n. 9M, 27B, 29AE, 37D, 45A chauffeur, driver

chaume f.n. 35ABDE thatch

chaumière f.n. 34D, 35ABE thatched cottage

Chaumont p.n. 47AC village in the Loire valley famous for its Renaissance castle

chausser (4) v. 44ABCM, 45A to put shoes on; **du combien chaussez-vous?** 44A what size shoe do you wear?

chaussette f.n. 37ABCE, 42M, 43B, 45A, 46D, 49M sock

chaussure f.n. 17D, 37AB, 42M, 44ABCDM, 45AD shoe; **chaussure montante** 44AB boot; **chaussure de montagne** 44ABM hiking boot; **chaussures 5 doigts** 44M five-finger shoes

chauve a. 7M, 10ABC, 39D, 47D bald

chauvin a. 39E, 48AB chauvinist

chauvinisme m.n. 47E chauvinism

chavignol m.n. 26AE variety of goat cheese

chef a. & m.n. 10D, 34D, 37D, 40M, 42D head, chief; m.n. 26ACM chef; **chef de service** 5A, 15A head of department; **chef de**

cabinet 18M chief of staff; **chef d'orchestre** 45D conductor

chef d'œuvre m.n. 14M, 27M, 33M, 35D, 38D masterpiece

chelou a. (sl.) 16M, 37D sketchy (verlan for **louche**)

chemin m.n. 13B, 16D, 18A, 30AM, 40D way, path, road; **chemin de fer** 16D, 27D, 29A, 46D, 52B railroad

cheminée f.n. 35D fireplace

chemise f.n. 13B, 21D, 22D, 28D, 43M shirt

chemisette f.n. 46D short-sleeved shirt

chemisier m.n. 13AB, 51B blouse

chêne m.n. 47D oak; **chêne-liège** 50ACE cork oak

chenil m.n. 51B kennel

Chenonceaux p.n. 34D, 47A village in the Loire valley famous for its Renaissance castle

chèque m.n. 41D, 46B check

cher, chère a. 11M, 13A, 14A, 22A, 27M dear; 11M, 14ABCM, 15B, 18DE, 19AD expensive

Cher m.p.n. 34D river in central France

chercher (4) v. 8A, 9A, 11DM, 13M, 14D to look for, to fetch; **va chercher mon album** 8A go get my album; **où es-tu allé chercher ça?** 47A where on earth did you get that idea?; **chercher à** 29E, 33D, 35D, 36D, 42D to try to

Chéreau, Patrice (b. 1944) 39A French actor and director

chéri a. & n. 26ABD, 30M, 33D, 36A, 43D darling

cherté f.n. 27D high cost

cheval, -aux m.n. 5B, 9D, 10D, 13A, 16D horse; 6AB horseback riding; **à cheval** 27AC, 43B, 45D, 47D, 50D on horseback

chevalerie f.n. 48D knightly class

chevalier m.n. 34D, 48D knight

Chevalier, Maurice (1888–1972) 18D, 22D, 30D French actor, singer, and entertainer

chevalin a. 44A horsey, equine

chevelure f.n. 14D hair

Cheverny p.n. 34D, 52A village in

the Loire valley famous for its
seventeenth-century castle

cheveux pl.m.n. 6ABCDM, 7ACDEM,
9ACD, 10AC, 13D hair

cheville f.n. 10AB, 44A ankle

chèvre f.n. 17AB, 30M, 47A, 52A
goat; m.n. 26A goat cheese; **devenir chèvre** (sl.) 36M to go crazy

chevreuil m.n. 42M deer, roe

chevrier m.n. 17ABC goatherd

chez prep. 5AB, 7D, 8DM, 9B, 10D
at the place of business/home of;
7DM, 15D, 16D, 21D, 26D with;
chez Racine tout est sentiment
15D with Racine everything is
feeling; **il travaille chez Renault** 11B he works for Renault;
ça vient de chez Dior 11AC it's
a Dior; **chez soi** 18A, 19M, 22D,
33ABC, 35D, 40D at home; **chez
les jeunes** 9D, 19D among young
people

chiant a. (sl.) 39M wicked boring

chic a. 11D, 13E, 16D, 17D, 19A
smart, stylish; 18B, 19A, 26M,
39E, 44M upscale; **avoir le chic
pour** 11M, 39AB to have a knack
for; **chic!** 27A, 43D cool!, swell!

chien m.n. 2A, 4D, 5B, 8DM, 11D
dog

chier v. to defecate; **faire chier** (sl.)
36M to piss someone off

chiffre m.n. 22E, 24D, 35D, 41AC,
51D figure

Chili m.n. 38D Chile

Chilien m.f.n. 35A Chilean (person)

chimie f.n. 18M, 19AB, 21ABCE
chemistry

chimpanzé m.n. 40M chimpanzee

Chine f.p.n. 3D, 35D, 39B, 44D,
46DM China

chinois a. & n. 14M, 33D, 36A, 38D,
51D Chinese

Chinon p.n. 47A, 52AD town in the
Loire valley famous for its ruined
castle and its wine

chirurgie f.n. surgery; **chirurgie
esthétique** 23D, 43D cosmetic
surgery

chirurgien m.n. 15ABC, 31D
surgeon

choc m.n. 30D, 46D impact, crash;
35D, 41M, 46B shock

chocolat m.n. 3B, 5B, 8AE, 9D,
10M, 16M chocolate; 25A, 42A
hot chocolate; **chocolat au lait**
31M milk chocolate

chœur m.n. 14D choir; **enfant de
chœur** 46ABE choirboy

choisir (5) v. 3AB, 4EM, 5E, 6DE,
8D to choose; **à choisir** 38A, 47A
given the choice

choix m.n. 8D, 19A, 20D, 29D, 34D
choice

chômage m.n. 5D, 13D, 20D, 35D
unemployment

chômeur m.n. 5D, 33D unemployed
person

Chopin, Frédéric François (1810–
1849) 38D Polish piano virtuoso
and composer

choquant a. 33E shocking

choquer (4) v. 24E, 33E to shock

chose f.n. 9DM, 11M, 14B, 15ADE,
16BDM thing; **la même chose**
7E, 17A, 19A, 20A, 21A the same
thing

chou m.n. 26E cabbage; **chou à la
crème** 26ABC cream puff

chouchou, chouchoute m. & f.n.
6M, 35D, 43D darling, pet;
chouchou m.n. 43M caramel-
covered peanut

choucroute f.n. 26ABCE, 50A, 51D
sauerkraut

chouette int. (coll.) 8M, 12M, 19D,
35D, 43D great!, terrific!

chrétien a. 3B, 7D, 8E, 16D, 24D
Christian

Chrétien de Troyes (c. 1135–1183)
48D French poet

Christ (le) m.n. 28A, 47D, 50D, 51D
Jesus Christ

Christianisme m.n. 47D Christianity

chu (Québécois) 33D contraction of **je
suis**

chuchotement m.n. 40D whispering

chuchoter (4) v. 40D to whisper

chuis 33D contraction of **je suis**

chum m.n. (angl., Québécois) 25M,
42M chum, friend, boyfriend

chut int. 37A shh!, quiet!

chute f.n. 21AB, 24D, 42A, 45D fall,
waterfall; **les chutes du Niagara**
21B, 42A Niagara Falls

ciao int. inv. (Italian) 41A, 51A 'bye!

ciboulette f.n. 26B chives

ci-dessus adv. 13E above

cidre m.n. 50AB, 51ABCE cider;
cidre bouché, cidre mousseux
51AB sparkling cider

cie abbr. for **compagnie; et cie** 35D
et al, and company

ciel, cieux m.n. 11ABC, 12AB,
14ACD, 26D, 37D sky; **le Ciel** 23D
heaven, Providence; **arc en ciel**
41D rainbow

cigale f.n. 43D cicada

cigare m.n. 4D, 26M cigar

cigarette f.n. 4BD, 13D, 18D, 25D,
26M cigarette

ci-gît 45M here lies

cil m.n. 32M eyelash

ciment m.n. 33D, 35AB, 44D
cement

cimetière m.n. 39B, 44ABD, 45A,
49D cemetery

cinéaste m. & f.n. 10D, 13M, 18AB,
19D, 20E filmmaker

cinéma m.n. 2D, 4A, 5D, 6D, 10ADE
cinema, movies

cinémascope m.n. 37B cinemascope

cinémathèque f.n. 40ABCE film
library

cinématographique a. 13M, 37D,
45D cinematic

ciné-club m.n. 10ABC film club

cinglant a. 39E scathing, cutting

cinglé a. (coll.) 32M crazy, loony

cinoche m.n. (coll.) 37D movies

cinq inv. a. 8ABD, 9A, 14D, 15D, 16A
five

cinquantaine f.n. 7D, 18D, 51D
about fifty

cinquante inv. a. 7D, 24A, 47D fifty

cinquième a. & m.n. 19BD, 27B, 31B,
32A, 33D fifth

circonstance f.n. 18D, 52AE
circumstance

circulable a. 24D easy to get around
in

circulaire a. 9M circular

circularité f.n. 36D circularity

circulation f.n. 16D, 24ABD, 27M,
29DM, 30D traffic; 3D, 36D
circulation

circuler (4) v. 3D, 17D, 25D, 31D to
circulate

ciré m.n. 10A slicker, oilskin

cirque m.n. 38BD, 40ABE circus; **cirque de Gavarnie** 47AD natural amphitheater in the Pyrénées

cirrus m.n. 11A cirrus cloud

ciseau m.n. chisel; **ciseau à merdre** 40D invented weapon

citadelle f.n. 40D citadel

citadin m.n. 24D city dweller

citation f.n. 35E quotation

cité f.n. 4D, 9D, 28D, 38AE city; **Cité-U, Cité Universitaire** 4ACD, 14A, 35A students' residence hall(s); **Cité Episcopale d'Albi** f.p.n. 35M Medieval architectural complex in the Midi-Pyrénées region

citer (4) v. 4M, 17D, 21E, 27E, 28D to quote; 19D, 30D, 33D, 40E, 42D to cite

citoyen m.n. 38D, 40D citizen

Citroën p.n. 44M, 45D, 46D French car manufacturer; **Citroën 11 chevaux légère** 45D innovative front-wheel drive car (1934)

citron m.n. 26ABC lemon

civil a. **pacte civil de solidarité (PACS)** 8D, 44D civil union

civilisation f.n. 2D, 33D, 42D, 48D civilization

civilisé a. 48D, 50A civilized

clac! int. 36D click!, slam!, bam!

clair a. 8M, 25D, 32B, 37D, 42D clear

clairvoyant a. 31D clairvoyant

clandestin a. 38D, 41D, 45D, 52B clandestine

clanique a. 32D clannish

claque f.n. 36M slap

claquer (4) v. 38B to slam (a door); (coll.) 41D to spend

clarinette f.n. 22D, 30D clarinet

classe f.n. 5D, 6E, 7D, 9D, 16M class, grade; a. 30M, 46D classy; **classe ouvrière** 33ABE, 44E working class

classé a. 29DM, 36AC classified

classer v. 36M to sort, to organize

classicisme m.n. 48D classicism

classique a. & m.n. 6D, 7D, 15D, 18D, 19D classical, classic; **c'est classique** 13A it's the same old story

Claudel, Paul (1886–1955) 33D, 39AB French poet, playwright, and diplomat

clavier m.n. 18E keyboard

claviériste m. & f.n. 36D keyboardist

clé f.n. 31AB, 37D, 45D, 47D key

Clément, René (1913–1996) 45D French film director

Clermont-Ferrand p.n. 37D industrial city in central France

clic m.n. 36M click; **clic!** 36D, 40M click!

client m.n. 18A, 22D, 25C, 27D, 34D customer, client

clientèle f.n. 51D clientele

Clignancourt, Porte de f.p.n. 27AC northern terminus of Paris métro

cligner (4) v. 37AB, 40AC, 45A, 52A to wink, to blink

clignotant m.n. 31ABE, 45A directional signal

climat m.n. 12E, 43D, 48D climate

clin (d'œil) m.n. wink; **en un clin d'œil** 48A in the twinkling of an eye

clivage m.n. 35D divide

clochard m.n. 27D homeless person

cloche f.n. 26D bell

clocher m.n. 29D bell tower

cloison f.n. 36D partition, wall

cloître m.n. 16D cloister

cloîtré a. 35D cloistered

clope m.n. (coll.) 10M cigarette

clore (se) (*, 7) v. 48D to close up, to turn inward

clos m.n. 24A, 35D enclosure; a. 38D enclosed

Clos de Vougeot m.p.n. 30D, 34D castle and celebrated vineyard in Burgundy

Closerie des Lilas f.p.n. 18ABE, 19ACE, 20ACD, 21A, 22A restaurant and bar in Paris

Clova p.n. 42D hamlet in Quebec

Clovis (c. 466–511) 47D Frankish king

club m.n. 9D, 12D, 20D, 43D, 46D club

Club Med m.p.n. 51AD **Club Méditerranée** holiday resort

Clusaz (La) p.n. 27M ski resort in the Alps

CNRS. See **Centre national de recherche scientifique**

coach m.n. 49D coach

cobra m.n. 47M cobra

coca (coll.) 16B, 40D a Coke

cochon m.n. 4D, 25M pig; **cochon d'Inde** 24D guinea pig; **tête de cochon** f.n. 43M pig-headed person

coco m.n. 29D, 51D kind of punch; **noix de coco** f.n. 26D coconut

cocon m.n. 35D cocoon

cocorico m.n. 7M, 47AB cock-a-doodle-doo! (expression poking fun at French chauvinism)

Cocteau, Jean (1889–1963) 24D, 32D, 33D, 47A French artist, poet, novelist, dramatist, and filmmaker

code m.n. 23D, 26D, 33E, 36D, 37E code; **code de la route** 31D rules of the road; **code du travail** 37D labor laws

codifier (se) (7) v. 48D to become codified

cœur m.n. 10D, 12D, 15D, 17D, 18AB heart; 45D courage; **avoir le cœur sur la main** 23AB to have one's heart on one's sleeve; **cœur blessé** 41D aching heart; **en avoir le cœur net** 45M to get to the bottom of it; **le cœur serré** 45D with a heavy heart

Cœur de Pirate (Béatrice Martin, b. 1989) 36D Francophone Canadian singer-songwriter

coffre m.n. 29ABC trunk

cognac m.n. 21B, 24E, 26A, 36AB, 37A Cognac brandy

cohabitation f.n. 44D cohabitation

cohabiter (4) v. 32D, 35D to cohabit

cohérent a. 36D coherent

coi a. 37D speechless

coiffage m.n. 33D hair care

coiffe f.n. 9D, 50AB headdress

coiffé a. 37D styled, coiffed; capped, covered; **coiffé d'un feutre noir** 13D wearing a black hat

coiffer (4) v. 37D to do someone's hair

coiffeur m.n. 7D, 13M, 20E, 24M, 37D hairdresser

coiffure f.n. 7D, 14D hairstyle; **salon de coiffure** 44AB hairdresser's

coin m.n. 20M, 26D, 29ABD, 30D, 34D corner, place; **sourire en coin** 33M smirk

coincé a. 27M uptight; 39M, 49M stuck; **guide des gros mots à l'usage des coincés** 27M the tight-ass's guide to swear words

coïncidence f.n. 4D, 7B, 15A, 22AE, 24BE coincidence

Cointreau p.n. 24E orange liqueur

col m.n. 47ABD mountain pass; 52D collar

cola m.n. 50D cola

colère f.n. 17D anger

cole-slaw m.n. (angl., Québécois) 33D coleslaw

Colette (Sidonie-Gabrielle Colette, 1873–1954) 24D celebrated French novelist

colimaçon m.n. snail; **escalier en colimaçon** 49D spiral staircase

collaborateur m.n. 45E, 46D collaborator

collaboration f.n. 4A, 19D, 45D collaboration

collaborer (4) v. 32D to collaborate

collant a. 12AB, 44D close-fitting

colle f.n. 25D glue

collectif a. 4A, 22D, 21D, 27D, 30D collective; **sport collectif** 6D, 7M team sport; **à usage collectif** 27D public

collection f.n. 45D collection

collectionner (4) v. 35A, 42B to collect

collectivisation f.n. 46D collectivization

collectivité f.n. 28D, 33D community

collège m.n. 19BD, 24M, 27D middle school; 38D electoral college; **Collège de France** 23D, 24D, 30D, 52D institute for research and teaching founded in 1530 by François I

collègue m.n. 23M, 25A, 28M, 37D, 43A colleague

coller (4) v. 36DM to glue, to stick, to paste; **collé** a. 15M, 27M failed, flunked; 7M, 20M glued

collier m.n. 7D, 14D, 32M necklace, collar; **collier de barbe** 51AB narrow beard

colline f.n. 30M, 38D, 40D hill

Collioure p.n. 48D picturesque harbor on the Mediterranean, near the Spanish border

colo (abbr. for **colonie de vacances**) f.n. 29D, 43D, 46ABCDE, 50D youth camp, summer camp

Colomb, Christophe (1451–1506) 30M, 51D Christopher Columbus

Colomba p.n. 30M short story by Prosper Mérimée

Colombie f.p.n. 50A Colombia

colon m.n. 16D colonist

colonel m.n. 49D colonel

colonial a. 2D, 16D colonial

colonie f.n. 16D colony

colonisé a. 2D colonized

colorer (4) v. 42BD to color; **se colorer** 7D to color (one's hair)

Coluche (Michel Colucci, 1944–1986) 8D, 11D, 14D, 17D, 25D French actor and entertainer

Columbia p.n. 27M American university

combat m.n. 7D, 33D, 36D, 40D, 45D combat

combattant m.n. 51M, 52B combatant; **ancien combattant** 41B veteran

combattre (6) v. 3D, 48D to combat

combien adv. 5C, 7CE, 8CDE, 10E, 13E how much; **je vous dois combien?** 31A how much do I owe you?; **ça fait combien de temps** 13E, 14E how long has it been; **ça fait combien?** 22A how much is it?

combinaison f.n. 44D combination; **combinaison thermique** 48A wet suit

combiner (4) v. 7D to combine

comble a. 38D full

comédie f.n. 2D, 4AC, 5B, 15D, 24D comedy; **comédie musicale** 4A, 19D, 38D, 43D musical comedy

Comédie-Française 36E, 39ABCDE, 48D the oldest theater in Paris

comédien m.n. 15D, 22D, 30D, 38D actor, comedian, entertainer

comique a. 5D, 7D, 21D, 39D, 45D comic

comité m.n. 45D committee

commande f.n. 18M, 28A order

commandement m.n. 49D commandment

commander (4) v. 18D, 49D to command; 19E, 20D, 22C, 25ACEM, 26C to order; 48D to control

comme adv. 2D, 3AD, 4D, 5DEM, 6DM as, like; 10M category of, type of; **qu'est-ce qu'il y a comme apéritifs bien français?** 19AB what sorts of French apéritifs are there?; **qu'est-ce que vous avez comme matériel de camping?** 43A what do you have in the way of camping gear?; **comme ça** 2A, 5DM, 7A, 11M, 12M like that; 29M, 51D in this way; **ça suffit (comme ça)!** 10ABM, 20B, 30D, 34A, 36A that's quite enough!; **comme le temps passe!** 13M, 14D how time flies!; **comme c'est bizarre!** 22A, 39D, 42D, 51A how strange!; **comme d'habitude** 23M, 24A, 50M, 52D as usual

comme d'hab' (abbr. for **comme d'habitude**) 38M

commémoratif a. 47D commemorative

commencement m.n. 13D, 38D beginning

commencer (4a) v. 5B, 8M, 9AC, 10M, 14AE to begin

comment adv. 2AC, 3CD, 4D, 8AE, 9AC how, what; **comment ça va?** 13A, 24A, 50A how are you?; **comment est-elle?** 6C, 8A, 23C what sort of person is she?; **comment ça?** 13M, 31D, 34A, 40A, 43D how could that be?

commentaire m.n. 7D, 38C commentary

commentateur m.n. 20M commentator

commenter (4) v. 18D, 32D, 35D to comment (on)

commerçant m.n. 16A, 18AB, 23D, 34D, 39D shopkeeper, dealer, tradesman

commerce m.n. 18ABCD, 20D, 21D, 23D, 33E trade, business; **Cham-**

bre de commerce 30M Chamber of Commerce; **commerce équitable** 46D fair trade

commercial a. 13BM, 19D, 22D, 38D, 39D commercial, trading

commercialisé a. 50D commercialized

Commercy p.n. 48A small town northeast of Paris, known for its madeleines

Commerson, Jean (1802–1879) 33D French writer, playwright, and journalist

commettre (24) v. 39B, 40D to commit

commissariat m.n. 38D police station

commission f.n. 13D, 21D commission

commode a. 18E, 20AB, 27A, 29B, 33C practical, convenient

commun a. 3D, 8D, 16B, 19A, 23D common, communal; **en commun** 3D, 9A, 52E in common; **transports en commun** 27D, 37M mass transit; **hors du commun** 23D out of the ordinary; **mise en commun** 46D pooling

communautaire a. 32D, 33D community

communauté f.n. 2D, 3D, 31D community; **régime de la communauté** 43D marriage law mandating that each spouse receive half the couple's assets in the event of a divorce

commune f.n. 38D, 41D district

communément adv. 26D commonly

communication f.n. 5D, 12D, 18D, 32D, 36D communication

communiquer (4) v. 19D, 36D, 38D, 44D, 51D to communicate; 32AC to lead into

communisme m.n. 19D communism

communiste a. 13D, 37D, 40E, 46D communist

compagnie f.n. 8D, 23DE, 32M, 37D, 42D company; **compagnie d'assurances** 18AB insurance company

compagnon m.n. 38D, 43D partner, companion

comparaison f.n. 20E, 29E, 33D, 42D comparison

comparable a. 20D comparable

comparatif a. 35D comparative

comparer (4) v. 7E, 16D, 18E, 24E, 27M to compare

compartiment m.n. 29ABE, 52D compartment

compas m.n. 44BE drawing compass; **avoir le compas dans l'œil** 44AB to have a sharp eye

compatissant a. 44E compassionate, sympathetic

compatriote m. & f.n. 41D compatriot

compenser (4) v. 34D, 42D to compensate (for)

compétitif a. 41D competitive

compétition f.n. 9D competition

complément m.n. 26D, 47D complement

complémentaire a. 33D supplementary

complet a. 25ABE, 35AB, 43B, 47D complete, full; m.n. 37AB suit; **au grand complet** 45D with everybody present

complètement adv. 7M, 9D, 12D, 19B, 23M completely

compléter (10) v. 32A, 33D, 36D to complete

complexe m.n. 5ADCE, 41D hang-up, complex; 33D apartment complex; a. 15D, 32D, 37D, 51M complex, complicated

complication f.n. 8M complication

complicité f.n. 42D bond

compliment m.n. 50E compliment

compliqué a. 3D, 5M, 9A, 15M, 16M complicated

comportement m.n. 29D, 41D, 47D, 52E behavior

comporter (4) v. 48D to include; **se comporter** 31E, 32E, 41E to behave

composante f.n. 44D, 50D component

composé a. 7D, 8D, 38D composed; **bien composé** 24A balanced

composer (4) v. 5D, 12D, 16D, 19D, 24D, 27D, 29D, 38D to compose; **se composer** 38D to comprise, to be made up of

compositeur m.n. 16D, 17AB, 24D, 28D, 34D, 35D composer

composition f.n. 51D composition; **de bonne composition** 51E good-natured

compost m.n. 37M compost

compostage m.n. 27B punching

Compostelle (Saint Jacques de) 28D pilgrimage destination in Spain

composter (4) v. 27AB to punch (ticket)

comprendre (32) v. 3ABD, 7D, 9E, 10M, 11D to understand; 8D, 35B, 37D, 52D to include; **je me comprends** 46D if you get my drift; **ça se comprend** 25M that's understandable; **allez comprendre!** 25M go figure!

compréhensible a. 21A, 44M, 52A comprehensible, understandable

compréhensif a. 35D, 51E understanding

comprimé m.n. 50D pill, tablet

compris a. 13D, 18D, 19D, 22A, 24D included

compromis a. 38D compromised

compte m.n. 4M, 17M, 18D, 26D, 34E account; **en fin de compte, tout compte fait** 14M, 18A all told; **se rendre compte** 8D, 26M, 35M, 49M to realize; **tenir compte de quelque chose** 18M, 32D to take something into account; **tu te rends compte? vous vous rendez compte?** 8D, 26M, 48A can you imagine?; **prendre en compte** 35D to take into account; **à bon compte** 42D cheaply

compter (4) v. 8D, 12D, 16D, 17D, 18D to count; 15A, 27ABC, 38D, 46AC to plan; **ça ne compte pas** 47A that doesn't count; **compter sur** 28M, 44A to count on, to depend on; **sans compter** 19A, 26A, 39A not to mention; **compter faire** 38D to intend to do

comptoir m.n. 20M, 22D bar, counter

comte m.n. 6D, 7D, 23D, 48D count; *Le Comte de Monte-Cristo* 24D, 48D acclaimed novel by Alexandre Dumas père

Comte, Auguste (1798–1857) 15D French philosopher

comtesse f.n. 48D countess

con m.n. (sl.) 40D, 42D idiot, ass

Concarneau p.n. 48D commune in Brittany region

concentré a. 7M focused

concentrer (se) (7) v. 51M to concentrate

Concepcion f.p.n. 23AC, 24A feminine first name

concept m.n. 45D concept

conception f.n. 18D, 23M, 35E, 38D, 48D concept

concerné a. 37D, 41D, 42D, 44D, 45D concerned

concerner (4) v. 9D, 15D, 18D, 22D, 30D to concern, to apply to; **en ce qui concerne X** 16D, 33D concerning, as far as X is concerned

concert m.n. 18A, 36A, 37D, 38E, 39B concert

concertina m.n. 22D, 30D concertina

concevoir (33) v. 20D, 30D, 36D to conceive

concierge f. & m.n. 32ABCDE, 33B, 34B, 36D, 46B concierge

Conciergerie (la) f.p.n. 14D, 23A fourteenth-century tower and dungeon on the Ile de la Cité in Paris

conciliable a. 42D compatible

conciliant a. 38D conciliatory

concilier (4) v. 14D, 21D to reconcile

concis a. 15D concise

conclure (*) v. 49D, 51E to conclude; **conclu** a. 18D concluded

conclusion f.n. 18C, 21E conclusion

concombre m.n. 28B cucumber

Concorde (place de la) f.p.n. 12M, 38ABCDEM, 39D one of the largest public plazas in Paris, between the Tuileries Gardens and the Champs-Elysees

concours m.n. 13DM competition

conçu a. 30D, 36D devised, invented

concurrence f.n. 35D, 45D competition; **concurrencé** a. 22D in competition with

concurrent m.n. 44M rival

condamné m.n. 48D condemned person; a. 21D, 24D, 26D, 52D banned, condemned

condamner (4) v. 52D to condemn

condiment m.n. 25E condiment

condition f.n. 13D, 20M, 21D, 31D, 32E condition; **sans condition** 27D unconditional; **à condition que/de** 18M, 41B, 42D as long as, provided that

conducteur m.n. 17ABD, 18E, 27M, 29D, 31D driver; a. guiding; **fil conducteur** 50A theme

conduire (13) v. 9M, 17A, 18A, 29A, 31AC to drive, to lead; **permis de conduire** 20D, 29D, 30AB driver's license; **se conduire** 19D, 37B, 41E, 43D to behave

conduite f.n. 30D, 46E driving; 13D, 48D conduct

conférence f.n. 42D lecture

conférer (10) v. 16D, 51D to confer

confession f.n. 25D faith; 20D, 41D confession

confiance f.n. 39AB, 45D, 49B, 52D confidence; **faire confiance à** 33M, 40M to trust, to depend on

confier (4) v. 31M, 38D, 50D to entrust

confirmer (4) v. 13D, 41D to confirm

confiserie f.n. 48B, 50ABE confectionery, sweets, candy store

confit m.n. 24AB, 26BE preserves of goose or duck in fat; **fruit confit** 50B candied fruit

confiture f.n. 16D, 17D, 25AB, 26B, 42ABE jam

conflit m.n. 21D, 48M conflict

confondre (6) v. 31D to confuse, to mix up

conforme a. 10B conforming

conformité f.n. 45M compliance

confort m.n. 28M, 29D, 30D, 33AD, 35D comfort; **tout le confort** 33AD all modern conveniences

confortable a. 14B, 21B, 27BM, 30AM, 33D comfortable

confrère m.n. 51D colleague

confrérie f.n. brotherhood; **Confrérie des Chevaliers du Tastevin** f.p.n. 34D wine-tasting association

confronter (4) v. 13D, 18D, 35D to confront

confucéen a. 33D Confucian

confusion f.n. 32E mistake; 38M, 40D, 46D confusion

congé m.n. 20B, 28M, 29B, 38B leave; **se mettre en congé** 20ABC, 29B to take a leave or vacation; **donner congé à** 29ABE to dismiss (someone); **prendre congé** 29B, 36ABD, 37D, 41A to leave

congénital a. 42D congenital, genetic

conjoint m.n. 8D, 37D spouse

conjonctivite f.n. 24B conjunctivitis

conjoncture f.n. 45B circumstances

conjugaison f.n. 21A conjugation

conjugal a. 14D, 37D conjugal

conjuguer (4) v. 39D to combine

connaissance f.n. 20D, 27M, 49M, 50D knowledge; **faire la connaissance de quelqu'un** 9M, 22AB, 23D, 24AC, 27A, 30D, 31D, 32A, 37D, 46M to meet someone; **faire connaissance avec** 38A to get to know; **en connaissance de cause** 45D with full knowledge of the facts; **sans connaissance** 51D unconscious; **perdre connaissance** 52B to become unconscious

connaître (14) v. 9M, 10A, 11EM, 12B, 13ABD to know, to be acquainted with, to be familiar with; **s'y connaître** 29ABCE, 33E, 43E to know all about, to be an expert in; **Mireille s'y connaît en voitures** 29B Mirelle knows her cars; **connaître un grand succès** 15D, 37D to be a great success; **les achats de résidences secondaires ont connu une période de stagnation** 34D sales of vacation houses experienced a period of stagnation

connecté a. 44D set up for cable

connecter (se) (7) v. 10M, 36D to connect, to log on

connerie f.n. (sl.) 19M, 35M, 41M stupid thing

connexion f.n. 5D, 18D, 32D connection

connu *a.* 5D, 6D, 8D, 10D, 11D known

conquérant *m.n.* 13D conqueror

conquérir (*) *v.* 35D, 47D to conquer

Conques *p.n.* 47A town in central France famous for its Romanesque church

conquête *f.n.* 7D conquest

consacré *a.* 22D, 31D, 43D devoted, dedicated; 35M, 42D consecrated

consacrer (4) *v.* 13D, 16D, 22D, 32D, 33D to devote; **se consacrer** 19D, 21D, 30D, 38D, 50D to devote oneself

conscience *f.n.* 21D, 26D conscience; 33D awareness; **avoir mauvaise conscience** 28M, 48A to have a guilty conscience; **prendre conscience** 21D to realize; **prise de conscience** 47D awareness

consciencieusement *adv.* 7M conscientiously

consciencieux *a.* 18E conscientious

conscient *a.* 50D conscious

conseil *m.n.* 12M, 24B, 39D, 44E, 47M counsel, advice; 38D, 45D council; **Conseil d'Etat** 18AB Council of State

conseiller (4) *v.* 24C, 27C, 29E, 30E, 39AC to advise

conseiller, conseillière *m. & f.n.* 40D, 42D, 47D, adviser; 15D, 20D, 28M, 34M, 38D councilor, councilman, councilwoman

consensus *m.n.* 47D consensus

conséquence *f.n.* 8D, 27D, 29D, 35D, 36M consequence

conséquent *a.* consequent; **par conséquent** 7D, 34D consequently

conservateur *m.n.* 27AC curator

conservatoire *m.n.* 5D, 23D, 24D, 36D, 40AE conservatory; **Conservatoire national supérieur d'art dramatique (CNSAD)** 32D French national drama academy in Paris

conserve *f.n.* 16M, 25BE, 43B, 44E, 48A canned goods; **c'est de la conserve** 25A, 40A it's canned

conserver (4) *v.* 16D, 23D, 26E, 35D, 40D to keep, to preserve

considérable *a.* 8D, 15D, 40A considerable, enormous

considérablement *adv.* 27D considerably

considération *f.n.* 34E, 46E consideration

considéré *a.* 3D, 13D, 14D, 15D, 16D considered

considérer (10) *v.* 7D, 8D, 14D, 16E, 30M to consider

consister (4) *v.* 32D, 37D to consist

consolation *f.n.* 35D consolation

console *f.n.* 36D console

consoler (4) *v.* 21D, 27M, 30M, 40M, 41D to console

consolider (4) *v.* 42D to consolidate

consommateur *m.n.* 13D, 20D, 22D, 50D, 51AB consumer

consommation *f.n.* 41ADE, 51B drink (in a café); 22D, 27D, 34D, 41D, 50D consumption; **société de consommation** 33D consumer society

consommé *m.n.* 24B type of French soup; *a.* 28D, 30D consumed

consommer (4) *v.* 22D, 29C, 33D, 34D, 43D to consume; **ça ne consomme presque rien** 29A it gets very good mileage

constamment *adv.* 7M, 40A, 52A constantly

constance *f.n.* 48D constancy

constant *a.* 51D constant

constater (4) *v.* 22D, 51D to note

consternation *f.n.* 23M consternation

constituer (4) *v.* 16D, 20D, 23D, 27D, 28E to constitute

constitution *f.n.* 15D, 38D constitution

constructeur *m.n.* 44M, 48M manufacturer

construction *f.n.* 14M, 32A, 33AC, 35C, 40E building, construction; **chantier de construction** 27B construction site

construire (13) *v.* 4D, 14D, 16D, 20D, 27B to build; **construire en dur** 35AC to build in concrete or stone

consultant *m.n.* 18D, 48M consultant

consulter (4) *v.* 12B, 13E, 25A, 26AC, 28A to consult

contact *m.n.* 12D, 35D, 40A, 43D, 46AC contact; **mettre le contact** 29D, 31AB to turn the key in the ignition; **contact visuel** 31D eye contact

contacter (4) *v.* 25M to contact

conte *m.n.* 5D, 10D, 15D, 19D, 36A story, tale

contemplation *f.n.* 11A, 48D, 52A contemplation

contempler (4) *v.* 19D, 45D, 49D to gaze at, to contemplate

contemporain *a. & n.* 6D, 7D, 8D, 19AB, 23D contemporary

contenance *f.n.* bearing; **donner contenance** 37D to give an impression of composure

contenant *m.n.* 33D container

content *a.* 6E, 8M, 10E, 11M, 15EM happy, content

contenter (se) (7) *v.* 11M, 13D to content oneself

contenu *m.n.* 19D, 32D content

conter (4) *v.* 45D, 48D to tell

contexte *m.n.* 42D, 45E context

continu *a.* 12D continuous

continuer (4) *v.* 4AD, 5A, 10ABC, 12AM, 13AE to go on, to continue

contraception *f.n.* 17D contraception

contracté *a.* 33D contracted

contraction *f.n.* 33D contraction

contradiction *f.n.* 15D, 18B, 33D contradiction

contrainte *f.n.* 8D, 14D constraint

contraire *a. & m.n.* 18D, 20D, 24D, 48D opposite; **c'est le contraire** 23A it's the other way around; **au contraire** 7M, 13D, 14D, 19D, 20B on the contrary

contrairement *adv.* 7M, 48D contrary to, unlike

contraste *m.n.* 26D, 38E contrast

contrat *m.n.* 8D, 18D, 46E contract

contre *prep.* 8D, 10M, 12DM, 13D, 15A against

contre-attaque *f.n.* 21E counterattack

contrebandier *m.n.* 16D smuggler

contrebas (en) *adv.* 40M below

contre-nature *a.* 26D unnatural

contreplongée *f.n.* 45D low-angle shot (cinema)

contribuer (4) v. 15D, 28E, 29D, 35D, 37M to contribute

contributeur m.n. 29D contributor

contrôle m.n. contrôle de maths 6M math test; contrôle technique 31D vehicle inspection

contrôler (4) v. 19A, 49D, 52D to control, to check

controverse f.n. 11D controversy

contusion f.n. 52A contusion

convaincant a. 49M convincing

convaincre (*) v. 20D, 39M, 46AB to convince

convaincu a. 32M, 46B, 47DM convinced, certain

convalescence f.n. 15D convalescence

convenable a. 11M, 15A, 19DM suitable

convenir (39) v. 20D, 41D, 52E to be appropriate, to be acceptable

convention f.n. 10B, 33D, 48D convention

conventionnel a. 5D conventional

conversation f.n. 4D, 16DE, 21ADE, 24AE, 29A conversation; engager la conversation 11E, 13ABC, 14C, 32E, 40B to strike up a conversation

conversion f.n. 3D conversion

convertibilité f.n. 21D convertibility

convertir (5) v. 37D, 47D to convert

conviction f.n. 34D, 44D conviction

convive m.n. 33E, 41D, 50D guest

convivial a. 33D convivial

convivialité f.n. 24D, 29D, 30D, 32D conviviality

coopération f.n. 3D cooperation

copain m.n. 13AB, 19ABC, 27AM, 29D, 32A friend, pal; copain-copain 47A buddy-buddy

copie f.n. 11M, 19D, 32D copy

copier (4) v. 48A to copy

copier-coller m.n. 36M copy and paste

copine f.n. 10M, 13AB, 16M, 27M (girl) friend

copropriétaire m.n. 34AB co-owner

copropriété f.n. 34AC, 42B joint ownership

coq m.n. 7D, 47B cock, rooster

cor m.n. 45D corn

corbeau m.n. 17D, 19D, 39B, 49D crow

corbeille f.n. basket; corbeille de noce 47D wedding presents

corde f.n. 16B, 17D, 38M, 39D rope, cord; corde à sauter 17D jump rope; pleuvoir des cordes 30D to rain cats and dogs

cordial a. 18B, 24E, 42D, 50E cordial

cordon m.n. 36D cord, pull

cordonnier m.n. 45D cobbler

cornebleu int. 40D invented epithet

Corneille, Pierre (1606–1684) 15D, 23D, 48D French dramatist

corner (4) v. 45D to blare, to honk

cornette f.n. 40AC nun's wimple

corps m.n. 7D, 21AB, 33D, 36D, 45D body; 50B substance; le corps humain 7D the human body; corps gras 50BD fatty substance

corpus m.n. 50D corpus

correct a. 39D decent; 27B, 41E, 47E correct; un salaire correct 18M a decent salary

correctement adv. 25D, 40D correctly, properly

correspondance f.n. 33D correspondence

correspondant m.n. 22D interlocutor, other person on the line

correspondre (6) v. 14D, 24D, 31D, 45DE, 49D to correspond

Corse f.p.n. 28M, 29M, 30M Corsica; a. & n. 28M, 30M Corsican

cortège m.n. 47D procession

corvée f.n. 23M forced labor

cosmétique a. & m.n. 23D cosmetic

cosmonaute m.n. 13M cosmonaut

cossu a. 37D well-off, rich

costaud a. 6AB, 7AM, 9M, 14D, 47D sturdy, tough

costume m.n. 17B, 20D, 32D, 39B, 44M suit, costume, dress

côte f.n. 16D, 48AB, 52A coast; 42D hill, slope; elle chauffe dans les côtes 29B it overheats on the hills; côte à côte 31D side by side

côté m.n. 9M, 15E, 24D, 25D, 31D side; à côté (de) 8A, 13AC, 14B, 15D, 16AD next to, near; du côté de 8A, 10AB, 30ABCD, 33A, 38AC toward, in the direction of; de l'autre côté (de) 14A, 18A, 28A, 51D on the other side (of); d'un côté . . . de l'autre, d'un autre côté 21D, 35D on the one hand . . . on the other hand; côté banlieue 27A on the commuter side; de quel côté? 12A, 32A which way?; de mon côté 28M as for me; de côté 37D to one side; mettre de côté 20D, 43D, 48A put aside; à mes côtés 44D by my side

Côte d'Azur f.p.n. 23D, 43M, 44M, 50A, 51D the French Riviera

Côte d'Ivoire f.p.n. 2A, 3D, 7D, 28M, 50A Ivory Coast

côtelé a. ribbed; velours côtelé 45A corduroy

côtelette f.n. 24D, 25ABCE chop, cutlet

coterie f.n. 9D coterie, clique

Cotillard, Marion (b. 1975) 17D, 49M French actress, singer, and songwriter

coton m.n. 43A, 45D cotton

côtoyer (11) v. 18D to mix with, to rub shoulders with

cottage m.n. 34A cottage

cou m.n. 6ABCM, 7M, 13BD, 14D, 17D neck; casse-cou a. 27M reckless

couchage (sac de) m.n. 42AB, 43ABC, 45M, 51A sleeping bag

couche f.n. layer; couche d'ozone 33D ozone layer

couché a. 18B, 24M, 47D stretched out, lying down

coucher (4) v. 9M, 40D, 43D, 46C to sleep; 49A to put to bed; se coucher 14AB, 17DM, 31M, 36ABDE, 37E to go to bed; 45D to lie down; chambre à coucher 18D bedroom

couchette f.n. 30M bunk

coucou! int. 13M cuckoo, hey there!

coude m.n. 51D bend, curve

coudre (*) v. to sew; elle cousant, lui fumant 18D she's sewing, he's smoking

couette f.n. 43B duvet

couler (4) v. 23D, 26D, 31M, 32D, 36D to run, to flow

couleur f.n. 7BD, 14D, 19AB, 22D, 24BD color

coulisse f.n. wing (theater); en coulisse 40D side-glance

couloir m.n. 12A, 15A, 27A, 29AB, 51E corridor, hall; 29D lane

coup m.n. 25D, 26D, 30D, 38D, 40D attempt, blow; ça marche à tous les coups 13AB, 31E, 43A it works every time; coup d'état 48D coup; coup de fil 24AB phone call; donner un coup de frein 37A to hit the brake(s); jeter un coup d'œil 10M, 36D, 51D, 52AB to glance, to take a look; coup de pied 40D, 44D, 51B kick; coup de soleil 12BCM, 32AB, 44D sunburn; sur le coup 20M on the spot; coup de sonnette 24E, 32AB, 33A, 34A ring; coup de volant 31A a turn of the wheel; coup de revolver, coup de mitrailleuse 26D, 45D shot; tout d'un coup 19M, 49M, tout à coup 22D, 27AB, 32BD, 36D, 37AD suddenly; du coup 24M, 36M as a result; d'un seul coup 25D at one go; le coup de l'avion 37M that bit about the plane; coup de cœur 51D favorite

coupe f.n. 20D, 26ACE cup, dish, bowl; 42D woodcutting; Coupe du monde 6D, 7M World Cup; coupe de cheveux 7D haircut

coupé a. 23D, 35D, 36D, 47D cut, cut off (from), cut short

couper (4) v. 23B, 25AE, 26D, 35D, 47D to cut; se couper (de) 23A, 25A, 42D to cut oneself (from); ça m'a coupé le souffle 14M it took my breath away

couple m.n. 8D, 12D, 14D, 32D, 37D couple; en couple 44D in a relationship; couple monoactif 44D couple with one working partner; couple biactif 44D couple with two working partners

couplet m.n. 40D couplet

coupole f.n. 51D dome

cour f.n. 9M, 12ABE, 13ADE, 14ADE, 15ACE courtyard; 15D, 19D, 47D, 48D (royal) court; 18B

court (of law); la Cour d'Appel 28M, 34M appellate court

courage m.n. 21D, 23D, 28B, 40D, 43D courage

courageusement adv. 44A courageously

courageux a. 7D, 16D courageous

couramment adv. 20D fluently

courant a. 20D current; 37D, 48D common; eau courante 18D, 23D, 33AB, 47D, 50D running water; m.n. 46D movement; 47D current; être au courant 29M, 37A, 45M, 52D to know about, to be informed of; tenir au courant 37B to keep informed; quand le courant passe 51D when the chemistry is right

courbe f.n. 44D arc; a. 22D curving

courbé a. 48D bent

Courchevel p.n. 13ABE, 27M ski resort in the Alps

coureur m.n. 47AB runner, racer

courir (15) v. 15D, 17D, 27A, 37AD, 38A to run

couronne f.n. 47D crown

couronné a. 49M, 51D recognized

couronner (4) v. 47D, 51D, 52D to crown

Courrèges, André (b. 1923) 11AD French fashion designer

courriel m.n. 10M, 19D, 22D e-mail

courrier m.n. 12ABCD, 32D mail

cours m.n. 2ABD, 3A, 4A, 5A, 6A class, course; 14D avenue, walk; 42M exchange rate; cours de danse 14AB, 15A, 40D dance class; au cours de 20D, 33D, 34E, 41D, 45D in the course of

course f.n. 6D, 9A, 19E, 41D, 44ABD race, running, errand; la course à la productivité 34D the race for higher productivity; course de chevaux 38E, 41D horse race; au pas de course 40D at a run; faire des courses 46D, 52A to go shopping

court a. 6ABC, 9A, 12A, 14D, 20D short

courtois a. 48D courteous

courtoisie f.n. 48D gallantry, courtesy

couscous m.n. 16M, 23M, 26M, 41M, 46M couscous

cousin, cousine m. & f.n. 8AE, 9AC, 10AC, 25D, 42D cousin

coussin m.n. 24M cushion

coût m.n. 22D, 35D cost

couteau m.n. 13B, 25AC, 30M, 42D, 47D knife; couteau à cran d'arrêt 30M switchblade knife

coûter (4) v. 4E, 7D, 14BD, 15E, 19D to cost; ça coûte les yeux de la tête 46B it costs an arm and a leg

coutume f.n. 16D, 37D, 50M custom

couturier m.n. 17A, 18B dressmaker; grand couturier 11DEM fashion designer

couvert a. 17D, 25D, 27D, 38B, 51D covered; le temps est couvert 12A it's overcast; ciel couvert 12B overcast sky

couvert m.n. 26B, 32ABE, 37D place setting, cutlery; un couvert 26AB table for one; mettre le couvert 32B to lay the table

couverture f.n. 18D cover, blanket; 7D, 29D front cover

couvrir (27) v. 19AB, 31M, 44D to cover

cow-boy m.n. 32AE, 42D, 48A, 50AE cowboy

crabe m.n. 16AB, 51B crab

craché a. spat; c'est elle tout craché 45AB that's her all over

cracher (4) v. 17ABD, 18D, 45D, 52AE to spit; cracher ses poumons 47D to cough one's guts up

craie f.n. 25AB chalk

craindre (20) v. 21D, 23D, 50D to fear

crainte f.n. 35D, 40D, 51D fear

crâne m.n. 49D skull

crapule m.n. 50ABE riffraff

craquer (4) v. 51D to crack; je craque pour Ousmane 50M I just adore Ousmane

cravate f.n. 13B, 28M, 37AB, 43B tie

créateur m.n. 18E, 31D, 43D creator

création f.n. 11D, 18M, 26A, 30D, 41D creation

créature f.n. 48D creature

crèche f.n. 41B daycare center

Crécy p.n. 52D town in northwest-

ern France where the French
were defeated by the English
in 1346

crédit m.n. 52M credit

crédulité f.n. 39B credulity

créer (4) v. 3D, 11B, 16D, 19D, 21D
to create

crème f.n. 12M, 23D, 24D, 47A, 50A
cream; m.n. 14M, 29D coffee with
steamed milk; **crème solaire**
12M, 43M sunscreen; **crème de
cassis** 19B black currant liqueur;
crème Chantilly 47A whipped
cream; **chou à la crème** 26ABC
cream puff; **crème fraîche** 26A,
47A thick cream; **crème renversée** 24ABCD caramel custard;
crème glacée (Québécois) 42M ice
cream

crémerie f.n. 41M creamery, dairy
shop

crémière f.n. 32D dairywoman

crêpe f.n. 50A crêpe, pancake

creusement m.n. 38D excavation

creuser (4) v. 40D, 49D to dig, to
undermine

creux a. & m.n. 26D, 36D, 47D
hollow

crevé a. (coll.) 12M, 17M, 23M, 46AB
exhausted, beat; **pneu crevé** 31B
flat tire

crève-la-faim m.n. 26D starving
person

crever (8) v. 31B to burst; 31AC to
blow a tire; 44AE, 47D (sl.) to die;
**les vieux peuvent crever dans
leur coin** 44B who cares if the
old folks die

crevette f.n. 16AB, 26A, 46D shrimp

cri m.n. 12M, 24M, 31M, 40M, 42A
yell; **cri de guerre** 21D war cry,
slogan

criblé a. 40D riddled

crier (4) v. 7M, 12AB, 14A, 17D,
18A to scream, to shout

crime m.n. 4AC, 13BD crime,
murder

criminel a. 38D criminal

crise f.n. 22E, 35D, 44M, 45D, 49E
crisis; **crise de fou rire** 40D
hysterics

crispé a. 37D clenched

critère m.n. 12D criterion

critique m.n. 6D, 15D, 21D, 23D,
24D critic; f.n. 11D, 19D, 20D,
21E, 38D criticism

critiquer (4) v. 18D, 20E, 24E, 29E,
32B to criticize

Croatie f.n. 35M Croatia

croc m.n. hook; **croc à merdre,
croc à finances** 40D invented
instruments of torture

crochu a. 10B, 16M hooked

crocodile m.n. 40B crocodile

croire (16) v. 5A, 6M, 7A, 8AEM,
9A to believe; **croire à** 27E, 46D,
48E to believe in; **on se croirait
dans un film de science-fiction**
27M you'd think you were in a
science fiction film; **on se serait
cru sur la Côte d'Azur** 43M
you'd have thought you were on
the Côte d'Azur

croisade f.n. 36D, 47D, 48D crusade

croisé a. 17D, 48D crossed; **mots
croisés** 21AB crossword puzzle

croisement m.n. 52AB intersection,
crossroads

croiser (4) v. 11M, 41D to bump
into, to come across; **elle a croisé
mon regard** 52D she caught my
eye

croissance f.n. 18D, 44D, 45D
growth

croissant m.n. 14M, 25ABC, 50AB
croissant; a. 29D, 32D growing

croix f.n. 16D, 17D cross; *Croix (La)*
40AE Catholic newspaper; **Croix
du Sud** 52D pendant in the form
of the Southern Cross

croque-monsieur m.n. 25ABCE
grilled ham and cheese
sandwich

croquis m.n. 18D sketch

crotte f.n. 41D dung

crottin m.n. 40D dung

crouler (4) v. 32D to crumble; 47M
to collapse

croustillant a. 14M crusty

croûte f.n. 26D crust

croyance f.n. 25D, 41D belief

cru a. 25AB, 26A, 28B raw

cru m.n. growth; **grand cru** 30D,
31AB great growth, highly rated
vineyard

crudités f.pl.n. 28AB raw vegetables

crue f.n. 47D rising (of a river)

cruel a. 13D, 19D cruel

Crusoë, Robinson m.p.n. 9B, 23D
Robinson Crusoe, hero of Daniel
Defoe's novel

Cuba p.n. 4B, 13D Cuba

cubain a. 4AD Cuban; **Cubain** m.f.n.
4AB Cuban (person)

cubique a. 26D cubic

cubisme m.n. 10D cubism

cueillette f.n. 42D harvesting

cueillir (*) v. 33D, 47D to pick, to
harvest

cuicui m.n. 19D chirping

cuiller, cuillère f.n. 25AD, 40D,
51D, 52B spoon

cuillerée f.n. 24D, 26D spoonful

cuir m.n. 26D, 45D, 52D leather;
rond de cuir 38D pen pusher

cuire (13) v. 24D, 25D, 26CD, 36M,
43D to cook

cuisine f.n. 9M, 19M, 24AM,
25ACE, 31M kitchen; 9M, 16D,
17M, 21AB, 22D cuisine, cooking;
galanterie de basse cuisine 50AE
cheap compliment

cuisiner (4) v. 26B, 50DE to cook

cuisinier, -ière m. & f.n. 22D, 23A,
42D cook

cuisse f.n. 26D thigh

cuisson f.n. 25D, 26ABD cooking, cooking time, degree of
doneness

cuit a. 9M, 25ABC, 26CD, 42M,
50B cooked; **bien cuit** 24AB, 26B
well-done

cuivre m.n. copper; **cuivres** 28AB
copperware

culinaire a. 26AD, 50D culinary

culot m.n. (sl.) 35B nerve; **quel culot!** 17M, 35A, 50B what nerve!

culotte f.n. 42M, 45D underpants,
panties; (Québécois) 42M, 47D
trousers, pants; **culottes chaudes**
42M long underwear

culotté a. (coll.) cheeky, insolent;
mal culotté 45D ridiculous,
grotesque

culte m.n. 21B, 26E Protestant
religious service; 46E, 48D cult,
devotion

cultivé a. 21E, 37M, 42E, 46AB, 48D
cultivated, educated, well-read

cultiver (4) *v.* 34D, 50C, 51D to cultivate

culture *f.n.* 7D, 13D, 18D, 21ACDE, 23D culture, education; 24D cultivation

culturel *a.* 2D, 7D, 12D, 15B, 16D cultural; **exception culturelle** 37D effort to promote French culture and protect it from other countries' cultural influence

cumulus *m.n.* 11A cumulus cloud

cure *f.n.* 45A treatment, therapy; **faire une cure de yaourt** 51AB to go on a yogurt diet

curé *m.n.* 21AB priest

Curie, Marie (1867–1934) et **Pierre** (1859–1906) *p.n.* 35D French scientists, discoverers of radioactivity

curieux *a.* 5D, 12B, 39AD, 43A, 51AD curious, odd

cursus *m.n.* 35D curriculum

cute *a.* (*angl.*, *Québécois*) 42M cute

CV (*abbr. for* **chevaux**) *m.p.n.* **2CV** 51ABC inexpensive, low-horsepower car made by Citroën; **11 CV légère** 45D innovative front-wheel drive car (1934)

CX *f.p.n.* 30AC luxury car made by Citroën

cycle *m.n.* 18D, 19D cycle, bicycle

cycliste *m.n.* 28ABCD, 31ACD, 45D cyclist; **course cycliste** 44E bicycle race

cynique *a.* 41D cynical

czar *m.n.* 40D czar

d'accord *adv. phr.* 3AD, 4E, 6A, 14A, 15B agreed, OK, all right; **être d'accord** 3AB, 6E, 9M, 12M, 25M to agree

dactylo *f.n.* 18AB typist

dadaïsme *m.n.* 11D Dadaism

Dagobert *p.n.* 45D, 47D seventh-century Frankish king

daim *m.n.* 46D deer

daïquiri *m.n.* 51D cocktail made with rum

dalle *f.n.* 28AB slab, flagstone

daltonien *a.* 37E color-blind

dame *f.n.* 3A, 6A, 8B, 9B, 11B woman, lady; **Notre Dame de Paris** 4D, 15B, 23D, 29D, 48D cathedral of Notre Dame in Paris; **jeu de dames** 9AB, 50M checkers

Danemark *m.n.* 35D, 43D Denmark

danger *m.n.* 17E, 18E, 43A, 51D danger

dangereusement *adv.* 52A dangerously

dangereux *a.* 13AB, 16D, 17E, 18B, 27AD dangerous

Daninos, Pierre (1913–2005) 29D French author and humorist

danois *a.* 4A, 13D Danish; **Danois** *m.f.n.* 4AB, 35A, Dane

dans *prep.* 2BD, 3BD, 4ABCD, 5BDM, 6AD in, within, into, during, within; **dans deux heures** 26A two hours from now; **dans le vent** 16AB, 27B trendy; **dans les 55 ans** 50M around 55 years old

danse *f.n.* 2B, 6D, 7D, 14AB, 15A dance

danser (4) *v.* 2B, 38D, 39D, 43D, 44D to dance

danseur, -euse *m. & f.n.* 11D, 40D, 42AB, 52D dancer

Danton, Georges (1759–1794) 47A hero of the French Revolution

d'apparat *a.* 47D ceremonial

d'Artagnan *p.n.* 47D one of the Three Musketeers in Alexandre Dumas père's novel

Dassin, Joe (1938–1980) 39D, 49D American-born French singer-songwriter

date *f.n.* 11C, 16D, 19D, 27D, 36A date

dater (4) *v.* 10B, 14D, 25E, 27M, 29D to date, to be dated (from)

dauphin *m.n.* 52D heir apparent

dauphinois *a.* 26M from the Dauphiné region in France

davantage *adv.* 20D, 33DE, 34D, 35D, 37D more

déambuler (4) *v.* 38D to stroll about, to saunter

débandade *f.n.* 40D military rout

débarrasser (4) *v.* 25D to rid; **se débarrasser de** 24D, 33C, 43M to get rid of

débarquer (4) *v.* 23M, 38D, 51D to arrive, to debark

débat *m.n.* 38D, 45D debate

débile *a.* (*coll.*) 52AB moronic

débordé *a.* 28M, 47M overwhelmed

débouché *m.n.* 51D end

déboucher (4) *v.* 32B to open on; 32AB to emerge; 51ABC to uncork

debout *adv.* 14B, 18AB, 19D, 24A, 29A upright, standing up; **tenir debout** 38M to add up, to make sense; **se tenir debout** 47D to stand up

débrouiller (se) (7) *v.* 13M, 16B, 33A, 43A, 45A to manage, to sort things out, to extricate oneself; **débrouille-toi** 16A figure it out yourself; **elle/il se débrouille très bien** 13M, 18M (s)he's getting along fine

Debussy, Claude (1862–1918) 24D French composer

début *m.n.* 11D, 12D, 13D, 21D, 24DE beginning; **à ses débuts** 38D in its infancy

débutant *m.n.* 51M novice

débuter (4) *v.* 10D, 30D, 43D to begin; 12D, 13D, 26D, 29D, 40D to make a debut

deçà *adv.* **deçà, delà** 11D this way and that

décadent *a.* 41D decadent

décalage *m.n.* 32B discrepancy; **décalage horaire** 22AB, 24A time lag

décapiter (4) *v.* 51D to behead

décapotable *a.* 29AB, 46E, 51AC convertible

décapoté *a.* 45D with the top down

décédé *a.* 28D, 40D, 43D deceased

décembre *m.n.* 11B, 35M, 36M, 37D December

décennie *f.n.* 33D, 35D, 44D decade

décent *a.* 45A decent

décentralisé *a.* 36D decentralized

décerner (4) *v.* 18D, 19D, 29D, 38D, 52D to award, to attribute

décès *m.n.* 13D, 31D death

décevoir (33) *v.* 37D, 47A to disappoint

déchaîné *a.* 48M hyper

déchargé *a.* 22D run-down, out of juice

décharger (4) *v.* 43D to unload

déchet *m.n.* scrap; **les déchets** *m.pl.n.* 37M, 47D garbage déchiffrer (4) v. 38AB to decipher

déchirer (4) v. 37E, 44D to tear, to rip; elle est toute déchirée 25A it's full of holes

décibel m.n. 17B decibel

décidé a. 37D resolute, determined; 43D decided

décider (4) v. 6AE, 7AE, 11M, 12B, 19D to decide, to settle; se décider 13AC, 26AD, 49A to make up one's mind; c'est décidé 5A, 9M, 10M, 11M, 12M it's settled

décision f.n. 21D decision

déclamer (4) v. 38D to recite, to declaim

déclaration f.n. 19D, 22M declaration

déclarer (4) v. 4ABD, 10D, 20D, 34D, 37D to declare; se déclarer 5D, 12M, 25D, 33D to declare oneself; 38D to acknowledge openly

déclencher (4) v. 45D, 49D to launch, to set off

déclinaison f.n. 21A declension

décliner (4) v. to decline, to list the forms of; le rhum s'y décline sous toutes ses formes 29D you can order all kinds of rum drink

décollé a. 10AB sticking out

décoller (4) v. 51D, 52ABE to take off (of airplane)

déconner (4) (sl.) v. 37M to talk rubbish

décontenancé a. 13D disconcerted

décontracté a. 46M laid back

décor m.n. 26D, 28E, 29D, 32D, 39B setting, set

décoratif a. 34D decorative

décoration f.n. 18D, 32D, 50D (interior) decoration

décorer (4) v. 21D, 26D to decorate

découler (4) v. 41D to flow, to result

découper (4) v. 36D, 47D to cut up

décourager (4b) v. 7D, 12M, 26D, 35D, 36M to discourage

découvert m.n. 44M overdraft

découverte f.n. 23D, 26D, 42M, 48ABC discovery

découvrir (27) v. 11D, 12A, 16D, 18D, 20A to discover, to find; lui faire découvrir ce qu'on aime 46A show him the things you love

décret m.n. 27D decree

décrire (19) v. 9AB, 10E, 13D, 15D, 18D to describe

décrocher (4) v. 27AB, 52D to pick up (the receiver), to answer; 27M to land (a job)

déçu a. 35D, 36AB disappointed

dedans adv. 29A, 30A, 40D, 42A, 52A inside, within; rentrer dedans 30D smash into; boire dedans 20D to drink from (a glass); en plein dedans 45D smack in the middle

dédier (4) v. 26A to dedicate

défaite f.n. 27D, 45D defeat

défaut m.n. 7D defect; sans défaut 44D flawless; à défaut de 37D in the absence of

défavorisé m.n. 19D underprivileged

défendre (6) v. 13A, 18A, 21E, 24E, 39E to defend; se défendre 13D, 20E to defend oneself; c'est défendu 36B it's forbidden

défense f.n. 35D defense

Défense (la) f.p.n. 23AD, 33AC, 38M massive urban renewal project on the outskirts of Paris

défenseur m.n. 16D, 48D defender

défilé m.n. 16D, 39D, 51A parade

défiler (4) v. 45D to parade

définir (5) v. 2D to define

définitif a. 36D, 37D, 45D definitive, final

définition f.n. 8D, 13D, 21CE, 37D, 38D definition

définitivement adv. 16D, 35D, 36D, 50D finally, completely

défunt a. 10AB, 45A deceased

dégager (4) v. 28D to bring out; 37D to free

dégénéré a. & n. 46A degenerate

dégoûté a. 30B disgusted

dégradation f.n. 39A, 47D degradation, debasement

dégrader (4) v. 33D, 39A to degrade, to debase; se dégrader 27D to deteriorate

degré m.n. 19D, 26BD, 41E degree; au second degré 33E ironically, facetiously

dégringolade f.n. 44M fall, collapse

dégringoler (4) v. 30D to come crashing down

déguisé a. 11M disguised

dégustation f.n. 50D tasting

déguster (4) v. 14M, 42M to taste

dehors adv. 32D, 37D, 47D, 48D outside; dehors le chat! 24D outside with the cat!; en dehors de 15E, 20D, 39A, 41D aside from

déjà adv. 2A, 4D, 14A, 16DM, 17A already, ever

déjeuner m.n. 22C, 35B, 44C, 46D, 51M lunch; petit déjeuner 22D, 25ABCDE, 35B, 42AE, 50D breakfast

déjeuner (4) v. 21ACE, 22AE, 25A, 26AM, 37D to have lunch or breakfast

Delacroix, Eugène (1798–1863) 51D French painter

délai m.n. 31D lapse

délaissé a. 23D deserted, abandoned

délectable a. 30M delicious

délégué m.n. 38D delegate

Delerm, Vincent (b. 1976) 46D French singer-songwriter and composer

délibérément adv. 38E deliberately

délicat a. 15E, 48D delicate, refined; 20B tricky; 24B, 39B tactful

délicatesse f.n. 41B, 48D refinement

délice m.n. 14D, 19A, 42M delight

délicieusement adv. 41M deliciously

délicieux a. 14M, 19B, 24A, 25M, 33A delightful, delicious

délinquance f.n. 42D crime

délirant a. 51A mind-boggling

délirer (4) v. 32M to hallucinate, to be out of one's mind

délivrer (4) v. 40D to rescue

Delon, Alain (b. 1935) 5D French movie actor

Delphes p.n. 51A Delphi

delta m.n. 50D delta

deltaplane m.n. 6A hang glider

déluge m.n. deluge, flood; après moi, le deluge 47D damn the consequences

demain adv. & n. 4D, 5B, 11B, 15A, 16AC tomorrow; à demain 19D, 31B, 36A, 49A see you tomorrow

demande f.n. 14D request, application; 32D demand (economic)

demander (4) v. 4BD, 9C, 10E,
13ACDE, 14CDE to ask (for);
9D, 14E, 18E, 20B to require; se
demander 9M, 14D, 15D, 22D,
23AC to wonder

démarrer (4) v. 28AB, 29A, 31AC,
42A, 45AD to start, to drive
away; démarrer du bon pied 43D
to start on the right foot

déménagement m.n. 42M move

déménager (4b) v. 41D, 42D, 52D
to move

dément a. 35B insane

demeurer (4) v. 17D, 21D, 23D,
37D, 39D to reside, to stay, to
remain

demi a. 5M, 9D, 12ACE, 14ABC,
17D half; demi-bouteille 26A
half bottle; demi-heure 13A,
22A, 28D, 31AM, 32A half hour;
demi-douzaine 32A half-dozen;
faire demi-tour 30AB to turn
around; demi-plaisanterie 35E
partial jest; demi-cercle 37D
semicircle

démissionner (4) v. 17M, 38D, 45D
to resign

démographique a. 35D demographic

demoiselle f.n. 25A, 31A young
woman

démolir (5) v. 40D to demolish

démonter (se) (7) v. 36M to get
flustered

démouler (4) v. 24D to unmold

démuni a. 33D destitute

Deneuve, Catherine (b. 1943)
13ABC French movie actress

Denfert p.n. 49A abbr. for Denfert-
Rochereau; 49AD Paris metro
station

Denfert-Rochereau (place) p.n.
30AC, 49D square in the south
of Paris

dénigrer (4) v. 20E, 46E to denigrate

Denis, Claire (b. 1948) 13M
French filmmaker

dénombrer v. 41D to count

dénoncer (4a) v. 29D, 35D, 40D,
42D, 45D to denounce

dense a. 30M dense, thick

dent f.n. 6D, 9ABD, 10D, 12M, 22D
tooth

dentaire a. 43D dental

dentelle f.n. 17D, 22ABE, 28A, 45A,
47D lace

dentifrice m.n. 37AB toothpaste

dentiste m.n. 31D, 47D dentist

dénué a. 48D devoid

déodorant m.n. 23D deodorant

dépanner (4) v. to repair, to fix;
29M, 31B (coll.) to help out; 31A
to get going; se dépanner 22D to
use in a pinch

dépanneur m.n. 31AC emergency
repairperson; (Québécois) 42M
convenience store

dépanneuse f.n. 31B emergency
repair truck

départ m.n. 19B, 23M, 27D, 30M,
31D departure; au départ 47M at
first

département m.n. 50C, 51D department, one of the 96 administrative districts in metropolitan
France and 5 overseas districts

départemental a. 45D pertaining to
a department

dépassé a. 20D, 52E outmoded;
44D overwhelmed; 45D
outmatched

dépasser (4) v. 32D, 47D, 52DM to
go beyond, to extend beyond;
14M, 30AB, 31D to pass (a car)

dépayser (se) (7) v. 42D to seek a
change of scenery

dépêcher (se) (7) v. 22AB, 36AC,
37D, 38A, 42A to hurry

dépeindre (20) v. 13D to depict

dépendance f.n. 41D addiction,
dependence

dépendant a. 35D, 41D dependent

dépendre (6) v. 19D, 21D, 23BE,
26D, 37D to depend, to be fi-
nanced by; ça dépend 4A, 23B,
35A, 39A, 43A that depends; ça
ne dépend pas de moi 23A it's
not up to me

dépens m.pl.n. costs; aux dépens de
19D, 49D at the expense of

dépense f.n. 15D, 20D, 21D, 32D,
39B expense, expenditure

dépenser (4) v. 15AB, 17M, 21D,
22D, 23D to spend (money)

dépit m.n. spite 37D; en dépit de
14D, 25D, 37D in spite of

dépité a. 15E, 42D greatly vexed

déplacé a. 41M inappropriate

déplacement m.n. 18D displace-
ment, movement

déplacer (4a) v. 23M to move; se
déplacer 13D, 35D, 46D to move
about

déplaire (29) v. 26M to displease

déplaisant a. 51E disagreeable

déportation f.n. 16D deportation

déporté a. 20D, 45D deported

déposer v. 26M to deposit, to leave

dépôt-vente m.n. 11M consignment
shop

dépouille f.n. 49D remains

dépouillement m.n. 42D shedding,
stripping

dépourvu a. 37D devoid, lacking

dépression f.n. 46B depression

déprimé a. 46AB depressed

depuis prep. 5M, 11A, 12M, 13AD,
14ABDE since, for; depuis un an
11A for a year; depuis combien
de temps 26E, 37C, 52C for how
long; depuis quand 11C, 14C,
17E, 32A since when; depuis
quelque temps 34A for some
time

député m.n. 2D, 14D, 38ACD
representative to the Assemblée
nationale

déraisonner v. 35D to talk nonsense, to rave

dérangé a. 25M, 40D, 52D
disturbed

dérangement m.n. disruption;
Grand dérangement 16D deportation of Acadiens from Canada
by the English in the eighteenth
century

déranger (4b) v. 18AB, 20B, 22D,
23A, 24C to disturb; se déranger
20AB, 21A, 24A to trouble
oneself

dérapage m.n. 31B skid

déraper (4) v. 31AB to skid

dérision f.n. 26D derision, mockery

dérisoire a. 42D ridiculous

dernier a. & n. 9M, 10D, 11DM,
12M, 13AB last; la dernière 27M,
41M the latest (news); 35D the
latter

dérober (se) (7) v. 30D to slip away

dérouler (4) v. 49D to roll out; se
dérouler 40D to unfold

derrière prep. 14A, 19DM, 22AD,

25D, 26D behind; adv. 40D, 44D, 52A in back, at the back

dés m.pl.n. 41D dice

dès prep. 19D, 21D, 26D, 29D, 31D as far back as, since; dès (que) 13M, 29D, 31D, 48D, 51A as soon as; la nocivité apparaît dès la première cigarette 27D the harm begins with the first cigarette

désabusé a. 49D disenchanted, disappointed

désaffecté a. 38D closed down

désagréable a. 8E, 13B, 37B, 43E, 44A unpleasant, disagreeable

désapprouver (4) v. 46C to disapprove

désastre m.n. 20M disaster

Descartes, René (1596–1650) 16D, 38D French philosopher and mathematician

descendant m.n. 14D, 33A descendant

descendre (6) v. 7M, 14M, 15D, 22ABC, 27A to go down, to come down; 14D to be descended from; descendre dans un hôtel 15A to stay in a hotel

descente f.n. 36D descent

description f.n. 9B, 24D, 46E, 47D, 52A description

déséquilibré a. 24B unbalanced

désert m.n. 46DM desert; a. 42A deserted

désertique a. 39M arid

désespéré a. 23M, 45M desperate

désespérément adv. 46B hopelessly

désespoir m.n. 31D despair

design (coll.) a. 32D designer

désigner (4) v. 36D, 39D, 46D to designate, to refer to

désintoxication f.n. 38D detoxification

désir m.n. 27E, 33D, 35AC, 48D desire, wish

désirable a. 21D desirable

désirer (4) v. 6D, 13D, 26A, 32, 35D to desire

désireux a. 20E, 35D, 43D desirous

Desnos, Robert (1900–1945) 20D, 51D French poet

désobliger (4) v. 35D to offend

désolé a. 23A, 25A, 43D, 51A sorry

désordonné a. 45AE uncoordinated

désordre m.n. 44D disorder

désorganisé a. 45D disorganized

désormais adv. 27DM, 33D, 35D, 37D, 40D henceforth

Desplechin, Arnaud (b. 1960) 13M French filmmaker

despotique a. 48D despotic

dessein m.n. 13D intention

desserrer (4) v. 25D to loosen

dessert m.n. 17D, 24A, 26ADEM, 42M, 43D dessert

dessin m.n. 7D, 19AB, 29D, 31D drawing, sketch; dessin humoristique 31D cartoon; dessin animé 36A animated cartoon; faire un petit dessin 37AE to spell out, to explain in detail

dessinateur m.n. 29D, 32D draftsman, illustrator; dessinateur humoristique 29D cartoonist

dessiné a. 27AD designed; bande dessinée 7D, 20D, 43D cartoon strip

dessiner (4) v. 18AD to draw; 18M to design

dessous m.n. under, underneath; en-dessous 12M, 32D, 45A, 50D, 52D below; mon voisin/ma voisine du dessous 31M, 36D my downstairs neighbor

dessus adv. 30D, 32D, 33D, 41D, 43AB on, on top of, above; au-dessus 7E, 16D, 27D, 30AB, 32D above, over; ci-dessus 13E mentioned above; là-dessus 24D with that; par-dessus 22D, 26AD, 28AM, 34M, 43ABC over, on top; par-dessus tout 38D above all; taper dessus 40D to hit

dessus m.n. 26AD, 51B top; qui a le dessus? 43E who has the upper hand?

destin m.n. 30D, 37D destiny, fate

destination f.n. 15E, 42D, 43D destination

destiné a. 34D, 44D, 49D, 50D intended

destinée f.n. 26D, 52D destiny

destruction f.n. 33D destruction

désuni a. 11D disunited, separated

détachement m.n. 33D, 36A detachment

détail m.n. 18D, 40D, 50D, 51D detail

détaillé a. 42B detailed

détective m.n. 16D detective

détendre (6) v. 30D, 37D, 49DE to relax; se détendre 41B, 47M, 52B to relax

détendu a. 23BC, 47M relaxed

déterminant a. 20D decisive

déterminé a. 18D, 37D determined

déterminer (4) v. 20B to determine

déterminisme m.n. 35D determinism

détester (4) v. 4AC, 8A, 13AB, 21B, 24A to detest, to hate

détour m.n. 47D, 48D detour

détourné a. 38D aside; une façon détournée 41E roundabout way

détourner (4) v. 16E, 33C, 34E, 38D, 47A to deflect, to divert; se détourner 41AB to turn away, to turn aside

détraqué a. 22D unhinged, cracked

détromper (4) v. to disabuse; détrompez-vous! 49D think again!

dette f.n. 21D, 24D, 44M debt

deuil m.n. 37E, 42ABE mourning

deux a. & n. 2AC, 3ABC, 4ABC, 5AD, 6ABD two

deuxième a. 4AC, 5D, 6D, 9A, 10A second

Deux Magots (les) m.p.n. 29ABD, 49AB, 50A, 51CDE, 52B literary café in Saint-Germain-des-Prés; Prix des Deux Magots 51D French literary prize

dévaler (4) v. 37D to rush down, to tear down

dévaluer (4) v. 44A to devalue

devancer (4a) v. 43D to beat, to get ahead of

devant prep. 7M, 8E, 10D, 11M, 12M in front, in front of

devanture f.n. 11M store window

développement m.n. 9M, 14M, 18D, 22D, 32D development; développement durable 33D sustainable development

développer (4) v. 7M, 12D, 21D, 46D to develop; se développer 39D, 47D to develop; développé 35D, 36D developed

devenir (39) v. 7D, 9M, 11D, 12D, 15D to become

déverser (4) v. 22D, 49D to pour out, to unload

dévier (4) *v.* 36D, 37D to veer, to turn, to deviate

deviner (4) *v.* 9AB, 15C, 27AM, 31B, 37D to guess

devinette *f.n.* 13D, 14D riddle

devint *passé simple of* **devenir** 51D

dévisager (4b) *v.* 52D to stare at

dévisser (4) *v.* 33D to unscrew

dévoiler (4) *v.* 32D to unveil

devoir *m.n.* 13M, 17M, 18ABCD, 19A, 20D exercise, homework; 30M, 45D duty, obligation

devoir (17) *v.* 14A, 15AB, 16D, 18A, 21AD should, ought, must, to have to; 28M, 31AB, 52M to owe

Devos, Raymond (1922–2006) 22D, 24D, 30D, 31D, 32D French entertainer

dévoué *a.* 28D, 29M devoted

dévoyer (4) *v.* 38D to lead astray, to derail

diabète *m.n.* 23D diabetes

diable *m.n.* 21AB, 22D, 49D devil; **que diable!** 43D what the heck!

diabolique *a.* 46E diabolical

dialecte *m.n.* 12D dialect

dialogue *m.n.* 42D, 45D dialogue

dialoguer (4) *v.* 45D to have a dialogue

dialoguiste *m. & f.n.* 37D, 45D dialogue writer

diamant *m.n.* 40D, 47D, 51D, 52D diamond

diamantaire *m.n.* 52D diamond merchant

dico *abbr. for* **dictée; Dicos d'or** 51M French spelling competition

dictature *f.n.* 45D dictatorship

dicté *f.n.* 48D dictated

dictée *f.n.* 51M dictation, French scolastic exercise that tests mastery of spelling and grammar

dictionnaire *m.n.* 51D dictionary

dicton *f.n.* 43B saying

Diderot, Denis (1713–1784) 26D French novelist, essayist, and philosopher

Didier *m.p.n.* 5D masculine first name

Didon *f.p.n.* 48D Dido, mythological queen of Carthage and lover of Aeneus

Diesel *p.n.* 46D Italian clothing brand

diète *f.n.* 50D diet

dieu *m.n.* 5D, 6D, 10M, 13D, 14D god; **demi-dieu** 40B demigod

différemment *adv.* 20D differently

différence *f.n.* 3D, 16D, 17BE, 19C, 21D difference; **à la différence de** 27D, 36D, 38D as opposed to, unlike

différent *a.* 7ADM, 16D, 22E, 24C, 30M different

différentiel *a.* 35D distinct, differential

différer (10) *v.* 46E to be different

difficile *a.* 9AD, 10A, 13M, 14E, 15DM difficult

difficulté *f.n.* 3D, 13D, 18B, 19D, 20C difficulty

diffuser (4) *v.* 49D to spread, to distribute

diffusion *f.n.* 18D spread, distribution

digérer (10) *v.* 26AB, 50D to digest

digestif *m.n.* 50D after-dinner liqueur

digestion *f.n.* 26M, 45B digestion

digne *a.* 45D, 47D worthy; 47D dignified

dignité *f.n.* 16D, 39A dignity

Dijon *p.n.* 19B, 24AC city in Burgundy

dilapider *v.* 35D, 43D to squander, to waste

dilution *f.n.* 38D dilution

dimanche *m.n.* 15D, 16M, 17M, 19D, 23D Sunday

dimension *f.n.* 32D, 34D, 41D dimension

diminuer (4) *v.* 17D, 22D, 39B, 45D, 50D to decrease, to diminish

diminution *f.n.* 27D, 30D, 31D decrease

din, din, din *interj.* 46D nonsense syllable

Dinan *p.n.* 9D walled town in the region of Brittany in northwestern France

dîner *m.n.* 22D, 23AC, 27AC, 30M, 32BE dinner

dîner (4) *v.* 22AC, 23AC, 24ABE, 27C, 29ACE to dine, to have dinner; *(Québécois)* 42M to lunch

dîneur *m.n.* 41D diner

dingue *a. (coll.)* 11M, 52AB crazy, nuts; **être raide dingue de quelqu'un** *(coll.)* 34M to be crazy about someone

Dion, Céline (b. 1968) 2D Canadian singer from Quebec

Dior, Christian (1905–1957) 11ABCDM, 40D French fashion designer

diplomate *m.n.* 10D, 21D diplomat

diplôme *m.n.* 12D, 19D, 29D, 35D, 41D diploma, degree

diplômé *a.* 18M, 33D, 41M received a degree or diploma; **moniteur diplômé** 50D certified counselor

dire (18) *v.* 2E, 3D, 4D, 5ADM, 6ADM to say, to tell; **ça ne se dit plus** 17A people don't say that anymore; **c'est-à-dire** 9D, 15DE, 33D, 34D, 41D that is to say; **dis donc** 13A, 26A, 28AD, 29AD, 30D say, look here; **dis bonjour** 8A say hello; **dis, Papa** 23A tell me, Dad; **on dirait que** 13A, 32A, 45B it looks as if; **pour ainsi dire** 13D, 20D, 37D so to speak; **vouloir dire** 7A, 14E, 15D, 16M, 17ABC to mean; **ça lui disait rien à Minouche** 31M that didn't interest Minouche; **on aura beau dire** 43M they can say all they want; **y'a pas à dire** 47M no doubt about it

direct *a.* 13D, 27AD, 38D direct

directement *adv.* 22D, 25E, 32B, 36D, 37E directly

directeur, directrice *m. & f.n.* 13M, 15D, 23D, 40D, 49M director

direction *f.n.* 10AB, 12D, 27A, 30ABC, 31D direction; 45D, 51D management, supervision

dirigeant *m.n.* 9D manager

diriger (4b) *v.* 23D, 39B, 46M to direct; **se diriger** 12A, 13AE, 14A, 15A, 16A to head for, to make one's way toward

dirigiste *a.* 20A interventionist, controlling

discipline *f.n.* 21A, 35D discipline

discobole *m. & f.n.* 30B discus thrower

discothèque *f.n.* 14D, 16E discotheque

discours m.n. 16D, 19D, 24D, 33E, 45D speech; 18M, 44D chatter, talk; *Discours de la méthode* 16D *Discourse on Method* by René Descartes

discret a. 32A, 46M discreet

discrètement adv. 17D, 49D discreetly

discrétion f.n. 4M, 48D, 51D, 52E discretion

discrimination f.n. 25D discrimination

discussion f.n. 3B, 5A, 35E, 38A, 39E, 41E discussion

discuter (4) v. 3ABC, 4D, 6A, 10M, 12B to discuss

disparaître (14) v. 12D, 24M, 27M, 28AB, 29D to disappear

disparité f.n. 52M disparity

disparition f.n. 33D, 37D disappearance

disparu a. 45D deceased; 11M, 38D, 52D vanished, missing

dispenser (4) v. 35D to offer (of academic course)

disponible a. 17D, 27D, 29M, 32D available

disposer (de) (4) v. 27D, 31D, 33D, 34D, 35D to have at one's disposal, to have at hand; 25D, 26D to arrange; **dispose!** 22D get going!, scram!

dispositif m.n. measure; **dispositif législatif** 27D legislation

disposition f.n. 35D, 40D arrangement, preparation

dispute f.n. 33D, 38D, 42D, 52E argument; 48D debate

disputé a. 51D contested

disputer (se) (7) v. 8B, 9D, 39B, 43D, 46D to quarrel, to fight

disque m.n. 19D, 23D, 37D, 38D, 39D record; 30B discus; **freins à disques** 29A disc brakes; **disque dur** 40D hard drive

dissection f.n. 13M dissection

dissimuler (se) (4) v. 45B to hide

dissiper (4) v. 51D to dispel

dissolu a. 24D dissolute

dissous a. 38D dissolved

distance f.n. 30E, 31D, 46E distance; **à distance** 5D, 18D, 32D, 36D remote

distant a. 51E distant

distillateur m.n. 21AB distiller

distiller (4) v. 21B to distill

distinction f.n. 13D distinction

distingué a. 7A, 9A, 10A, 35A, 37E distinguished, refined

distinguer (4) v. 8D, 14D, 36D, 37E, 44D to distinguish, to perceive

distrait a. 47D absent-minded

distribuer (4) v. 24D to distribute

distributeur m.n. distributor; **distributeur (automatique)** 27B, 52M automated teller machine (ATM)

distribution f.n. 19D, 20D, 22D, 27D, 32D distribution

dit a. 8D known as, called

divan m.n. 32A, 37D sofa, couch

divers a. 4D, 15D, 21DE, 32D, 44D various

diversifié a. 18D, 44D diversified

diversifier (se) (7) v. 32D, 41D, 43D to vary, to diversify

diversité f.n. 32D, 35D diversity; 50D variety

divertissement m.n. 36A, 37A, 38A, 39A, 40A entertainment

divin a. 19D, 46DM, 48D divine; *La Divine Comédie* 2D the *Divine Comedy* of Dante

diviser (4) v. 23B, 27B, 28D, 33B, 42AD to divide

division f.n. 21A division

divorce m.n. 8D, 14D, 35D, 44D divorce

divorcé a. 5A, 8D, 10D, 14AD, 30D divorced

divorcer (4a) v. 14DE, 24D, 37D to divorce

divulguer (4) v. 45M to divulge

dix a. & n. 5AD, 8DE, 9M, 11A, 14D ten

dix-huit m.n. 16D, 20D, 22D, 24D, 36A eighteen

dixième a. 42A tenth

dix-neuf m.n. 14M, 20D, 41A nineteen

dix-sept m.n. 8A, 50D, 51M seventeen

dizaine f.n. 13AB, 27D, 28M, 47D, 49D ten or so

djellaba m.n. 23M long North African robe

docteur m.n. 3B, 5D, 17D, 18D, 22A doctor

doctorat m.n. 13BM doctorate

doctrine f.n. 19D, 52E doctrine

document m.n. 2D, 3DM, 4D, 5D, 6D document

documentaire m.n. 38M, 40D documentary

documentaliste m.n. 42D researcher

dodo m.n. (coll.) 12M, 30M sleep

doigt m.n. 6ABC, 19AB, 25D, 50M finger; **un doigt de porto** 24A a drop of port; **petit doigt** 17M, 29AM pinkie; **ça se conduit avec le petit doigt** 29A it's a breeze to drive; **doigt de pied** 51B toe; **à deux doigts** 31D, 41D on the verge

dollar m.n. 5M, 15ABC, 44A dollar

domaine m.n. 30D, 32B, 34AD, 47D estate, property; 37D field, sector; 14D, 25D, 48D domain

domestique a. & n. 33AB, 34AC servant; 33D domestic

domicile m.n. 22D, 44D home; **à domicile** 32D, 35D at home

dominant a. 35D, 37D dominant

domination f.n. 32D dominance

dominer (4) v. 11DE, 19D, 50D to control, to dominate; 28D to loom over

dominos m.pl.n. 50M dominos

dommage m.n. 38D damage; **dommage!, quel dommage!, c'est dommage!** 6A, 7AE, 14M, 16D, 21A that's too bad!, what a pity!, what a shame!

Domme p.n. 35D fortified town overlooking the Dordogne river

don m.n. 22M, 43D, 45D gift

donation f.n. 5B, 44A donation, gift

donc conj. 5D, 8D, 12D, 14E, 15D therefore, then, hence, so; **dis donc** 13A, 26A, 28AD, 29AD, 30D say, look here

données f.pl.n. 36D, 45M data

donner (4) v. 4M, 5ABCDEM, 6M, 7AM, 9M to give; **donner sur** 32AB, 52A to overlook; **donner raison/tort** 34D to think someone is right/wrong; **je te le donne en mille** 44AB, 51A you'll never guess

dont *pron. rel.* 7D, 10D, 15D, 16D, 19D of which, with which, of whom, whose; **ce dont** 20D, 27M, 43D the thing that, of which

Dordogne *p.n.* 24ACDE, 35D river and region in southwest France

Dorin, Françoise (b. 1928) 39AB French actress, novelist, and playwright

dormir (28) *v.* 17B, 20M, 23AC, 24B, 30ADE to sleep

Dorothée (Frédérique Hoschedé, b. 1953) 43D French singer and actress

dorsal *a.* 51D dorsal

dorure *f.n.* 38D gilt

dos *m.n.* 18A, 26E, 40D, 45D, 46D back; **en avoir plein le dos** 17M to be fed up; **sac à dos** 31D, 42AB, 43ABCE, 45M backpack; **de dos** 26E from the back; **il a bon dos** 40D he's the fall guy

dossier *m.n.* 18E back (of a bench); 34M, 44D, 47M file, project; 44D story, feature; **boucler un dossier** 34M to finish a brief

doté *a.* 33D equipped

douane *f.n.* 4ABD customs

douanier *m.n.* 4ABD, 16D customs officer

Douarnenez *p.n.* 9D region and port in Brittany, northwestern France

doublage *m.n.* 40AB dubbing

double *a. & n.* 32D, 35D, 41D, 43A, 46D double; **double sens** 30D double meaning

doublé *a.* 36E, 40ABE dubbed

doubler (4) *v.* 50D to double; 43D to overtake, to pass

doucement *adv.* 11D, 18D, 26D, 36D, 42A gently, softly, carefully

douceur *f.n.* 35D mildness; 48D pleasure

douche *f.n.* 23D, 25AB, 30M, 31M, 33AD shower

doué *a.* 20AB, 29D, 48E, 52E gifted; **tu n'es pas douée!** 48A you're not very bright!

douleur *f.n.* 13D, 32M, 38D, 46M, 52E pain

douloureux *a.* 45D painful

doute *m.n.* 13M, 26M, 33D, 43M

doubt; **sans doute** 10A, 14E, 16D, 19ADE, 20DM no doubt

douter (4) *v.* 37D, 39AB, 46A, 50A, 51D to doubt; **se douter** 17D, 31B, 46E, 49A to suspect, to have an idea; **je m'en doutais!** 31A I thought as much!

Douvres *p.n.* 27AB Dover

doux, -ce *a.* 6D, 9C, 10D, 14AB, 24D sweet, mild

douzaine *f.n.* 26A, 27A, 32A, 45D dozen

douze *a. & m.n.* 8A, 17AC, 20D, 21D, 35D twelve

dragon *m.n.* 40D dragoon

draguer (4) *v.* 13ABC, 39E, 41M, 43EM to try to pick up

dragueur *m.n.* 13A, 27M, 41M, 43AE pick-up artist

dramatique *a.* 11D, 15D, 31D, 32D, 36A dramatic

dramaturge *m.n.* 20D, 23D, 28D, 32D, 38D playwright

drame *m.n.* 4A, 5B, 11D, 20D, 23D drama

drapeau *m.n.* 2D, 3D, 5D, 13D, 30M flag

dresser (4) *v.* 17D, 41D, 46D to set up, to lay out

Dreux *p.n.* 17M, 34ABDE, 35ACE town south of Paris, near Orléans

DRH *abbr. for* **Directeur/Directrice des ressources humaines** 13M director of human resources

dring *int.* 36D rring!, sound of a bell or telephone

Drogba, Didier (b. 1978) 2D Ivorian soccer player

drogue *f.n.* 4BD, 10M, 21B, 41D, 52A narcotic, drug(s)

droit *a. & adv.* 7D, 10AB, 21M, 36M, 41B right-hand; 10AB, 30D, 52A straight; **tout droit** 23M, 52D straight ahead; **ça sort tout droit de la boîte** 25A it comes straight out of a can

droit *m.n.* 12D, 13ABCM, 15D, 28M law; 4M, 13D, 19D, 26M, 33AB right; **faire du droit, faire son droit** 13AB, 23D to study law; **être en droit** 14D to have a right; **fac de droit** *f.n.* 12D, 13M, 27M law school

droite *f.n.* 7M, 10B, 13A, 14A, 16D right-hand side; 12DM, 27B, 46AE, 47E, 52E the (political) right; **au quatrième droite** 32A fourth door on the right

droitier *m.n.* 43AB right-handed person

drôle *a.* 10AB, 13M, 17AB, 22D, 37D funny, amusing, odd, strange; **drôle de type** 13ABC, 32A, 42A, 49AEM strange-looking guy; **c'est une drôle d'idée** 51AC it's odd, it's weird

drôlement *adv.* 24M, 34B, 43D awfully, an awful lot; **on y a drôlement travaillé** 34AB we've worked on it a lot

drôlerie *f.n.* 23D, 40D funny thing

dromadaire *m.n.* 46DM dromedary

Drugstore *p.n.* 29A fancy store and restaurant in Paris

Dubillard, Roland (1923–2011) 38D French writer, playwright, and actor

Dublin *p.n.* 35D capital city of Ireland

Dubonnet *p.n.* 19A brand of apéritif wine

duc *m.n.* 27D, 47D, 48D duke

dû, due *a.* 22D, 42D, 52AC due (to)

Dumas, Alexandre, fils (1824–1895) 15D, 24D French writer

Dumas, Alexandre, père (1802–1870) 9D, 15D, 24D French writer

Dunkerque *p.n.* 38D city in the Nord-Pas-de-Calais region of northern France

duo *m.n.* 31D, 32D, 42D duo

duplex *m.n.* 46M duplex

dur *a.* 14M, 20B, 22A, 25B, 27M hard; **dur comme de la pierre** 25A hard as a rock; *m.n.* 47A tough man

durable *a.* 18E, 33D, 37D, 39D, 40D durable, sustainable

durablement *adv.* 39D durably

durant *prep.* 39D during

Duras, Marguerite (1914–1996) 51D French writer

durcir (se) (7) *v.* 33D to harden, become stricter

durée *f.n.* 18D, 37D, 45M duration

durer (4) *v.* 8M, 9M, 11D, 14M, 18D to last

dut *passé simple of* **devoir** 45D

duvet *m.n.* 43AB down

dynamique *a.* 37AB dynamic

dynamite *f.n.* 40B dynamite

eau, eaux *f.n.* 17E, 18ABD, 19D, 20A, 24A water; **eau courante** 18D, 23D, 33AB, 47D, 50D running water; **eau à la pompe** 33AB water from a pump; **eau pluviale** 48D rainwater; **eaux thermales** 50AE hot springs; **eau du robinet** 50D tap water

eau-de-vie *f.n.* 21B, 36B brandy

ébranler (s') (7) *v.* 47D to move off, to set off

écailler (4) *v.* 47D to scale (fish)

ECAM (Ecole catholique d'arts et métiers) *p.n.* 32A leading French engineering school

écart *m.n.* 44D gap

écarté *a.* 9A écarté (card game)

écarter (4) *v.* 42E brush aside, dismiss; **s'écarter** 46D to draw aside, to withdraw

ecclésiastique *a. & m.n.* 52D ecclesiastical

échalote *f.n.* 26D, 52B shallot

échange *m.n.* 2D, 35D exchange

échangeur *m.n.* 30AB (highway) ramp

échapper (4) *v.* 40M, 51A to slip out; 22M, 37D, 38B, 42D, 51D to escape; **s'échapper** 24ABC, 37A, 52D to escape, to get away

écharpe *f.n.* 42M, 51AB scarf

échecs *m.pl.n.* 3B, 9AB chess

échelle *f.n.* 17ABD, 18D, 41D, 43ABC, 50E ladder

échographie *f.n.* 8M ultrasound

échouer (4) *v.* 19D, 38D to fail

éclair *m.n.* 26AC éclair (dessert); 12D, 36D flash

éclairage *m.n.* 33AB lighting

éclairer (4) *v.* 33B, 35D, 37D to light, to enlighten

éclatement *m.n.* 45D bursting, explosion

éclater (4) *v.* 45D, 48M, 50D, 51D, 52AB to explode, to burst, to break out; **s'éclater** 30M to have

a ball; **éclater de rire** 38M, 40D to burst out laughing

éclipser (4) *v.* 15D to eclipse; **s'éclipser** 31M to slip away

écocitoyen *m.n.* 47D "green" citizen

écœuré *a.* 30ABC, 38A disheartened, disgusted

école *f.n.* 2B, 5D, 8D, 12ABCD, 13M school; **école maternelle** 19ABCE nursery school; **école primaire** 19AC, 20B, 22A, 24D primary school, grade school; **école secondaire** 19A, 20BE secondary school, high school; **grande école** 19D, 35D highly selective French university with admission based on competitive exams; **école de cavalerie** 47A cavalry school

Ecole des Beaux-Arts (Ecole nationale supérieure des Beaux-Arts) *f.p.n.* 29D, 51D art school in Saint-Germain-des-Prés, Paris

Ecole des hautes études en sciences sociales (EHESS) *f.p.n.* 35D French institute for research in the social sciences, located in Paris

Ecole nationale d'administration (ENA) *f.p.n.* 19D prestigious graduate school located in Strasbourg that prepares candidates for civil service

Ecole nationale de musique *f.p.n.* 12D, 29D conservatory in Paris

Ecole normale supérieure (ENS) *f.p.n.* 19D, 35D French *grande école* training students to become professors, researchers, and public administrators

Ecole supérieure de physique et chimie industrielles *f.p.n.* 18M school of graduate studies in chemistry, physics, and engineering

Ecole supérieure d'art dramatique *f.p.n.* 49M theater school in Paris

écolier *m.n.* 13D schoolchild

écolo *abbr. for* **écologique** *a.* 28D, 37M eco-friendly

écologie *f.n.* 37M, 47D, 48D environmentalism, the green movement

écologique *a.* 30D, 33D, 47D, 48D eco-friendly, green

écologiquement *adv.* 33D ecologically

écolotourisme *m.n.* 43D eco-friendly tourism

écomobile *m.n.* 30D eco-friendly car

économe *a.* 37E thrifty

économie *f.n.* 18D, 37B economics; 30D, 34D, 36A, 38A, 44A thrift, economy; **les économies** 42D, 44ABEM savings

économique *a.* 3D, 5B, 12DM, 14DM, 18D economic, economical; *f.n.* 15D economics

économiquement *adv.* 12M economically

économiser (4) *v.* 15B, 36ABC, 43D to save, to economize

écorcher (4) *v.* 46M to skin, to scratch

écotourisme *m.n.* 43D affordable tourism

écoute *f.n.* 36D listening

écouter (4) *v.* 10A, 11D, 13D, 18D, 19ADE to listen (to); **écoutez bien** 3A listen carefully

écran *m.n.* 22DM, 36DM, 37AB, 38D, 40D screen; **écran à plasma** 32D plasma screen

écrasement *m.n.* 35D crushing

écraser (4) *v.* 43A, 44D to crush, to squash, to run over; **pour les faire s'écraser** 20M to smash them; **se faire écraser** 37B, 38A, to get run over

écrier (s') (7) *v.* 42D, 51A to exclaim, to cry out

écrire (19) *v.* 5D, 6D, 10D, 11D, 12D to write; **s'écrire** 17AC to be written; **machine à écrire** 37A typewriter

écrit *m.n.* 21D, 24D, 38D, 40D what is written, writing

écriteau *m.n.* 32AB, 36D sign

écriture *f.n.* 17D, 21D writing, handwriting

écrivain *m.n.* 2D, 6D, 9D, 11D, 12D writer

écume *f.n.* froth, foam; *L'Ecume des jours* *p.n.* 40D novel by Boris Vian

écureuil *m.n.* 42M squirrel

édifiant *a.* 37M enlightening

édifice m.n. 27M building

Edison, Thomas Alva (1847–1931) 48E American inventor

Edit de Nantes (1598) p.n. 47D proclamation giving freedom of religion to Protestants in France

éditeur m.n. 42D publisher, editor

éditorial m.n 20M editorial

éducatif a. 18D, 19D, 35D, 50A educational

éducation f.n. 5D, 15D, 18D, 19AD, 20D education

effacer (4a) v. 11D, 26D, 52D to erase

effectivement adv. 43M, 51D indeed, as a matter of fact

effectuer (4) v. 33D, 42D, 43D, 45D to carry out, to complete

effervescence f.n. 35D effervescence

effet m.n. 21D, 35D, 42D effect; en effet 15D, 16AD, 24A, 28D, 30D in fact, indeed; aucun effet 31A, 32A, 41A nothing happens

effeuiller (4) v. 31ABE to pluck the petals off

efficacité f.n. 30D, 51D efficiency, effectiveness

effondrer (s') (7) v. 45D to collapse

efforcer (s') (4a, 7) v. 33D to try hard (to)

effort m.n. 29M, 33D, 39B, 42E, 47D effort

effrayant a. 45D frightening, frightful

effroyable a. 20M, 31M horrible

égal a. 16D, 41D equal; ça m'est égal 11M, 25A, 30A, 45A, 48A it's all the same to me, I don't care

également adv. 15D, 24D, 26A, 29D, 31D equally

égalitaire a. 38D egalitarian

égalité f.n. 14D, 18D, 26M, 45D, 46D equality; égalité des chances 35D equal opportunity

égard m.n. consideration; à l'égard de 37D, 48D toward, with regard to

église f.n. 9D, 15B, 19D, 22E, 25D church

égoïste a. 44A selfish, self-centered

égologie f.n. 47D (made-up word) relationship of the self to the environment

égomobile m.n. 30D ego-boosting car

égorgé a. 26D slaughtered

égotourisme m.n. 43D tourism focused on the needs of the self

égout m.n. 33AB, 49D sewer

Egypte f.p.n. 12D, 19B, 29D, 38B, 50A Egypt

égyptien a. & n. 35A, 38BE Egyptian

eh int. 9A, 12A, 13A, 14D, 16A hey; eh bien! 2A, 3A, 5AM, 8A, 10AD well!

Eiffel (la Tour) f.p.n. 10D, 14M, 15AB, 32AC, 38M the Eiffel Tower

Eisenstein, Sergei (1898–1948) 38AE Russian filmmaker

éjecter (4) v. 51D to eject

élaborer (4) v. 49D, 51D to work out, to put together

élancé a. 37D slender

élancer (s') (4a, 7) v. 37AB, 46D, 52A to rush forward, to spring forward

élargi a. 48D extended

élastique a. 44A elastic, flexible

électeur m.n. 38D elector

élection f.n. 12M, 18M election

électricité f.n. 17M, 30B, 33AB, 34ABC, 36BC electricity

électrique a. 24D, 46D, 47D, 48AM electric; Maison Electrique 38D pre-World War II exhibit of the marvels of electricity in Paris

électroménager m.n. 33D household appliances

électronique a. 12D, 20D, 21A, 26M, 36D electronic

élégance f.n. 39D, 48D elegance

élégant a. 7D, 12A, 18D, 23M, 32B elegant, smart

élégiaque a. 35D elegiac

élément m.n. 26D, 28E, 32D element

élémentaire a. 5A, 7D, 45D elementary; 13A, 40B rudimentary

éléphant m.n. 3ABD, 19D elephant

élève f. & m.n. 9DM, 15D, 16M, 19D, 20ACD pupil

élevé a. 15D, 37B, 52B raised; 14M, 21D, 22D, 31D, 33D high, in-

creased; bien/mal élevé 37AB, 41B, 46D well/badly brought up, well-/badly-behaved

élever (s') (7, 8) v. 28D to rise; 8D, 36D to raise

éliminer (4) v. 12D, 27B to eliminate

élire v. 35D, 38D, 47D to elect

élite f.n. 29D, 35D, 47D, 48D, 51AB elite

élitisme m.n. 35D elitism

elle, elles f.pron. she, it, they; her, them

elle-même f.pron. 19D, 22D, 25M, 33A, 44E herself, itself

éloge m.n. 32D compliment, praise

éloignement m.n. 42D distance

éloigner (s') (7) v. 36D, 38D, 43M, 45ABD, 52A to move away, to withdraw

élu a. 2D, 12M, 13D, 15D, 18M elected

Eluard, Paul (Eugène Grindel, 1895–1952) 13D French poet

Elysée (Palais de l') m.n. 52D residence of the president of France

élyséen a. 14D Elysian

émancipateur a. 35D emancipating

emballage m.n. 37M packaging; emballages cartonnés 37M cardboard packaging

emballer (4) v. (coll.) 28M to excite; s'emballer to get carried away; mon cœur s'emballe 52D my heart is racing

embarquement m.n. 14M, 30M embarkation

embarquer (s') (7) v. 39M to head off

embarrassant a. 34E, 41D embarrassing

embarrassé a. 22M, 33E, 42D embarrassed

embaucher (4) v. to hire; se faire embaucher 18M to get hired

embellissement m.n. 34D beautification

embêtant a. 6M, 9AE, 18A, 23M, 26M annoying

embêter (4) v. 8AE, 10A, 16A, 20B, 39B to bother, to get on one's nerves; **embêté** 46D irritated; **tu seras bien embêtée!** 48A you'll be sorry!

emblée (d') adv. 51D at once, right away

emblème m.n. 7D, 47B emblem

emblématique a. 48D emblematic

embouteillage m.n. 29D, 31AB, 37D, 43D, 49D traffic jam

embraser (s') (7) v. 44D to catch fire

embrassade f.n. 24AB embrace, hug

embrasser (4) v. 12B, 13M, 15A, 21M, 22B to kiss, to embrace; **je t'embrasse** 12A, 42A lots of love!, take care!

embrayage m.n. 43D clutch

embrouiller (s') (7) v. 16B to get tangled, to get mixed up

émergé a. 47A above sea level

émergence f.n. 20D, 29D emergence

émergent a. 35D emerging

émerveillé a. 42D amazed, awe-stricken

émetteur m.n. 36D transmitter

émettre (24) v. 52E to emit

émigrant m.n. 38A emigrant

émigré m.n. 16D emigrant

émigrer (4) v. 18D, 26M, 30D, 38D to emigrate

éminent a. 38D eminent

émission f.n. 5D, 9D, 42D, 43D radio or television program; **émissions polluantes** 3D polluting emissions

emmêlé a. 16AB tangled up

emménager v. 30M to move in

emmener (8) v. 24DM, 31M, 37D, 38C, 39D to take, to take away, to take with

emmenthal m.n. 50B emmenthal, Swiss cheese

emmerdant a. (sl.) damned annoying; **vraiment emmerdant** 19M a real pain in the ass

emmerder (4) v. (sl.) 39M to get on someone's nerves

émoi m.n. 39D emotion, excitement

émotion f.n. 28BDE, 32D, 48D, 49D emotion; **on va se reposer de nos émotions** 52A we're going to recover from all this excitement

émotionnel a. 49D emotional

émotivité f.n. 49D emotionalism

emparer (s') (7) v. 40M, 42D to seize

empêcher (4) v. 14D, 18AE, 27D, 30M, 31M to prevent; **ça ne m'empêche pas de** 18A that doesn't prevent me from; **il n'empêche** 45M all the same; **s'empêcher de** 33AB to refrain from

empereur m.n. 15D, 40DE, 51D emperor

emphatique a. 39M bombastic, pompous

empire m.n. 21B, 32A, 45D, 47D, 49D empire

emplacement m.n. 33D, 49D, 51D location, site, space

emploi m.n. 18D, 20D, 21D, 32D, 35D employment; **mode d'emploi** m.n. 33D user's manual; **emploi du temps** 47M schedule; **prêt à l'emploi** 48M ready for use

employé, employée m. & f.n. 15D, 25M employee; a. 42D employed; 48D used

employer (11) v. 43D to use, to employ

employeur m.n. 37D employer

emporter (4) v. 11D, 26C, 43B, 47M, 48D to carry away, to take away; **c'est pour emporter?** 26A is that to go?

empreinte f.n. 30D footprint; **empreinte carbone** 37M carbon footprint

emprunt m.n. 41D loan

emprunter (4) v. 23D, 30AB, 31CE, 32M, 34D to borrow

ému a. 28ABE, 39M, 44D, 51B moved; 49D subject to one's emotions

émulation f.n. 40D emulation

en prep. 2ABCD, 3BD, 4ACDE, 5BDM, 6ABCDEM in, to, into, while, on; **en attendant** 24A, 42C meanwhile; **marronniers en fleurs** 11A chestnut trees in bloom

en pron. 9AC, 11M, 13D, 14A, 15DE, 16A some, any, from there, of, from; **s'en aller** 11AD, 12A, 13AB, 14AB, 15A to leave, to move on; **je vous en prie** 12A, 27A, 32A, 33A think nothing of it, you're welcome; 24A, 26A, 43D please, I beg you

ENA. See **Ecole nationale d'administration**

encadré a. 41D, 42D surrounded, supervised

enceinte f.n. 27D, 51D enclosure; a. 8M pregnant

enchaîner (4) v. 37D to go on, to continue

enchanter (s') (7) v. 38D to rejoice; **enchanté** a. 24A, 26M, 32A, 42D, 46C delighted

enchanteur a. 42D enchanting

encolure f.n. 52D opening, neckline

encombrement m.n. 42D congestion

encore adv. 2AD, 6D, 7M, 8AD, 9D still, more, again, yet; **pas encore** 7M, 11M, 13A, 15AB, 21D not yet; **c'est encore toi?** 18A you're back again?; **quoi encore?** 19A what else?; **encore une fois** 25D one more time

encourager (4b) v. 2D, 36D, 43D, 44ACM to encourage

encyclopédie f.n. 18D encyclopedia

encyclopédique a. 18D encyclopedic

en-dessous prep. 12M, 32D, 45A, 50D, 52D underneath

endommager (4) v. 40D to damage, to injure

endormi a. 17ABE, 30M, 42AB asleep

endormir (28) v. 40D, 47D, 49AC to put to sleep; **s'endormir** 17B, 20M, 36D, 49C to fall asleep

endroit m.n. 16E, 29D, 30M, 43DM, 46B place, spot; **à l'endroit** 45D right-side up

enduire (13) v. 25D to coat; **enduit** a. 22D coated

endurance f.n. 32D endurance, stamina

endurant a. 7D hardy, tough

Enée m.p.n. 48D Aeneus, mythological hero of the Trojan War, lover of Dido

énergétique a. 48D energy-related

énergie *f.n.* 28D, 36A, 45D, 48AD energy

énergique *a.* 9M energetic

énervant *a.* 6M, 46D irritating

énerver (4) *v.* 6M, 33M to irritate, to get on one's nerves; **s'énerver** 17D, 46D to become irritable, to get all worked up, to get excited

enfance *f.n.* 12D, 15ABD, 16D, 32A, 38D childhood

enfant *m.n.* 5D, 6B, 7D, 8ABCDE, 9ADEM child; **enfant de chœur** 46ABE choirboy

enfantin *a.* 32D childlike, infantile; **chanson enfantine** 22E children's song

enfer *m.n.* 2D, 28AB, 34B, 43M, 49D hell

enfermer (4) *v.* 18D, 47D to shut up, to lock up; **enfermé** *a.* 49ABC locked, trapped

enfin *adv.* 4M, 5M, 7A, 8A, 11AD well, finally, at last; **oui . . . enfin** 4A, 24A, 30A yes . . . well; **mais enfin** 21A, 31D, 38D but then; 25A, 46A come on!; **qui, enfin?** 51A who then?

enfirouaper (4) *v.* (*Québécois*) 42D to cheat, to swindle

enfoncé *a.* 31AB, 50A dented, plunged

enfuir (s') (*, 7) *v.* 31M, 36D, 44D, 51AB to flee, to run away

engagé *a.* 13D, 38D politically active

engagement *m.n.* 13D, 47D engagement

engager (4b) *v.* to engage; **engager la conversation** 11E, 13ABC, 14C, 32E, 40B to strike up a conversation; **ça n'engage à rien** 42AB there's no obligation; **s'engager** 2D, 24A, 36D, 40D to start; 46D to get involved; 30A, 47D to drive onto

Engels, Friedrich (1820–1895) 13D German socialist theorist and writer, collaborator of Marx

engendré *a.* 13D caused

engin *m.n.* (*coll.*) 37D machine

engloutir (5) *v.* 35M to guzzle, to devour

englué *a.* 43D sticky

engouement *m.n.* 42D infatuation

engouffrer (s') (7) *v.* 30M to plunge into

engueuler (4) *v.* to tell off; **s'engueuler** 52M to have an argument

énigmatique *a.* 26D enigmatic

enivrant *a.* 51AB intoxicating, exhilarating

enjeu *m.n.* 38D stake, issue, concern

enlaidir (s') (5, 7) *v.* 22D to grow ugly

enlèvement *m.n.* 34B taking away, collection

enlever (8) *v.* 11M, 18D, 34A, 36D, 44B to take off, to take away, to gouge out

ennemi *m.n.* 13D, 40D, 45D, 47D, 52B enemy

ennoblir (5) *v.* 48D to ennoble

ennui *m.n.* 15D, 47D boredom; 18B, 44M worry, anxiety, problem; **l'ennui, c'est que . . .** 18AC, 34B, 48M the trouble is . . .

ennuyé *a.* 42D dismayed; 47D in trouble

ennuyer (11) *v.* 5D, 8B, 11A, 14AC, 21E to annoy, to bore; **ça ne vous ennuie pas?** 8A you don't mind?; **s'ennuyer** 10D, 11AB, 38D, 46AC, 51AM to be bored, to get bored; **tu vas t'ennuyer à mourir** 46A you'll be bored to death

ennuyeux *a.* 21B, 33A, 34D annoying, boring

énorme *a.* 4D, 10AD, 18A, 19A, 21D enormous

énormément *adv.* 7D, 19D, 32A, 48D enormously

enquête *f.n.* 20D, 37D, 42D, 43D, 44D survey

enquiquineur (*coll.*) *m.n.* 15M nuisance, pest

enragé *a.* 40D fanatic

enrager (4b) *v.* 35M, 36M to get mad

enregistré *a.* 50D recorded, entered

enregistrement *m.n.* 32D recording

enregistrer (4) *v.* 31D, 36M to record, to save; **enregistrer sous** 35D, 36M to save as

enregistreur *m.n.* 19D recorder

enrichir (s') (5, 7) *v.* 35D, 50D to enrich, to grow rich

enrichissement *m.n.* 44D enrichment

ENS. *See* **Ecole normale supérieure**

enseignant *m.n.* 18AB, 19D, 21D teacher

enseigne *f.n.* 51D sign

enseignement *m.n.* 12D, 18ABCD, 19BD, 20ACDE, 21D teaching

enseigner (4) *v.* 2D, 5D, 13D, 17E, 19A to teach

ensemble *adv.* 3ABC, 6A, 8D, 10D, 11D together; *m.n.* 3D, 4D, 12D, 29D, 31D corpus, body; 48D, 51D entirety

ensemble *m.n.* 6D, 13D, 14M, 27D, 36D whole; **dans l'ensemble** 39A on the whole, by and large; **l'ensemble de la population** 41D the population as a whole

ensoleillé *a.* 43D sunny

ensuite *adv.* 9M, 12C, 15C, 17D, 18D then, next, afterward, later

entamer (4) *v.* 13M, 24D to start

entendre (6) *v.* 7M, 10B, 12M, 14D, 17DM to hear; **entendre dire** 10M, 37M, 39E, 43M, 51D to hear it said; **entendre parler de** 27B, 30E, 36M, 45A, 47D to hear about; **c'est entendu** 5A, 7A, 46A, 47A agreed

entente *f.n.* 42D understanding, alliance

enterrement *m.n.* 26D burial

enterrer (4) *v.* to bury; **enterré** *a.* 27D, 48D buried

entêté *a.* 51E stubborn

enthousiasme *m.n.* 13D enthusiasm

enthousiasmé *a.* 19B enthused

enthousiaste *a.* 6D, 26M, 48D enthusiastic

entier, entière *a.* 10D, 19D, 30D, 33D, 35D whole, entire

entièrement *adv.* 15E, 23A, 27M, 33A, 34E entirely, totally

entorse *f.n.* sprain; **faire des entorses à ses principes** 37D to bend one's principles

entourage *m.n.* 34E entourage, family circle

entourer (4) *v.* 6D, 25D to encircle, to surround; **entouré** *a.* 23D

popular, admired, surrounded;
s'entourer 48D to surround
oneself

entraîner v. 27D, 35D, 47D, 48D
to lead to; 40M to draw away;
s'entraîner 51M to practice

entravé a. 44D hindered

entraver v. 29D to hinder

entre prep. 3D, 6D, 7D, 8D, 9M
between

entrecôte f.n. 26A sirloin

entrée f.n. 4D, 13D, 14A, 30DM,
32A entryway, entry hall; 50D
first course; **porte d'entrée** 32AB,
36D, 37D, 48A front door; gateway 35D, 36D; **j'ai mes entrées**
49M I have connections

entreposé a. 49D stored

entreprendre (32) v. 19AB, 31D to
undertake

entreprise f.n. 18D, 20D, 22D, 27D,
32B business, firm; **entreprise de
construction** 32A, 33C construction company; **chef d'entreprise**
34D company boss

entrer (4) v. 5D, 10A, 12ABD,
13ADM, 14AD to enter, to come
in, to go in

entretenir (37) v. 34B, 41D, 42ABE
to keep, to maintain, to harbor

entretien m.n. 32D, 34AB, 42B
maintenance; 33D, 42D interview, conversation

entrouvert a. 43M half-open

énumérer (10) v. 11E, 18D, 34E to
enumerate

env. abbr. for **environ**

envahir (5) v. 45BD, 47D, 48M, 52D
to invade

envers prep. 43E, 47D, 51E toward

envers m.n. wrong side; **à l'envers**
16M, 41D, 45D, 47D backward

envie f.n. 7M, 43D, 46AM, 48D,
52D desire; **avoir envie de** 13AB,
16ABC, 18AE, 20BD, 21E to want
to

envier (4) v. 44D, 51D to envy

environ adv. 5D, 7D, 9M, 13D, 14M
about

environnement m.n. 14D, 30D, 33D
environment (surroundings);
18D, 30D, 37M, 43D, 47D environment (ecosystem)

environnemental a. 3D
environmental

environs m.pl.n. 35D, 42D environs,
outskirts

envisager (4) v. 35D, 51D to envis-
age, to contemplate

envoi m.n. 35D sending

envolée f.n. 35D surge, rise

envoler (s') (7) v. 35D, 38AB, 48D
to fly away, to take off

envoyer (*) v. 10M, 14M, 15E, 16D,
18D to send; **s'envoyer entre les
gencives** 26D to gobble down

éolienne f.n. 48D wind turbine

épais a. 6ABC, 7ABE, 9B, 26D, 45D
thick, dense

épancher (4) v. 38D to spill out

épargnant m.n. 45D saver

épargne f.n. 43D, 44AB saving,
economy, thrift

épatant a. 23M, 46AB, 51D great,
wonderful

épaule f.n. 7A, 12B, 18D, 38D,
43ABCD shoulder; **hausser les
épaules** 38D, 45D to shrug one's
shoulders; **rouler les épaules**
50BE swagger

épée f.n. 30M épée (fencing sword)

éphémère a. 35B, 40AC ephemeral,
passing, fleeting

épi m.n. 50B stalk

épice f.n. spice; **pain d'épices** 35M
gingerbread

épicé a. 50M hot, spicy

épicerie f.n. 16M grocery

épicier m.n. 19D grocer

Epidaure p.n. 51A site of Greek
ruins on the Aegean Sea

épingle f.n. pin; **épingle à cheveux**
47D hairpin

épique a. 5D, 12M, 48D epic

épisode m.n. 42E episode

éplucher (4) v. 32D to examine
carefully

époque f.n. 2D, 5D, 6D, 7D, 8D era,
age, time

épouse f.n. 14D, 16D, 47D, 48D,
50M spouse, wife

épouser (4) v. 8AB, 15D, 16D, 47D,
51D to marry

époux m.n. 43D spouse, husband;
les époux 14D, 47D the couple

épreuve f.n. 48D, 51D ordeal, trial

éprouver (4) v. 39B, 45D, 47D to
feel, to experience; 44D to test

épuisé a. 17M, 20D, 23M, 51M
exhausted

Equidia p.n. 44D TV station featur-
ing horse racing

équilibre m.n. 36D, 46AB, 50D
equilibrium, balance

équilibré a. 24AB balanced

équilibrer (4) v. 50D to balance

équipe f.n. 6D, 7M, 17AD, 43D, 50D
team

équipé a. 19D, 22D, 28B, 43A, 50D
equipped, furnished

équipement m.n. 31D, 32D, 33D,
35D, 36D resources, equipment

équitable a. fair, just; **commerce
équitable** 46M fair trade

équitablement adv. 26D equitably

équivalent m.n. 30D, 50E
equivalent

équivoque f.n. ambiguity; **sans
équivoque** 13D unequivocal

érable m.n. 42M maple

érablière f.n. (Québécois) 42M maple
grove

éraflure f.n. 31AB scratch

ère f.n. 7D, 30D era

ermite m.n. 9B hermit

Ernst, Max (1891–1976) 13D
German-born artist, a founder of
Dada and surrealism

érotique a. 7D, 36A erotic

érotisme m.n. 38A eroticism

erreur f.n. 12D, 21B, 23D, 35D, 37E
mistake, error

éruption f.n. 50A, 51D eruption

escadrille f.n. 45D squadron

escalade f.n. 14M, 50D climbing; **escalade en solo intégral** 38M free solo climbing; **mur
d'escalade** 43M climbing wall

escalader (4) v. 38M, 47E to climb

escalier m.n. 13AB, 32ABCD, 34B,
35D, 36BCD staircase; **escalier
roulant** 43AB escalator

escargot m.n. 26AB, 36M snail

Escholier (l') 13A café in the Latin
Quarter

esclavage m.n. 39ABE slavery

esclave a. & n. 39AB, 42D slave

escorte f.n. 52D escort

escrime f.n. 6AB fencing

escudo m.n. 5M former Portuguese currency

espace m.n. 9B, 32D, 34D, 35D, 36D space

espadrille f.n. 44ABM, 46D rope-soled sandal

Espagne f.p.n. 16BD, 27B, 35D, 47ABD, 50DM Spain

espagnol a. 3A, 4D, 8A, 16D, 24B Spanish; m.n. 2AD, 3D, 16D, 20D, 21D Spanish (language); **Espagnol** m.f.n. 35A, 37D Spaniard

espèce f.n. 22M, 24D, 30M, 33D, 45A kind, sort; 33D, 35D species; **espèce d'idiot** 49A you idiot!

Espelette p.n. 16D town in the Basque country of southwestern France famous for its chili peppers

espérance f.n. 3B, 23D, 45D hope, expectation; **espérance de vie** 13D, 32D, 44D life expectancy

espérer (10) v. 3AB, 7M, 8M, 9M, 15B to hope; **j'espère bien** 39A I certainly hope so

espion m.n. 40AB, 49A, 52E spy

espoir m.n. 11M, 21D, 25D, 31D, 38D hope

esprit m.n. 6A, 7AD, 9D, 11E, 14A spirit, mind, wit

esquimau m.n. Eskimo; 37A chocolate-covered popsicle

essai m.n. 13D, 20D, 21D, 24D, 38E essay; **pilote d'essai** 51D test pilot

essayer (11) v. 5A, 6AM, 10M, 13ABC, 15ABC to try, to attempt, to try on; **s'essayer** 42D to try one's hand at

essayiste m.n. 2D, 21D essayist

essence f.n. 27B, 30AB, 31ABE, 45AD, 46E gasoline

essentiel a. & m.n. 5D, 11D, 12D, 14D, 31D essential, necessary

essentiellement adv. 15D, 22D, 28B, 52D essentially

essoufflé a. 52AB out of breath, winded

essouffler (s') (7) v. 15D to get winded

essuie-glace m.n. 31AB windshield wiper

essuie-mains m.n. 31B hand towel

essuyer (s') (7, 11) v. 25E, 31B, 32AB, 38D, 43D to wipe; **essuyez-vous les pieds** 32A wipe your feet

esthéticien m.n. 13M beautician

esthétique a. 14M, 26E, 28E aesthetic; f.n. 30D, 32B, 33D aesthetics; **chirurgie esthétique** 23D, 43D cosmetic surgery

estimation f.n. 14E estimate

estimer (4) v. 21D, 24D, 25D, 29D, 33D to estimate; 40D to reckon

estomac m.n. 26D stomach

estomper (s') (7) v. 51D to fade, to become blurred

estragon m.n. 26B tarragon

et conj. and

établir (5) v. 4D, 31D, 33D, 42D, 45D to establish

établissement m.n. 16D, 19D, 21D, 29D, 35D establishment; **établissement de santé** 27D health center, medical center

étage m.n. 13ABCE, 32ABCD, 36D, 37M, 39D story, floor (of building); 19D tier, level

étain m.n. 22D pewter

étaler (4) v. 15D, 32D, 38D, 42ABE, 43D to display, to spread (out); **étalé** a. 42B spread out, sprawled)

étang m.n. 50D pond

étape f.n. 47ABC stopping place, stage (of race)

état m.n. 2D, 3D, 18AB, 22D, 24D state; **en mauvais état** 34AB, 51E in poor condition; **raison d'État** 47D national interest

Etats-Unis m.pl.p.n. 3D, 5D, 7D, 8D, 9D United States

été m.n. 6D, 9AB, 10D, 11ABD, 12M summer

été p. part. of **être** 5D, 8D, 10D, 11DM, 12D

éteindre (20) v. 26M, 32AB, 36B, 44B, 47D to turn off, to switch off, to put out; **s'éteindre** 32ABE, 36A, 38D, 45D to go out

éteint a. 36B, 50A, 52D extinguished, extinct, out, faded

étendre (6) v. 27D to extend; 42M to spread; **s'étendre** 34D to extend

étendu a. 38D, 44M extensive; 50M, 52AB stretched out

éternel a. & m.n. 14D, 23D, 38E eternal

éternellement adv. 14D eternally

éternité f.n. 16D, 24ABE, 25D, 26M, 27M eternity; **ça fait une éternité** 16D, 24AB, 27M it's been ages

ethnique a. 12D, 16D ethnic

ethnotourisme m.n. 43D ethnotourism

étinceler (9) v. 13D to sparkle

étincelle f.n. 46B spark; **ça va faire des étincelles** 46A the sparks will fly

étiquette f.n. 14D, 47D etiquette; 19D label

étirer (s') (7) v. 25AB to stretch

étoile f.n. 26D, 37D, 44M, 45A, 48A star; **Etoile (place de l')** p.n. 23D, 35D, 39D, 40D site of the Arc de Triomphe in Paris; **étoile filante** 27M shooting star; **la carte des trois étoiles** 48A map of three-star (top-rated) restaurants

étonnamment adv. 20D astonishingly

étonnant a. 17M, 21M, 35M, 40D, 42B astonishing, amazing

étonné a. 13ABC, 14D, 15M, 16C, 22B astonished, surprised

étonnement m.n. 42D, 51A astonishment, surprise, wonder

étonner (4) v. 43D, 45E to astonish, to amaze, to surprise; **ça ne m'étonne pas** 13A, 23M, 38D, 43A, 50M that doesn't surprise me; **ça ne m'étonnerait pas** 27M, 29A, 33M, 49M I wouldn't be surprised; **s'étonner** 23D, 37D, 39D, 49D to be surprised, amazed

étouffer (4) v. 40M, 51D to suffocate

étourdi a. 36D, 39D dizzy, dazed, stunned

étrange a. 22AE, 29D, 37D, 39D, 42D strange

étrangement adv. 34D strangely

étranger, étrangère a. & n. 4D, 13D, 15M, 17E, 19A foreign; 5D, 13D, 14E, 21D, 24D foreigner; 29D stranger; 37D unrelated; **à l'étranger** 15DM, 16D, 20D, 35D, 44D abroad

être (2) v. & aux. 2ABCDE, 3ABC-

DEM, 4ABCDEM, 5ABCDEM, 6ABCDEM to be; **n'est-ce pas?** right?, isn't it?; **l'entreprise est à eux** 32B the company belongs to them; **ça y est** 5M, 9M at last, finally; 9A, 24AB, 27M, 28M, 30M success!, got it; 13A, 23M, 31D there you have it; 36D that's it!; **sois sérieux!** 28B be serious!

être m.n. being; m.pl.n. 46D people

étreindre v. 49D to grip

étroit a. 8D, 43M, 51D, 52A narrow; **être à l'étroit** 46AB to be cramped

étude f.n. 11B, 13BM, 19ABD, 20ABD, 21DE study; **faire des études** 2D, 11ABC, 12D, 13ABCD, 15A to study, to be a student

étudiant m.n. 2ABCDE, 3A, 4ACDE, 5A, 6AE student

étudier (4) v. 3D, 11ABC, 12D, 13ABCM, 15M to study

étui m.n. 40M case

eu p. part. of **avoir** 5DM, 8D, 13A, 14M, 15DM

eucalyptus m.n. 30M eucalyptus

Eudes 50D m.p.n. masculine first name

euh int. 5A, 9A, 10A, 11A, 13A um, er . . .

euphémisme m.n. 26D, 36D euphemism

euro m.n. 3D, 5M, 11M, 19D, 20D Euro; **zone euro** 35D eurozone

Europcar p.n. 9B, 30A car rental company

Europe f.p.n. 3D, 7D, 13D, 15DM, 16D Europe

européen a. & n. 3D, 5B, 7D, 13M, 17D European

eut passé simple of **avoir** 49D, 51D had

eux pron. 4A, 7M, 9CDM, 12AC, 14AD they, them

évader (s') (7) v. 18D, 41D to get away

évalué a. 37D set, valued

évaluer (4) v. 37D, 49D to estimate; **s'évaluer** 33D to take stock of

évanoui a. 52AB unconscious

évasion f.n. 42D escape

éveiller (s') (7) v. 47D to wake up

événement m.n. 9AB, 21AB, 41D event

évêque m.n. 42D, 47D, 52D bishop

Evian p.n. 45A city on Lake Geneva known for its mineral water; brand of bottled water

évidemment adv. 4D, 5A, 6A, 7D, 9A obviously

évident a. 14D, 41A obvious, clear

évier m.n. 24M sink

évincer (4a) v. 46D to oust

éviter (4) v. 30D, 31ACD, 43D, 46D to keep clear of, to get out of the way of; 34E, 35D, 40D, 41D, 43D to avoid

évocation f.n. 46E evocation, recall

évoluer (4) v. 22M, 29D, 36D, 48D to evolve, to progress

évolution f.n. 7D, 14D, 18D, 32D, 36D evolution

évoquer (4) v. 21D, 27D to mention; 35D, 36D, 46E to evoke, to recall

exact a. 11BM, 21D, 30D, 44E exact

exactement adv. 7A, 8A, 10A, 19D, 24A exactly

exactitude f.n. 44E exactness

exagération f.n. 14D exaggeration

exagérer (10) v. 6M, 14DM, 21AE, 24B, 25M to exaggerate; **s'exagérer** 33D to have an exaggerated idea of

exaltant a. 12M thrilling, inspiring

exalté a. 42E, 48D elated

exalter v. 45D to glorify

examen m.n. 15M, 17M, 19BC, 20AC, 21M exam; **examen de passage** 51D entrance exam

examiner (4) v. 8A, 13A, 35D, 37E to examine, to study

excellent a. 4D, 6A, 14A, 15D, 21B excellent

excentricité f.n. 24D eccentricity

exception f.n. 17D, 21E exception; **à l'exception de** 7D except for; **l'exception culturelle** 37D effort to promote French culture and protect it from other countries' cultural influence

exceptionnel a. 4M, 24B, 27A, 35M, 52D exceptional

excessif a. 41D, 47E excessive

excessivement adv. 40D excessively

excitation f.n. 22D excitement

excité a. 22D, 40M, 42E, 44A excited; **excité comme une puce** 28M, 35M bursting with excitement

exciter (4) v. 43E, 46E to stimulate, to provoke; **s'exciter** 42A to get excited, to get carried away

exclamer (s') (7) v. 20E to exclaim

exclu a. 45D excluded

exclure (*) v. 42D to exclude

exclusion f.n. 4M exclusion

excursion f.n. 10D, 37D excursion

excuse f.n. 15E, 17M, 20E, 24E, 47E excuse

excuser (4) v. 2A, 14AD, 15A, 21A, 23AM to excuse; **s'excuser** 36A to apologize

exécuté a. 40D, 45D executed

exécutif a. 15D executive

exécution f.n. **mettre à exécution** 49E to execute, to carry out

exemplaire m.n. 12D, 13D, 20M, 30D, 42D copy; a. 39D exemplary

exemple m.n. 9A, 18D, 21E, 39E, 44D example; **par exemple** 2AD, 5D, 7D, 9ABD, 13A for example

exercer (4a) v. 3D, 17CE, 20D, 34D, 42D to exercise, to practice; **exercé** a. 14D exercised; **s'exercer** 14D to practice

exercice m.n. 18E, 21ABC, 38AD, 47AE exercise

exigeant a. 51E demanding

exigence f.n. 21D requirement

exiger (4b) v. 16D, 31D, 37E, 45D to require, to demand

exil m.n. 48D exile

exiler (4) v. 6D, 47D to exile

existant a. 43D, 48M, 49D existing

existence f.n. 11D, 38E, 44D existence

existentialisme m.n. 38D existentialism

existentialiste a. 6D, 29B, 40D existentialist

existentiel a. 13D, 18M existential

exister (4) v. 9AC, 14D, 19DM, 21AB, 23D to exist, to be

exit v. (Latin) 38D to exit

exode m.n. 34D, 45ABD exodus

exorbitant a. 34B exorbitant

exotique a. 13D, 27M, 40D exotic

exotisme m.n. 19D exoticism

expansion f.n. 35D expansion

expérience f.n. 12D, 20DE, 36D experience

expérimental a. 21D, 22M, 23D, 39A experimental

expérimenter (4) *v.* 40D to experience

expert, experte *m.* & *f.n.* 18D, 29B expert

explication *f.n.* 32D, 37E explanation

explicitement *adv.* 27D explicitly

expliquer (4) *v.* 8D, 13M, 18D, 20DE, 23E to explain; **s'expliquer** 21D, 24D, 31D, 32D, 44D to be explainable; **ça s'explique par** 35D that can be explained by

exploit *m.n.* 7D, 38DM, 48D exploit

exploitant *m.n.* 34D farmer, manager

exploitation *f.n.* 34D, 45D, 49D development, operation

exploité *a.* 46D exploited

exploiter (4) *v.* 40D to exploit, to take advantage of

explorateur *m.n.* 42D, 46D explorer

exploration *f.n.* 12A, 17AE exploration

explorer (4) *v.* 10D, 11ADE, 12A, 18D, 21D to explore

explosif *a.* 21AD explosive

explosion *f.n.* 17B, 18D, 20M, 38E explosion

expo *abbr. for* **exposition** *f.n.* 16A, 33A, 36A, 41M, 49D exhibition

exposé *a.* 41M, 48D exposed

exposer (s') (7) *v.* 16E to be exposed; 31D to exhibit

exprès *adv.* 20M, 30D, 38E on purpose; **faire exprès** 20E, 30D, 36M, 40D to do deliberately

express *m.n.* 14AM, 26A espresso coffee

expression *f.n.* 2D, 11D, 15DE, 16D, 23E expression

exprimer (4) *v.* 21E, 24D, 26D, 32D, 34E to express, to convey; **s'exprimer** 21D, 26D, 33D, 39M, 47E to express oneself

expulsé *a.* 16D evicted

expulser *v.* 46D to expel

exquis *a.* 24A exquisite, delicious

extase *f.n.* 37D, 46M ecstasy

extensible *a.* 46A extendable, stretchable

exténué *a.* 23M overextended

extérieur *a.* & *m.n.* 22D, 33D exterior, outside; **à l'extérieur** 22D outside; **de l'extérieur** 26D, 44D from the outside

extra *a.* 9B extra, super

extraire (*) *v.* 49D to extract, to quarry

extrait *m.n.* 4D, 5D, 7D, 8D, 9D excerpt (of a work); **extrait de vanille** 24D vanilla extract

extrait *a.* 45D excerpted

extraordinaire *a.* 8AE, 10D, 23M, 24A, 36D extraordinary

extraordinairement *adv.* 7D extraordinarily

extrême *a.* 12DM, 38D extreme

extrêmement *adv.* 7D, 10D, 18D, 28A, 30B extremely

Extrême-Orient *m.p.n.* 20D Far East

extrémité *f.n.* 37D, 45A end

Eyzies *pl.p.n.* 24AD site of famous prehistoric caves in the Dordogne region

fable *f.n.* 19D fable

fabliau, -aux *m.n.* 48D medieval comic tale

fabrique *f.n.* 50D factory

fabriqué *a.* 44D, 46D made

fabriquer (4) *v.* 18ABC, 21A, 47D, 48ACM to make, to manufacture

fabuleux *a.* 27M fabulous

fac (*abbr. for* **faculté**) *f.n.* 2ABCD, 3D, 12A, 13BM, 14E university

façade *f.n.* 15B, 16D, 27D, 30M, 32B front, façade

face *f.n.* 26E face; **face à** *prep. phr.* 20D, 21D, 27A, 37D, 45D facing, in front of; 35D faced with; **face à face** 23D face to face; **en face de** 13M, 14B, 16A, 18A, 19M in front of, facing; **en face** 14AB, 28A, 36AD, 37A, 38AD across the street; 18A, 32A immediately across; 39B directly; **faire face à** 37D, 43D, 45D, 51A to face, to face up to; **de face** 26E, 44D full face

Facebook *p.n.* 10M, 12D, 29DM, 44D social networking site

fâché *a.* 33D, 43D, 46AB annoyed, unhappy

facile *a.* 3D, 5AB, 8A, 9A, 10A easy

facilement *adv.* 7D, 12D, 19D, 22DE, 24D easily

facilité *f.n.* 27A, 36D, 52B facility, ease

faciliter (4) *v.* 32D, 35D, 37D to facilitate, to ease

façon *f.n.* 9D, 20DE, 21B, 24D, 29E way, fashion, manner; **de toute façon** 11M, 18A, 24A, 27A, 29A anyhow, in any case; **d'une certaine façon** 29A in a way; **la façon de parler d'Hubert** 33AC Hubert's way of speaking

facture *f.n.* 17M, 37D bill, invoice

facultatif *a.* 20D optional

faculté *f.n.* 2B, 12D, 19D, 21D university

faible *a.* 16D, 22D, 32D, 45D weak; *m.n.* weakness; **avoir un faible pour** 24AB, 25M to be partial to, to have a soft spot for

faiblesse *f.n.* 42D weakness

faiblir (5) *v.* 39B to weaken, to flag

faille *f.n.* 36D geological fault

faillir (*) *v.* 19BE, 27A, 31BC, 38A, 47D to fail, to fall short of; **j'ai failli rater mon examen** 19A I almost failed my exam; **nous avons failli attendre** 51A we nearly had to wait

faillite *f.n.* 44M, 45D bankruptcy; **faire faillite** 44M to go bankrupt

faim *f.n.* 23M, 24AB, 25M, 26AD, 27D hunger; **avoir faim** 16B, 21AB, 22A, 25A, 26AE to be hungry

fainéant *a.* 47D idle, lazy

faire (21) *v.* 2CD, 4DEM, 5BDM, 6ABCDEM, 7ABCDEM to make, to do; **il fait beau/bon/chaud/ froid/frais** 9C, 10A, 11BC, 12AC, 13B it's beautiful/nice/hot/cold/ cool out; **il fait doux** 14AB it's nice out; **il fait moins 20 sur la ville** 27D it's 20 below (Celsius) outside; **il se fait tard** 36A it's getting late; **il fait trop XVIème arrondissement** 5D it sounds too pretentious; **ça fait snob** 51A it's snobbish; **ça fait trois jours** 9A, 10A it's been three days; **ça fait longtemps** 9C, 10C, 13A, 24AB, 49D it's been a long time; **ça fait**

une éternité qu'on ne t'a pas
vu 16D we haven't seen you for
ages; **ça ne fait rien** 11B, 14D,
17AB, 18A, 36A it doesn't matter;
ça ne fera pas un pli 23A it's no
problem; **ça peut se faire** 27A
it's doable; **ça fait 64 francs** 37A
that comes to 64 francs; **elle fait
1 mètre 63** 7A she is 5 feet 4;
faire du karaté 6A to do karate;
faire la sieste 7AB, 10A, 35D to
take a nap; **faire du français/
de l'histoire** 9M, 19B to study
French/history; **faire rire** 10M,
21B, 32D, 38D, 49E to make
someone laugh; **faire attention**
11D, 13A, 19M, 36M, 40D to pay
attention; 22AB, 30D, 31A, 43D,
50D to watch out; **faire du 140 à
l'heure** 29A to go 140 kilometers
(87 miles) per hour; **faire semblant** 11ABCM, 13AE, 17DE, 22D,
29E to pretend; **faire l'étonnée**
15M to act astonished; **faire un
bisou** 12B, 27M to give a kiss;
faire son beurre 13AB, 41M
to make lots of money, to rake
it in; **faire du cinéma** 18ABC,
33M, 34M, 35A, 37D to work in
movies; **faire votre connaissance**
22AB, 27A, 32A, 37D to make
your acquaintance; **faire bien
de** 28M, 36A to be well advised
to; **il ferait bien de** 28M he'd do
well to, he really should; **faire
faire** 34A, 43D, 51M to have
something done; **faire quelques
pas** 37A to take a few steps; **je fis**
(*passé simple*) **quelques pas** 13D I
took a few steps; **faire un tour**
11M, 15ABE, 27M, 42A, 43M to
take a stroll; **faire la queue** 13B,
14M to stand in line; **se faire
voler** 5M to get ripped off; **ça
se fait (beaucoup)** 17C, 34AB,
42A that's often done, you see
that a lot; **s'en faire** 18D, 23A,
31A to worry; **ne t'en fais pas!**
17M, 29A don't fret!; **se faire
mal** 28AB, 37D, 43A to get hurt,
to hurt oneself; **se faire écraser**
37B, 38A to get run over; **comment se fait-il que . . .** 36D, 49E

how is it that . . . ; **on a fait les
maçons** 34A we did the masonry ourselves; **c'est bien fait
pour toi!** 44D serves you right!;
en faire trop 49M to go too
far; **ça ne vous fait pas quelque
chose?** 51A doesn't it give you a
little shiver?

faire-part m.n. 8A announcement
faisceau m.n. 38D beam, ray
fait a. 25AB mature, ripe (of
cheese)
fait m.n. 6M, 21D, 26E, 38D, 41D
fact; **en fait** 6AB, 7A, 11M, 13BM,
14AD in fact; **de fait** 35D in fact;
au fait 23E, 41E, 49M, 51E, 52AE
by the way; **du fait de** 45D, 49D,
51D owing to
falaise f.n. 36D cliff
Falkland (Îles) f.pl.n. 48M the Falkland Islands
falloir (22) v. 5ABCM, 7AE, 9BC,
10AM, 11M to be necessary, to be
required, to have to; **il faut donner un prénom aux jeunes gens**
5A the young people have to have
first names; **il faut aller travailler**
18A you have to go to work; **il
faut que j'y aille** 43A I have to
get going; **c'est tout ce qu'il faut**
21A it's all you need
fallu p. part. of **falloir**; **il m'a fallu
une bonne demi-heure** 31M it
took me a good half hour
fameux a. 8D, 27D, 38M, 51DM
well-known, famous; 24A, 50A
delicious; **où est-il, ce fameux
restaurant?** 52A where is this
restaurant of yours?
familial a. 8D, 13D, 35D, 42D, 50D
familial
familiarité f.n. 51D casualness,
offhandedness
familier a. 13B, 18B, 31B, 33E casual, colloquial, informal; **animal
familier** 24D family pet
familièrement adv. 47E casually,
offhandedly
famille f.n. 5ABCDE, 8ACD, 9A,
10AD, 13D family; **en famille**
6D, 14A, 22E, 32D, 42M with
the family; **nom de famille**
17AC, 52M last name; **famille**

décomposée 32D single-parent
household
fan m.n. 7M, 35D, 38M, 44D fan
fandango m.n. 16D fandango
(dance)
faner (4) v. 30D to wilt
fantassin m.n. 40D infantryman
fantastique a. 31D fantastic; **roman
fantastique** 4A science-fiction,
fantasy novel
faramineux a. (coll.) 51D enormous,
sensational
farci a. 26AB stuffed
farcir (se) (5, 7) v. 17M to get stuck
with
fardeau m.n. 46DM burden, load
faribole f.n. 51M nonsense
farine f.n. 26D flour
farouche a. 31M fierce, untamed
farouchement adv. 12M fiercely,
doggedly
fascinant a. 11AE, 21E, 33A
fascinating
fasciné a. 9M, 10D, 21D fascinated
fasciste a. & n. 38E fascist
fast-food m.n. 22D, 24A fast food
fatal a. 48D fateful, fated
fataliste a. & n. 37D, 45D fatalist
fatalité f.n. 46D fate
Fath, Jacques (1912–1954) p.n. 11A
French fashion designer
fatigant a. 8B, 18A, 22A, 30D, 47D
tiring; 8A tiresome, tedious,
annoying
fatigue f.n. 17M, 18E, 20D, 23M
fatigue
fatigué a. 2ABCD, 7DE, 8B, 17M,
24A tired
fatiguer (4) v. 18B, 39A to tire, to
fatigue, to strain; **se fatiguer** 10B,
22A to get tired
fauché a. (coll.) 51B broke; **fauché
comme les blés** 51AE flat broke
Faulkner, William (1897–1962) 4B
American novelist, Nobel Prize
winner, 1949
faussement adv. 43M falsely
faute f.n. 19M, 29E, 31E, 44D, 48M
fault, mistake; **ce n'est pas de ma
faute** 9AB it's not my fault
fauteuil m.n. 17M, 23D, 25M, 32AB,
37D armchair
faux, fausse a. 27B, 33D, 36D, 40A,

52AB false, fake; **faux numéro** 27A, 32AE wrong number; **fausse bonne sœur** 34AB phony nun

faveur f.n. 15D, 27D, 42D, 46E favor

favorable a. 45B favorable; **favorable à** 25D, 27D in favor of

favori, favorite a. & n. 43D, 47D favorite

favorisé a. 18D, 34D favored

favoriser (4) v. 14D, 19D, 27D, 32D, 33D to help along, to promote

fax m.n. 36D fax

fayot m.n. 6M brownnoser, suck-up

fédération f.n. 3D federation

féliciter (4) v. 32D, 50M to congratulate

Félix m.pl.p.n. 36D music award given to artists in Québec

Fellini, Federico (1920–1993) 18A Italian filmmaker

féminin a. 5D, 13D, 24D, 29D, 35D feminine

féminiser (4) v. to make feminine; **se féminiser** 29D to become more feminine

féminisme m.n. 24D feminism; **Osez le féminisme** 52M feminist organization in France

féministe a. & n. 13BD feminist

Fémis f.n. abbr. for **Fondation européenne pour les métiers de l'image et du son** 13M renowned graduate academy of film studies

femme f.n. 3A, 5BD, 6AD, 7D, 8DM woman; 8AD, 24D, 31D, 32E, 36D wife; **bonne femme** (coll.) 30D, 40D woman; **femme d'affaires** 18AB businesswoman; **femme de ménage** 23M housekeeper; **femme de chambre** 25A, 37D chambermaid, hotel maid

fémur m.n. 49D femur, thighbone

Fénelon, François (1651–1715) 12D, 19D French prelate and author

fenêtre f.n. 13AB, 15D, 17ABD, 23ADE, 24B window

fente f.n. 22ABM slit, slot

fer m.n. 40D, 47D iron; **fer à cheval** 41BD horseshoe; **chemin de fer** 16D, 27D, 29A, 46D, 52B railroad

férié a. **jour férié** 49D holiday

ferme a. 46AB firm, solid; f.n. farm; **ferme-modèle** 47D model farm

fermé a. 14A, 25M, 29D, 30D, 31B closed; 27D, 30M, 32D, 35AB, 36D closed in, closed off

fermentation f.n. 10D fermentation

fermenté a. 51B fermented

fermer (4) v. 14M, 19M, 24B, 25D, 26D to close, to shut

fermeture f.n. 41D, 45M, 48D closing; **fermeture à glissière** 43AB zipper

fermier m.n. farmer; **fermiers généraux** 49D class of financiers in pre-revolutionary France

Ferrat, Jean (b. 1930) 34D French singer and songwriter

ferré a. **la voie ferrée** 42D railway track

ferry m.n. 29M ferry

Fersen m.p.n. (Swedish) 47D, 51AE masculine first name

fessée f.n. 17D spanking

festif a. 50D festive

festival m.n. 7D, 37D festival

fête f.n. 15D, 23D, 27D, 31D, 37M party, celebration, feast day; 16D, 34M festival; **faire la fête** 42D to have a good time

fêter (4) v. 27M, 28M, 45ABC to celebrate

feu m.n. 13ACD, 41D, 43AC light; 12M, 13B, 18D, 25D, 26D fire; 31D traffic light; **du feu** 13CD, 41D, 43C a light; **est-ce que vous avez du feu?** 13A, 43A have you got a light?; **feu rouge** 31ABC, 51A red light; **visage en feu** 31D red face; **à feu doux** 24D over a gentle fire (for cooking); **au feu!** 17D help, fire!; **le pays est à feu et à sang** 52D the country is being torn apart

feuillage m.n. 26D foliage

feuille f.n. 11ABCD, 35E, 36B, 41B, 49D leaf

feutre m.n. 13D felt hat; 42M felt liner

feutré a. 51D muffled

février m.n. 10M, 22M, 24M, 25M, 27M February

FFI p.n. abbr. for **Forces françaises de l'intérieur** 49D resistance fighters in occupied France

fiancé a. 32M, 47A fiancé

fiancer (se) (7) v. 30D, 51A to become engaged

fibre f.n. 43A fiber

ficelle f.n. 15M, 16B, 49AB string

fiche f.n. sheet, slip, form; **fiche pratique** 37D practical guide

ficher (se) (4) v. (coll.) **fichez-moi la paix!** 17M leave me alone!; **je m'en fiche** 11M, 48A I don't give a damn, I couldn't care less; **ficher un coup** 45M to deal a blow

fichier m.n. 36M file

fichu a. 23M capable; **c'est fichu pour le cinéma** 25D it's too late now for the movie

fiction f.n. 19D, 21A, 39A fiction

fidèle a. 16D, 21D, 39D, 44D, 48D faithful

fidélité f.n. 16D, 37D, 44D, 48D fidelity

fief m.n. 52D fiefdom, stronghold

fier a. 7M, 8M, 9A, 15M, 16D proud

fier à (se) (7) v. 33M to trust

fierté f.n. 30M, 45D, 51D, 52M pride

figaro m.n. barber; **Figaro (le)** 2D, 8A, 23D, 34D daily newspaper

figé a. 30M frozen; 41D rigid, stiff

figer (se) (7) v. 42M to turn solid

figuier m.n. fig tree; **figuier de barbarie** 30M prickly pear (type of cactus)

figurant m.n. 40ABE walk-on, extra

figuration f.n. 40D extras (on stage or screen)

figure f.n. 38D, 40D, 43D, 46D face; 2D, 11D, 13D, 24D, 30D figure; **casser la figure** 30BD, 33B to punch in the mouth; **se casser la figure** 40D, 44M to hurt oneself, to take a tumble

figurer (4) v. 26D, 40B, 45D, 50D to appear; **figure-toi, figurez-vous** 16D, 32D, 49D just imagine

fil m.n. 38M, 47B, 50B thread; **coup de fil** 24AB telephone call; **au fil de** 47D, 50D in the course of; **au fil des générations** 25D down through the generations; **sans fil**

32D wireless; **au bout du fil** 33M on the line; **fil conducteur** 50A theme

file f.n. 13ABCE, 45D line; **en file simple** 31D single file

filer (4) *v.* 18AB, 21B, 33D to run off; **je file** 21A, 23A, 51A I have to run; **filer comme le vent** 45D to go like the wind

filet m.n. 46D net; 26AD fillet

Filitosa p.n. 30M megalithic site in southern Corsica

fille f.n. 3ABCE, 4AD, 5ACDE, 6AE, 7AE girl; 5D, 8ABC, 15D, 16D, 22A daughter; **fille de joie** 48D good-time girl

filleule f.n. 24AB goddaughter

film m.n. 3B, 4A, 5BD, 6D, 8D film, movie; **film doublé** 40A dubbed film; **film en noir et blanc** 38A black-and-white film; **film muet** 38B silent film; **film de la Nouvelle Vague** 37D, 40D New Wave film

fils m.n. 6D, 8AB, 15D, 18A, 23M son; **fils unique** 5A only child; **fils à papa** 13AB, 48A daddy's boy; **Alexandre Dumas fils** 15D, 24D Alexandre Dumas the younger; **de père en fils** 38D from father to son

filtrer (4) *v.* 50D to filter

fin *a.* 6ABD, 9A, 10A, 35D, 51D fine, delicate, slender, subtle; **un fin gourmet** 50A a real gourmet; **fines herbes** 26AB herbs for seasoning

fin f.n. 6D, 15D, 19ADE, 23D, 24D end; **à la fin** 9A, 17M, 51M in the end, at long last; **en fin de compte** 18A at the end of the day

final *a.* 38B final

finale f.n. 7M, 39D final

finalement *adv.* 7M, 9M, 11E, 12D, 18C finally, at last, in the end

finaliste m.n. 42D finalist

finance f.n. 17D, 29D, 33D, 40D, 41D finance

financement m.n. 21D, 37D financing

financer (4a) *v.* 19A, 20D to finance

financier *a.* 3D, 14BE, 18D, 32D, 41BD financial

finir (5) *v.* 8D, 15D, 17M, 18AC, 20D to finish, to end; **ça finira mal** 22AB, 23A it's going to end badly; **en finir avec** 19AE to be done with; **fini** *a.* 5M, 14M, 19BD, 43B, 49A finished

finnois *a.* & *n.* 16D Finnish, Finn

fiscal *a.* 34D fiscal, pertaining to taxes

Fitzgerald, F. Scott (1896–1940) 19A American novelist

fixe *a.* 36D fixed; m.n. 33M landline, home phone; **idée fixe** f.n. 52E obsession

fixé *a.* 40A, 48D set, fastened, fixed; **tu n'as pas l'air très fixé** 13A you don't seem to have much of a plan

fixer (se) (7) *v.* 45D to fasten on; 52D to settle in

Fixin p.n. 30A, 33A town in Burgundy famous for its wine

flacon m.n. 41M flask

flageolant *a.* 49D wobbly

flair m.n. 37D foresightedness

flamant m.n. 50ABDE flamingo

flamme f.n. 17ABE, 20M, 45D, 52ADE flame; **en flammes** 52A on fire

flan m.n. custard tart; **en rester comme deux ronds de flan** 45M to stand there flabbergasted

flanc m.n. 30M slope

Flandres p.n. 48D Flanders, northern part of Belgium

flâner (4) *v.* 24D to stroll

flanqué *a.* 26D flanked

flatter (4) *v.* 19D flatter

flatterie f.n. 11M, 19D flattery

flatteur *a.* 10E flattering; m.n. 19D, 49D flatterer

Flaubert, Gustave (1821–1880) 51D celebrated French writer

flèche f.n. 12B arrow; 47AB spire

fléchir (5) *v.* 48D to sway, to weaken

fleur f.n. 11D, 16AM, 17AD, 19AD, 20D flower; **comme une fleur** 28A, 31A innocently, cool as a cucumber; **en fleur** 11ABC, 48D in bloom; **à la fleur de l'âge** 48AB in the prime of life

fleuri *a.* 32D, 38D, in bloom

fleurissable *a.* 34D where flowers will grow

fleuriste n. 32D, 50D florist

fleuve m.n. 48AB river

flexibilité f.n. 18D, 35D flexibility

flic m.n. (*coll.*) 16M, 51D policeman, cop

flirter (4) *v.* 37D, 47D to flirt

Flore (Café de) m.p.n. 29ABD, 51D literary café in Saint-Germain-des-Prés

Floride f.p.n. 50A Florida

flot m.n. 26D, 45D, 46D flood, stream; **les flots** m.pl.n. 15D, 51D waves

flotter (4) *v.* 30M to flutter, to fly (of flag); 44M to be swimming in; 49E to float

fluide m.n. 31AB fluid

foi f.n. 3B, 17D, 24D, 37D faith; **ma foi** 45A to tell the truth, frankly

foie m.n. 23D, 45ABE, 50D liver; **foie gras** 24B, 25M, 33ACE, 34AE, 44E foie gras, goose liver; **foie gras de canard** 26A, 52B duck liver; **crise de foie** 35M indigestion, upset stomach; **mal au foie** 40D, 45A indigestion, upset stomach

fois f.n. 7DM, 8D, 9ADM, 10B, 11M time, occasion; **à la fois** 5ABD, 18D, 26D, 28D, 32D both, at one and the same time; **une autre fois** 5A another time; **une fois la Méhari garée** 52A once the Méhari is parked

folie f.n. 51D folly, madness; **à la folie** 31A madly

Folies-Bergère f.pl.p.n. 39ABE, 40A famous cabaret music hall in Paris

folk *a.* 48D folk

folklore m.n. 21D folklore

folkloriste m.n. 9D folklorist

foncé *a.* 45AB dark

foncer (4a) *v.* 30ABD, 45A, 52A to rush, to speed

fonction f.n. 12D, 20D, 23D, 24D, 33D function

fonctionnement m.n. 36M, 45E functioning

fonctionner *v.* 27M to function, to work

fond m.n. bottom, back, background; **à fond** 19ABE, 39A thoroughly; **au fond** 8A, 9M, 20E, 37D, 46D deep down, basically; 5M, 12M, 17M, 22AM, 24D over there, in the back, at the bottom, at the end; **fond sonore** 45D background noise

fondateur, -trice m. & f.n. 2D, 5D, 13D, 19D, 23D founder

fondation f.n. 4D, 13M foundation

fondé a. 41D based

fondement m.n. 35D basic principle

fonder (4) v. 3D, 8D, 23D, 27D, 33D to found, to create

fondou m.n. 40D fondu, ballet step (*Russian accent*)

fondre (6) v. 24D, 48ABE, 50B to melt; **fondre en larmes** 15M to break down in tears

fondue f.n. 33D, 50AB fondue

fontaine f.n. 24D, 25D, 42D fountain; **Fontaine Médicis** f.p.n. 11A, 42AB fountain in the Luxembourg Gardens

Fontainebleau p.n. 30ABCE, 38B, 47A town south of Paris known for its château

Fontenelle (1657–1757) 33D French philosopher and poet

foot m.n. 6D, 7M, 9D, 50M *abbr.* for **football**

football m.n. 6D, 7M, 9D, 17D, 18A soccer; **football américain** 7A football

footballeur m.n. 2D, 17D soccer player

force f.n. 18E, 23D, 24D, 44D, 45D force; **à force de** 33D by dint of; **force (nous) est de constater** 51D we have no choice but to note

forcé a. 16E, 20AC, 23E, 35D forced; **travaux forcés** 20AB hard labor

forcément adv. 7M, 18A, 22A, 29A, 37D inevitably, of course

forestier m.n. 17A forester; a. 42D in a forested area

forêt f.n. 6M, 10D, 19D, 26D, 33D forest; **forêt de la pluie** 51D rainforest

formalisme m.n. 48D formalism

formalité f.n. 35D formality

formation f.n. 52ACD formation, development, making; 32D, 35D, 44D, 45D education, training, schooling

forme f.n. 7D, 11M, 26D, 28D, 29D shape, form; **en forme** 6D, 30ABC, 33D, 49A in good shape/condition; **en pleine forme** 37D, 52M in great shape

formé a. 31D educated, trained

formel a. 11D formal

former (4) v. 20D, 35D to train; 31D, 35D, 38D, 45D, 46D to form

formidable a. 4D, 10D, 12M, 13AD, 14M great, wonderful, tremendous

formule f.n. 21A formula; 27D package deal; 43D option; **formule toute faite** 43E stock phrase

fort a. 11E, 19ABD, 23D, 24BD, 33D strong; 6ABC stout; 33D large; 19D, 50M loud; **il n'est pas très fort en latin** 50AE he's not too good at Latin; adv. 13D loudly; **frappez fort** 32A knock loudly; **ça ne va pas fort** 2AD I'm not feeling too well; m.n. 47D fort

Fort, Paul (1872–1960) 17D, 28D, 33D, 38D French poet

Fort-de-France p.n. 51D capital city of Martinique

fortement adv. 13D, 34D, 36D, 44D, 50B strongly

fortification f.n. 33D, 47D fortification; **Fortifications de Vauban** f.pl.p.n. 35M fortifications along France's borders designed in the 17th century by the military engineer Vauban

fortifié a. 47ADE, 50D, 52A fortified

fortuit a. 12D fortuitous, accidental

fortune f.n. 8A, 43D, 44B, 45D, 48M fortune, money

Forum des Halles m.p.n. 15B, 23AD, 33A, 49D modern mall built on the site of the former Halles (central market) in Paris

Fos (-sur-mer) p.n. 21B port city on the Mediterranean

fosse f.n. 40M pit

fossé m.n. 31AB, 40DM ditch

fou, folle a. & n. 13A, 15M, 16M, 22M, 24M crazy, mad, incredible; **fou de joie** 28M ecstatic; **c'est fou ce que les parents peuvent être vaniteux** 28M it's incredible how vain parents can be; **fou furieux** 31M blind with rage; **c'est fou le nombre de théâtres qu'il y a à Paris** 39A it's incredible how many theaters there are in Paris; **fou de** 40D mad for; **on s'amusera comme des fous** 46A we'll have lots of fun; **plus on est de fous, plus on rit** 46A the more the merrier

foudre m.n. 29B, 36D lightning, thunderbolt

foudroyant a. 29B stunning, striking; **un regard foudroyant** 29B a withering look; **reprises foudroyantes** 29A terrific pick-up (of an automobile)

fouet m.n. 24D whip

fougue f.n. 37D fire, passion

fouine f.n. 49D weasel

Foujita (1886–1968) 38AD French painter of Japanese origin

foulard m.n. 13AB, 25D, 51B scarf

foule f.n. 12M, 13D, 21M, 26D, 38DM crowd

Fouquet's m.p.n. 38A, 39ADE, 40A, 41AE, 51E restaurant and café on the Champs-Elysées

four m.n. 17B, 24DM, 25D, 36M oven; **petit four** 32D petit four (small cake); **four à micro-ondes** 33D microwave oven; **four solaire** 43M, 48ABE solar furnace

fourchette f.n. 24D, 25ABC, 29B, 50M, 52B fork; **fourchette à fondue** 33D fondue fork

fourmi m.n. 4D, 43D ant

fournir (5) v. 36D, 41D to furnish, to provide; **se fournir** 37M to buy, to shop

fourrure f.n. 37D, 42D fur

foutre (*) v. (sl) 8D to do; **se foutre de quelque chose** to not give a damn about something; **je m'en fous** 18D, 41D, 42D I don't give a damn; **se foutre de** (sl.) to make fun of; **tu te fous de moi?** 38M, 46AB are you shitting me?; **foutre le camp** 51M to get the hell out

foutu *a.* (*sl.*) 8D able; 12M wasted; **foutu en l'air** (*sl.*) 35M ruined

fox-trot m.n. 16B fox-trot

foyer m.n. 32D, 34D, 40D household

fracture f.n. 44D split

fragile *a.* 6ABC, 7C, 32A fragile, delicate, frail

fragilité f.n. 50D fragility

fragment m.n. fragment; **fragments de conversation** 40A snatches of conversation

fragmenté *a.* 3D, 36D fragmented

fraîcheur f.n. 26D coolness

frais, fraîche *a.* 25AE, 26AE, 47A fresh; 25A underripe; 11AB, 14D, 25D, 47D, 50M cool; **votre brie est trop frais** 25AB your brie is too young; **tu es fraîche comme une rose** 24A, 33A you're looking lovely; **argent frais** 41A fresh funds

frais m.p.n. costs; **frais de scolarité** 21D, 35D tuition fees

fraise f.n. 26B strawberry

framboise f.n. 26AB, 42D, 47M raspberry

franc m.n. 3D, 5M, 14A, 15AD, 18D franc

franc, franche *a.* 13AB, 14AB frank

français *a. & n.* 2ADE, 3ABCDE, 4AD, 5ABCDE, 6AD French; **Français, -aise** m. & f.n. 9D, 11D, 12E, 13AD, 14B French person

France f.p.n. 2ACD, 3B, 4ADE, 5D, 6D France

France-Info p.n. 45M French news radio channel

franchement *a.* 6M, 11M, 12M, 26D, 33D frankly

franchir (5) *v.* 47D to cross; **franchir le mur du son** 51D to break the sound barrier

franchise f.n. 14B frankness

Franck, César (1822–1890) 17E French organist and composer born in Belgium

franco-américain *a.* 39D Franco-American

franco-israélien *a.* 52D Franco-Israeli

François m.p.n. 5D, 8A, 9D, 11D, 38D masculine first name

Françoise f.p.n. 5D, 13D, 37D feminine first name

francophone *a. & n.* 2D, 3D, 16D, 18D, 35D French-speaking, French speaker

Francophonie f.n. 2D countries where French is a native, official, or administrative language

frapper (4) *v.* 15D, 25AB, 32A, 33D, 38D to strike, to hit, to knock; **ce qui me frappe** 14M what strikes me

fraternité f.n. 2D, 26M, 28D fraternity

Frédéric m.p.n. 5D masculine first name

frein m.n. 29B, 31ABCDE, 37A, 45E brake; 47D impediment; **frein à main** 31A hand brake, emergency brake; **freins à disques** 29A disc brakes

freinage m.n. 29A, 31B, 43D braking

freiner (4) *v.* 31C to brake

fréquemment *adv.* 20D frequently

fréquence f.n. 14D frequence

fréquent *a.* 8D, 34B, 44D frequent

fréquenter (4) *v.* 6D, 12D, 15D, 24D, 28D to frequent

frère m.n. 2D, 5ABC, 8ADE, 13A, 20D brother; **faux frère** deceiver, traitor; **faux frère d'Internet** 36D no relation to the Internet; **Frères Lumière** 48E inventors of cinematography

fresque f.n. 19ABC, 51D fresco

frette *a.* (*Québécois*) 42M freezing cold

Freud, Sigmund (1856–1939) 28D Austrian neurologist, founder of psychoanalysis

fric m.n. (*coll.*) 11M, 43D, 52A money

fricoter (4) *v.* 33M to cook something up

frigo m.n. 24M refrigerator

frileux *a.* 48AB sensitive to cold

frimeur, frimeuse m. & f.n. 16M, 24M, 46M show-off, poser

fringue f.n. 41D clothing, the clothing industry; **fringues** f.pl.n. (*coll.*) 11M clothes

fringuer (se) (7) *v.* 46D to buy one's clothes

frise f.n. 49D frieze

frisé *a.* 6D curly

frissonner (4) *v.* 49D shiver

frit *a.* 26A fried

frite f.n. 25D, 26D French fry; **frites de banane** 9M banana fritters

froid *a. & m.n.* 11D, 12D, 14D, 17D, 18ABCE cold; **il fait froid** 11ABC, 12AC, 14BC it's cold; **un froid de loup** 11D bitter cold; **prendre froid** 37D to catch a chill

fromage m.n. 11M, 14M, 16D, 19D, 21B cheese

froncer (4a) *v.* to gather; **froncer les sourcils** 38D to frown, to knit one's brow

front m.n. 41M, 47B forehead; 35D façade; **en plein front** 51AB right in the forehead

Front National p.n. 12D, 33D right-wing nationalist political party

frontière f.n. 23M, 42D, 47D, 48D, 51D frontier, border

fronton m.n. 16D fronton

frotter (4) *v.* 24AB, 25D, 38D, 47D, 51A to rub

fruit m.n. 4B, 9D, 16M, 25BE, 34D fruit; **fruit de la passion** 26A passion fruit; **La Passion du Fruit** 46A Parisian restaurant

frustré *a.* 30B frustrated, dissatisfied

fuel m.n. 45D heating oil

Fugain, Michel (b. 1942) 47D French singer and composer

fuir (*) *v.* 31M to leak; 37D, 38D, 45BD to flee

fuite f.n. 25M leak; 40D, 43D flight

full *a.* (*angl., Québécois*) 33D full

fumant *a.* (*coll.*) 40D terrific

fumé *a.* 26A smoked

fumée f.n. 13B, 17A, 20M, 25D, 26M smoke

fumer (4) *v.* 13AE, 18BD, 21A, 26M, 27D to smoke

fumeur m.n. 10M, 27D, 41D smoker

fun m.n. (*angl., Québécois*) 42M fun

funambule m.n. 38M tightrope walker

funèbre *a.* 38D funerary; **pompes funèbres** f.n. 37E undertaker

funérailles f.pl.n. 37E funeral; **funérailles nationales** 24D, 48D state funeral

furent *passé simple of* **être** 48D, 51D were

fureur f.n. 16E, 50A fury, rage

furibond a. 22M furious

furieux a. 18B, 27M, 28M, 36D furious; **fou furieux** 31M blind with rage

Furstenberg (place) f.p.n. 51D chic residential square in Paris

fus *passé simple of* **être** 45D was

fusain m.n. 22D shrub, spindle-tree

fusil m.n. 40D rifle

fustiger (4b) v. 29D to denounce

fut *passé simple of* **être** 13D, 23D, 29D, 39D, 45D was

futé a. 44M sharp, clever; **Bison Futé** 29M traffic information service; **elle n'est pas très fute-fute** 38M she's not terribly bright

futur a. 20D, 45D, 48D future; m.n. 23D future

futurisme m.n. 10D futurism

futuriste a. 27M futuristic

Gabin, Jean (1904–1976) 5D, 6D French actor

Gabon m.n. 38D Gabon

gâcher (4) v. 35M, 36M, 37M, 38D to spoil, to waste

gâchis m.n. 24M, 40D waste, mess

gadget m.n. 44D gadget

gaffe f.n. 41M blunder, gaffe

gaffeur m.n. 41M goofball, blunderer

gag m.n. 43D gag, joke

gaga a. 47M gaga, mad for

gagnant m.n. 19D, 41AD, 42A, 43D, 51C winner

gagner (4) v. 6D, 7M, 9B, 13B, 15D to win, to earn; 30D to reach; **gagner sa vie** 33D, 34D, 39AB to earn one's living; **on l'a bien gagné** 34A we've really earned it

gai a. 15E, 37D, 46D cheerful, happy

gaieté f.n. 23D cheerfulness

gain m.n. 44D winning, winnings; 13D increase

Gainsbourg, Serge (1928–1991) 41D, 42D, 51D French singer and songwriter

galant a. 9AB, 18D, 50E gallant, courteous

galanterie f.n. 46CE, 50AE politeness, compliment

galère f.n. 31M, 52M struggle, drag; 46ABD galley; **qu'est-ce que j'irais faire dans cette galère?** 46B why would I want to get mixed up in that?; **c'est la galère!** 47M it's forced labor!

galerie f.n. 19D, 23E, 46D, 49D gallery, long room; 51ABC roof rack

Galerie des Glaces f.p.n. 27AD Hall of Mirrors in the palace of Versailles

Galeries Lafayette f.pl.p.n. 45M upscale French department store

galette f.n. 9ABC butter cookie; 25D tortilla, crêpe

Gallia est omnis divisa in partes tres (*Latin*) 50A "All Gaul is divided into three parts" (beginning of Caesar's *Gallic Wars*)

gallo-romain a. 25E, 47E, 52AB Gallo-Roman

galop m.n. gallop; **cheval au galop** 47AB galloping horse

gamin, gamine m. & f.n. 9AB, 11M, 16AB, 17A, 34D kid

gamme f.n. 43B scale, range; **haut/ bas de gamme** 43ABCE top/ bottom of the line

gammée a. **croix gammée** 16D swastika

gang m.n. (*angl., Québécois*) 42M band of friends

gangster m.n. 13B, 14B, 50B gangster

gant m.n. 42M, 45AB glove; **ça vous va comme un gant** 45B it fits you like a glove

garage m.n. 22D, 24A, 30ACE, 31ABCE, 34ABCE garage

garagiste m.n. 28B, 30ABCE, 31ABE mechanic

garanti a. 18D, 42M, 43D guaranteed

garantir (5) v. 3D, 27D to guarantee

Garbo, Greta (1905–1993) 13ABCE, 16B, 24D, 30D Swedish film star

garçon m.n. 3B, 5DE, 6DM, 7ACD, 8ABC boy, guy, fellow; 14A, 19A, 20ABCE, 22ABE, 25AC waiter; **garçon boucher** 38AE butcher's

boy, butcher's apprentice; **garçon bouvier** 18D cowherd's helper

garde m.n. 23M guard; f.n. 32D, 52M guard, watch; **de garde** 49M on call; **chien de garde** m.n. 27D watchdog; **Chiennes de garde (les)** f.pl.p.n. 52M feminist organization in France; **mettre en garde** 35D to warn; **prenez garde, prends garde** 35D, 43D be careful; **en garde!** 40D en garde!; **garde-robe** 42M wardrobe closet; **garde des enfants** 44D child custody

garder (4) v. 12M, 15D, 19AE, 20D, 35D to keep; 8D, 24D, 41B to watch; **garder un secret** 24A to keep a secret

gardian m.n. 50AD cowherd, cowboy in the Camargue region

gardien m.n. 23M, 32D, 34A, 41B keeper, caretaker, janitor; **gardien de nuit** 14ABE night guard

gare f.n. 27ABCM, 28ACE, 29A, 38AD, 45A station; 40D beware!

Gare de l'Est f.p.n. 27B Paris train station

Gare du Nord f.p.n. 27B Paris train station

garer (se) (7) v. 30M, 37D, 52AB to park; **garé** a. 52A parked

Gargantua m.p.n. 21D, 24D gigantic folk hero of books by Rabelais

gargouille f.n. 15B gargoyle

garni a. 43A trimmed; **choucroute garnie** 26AB sauerkraut with sausages

Garnier (Palais, Opéra) m.p.n. 15B, 39DM 19th-century opera house in Paris

garnir (5) v. 26AC to garnish

garniture f.n. 47D trimming, set

Garonne f.p.n. 48A one of the four main rivers of France

Garou (Pierre Garand) (b. 1972) 17D Canadian singer-songwriter

gars m.n. (*coll.*) 28D, 30D, 41D guy

gasoil m.n. 18ABD, 30B diesel fuel

gaspiller (4) v. 43D to waste

gastro-entérologie f.n. 27M gastroenterology

gastronome m. & f.n. 50D gastronome

gastronomie f.n. 23D, 34D, 42D, 47A, 50D gastronomy

gastronomique a. 23D, 24A, 26D, 34D, 35M gastronomical

gâteau m.n. 17D, 22E, 26ABDE, 48B, 49AE cake, pastry; **c'est du gâteau!** 29M it's a piece of cake!; **ce ne serait pas du gâteau** 47M it wasn't going to be easy

gâter (4) v. 48AB to spoil, to ruin; **gâté** a. 34D spoiled

gauche a. 7M, 10A, 15D, 27M, 30D left-hand, left; f.n. 16D, 30AD left side; **à gauche** 10B, 12M, 15A, 24E, 32A on the left; **gauche caviar** f.n. 46M limousine liberals; **de gauche** 12M, 13D, 27B, 34D, 38D leftist, left-leaning

gaucher a. 43B left-handed

gauchiste a. & n. 46A leftist

Gauguin, Paul (1848–1903) 51D French Post-Impressionist artist

Gaule f.p.n. 7D, 24A, 50A Gaul

Gaulle, Charles de (1890–1975) 4BDE, 38AB, 44B, 45D, 49M French general and statesman

gaulliste a. & n. 45E member of the Gaullist political party

Gaulois n. 7D, 14D, 47D Gaul; a. 7D, 14D, 27B, 35D, 48D Gallic; **le coq gaulois** 7D national emblem of France

Gault et Millau m.p.n. 26E, 48A, 52ABC restaurant guide

Gavarnie p.n. 47AD site of a famous natural amphitheater in the Pyrénées

gave m.n. 47D mountain stream

gay a. 23D, 45D gay, homosexual

gaz m.n. 17M, 18D, 33A gas

gazon m.n. 12ABC, 36B grass, lawn

gazouillis m.n. 19D chirping, warbling

gazpacho m.n. 24AB gazpacho soup

géant a. 7M, 38D gigantic; m.n. 21D giant; **les géants de '93** 47A the heroes of the Revolution of 1793

geek m. & f.n. 36M geek

gelé a. 48D frozen

gênant a. 49D bothersome

gencive f.n. 26D gum

gendarme m.n. 27B state policeman

gendarmerie f.n. 27ABC, 52A state police force

gendre m.n. 15D son-in-law

gêné a. 33E, 34E, 39B self-conscious, inhibited

gêner (4) v. 37D, 38D, 39B, 40D, 44B to bother, to hamper; **sans-gêne** m.n. 39ABE pushiness; **ça ne vous gêne pas?** 44A that doesn't get in your way?

général a. 19D, 21D, 22D, 31D, 32D general; **en général** 4CD, 7DM, 18BD, 20BD, 21BC in general

général m.n. 35B, 40D, 48D, 52D military general

généralement adv. 9D, 32D, 37D, 42D, 48D generally

généralisation f.n. **la généralisation des connexions internet** 18D the spread of Internet connections

généraliser (4) v. 14E, 17D to generalize

génération f.n. 22D, 25D, 32D, 35D, 37D generation

générer (10) v. 41D to generate

généreusement adv. 24A generously

généreux a. 7D, 9ABE, 10C, 23BE, 26D generous

générique m.n. 40B credits

générosité f.n. 43E, 48D, 51E

Genèse f.p.n. 2A, 3A, 4A, 47B Genesis

Genève p.n. 29AC, 51D Geneva

génial a. 12M, 13M, 17D, 27M, 30M brilliant, great, fantastic

génie m.n. 10A, 15D, 18E, 20A, 24D genius

Génois m.n. 30M Genoese; a. 30M Genovese

genou m.n. 10ABD, 14M, 23D, 24DE, 25E knee

genre m.n. 4E, 11M, 13BD, 14AM, 16E kind, sort, type; 36A, 39A genre; **ce n'est pas mon genre** 13AB it's not my style; **genre humain** 24D, 26D human race; **vous voyez le genre** 33A you know the kind I mean

gens m.pl.n. 2D, 7M, 8BD, 9ADM, 10M people; **jeunes gens** 3ABC, 4ABC, 5ACD, 8D, 11E young people, youth; **ces gens-là** 8D,

19D, 33A those people; **gens de lettres** 29D literary figures

gentil, -ille a. 2AD, 8ABE, 9AM, 10C, 14A nice, kind, good

gentilhomme m.n. 15D nobleman

gentilhommière f.n. 34AD manor house

gentillesse f.n. 31E kindness

gentiment adv. 17A, 21E, 26E, 32E, 45E nicely, pleasantly, quietly

Geoffroy m.p.n. 43D masculine first name

géographie f.n. 19AB, 20D, 47AE, 48D geography

géographique a. 12D geographic

géolocalisation f.n. 22D geolocation, GPS

géologie f.n. 19A geology

géométrie f.n. 16D, 21AD, 38D geometry; **géométrie plane** 38D plane geometry

gérant m.n. 42D manager

Gérard m.p.n. 5D masculine first name

gerbe f.n. 51AB spray, splash; **gerbe de blé** 51B sheaf of wheat

géré a. 44B managed, run

gérer (10) v. 41D, 43D to manage

germanique a. 14D Germanic

geste m.n. 18A, 25D, 30D, 31D, 38AD gesture, movement; **chanson de geste** 48D medieval epic poem recounting heroic deeds

gesticuler (4) v. 22M to gesticulate

gestuelle f.n. 50D characteristic gestures

Gevrey-Chambertin p.n. 30A, 31E, 33A town in Burgundy famous for its red wines

ghetto m.n. 27D ghetto

Ghislaine f.p.n. 12ABCE, 18AB, 44B, 51ABE feminine first name

Giacometti, Alberto (1901–1966) 51D Swiss sculptor and painter

Gide, André (1869–1951) 8D, 29D, 32D, 48D French novelist, winner of Nobel Prize in Literature, 1947

gigantesque a. 10D, 20M, 27M gigantic

gigot m.n. 24ABC leg of lamb

gilet m.n. vest; **gilet fluorescent** 31D safety vest

Gilles m.p.n. 20D masculine first name

Gillot-Pétré, Alain (b. 1950) 32A French TV weatherman

Gini m.p.n. 39AB brand of soft drink

Ginsberg, Irwin Allen (1926–1997) 31D American poet of the Beat Generation

girafe m.n. 6M, 40M giraffe

Giraudoux, Jean (1882–1944) 51D French playwright

Gislebertus 30D medieval sculptor

gitan m.n. 50D Gypsy

Givenchy, Hubert de (b. 1927) 11AD French fashion designer

givré a. (coll.) 32M bonkers

glace f.n. 6AB, 7A, 17B ice; 26A, 31M, 43M ice cream

glacé a. 26A glazed, candied; 38D, 46D frozen, iced; **crème glacée** (Québécois) 42M ice cream

glaçon m.n. 24A ice cube; 48AE block of ice

gladiateur m.n. 7M gladiator

gland m.n. acorn; 38D tassel

glisser (4) v. 6D, 17ABD, 30D, 32D, 44ABC to slide, to slip

glissière f.n. slide; **fermeture à glissière** 43AB zipper

global a. 22D, 50D global

globalement adv. 42D overall

gloire f.n. 4M, 14D, 27M glory

glorieux a. 39D glorious

glorifier (4) v. 13D to glorify

glou-glou int. **faire glou-glou** 17D go blub-blub

gna, gna, gna! int. 16A whine, whine, whine!

Godard, Jean-Luc (b. 1930) 10D, 13M, 37D, 40A French filmmaker

godasse f.n. (coll.) 45D shoe

godillot m.n. (coll.) 45D heavy boot

gogo adv. (coll.) **à gogo** 28M, 29A, 40D galore

gogosse f.n. (Québécois) 33D thingamabob

goinfrer (se) (7) v. 41D to stuff (oneself)

Golden Globe p.n. 49M American film award

golf m.n. 6D golf

Golfe du Mexique p.n. 11B Gulf of Mexico

gomme f.n. 46D gum; **boule de gomme** 4M, 15AB, 23B, 24M, 31M gumdrop; **mystère et boule de gomme** 8M, 15A, 16A, 22A, 23A it's a secret, that's for me to know and you to guess

Goncourt, Edmond de (1822–1896) 19D, 23D French writer who collaborated with his brother, **Jules de Goncourt (1830–1870)**, on novels and numerous other works; **Académie Goncourt** 15D, 19D, 21D, 24D literary society; **Prix Goncourt** 13D, 23D, 40D, 42D annual literary prize awarded by the Académie Goncourt

gonfler (se) (7) v. 51D to inflate; **se gonfler comme un bœuf** 45D to swell with pride

gorge f.n. 43D, 46D throat; **avoir mal à la gorge** 12AB, 17A to have a sore throat; 14M, 47D gorge, canyon; **gorges du Verdon** 47AD, 52A grand canyon of the Verdon

Goscinny, René (1928–1978) 7D, 29D, 43D, 46D, 50D French comic writer, author with Albert Uderzo of the *Astérix* series, author with Jean-Jacques Sempé of the *Petit Nicolas* series

gosse m.n. (coll.) 8D, 16AB, 42A, 45A kid

gothique a. 6D, 16D, 30D, 47D gothic

gouape f.n. 38D lout, thug

Gounod, Charles (1818–1893) 5D, 39M French composer

gourde a. 38M slow

gourmand a. 26E gourmand

gourmandise f.n. 34D love of good food

gourmet m.n. 23A, 50A gourmet

gousse f.n. pod; **gousse d'ail** 26D, 47D clove of garlic

goût m.n. 13D, 19D, 24BD, 26BD, 29D taste; **à son goût** 42D to one's liking

goûter (4) v. 23D, 24ABE, 48AC, 50D to taste, to try, to sample; m.n. 9ABCD, 45B afternoon snack

Goya, Francesco de (1746–1828) 47M Spanish painter of the Romantic period

goutte f.n. 18D, 24B, 31AB, 38D, 47D drop

gouvernement m.n. 4D, 13D, 16D, 18D, 21D government, administration

gouvernemental a. 16D, 28M governmental

gouverneur m.n. 14M, 16D governor

Gouvu, Sidney (b. 1979) 2D French soccer player of Beninese descent

grâce f.n. **grâce à** 8D, 15D, 22DM, 27D, 30M thanks to; **de bonne grâce** 16E willingly

gracieux a. 11D graceful

graffiti m.n. 21M graffiti

graisse f.n. 50ABDE fat, lard; **graisse d'oie** 26AE goose fat

grammaire f.n. 21A, 33D grammar

gramme m.n. 24D, 34D gram

grand a. 3D, 4B, 5D, 6ABCD, 7ACDM big, tall; 5D great; **faire de grands gestes** 18A, 52A to gesture extravagantly; **toujours les grands mots** 39A always exaggerating; **Grand Marnier** 24E, 36AB brand of orange liqueur; **tout grand** 36D all the way up; **avoir une grande culture** 52A to be very cultivated; **grande personne** 33E, 34E, 37D grownup; **Grande-Bretagne** 16D Great Britain; **grande école** 19D, 35D highly selective French university with admission based on competitive exams

grand, grande f. & m.n. **ma grande/mon grand** 36A, 43D my dear/my boy; **un grand 43D,** 50D a big kid

grand-chose inv.n. **pas grand-chose** 19D, 20D, 30D, 39A, 42A not much

grandeur f.n. 15D, 33D, 35D, 38D, 47AD greatness, grandeur, size; **grandeur naturelle** 44D life-size

grandiose a. 21D, 35D, 38M grandiose

grandir (5) v. 38D, 43D, 44A, 45D to grow, to grow up

grand-mère f.n. 8A, 15D, 16B, 18A, 26D, 36M grandmother

grand-oncle m.n. 8A, 37B great-uncle

grand-père m.n. 8A, 15A, 16AC, 18B, 38D grandfather

grands-parents m.pl.n. 8AD, 15ABCD, 16AC, 42D, 43D grandparents

grand-tante f.n. 8AC, 36M great-aunt

Grand-Tout m.n. 21D the Almighty

grange f.n. 34ABCE barn

granit m.n. 9D, 30M, 50A granite

gras, grasse a. 24AB, 26A, 33ACE, 50BD fat, rich; **matières grasses** 50ABCE fat

gratin m.n. **gratin dauphinois** 26M scalloped potatoes with cheese

grattage m.n. scratching; **jeu de grattage** 41D scratch ticket

gratte-ciel m.n. 38M skyscraper

gratter (4) v. 41D to scratch

gratuit a. 8D, 19D, 20D, 27D free

gratuitement adv. 22D for free

gravats m.pl.n. 38D rubble

grave a. 9AB, 13D, 16D, 19B, 28B serious; **ce n'est pas grave** 5D, 9AB, 11M, 12A, 16A it's not serious

gravé a. 30M carved

gravir (5) v. 38M to climb

graviter (4) v. 40D to gravitate

gravure f.n. 51D print, engraving

grec, grecque a. 10B, 15D, 19ACE, 20AB, 35D Greek; m.n. 19ACD Greek (language); **Grec, Grecque** m.f.n. 19D, 35A, 39D Greek (person)

Grèce f.p.n. 19B, 27D, 35D, 51A Greece

Gréco, Juliette (b. 1927) 12D, 29D, 41D French actress and singer

grenat a. 52D garnet

grève f.n. 11AB, 13A, 17M, 27M strike

Grévin (Musée) p.n. 38D waxworks museum in Paris

Griffith, D. W. (1875–1948) 38A American filmmaker

grignotage m.n. 9D, 22D nibbling, snacking

grillade f.n. 26AB grilled meat

grille f.n. 27AD, 32D, 33A, 51A gate;

grille de lecture 35D frame of reference, means of interpreting

grimace f.n. 13D, 17M, 22D grimace

grimper (4) v. 35D, 45D, 47AB to climb

gris a. 6A, 7AC, 9A, 12A, 13A gray

gronder (4) v. 46D to scold

gros, grosse a. 6M, 7ABC, 12A, 14D, 18M big, fat, large; **gros mot** 27M swear word; **gros plan** 38AB, 45D close-up; **gros lot** 41D, 51A jackpot; **en gros** 48M in short; **Gros Horloge** 52A the great clock in Rouen

groseille f.n. 26B red currant

grossier a. 40E, 43E coarse, crude

grossièreté f.n. 48D rudeness, coarseness

grossir (5) v. 25M, 26E, 44M to gain weight

grosso modo adv. (Latin) 18D pretty much, more or less

grotte f.n. 14M, 24AD cave, grotto; **Grottes de Fingal** 38D the "Hebrides" overture by Felix Mendelssohn

grouillant a. crawling; **estomac grouillant** 26D rumbling stomach

groupe m.n. 9M, 10M, 12A, 13D, 16D group

gruyère m.n. 50B Gruyère cheese; **vrai gruyère** 49D full of holes

GSM m.n. 13M cell phone, abbr. for **Groupe spécial mobile**

Guadeloupe f.n. 38D, 51D Guadeloupe

guère adv. 22D **ne . . . guère** scarcely, hardly

guérir (5) v. 23D to get better, to heal

guérite f.n. 51D shack, hut

Guernesey p.n. 48D Guernsey, one of the British Channel Islands off the northwest coast of France

guerre f.n. 8AB, 13D, 15B, 19A, 21D war; **Seconde/Deuxième guerre mondiale** 3D, 6D, 12D, 18D, 19B World War II; **Grande guerre** 38D the Great War (World War I); **Guerre de cent ans** 52D Hundred Years' War; **Malbrough**

s'en va-t-en guerre 27D Marlborough is off to war; **elle me fait la guerre** 17M she's waging war on me

guerrier, guerrière m. & f.n. 30M warrior

guet m.n. **faire le guet** 31D to be on watch

guetter (4) v. 49D to be on the lookout for

gueule f.n. (coll.) 18D face, mug; **Gueules cassées** 41AB veterans with serious facial injuries

gueuleton m.n. (coll.) 45AB feast, blowout

Guevara, Che (Ernesto Guevara, 1928–1967) 46D Argentine Marxist revolutionary

guevarisme m.n. 46D Guevarism

guévariste a. & n. 46A follower of Argentine revolutionary Che Guevara

gui m.n. 20D mistletoe

guichet m.n. 14M, 15M, 27AB ticket window

guide m.n. 26A, 28A, 39A, 48AC, 49D guide, guidebook; **Guide vert** 29D, 39D, 47D Michelin travel guide; **Guide du routard** 38D, 39D, 49D, 51D tourist guide; **guide touristique** 37D tour guide; **faire le guide** 52A to act as guide

guider (4) v. 37D, 45D, 52D; **guidé** a. 23D, 49D guided

guignol m.n. 40D Punch and Judy show; **avoir l'air d'un guignol** 43D to look like a fool

guillotiné a. 47D guillotined

guimbarde f.n. 45D jalopy

Guimilliau p.n. 50A town in Brittany

guitare f.n. 19D, 22D, 30D, 31D, 37D, 38D guitar

Guitry, Lucien (1860–1925) 15D French actor

Guitry, Sacha (1885–1957) 15D French film and stage actor

gym f.n. 7M, 10M gym, phys ed, gymnastics

gymnase m.n. 14D gym

gymnastique f.n. 6D gymnastics

gypse m.n. 49D gypsum

Habiba f.p.n. 23M feminine first name

habilement adv. 24E skillfully, cleverly

habileté f.n. 18E skill

habillé a. 19D, 23M, 37ACE, 39C, 40B dressed, dressed up

habillement m.n. 11M, 43A clothing

habiller (4) v. to dress; **s'habiller** 11ABDM, 12M, 25AC, 32D, 37E to get dressed, to dress up

habit m.n. 41D, 46D, 47D suit, outfit

habitable a. 24D, 34ABC habitable

habitant m.n. 3D, 13D, 16D, 22D, 33D inhabitant

habitat m.n. 33D, 34D, 35D housing

habitation f.n. 24D, 33BD, 34B, 35E, 44D living space, dwelling

habiter (4) v. 8D, 14ACM, 15B, 16D, 18A to live in, to inhabit, to live, to reside

habitude f.n. 11D, 14BD, 20D, 22E, 34D habit; **avoir l'habitude** 14AB, 16M, 22E, 24BE, 27A to be used to; **d'habitude** 23M, 24A, 33E, 41D, 43D usually, ordinarily

habitué m.n. 14B, 15D, 20B, 22D habitué, regular guest, regular customer; a. 46D accustomed

habituellement adv. 49D habitually

habituer (s') (7) v. 5M, 44A, 48D to get used to

haie f.n. 33A hedge; **faire la haie** 47D to line the streets

haillons m.pl.n. 27D rags

haineux a. 13D full of hatred

haïr (*) v. 8D, 26D, 46D to hate

hall m.n. 30A entrance hall, foyer (of hotel)

Halles (les) f.pl.p.n. 15AB, 23AD, 49D shopping district in Paris which used to be the central market

haltère m.n. 7M weight, barbell

hamburger m.n. 4D, 16B, 21B, 22D, 35M hamburger

hameau m.n. hamlet; **hameau de Marie-Antoinette** 27AD Marie Antoinette's farm in the park of Versailles

hamster m.n. 24D hamster

hand (abbr. for **handball**) m.n. 6D, 7A handball

handicap m.n. 32D handicap, disability

handicapant a. 49D crippling

handicapé a. 18D, 19D, 32D handicapped; m.n. 33D handicapped person

harceler (8) v. 42M to harass

hardiesse f.n. 48D daring

Hardy, Françoise (b. 1944) 15D, 41D French singer and actress

hareng m.n. 36D herring

Harfleur p.n. 48D town on the coast of Normandy

haricot m.n. 24AB, 25E, 26BE, 33D bean; **haricot vert** 24AB green bean

harmonie f.n. 33D, 50D harmony

harmonisé a. 46D standardized

harpe f.n. 22D, 30D harp

hasard m.n. 7AB, 23D, 27B, 32B, 37D chance, luck; **par hasard** 7B, 16A, 19D, 27AB, 29A by any chance, by accident; **à tout hasard** 37D on the off chance; **au hasard** 50A, 52D aimlessly; **jeu de hasard** 7B, 41D game of chance

hâte m.n. haste; **j'ai hâte de voir** 8M I can't wait to see

hausse f.n. 21D, 27D, 33D, 35D rise; **en hausse** 44D, 50D rising, on the rise

hausser (4) v. to raise; **hausser les épaules** 38D, 45D to shrug one's shoulders

haut a. 6D, 7D, 12M, 14M, 38M high, tall; **haute cuisine** 24A, 26D gourmet cooking; **à haute voix** 32D aloud; m.n. 42D top; **en haut** upstairs; 28B, 33D, 42D, 50E on top; **en haut de** 17AB, 51A to the top of; **de haut en bas** 18D, 32D, 36D from top to bottom; **haut de gamme** 43ABCE top of the line; **d'en haut** 52D from on high

Haute-Bretagne p.n. 9D eastern section of the Brittany region in northwestern France

hauteur f.n. 25M, 30D, 40DE, 48D height; **saut en hauteur** 9AB high jump; **hauteurs** f.pl.n. 30M heights

haut-parleur m.n. 52AB loudspeaker

hé int. 19D, 22D, 27A, 38M, 47D hey!

hebdomadaire a. 20D, 46A, 47D weekly

HEC (Ecole des hautes études commerciales) f.p.n. 13ABM, 19D French school of business and management

hein int. 2D, 5A, 9A, 13A, 16A huh?, right?, what do you say?, OK?

hélas int. 23D, 32A, 35D, 45D, 48D alas, unfortunately

Hélène f.p.n. 5D, 11D, 17ADE, 20D feminine first name

Hélias, Pierre-Jakez (1914–1995) 9D Breton writer and folklorist

hélice f.n. propeller; **avion à hélice** 52BE prop plane

hélicoptère m.n. 27ACD, 52A helicopter

héliotourisme m.n. 43D climate-centered tourism

Hemingway, Ernest (1898–1961) 19A, 20ABCE, 22B, 29D, 38D American novelist

herbe f.n. 11D, 25D, 26D, 35E, 40D grass; **fines herbes** 26AB herbs

Hérédia, José Maria de (1842–1905) 15D Cuban-born French poet

héréditaire a. 29B, 48D hereditary

hérétique n. 52D heretic

héritage m.n. 35D heritage

héritier, héritière m. & f.n. 35D, 41D heir, heiress

hermaphrodite n. 5B hermaphrodite

héroïne f.n. 5D, 12D, 13D, 21B, 24D heroine; 21AB heroin

héroïque a. 15D heroic

héroïquement adv. 52A heroically

héroïsme m.n. 33D, 45D heroism

héros m.n. 7D, 13D, 14D, 21B, 37C hero

hésitation f.n. 52A hesitation

hésiter (4) v. 8M, 15D, 22A, 27E, 38D to hesitate

hétéro abbr. for **hétérosexuel** 44D

hétérosexuel a. & n. 8D heterosexual

heu . . . int. 28D um . . . , uh . . .

heure f.n. 2D, 4D, 5D, 7EM, 9ACD hour; **une demi-heure** 13A, 22A, 28D, 31A, 31M half an hour; **une heure et demie** 5M, 9D, 46D 49A an hour and a half; **de bonne heure** 51D early;

tout à l'heure 10A, 22A, 32A, 40D, 43D just now; 22A, 28A, 40D right away, soon; 16AC, 22A, 35A, 44A, 49A a moment ago; être à l'heure 28A to be on time; à trois heures pile 28A at exactly 3 o'clock; à tout à l'heure 28A, 42A, 45A see you later; heure de pointe 29B rush hour; dans une heure 28A, 31A in an hour from now; en une heure 33A within an hour

heureusement *adv.* 8A, 10A, 15D, 17AD, 21A fortunately, luckily

heureux *a.* 11D, 15D, 22A, 24B, 32A happy

heurter (4) *v.* 28ABC, 43A to collide with, to run into

hexagone *m.n.* hexagon; l'Hexagone 42D, 46ABE, 52A France

hexakosioihexekontahexaphobie *f.n.* 51M fear of the number 666

hier *adv.* 5BM, 11ABC, 12M, 14A, 15AE yesterday

hiéroglyphe *m.n.* 38AB hieroglyph

Himalaya *p.n.* 46D Himalayas

hindouiste *a. & n.* 25E Hindu

Hindoustan *p.n.* 46D Hindustan

hippie *m. & f.n.* 31D, 47D hippie

hippique *a.* 41D, 44D equestrian

hippodrome *m.n.* 41D racetrack

hippopotame *m.n.* 40M hippopotamus

Hispano (Hispano-Suiza) *f.n.* 38D pre-World War II Spanish luxury car

hispanophone *n.* 2D Spanish speaker

histoire *f.n.* 3ABCE, 4ACE, 5ABDEM, 6ADE, 7ADE story, history; histoire ancienne 19AB ancient history; histoire de l'art 11AB, 21M, 27A, 51A art history; histoire de crime 4A detective story; c'est une autre histoire 26A, 47AD that's another story; c'est toute une histoire 26A it's a long story; qu'est-ce que c'est que cette histoire? 34A, 36AM, 38M, 40A, 42A what's this/that about? what are you talking about?; 52M what's going on here?; histoire à dormir debout 49AB, 52A incredible tale, tall tale; histoire de faire un peu d'exercice 47A just to get a little exercise; son histoire de tunnel 52D that tunnel of his; faire des histoires 43D to cause trouble, to cause friction

historien *m.n.* 13D, 19D, 35D, 52D historian

historique *a.* 5D, 7D, 8E, 11D, 14M historic, historical

historiquement *adv.* 33B historically

Hitchcock, Alfred (1899–1980) 40D British film director and producer

Hitler, Adolf (1889–1945) 45D German dictator and founder of the Nazi party

hiver *m.n.* 11ABDE, 13ABE, 16D, 44A, 45D winter

HLM (Habitation à loyer modéré) *m.n.* 33ABD, 34B low-cost housing

hocher (4) *v.* to shake; hocher la tête 42D to nod one's head

hockey *m.n.* 3B, 7A, 42M hockey

hold-up *m.n.* 14B holdup

hollandais *a. & n.* 24D, 27D, 51D Dutch, Dutch person

homard *m.n.* 50AB lobster

Home Latin *m.p.n.* 14A, 15M, 21AB, 30A, 31A small hotel in the Latin Quarter

homéostasie *f.n.* 23D homeostasis

hommage *m.n.* 18D, 21D homage, tribute; mes hommages 33A, 36A my respects

homme *m.n.* 3ABC, 4AC, 5ABDE, 6D, 7ADEM man; homme de lettres 13D man of letters; homme d'affaires 18B, 44M businessman

homo *abbr.* for homosexuel 44D

homosexuel *a. & n.* 8D, 26D, 32D, 45D homosexual

homosexualité *f.n.* 23D, 26D homosexuality

Hongrie *f.p.n.* 22D, 50A Hungary

hongrois *m.n.* 16D Hungarian (language); Hongrois *m.f.n.* 35A Hungarian (person)

honnête *a.* 10B, 14E, 18D, 49B, 50E honest, decent

honnêtement *adv.* 38D, 43M honestly

honnêteté *f.n.* 34D honesty

honneur *m.n.* 15D, 19B, 23M, 24DE, 26D honor; à vous l'honneur 51A it's all yours

honorable *a.* 9D, 14E honorable

honorer (4) *v.* 9D, 12D, 29D, 44M, 48D to honor; honoré *a.* 51A honored

honte *f.n.* 24AB, 33D, 38D, 39A, 41M disgrace, shame; avoir honte 24B, 38D to be ashamed; c'est une honte! 39A, 44A it's a disgrace!

honteusement *adv.* 44E shamefully

honteux *a.* 19D, 24B, 44AE shameful, disgraceful

hop *int.* 12M, 47D bam!; allez hop 52A alley-oop, let's go!

hôpital *m.n.* 8M, 14B, 21A, 24M, 27AM hospital; hôpital Sainte-Anne 49D psychiatric hospital in Paris

horaire *a. & m.n.* 18D timetable; décalage horaire 22AB, 24A time lag

horizon *m.n.* 18D, 25D, 46AB, 51A horizon; changer d'horizon 46AB, 51A to get a change of scenery

horizontal *a.* 36D horizontal

horloge *f.n.* 19ABE, 21AC clock

horoscope *m.n.* 31D horoscope

horreur *f.n.* 32A, 40AM, 42D, 49A, 50A horror; avoir horreur 13AM, 17D, 21AB, 25M to hate, to loathe

horrible *a.* 6M, 10D, 13A, 20M, 21BM horrible, dreadful

horriblement *adv.* 46B horribly

hors *adv.* 15M, 22D, 45B, 49D out, outside; 28D besides; hors du commun 23D uncommon; ça me met hors de moi 47M it makes my blood boil

hors d'œuvre *m.n.* 26A hors d'oeuvre, appetizer

hostile *a.* 15D, 50E hostile

hospice *m.n.* 30D hospice

hostilité *f.n.* 37D, 45D hostility

hôte *m.n.* 19D, 49D inhabitant, occupant

hôtel *m.n.* 4D, 9M, 11A, 14ABC, 15ABCE hotel; **L'Hôtel-Dieu de Beaune** 30D Hospices of Beaune, a hospital for the poor; **hôtel particulier** 39D, 51D private mansion

Hôtel de Ville *m.p.n.* 23AD city hall and square in Paris

hôtellerie *f.n.* 20D, 37D, 44M hotel business

hou! *int.* 16A whoa!

houhou *int.* 51A yoo-hoo!

houx *m.n.* 48D holly

hublot *m.n.* 30M porthole

Huchette (théâtre de la) *f.p.n.* 39AB small theater in the Latin Quarter

Hugo, Adèle (1803–1868) 35D wife of Victor Hugo (*née* Adèle Foucher)

Hugo, Victor (1802–1885) 4B, 18D, 20B, 23D, 24D French poet, novelist, and playwright

huile *f.n.* 9M, 18D, 19D, 26ABD, 31B oil; **huile d'olive** 26B, 50A olive oil; **huile solaire** 12AB suntan lotion; **tout baigne dans l'huile** 29M everything's going swimmingly

huit *a. & n.* 7D, 9M, 13D, 17AC, 19D eight; **il y a huit jours** 25A, 31D eight days ago; **de lundi en huit** 42AB a week from Monday

huître *f.n.* 26AB, 50A, 52B oyster

humain *a. & m.n.* 2D, 7D, 11D, 13M, 15D human

humaniste *m. & f.n.* 43D humanist

humanité *f.n.* 8M, 35M, 42D, 50D humanity

humble *a. & n.* 35E, 44D humble; **les humbles** 48D the humble

humblement *adv.* 44D humbly

humecté *a.* 25D, 26D moistened

humer (4) *v.* 50D to sniff

humeur *f.n.* 16E mood, spirits, temper; **de bonne/mauvaise humeur** 9ABCM, 29AE in a good/bad mood; **mouvement d'humeur** 20E fit of temper

humide *a.* 22D, 24D moist

humiliant *a.* 45D humiliating

humilié *a.* 44D humiliated

humilier (s') **(7)** *v.* 48D to be deferential or submissive

humoriste *m.n.* 13D, 23D, 29D, 33D, 40D humorist

humoristique *a.* funny; **sketch humoristique** 8D, 27D cartoon; **dessinateur humoristique** 29D cartoonist; **dessin humoristique** 31D cartoon

humour *m.n.* 13D, 21D, 26D, 31D, 38D humor

hure *f.n.* 10D snout

hurlement *m.n.* 40M howl

hurler (4) *v.* 7M, 18D, 19M, 36DM, 43M to yell, bellow

Hutin (le) *m.p.n.* 8D, 47D the quarreler, nickname given to Louis X

hybride *f.n.* 48M hybrid car

hydraulique *a.* 16D, 30A hydraulic

hydrogène *m.n.* hydrogen; **bombe à hydrogène** 4D hydrogen bomb

hygiène *f.n.* 32D, 33D, 45D, 52E hygiene

hygiénique *a.* 14B, 21M hygienic

hygiéniste *a.* 33D health-promoting

hymne *m.n.* 14D anthem, hymn

hypocrite *a.* 18D, 28M hypocritical

hypokhâgne *m.n.* 23M rigorous preparatory course that prepares students for entrance exams to the **Ecoles normales**

hypothèse *f.n.* 28D, 37D, 49E hypothesis

hystérie *f.n.* 35D hysteria

hystérique *a.* 40D hysterical

ici *adv.* 2B, 9B, 11AB, 12AB, 13D here; **ici Robert Taylor** 22A Robert Taylor speaking; **d'ici** 38M from now on; **ici-bas** 44D here below

icône *f.n.* 36M icon

idéal *a. & n.* 8M, 33D, 37D, 49D, 51D ideal

idée *f.n.* 2D, 7D, 9ABM, 10D, 12E idea; **idée fixe** 52E obsession; **changer d'idée** 25E, 37E to change one's mind; **quelle idée!** 38A how weird!

idem *adv.* (*Latin*) 51D the same as previously mentioned

identifié *a.* 16D, 22D identified

identifier (s') **(7)** 16D to identify oneself

identique *a.* 36D, 45D identical

identitaire *a.* 33D identity

identité *f.n.* 3D, 18D, 26D, 33D, 40D, 50D identity

idéologie *f.n.* 46D ideology

idéologique *a.* 19D ideological

IDHEC *abbr. for* **Institut des hautes études cinématographiques** *p.n.* 13M Institute for Advanced Cinematographic Studies, reorganized as **La Fémis** in 1988

idiot *a. & n.* 6M, 10ABD, 13A, 14B, 22M idiot, fool; **faire l'idiot** 36A, 38A to be silly

idole *f.n.* 31D, 38D, 48D idol

Idrissa *m.p.n.* 50M Senegalese masculine first name

idyllique *a.* 46E idyllic

Iéna *p.n.* 45D Paris métro station

If (château d') *p.n.* 48D castle and former prison on a small island near Marseille

igname *f.n.* 9M yam

ignorance *f.n.* 14D ignorance, unawareness

ignorer (4) *v.* 6D, 11E, 21D, 42D, 52A not to know, to be unaware of; 20D, 40M, 43E, 48D to ignore

il *pron.* he, it; **ils** they

île *f.n.* 2D, 9B, 20D, 25A, 42A island; **île de la Cité** 4D, 38AE, **île Saint-Louis** 15AB, 23AD islands on the Seine river in Paris; **Ile de France** 47DE province in north central France; **île des Faisans** 47D island in the Bidassoa river in the Basque country; **île de Saint-Domingue** 48D island in the Antilles

illégal *a.* 13B, 21B, 41D illegal

illimité *a.* 26D unlimited

illisible *a.* 51A illegible, unreadable

illumination *f.n.* 41M epiphany

illuminé *a.* 29A lit up

illuminer (4) *v.* 28AB to light up, to illuminate

illusion *f.n.* 6B, 9D illusion; **se faire des illusions** 18A, 32M to kid oneself

illustrateur *m.n.* 31D illustrator

illustration *f.n.* 18D, 25M, 35D illustration

illustre *a.* 14D, 15D, 51D famous, renowned

illustré *a.* 19D, 43D, 48D illustrated

illustrer (s') **(7)** *v.* 19B to make oneself famous

image *f.n.* 10BD, 13DM, 23D, 24D, 26D image; **image d'ensemble** 36D overall picture

imaginaire *a.* 15D, 40M, 42D imaginary

imagination *f.n.* 9D, 28E, 52E imagination

imaginer **(4)** *v.* 16D, 18D, 20AD, 26E, 29D to imagine; **s'imaginer** 13A to imagine, to suppose

imbattable *a.* 19AB, 47A unbeatable, invincible

imbécile *a.* 13A silly, idiotic; *n.* 18B, 44D, 52E fool, idiot

imiter **(4)** *v.* 11M, 16D, 51D to imitate

immaculé *a.* 14B immaculate

immangeable *a.* 49D inedible

immatériel *a.* 35M, 42D, 50D intangible

immédiat *a.* 31D immediate

immédiatement *adv.* 22D, 51M immediately

immense *a.* 10AD, 11D, 19D, 20DM, 21D immense, huge

immeuble *m.n.* 13M, 25M, 30M, 32ABCDE, 33BD building

immigration *f.n.* 2D immigration

immigré *a. & m.n.* 5D, 12M, 25D, 33D immigrant

immobile *a.* 14B, 38D immobile

immobilier *a. & n.* 35D, 41D real estate

immoral *a.* 44AE, 45AE immoral

immortel *a.* immortal; **les Immortels** 51D members of the Académie Française

immunologie *f.n.* 51D immunology

impasse *f.n.* 38D, 51D dead end

impassible *a.* 48D impassive

impatience *f.n.* 33D, 35D impatience

impatient *a.* 22A, 27M, 29M, 37C, 42E impatient, eager

impeccable *a.* 23M, 29A impeccable, flawless

impensable *a.* 20M unthinkable

imper (*abbr.* for **imperméable**) *m.n.* 13AB, 37A, 49M raincoat

impératif *a.* 52A imperative

impérativement *adv.* 35D imperatively

impératrice *f.n.* 51D empress

impériale *f.n.* 46AB upper deck; **la Méhari n'a pas d'impériale** 46A the Mehari is not a double-decker vehicle

impérialisme *m.n.* 19D imperialism

impérieux *a.* 25E, 32A, 33A imperious

imperméabilisé *a.* 43A waterproof

impertinence *f.n.* 26D impertinence

impertinent *a.* 35B impertinent

implantation *f.n.* 43D transplant

implicite *a.* 33D implicit

impliqué *a.* 30M, 41D involved, concerned

impliquer **(4)** *v.* 33D to imply; 43D to involve

impoli *a.* 19D impolite

importance *f.n.* 18D, 20E, 34D, 37DE, 45E importance; **ça n'a pas d'importance** 17B, 20A, 51D it doesn't matter

important *a.* 2D, 6D, 9B, 11D, 13D important; 20B, 34D, 37D, 44D, 52D sizable, extensive; *n.* 15D, 29D, 52A the important thing

importé *a.* 44D imported

importer **(4)** *v.* 35D to import; 41D, 46D to matter, to be of importance; **n'importe qui** 9A, 16D, 39D anyone, just anyone; **n'importe quoi** 6M, 13A, 16D, 18D, 24D just anything, whatever; **n'importe où** 23D no matter where; **n'importe quel** 33D, 38D, 41A any, whichever

imposant *a.* 47D imposing, stately

imposer **(4)** *v.* 21D, 24D, 36E, 48D to impose; 27D, 37D, 48D to require; **s'imposer** 26D, 35D, 44D to compel recognition

impossibilité *f.n.* 45D impossibility; 49D inability

impossible *a.* 13AD, 16A, 24BM, 29A, 31A impossible

impôt *m.n.* 34ABD, 46D, 52M tax

impotent *a.* 23D disabled, crippled

imprégner **(10)** *v.* 38D to permeate

imprenable *a.* 32AB, 38M, 52A unrestricted, protected

impression *f.n.* 6B, 9M, 12M, 13DM, 14M impression

impressionnant *a.* 48A, 49M impressive

impressionner **(4)** *v.* 13M, 14M, 18D, 21E, 28M to make an impression, to impress; **impressionné** *a.* 13D, 37M, 51B impressed

imprévu *a.* 15D, 43D, 52AB unforeseen, unexpected

imprimer **(4)** *v.* 45AB to impart, to transmit, to print

imprimerie *f.n.* 45B, 51D printing press

imprimeur *m.n.* 45B printer

improbable *a.* 37D improbable

improviser **(4)** *v.* 43D to improvise

imprudent *a.* 37C, 39M, 45B, 52E imprudent

impulsif *a.* 52E impulsive

impunément *adv.* 41D with impunity

inacceptable *a.* 19D unacceptable

inaccessible *a.* 48D inaccessible

inaperçu *a.* 45AB, 52D unnoticed, unseen

inattendu *a.* 16AB, 49D, 52B unexpected

inaugurer **(4)** *v.* 8D, 27M, 29D to inaugurate

incapable *a.* 8D, 20D, 22D, 35D incapable

incendie *m.n.* 18B, 40AB fire

incendier **(4)** *v.* 40A to set fire to

incertitude *f.n.* 45D uncertitude

incessant *a.* 46D incessant

incident *m.n.* 14D, 48A incident

inciter **(4)** *v.* 20D, 47D to encourage

inclus *a.* 35D, 37D, 52M included

incognito *m.n.* 52M incognito

incomparable *a.* 47A, 51D unrivaled, matchless

incompatible *a.* 41D incompatible

incompétence *f.n.* 45D incompetence

incompréhensible *a.* 12AB, 14D, 16D, 37A incomprehensible

incompris *a.* 19AB, 24D, 41D misunderstood, unappreciated

inconfort *m.n.* 38D lack of comfort

inconfortable *a.* 33D uncomfortable

incongru *a.* 38D incongruous

inconnu, inconnue *m. & f.n.* 12D, 13B, 35AB, 39D stranger; *a.* 15D,

30D, 31M, 45D, 48D unknown; m.n. 39D the unknown

inconscient m.n. 24D, 52B unconscious; a. 45D unaware

inconsolable a. 26A inconsolable, disconsolate

inconsolé m.n. 44D grieving person

inconvénient m.n. 14D, 29A disadvantage, drawback

incorrect a. 13D improper, impolite; 27D unacceptable

incroyable a. 15M, 20M, 25A, 33M, 35BM unbelievable, incredible

incurable a. 38D hopeless

Inde f.p.n. 3D, 33D, 47D, 51AC India; **Indes** f.pl.p.n. 47D the Indies

indéchiffrable a. 51A indecipherable, illegible

indécision f.n. 52E indecision

indéfectible a. 13D unfailing

indéniable a. 28D undeniable

indépendance f.n. 2D, 16D, 22E, 35D independence

indépendant a. 3D, 13D, 15AB, 21D, 43A independent

indépendantiste m.n. 16D freedom fighter

indéterminé a. 18D undetermined

indicateur a. sign; **panneau indicateur** 52A signpost

indicatif a. & n. 45D indicative

indication f.n. 30AB sign, direction

indice m.n. 12M index; 49E indication, sign

indien, -ienne a. 2D, 3D, 4D, 5B, 16D Indian; **Indien** m.f.n. 42D, 43D, 51D Indian, American Indian (person)

indifférence f.n. 13D indifference

indifférent a. 26D, 35E indifferent

indigestion f.n. 23M, 26A indigestion; **une indigestion de crevettes roses** 26A a bad reaction to shrimp

indignation f.n. 26M, 33E, 40M indignation

indigo m.n. 46D indigo

indiquer (4) v. 16C, 27A, 31D, 32AB, 36E to indicate, to show

indirect a. 27D, 38D indirect

indiscipliné a. 7D undisciplined

indiscrétion f.n. 15D indiscretion

indiscuté a. 26D undisputed

individu m.n. 13B, 14D, 20D, 33D, 35BM individual

individualisme m.n. 47D individualism

individualiste a. 30D individualistic

individuel a. 14D, 19D, 21D, 30D, 32D personal, individual; 33D private

indivisible a. 35D indivisible

indulgence f.n. 14D indulgence

indulgent a. 6C, 7AD indulgent, tolerant

industrie f.n. 5B, 18ABCM, 20D, 45D, 48E industry

industriel m.n. 18ABM industrialist; a. 33E, 43D, 50E industrial

inégalitaire a. 38D, 45D inegalitarian, unequal

inégalité f.n. 45D inequality

inévitablement adv. 20D inevitably

infante f.n. 23D infanta (younger daughter of a king); **l'Infante (d'Espagne)** 16D, 47D Marie-Thérèse (1638–1683), daughter of Philip IV of Spain

infarctus m.n. 22ABE heart attack; **faire un infarctus** 22AB to have a heart attack

infect a. 25A, 33A foul, putrid, disgusting

infection f.n. stench, stink; **c'est une infection!** 25A it stinks! it's disgusting!

inférieur (à) a. 20D, 22D, 33D, 37D, 41D inferior, lower than

infernal a. 32D, 34AB infernal, impossible

infidélité f.n. 37D infidelity

infini a. 51A infinite; **à l'infini** 37D endlessly

infiniment adv. infinitely; **infiniment d'esprit** 21D infinite wit

infirmier, infirmière m. & f.n. 17ABE, 52ABEM nurse

influence f.n. 3D, 8D, 13D, 15D, 42D influence

influencer (4a) v. 19D, 20D, 21AD, 37M to influence

influent a. 13D, 19D influential

informaticien m.n. 17AE, 18M computer scientist, data-processing expert

information f.n. 18D, 22D, 32D, 36D, 40D information

informatique f.n. 13ABC, 16D, 18DM, 36D, 46D computer science; 46D computer software

informer (4) v. 14EM, 37B, 40D, 45E to inform

infortuné a. 46DM unfortunate

infraction f.n. 31D violation

infrastructure f.n. 35D, 36D infrastructure

infusion f.n. 36AB infusion, herb tea

infuser (4) v. 36B to infuse

ingénieur m.n. 5A, 12D, 13M, 15D, 18AM engineer; **ingénieur ECAM** 32A engineer with a degree from ECAM

ingénieux a. 48D ingenious

ingrédient m.n. 23D ingredient

inhibition f.n. 21D inhibition

initiale f.n. 41AC initial

initiative f.n. 3D, 21D, 35D, 43M initiative

initié n. 38D initiate; a. 48D initiated

injure f.n. 43E insult

injustice f.n. 21D injustice

innocence f.n. 26D, 29E, 33D, 38D, 46D innocence

innocent a. 29E, 41D, 46E, 49BD innocent

innovant a. 22D innovative

innovation f.n. 18D innovation

inoffensif a. 13A innocuous, harmless

inondé a. 31M, 51B flooded

inonder (4) v. 51ABC to drench, to soak

inoubliable a. 12M unforgettable

inouï a. 13D unheard of

inquiet a. 19E, 23AB, 25M, 28C, 31B worried, anxious

inquiétant a. 45A, 46E, 48E, 52A worrisome, disturbing

inquiéter (s') (10) v. 12M, 17M, 23AB, 30M, 49AC to worry; **ne vous inquiétez pas** 23A don't worry

inquiétude f.n. 23D, 52E anxiety

insatisfait a. 50D unsatisfied

inscription f.n. 13D, 27D, 42D, 49D inscription

inscrire (s') (19, 7) v. 10M, 12D, 13ABD, 21D, 29D to sign up, to join, to enroll; 46D to fall within inscrit *a.* 19D, 20D registered; 33D, 35M, 39D, 50D inscribed, written; **être inscrit** 20D, 40D to be a member

insecte *m.n.* 14B, 42B insect

insécurité *f.n.* 29D lack of security

insensé *m.n.* 21D madman; *a.* 44D crazy, meaningless

insignifiant *a.* 13D trivial, superficial

insinuation *f.n.* 20E insinuation

insinuer (4) *v.* 14E, 38D, 46E to insinuate

insistance *f.n.* 39AD, 42D insistence

insistant *a.* 51E insistent

insister (4) *v.* 16D, 23E, 24E, 27B, 38M to insist; 34DE, 38D to stress, to emphasize; **là, j'insiste** 34D I emphasize this

insouciance *f.n.* 43D carefreeness

inspecter (4) *v.* 4B, 47D to inspect

inspection *f.n.* 42D inspection

inspecteur, inspectrice *m. & f.n.* 22D inspector

inspirateur *m.n.* 22D, 24D, 30D inspiration, inspirer

inspiration *f.n.* 10D, 11D, 41D, 51D inspiration

inspiré *a.* 7D, 14D, 16D, 19D, 35D inspired

inspirer (se) (7) *v.* 12D, 46D, 48D to be inspired by

instable *a.* 5D, 7D, 18M, 33D unstable

installation *f.n.* 31D, 43D, 48A installation

installer (4) *v.* 18B, 22M, 34C, 43M, 49D to install, to establish; **installé** *a.* 32D, 37D, 45B installed, established; **s'installer** *v.* 23D, 37D, 39D, 51D, 52D to set up shop, to take up residence; 25AC, 28A, 29A, 31D, 33A to get settled, to settle in, to sit down

instance *f.n.* court, jurisdiction; **tribunal de grande instance** 47M district court

instant *m.n.* 14A, 18D, 28A, 30D, 32AB instant, moment; **pour l'instant** 13A, 34M, 51D for the time being; **à l'instant** 52A just now

instantané *a.* 41D instant

instantanément *adv.* 31B instantly

instauration *f.n.* 31D establishment

instaurer (4) *v.* 25D, 46D to establish

instinct *m.n.* 8M, 44D instinct

institut *m.n.* 11ABE, 19ADE, 25D, 27D institute

Institut de France *m.p.n.* 51D home of the Académie Française

Institut du monde arabe (IMA) *m.p.n.* 15B, 33D Paris museum and center for studies of the Arabic world in Paris

instituteur, institutrice *m. & f.n.* 19ACE primary school teacher

institution *f.n.* 16D, 20D, 21D, 35D, 39C institution

institutionnalisé *a.* 51D institutionalized

instructif *a.* 36A instructive, educational

instruction *f.n.* 12M, 46B instruction

instruit *a.* 46AB educated, learned

instrument *m.n.* 36D, 41D instrument

insuffisant *a.* 15M, 42D, 43A, 51A insufficient, inadequate

insultant *a.* 38E, 43E, 50E insulting

insulte *f.n.* 43E insult

insulter (4) *v.* 36D, 38D, 43E, 50E to insult

insupportable *a.* 17A, 19M, 22M, 29D, 32A unbearable, intolerable

insurrection *f.n.* 45D insurrection

intégral *a.* **calcul intégral** 19B, 21A integral calculus; **escalade en solo intégral** 38M free solo climbing

intégrant *a.* 36D integral

intégration *f.n.* 19D integration

intégré *a.* 19D, 33D, 52M integrated

intégrer (s') (10, 7) *v.* 25D to become integrated, to fit in

intellectuel *a.* 2D, 6D, 10D, 11D, 14M intellectual; *n.* 29B, 35D, 38ACD intellectual

intelligence *f.n.* 14E, 35D, 36D, 40D intelligence, understanding

intelligent *a.* 6AM, 7AD, 9D, 10C, 13B intelligent

intensément *adv.* 33D intensely

intensité *f.n.* 13D, 51D intensity

intention *f.n.* 31DE, 42A, 44D, 46E intention; **avoir l'intention** 27ABE, 35AE, 38M, 43ACE, 46E to intend to, to mean to

intentionnel *a.* 20E intentional

interactif *a.* 22D, 32D interactive

interchangeable *a.* 35D interchangeable

interdiction *f.n.* 26M, 27D ban

interdire (18) *v.* 27D, 47D to forbid

interdit *a.* 3M, 22M, 26M, 31D, 36B forbidden, banned; **interdit aux moins de 18 ans** 36A under 18 not admitted; *m.n.* 8D, 41D prohibition; **interdit bancaire** 41D suspension of the right to write checks

intéressant *a.* 6M, 11C, 13B, 14EM, 15E interesting

intéresser (4) *v.* 6M, 13E, 16E, 18D, 28E to interest, to be of interest; **ça ne m'intéresse pas** 18A, 42A I'm not interested; **s'intéresser** 6D, 9D, 11D, 13D, 14M to be interested in

intérêt *m.n.* 10D, 14ABCE, 18A, 28D, 30D interest

interface *f.n.* 36D interface

intérieur *m.n.* 19C, 25A, 27M, 28A, 29D inside; *a.* 22D, 25D, 32B, 33D, 38D inside, interior, inner, internal

intérieurement *adv.* 47M on the inside

intérim *m.n.* 18D temporary work

interlocuteur *m.n.* 37D interlocutor

intermédiaire *m.n.* 35D, 42D intermediary

interminable *a.* 34D interminable

intermittent *a.* 12D intermittent

international *a.* 4BD, 9M, 13B, 18A, 20D international

internaute *m. & f.n.* 40D Internet user

interné *a.* 45D interned, confined

Internet *m.n.* 5D, 13D, 18D, 22DM, 32D Internet

interprétation *f.n.* 19D, 23M, 49M interpretation

interprète *m. & f.n.* 31D, 34D, 46D, 47D, 48D singer; 11D, 41D performer

interpréter (10) *v.* 29D, 45E to interpret

interro *abbr. for* **interrogation écrite** 13M

interrogateur *a.* 37D questioning, inquiring

interrogation *f.n.* interrogation; **interrogation écrite** 19A quiz, test

interroger (4b) *v.* 22D, 42D to question; **s'interroger** 13M to wonder about

interrompre (6) *v.* 18D, 40E to interrupt

intersection *f.n.* 37D intersection

intervalle *m.n.* 45A interval, space

intervenir (39) *v.* 33A, 48M to intervene

intervention *f.n.* 52D intervention

interview *m.n.* 40D interview

intime *a.* 21D, 36D, 46D intimate; **journal intime** 2A, 3M, 39D diary, journal

intimidé *a.* 52D intimidated

intimider (4) *v.* 11M intimidate

intitulé *a.* 13D, 21D, 52M titled

intrigue *f.n.* 48D plot

intrigué *a.* 45A, 47A intrigued

introduction *f.n.* 3D introduction

introduire (13) *v.* 37D to show in; **introduit** *a.* 51D introduced

intrusion *f.n.* 46A intrusion, interference

intuition *f.n.* 9B intuition

inutile *a.* 10BM, 20A, 21AB useless, pointless, unnecessary

inutilisable *a.* 36D unusable

inutilité *f.n.* 21E pointlessness

invalide *a.* 38M disabled

Invalides (les) *m.pl.p.n.* 15AB monument in Paris built by Louis XIV to provide a home for disabled soldiers

invasion *f.n.* 51D invasion

inventaire *m.n.* 39D list, inventory

inventer (4) *v.* 3AC, 4ACE, 6E, 9A, 11D to invent, to make up

inventeur *m.n.* 37D, 48E inventor

inventif *a.* 18E, 39D inventive

invention *f.n.* 3B, 4A, 5A, 13M, 22D invention, fabrication

inverse *a. & m.n.* 42D reverse, the other way around; **en sens inverse** 38A in or from the opposite direction; **dans le sens inverse des aiguilles d'une montre** 47AB counterclockwise

inversement *adv.* 21D, 29B inversely

investir (5) *v.* 21D to invest

investissement *m.n.* 32D, 44M, 45AE investment

invisible *a.* 11D, 12D, 38D, 40D invisible

invitation *f.n.* 21C, 22A, 23A, 24C, 31D invitation

invité *m.n.* 13D, 32BD, 33E, 36C, 38D guest

inviter (4) *v.* 9D, 10D, 18AE, 19AE, 21ACE to invite; **je t'invite** 26M, 29A it's on me; **s'inviter** 39A to invite oneself

involontaire *a.* 20E, 45E involuntary, unwitting

involontairement *adv.* 38E, 49D involuntarily, unwittingly

invoquer (4) *v.* 21E, 28D to invoke

Ionesco, Eugène (1909–1994) 38D, 39D Romanian-born French playwright

Iowa *m.p.n.* 50A Iowa

Irak *p.n.* 12D, 48M Iraq

Iran *p.n.* 48M, 51AC Iran

Irlandais *a. &. n.* 43D, 50D Irish

Irlande *f.p.n.* 21D, 22D, 35D Ireland

ironie *f.n.* 24D irony

ironique *a.* 39E ironic

ironiquement *adv.* 26E, 29E ironically

Irouléguy *p.n.* 16D town in the Basque country known for its wine

irrégulier *a.* 18M, 45AE uneven, erratic

irrémédiablement *adv.* 33D irreparably

irrévérencieux *a.* 6D, 8D, 27D, 40D irreverent

Iseran (col de l') *m.p.n.* 47A mountain pass in the Alps

Iseut *f.p.n.* 48D heroine of Arthurian legend who marries the king of Cornwall and has a love affair with the knight Tristan

Isigny *p.n.* 47A town in Normandy known for its butter

Islam *m.p.n.* 25D Islam

isolement *m.n.* 29D, 51D isolation

Ispahan *p.n.* 51AB former capital of Iran

Israélien *m.f.n.* 35A Israeli (person)

issu (de) *a.* 38D stemming from

Italie *f.p.n.* 3D, 21D, 27B, 30BD, 34D Italy

italien *a.* 2D, 2AE, 4AD, 5B, 11D Italian; *m.n.* 2AD Italian (language); **Italien** *m.f.n.* 19B, 35A, 37D, 44A Italian (person)

itinéraire *m.n.* 43B, 48A itinerary

itinérant *a.* 43D traveling

IVG (interruption volontaire de grossesse) *f.n.* 17D abortion

Ivoire (Côte d') *f.p.n.* 2A, 3D, 7D, 28M, 50A Ivory Coast

ivoirien *a.* 2D Ivorian

Jacob, Max (1876–1944) 38D French writer, poet, and painter

Jacques *m.p.n.* 5D, 6M, 11M, 12M, 13M masculine first name; **Frère Jacques** 30D children's round

jadis *adv.* 38D, 52D long ago, in the old days

Jaffrès, Gérard (b. 1956) 48D French singer and composer

jaguar *m.n.* 40D Jaguar (car)

jaillir (5) *v.* to spring up, to burst out; **jaillir du néant** 49D to spill out from nowhere

jalousie *f.n.* 43E, 46E, 48D jealousy

jaloux, -ouse *a.* 6M, 15E, 23E, 24AB, 28M jealous

jamais *adv.* 5D, 8M, 9ADM, 11A, 12D never; 11M, 21A, 28M, 34D, 38D ever; **jamais de la vie** 20A out of the question, not on your life; **on ne sait jamais** 15A, 17AE, 18AM, 19ABE, 34D you never know; **c'est du jamais vu!** 35M it's unreal!; **à jamais** 26D, 37D forever

jambe *f.n.* 6ABC, 7DM, 13D, 27M, 28A leg; **tenir la jambe de quelqu'un** 35M to buttonhole someone, to drone on

jambedieu *int.* 40D invented epithet

jambon *m.n.* 16D, 22D, 25BE, 26AD, 28B ham; **jambon de pays** 22AB country-cured ham

janvier *m.n.* 5M, 8M, 11M, 26M, 27DM January

Japon *m.p.n.* 48M Japan

japonais *a.* 3A, 4AD, 5B, 15A, 22AB Japanese; *m.n.* 2A, 4AB, 16D, 20D, 36AB Japanese (language);

Japonais m.f.n. 35A Japanese (person)

jardin m.n. 11ABE, 14D, 16D, 17A, 22C garden, yard; **jardin public** 18A park; **jardin potager** 33D, 34D vegetable garden; **jardin d'Eden** 42D the Garden of Eden

jardinage m.n. 34D gardening

jardiner (4) v. 34D to garden

jargon m.n. 51M jargon

jarre f.n. 39B jar

Jarry, Alfred (1873–1902) 40D French dramatist

Jaude (place de) f.p.n. 37D square in Clermont-Ferrand

jauge f.n. 31A gauge

jaune a. 10D, 26D, 45ACE yellow; **jaune d'œuf** m.n. 25A, 26A egg yolk

jazz m.n. 6D, 40D jazz

je, j' pron. I

jean m.n. 11M, 13A, 23M, 45D, 46M jeans

Jean m.p.n. 5D masculine first name; 50D the apostle John

Jean le Bon (1319–1364) 52D French king captured by the English during the Hundred Years' War

Jeanne f.p.n. 5D feminine first name

Jeanne d'Arc (1412–1431) 5D, 47D, 52ABCDE French heroine and martyr, burned at the stake in Rouen

Jeannine f.p.n. 5D feminine first name

Jean-Denis m.p.n. 3M, 7M, 8AEM, 10ACE, 16B masculine first name

Jehanne f.p.n. 17D, 52D French feminine first name; premodern spelling of Jeanne

Jenner, Edward (1749–1823) 51D English physician, pioneer of smallpox vaccination

jersey m.n. 52D sweater

Jersey p.n. 2D, 48D largest of the English Channel Islands off the northwest coast of France

Jérusalem p.n. 47D, 50D Jerusalem

Jésus-Christ p.n. 9D, 33B, 37B, 41B, 47D Jesus Christ

jetable a. 40M disposable

jeter (9a) v. 13M, 15D, 22M, 25D, 37AB to throw, to throw away; **jeter un coup d'œil** 10M, 36D, 51D, 52AB to glance, to take a look; **se jeter** 40DM, 46D to throw oneself; 48BD, 50D to flow

jeton m.n. 22ABCM token

jeu m.n. 3ABC, 9BD, 10D, 15D, 19D game; 41D gambling; **jeu de mots** 22D, 24D, 30D, 33DE, 34A play on words; **ce n'est pas du jeu** 10ABC that's not fair; **vieux jeu** 27ABE old-fashioned; **jeu vidéo** 20D, 36D video game; **les jeux sont faits** 36D the die is cast; **jeux d'argent** 41D gambling; **jeu de hasard** 7B, 41D game of chance; **Française des jeux** 41D operator of French national lottery games; **jeu de quills** 42M bowling

jeudi m.n. 8M, 15D, 23A, 24AEM, 27AC Thursday

jeun m.n. fasting; **à jeun** adv. 38D on an empty stomach

jeune a. & n. 2D, 3ABCE, 4ACD, 5ACEM, 6ADE young

jeunesse f.n. 18A, 20DE, 24D, 26AD, 35D youth; **auberge de jeunesse** 42AB youth hostel

Joachim m.p.n. 35D masculine first name

joaillier m.n. 8M jeweler

job m.n. 5B, 18M, 27M job

Joconde (la) f.p.n. 23ABM *Mona Lisa*, painting by Leonardo da Vinci in the Louvre

jogging m.n. 6D, 44M jogging

joie f.n. 8B, 15D, 18D, 19D, 23D joy, delight; **fou de joie** 28M ecstatic

joindre (se) (20, 7) v. 46E to join

joint m.n. 46D joint (of cannabis)

joli a. 5AB, 8M, 10AC, 11AB, 14DM pretty, good-looking; **me voilà joli** 40D now I'm in a pickle

joliment adv. (coll.) 35AB awfully, terribly

jongleur m.n. 22D, 30D juggler

Joséphine f.p.n. 5B feminine first name

Jospin, Lionel (b. 1937) 12D French Prime Minister (1997–2002)

joual m.n. 42M the Québécois dialect

joue f.n. 10D, 22M, 32M, 40M, 41B cheek

joué a. 19D, 24D, 38D, 39A, 48D performed

jouer (4) v. 3B, 5D, 6D, 8D, 9ABC to play; 34M, 40D to act; **jouer (de l'argent)** 41D to gamble; **jouer un mauvais tour** 41D to play a dirty trick

jouet m.n. 14D, 15B, 18AB toy

joueur m.n. 16D, 18A, 30B, 36D, 41DE player

Jouhandeau, Marcel (1888–1979) 33D French author

jouir (de) (5) v. 33D, 42D, 44E, 48D to enjoy

jour m.n. 5D, 7D, 8AM, 10D, 11ACD day; **tous les jours** 5M, 11D, 13D, 14B, 18AC every day; **ces jours-ci** 8M, 20A, 33M these days; **de jour en jour** 17D from day to day; **jour de l'an** 22D, 36M New Year's Day; **500€ par jour** 14B 500 euros a day; **plat du jour** 26A daily special; **c'est le jour et la nuit** 27M it's like night and day; **de nos jours** 14D, 29D, 33A nowadays; **il y a huit jours** 31D a week ago; **voir le jour** 35D, 36D, 37D to see the light of day, to come into existence; **en plein jour** 37D in broad daylight; **point du jour** 39D break of day; **au jour le jour** 43D one day at a time; **jour J** 44M D-day, the big day

journal m.n. 4DM journal; 6D, 10AB, 13D, 15D, 17M newspaper; **journal télévisé** 32AC TV news; **journal intime** 2D, 3M, 39D diary, journal; **Journal officiel de la République française** 28M French government publication that publishes official legal and administrative information

journaliste m. & f.n. 9D, 13M, 15D, 18D, 21D journalist

journée f.n. 9D, 12M, 14D, 16A, 20D day; **une journée à marquer d'une pierre blanche** 35M red-letter day

Jouvet, Louis (1887–1951) 42D French actor and director

joyeux a. 6D, 40D, 45D merry, joyous

judiciaire *a.* 15D judicial

judo *m.n.* 13D judo

juge *m.n.* 16A, 37D, 47M, 52M judge

jugement *m.n.* 21D judgment

jugeote *f.n.* 36M, 51M common sense

juger (4b) *v.* 13D, 19D, 25D, 29D, 33D to judge

juif *a. & n.* 25DE, 26E, 45D Jewish, Jew

juillet *m.n.* 7M, 8M, 9BM, 13D, 14M July; **14 Juillet–Parnasse** 36AC, 38A movie theater; **le 14 juillet** 39D Bastille Day commemorating the beginning of the French Revolution

juin *m.n.* 7M, 9M, 11B, 15M, 19D June

Jules *m.p.n.* 5D masculine first name; **Jules César** 7D Julius Caesar

Julien *m.p.n.* 5D masculine first name

Juliette *f.p.n.* 8AC feminine first name

jumeau, -elle *m. & f.n.* 26D twin

jungle *f.n.* 27D jungle

jupe *f.n.* 11ABCEM, 12A, 13AB, 14AE, 20ABCE skirt

Jura *m.p.n.* 15D, 47ACD Jura mountains

Jurançon *p.n.* 47D town in the Pyrénées known for its wines

jurer (4) *v.* 16D, 18D, 19D, 33M to swear; **je vous jure** 20AB, 41M, 44D I swear

juridique *a.* 13B legal

jurisprudence *f.n.* 13B jurisprudence

juriste *m.n.* 13B jurist

juron *m.n.* 19M, 33D, 37AB swear word

jury *m.n.* 31D, 36D, 43D jury

jus *m.n.* 50DM, 51B juice

jusque *prep.* 12M, 16D, 18DM, 19BD, 20M as far as, up to, until; **jusqu'à dix** 8D up to 10; **jusqu'à la fin** 19A, 50D until the end; **jusque-là** 27D, 51D, 52D up to there; **aller jusqu'à dire** 35M to go so far as to say

Jussieu, Antoine Laurent (1748–1836) 15D, 50AB French botanist

juste *a.* 16A, 20B, 23AD, 24ABD, 26A just, fair, right, exact, accurate; *adv.* 11M, 16A, 18D, 27M, 28A just exactly, right; **au juste** 13A exactly, precisely; **juste en face** 14A, 18A, 32A, 36A, 44M right across the street

justement *adv.* 15A, 18D, 20AB, 22ADE, 24A just, precisely, as it happens, as a matter of fact

justesse *f.n.* 28D exactness, accuracy, fairness

justice *f.n.* 4D, 21D, 46D, 47D justice

justifié *a.* 21E justified

justifier (4) *v.* 13E, 22D, 24D, 37D, 38D to justify

juteux *a.* 26D juicy

juxtaposition *f.n.* 33D juxtaposition

kangourou *m.n.* 35D, 45B kangaroo

Kant, Immanuel (1704–1824) 15D German philosopher

Kaolack *p.n.* 50M town in Western Senegal

karaté *m.n.* 6A, 15ACE, 30D, 38A, 51A karate

Karr, Alphonse (1808–1890) 23D, 36D French author

Katmandou *p.n.* 2D, 51AC Katmandu, capital of Nepal

kayak *m.n.* 14M kayak

Kazakhstan *m.p.n.* 48M Kazakhstan

Keno *m.n.* 41D lottery-like game

Kenzo *p.n.* 46D French luxury brand

kg, kilo *abbr. for* kilogramme 7ADE, 8M kilogram

Kiberlain, Sandrine (b. 1968) 32D French actress and singer

kilomètre *m.n.* 3D, 7D, 9M, 14M, 27A kilometer

kimono *m.n.* 51B kimono

kinésithérapeute *m.n.* 18D physiotherapist

kiosque *m.n.* 2D, 19D, 20M kiosk; **kiosque à journaux** 41AB newsstand

kir *m.n.* 19ABE, 20AE, 21AB, 22AE apéritif made with white wine and black currant liqueur

kirsch *m.n.* 24E kirsch

Klee, Paul (1879–1940) 38D Swiss painter

km *abbr. for* kilomètre 3D, 7D, 9M, 14M, 27AB kilometer; **km/h** *abbr. for* kilomètres/heure 20D, 27B, 29B, 52A kilometers per hour

Kpalimé *p.n.* 9M Palimé, city in Togo near the Ghanaian border

Kurosawa, Akira (1910–1998) 18A Japanese filmmaker

la, l' *def. art.* the; *pron.* she, her, it

là *adv.* 4A, 8A, 10D, 11D, 12AEM there, here; **là-bas** 8A, 13A, 14AM, 15M, 22A over there, down there; **là-dedans** 32D, 33D in there; **là-dessus** 24D whereupon; **là-haut** 25M, 27B, 44D, 47D, 51D up there!, oh, là, là 2AD, 5M, 9A, 10AM, 11M oh my goodness!, good grief!

Labiche, Eugène (1815–1888) 31D, 39AB French dramatist, author of comedies and vaudevilles

laborieusement *adv.* 20D laboriously

La Bruyère (1645–1696) 15D French writer known for his portraits and maxims

labyrinthe *m.n.* 11B labyrinth

lac *m.n.* 10D, 12M, 14D, 42D lake

Lacan, Jacques (1901–1981) *p.n.* 24D French psychiatrist and author

lâcher (4) *v.* 25M, 27M, 45D to leave, to let go, to drop; **lâchez-moi les baskets!** 17M get off my back!

lâcheté *f.n.* 38D cowardice

lacune *f.n.* 45D hole, gap

Ladurée *p.n.* 47M French luxury baker

La Fontaine, Jean de (1621–1695) 19D, 49D French author of fables

Lagarde et Michard *p.n.* 48D authors of guides to French literature

lai *m.n.* 48D poem; **les lais de Marie de France** 48D thirteenth-century poems of courtly love

laine *f.n.* 45B wool; **en laine** 45A woolen

laïcité *f.n.* 25D secularity

laïc, laïque *a.* 8D, 19D, 20D secular, state-run

laid *a.* 10D ugly

laisser (4) *v.* 7A, 9E, 14D, 15A, 17M

to leave, to let, to allow; **laisser tomber** 9A, 12A, 13AC, 19D, 28M to drop, to let it drop; **laisse ce banc tranquille** 18A leave that bench alone; **laisser entendre** 24D to let it be understood; **il se laisse tromper** 39E he lets himself be fooled; **se laisser faire** 37D to go along; **laisser libre cours** 38D to give free rein; **si on les laissait faire** 38D if you let them do as they like; **se laisser aller** 41D, 52B to let oneself go; **se laisser pousser la barbe** 42A to grow a beard; **je te laisse** 42M, 43A gotta go

lait m.n. 16D, 24D, 25ACD, 30D, 31M milk

laitier m.n. 42D milk delivery person; a. 42M dairy

Lamartine, Alphonse (1790–1869) 14D, 24D French Romantic poet

lamentation f.n. 45D lamentation

lampe f.n. 38D lamp

lancement m.n. 44D launch

lancer (4a) v. 8D, 30B, 37D, 43D, 45D to launch, to issue; **se lancer** 30AB to leap, to rush; 40E, 41D to get into

lancier m.n. 40D lancer

Landerneau p.n. 48D commune in Brittany region

Landes f.pl.p.n. 50AE region along the Atlantic in southwest France

langage m.n. 11D, 19D, 20D, 21D, 31BD language

Langeais p.n. 47A town on the Loire river famous for its Renaissance castle

langue f.n. 2D, 9D, 12D, 13D, 16D language, tongue

Langues-O. f.pl.p.n. 13AB abbr. for **Langues Orientales**, or **L'Institut national des langues et civilisations orientales** (INALCO), institute for the study of African, Asian, East European, and Oceanian languages and cultures

langueur f.n. 10D languor

Lanvin (1867–1946) 11AD French fashion designer

lapin m.n. 25ABDE rabbit; **cage à lapins** 33AB rabbit hutch

lard m.n. 25D, 26AB lard, fat

large a. 7A, 8D, 10D, 19D, 21B wide, broad; **famille large** 8D extended family

large m.n. 25D open sea; **au large de** 50D off the coast of; **prendre le large** 52D to sail away

largement adv. 20D, 24D, 25D, 30D, 36D largely, greatly, amply

largeur f.n. 10D, 39D width

larme f.n. 15M, 24B, 28D, 39M, 40M tear; **une larme de xérès** 24A a drop of sherry

Larousse (les Classiques) p.n. 48D series of condensed literary classics

Lascaux p.n. 24AD famous prehistoric cave in the Dordogne region

latéral a. lateral; **rue latérale** 28A, 32B side street

latin a. 7D, 19D, 21A, 35D, 50A (classical) Latin; 35D Mediterranean; **Amérique Latine** 14AE Latin America; **Quartier Latin** 4A, 11AE, 12A, 13A, 15ADE Latin Quarter; **Home Latin** 14A, 15M, 21AB, 30A, 31A small hotel on the Left Bank; m.n. 14D, 18D, 19ABC, 21ABE, 40A Latin (language)

latino-américain a. 46D Latin American

latitude f.n. 20B, 48D latitude

lauréat m.n. 51D laureate

Laurel et Hardy 3B American slapstick comedy team

Laurence f.p.n. 5D, 20B feminine first name

Laurent m.p.n. 5D masculine first name

Lautréamont (1846–1870) 21D French author

Laval p.n. 40D city in the Brittany region of France

lavande f.n. 33D lavender

laver (4) v. 33D, 34B, 45A, 47AB to wash; **se laver** 22AB, 31B, 33CD to wash oneself; **lave-linge** m.n. 33D washing machine; **machine à laver** f.n. 37E washing machine; **lave-vaisselle** m.n. 33ABD, 48E dishwasher; **laver à main** 33D to hand wash

Lavoisier (1743–1794) 11B French scientist, founder of modern chemistry

Lazare p.n. 50D Lazarus

le, l' def. art. the; pron. he, him, it

Lê, Linda (b. 1963) 2D, 49D Vietnamese novelist

leader m.n. 38D leader

Leclerc, Général Philippe (Philippe Leclerc de Hautecloque, 1902–1947) 30AC French general in the Second World War

leçon f.n. 2D, 7E, 10D, 13EM, 14E lesson

lecteur m.n. 7D, 19D, 20D reader; 32D player, playback unit

lecture f.n. 13ADE, 20D, 23D, 36D, 39A reading; **grille de lecture** 35D frame of reference, means of interpreting

Le Forestier, Maxime (b. 1949) 31D French singer

légal a. 13B, 17D, 41D, 45D legal

légalement adv. 8D, 20D legally

légalisé a. 41D legalized

légendaire a. 51D legendary

légende f.n. 13D, 48D, 50D, 51D legend

léger a. 14DM, 26ABCD, 29M, 39A, 40B light, slight

légèrement adv. 21E, 23E, 24A, 31B, 45D slightly

législatif a. 14D, 15D, 27D, 35D legislative

législation f.n. 13B, 27D legislation

légume m.n. 16M, 24AB, 25E, 28B, 34D vegetable

lendemain m.n. 11B, 15D, 16CE, 18D, 23A next day

Lénine, Vladimir Ilitch (1870–1924) 38ADE, 46D a leader of the Russian Revolution

lent a. 17D, 23D, 28D, 38D slow

lentement adv. 17D, 28A, 37D, 45D, 48D slowly

lenteur f.n. 26D slowness, torpor, lethargy

lentille f.n. 44ABE lentil; **trier des lentilles** 44A to pick over lentils

Léoville-Las-Cases m.p.n. 24AE distinguished bordeaux wine

Le Pen, Jean-Marie (b. 1928) 12DM French politician, founder of **Front National**

lequel, laquelle, lesquels, les-

quelles *pron.* 11M, 13A, 14D, 15D, 18E who, whom, which

les *def. art.* the; *pron.* they, them

lettre *f.n.* 12B, 14C, 15AEM, 22ABD, 32D letter; **boîte aux lettres** 15ABC mailbox

lettres *f.pl.n* 11D, 13D letters, humanities; **section lettres** 19A liberal arts concentration; **gens de lettres** 29D literary figures

leur, leurs *a.* 3BD, 5D, 7AD, 8AD, 9A their, theirs; **leur** *pron.* them

lever *m.n.* 40D raising

lever (8) *v.* 6M, 11B, 24D, 26A, 31D to raise, to lift; **elle lève les yeux** 11AB she looks up; **se lever** 11A, 14A, 16A, 22A, 24ACM to rise, to get up; **ça se lève** 10AB the weather is clearing; **Papa ne lève jamais le petit doigt** 17M Dad doesn't lift a finger

levier *m.n.* 30B (gear-shift) lever

Lévi-Strauss, Claude (1908–2009) 8M, 46D French social anthropologist and writer

lèvre *f.n.* 6D, 9AB, 10D, 20D, 32M lip; **rouge à lèvres** 21M, 25AB lipstick

liaison *f.n.* 20D, 24D, 26D, 37D affair

Liban *m.p.n.* 50AB Lebanon

libanais *a.* 4D Lebanese

libéral *a.* 20C, 35D, 45D liberal

libération *f.n.* 20D, 45D, 49D liberation; **Libération** *p.n.* 2D, 35D French newspaper; 21D, 49D liberation of Paris in World War II

libérer (10) *v.* 51B, 52D to free; **libéré** *a.* 45D, 52D liberated

liberté *f.n.* 13D, 14D, 18D, 21D, 26M freedom, liberty; **Statue de la Liberté** 27M, 49D Statue of Liberty

librairie *f.n.* 37D, 38AB bookstore

libre *a.* 3D, 8D, 15D, 16D, 19AB free, vacant, available; **libre-service** 24A self-service; **France Libre** 45D Free French Forces, government-in-exile led by Charles de Gaulle during World War II

Libye *f.p.n.* 48M Libya

licence *f.n.* 45D permit; **Licence** 35D French equivalent of bachelor's degree

licencié *n.* 13D holder of the equivalent of a bachelor of arts degree

Lido *m.p.n.* 39ABDE famous music hall in Paris

lié *a.* 13D, 30D, 34D, 35D, 41D linked

liège *m.n.* 50ACE cork

lien *m.n.* 29D, 33D, 42D, 50D connection, bond, tie; 36D link; **lien hypertexte** 36D hyperlink

lier (se) (7) *v.* 20D, 35D to join, to associate oneself

lierre *m.n.* 51D ivy

lieu *m.n.* 12D, 19D, 22M, 23D, 24D place; **au lieu de** 15M, 20D, 28M, 31E, 40M instead of; **lieu de travail** 18D, 27D workplace; **lieu de mémoire** 29D significant event in the collective memory of the French; **avoir lieu** 36D, 39D, 44M to take place, to happen; **lieu de passage** 42D transit point

ligne *f.n.* 14D, 18D, 27ABM, 45D, 49B line, route; 25M figure; **en ligne** 10M, 12D, 36D, 40D, 41D online

lilas *m.n.* 18ABE, 19ACE, 20ACD, 21A, 24D lilac; **du lilas** 25D a bunch of lilacs

Lille *p.n.* 23M, 47A city in the north of France

limbique *a.* 49D limbic

limitant *a.* 8D limiting

limitation *f.n.* 14D, 31D limitation; **limitation de vitesse** 29D speed limit

limite *f.n.* 4D, 14D, 25A, 26D, 45D limitation

limité *a.* 20D, 26D, 36D limited

limiter (4) *v.* 22D to limit; **se limiter** 35D to be restricted to

Limoges *p.n.* 50AC town in central France known for its porcelain

limonade *f.n.* 9AB, 50D, 51D carbonated lemon-flavored drink

Limousin *p.n.* 35D region in central France

linéaire *a.* 20D linear

linéarité *f.n.* 36D linearity

linge *m.n.* 33D, 42M laundry, linen; **pince à linge** 51B clothespin

lingerie *f.n.* 45D lingerie

linguistique *a.* 16D linguistic

linotte *f.n.* linnet; **tête de linotte** 51M scatterbrain

linteau *m.n.* 49D lintel

lion *m.n.* 28A, 30A, 40M, 47D lion; **Lion d'or** 37D, 45D prize for best film; **Lion de Belfort** 49D sculpture by Bartholdi

Lipp *p.n.* 29AD, 51D café and restaurant in Saint-Germain-des-Prés

liquéfier (4) *v.* 48A to liquefy

liqueur *f.n.* 24E, 36B liqueur

liquidation *f.n.* 44M liquidation

liquide *m.n.* 24D, 38D, 42M liquid

lire (23) *v.* 4BM, 7D, 10A, 20ABDE, 22D to read

lire *f.n.* 5M lira, former Italian currency

Liré *m.p.n.* 35D region in the Loire valley

liste *f.n.* 17D, 21A, 32A, 40M, 41A list

lit *m.n.* 12M, 24M, 29B, 32D, 36AB bed

litre *m.n.* 24D, 29AB, 31B, 50D, 52M liter; **L/100** 29B liters per 100 km

littéraire *a.* 2D, 7D, 11D, 13D, 19D literary **littérature** *f.n.* 2D, 8D, 21AC, 23D, 24D literature

living *m.n.* 32B living room

livre *m.n.* 7D, 9D, 12D, 13D, 14E book; *f.n.* 5M, 47D old French currency, British pound

livrer (4) *v.* 33E, 37M, 49D to deliver; 51D to reveal

local *a.* 9M, 37M, 50DM, 51D, 52D local; *m.n.* 27D, 38D premises

locataire *m.n.* 32A, 33D tenant

location *f.n.* 27B, 30CD, 34D, 46A rental; **voiture de location** 27A, 31AE rental car

locavore *m.n.* 37M locavore

Loches *p.n.* 47A town in the Loire valley with medieval dungeon and fortifications

locomotion *f.n.* 6D locomotion

locomotive *f.n.* 20D, 27D, 38D, 46D locomotive

loft m.n. 33D, 46D loft apartment

loge f.n. 32ABC, 36D concierge's lodge

logé a. 9M, 33B, 47D housed

logement m.n. 4D, 8D, 32DE, 33ABCD, 34D lodging, housing; **aide au logement** 33D housing stipend

loger (4b) v. 4D, 9M, 32D, 33A, 35C to live, to put up

logiciel m.n. 36M, 38E computer software

logique f.n. 21D, 22D, 35D logic

logiquement adv. 52B logically

logistique f.n. 46E logistics

logo m.n. 8D, 12D, 46D logo

loi f.n. 13BD, 15D, 16D, 17D, 19D law

loin adv. 11M, 13M, 14ABC, 15D, 16AD far; **au loin** 16A, 25D, 30M, 48D in the distance

lointain a. 28D, 35D, 48D distant, far-off

Loire f.p.n. 34D, 35D, 47A, 52A one of the four main rivers of France

loisir m.n. 8AB, 15D, 18D, 25AD, 29M leisure, spare time

Londres p.n. 35D, 39D, 42D, 45D, 46B London

long, longue a. 6ABCD, 7DM, 10CD, 13M, 14D long

long m.n. 22A, 49D, 51A, 52A length; **le long de** 9D, 30M, 51A the length of; **tout le long** 30M, 52A the whole length; **en long, en large et en travers** 44M at great length

long-métrage m.n. 37D, 40D feature film

Longchamp p.n. 44AE racetrack near Paris

longer (4b) v. 45D to border; **longer la côte** 48AB to sail along the coast

longévité f.n. 13D longevity

longitude f.n. 20B longitude

longtemps adv. 5D, 8D, 9C, 10C, 13ACD (for) a long time; **ça fait longtemps?** 10C, 13A has it been long?

longuement adv. 38D, 45D, 48D for a long time, at length

Lorient p.n. 48D port city in Brittany

Lorraine f.p.n. 48A, 52D province in northeastern France

lors adv. 13D, 17D then; **lors de** 5D, 12D, 23D, 29D, 31D on the occasion of

lorsque conj. 13D, 14D, 21D, 22D, 29D when

lot m.n. 46D crowd, bunch; **gros lot** 41D, 51A jackpot

loterie f.n. 34A, 41ACDE, 42AE, 43AE, 44ACE lottery; **Loterie nationale** 41ACD, 43A, 44A, 45A national lottery, sweepstakes

Loto m.p.n. 6M, 41BD, 43D, 44A, 51D lottery game

louche a. (coll.) 31M shifty, seedy, shady; **chelou** a. (sl.) 16M, 37D sketchy (verlan for **louche**); **à la louche** 31M approximately

loucher (4) v. 10ABCE, 16M, 40B to be cross-eyed, to squint

louer (4) v. 9B, 27ABCE, 29AEM, 30ACE, 34AB to rent, to hire, to let; **ce n'est pas à louer** 30A it's not for rent; **loué** a. 9A rented

Louis XIV (1638–1715) 8D, 15D, 16D, 19D, 27BD King of France, 1643–1715

Louis XVI a. 32A style of furniture popular during the reign of Louis XVI (1754–1793)

Louisiane p.n. 16D Louisiana

Louis Vuitton p.n. 11M luxury brand of handbags

loulou m.n. 43D sweetie

loup m.n. 19D wolf; **Pierre et le Loup** 3AE Peter and the Wolf; **Le Renard et le Loup** 3A The Fox and the Wolf; **un froid de loup** 11D bitter cold; **Grand Méchant Loup** 27B Big Bad Wolf

louper (4) v. 15M to flunk; 34M to miss

lourd a. 21D, 23B, 26ABDE, 35AB, 44A heavy; **poids-lourd** m.n. 18D tractor-trailer

Lourdes p.n. 28D town in southwest France and site of famous Catholic shrine

Louvre m.p.n. 12M, 14ABD, 15A, 23ADEM, 33AC national museum of art in Paris

Louxor p.n. 38B Luxor, city in Egypt

loyal, -aux a. 49D loyal

loyer m.n. 33D, 34ABCE rent, rental

lu p. part. of lire 20ACEM, 23B, 30M, 35A, 38D

lubricité f.n. 38D lechery

Lucas m.p.n. 5D masculine first name

Luchini, Fabrice (b. 1951) 33M, 34M French actor

lucide a. 9B, 11D, 51D clear

Lucrèce f.p.n. 39B Lucretia, wife of a Roman consul; she was raped by a son of the emperor Tarquin, and took her own life

ludique a. 43D ludic, gamelike

ludotourisme m.n. 43D play-centered tourism

Lugné-Poë (1869–1940) 40D French actor and theater director

lui pron. 2A, 3D, 5AM, 6BM, 7ABM he, him, it; 4D her; **lui-même** 15D, 18D, 20E, 24D, 32E himself

luisant a. 22D shiny

lumière f.n. 18D, 28AB, 32ABE, 36ABE, 37AD light; **siècle des Lumières** 26D the Enlightenment; **Ville Lumière** 39D City of Light, Paris

lumineux a. 6D, 7D, 21D luminous, radiant

lundi m.n. 15D, 24A, 25M, 27AE, 28M Monday

lune f.n. 6D moon; **Port de la Lune** m.p.n. 35M Port of the Moon, name given to the port of Bordeaux

luné a. **être bien luné** 26M to be in a good mood

lunettes f.pl.n. 10AB, 22D, 35B, 40D, 50D glasses; **lunettes noires, lunettes de soleil** 37A, 43M, 49M, 51A sunglasses

lustre m.n. 26D luster

Lutèce p.n. ancient Roman name of Paris; **les Arènes de Lutèce** 25AE ruins of an ancient arena

lutte f.n. 12D, 27D, 40D, 45D, 46D struggle

lutter (4) *v.* 27D, 34D, 38B, 45D to fight

luxe *m.n.* 11M, 28M, 29M, 35B, 39D luxury

Luxembourg, Luco *m.p.n.* 11ABCE, 14ABD, 15ACE, 16AC, 17AEM palace and gardens on the Left Bank in Paris

Luxembourg *p.n.* 2D, 3D the country of Luxembourg

Luxembourg (Palais du) *m.p.n.* 14BD, 38D seat of the French Senate

luxueux *a.* 14ABC, 18D, 35E, 42B, 43B luxurious, sumptuous

Luz (-Saint-Sauveur) *p.n.* 47AD town in the Pyrénées with fortified church

lycée *m.n.* 2D, 12D, 19ABCDE, 20ACD, 21D high school; **Lycée français de New York** 27M private bilingual French school in New York

lycéen *m.n.* 19D, 20D, 21D, 33D high school student

lymphatique *a.* 26D lymphatic

lynx *m.n.* 50D lynx, bobcat

Lyon *p.n.* 4D, 18D, 20D, 24ACE, 27BM third largest city in France, considered a gastronomical capital

lyrique *a.* 11D, 20D, 28D, 35M, 48D lyric, lyrical

ma. *See* mon

Mabillon *p.n.* 51D, 52M Paris metro station

macadam *m.n.* 44D tarmac

macaron *m.n.* 47M macaroon

mâcher (4) *v.* 23M to chew

machine *f.n.* 7M, 21D, 32D, 36D, 42D machine; **machine à calculer** 16D, 38E adding machine; **machine à laver** 37E washing machine; **machine à écrire** 37A typewriter; **machine à vapeur** 38E steam engine; **machine à sous** 41D slot machine

maçon *m.n.* mason; **faire les maçons** 34A to do the masonry oneself

Mâcon *p.n.* 30ADE city on the Saône, center of the Burgundy wine trade

Mâconnais (le) *m.p.n.* 30D district in southern Burgundy

madame, mesdames *f.n.* 2AB, 3AM, 4BD, 6M, 7A Mrs., madam; **madame votre mère** 15A, 19D your esteemed mother

Madame Bovary *f.p.n.* 51D acclaimed novel by Gustave Flaubert

madeleine *f.n.* 48AB madeleine tea cake

Madeleine *f.p.n.* 38ACD **église de la Madeleine**, church in Paris built in the Greek style

mademoiselle, mesdemoiselles *f.n.* 2AE, 3AM, 4AD, 8A, 13A Miss

magasin *m.n.* 14D, 16ABCM, 22M, 24D, 28ABC store, shop; **grand magasin** 37D, 45M department store

magasinage *m.n.* (*Québécois*) 42M shopping

magasiner (4) *v.* (*Québécois*) 42M to go shopping

magazine *m.n.* 12B, 20D, 29D, 32D, 33D magazine

Maghreb *p.n.* 2D, 18D, 25D, 35D the Maghreb, former French colonies of North Africa (Morocco, Algeria, Tunisia)

magie *f.n.* 42D magic

magique *a.* 13M, 30D, 41D, 42D magical

magistrat *m.n.* 13BM, 18A, 21D, 26D judge

magistrature *f.n.* 13B, 18AC, 46M, 51M magistrature, public office

magnanime *a.* 51E magnanimous

magnétique *a.* 22AC, 47D magnetic

magnétoscope *m.n.* 48E video cassette recorder

magnificence *f.n.* 28D magnificence, splendor

magnifique *a.* 11B, 12AC, 14BDM, 23A, 24A magnificent, splendid, superb

magot *m.n.* 29D, 49B Chinese figurine; **Les Deux Magots** 29ABD, 49A, 50A, 51ACDE, 52B historic literary café in Saint-Germain-des-Prés

magret *m.n.* **magret de canard** 26A duck breast

Magritte, René (1898–1967) 13D Belgian painter

mai *m.n.* 2D, 4D, 5B, 6D, 9B May

maigre *a.* 28D, 51D thin

maigrichon *a.* 26D scrawny

maigrir (5) *v.* 26E to lose weight

maillot (de bain) *m.n.* 29M, 43ABM, 46D bathing suit

main *f.n.* 6DM, 7D, 9A, 13M, 18ABCE hand; **avoir le cœur sur la main** 23AB to be generous; **prendre les choses en main** 18D to take control, to take matters into one's own hands; **se donner la main** 28D to join hands; **à portée de main** 30D, 47D within reach, at one's fingertips; **frein à main** 31A handbrake; **laver à main** 33D to hand wash; **battre des mains** 40M to clap one's hands; **fait à la main** 50E handmade

maintenance *f.n.* 32D upkeep

maintenant *adv.* 4A, 5AM, 6A, 7AC, 9AM now

maintenir (37) *v.* 27B, 35D, 44D to maintain

maintien *m.n.* 25D, 37M maintenance

maire *m.n.* 21D, 42D, 47D mayor

mairie *f.n.* 8D, 31D, 43M town hall

mais *conj.* 2AD, 3AD, 4ADE, 5ADM, 6ABDM but, well, oh; **mais oui** 3A, 12A, 16D, 30A, 37A sure, of course, you bet; **mais non** 2D, 3D, 6A, 7A, 9A oh no, of course not, no way; **mais si** 9A, 10D, 13A, 17A, 19D well of course, why sure, on the contrary; **mais enfin** 21A, 25A, 31D, 38D, 46A come on, for goodness' sake; **mais j'y pense** 46A, 48A it just occurs to me

maison *f.n.* 4ABCD, 5D, 8D, 9ABCD, 11M house; **maison de vacances** 10D vacation house; **maison close** 32D brothel; **maison à la campagne** 34AD, 35E country house; **maison de retraite** 41A, 52M retirement home; **avoir une maison bien à** soi 35A to have a house of one's own; **maison de jouets** 18A toy company; **fait maison** 51D home-made

maître m.n. 13D, 15D, 19D, 24D master; 22D schoolmaster; **maître d'hôtel** 25A headwaiter, maître d'; **maître de maison** 24DE, 33E host; **maître-verrier** 31D artisan who makes stained glass; **Maître des Phynances** 40D made-up title

maîtresse f.n. 48D mistress; 42D, 43D schoolmistress; **maîtresse de maison** 24E, 33E, 37D hostess

maîtrise f.n. 13AB French equivalent of M.A. degree; 35D, 49D mastery, command

maîtriser (4) v. 47M, 49D to control

majesté f.n. 14D, 28D, 40D, 45D majesty

majeur a. 2D, 14M, 20D, 24D, 36D major

major m.n. 27ABE major; *Major Barbara* 27E play by George Bernard Shaw

majoritaire a. 33D, 44D predominant

majoritairement adv. 35D, 36D predominantly

majorité f.n. 6D, 7D, 16D, 19D, 20D majority

maki m.n. 26M type of sushi wrapped in seaweed

mal m.n. 2AD, 8A, 10D, 15D, 16D harm, hurt; 46D evil; **avoir mal à la gorge** 12AB, 17A to have a sore throat; **mal au ventre** 17D stomach ache; **mal d'amour** 28D heartache; **mal au foie** 40D, 45A indigestion, upset stomach; **avoir du mal à** 22D, 23ABE, 46D to have a hard time doing something; **il n'y a pas de mal** 23A, 27A no harm done; adv. bad, badly; **ça finira mal** 22AB, 23A it's going to end terribly; **elle n'est pas mal** 6M, 8A she's not bad-looking; **mal élevé** 37AB, 41B ill-mannered; **pas mal de** 26M, 30D, 33AB, 39B, 44M quite a lot of

malade a. 2ABD, 3D, 5D, 6AC, 12B

sick, ill; **les malades** n. 28M the sick

maladie f.n. 13D, 15D, 20B, 23DE, 27D illness

maladif a. 11D unhealthy

maladresse f.n. 20E, 41D, 45AB awkwardness, clumsiness

maladroit a. 20E, 32D, 45B clumsy, awkward

malaise f.n. discomfort; **malaise cardiaque** 39D mild heart attack

malchanceux a. & m.n. 31D unlucky person

malentendu m.n. 44D misunderstanding

mal-être m.n. 13D ill-being, malaise, angst

malgré prep. 13D, 16E, 27BD, 37D, 41B in spite of, despite

malheur m.n. 33D, 41DE, 45D, 46D, 51E bad luck, misfortune

malheureusement adv. 14A, 19A, 20M, 21ABD, 22A unfortunately, unhappily

malheureux a. 33A, 36M, 39B, 43D, 45E unhappy, unfortunate; n.pl. 33D the unhappy

malhonnête a. 34D, 50E dishonest

malice f.n. 44D malice

malin a. 13AB, 19D, 27M, 35M, 44D clever, sharp; **c'est malin!** 9AC, 17A, 42A that was smart!; n. 22D, 44M clever person

Mallarmé, Stéphane (1842–1898) 11D, 15D, 51D French symbolist poet

Malraux, André (1901–1976) 8D, 29D French novelist and politician, minister of culture in the de Gaulle government

Malte f.p.n. 35D Malta

Mamadou m.p.n. 38D Senegalese masculine first name

maman f.n. 5D, 8AM, 9M, 10A, 11M mom, mommy

mammifère m.n. 24D mammal

management m.n. 35D management

Manche f.p.n. 48AC, 52D English Channel

manche f.n. 46D sleeve

mangeable a. 26D edible

manger (4b) v. 2B, 3D, 4D, 7D, 9D to eat; m.n. 43D food; **salle

à manger 32A, 33A dining room

manie f.n. 49M habit

manier (4) v. 52AB to handle, to use

manière f.n. 16D, 19D, 20D, 26D, 38D manner, way; **manières** f.pl.n. 32A, 41E, 48D manners; **de manière à ce que** 43D in such a way that

manif f.n. 12ABD abbr. for **manifestation**

manifestant m.n. 12ABCDEM, 14C demonstrator

manifestation f.n. 11E, 12AD demonstration; 47E expression

manifeste m.n. 35D manifesto

manifestement adv. 40D clearly, manifestly

manifester (4) v. 8D, 12BD, 14AC, 19A, 29E to protest, to demonstrate, to express; 45D to show, to reveal; **se manifester** 33D to emerge, to appear

manipulé a. 21B manipulated

Mann, Thomas (1875–1955) 4B, 20B German writer

mannequin m.n. 30D model

manoir m.n. 34AD manor

Manon des sources p.n. 11D, 12D, 29D acclaimed French film

manque m.n. 22E, 45D lack; **manque de domestiques** 34A shortage of servants; **manque de pot** 23M unluckily

manquer (4) v. 9AB, 13B, 23E, 26D, 30M to miss; 13M, 22D, 23E, 26D, 28BM to lack, to be short of; **il manque de courage** 28B he lacks courage; **elle manque se retrouver dans le fossé** 31A she nearly ends up in the ditch; **ce ne sont pas les trucs qui manquent** 13A there are plenty of tricks; **ce n'est pas le travail qui manque** 13M there's still lots of work; **il en manque une?** 34D is one missing?; **il manque encore une heure et demie** 46D there's still an hour and a half left; **il ne manquerait plus qu'elle lui offre une tablette numérique à écran tactile** 36M all she needs to do now is give her a touch-screen tablet

Mans (le) m.p.n. 50A city southwest of Paris known for its pork specialty (rillettes)

manteau m.n. 25D, 30D, 47D, 52D coat

manuel a. & m.n. 7D, 18DE, 34D, 48D manual; **manuel scolaire** 48D textbook; **changement de vitesse manuel** 30A stick shift

manuscrit m.n. 33A manuscript

manzana f.n. 46D Spanish apple liqueur

maquereau m.n. 26D mackerel

maquillage m.n. 33D makeup

maquiller (se) (7) v. 32M to put on makeup

maquis m.n. 30M shrubland (biome in the Mediterranean region); 30M World War II Resistance organization; **prendre le maquis** 30M to go underground

maquisard m.n. 30M member of the Resistance

marais m.n. 50D marsh, swamp

Marais (le) m.p.n. 25AD, 35D 17th-century district in the center of Paris

marathon m.n. 6D, 9A marathon

Marbeuf p.n. 45D Paris métro station renamed Franklin Delano Roosevelt in 1946

marbre m.n. 21M, 22D, 35D marble

marchand, marchande m. & f.n. 25ABC, 38B, 43M merchant, seller

marchandise f.n. 16D, 17A merchandise, goods

marche f.n. 13D, 35D, 38D, 45D march; 36D, 37D step; 47D walk, walking; **fermer la marche** 18D bring up the rear; **ouvrir la marche** 47D to lead the way; **en marche** 40D on the march; **faire de la marche** 44A to go walking; **chaussures de marche** 44A walking shoes; **en marche du taxi** 45ABC while the taxi is in motion

marché m.n. 3D, 9D, 18D, 23A, 25E market; **bon marché** inv. a. 14B, 43D, 49D cheap

marcher (4) v. 13ABCD, 16B, 19D, 22AB, 29AM to work, to function; 12M, 22A, 23A, 26D, 27A to walk; 37M to go along; **ça marche à tous les coups** 13A, 31E, 43A it works every time, you can't miss

mardi m.n. 15D, 24M, 27D, 28, 31M Tuesday

marécage m.n. 50D swamp, marshland

maréchal m.n. 45BD marshal

marée f.n. 47AB, 48A tide; **marée noire** 33D oil slick

marémoteur, -trice a. tidal; **marémotrice** f.n. 48AC tidal power station

Margot f.p.n. 31D feminine first name, diminutive of Marguerite

marguerite f.n. 31ABE daisy

mari m.n. 3M, 8ACD, 10AB, 17M, 18A husband

mariage m.n. 8BD, 14D, 16D, 21B, 30D marriage, wedding; **le mariage pour tous** 32M slogan of pro–gay marriage movement in France

marié a. 5ABCDE, 8ACD, 10DE, 16D, 23D married; m.n. 14D married person

Marie-Antoinette (1755–1793) 14D, 27AD, 47D, 51E wife of Louis XVI, executed under the Revolution

Marie de France 48D twelfth-century poet of courtly love

Marienbad p.n. 13AB spa in Germany; *L'Année dernière à Marienbad* 13A title of French movie directed by Alain Resnais

marier (se) (7) v. 8D, 10D, 16D, 30D, 32M to get married

marin a. 25D, 35D sea; m.n. 17ABD, 28D, 31D, 41D sailor

marine f.n. 19D navy

Marine f.p.n. 37M feminine first name

maringouin m.n. (Québécois) 42M mosquito

maritime a. 16D maritime

Marne f.p.n. 48AC river in northeastern France

marmotte f.n. 42M woodchuck

Maroc m.n. 46M Morocco

marocain a. 15D, 46M, 52D Moroccan

marque f.n. 44D, 45D, 48E mark, brand; **grande marque** 39D famous brand

marqué a. 7M, 31D, 36D, 42D, 51D scored, marked, labeled, affected, significant

marquer (4) v. 17D, 21D, 32D, 36D, 38M to mark, to score (a goal)

marquis m.n. 17D, 34D, 42D marquis

marquise f.n. 18D, 47D, 49D marchioness

marraine f.n. 15ABC, 16AD, 20B, 23AM, 24ABCEM godmother

Marrakech p.n. 46M city in central Morocco

marrant a. 46M funny

marre adv. (coll.) **en avoir marre** 17M, 18M, 39M, 47AB to be fed up

marron inv. a. 6A, 7ABD chestnut brown; m.n. chestnut; **marrons glacés** 26A glazed chestnuts

marronnier m.n. 11ABC chestnut tree

mars m.n. 5M, 7M, 11B, 13M, 17M March

Marseille p.n. 4D, 5D, 30M, 33B, 48ACDE Marseilles, seaport on the Mediterranean and second largest city in France

marseillais a. 48B from Marseille

Marseillaise (la) f.n. 12M, 41D French national anthem

marteau m.n. 47D hammer

Martini m.p.n. 19AE, 26AB brand of apéritif wine

martiniquais a. & n. 29A, 51D of Martinique

Martinique f.p.n. 50A, 51AD island in the French West Indies

martyre m.n. 52E martyrdom

marxisme m.n. 38A, 52E marxism

marxiste a. & n. 19D, 37D, 38E, 46ADE marxist

mas m.n. 34AD farmhouse in the south of France

masculin a. 5D, 7D, 8D, 11D, 23D masculine

maso abbr. for **masochiste** a. 28D masochistic

masque m.n. 51D mask

masqué *a.* 14D masked

masquer (4) *v.* 38D to mask

massacre *m.n.* 51D massacre

massacrer (4) *v.* 18D, 40D, 47D to massacre

masse *f.n.* 21D mass; **en masse** 38D en masse

masser (4) *v.* 18AB to massage

masseur *m.n.* 18ABCD masseur

massif *a.* massive; **or massif** 47D solid gold

Massif Central *m.p.n.* 31M, 37D, 43B, 47AC, 52A mountains of volcanic origin in central France; **Massif des Vosges** 47A Vosges mountains in eastern France; **Massif Armoricain** 47E mountain range in Brittany

Master *m.n.* 15M, 35D French equivalent of master's degree

mat' *abbr. for* matin 30M

matador *m.n.* 30B bullfighter

match *m.n.* 7M, 9D, 16D, 42M, 47D game

matelot *m.n.* 15D, 17D sailor

matérialisme *m.n.* 52A materialism

matérialiste *m.n.* 50E materialist

matériau, matériaux *m.n. & m.pl.n.* 33D construction materials

matériel *a.* 34D, 50B material; *m.n.* 42ABC, 43AE equipment

maternel *a.* 8AM maternal; **école maternelle** 19ABCDE, 20B nursery school; **langue maternelle** 2D, 21D native language

mathématicien *m.n.* 16D, 37D, 38B mathematician

mathématiquement *adv.* 41D mathematically

mathématiques *f.pl.n.* 13D, 19D, 20B, 21ACDE, 37D mathematics

matheux, matheuse *m. & f.n.* 13AM person studying mathematics

Mathieu, Mireille (b. 1946) 5D French singer

maths *f.pl.n.* 6M, 10AB *abbr. for* **mathématiques**

matière *f.n.* 14A, 15A, 16A, 19ABD, 21E subject matter; 50A matter; **se connaître en matière de vins** 33E to be knowledgeable about wine; **matière grasse** 50ABC fat

matin *m.n.* 5M, 6M, 7M, 9M, 11A morning

mâtiné *a.* 51D blended

matinée *f.n.* 13A, 14AB morning; **en matinée** 36AE in the afternoon

matines *f.pl.n.* 30D matins

Matisse, Henri (1869–1954) 19ABE French painter

Mattei *p.n.* 30A car rental company

maudit *a.* 41D cursed

Maure *a. & n.* 30M Moor

Mauresmo, Amélie (b. 1979) 6D French tennis player

Mauriac, François (1885–1970) 46D French writer

Maurois, André (1885–1967) 33D French writer

mauvais *a.* 6CM, 8M, 9BCM, 11D, 15D bad, poor; **il fait mauvais** 11AB, 12A, 23B the weather's bad

mauve *a.* 38D, 51D mauve

max *m.n.* 46M *abbr. for* maximum

maximal *a.* 50D maximum

maxime *f.n.* 15D, 21D, 23D, 44D maxim, saying

maximum *m.n.* 31D maximum; **au maximum** 9M, 32B, 35D at the most, to the maximum

maya *a.* 38E Mayan

Mayol (Concert) *p.n.* 40A music hall in Paris

mayonnaise *f.n.* 50ABC mayonnaise

Mazarin, Jules (1602–1661) 47D Italian-born French cardinal, statesman under Louis XIII and XIV

Mazarine (bibliothèque) *f.p.n.* 51D oldest public library in France, located in Saint-Germain-des-Prés

McDo 14M, 35DM *abbr. for* McDonald's

MC Solaar (Claude M'Barali, b. 1969) 2D, 31D rapper of Senegalese origin

MDR (*abbr. for* mort de rire) 19D, 43D LOL, dying of laughter

me, m' *pron.* 4DM, 5DM, 6DM, 7M, 8AM me

Meaux *p.n.* 30B town east of Paris known for its brie cheese

mec *m.n.* (*coll.*) 13AB, 19M, 26D, 27D, 28M guy

mécanique *a.* 25D, 40A, 45D mechanical; *f.n.* 35D mechanism;

f.pl.n. (*coll.*) shoulders; **rouler les mécaniques** 50ABE to swagger, to show off

mécanisation *f.n.* 34D mechanization

mécaniste *a.* 38D mechanistic

méchanceté *f.n.* 21D, 27E wickedness, malice

méchant *a.* 6ABC, 8E, 9AE, 10ABE, 32B mean, malicious, bad-natured; **méchants** *m.pl.n.* 44D the bad

mécontents *m.pl.n.* 47D grumblers, malcontents

mécontentement *m.n.* 45D discontent

Med (Club) *p.n.* 51A vacation club

médaille *f.n.* 22M, 47D medal

médecin *m.n.* 15ABD, 18D, 21D, 31D, 37D doctor, physician; **Médecins sans frontières** 28M, 46M Doctors Without Borders, an organization of doctors who do relief work throughout the world

médecine *f.n.* 13BD, 15A, 23D, 31D, 33D medicine; **faire médecine** 13AM, 27M, 28M to study medicine

média *m.n.* 36D, 38D, 40D, 44D, 45D media

médian *a.* 35D median

médiatique *a.* 33D, 42D, 47D pertaining to the media

médical *a.* 22D, 26E medical

médicament *m.n.* 13D, 28M, 50D medication

Médicis *p.n.* **Fontaine Médicis** 11A, 42AB fountain in Luxembourg gardens; **Marie de Médicis (1573–1642)** 14D queen of France, wife of Henry IV; **Catherine de Médicis (1519–1589)** 47D queen of France, wife of Henry II

médicotourisme *m.n.* 43D medical tourism

médiéval *a.* 33D, 35D medieval

méditation *f.n.* 14D, 16D, 26D, 47M meditation

méditer (4) *v.* 47M to meditate

Méditerranée (mer) *f.p.n.* 15D, 21B, 47D, 48ACD, 50D Mediterranean (Sea)

méditerranéen *a.* 35DM, 50D Mediterranean

Medrano *p.n.* 40B French circus

méduse *f.n.* 43D jellyfish

méfiance *f.n.* 47D mistrust

méfier (se) (7) *v.* 19D, 21D, 35M, 45B, 46A to be wary or suspicious, to distrust; **méfie-toi, méfiez-vous** 27M, 40B, 45AB, 51A watch out!

Megève *p.n.* 27M ski resort in the Alps

mégot *m.n.* 18D cigarette butt

méhari *m.n.* 46AD camel; **Méhari** *f.p.n.* 46ABCDE, 47AE, 52ABE small Jeep-like car

Meije (la) *f.p.n.* 47A mountain in the Alps

meilleur *a.* 13D, 19D, 20AB, 21D, 23M better; 6M, 15AD, 20B, 27E, 30M best; **il est d'autant meilleur qu'il est plus loin** 22D the further away it is, the better it is; **c'est la meilleure de l'année** 47A that's the best I've heard all year

mélancolique *a.* 6D, 11D, 48D melancholy

mélange *m.n.* 7D, 19B mixture

mélangé *a.* 26A mixed

mélanger (se) (4a, 7) *v.* 32D, 45D to mix

Melbourne *p.n.* 35D second biggest city in Australia

mêler (se) (7) *v.* 24D to be involved in; **mêlez-vous de ce qui vous regarde** 22M mind your own business; **se mêler** 42D to mingle with, to join with

mélodie *f.n.* 19D, 38D melody

mélodieux *a.* 9C melodious

membre *m.n.* 3D, 8D, 13BD, 17D, 20M member

même *a.* 7DE, 8AD, 10AB, 12AD, 13AD same; **le même jour** 8A the same day; **la même chose** 7E, 17A, 19A, 20A, 21A the same thing; *indef. pron.* self; **elle-même** 19D, 22D, 25M, 33A, 44E herself; **vous êtes tous les mêmes** 13A you're all the same; **ça revient au même** 52AB it comes to the same thing; *adv.* 5AD, 6AM, 7ABM, 9ADM, 10D even, actually; **ils sont même assez riches**

5A they are actually quite rich; **de même** 9D, 24D, 39E in the same way; **quand même** 10M, 11ABM, 12M, 13A, 14M just the same, still, even so, of course, surely, really, anyway, after all; **il n'est même pas beau** 13A he's not even cute; **le soir même** 19A, 32D, 43D that very evening; **tout de même** 27A, 34A, 37D, 40D, 44A still, all the same; **la disparition même de ces métiers** 37D the disappearance of these very professions

mémé *f.n.* (*coll.*) 17M, 43D grandma

mémoire *m.n.* 5D, 13D, 24D, 33D memoir; *f.n.* 13B, 14B, 22M, 26A, 50D memory; **lieu de mémoire** 29D significant event in the collective memory of the French

mémorable *a.* 14D, 51D memorable

menace *f.n.* 33D, 47D, 48CE, 49E threat

menacer (4a) *v.* 18D to threaten

ménage *m.n.* 17M, 32D, 33D, 34D, 36D household, family; **faire le ménage** 20D to do the housework, to clean up; **en ménage** 39B living together; **ménage à trois** 39A love triangle

ménager (4b) *a.* 33D, 34B, 38D household; **appareil ménager** 33D household appliance

mener (8) *v.* 13AB, 18A, 23D, 30DM, 33D to lead, to take; **ça mène à tout** 13A, 18M it opens all doors; **mener en bateau** 48A to pull someone's leg

menhir *m.n.* 9D, 30M megalith

méninges *f.pl.n.* 39B brain; **ça ne te fatiguera pas les méninges** 39A that won't tax your brain

mensonge *m.n.* 21A, 39A lie

mensuel *a.* 20D, 41D monthly

mental *a.* 13D, 21ABC, 38D mental

mentalement *adv.* 49D mentally

mentalité *f.n.* 39A mentality

menteur *m.n.* 43D liar

menthe *f.n.* 36B, 46M, 48B mint; **une menthe** 36A mint tea

mention *f.n.* 13M, 15M, 27DE mention, honors

mentionner (4) *v.* 46A to mention

mentir (28) *v.* 18D to lie; **sans mentir** 19D, 49D truly, honestly

menton *m.n.* 7AB, 10A chin

Menton *p.n.* 48D resort town on the Riviera, near the Italian border

menu *a.* 6D fine, small

menu *m.n.* 20D, 25A, 26A, 28A, 36M menu; **menu déroulant** 36M drop-down menu

menuisier *m.n.* 34AB joiner, cabinetmaker

mépris *m.n.* 13D contempt

méprisant *a.* 41M scornful

méprisé *a.* 24D scorned

mer *f.n.* 9ACE, 11D, 15D, 16D, 34D sea; **poisson de mer** 26B saltwater fish; **au bord de la mer** 30M, 43D, 48E, 50D, 51D at the shore; **Mer du Nord** 48AC North Sea

merci *adv.* 2A, 12A, 13A, 15A, 16A thank you

mercredi *m.n.* 15AD, 24AM, 27D, 39M, 41A Wednesday

Mercure *m.p.n.* 13D, 17B Mercury, the messenger of the Roman gods

merde *int.* (*sl.*) 18M, 19M, 27M, 41A shit!

mère *f.n.* 4D, 5ACD, 6A, 8ADM, 9C mother

Mérimée, Prosper (1803–1870) 19D, 30M French writer and archaeologist

mérite *m.n.* 14ACDE, 21E, 29E, 39E credit, merit, advantage

mériter (4) *v.* 12M, 13D, 35M, 44D, 49D to deserve, to merit

merveille *f.n.* 20D, 23M, 24A, 47AE wonder, marvel

merveilleusement *adv.* 18AB marvelously

merveilleux *a.* 14A, 21D, 24D, 35M, 38A marvelous; *m.n.* 48D wondrous things

mes. *See* **mon**

mésaventure *f.n.* 33E misadventure

mesdames. *See* **madame**

mesdemoiselles. *See* **mademoiselle**

message *m.n.* 17AB, 21D, 37E, 39M, 40AD message

messager *m.n.* 17ABCE, 47D messenger

Messager, André (1853–1929) 17AE French composer

messagerie f.n. 36D message service

messe f.n. 21AB, 24B, 26E, 28B, 37D mass

Messerschmitt p.n. 45D German aircraft manufacturer

messieurs. *See* **monsieur; Bonjour, messieurs-dames** int. (coll.) 28A, 49A greeting given to customers in cafés, shops, etc.

mesure f.n. 31D, 44ABE measurement; 41D measure (of music); 31D, 45DM, 50A, 52M measure; **dans une moindre mesure** 20D to a lesser extent; **sur mesures** 45B custom-made

mesurer (4) v. 7ACE, 36M, 44BE to measure, to weigh; **il mesure un mètre 70** 7A he's 5 feet 7; **le bruit se mesure en décibels** 17B noise is measured in decibels

métal, -aux m.n. 22M, 48AE, 52B metal

métallique a. 20D, 30M metallic

métallurgique a. 48E metallurgic

métaphysique a. 16D metaphysical

météo abbr. for **météorologie** f.n. 12D, 22D, 32AE weather report; **bulletin météo** 32A weather forecast

méthode f.n. 16D, 20D, 46D method

méthodiquement adv. 45D, 49D methodically, systematically

métier m.n. 13M, 14ABCE, 16CD, 17AE, 18ADE profession, occupation; **pharmacien de son métier** 17A pharmacist by trade

mètre m.n. 7A, 12M, 14M, 23D, 31A meter; **au mètre carré** 44B by the square meter

métro m.n. 16M, 18AB, 21D, 22M, 23ABCE subway; **Meteor** (abbr. for **Métro Est-Ouest Rapide**) 27M Line 14 of the Paris métro

métropolitain a. 33D, 41D metropolitan

mets m.n. 26D, 50D dish

mettable a. 28M presentable

metteur en scène m.n. 39B, 40E, 49M director, producer

mettre (24) v. 11D, 13M, 17B, 21M, 22ACD to place, to put; **se mettre** 11M, 20ABE to wear; **mettre en valeur** 27M to highlight; 51M to show off; **mettre en vente** 27D to put up for sale, to put on the market; **mettre son clignotant** 31AB to signal a turn (in a car); **mettre l'électricité** 34A to bring in electricity; **mettre la table** 32B to set the table; **mettre de longues années** 26D to take years and years; **tu as mis le temps!** 42A it took you long enough!; **ça dépend de ce que vous voulez y mettre** 43A depends on how much you want to spend; **je mettrais bien un béret** 44D I would wear a beret; **se mettre** 18D, 45D to place oneself, to bring oneself; **se mettre en colère** 17D to get angry; **se mettre à l'heure** 18D to get up to date; **se mettre en congé** 20AB to take a leave of absence; **se mettre (à table)** 20ABE, 22E, 24A to sit (down); **se mettre à, s'y mettre** 7M, 17D, 21AB, 31D, 36M to begin, to start; **s'y mettre** 21AB to get going, to get started; **se mettre en scène** 33D to put on a performance; **se mettre en tête de** 37A to set one's mind on; **se mettre à genoux** 46D to kneel

meubler (4) v. 32D to furnish

meubles m.pl.n. 9M, 51D furnishings, furniture

mexicain a. 4D, 35M, 50D Mexican; **Mexicain** m.f.n. 33D Mexican (person)

Mexique m.p.n. 2D Mexico; **le Golfe du Mexique** 11B Gulf of Mexico

Mgr m.n. 47D abbr. for **monseigneur**

miam, miam! int. 9M yum yum!

miaulement m.n. 31M meow

miauler (4) v. 23M to meow

Michel-Ange (1474–1564) 19B, 20ABE Italian sculptor, painter, architect, and poet

Michelet, Jules (1798–1874) 24D, 52D French historian

Michelin p.n. 29D, 37D, 39D, 42AB, 47D French tire manufacturer and publisher of maps and travel guides

mi-chemin a. 36D halfway

microbe m.n. 40D microbe

micro-ondes (four à) m.n. 31M, 33D microwave oven

midi m.n. 14A, 20B, 21AB, 22ABCE, 28B noon; 27D, 32B south; **midi pile** 28B exactly noon; **en plein midi** 32AB facing south; **le Midi (de la France)** 5D, 27B, 32B, 47D, 48D the south of France; **Midi-Pyrénées** 14M one of the administrative regions of metropolitan France

miel m.n. 48B honey

mien (le), mienne (la), miens (les), miennes (les) pron. 31D, 43AD, 44D, 48A mine

mieux adv. 2AD, 11M, 13AD, 15D, 17DM better; **ça/il vaut mieux** 10ABM, 20E, 25E, 31A, 38E it's better, it would be better; **vous feriez mieux** 27A you'd be better off; **aimer mieux** 51D to prefer; **mieux vaut tard que jamais** 51A better late than never; **le mieux** 7M, 19D, 28D, 43D, 47D the best, the most; **c'est ce qu'il y a de mieux** 27AB it's the best there is; **au mieux** 17D, 49D at best

mignon a. 11M, 16M, 25M, 38B, 40M darling, cute

migraine f.n. 5M, 23A, 24D, 41D, 43M migraine, headache

migrer (4) v. 36D to migrate

mil a. 8A thousand; m.n. 50M millet

milieu m.n. 6D, 8D, 26M, 28D, 30M middle; **au milieu** 9M, 13M, 16AC, 17AE, 25D in the middle; 13D, 19D, 32D, 39D milieu, social class, environment

militaire a. 11D, 12D, 16D, 45D military; n. 18A, 38AE soldier

militant a. 13D militant

militantisme m.n. 38D activism

militariste m.n. 19D militarist

militer (4) v. 13D, 37M to campaign

Millau *p.n.* 14M town and arrondissement in southwestern France known for an impressive modern viaduct

mille *a. & n.* 8E, 15D, 19D, 26D, 38D thousand; **je te le donne en mille** 44AB, 51A you'll never guess; *Mille et une nuits* 47D *One Thousand and One Nights*; *m.n.* 42D mile

millénaire *m.n.* 24B millennium

Miller, Claude (1942–2012) 13M French filmmaker

milliard *m.n.* 22D, 35E, 37D, 41D, 44DM billion

milliardaire *m.n.* 35E billionaire

millième *a.* 47A thousandth

millier *m.n.* 12D, 14D, 20M, 21M, 26D about a thousand

million *m.n.* 3D, 5D, 7D, 11M, 12D million

millionnaire *m.n.* 5B millionaire

mime *m.n.* 17D, 22D, 30D, 49M mime

mimer (4) *v.* 32D to mime

mimétisme *m.n.* 42D mimicry

mimosa *m.n.* 42D mimosa

minable *a.* 15AB, 27M, 34D, 41M, 43M shabby, seedy

mince *a.* 6ABC, 7AM, 9AB, 10D, 14D thin, slim; **mince!** 46A shoot!, blast it!; **c'est pas une mince affaire** 50M it's no minor matter

mine *f.n.* appearance; **avoir bonne mine** 23M, 44D to look great; **faire mine** 40D to go through the motions; **mine de rien** 33M, 46M casually, nonchalantly

mine *f.n.* 47ABD, 49D mine

minéral *a.* 35E mineral; **eau minérale** 26A, 37A, 45BE, 50D mineral water

minéralogie *f.n.* 13D mineralogy

Mines *f.pl.p.n., abbr. for* **Ecole nationale supérieure des mines de Paris** 13M, 19D French school of engineering

mineur *m.n.* 17AB miner; 17D, 19M minor; **mineur de fond** 48A underground miner

minier *a.* 42D mining

minimaliste *a.* 24D minimalist

minimiser (4) *v.* 20E to minimize

minimum *a.* 18M, 27M minimum

ministère *m.n.* 5A, 6AE, 13D, 15A, 17M ministry

ministre *m.n.* 13D, 14M, 17D, 18D, 23D minister

Minitel *m.p.n.* 24B, 36AD home on-line data-access system

minivélo *m.n.* 29AC minibike

Minouche *p.n.* 16D, 22AC, 23AB-CEM, 24ABEM, 25M affectionate name for a pet cat or a child

minuit *m.n.* 24A, 33M, 36D, 37D, 39D midnight

minuscule *a.* 6B, 30M, 39AB minuscule

minute *f.n.* 9B, 14AD, 17M, 22D, 23E minute; **on n'a pas une minute à soi** 20A there's no time for oneself; **minute, papillon!** 42AB not so fast!; **minute!** 48A hold it!

minuterie *f.n.* 36ABD automatic light timer

minutieux *a.* 15D meticulous

mirabelle *f.n.* yellow plum; 24E fruit brandy made from yellow plums

miracle *m.n.* 35D, 50D, 52AD miracle

mirent *passé simple of* **mettre** 13D

Miró, Joan (1893–1983) 13D Spanish painter

miroir *m.n.* 11M, 32AD, 33D, 37D, 41DE mirror

mironton, mirontaine *loc.* 27D song refrain

mis *p. part. of* **mettre** 13D

mis *a.* placed, put; 32ABE, 37D set (table); **mis en place** 13D, 35D set up, provided; **mis en scène** 40A staged, directed

Misanthrope (le) 15D, 40A *The Misanthrope*, play by Molière

mise *f.n.* 2CE, 3CE, 4CE, 5CE, 6CE placing, putting, bet; **mise en place** 46D establishment; **mise en scène** 39AB, 40D staging, production

miser (4) *v.* 41D to stake, to put down

misérable *m.n.* 40D miserable person, wretch

misère *f.n.* 43D miserable creature; 52D poverty; **misère!** 36D woe is me!

miséreux *m.pl.n.* 28M the destitute

mission *f.n.* 12D, 13D, 17D, 32D mission, assignment; **être en mission** 28M to be on assignment

Mistral, Frédéric (1830–1914) 5D, 39M Provençal poet, winner of Nobel Prize in literature, 1904

mitaine *f.n.* (*Québécois*) 42M mitten

mitrailleuse *f.n.* 45D machine gun

Mitterrand, François (1916–1996) 13D, 27M, 51D president of France, 1981–1995

mixité *f.n.* 33D, 39D diversity

MLF. *See* **Mouvement de Libération de la Femme**

Mlle *abbr. for* **mademoiselle**

Mme *abbr. for* **madame**

mn *abbr. for* **minute**

Mnouchkine, Ariane (b. 1939) 39A French stage and film director

Mᵒ *abbr. for* **métro**

mobile *a.* 13M mobile; *m.n.* 19M, 22D cell phone

mobiliser (se) (7) *v.* 12D, 13D, 45D to mobilize

mobilité *f.n.* 48D mobility; **accessibilité aux personnes à mobilité réduite** 48D disabled access

mobylette *f.n.* 18D, 28B moped

mocassin *m.n.* 44M loafer, moccasin

moche *a.* **moche comme un pou** 6M, 24M ugly as sin

mode *f.n.* 13AM, 14CE, 16B, 18D, 23D fashion; 6D, 36D, 45D mode, way; **à la mode** 5D, 13B, 15D, 16ABDE, 22D fashionable; **mode de vie** 8D, 29D, 32D, 34D, 36D way of life; **mode d'emploi** *m.n.* 33D user's manual

modèle *m.n.* 16D, 18DM, 21D, 22DE, 30DM model

modéré *a.* 26D moderate

moderne *a.* 4D, 10BD, 16B, 18M, 19AB modern

modernisation *f.n.* 48D modernization

modernisé *a.* 7D, 23D modernized

moderniser (4) *v.* 21D, 22D, 34A to modernize

modernisme *m.n.* 10D, 18D modernism

moderniste *m.n.* 8D, 20D modernist

modernité f.n. 11D, 24D modernity

modeste a. 14E, 18D, 20BD, 27D, 34DE modest, unpretentious

modestement adv. 41D modestly

modestie f.n. 4M, 20AB, 29D modesty

Modiano, Patrick (b. 1945) 40D, 41D, 52D French novelist, winner of the 2014 Nobel Prize for literature

modifier (4) v. 27D, 40A to modify

Modigliani, Amedeo (1884–1920) 6B, 38ADE Italian painter who lived in Paris

moelleux a. 37D plush

mœurs f.pl.n. 24D, 48D manners, customs

moi pron. 2A, 3A, 4ADM, 5AM, 6AM I, me; moi aussi 4AD me too; moi non plus 4A me neither; c'est moi 4D it is I; chez moi 13M at my house

moindre a. 17D, 20D, 36D lesser; 22D, 29M, 49D least; c'est la moindre des choses 27A, 33A it's the least one can do

moine m.n. 21D monk

moineau m.n. 38AB sparrow

moins adv. 6D, 7ADM, 8D, 9AD, 10E less; 51M minus, negative; la moins chère 27E, 30A the least expensive; au moins 5M, 7D, 9A, 12M, 16A at least; du moins 18A, 20D, 39E, 43B, 46D at least; midi moins cinq 21A five minutes before noon; de moins en moins 14D, 24D, 34D, 39M less and less; à moins que conj. 42A unless

mois m.n. 6D, 7D, 8AM, 13DM, 14M month; quelques francs par mois 18D a few francs a month

Moïse m.p.n. 20E Moses; le Moïse de Michel-Ange 20ABE celebrated statue of Moses by Michelangelo

moite a. 49D clammy

moitié f.n. 15D, 19D, 22D, 24D, 25D half; à moitié endormie 42AB half-asleep; à moitié caché 49A half-hidden

moleskine f.n. 40D moleskin

Molière (1622–1673) 9D, 15D, 26D, 38D, 39A French dramatist

Molières m.pl.p.n. 38D Molière Awards, French national theater awards

mollet m.n. 27M calf

Molodoï p.n. 27D French punk band

môme m. & f.n. 49M kid (Edith Piaf's nickname)

moment m.n. 2D, 9C, 10D, 12AM, 17C moment, time, point (in time); en ce moment 10D, 11ACM, 13AC, 20AB, 22D at the moment, just now; au même moment 12AC at the same moment; au moment où 14E, 28A, 30A, 37D, 45D just when; à ce moment-là 12C, 16A, 24A, 28C, 32E at that moment; au bon moment 24B, 51B at the right time; à tout moment 27D, 32D at any moment; au moment de 2D, 26A, 30D, 34D, 41M at the time of

mon, ma, mes a. my 2AD, 4D, 8A; mon vieux 10A, 31D, 40D good buddy, old boy; mon petit (Robert) 24AE, 43D my dear (Robert); mon cher 13A my dear fellow

monarchique a. 14D monarchistic

monarchiste m.n. 38E monarchist

monarque m.n. 47D monarch

monastère m.n. 34B monastery

mondain a. 19D, 48D worldly

mondamoiseau m.n. 52M made-up masculine equivalent of mademoiselle

monde m.n. 2D, 3D, 6D, 9M, 10D world, people; tout le monde 3A, 5AM, 8AM, 10A, 13AE everyone, everybody; très peu de monde 28AB very few people; beaucoup de monde 28C, 29A, 34M, 37E, 39B many people; autour du monde 28D around the world; Nouveau Monde 30M New World; le monde entier 19D, 35D, 38D, 48A the whole world

Monde (le) p.n. 2D, 20D, 35D, 36D, 37B daily newspaper

mondial a. 3D, 6D, 12D, 13D, 28D worldwide; Deuxième/Seconde Guerre Mondiale 3M, 6D, 12D, 18D, 19B World War II

mondialement adv. 11D all over the world

mondialisation f.n. 18D, 35D, 44M globalization

mondialisé a. 35D globalized

Moneo m.p.n. 52M electronic purse system on many French bank and ID cards

moniteur, -trice m. & f.n. 18D, 30D, 50D instructor; 46ABE camp counselor

monnaie f.n. 3D, 22ABDM, 25AB, 37D, 41ACE money, change; 29M currency

monoï m.n. 12M skin-softening protective oil originally made in Tahiti from scented coconut oil

monologue m.n. 48D monologue

monoménage m.n. 32D single-parent household

mononucléose f.n. 8B mononucleosis

monoparental a. 8D, 32D single-parent

monopole m.n. 41D monopoly

Monop p.n. 10M, 11M abbr. for Monoprix

Monopoly p.n. 3B popular board game

Monoprix p.n. 11DM discount department and grocery store

monotone a. 10D, 14D, 39D monotonous

monseigneur m.n. 23D Your Grace

monsieur m.n. 2AB, 3AM, 4BDM, 8ABE, 9E mister; 5B, 8B, 10B, 13BD, 16M man, gentleman

monstre m.n. 28A, 40A, 47A monster

monstrueusement adv. 10D monstrously

mont m.n. 35D, 38D mount, mountain

montage m.n. 38AB cutting, editing

montagne f.n. 9E, 10D, 16D, 30M, 34D mountain; chaussures de montagne 44ABM hiking boots; montagne à vaches 47AB low mountain; faire de la montagne 47A to go mountain-climbing; jambon de montagne 50A specialty of the region of the Auvergne

Montaigne, Michel de (1533–1592) 11M, 21DM, 34D French essayist and philosopher

Montand, Yves (1921–1992) 11D, 40A French singer and actor

montant m.n. 37D, 45D amount, value; a. 44AB high; **chaussures montantes** 44A boots, high shoes

Mont Blanc (le) m.p.n. 47ACDE, 52A tallest mountain in France

Mont-Dore p.n. 50AC mountain in the Auvergne

monté a. 19D, 22A, 45D perched

Monte-Carlo p.n. 15D, 51A capital of the principality of Monaco

Montélimar p.n. 48A, 50E town in Provence famous for its nougat

monter (4) v. 17AD, 22AD, 27AB, 29B, 36D to go up, to climb, to get into; 43D, 48M to assemble, to put up; **monter à pied** 32AB to go up on foot; **meuble à monter soi-même** 32D furniture requiring assembly; **monter à** 29D to reach, to get up to (speed); **monter à deux cents** 29D to reach 200 km/hour; **à combien se monte l'addition?** 41E what does the check come to?

Montesquieu (1689–1755) 15D, 21D, 33D French political philosopher and writer

Montherlant, Henri (1895–1972) 33D French author and dramatist

Montmartre p.n. 15AB, 23ACD, 38AD, 46M hill and district of Paris known for its associations with artists

Montparnasse p.n. 22AC, 27ABC, 29A, 36AB, 38ACD district on the Left Bank in Paris; **Tour Montparnasse** 32ABCE, 40AE modern high-rise in Montparnasse area

Montparnasse–Bienvenüe p.n. 27A Paris métro station

montre f.n. 13A, 15E, 19AE, 20E, 22A watch

Montréal p.n. 35D, 36D largest city in Canadian province of Québec

montrer (4) v. 6M, 8A, 11E, 13AM, 14A to show

Mont-Saint-Michel m.p.n. 47ABE, 52A medieval abbey on an island off the coast of Normandy

monture f.n. 40D mount

monument m.n. 9D, 25E, 29AD, 38BEM, 39D monument

monumental adv. 10A monumental

moquer (se) (7) v. 11E to joke; **se moquer de** 6B, 14C, 16AE, 17E, 20ACE to make fun of; 40M to ignore

moquerie f.n. 21E mockery

moquette f.n. 37D carpet

moqueur a. 6ABC, 7ACD, 20E, 21E mocking, ironic

moral, -aux a. 6A, 10D, 19D, 36A, 37AD moral

moral m.n. **au moral** 6AC, 7AD in terms of character

morale f.n. 19D moral (of a fable); 24D, 26D morals, morality

morbleu! int. 20D zounds!

morceau m.n. 25A, 26ACD, 41A, 43D, 50B piece

mordre (6) v. 46D to bite

Morgan, Michèle (b. 1920) 6D French actress

Morgon p.n. 30D village in the Beaujolais wine region

morphologie f.n. 32D morphology

morphologique a. 32D morphological

morse m.n. 40AC, 45AE, 49M Morse code

mort a. 10B, 11D, 13D, 14BC, 23DM dead; **morte de fatigue** 17M, 23M dead tired

mort f.n. 14D, 21BD, 24D, 27D, 43D death; **petite mort** 36D virtual death; 36D orgasm

mort m.n. 14D dead person

mortalité f.n. 31D mortality

mortel a. 9ABC boring, deadly dull

morue f.n. 9M cod

morveux a. snot-nosed; **qui se sent morveux se mouche** 38D if the shoe fits, wear it

mosaïque f.n. 30M, 36D mosaic

moscovite a. 40D Muscovite

mosquée f.n. 25ADE, 26B mosque

mot m.n. 8D, 15D, 16M, 17AC, 18D word; **mots croisés** 21AB crossword puzzle; **jeu de mots** 22D, 24D, 30D, 33DE, 34A pun, play on words; **gros mot** 27M swear word; **mot de passe** 40D password

moteur m.n. 17D, 18D, 28B, 29B, 31AB engine

motif m.n. 35D motive

motivation f.n. 29D, 34D, 36D, 43D, 44D reason, motivation

moto abbr. for **motocyclette** f.n. 2D, 8D, 18D, 27ABD, 28D motorcycle, motorbike; **à motocyclette** 27AB by motorcycle

motocycliste m.n. 31D motorcyclist

mou, molle a. 41D limp, lethargic

mouche f.n. 31M fly; 42D pastry

moucher (se) (7) v. to blow one's nose; **ne pas se moucher du pied** 31M to consider oneself the cat's whiskers; **qui se sent morveux se mouche** 38D if the shoe fits, wear it

mouchoir m.n. 37M, 43D, 46D, 50D handkerchief; **faire un nœud à ton mouchoir** 37M to remind yourself

moue f.n. 27M pout

mouette f.n. 47M seagull

moufette f.n. (Québécois) 42M skunk

Mouffetard (rue) p.n. 25E quaint street in Paris, known for its outdoor market

moule m.n. 24D mold

moulin m.n. 41M mill; **moulin à vent** 40D windmill; **Moulin-à-Vent** p.n. 26AB superior beaujolais wine

Mouloudji (Marcel Mouloudji, 1922–1994) 23D French singer and actor

mourir (25) v. 5D, 6D, 8ABCD, 9D, 10D to die; **ma mère elle meurt sur place** 18D may my mother die on the spot; **mourir de faim** 23M, 24AB, 26A, 27D, 45A to starve; **mourir d'envie de** 46A to be dying to

mousquetaire m.n. 24D, 47D musketeer

mousse f.n. 51B mousse; **mousse au chocolat** 19B, 26A chocolate mousse

mousseux a. 51AB sparkling; m.n. 51A sparkling wine; **non-mousseux** 51B non-sparkling

moussu a. 51D mossy

moustache f.n. 7ACD, 10AB, 14D, 26D, 34A mustache

moustique m.n. 42M mosquito

moutarde f.n. 25ADE mustard; **la**

moutarde me monte au nez 6M, 25AB I'm going to lose my temper

mouton m.n. 16D, 17AB, 20M, 24AB, 25AE sheep, mutton; **côtelette de mouton** 25A lamb chop

Moutonne p.n. 24A prestigious white wine from Chablis

mouvement m.n. 2D, 11D, 20E, 21D, 35D movement; **Mouvement de Libération de la Femme** 13ABD French women's rights movement

moyen a. 7D, 20D, 34D, 36D, 38D average, middle; m.n. 12D, 24A, 31E, 34D means, way; **il n'y a pas moyen de se tromper** 30A you can't miss it; **au moyen de** 40D by means of; **moyens** m.pl.n. 11M, 12D, 34DM, 38D, 40A means, resources; **moyen de transport** 27E, 28D means of transportation

Moyen-Âge m.n. 19AB, 28D, 48D Middle Ages

Moyen-Orient m.n. 48M Middle East

muet a. & m.n. 38ABCD silent, silent movies

moyenne f.n. 27D, 35D, 50D, 51D average; **en moyenne** 5D, 8D, 21D, 22D, 33D on average

mule f.n. 3B mule

multicolore f. 28A, 51D multi-colored

multigénérationnel a. 32D multi-generational

multimédia a. 18D, 19D, 22M, 32D, 36D multimedia

multiple a. 34D multiple

multiplication f.n. 21A multi-plication

multiplier (se) (7) v. 14D, 33D, 34D to proliferate

multitude f.n. 22D, 27D, 40D multi-tude, crowd

municipal a. 38D municipal

mur m.n. 18D, 19AB, 22D, 32ACD, 33A wall; **mur d'escalade** 43M climbing wall; **mur du son** 51D sound barrier

mûr a. 33D mature, experienced

muraille f.n. 15D, 47A wall, ram-part, fortification; **La Grande Muraille de Chine** 47B the Great Wall of China

mural a. mural; **peinture murale** 19A mural, wall painting

muré a. 47D bricked up

murmurer v. 15D, 36D, 37B, 45D to murmur

muscadet m.n. 26AE dry white wine from the Atlantic region

muscle m.n. 49D muscle

musclé a. 7M, 28A, 29A, 50B, 51A muscular

musculation f.n. 7M body building

musée m.n. 14BD, 15AB, 16A, 19B, 23AD museum

musical a. 4A, 6D, 24D, 28D, 36A musical

music-hall m.n. 11D, 13D, 24D, 40ACDE music hall

musicien m.n. 3B, 5D, 6D, 11D, 22D musician

musique f.n. 12D, 18D, 19D, 20B, 24D music; **Victoires de la Mu-sique** f.pl.p.n. 31D, 36D, 43D, 52D music awards presented by the French Ministry of Culture

Musset, Alfred de (1810–1857) 20D French writer of the Romantic period

mussolinien a. 51D influenced by Mussolini

musulman a. & n. 25DE, 26BE, 40E, 47D, 50M Muslim; **Institut Musulman** 25D Muslim Institute of Paris

mutisme m.n. 38D silence, muteness

mutuel a. 41D mutual

mystère m.n. 38D, 39A mystery; **mystère et boule de gomme** 8M, 15A, 16A, 22A, 23A it's a secret, that's for me to know and you to find out

mystérieux a. 11D, 22A, 33M, 36D, 39A mysterious; **faire sa mysté-rieuse** 33M to act mysteriously

mystique a. 37D, 50A mystical

mythique a. 24D mythical

mythologie f.n. 21A, 24D, 26D, 30D mythology

na! int. (coll.) 9A, 17M, 18A so there!

nager (4b) v. 17ABE, 27D, 43D, 48A, 51D to swim

naïf, naïve a. 45B naïve

naissance f.n. 5D, 8AD, 15BD, 21B, 50DM birth; **c'est de naissance** 29ABE it comes naturally

naître (26) v. 5D, 6D, 8D, 9AD, 10D to be born

naïveté f.n. 32D ingenuousness, unpretentious simplicity

nana f.n. (coll.) 13AB, 38AE, 43M, 51A chick, gal

Nantes p.n. 47D, 48D city on the Atlantic coast; **Edit de Nantes (1598)** 47D proclamation that gave Protestants freedom of reli-gion in France

Napoléon Bonaparte (1769–1821) 5BD, 30M, 38B, 48D, 51D em-peror of France (1804–1815)

nappe f.n. 25ABC, 33D, 50M tablecloth

narine f.n. 10D nostril

narrateur m.n. 37D narrator

narration f.n. 22E, 41E story, narration

natation f.n. 6ABD, 17AE swimming

nation f.n. 2D, 3D, 13D, 21AD, 24D nation

national a. 3D, 4D, 6D, 7D, national

nationale f.n. highway; **Nationale Sept** 18D main highway from Paris to the Italian border

nationalement adv. 12M nationally

nationalisé a. 26D nationalized

nationaliste m.n. 12D nationalist

nationalité f.n. 13D, 14D, 15C, 18D, 25D nationality

naturalisation f.n. 30D naturalization

naturalisé a. 25D naturalized

nature f.n. 16DE, 21D, 24D, 26D, 34D nature; **de nature** 41E by na-ture; **nature sauvage** 42A wilder-ness; **en pleine nature** 33D, 42D out in the countryside; **sandwich nature** 26D plain sandwich; **na-ture humaine** 21D, 33D human nature

naturel a. 15D, 19AB, 25D, 27C, 32E natural

naturellement adv. 19A, 20E, 32A, 37D, 46A naturally, of course

nautique a. **ski nautique** 7A, 14D, 46D water-skiing

Navarre f.p.n. 47D province of southwestern France

navigation f.n. 36D, 52E navigation

naviguer (4) v. 15D to sail; 22D, 40D to navigate

navire m.n. 15D boat

naze a. (coll.) 43M stupid, dorky, crappy

nazi a. & n. 12D, 16D, 18D, 45D Nazi

ne, n' adv. 2ABCDE not; ne . . . aucun 5D, 13M, 14ACDE, 16AD, 18M no, none; ne . . . jamais 5D, 9A, 15AD, 16D, 17AD never; ne . . . pas 2ABDE not; ne . . . personne 8D, 9A, 13D, 15AB, 16A nobody; ne . . . point 40D not at all; ne . . . plus 5M, 9A, 10AB, 11D, 13A no longer, no more; je suis on ne peut plus d'accord 39A I couldn't agree more; ne . . . que 4M, 12D, 22D, 26D, 28D only; ne . . . rien 8D nothing; ne . . . guère 22D hardly, barely; ne . . . ni 19D, 48D nor; vous n'avez qu'à . . . 27AD, 40D, 43D all you have to do is . . .

né p. part of naître a. 5D, 6D, 8AD, 10D, 11D born

néanmoins adv. 24D, 36D, 37D, 42D nevertheless, however

néant m.n. 45D, 49D nothingness

nécessaire a. 15D, 21D, 29D, 30M, 32D necessary

nécessité f.n. 42D, 45D necessity

nef f.n. 47AB nave

néfaste a. 27D harmful

négatif a. 41D, 47M negative

négligeable a. 41D negligeable

négligence f.n. 38D casualness, offhandedness

négligent a. 22D casual, offhanded; 31E careless

Négritude p.n. 2D ideological movement formed in the 1930s valorizing black identity

négro-africain a. 2D black African

neige f.n. 11AC, 13D, 16D, 40ACE, 42M snow; œufs à la neige 26A floating island (dessert made from egg whites, sugar, and custard)

neiger (4b) v. 11BD, 37D to snow

néolibéralisme m.n. 35D neo-liberalism

nerveusement adv. 37A nervously, anxiously

nerveux, -euse a. 23A, 26D, 28C, 41B, 45E nervous, anxious, high-strung; 29A responsive (of automobile)

net a. 18D, 37D net, clear; en avoir le cœur net 45M to get to the bottom of it; il n'a pas l'air net 49AB he looks suspicious

nettement adv. 25M, 33D, 34D, 36D, 45D clearly

nettoyage m.n. 16D, 17M, 34AB, 52M cleaning

nettoyer (11) v. 17M, 33D, 34B, 38D to clean

neuf a. & n. 8A, 16A, 18A, 22D, 23A nine

neuf, neuve a. 14B, 20D, 30A, 33D, 35E new; ce n'est pas bien neuf 13AB that's not very original; flambant neuf 52M brand-new

neurotransmetteur m.n. 49D neurotransmitter

Nevers p.n. 51D city in the region of Burgundy

neveu m.n. 8ADM, 47D, 48D nephew

Newton, Isaac (1642–1727) 9B, 21B English mathematician and physicist

New Yorker m.p.n. 29D American magazine

nez m.n. 6DM, 7D, 9ABC, 10ABD, 16M nose

ni . . . ni conj. 14D, 16D, 19D, 23D, 29A neither . . . nor

Niagara m.p.n. les chutes du Niagara 21B, 42A Niagara Falls

Nice p.n. 12D, 41D, 52D port and resort on the Riviera

nicher (se) (7) v. 38D to nestle into

nickel a. 46D impeccable

nickelé a. 45D nickel-plated

Nicolette f.p.n. 6D, 7D, 10D heroine of Aucassin et Nicolette, a medieval romance

nidicole a. 35D nest-bound

nièce f.n. 8ADM, 13M, 15M, 27M, 36M niece

nier v. 38D to deny

Nikko m.p.n. 22AE modern hotel on the Seine river in Paris

nimbus m.n. 11A nimbus cloud

Nîmes p.n. 52AB city in southern France known for its Roman monuments

n'importe où pron. 23D anywhere

n'importe quel a. 33D, 38D no matter which

n'importe qui pron. 9A, 39D anyone, anybody

n'importe quoi pron. 6M, 13A, 16D, 18D, 24D anything

Nina Ricci p.n. 11M fashion design house

nirvana m.n. 33D, 47M nirvana

niveau m.n. 33D, 35D, 40E, 41D, 42D level; vérifier les niveaux 31AB, 34B to check the oil and water; niveau de la mer 47D sea level

no. abbr. for numéro

Noah, Yannick (b. 1960) 5D, 17D French tennis player and singer

Nobel p.n. prix Nobel 8D, 23D, 38D, 40D Nobel prize

noble a. 23D, 48D, 51D noble

noblesse f.n. 48D nobility

noce f.n. 47D wedding; corbeille de noce 47D wedding gifts

nocif a. 42D harmful

nocivité f.n. 27D harm, noxiousness

nœud m.n. knot; faire un nœud à ton mouchoir 37M to remind yourself

Noël m.p.n. 8B, 15AB, 25D, 29D, 36M Christmas

noir a. 2D, 5D, 6ABCM, 7ABCDEM, 9C black; tableau noir 25B blackboard; noir sur blanc 30D absolutely, you bet; lunettes noires 37A, 49M, 51A dark glasses; m.n. 38D dark; 37E black; les noirs 48D blacks

noirceur f.n. 42M darkness

noirci a. 51A blackened

noircir (5) v. 44B to blacken, to darken

noix (de coco) m.n. 26D coconut

nom m.n. 2D, 5D, 6D, 8M, 11D name; nom de plume 11D pen name; nom de jeune fille 17A, 52M maiden name; nom de famille 17AC, 52M surname; nom propre 17AC proper name; nom d'artiste 31D, 34M, 36D, 40D, 46D stage name nomadisme *m.n.* 22D eating on the run

nombre *m.n.* 7E, 8D, 9D, 14D, 16D number

nombreux *a.* 2D, 6D, 20D, 21D, 23D numerous

nomination *f.n.* 28M appointment (to a job)

nommé *a.* 20D, 26D, 30D, 31D, 36D named; 2D, 19D, 24D, 28M, 47M appointed; 42D, 52D nominated; **je suis nommée** 28M I got the job

nommer (se) (7) *v.* 18D, 36M to name, to be named

non *adv.* no; **non plus** 2A, 5AB, 6BM, 8A, 13M (n)either; **moi non plus** 4A, 29A, 38D, 41D me neither

nonagénaire *m. & f.n.* 51D nonagenarian, 90-year-old

non-sens *m.n.* 33D nonsense

Noranda *p.n.* 42D mining village in Quebec

nord *m.n. & inv. a.* 5D, 11D, 16D, 27B, 32D north; **Amérique du Nord** 13D, 16D, 42D North America; **Afrique du Nord** 2D, 45D North Africa; **la Mer du Nord** 48AC the North Sea

nord-est *m.n. & inv. a.* 20D, 52D northeast

nord-européen *a.* 35D north European

nordique *a.* 33D Nordic

nord-ouest *m.n. & inv. a.* 27D, 42D northwest

Norge (Georges Mogin, 1898–1990) 18D, 19D, 21D French writer

normal, -aux *a.* 11E, 19D, 22E, 29M, 31D normal; 6M what do you expect?

normalement *adv.* 15C, 23E, 25E, 26M, 29C normally, ordinarily

normaliser *v.* 35D to validate, to regularize

normand *a. & n.* 47AD, 51A, 52AB Norman

Normandie *f.p.n.* 27B, 34AD, 47ABCD, 48D, 50ACE Normandy

norme *f.n.* 27D norm; **mettre aux normes** 45M to bring up to code

Norvège *f.p.n.* 35D, 50A Norway

norvégien *a. & n.* 3A Norwegian

nos. *See* notre

nostalgie *f.n.* 33M, 41M nostalgia

nostalgique *a.* 11M, 26D nostalgic

notable *m.n.* 18D notable

notamment *adv.* 20D, 21D, 29D, 31D, 33D notably, particularly

note *f.n.* 10D, 16D, 17D, 21D, 24A note; 6M, 15DM, 20ABD, 21A, 51M grade; 37D invoice, bill; 41D musical note

noter (4) *v.* 8D, 36D, 40D, 41A to note, to notice; 20B to grade

notion *f.n.* 33D, 48D, 52DE notion

notoriété *f.n.* 8D, 27D, 44D notoriety

notre, nos *a.* 7D, 9A, 10A, 13B, 21B our; **Notre Dame de Paris** 4D, 15B, 23D, 29D, 48D cathedral of Notre Dame in Paris; **Notre Dame de Chartres** 28D twelfth- and thirteenth-century cathedral in the Beauce region; **Notre Dame de la Garde** 30M Catholic basilica in Marseille

nôtre (le *or* la), nôtres (les) *pron.* 48A ours

Nôtre (Le) (1613–1700) 27AD, 39D famous gardener and garden designer

nougat *m.n.* 48AB, 50BE nougat

nourrir (se) (5, 7) *v.* 26D, 35D to eat; 45D to feed, to nurture; **bien nourri** 42D well-fed

nourriture *f.n.* 8D, 24A, 25A, 26ADM, 36M food, nourishment

nous *pron.* we, us; **à nous!** 9M here we come!

nouveau, -el, -elle, -aux, -elles *a.* 7D, 8B, 10ABD, 12D, 13D new; **de nouveau** 10M, 27A, 35A, 40D, 52A again; **à nouveau** 36D, 37D, 45D again; **Nouveau Monde** 13D, 30M New World; **Nouvelle Vague** 10D, 37D, 40D New Wave cinema

Nouveau Brunswick *p.n.* 16D New Brunswick

nouveau-né *m.n.* 50M newborn

nouvelle *f.n.* 15D, 38D, 39D, 42D short story; 11M, 15M, 18M, 27M, 28M news; **vous m'en direz des**

nouvelles 24A I'm sure you'll like it

Nouvelle Angleterre *p.n.* 16D New England

Nouvelle-Ecosse *p.n.* 16D Nova Scotia

Nouvelle France *p.n.* 16D New France

Nouvelle-Orléans (la) *f.p.n.* 21AB New Orleans

novembre *m.n.* 13D, 27DM, 37D, 39D, 47D November; **le 11 novembre 1918** 39D Armistice Day (World War I)

noyé *a.* 17D drowned

noyer (se) (11, 7) *v.* 46B, 48AB to drown

NRJ music awards *m.pl.p.n.* 37D, 52D music awards presented by French radio station Nouvelle Radio des Jeunes

nu *a.* 38M, 40ABD naked; *m.n.* 39D nude

nuage *m.n.* 11ABCE, 12A, 14D, 16A, 18ABD cloud

nuageux *a.* 45D cloudy

nuance *f.n.* 48D nuance

nuancé *a.* 48D subtle

nucléaire *a.* 13D nuclear

nuit *f.n.* 6D, 9M, 10D, 11D, 15D night; **gardien de nuit** 14ABE night watchman; **boîte de nuit** 12D, 16E, 39D nightclub; **c'est le jour et la nuit** 27M it's like night and day; **tombée de la nuit** 31D nightfall

Nuits-Saint-Georges *p.n.* 30AE, 33A town in Burgundy famous for its red wines

nul, nulle *a.* 8D, 30D, 43M zero, nil, hopeless; 17D nobody; **nulle part** 16D, 24M nowhere; **nul en maths** 19ABC hopeless at math; **nul!** 40A zilch!, zero!

numérique *a.* 19D, 32D, 36DM, 40D, 44D digital

numérisé *a.* 36D digitized

numéro *m.n.* 6D, 24AB, 27AE, 39AD, 41A number; **faux numéro** 27A, 32AE wrong number; **petit numéro** 33CE little performance

numismatique *f.n.* 13B coin collecting

nuptial *a.* 47D nuptial

nurse f.n. 39B nurse

nutritionnel *a.* 50D nutritional

nylon m.n. 43A, 45B, 51B nylon

Obaldia, René d' (b. 1918) 39AB French dramatist

obéi *a.* 13D obeyed

obéir (5) *v.* 23D, 32A, 40D to obey

obéissant *a.* 45A obedient, docile

obélisque m.n. 9D, 38ABDEM obelisk

Obélix m.p.n. 7D, 9D cartoon character in the Astérix series

objecter (4) *v.* 27D to object

objectif *a.* 3D, 12D, 13D, 21B, 30D objective; m.n. 33D, 35D, 43D, 48D objective, target

objection f.n. 15D, 19E, 27E, 46CE, 47E objection

objet m.n. 13D, 19D, 20M, 25D, 28B object

obligation f.n. 31D, 33D, 35D, 46E obligation

obligatoire *a.* 4D, 19AD, 27AB, 31D, 37D compulsory

obligatoirement *adv.* 37D necessarily

obligé *a.* 11M, 17M, 18C, 19AC, 30D obliged, compelled; 42D obligatory

obligeance f.n. veuillez avoir l'obligeance 33A, 43A would you be so kind; ayez l'obligeance 40D would you be so kind

obliger (4b) *v.* 37D, 42B, 48D, 52A to oblige, to compel

oblique *a.* 18D sidelong

obliquer (4) *v.* obliquer à droite/ gauche 30A, 52A to bear right/ left

oblitéré *a.* 12D obliterated

obscur *a.* 38D obscure, dark

obscurité f.n. 10D, 36D, 38D darkness

obsédé *a.* 37M obsessed

obséder (10) *v.* 37D to obsess, to haunt

observateur m.n. 15D, 44D, 51D observer

observatoire m.n. 19ABE, 21AC, 41D observatory

observer (4) *v.* 23E, 25D, 26D, 41DE, 47AE to observe

obsession f.n. 19A, 24A, 32D obsession

obstacle m.n. 35D, 42E obstacle

obstination f.n. 13D obstinacy

obstrué *a.* 45D obstructed

obtenir (37) *v.* 19D, 23D, 26D, 27DM, 28M to get; 31D, 36D, 44D, 45D to win

obtention f.n. 35D acquisition

occasion f.n. 15D, 17D, 23D, 26M, 28M occasion, opportunity, chance, bargain; meubles d'occasion 32D second-hand furniture

occasionnel *a.* 34D occasional

occidental *a.* 21D western

occupation f.n. 11D, 15D, 18D, 48D occupation, work; occupation allemande (1940–1944) 13D, 45BD German occupation of France during World War II

occupé *a.* 8A, 12D, 17D, 24D, 25M busy; 45D occupied

occuper (4) *v.* 7D, 18D, 30M, 33CE, 48D to occupy; 41D to fill; s'occuper de *v.* 5D, 6E, 12B, 15D, 17ABM to take care of; occupe-toi de tes affaires 12A mind your own business

océan m.n. 2D, 18D, 48M ocean

Océane f.p.n. 46M feminine first name

octobre m.n. 6M, 9B, 11M, 27M, 32M October

octogénaire m. & f.n. 51D octogenarian, 80-year-old

octroi m.n. 49D duty, levy

ode f.n. 15D, 23D ode

Odeillo p.n. 48B city in the Pyrénées, site of a solar furnace

Odéon (l') m.p.n. 24D, 27A theater and square in the Latin Quarter

odeur f.n. 15D, 19D, 26M, 40D, 49D smell, odor, scent

Œdipe m.p.n. 5D, 9B, 48D Oedipus

œil, yeux m.n. 2D, 5D, 6ABCDM, 7ACD, 9A eye; avoir la larme à l'œil 24B to be emotional, to be teary-eyed; avoir les yeux plus gros que le ventre 35M to have eyes bigger than one's stomach; je vous ai à l'œil 38D I've got my eye on you; en un clin d'œil 48A in a flash; avoir le compas

dans l'œil 44AB to have a good eye; avoir un œil qui dit zut à l'autre 40AB to be cross-eyed; cligner d'un œil 37AB, 40A, 45A to wink; faire de l'œil (*coll.*) 16M, 40AB to make eyes at, to ogle; jeter un coup d'œil 10M, 36D, 51D, 52AB to glance, to take a look

œuf m.n. 20D, 24D, 25AB, 26D, 48B egg; œufs brouillés 24A scrambled eggs; œufs durs farcis 26AB deviled eggs; œuf dur 43B, 46D hard-boiled egg

œuvre f.n. 5D, 6D, 11D, 12D, 13D work; hors-d'œuvre 26A appetizer; chef d'œuvre 33M, 35D, 38D, 40D, 51D masterpiece; bonne œuvre 41AB charitable act

off *adv.* 45D offstage

offense f.n. 52D offense

office m.n. 40D duty

officiel *a.* 2D, 8DM, 13D, 16D, 24D official

Officiel des spectacles (l') m.p.n. 36ABC, 39AD weekly Paris entertainment guide

officier m.n. 27BE, 40D, 45D, 51D officer

offre f.n. 41D, 43D, 44D, 46E offer

offrir (27) *v.* 3D, 8D, 9D, 12D, 15D to offer; s'offrir 11M, 29D to treat oneself to

oh, eh! *int.* 13A, 34A, 48A hey you!, come on!

oh, là, là *int.* 2AD, 9A, 10A, 14A, 18B oh my gosh, oh my goodness

ohé *int.* 15D, 46D song refrain

oie f.n. 24AB, 26AE goose; confit d'oie 24A preserved goose; duvet d'oie 43B goose down

oignon m.n. 16D, 17M, 26D, 50M onion

oiseau m.n. 16AB, 18D, 19D, 24D, 26D bird

oisif, -ve *a.* 17M lazy

olibrius m.n. 49M creep

olive f.n. 26AC, 50EM olive; huile d'olive 26BD, 50A olive oil

olivier m.n. 30M, 50A olive tree

Olivier m.p.n. 5D, 10M, 31D masculine first name

Olympia m.p.n. 38D, 40AC music hall in Paris

olympique *a.* 5D, 28D Olympic

ombre *f.n.* 11ABC, 36D, 43M, 44D shadow, shade

omelette *f.n.* 16D, 20D, 26ACE omelet

on *pron.* 2ABD, 4AE, 5BM, 6DE, 7DM one, we, you, people, they; **on y va!** 37A, 50A let's go!, we're off!

oncle *m.n.* 8ADE, 10ABCE, 15D, 28M, 30ABCE uncle

onde *f.n.* 28D wave, water

ongle *m.n.* 22D, 25AB, 26D, 30D, 37A nail, claw; **ongles en deuil** 42ABE dirty nails

onze *a. & n.* 19A, 23D, 27D, 31A, 36A eleven

opéra *f.n.* 5D, 19D, 39M, 40D, 42A opera house, opera; **l'Opéra, l'Opéra-Comique** 39D Paris opera houses; **Opéra Garnier** 12M, 15AB, 39DM 19th-century opera house in Paris; **Opéra Bastille** 15B, 33AD, 39DM modern opera house on the Place de la Bastille in Paris

opérateur *m.n.* 41D, 44D operator, provider

opération *f.n.* 3D, 15B, 16D, 21C, 35D operation

opinion *f.n.* 3D, 14B, 18E, 20D, 21BDE opinion

opinionâtre *a.* 21D stubborn, obstinate

opposant *m.n.* 21D opponent

opposé *a.* 8D, 47E, 48D opposite, contrary, opposed; **opposé à** 34D as opposed to; *m.n.* 50E opposite; **c'est à l'opposé** 45A it's in the other direction

opposer (4) *v.* 15D, 28D to oppose; **s'opposer à** 35D, 48D to oppose, to be in opposition to

opposition *f.n.* 35B opposition

oppresseur *m.n.* 33A oppressor

opprimé *a.* 46D oppressed; *m.n.* 48D oppressed person

optimal *a.* 22D optimal

optimiste *a.* 23A optimistic; *m. & f.n.* 29D optimist

option *f.n.* 20D, 21D, 36M, 52M option

optique *f.n.* 16D optics

opulence *f.n.* 44D wealth

or *m.n.* 38D, 47D, 48D gold; **rouler sur l'or** 42AB, 51E to be rolling in dough; **Lion d'or** 37D, 45D film prize

or *conj.* 21D, 34D, 35D, 48D yet; **or donc** 40D now therefore

oral *a.* 50D oral

orange *f.n.* 11M, 13D, 26AC, 36B, 42D orange

Orange *p.n.* 33B city in Provence; 22D a company that provides Internet and phone service

oranger *m.n.* 50M orange tree

Orangina *m.p.n.* 9AB, 22A, 30D brand of soft drink

orbital *a.* 43D orbital

orbite *f.n.* 49D eye socket

orchestre *m.n.* 3B, 38D, 39D, 45D orchestra

ordi 36M *abbr. for* **ordinateur**

ordinaire *a.* 22D, 26D, 37D ordinary

ordinateur *m.n.* 3D, 15D, 16D, 18EM, 21ABC computer; **ordinateur portable** 36DM laptop

ordonner (4) *v.* 32A to order, to command

ordre *m.n.* 11D, 24D, 27B, 33D, 44D order, sequence; **ordres** *m.pl.n.* 40D, 52D orders

ordure *f.n.* 33C, 34B garbage, trash

oreille *f.n.* 10ABC, 15D, 36D, 37D, 38D ear; **vous me cassez les oreilles** 36D you're getting on my nerves!, stop that racket!; **casser les oreilles** 43M to deafen; **il faut le changer d'oreille** 44D you have to wear it over the other ear

organique *a.* 2D organic

organisation *f.n.* 8D, 9M, 27D, 35B, 37M organization; **organisation non gouvernementale (ONG)** 28M non-governmental organization (NGO)

organisé *a.* 21D, 37M, 38D, 43D, 46D organized

organiser (4) *v.* 8D, 21D, 24A, 32B, 44D to organize; **s'organiser** 33D, 35C, 50A to get organized

organisme *m.n.* 46D organization

organoleptique *a.* 50D organoleptic, relating to sense perception

orgasme *m.n.* 36D orgasm

orgue *m.n.* 28AC organ

orgueil *m.n.* 9D pride

Orient (l') *m.p.n.* 20D, 51A the Far East; **Orient-Express** 35AB celebrated European train

oriental *a. & n.* 48ACDE eastern, oriental

orientalisant *a.* 52D giving an oriental character

orienté *a.* 32B facing

orienter (s') (7) *v.* 32D to move toward

originaire *a.* 2D, 17D, 40D native

original *a.* 13C, 19D, 33B, 36ADE, 38D original

originalité *f.n.* 48D, 50D originality

origine *f.n.* 2D, 11D, 14D, 16D, 17D origin; **à l'origine** 5D, 8D in the beginning

Orléans *p.n.* 52D city in the Loire valley, liberated from the English by Jeanne d'Arc; **Pucelle d'Orléans** 52D Jeanne d'Arc; **Porte d'Orléans** 27A, 30ABC, 31D Paris metro terminus

Orly *p.n.* 4B, 35D Paris airport

orné *a.* 47D decorated

ornement *m.n.* 7D, 21D ornament

orphelin *m.n.* 15D orphan

Orsay (musée d') *f.p.n.* 15AB, 38AC museum of nineteenth-century art in Paris

orteil *m.n.* 10AB toe

orthographe *f.n.* 17AC spelling

os *m.n.* 40B, 49A, 50AD bone; **en chair et en os** 40AB, 41B in the flesh

Oscar *p.n.* 37D, 49M American film award

osciller *v.* 35D to fluctuate

oser (4) *v.* 11M, 28ABDM, 40D, 41AE, 52DM to dare; **Osez le féminisme** 52M feminist organization in France

Oshima, Nagisa (1932–2013) 36A Japanese filmmaker

Oskélanéo *p.n.* 42D hamlet in Quebec

ossements *m.pl.n.* 49D bones

ossuaire *m.n.* 49D ossuary

ostensiblement *adv.* 40E conspicuously

ostentation *f.n.* 15D ostentation

ostentatoire *a.* 52D ostentatious

ôter (4) *v.* 34D to take away

ou *conj.* 2ACD, 3ADE, 4AD, 5CD, 6ACD or; **ou bien** 4D or else, or maybe; **ou alors** 13A or else

où *prep.* 2ACDE, 4ACDE, 5CD, 6D, 9DEM where; **où encore?** 2A where else?; **d'où elle vient** 11A where it comes from; **où ça?** 13A where?

ouah, ouah *int.* 3D bow-wow

ouais *int.* (*coll.*) 6M, 8A, 13A, 16M, 17A yeah!, yup!; **ah ouais?** 13A oh yeah?

Ouarzazate *p.n.* 46M city in southern central Morocco

oubli *m.n.* 11D oblivion; 29D forgetting

oublié *a.* 16A, 21A, 27D forgotten; **les oubliés** *n.* 27D the forgotten

oublier (4) *v.* 5M, 11D, 14AB, 15B, 16A to forget; **s'oublier** 44D to be forgotten

Ouessant *p.n.* 48ABC island off the coast of Brittany

ouest *m.n.* 22E, 28D, 36B, 50A west

ouf *int.* 13M, 16M, 23A whew!, what a relief!

oui *adv.* yes

ouille *int.* 43A ouch!

ouplà *int.* 43D up you go!

ours *m.n.* 3B bear; **ours blanc** 40M, 48ABE polar bear

outil *m.n.* 21D, 29D, 32D, 36D, 44D tool

outre *prep.* 19D, 37D, 43D aside from; **en outre** 27D furthermore

outré *a.* 44D outraged

ouvert *a.* 5D, 14D, 16M, 17AB, 19D open

ouverture *f.n.* 38D overture; 41D, 42M opening

ouvrage *m.n.* 2D, 15D, 19D, 20D, 24D work

ouvreuse *f.n.* 37ABCDE, 38D, 39ABC usherette

ouvrier *a. & n.* 33ABCD, 42D, 45D, 48A, 52B worker; **classe ouvrière** 33ABE, 44E working-class people

ouvrir (27) *v.* 3M, 19D, 21D, 23AE, 24A to open; **j'ouvre la radio** 36D I turn on the radio; **toit ouvrant** 29AB, 46E sunroof; **s'ouvrir** 24A, 36D, 51D to open (up)

ovale *a.* 6AB, 37D oval

ovationner (4) *v.* 38M to give an ovation

oxydé *a.* 22M oxidized, tarnished

oxydecarboné *a.* 51D polluted (**oxyde de carbone,** carbon monoxide)

oxygène *m.n.* 51D oxygen

pacha *m.n.* 17M pasha, oriental potentate

Pacifique (le) *m.p.n.* 2D, 42A the Pacific Ocean

pacifisme *m.n.* 29D pacifism

pacifiste *a.* 13D, 15B pacifist

PACS (pacte civil de solidarité) *m.n.* 8D, 44D civil union

pacser (se) (7) *v.* 8D, 40M to enter a civil union

pactole *m.n.* 41D jackpot, gold mine

paf! *int.* 31D, 44D bam!, wham!

page *f.n.* 2D, 33D, 36D, 51A page

paiement *m.n.* 44DM payment

paille *f.n.* 35E straw

pain *m.n.* 17AB, 25ABCE, 28E, 34ADE, 40AE bread; **petit pain** 9A, 34D roll; **pain d'épices** 35M gingerbread; **pour une bouchée de pain** 34D for a song; **j'ai du pain sur la planche** 34D I have my work cut out for me

paire *f.n.* 18A, 20B, 36M, 37A, 44ADM pair

paix *f.n.* 47B, 48D peace; **Paix des Pyrénées** 47AD treaty between France and Spain in 1659; **fichez-moi la paix! fichez-nous la paix!** 17M, 47D leave me alone! leave us alone!; **paix à son âme** 45M rest in peace

palace *m.n.* 35AB, 42AC luxury hotel

palais *m.n.* 4D, 14BD, 35D, 38AE, 47D palace; **Petit Palais** 33A, 38ADE exhibit hall on the Champs-Elysées; **Palais Omnisport de Bercy** 33AD modern sports and arts center in Paris

Palatin (mont) *m.p.n.* 35D one of the seven hills of ancient Rome

pâle *a.* 31D, 41A, 51A pale

palier *m.n.* 23D, 32AB landing, corridor

palmarès *m.n.* 5D most popular list

palme *f.n.* 9M, 26D, 50AD palm, palm branch

palmier *m.n.* 27M, 43M, 49A, 50ACE, 52A palm tree

palpitation *f.n.* 49D palpitation

pan *int.* 30D, 38A bang!

pan *m.n.* 37D edge, end

panache *m.n.* 47D plume

panaméen *a.* 39B Panamanian

pancarte *f.n.* 12M, 38D, 40ABD, 41ACD, 50D sign

panem et circenses 40A (*Latin*) bread and circuses

panier *m.n.* 27D, 33D, 46D basket

panique *f.n.* 36D, 39B, 45D panic

panne *f.n.* 43D breakdown; **en panne** 16ABC becalmed, in irons (boat); 31AB broken down (car); 32B out of order (elevator); **tomber en panne** 27AB, 31CE to break down

panneau *m.n.* 30ABD, 51D sign; **panneau solaire** 48D solar panel; **panneau indicateur** 52A road sign

panorama *m.n.* 33D, 47D panorama

pantalon *m.n.* 13AB, 42M, 44M, 45AD, 52A trousers, pants

Panthéon (le) *m.p.n.* 12AB, 15B, 32A, 38D, 48D monument in Paris containing the tombs of famous French citizens

pantoufle *f.n.* 44AB slipper

paon *m.n.* 28M peacock

papa *m.n.* 8AM, 9AM, 13ABM, 17DM, 18AM daddy; **fils à papa** 13AB, 48A daddy's boy

papier *m.n.* 12M, 13AC, 18D, 20M, 40D paper; **papier collant** 12B Scotch tape; **papier-peint** 34B wallpaper; **papier bleu d'azur** 18D sky-blue wallpaper; **pâte à papier** 50C pulp

papillon *m.n.* 42B, 52A butterfly; **minute, papillon!** 42AB not so fast!

papillote *f.n.* 36D (hair) curling paper

papoter (4) *v.* 26M, 42M to chatter, to gossip

Pâques *m.pl.n.* 46B Easter

paquet *m.n.* 44B, 45D, 46D, 48A,

51M package, bundle; **paquet de cigarettes** 27D; **paquet de billets** 52A wad of bills

par *prep.* 4A, 5D, 9CD, 10D, 13D by; **par avion** 15ACE via airmail; **par exemple** 2AD for example; **par contre** 18D, 31D, 36D, 42D, 49M on the other hand; **par cœur** 19D by heart; **par-dessus** 22D, 26AD, 28AM, 34M, 43ABC over, on top; **par-dessus tout** 38D above all; **par hasard** 7B, 16A, 19D, 27AB, 29A by chance; **par jour** 7D, 9D, 14B, 17M, 20D per day; **par ici** 15A, 23A, 26A, 32A, 49A this way, over here; **par là** 12A, 16A, 21M, 27A, 29A over there; **par la fenêtre** 25A, 40D out the window; **par où?** 12C, 27A which way?; **de par** 39D by virtue of

parachute *m.n.* 21B, 51D parachute

Parade *p.n.* 32D ballet by Erik Satie, Jean Cocteau, and Pablo Picasso

paradis *m.n.* 5D, 14D, 24D, 28A, 33D paradise, heaven

paradoxal *a.* 35D paradoxical

paradoxe *m.n.* 22D, 24D, 30D, 33D, 41D paradox

paraître (14) *v.* 13D, 14D, 20D, 21E, 22E to seem, to appear; **il paraît que** 7M, 14M, 18M, 20ABM, 23A; **paraît-il** 13M, 23M, 30M, 48M apparently, they say

parallèle *a.* 19D, 32D parallel

paralysant *a.* 49D paralyzing

paranoïaque *a.* 23D, 45E paranoid

parapente *m.n.* 6A hang gliding

parapluie *m.n.* 41D, 46D umbrella

parasite *a.* 35D parasitic

parasiter *v.* 47M to prey on

parasol *m.n.* 30M, 43M, 51D parasol

Paray-le-Monial *p.n.* 47A town in central France with a Romanesque church

parc *m.n.* 14D, 27AD, 47D park; **parc à thème** 7D theme park; **parc d'attraction** 43D amusement park

Parc EuroDisney *p.n.* 14M Disneyland Paris theme park

parce que *conj.* 3AD, 5ADM, 6A, 7A, 8A because

parcellaire *a.* 36D fragmented

parcmètre *m.n.* 25M parking meter

parcourir (15) *v.* 31D, 37D, 43D, 46ABE, 47D to cover, to travel

parcours *m.n.* 18D, 46B, 51M course, trajectory

pardi *int.* (coll.) 44AB of course!

pardon *m.n.* pardon; 50A Breton religious festival; **pardon!** (*int.*) 13A, 19M, 23A, 32A, 40D excuse me, pardon, sorry

pardonner (4) *v.* 14DM, 20E, 47M to pardon

pare-brise *inv. m.n.* 30D, 45D, 52AB windshield

pareil *a.* 11DM, 14M, 15D, 17D, 19AB same, similar, such, like; **c'est pareil** 25A it's the same thing; **une chose pareille** 17D, 51M such a thing; **un pareil chapeau** 44D a hat like that; **faire pareil** 51E to do likewise

parent *m.n.* 32D relative; **parents** *m.pl.n.* 5AC, 8AD, 9CEM, 14ACE, 15ABCD parents

parental *a.* 17D, 35D, 44D parental

parenthèse *f.n.* parenthesis; **entre parenthèses** 48A incidentally

paresse *f.n.* 44AB laziness, idleness

paresseux *a. & n.* 44B, 47D lazy, lazy person

parfaire *v.* 35D to finish up, to perfect

parfait *a.* 9A, 15D, 23M, 30M, 41M perfect

parfaitement *adv.* 23M, 30D, 33DE perfectly

parfois *adv.* 20D, 22D, 26D, 33D, 35D sometimes, every so often

parfum *m.n.* 41M, 51B perfume

parfumage *m.n.* 33D use of perfume

parfumé *a.* 50BM flavored

parfumer (4) *v.* 24B to perfume

parfumerie *f.n.* 41M perfumery

parfumeur *m.n.* 41M perfume maker

pari *m.n.* 28M, 37D, 38AE, 41D, 44D bet, wager

parier (4) *v.* 37D, 38EM, 44B to bet

parieur *m.n.* 44D bettor

Paris *p.n.* 2AD, 4ABDEM, 6D, 7DM, 8D capital of France

Pariscope (le) *m.p.n.* 36AC, 39D weekly Paris entertainment guide

parisien *a. & n.* 12D, 14ACE, 22D, 24D, 27M Parisian

Parisis *p.n.* 28D **Pays de France** or **Plaine de France**, a plain to the north of Paris

parking *m.n.* 30M parking lot

parlant *a.* 18D, 38D talking

parlement *m.n.* 3D, 15D, 17D, 35D, 38D parliament

parler (4) *v.* 2ABCDE, 3A, 4ACD, 5ABCDM, 6M to speak; **parlez-moi de** 24A tell me about; **tu parles!** 30D you bet!, you can say that again!; **ne m'en parle pas** 31A let's drop the subject; **cinéma parlant** 18D, 38A talking pictures

parmi *prep.* 5D, 8D, 13D, 14D, 20D among

Parnasse *p.n.* 38D Parnassus

parnassien *a.* 15D Parnassian (school of poetry)

parole *f.n.* 10D, 18D, 25D word

parrain *m.n.* 23M, 24ABM, 25M, 31M, 35M godfather

part *f.n.* 13D, 18D, 22D share, side; **faire-part** 8A announcement; **à part ça** 12A, 21A, 35A, 41D aside from that; **à part vous** 22D except for you; **nulle part** 16D, 24M nowhere; **d'une part . . . d'autre part** 35D, 48M on one hand . . . on the other hand; **dites-lui que vous venez de ma part** 30A tell him I sent you; **quelque part** 23D, 41M, 42A, 43D, 52A somewhere; **de la part de** 13D, 45E, 52D on behalf of

partagé *a.* 37D, 42D, 44D divided

partager (4b) *v.* 17M, 33ABD, 35D, 40D, 41DE to share; to divide; **les avis sont partagés** 44D opinions differ

partenaire *m.n.* 12D, 35D, 37D, 40D, 42D partner

parterre *m.n.* 27AD flower bed

Parthénon *m.p.n.* 51A monument in Athens

parti *m.n.* 12D, 13D, 33D, 46D (political) party

participant *m.n.* 46D participant

participation *f.n.* 42D participation

participer (4) v. 2D, 9M, 10D, 12M, 13BD to participate

particulier a. 10C, 16E, 24E, 26E, 39D particular, specific, special, individual; **en particulier** 5D, 8D, 11E, 15D, 19B particularly; m.n. 35ABC private individual

particulièrement adv. 3D, 9D, 14E, 19A, 33E particularly, specifically

partie f.n. 4D, 16B, 20E, 49D part; 40D, 49D party; **faire partie de** 10D, 13D, 35D, 37D, 40D to be part of; **en partie** 16D, 20D, 34E, 35D, 41D partly, in part; **en grande partie** 34D largely; **parties communes** 32D common areas in a building; **en bonne partie** 35D in large part

partiel a. partial; **à temps partiel** 5D, 18D part-time

partir (28) v. 9M, 15DE, 20B, 23A, 28A to leave, to go away; 29D, 52D to start; **c'est parti** 13A, 20A you're off! **à partir de** 5M, 9D, 11M, 38D, 45D from; **ça part d'un bon sentiment** 36M it's well-meaning

partout adv. 8M, 12M, 19D, 20M, 22M everywhere

paru p. part. of **paraître** 30D, 32D, 37M

parure f.n. 47D set of jewelry

pas adv. 2ABD no, not; **pas du tout** 6M, 7AM, 8M, 14A, 19BD not at all; **pas encore** 7M, 11M, 13A, 15AB, 21D not yet; **pas possible!** 10A, 30M no kidding! no way!

Pascal p.n. 5D masculine first name

pas m.n. 36D, 41M, 47D step; 40D, 46D speed, pace; **faire quelques pas en avant** 37A to take a few steps forward; **au pas** 37D slowly; **au pas de course** 40D at a run; **pas de cheval** 40D ballet step; **j'y vais de ce pas** 40D I'm on it; **mauvais pas** 44M tight spot

Pascal, Blaise (1613–1662) 16D, 37D, 38ABDE, 46D French scientist, philosopher, and writer

pascalien a. 37D pertaining to Pascal

passage m.n. 4M, 23D, 42D, 47A episode, passage; **de passage** 51D on the way

passager a. 19D passing, fleeting; m.n. 20M, 27ABC, 29A passenger

passant, passante n. 12AE, 22A, 23AE, 32A, 52D passerby; **en passant** 17M, 47E in passing

passe m.n. pass; **passe-partout** a. 46A all-purpose; **passe Navigo** 52M public transportation pass in Paris region

passé a. 9A, 45D past; **11 heures passées** 31A eleven o'clock already!; **c'est passé de mode** 16B it's passé, it's outdated

passé m.n. 14AD, 19D, 23D, 37D, 45D the past; **passé simple** 19D literary past tense; **par le passé** 35M, 45D in the past

passeport m.n. 4ABD, 29M, 38ACE passport

passer (4) v. 4ABCD, 9M, 10B, 12AD, 24AD to pass, to go (through), to spend; **passer les vacances** 12M, 14A to spend one's vacation; **passer un appel** 19D to make a telephone call; **je vous la passe** 22A she's right here, I'm handing her the phone; **passer au cinéma** 36E to be playing at the movies; **ça passe partout** 46A it goes everywhere; **se passer** 10D, 11C, 12A, 14AD, 17C to take place, to happen; **s'en passer** 40A, 44D, 47M to do without; **passer prendre** 29M to pick up; **comment ça s'est passé?** 30D how did it go?; **qu'est-ce qui a pu lui passer par la tête?** 36M what was she thinking?; **et j'en passe** 47M to name but a few

passerelle f.n. 51D foot-bridge, overpass

passif a. 30D passive

passion f.n. 13D, 23A, 26A, 39M, 43D passion; **fruit de la passion** 26A passion fruit; **Passion du Fruit** f.p.n. 46A juice bar in Paris

passionnant a. 40D, 46ABC, 47A captivating, thrilling

passionné a. & n. 6D, 8D, 21D, 27D fanatic

passionnément adv. 30D, 31A passionately

passionner (se) (7) v. 9D, 42D, 43D to be passionate, to develop a passion

passivité f.n. 39A passivity

pastel a. 35D pastel

pasteurisation f.n. 48A pasteurization

pastis m.n. 24ABCE anise-flavored apéritif popular in the south of France

Patachou (Henriette Ragon, b. 1918) 12D, 18D, 29D French actress and singer

Patagonie f.p.n. 13AE Patagonia

patate f.n. 33D potato

patati et patata (et) int. 39M and so on and so forth

patatras int. **et patatras** 40D crash!

Pataugas pl.p.n. 44AC walking boots

pâte f.n. 50BC spread, paste, pulp

pâté m.n. 26D, 28B paté; **faire des pâtés** 43D to build sand castles

pâtée f.n. 24D dog food

pathétique a. 18D, 39A, 41M pathetic, touching

pathologique a. 41D pathological

patiemment adv. 30M, 45D patiently

patience f.n. 25B, 37A, 48D patience

patin m.n. skate; **faire du patin** 7E to skate; **faire du patin à glace** 6AB, 7A to ice skate; **faire du patin à roulettes** 7ABE to roller skate

pâtisserie f.n. 25M, 26AB, 42D, 47E, 48E cake shop, pastry

patricien m.n. 40E patrician

patrie f.n. 12M, 19D, 45D, 52D country, fatherland

patrimoine m.n. 33D, 35MD, 42D, 45D, 50D estate, inheritance, heritage

patriote a. 26D patriotic

patron, patronne n. 22D, 28D, 30ABCDE, 41D, 51D owner, boss

patte f.n. 6B, 26D, 45D paw, foot

Pau p.n. 47D city located in the Béarn region of southwestern France

Paul et Virginie p.n. 3A 1787 novel by Bernardin de Saint-Pierre

paume f.n. palm; **jeu de paume** 47D precursor of tennis

paupière f.n. 32M, 37D eyelid

pause-café f.n. 9D coffee break

pauvre a. 5ABCM, 6M, 7M, 8AD, 10AB poor; f. & m.n. 5B, 33D, 47D, 48D poor person

pauvreté f.n. 18D, 44D poverty; **seuil de pauvreté** 33D poverty line

pavé a. 51D paved

pavé m.n. 43M cobblestone; **pavé numérique** 36M keypad

pavillon m.n. 4D, 48D, 49D house, pavilion; **pavillon de chasse** 34AD hunting lodge

payé a. 40B, 48D paid

payer (11) v. 5M, 9M, 11M, 13M, 22E to pay; **se payer** 29M, 42AB to treat oneself to; **se payer la tête de quelqu'un** 38M to make fun of someone; **payer les pots cassés** 44M to pay the piper

pays m.n. 2D, 3D, 5D, 9BM, 13D region, country

paysage m.n. 14M, 33D, 47D, 51D scenery, landscape

paysan, paysanne a. & n. 5D, 34ABD, 37M small farmer, country dweller

Pays-Bas m.p.n. 3D, 34D, 45D The Netherlands

Pays Basque (le) m.p.n. 9B, 15B, 16ABCDE, 44B, 46B the Basque region

péage m.n. 14M, 43D toll

peau f.n. skin; **être bien dans sa peau** 33D to feel good about oneself

pêche f.n. 42D, 43D fishing; **canne à pêche** 51AB fishing rod

péché m.n. 11M, 37B sin

pêcher (4) v. 16ABD, 43D, 51B to go fishing

pêcheur m.n. 16D, 51B fisherman

pédagogique a. 31D, 49M pedagogical

pédagogue m.n. 21D pedagogue

pédaler (4) v. 7M to pedal

pédant n. 16A pedant

pédestre a. 6D pedestrian

Péguy, Charles (1873–1914) 28D French poet

peigne m.n. 29B comb

peigner (4) v. 52A to comb; **se peigner** 52AB to comb one's hair

peindre (20) v. 15D, 19B, 26D, 52B to paint

peine f.n. 15D, 20D, 23D, 46D sorrow, sadness, pains, trouble; **ça vaut la peine** 39ABE, 43M it's worth it; **ce n'est pas la peine** 10AB, 12B, 21A, 24AD, 31A it's not worth it, you needn't bother; **sous peine de** 3M, 33D at the risk of; **prendre la peine de** 39B, 42A to go to the trouble of; **à peine** 8D, 23D, 34D, 40D, 43D barely; **j'ai peine à croire** 46D I can hardly believe; **peine de mort** 48D death penalty

peintre m.n. 10D, 17A, 19AE, 20E, 23A painter

peinture f.n. 19ABDE, 20B, 24D, 28E, 32D painting; **pot de peinture** 43AB can of paint

pelé a. 51D bare

pêle-mêle adv. 22D pell-mell, helter-skelter

pèlerin m.n. 28D, 50D pilgrim

pèlerinage m.n. 28D, 48D, 50D pilgrimage

pélican m.n. 20D pelican

pelle f.n. 11AB shovel; **ramasser à la pelle** 11D to shovel up

pelote (basque) f.n. 9ABC, 16D, 50A pelota, jai-alai

pelouse f.n. 34D lawn

peluche f.n. 40M stuffed animal

pénalité f.n. 27D penalty

pencher (4) v. 22M, 24D, 52E to lean, to tilt; **se pencher** 17AB, 31AC, 37D, 40D, 52A to lean out, to lean over

pendant prep. 8D, 9ABD, 10D, 12ADM, 13AD during; **pendant ce temps-là** 12A, 13A, 30AC, 44CD, 47D meanwhile; conj. **pendant que** 12A while

pendre (6) v. 31D to hang

pénétrer (10) v. 10D, 48D to penetrate, to enter

pénible a. 14D, 17M painful; **c'est pénible, à la fin!** 17M it's a royal pain!

péniche f.n. 51D barge

pénitence f.n. 44D penance

pensée f.n. 15D, 16D, 21D, 27AB, 33D thought; **pensée unique** 35D one-track thinking

penser (4) v. 8M, 10D, 12M, 16D, 20A to think; **pensez-vous!** 19AB, 29A what an idea! of course not!; **j'y pense!** 48A I've got an idea!

penseur m.n. 19D, 38E thinker

pension f.n. 15D pension; 41D hotel; 24D boarding school; 51AB boarding kennel; **pension complète** 35AB full board; **pension de retraite** 44D retirement benefits

pente f.n. 45D slope

pénurie f.n. 45D shortage

pépère a. 28M cushy

Pépin le Bref (714?–768) 47D Frankish king, father of Charlemagne

percé a. 27D full of holes; 49D, 51D opened up

perception f.n. 26D perception

percevoir (33) v. to perceive; **perçu** a. 44D collected; 52D perceived

perche f.n. **saut à la perche** 9AB pole vault

perché a. 14M, 15D, 19D, 49D perched

percher (se) (7) v. 19D to perch

percuter (4) v. 20M to crash into

perdre (6) v. 10M, 18D, 20DM, 22BD, 31D to lose; **se perdre** 11AB, 27AB, 30A, 31D to be lost, to get lost; **perdre la tête** 17M, 22M, 24M to lose one's mind

perdu a. 10M, 20ABD, 23AM, 24M, 26D lost, wasted

père m.n. 5ACD, 6B, 8AB, 9ACD, 11B father; **de père en fils** 38D from father to son

Pérez, Vincent (b. 1964) 2D Swiss actor

perfection f.n. 11D, 26D, 35D, 48D perfection

perfectionnement m.n. 32D improvement

perfectionner (4) v. 4D, 20D to improve

performance f.n. 9AB, 48D performance

Périgord m.p.n. 24AD, 34AD, 43D province in the Dordogne region of southwest France

période f.n. 18D, 20D, 34D, 52D period

périodique a. 34A periodic

périodiquement adv. 45D periodically

périphérie f.n. 36D, 48D periphery

périphérique a. peripheral; **boulevard périphérique, le périphérique** 30ABC beltway around Paris

périr (5) v. 40D to perish

périssable a. 19D perishable

perle f.n. 32M, 47D pearl; **c'est une perle!** 23ABM (s)he's a gem! a treasure!

permanence f.n. 38D permanence

permanent a. 46D permanent

perméable a. 33D susceptible

permettre (24) v. 7D, 12D, 14AD, 16A, 22D to allow, to permit; **se permettre** 35D to be allowed; 52D to get away with; **permettez-moi** 11A, 19M, 26M, 52A permit me; **il est permis de douter** 51D it seems doubtful

permis m.n. permit; **permis de conduire** 20D, 29D, 30AB, 31D driver's license; **permis à points** 31D license with penalty points system

permission f.n. 34E permission, leave; **en permission** 38AB on leave

Pernod m.p.n. 19AC, 24B, 26A brand of pastis

Pérou m.n. 38D Peru

perpétuel a. 21D perpetual

Perret, Pierre (b. 1934) 33D French singer and composer

perroquet m.n. 40M parrot

persan a. & n. 15D, 24M Persian

persécuté a. 13D, 38D, 45D persecuted

persécuter (4) v. 47D to persecute

persévérance f.n. 7D perseverance

persil m.n. 25E, 26BD parsley

persister (4) v. 48D to persist

perso abbr. for **personnel** 45M

personnage m.n. 6E, 7D, 9D, 11ABCD, 13E character

personnalité f.n. 2D, 17D personality

personne f.n. 3DM, 4M, 8D, 9ABCM, 10AE person; **ne . . . personne** 9A, 32D nobody, no one; **grande personne** 33E, 34E, 37D grown-up; **bien de sa personne** 40D good-looking

personnel a. 2D, 14D, 19D, 20E, 21DE personal; m.n. 6M, 18D personnel

perspective f.n. 35D perspective

perspicace a. 45D forward-looking

persuadé a. 6M, 20E, 33D, 40M convinced

persuader (4) v. 12D, 24E, 27E, 33D, 46E to persuade

persuasif a. 46B, 52A persuasive, convincing

perte f.n. 34D, 35D, 36D, 40M, 43D loss

perturbant a. 40D disturbing, perturbing

perturbé a. 19E disturbed, perturbed

Pérusse, François (b. 1960) 33D Québécois comedian

pervers a. 25M perverse, twisted

peser (8) v. 7ACE, 8M, 14M, 29M, 32D to weigh

peso m.n. 5M Mexican currency

pessimisme m.n. 2D pessimism

pessimiste a. & n. 33D pessimistic, pessimist

peste f.n. 24M, 43D pest; 33D, 47D plague

pesticide m.n. 46M pesticide

Pétain, Philippe (1856–1951) 45ABDE French statesman, head of the collaborationist Vichy government during World War II

pétainiste a. 45E supporter of Pétain's Vichy government

pétale f.n. 30M petal

pétate f.n. (*Québécois*) 33D potato

pété a. drunk; **pété de tunes** (*coll.*) 46M loaded

péter (10) v. 18D to backfire

péteur, péteuse m. & f.n. 46M stuck-up, smart-ass

petit a. 3BD, 4DM, 5DM, 6ABCE, 7ABDM small, little, short; **Petit Chaperon rouge (le)** m.n. 3AE Little Red Riding Hood; **petit ami** 12A, 15AM, 29E, 42M boyfriend; **petit déjeuner** 22D, 25ABCDE, 35B, 42AE, 50D breakfast; **petit vin** 16D country or local wine; **petit beurre** 32D butter cookie; **petit four** 32D small dessert cake; **petit pain** 9A roll; **petits pois** 25ABCE, 26B peas; **une petite cinquantaine d'années** 51D a mere 50 years

petit n. 28D little one; **mon petit, ma petite** 2A, 5M, 38M my dear; **pauvre petit** 19A, 20A poor baby!

Petit, Philippe (b. 1949) 38M French tightrope walker

petite-fille f.n. 8AM, 13AE granddaughter

petit-fils m.n. 8ACM, 38D, 47D, 52D grandson

Petit Nicolas (le) m.p.n. 29D, 43D, 46D, 50D series of French children's books

Petit Palais m.p.n. 33A, 38ADE exhibition hall in Paris near the Champs-Elysées

Petit Prince (le) m.p.n. 12D, 15D, 46D acclaimed book by Antoine de Saint-Exupéry

petits-enfants m.pl.n. 8D, 35E, 44D grandchildren

pétrole m.n. 21B, 45D, 48M petroleum

pétrolier m.n. 43D oil tanker

peu adv. 5D, 8D, 18D, 19D, 26B little, not very; **à peu près** 12M, 15E, 19ABD, 24D, 42D more or less, pretty much; **peu de chose** 33D, 38E nothing much; **peu de monde** 28AB few people; **peu après** 22A, 27A, 28A, 32A, 36AC shortly after; **peu à peu** 36D, 41D little by little; **pour peu que** 45D in the event that; m.n. **un peu** 6ABCM, 18D, 19ABD, 28E, 30M a little, somewhat; **un peu de** 4M, 7A, 9M, 10A, 17EM a bit of; **un petit peu** 3A, 33A, 38A a little bit

Peugeot (PSA Peugeot-Citroën) p.n. 44M French multinational automobile manufacturer; **Peugeot 205** f.p.n. 29ABE, 30AC compact car; **202 Peugeot** 45D car produced in the 1930s; **(Peugeot) 604** 51A luxurious full-sized car

peuple *m.n.* 30D, 33D, 34D, 40E, 45D people

peur *f.n.* 15D, 38D, 45D fear; **avoir peur de** 3D, 26E, 27AB, 29AC, 31E to be afraid of, to be scared; **faire peur à** 30D to frighten

peut-être *adv.* 4A, 5AE, 6AM, 7AM, 10D perhaps, maybe

Pézenas *p.n.* 38M town in the Languedoc-Roussillon region in southern France

pfeuh *int.* 47A, 50A give me a break!

pffuitt *int.* 31A no, really!; 52D poof!

phare *m.n.* 31ABD headlight

pharmacie *f.n.* 17A, 23D, 28AB pharmacy, drugstore

pharmacien *m.n.* 15D, 17AE, 21A pharmacist, druggist

Phèdre *f.p.n.* 19D verse tragedy by Racine

phénix *m.n.* 19D, 49D phoenix

phénoménalement *adv.* 14D phenomenally

phénomène *m.n.* 7D, 18D, 35D, 45A phenomenon

Philipe, Gérard (1922–1959) 38D French stage and film actor

Philippe Auguste (1165–1223) 47D, 51D king of France who expanded Paris and built the first Louvre

philo *abbr.* for **philosophie**

philosophe *m.n.* 13D, 16D, 20D, 24D, 27D philosopher

philosophie *f.n.* 13D, 15D, 19A, 23D, 37D philosophy

philosophique *a.* 16D, 21D, 38DE philosophical

phobie *f.n.* 51M phobia

phosphorer (4) *v.* 38D to inveigh against

photo *f.n.* 8AE, 10M, 12D, 19D, 32D photo; **appareil photo** 40M, 48E camera

photocopie *f.n.* 52M photocopy

photographe de mode *m.n.* 13M fashion photographer

photographie *f.n.* 19D photography

photographier (4) *v.* 40M to take a photo

phrase *f.n.* 9AB, 12ABD, 17E, 21AD, 34E sentence, phrase

physicien *m.n.* 16D, 38B physicist

physiologie *f.n.* 19A, 26D physiology

physique *a.* 6AD, 7AD, 13D, 15D, 18E physical; *f.n.* 13D, 15D, 18M, 19AB, 20B physics; *m.n.* 7A physique; **au physique** 7D physically

physiquement *adv.* 24C, 44C, 49D physically

Piaf, Edith (1915–1963) 11D, 26D, 49M French singer and cultural icon

pianiste *n.* 18AC, 24D, 35D, 36D, 38D pianist

piano *m.n.* 2B, 18E, 22D, 30D, 32A piano

pianoter (4) *v.* 41D to drum, to tap

piasse *f.n.* (*Québécois, coll.*) 42M Canadian dollar

pic *m.n.* 47E mountain peak

Picasso, Pablo (1881–1973) 10D, 24D, 32D, 38AD, 44B Spanish painter who lived in France; **les arènes Picasso** 33D modern apartment complex in the Paris suburbs

pichet *m.n.* 28AB pitcher

pictural *a.* 10D pictorial

pièce *f.n.* 5M, 22ABCDM, 37D, 41A, 42D coin; 11D, 15D, 24D, 27E, 32D play; 32ABCD, 33A, 34A, 35AC, 36E room; **faire pièce à** 24D to be on equal footing with

pied *m.n.* 7D, 10ABD, 21M, 25ABM, 28A foot; **à pied** 6D, 13M, 19E, 23AE, 27AC on foot, walking; **au pied de** 24D, 32A, 33E, 40D at the foot of; **au pied de la lettre** 33E literally; **être bête commes ses pieds** 10A to be too stupid for words; **ne pas se moucher du pied** 31M to consider oneself the cat's whiskers; **mettre les pieds** 37D, 51D to set foot; **coup de pied** 40D, 44D, 51B kick; **prendre son pied** 40AB to get a charge; **des pieds à la tête** 52A from head to toe

piège *m.n.* 46E, 51M trap, snare; **tendre un piège** 51M to ambush

pierre *f.n.* 16D, 25AB, 30M, 35ABE, 37B stone, rock

Pierre *m.p.n.* 5D, 18D Peter, masculine first name

Pierre, Abbé (Henri Marie Joseph Groués, 1912–2007) 34D French Catholic priest and member of the Resistance during World War II

Pierre et le Loup *p.n.* 3AE Peter and the Wolf

Pierrefonds *p.n.* 47A town north of Paris famous for its medieval castle

pierreries *f.pl.n.* 47D gems, precious stones

piéton *m.n.* 29D, 31D, 45D pedestrian

pigeon *m.n.* 38B pigeon

pile *adv.* 28AB, 33M, 40D, 48AE, 51D right on time, on the dot

pile *f.n.* 49D pile, stack

pilé *a.* crushed; **pétate pilée** *f.n.* (*Québécois*) 33D mashed potatoes

pilier *m.n.* 14M, 28AB, 48D pillar, column

piller (4) *v.* 47D, 52B to loot

pilote *m.n.* 12D, 20M, 43D, 51D, 52ACE pilot

piloter (4) *v.* 20M, 52ACE to fly an airplane

piment *m.n.* 16D pepper; **piment d'Espelette** 16D variety of chili pepper cultivated in the Basque town of Espelette

pin *f.n.* 50ABE pine tree

pince *f.n.* 15D (*coll.*) hand, mitt; **pince à linge** 51B clothespin

pinceau *m.n.* 26D brush

pincer (4a) *v.* 51AB to pinch

pineau des Charentes *m.n.* 19A type of apéritif wine

pingouin *m.n.* 39D, 48B penguin

pionnier *m.n.* 2D, 10D, 24D, 36D, 37D pioneer

pipe *f.n.* 24B pipe

pipérade *f.n.* 16D Basque omelet with tomatoes and peppers

pipi *m.n.* (*coll.*) 32A urine; **faire pipi** 43D to pee

pique *f.n.* 47M cutting remark

pique-niquer (4) *v.* 52AB to picnic

piquer (4) *v.* 45D to go into a dive (airplane); 33D to jab, to prick; 52M to steal

piquet m.n. 19D piquet (card game)

piranha m.n. 42A piranha

pire a. 6M, 19B, 24A, 26D, 31M worse; **le/la pire** n. 19AB, 28D, 44D the worst

pis adv. worse; 33D then (Québécois); **tant pis** 6A, 25D, 30M, 38M, 44A too bad

piscine f.n. 33D, 52M swimming pool

piste f.n. 37B (circus) ring

pistolet m.n. pistol, revolver; **pistolet à phynances** 40D invented weapon

pitié f.n. 36D pity

piton m.n. 38M piton

pitoyablement adv. 41M pitifully

pittoresque a. 16D, 50D, 51D, 52A picturesque

Pivot, Bernard (b. 1935) 51DM host of a popular literary program on television

pizzeria f.n. 20D pizzeria

pl abbr. for **place** 29D, 51D

placard m.n. 11M, 17M, 18D, 22D, 24M closet, cupboard

place f.n. 5D, 15AB, 18AB, 19D, 21D place; 25ACD plaza, square, room, seat; **à sa place** 14M, 24E, 26E, 31E, 39E in his/her shoes; **on n'a pas la place, on n'a pas de place** 9AB, 32A there's no room; **toutes les places sont prises** 29AB all the seats are taken; **sur place** 18D, 27D on the spot; **tenir en place** 46D to sit still; **céder la place** 9D, 19D, 22D, 38D to yield; **à la place** 21M, 25C, 37M, 41D in its place; **place Vendôme** f.p.n. 15B, 18AB, 44A elegant square in Paris created to celebrate the victories of the armies of Louis XIV; **place de la République** 30D square in Paris; **faire place** 36D to give way; **mise en place** 46D establishment

placement m.n. 33E seating; 44ABC investment

placer (4a) v. 18D, 24E, 25D, 33E, 36D to place, to invest; **se placer** 13AC, 38D to take one's place; **je n'ai pas pu placer un mot** 23A,

48M I couldn't get a word in edgewise

placoter v. (Québécois) 42M to chatter

plafond m.n. 19AB, 22D, 27D, 32D ceiling

plage f.n. 12M, 14D, 16D, 22M, 30M beach; **Paris-Plage** 43M public project in Paris creating artificial beaches along the Seine in July and August

plaindre (20) v. 33D, 41D to pity, to feel sorry for; **se plaindre** 11M, 17D, 25D, 29E, 31M to complain

plaine f.n. 16D, 39M, 40AD, 47AE plain

plaint p. part. of **plaindre** 31M, 33D, 39AB

plainte f.n. 26D complaint, grievance

plaire (29) v. 5D, 11M, 13M, 14M, 18M to please; **la France me plaît** 39A I like France; **s'il vous plaît** 4D, 13A, 22A, 24A, 25A please

plaisanter (4) v. 15E, 28AB, 29E, 32BD, 36DE to joke, to kid

plaisanterie f.n. 7D, 17E, 29E, 34E, 35E joke, jest

plaisir m.n. 6D, 20A, 24D, 26D, 30D pleasure; **faire plaisir** 22AB, 26M, 27E, 30D, 31M to please, to give pleasure

plan m.n. 3D, 15E, 44E, 52D level, plane; 13D, 23AB, 30A map; 32D diagram, ground plan; 42B, 50A, 51A plan, project; 30B, 45D shot (cinema); **de premier plan** 52D first-rank, leading; **reléguer au second plan** 29D to relegate to a position of secondary importance; **gros plan** 38AB, 45D close-up; **plan général** 38B panoramic shot; **sur le plan moral** 44E on an ethical level; **sur le plan économique** 28D economically speaking

plan a. level; **géométrie plane** 38D plane geometry

planche f.n. 34D board; **planche à voile** 6A, 37A, 48E windsurfer, windsurf board

plancher m.n. 30AB, 34B, 48D floor; **le pied au plancher** 30AB pedal to the metal

planète f.n. 18D, 33D, 37M, 48M planet

plantation f.n. 51D planting, plantation

plante f.n. 42D plant

planté a. 7D set

planter (se) (7) v. 40M to settle oneself

planteur m.n. 29D, 51D drink made with rum

Plantu (Plantureux, Jean, b. 1951) 27D French cartoonist specializing in political satire

plaque f.n. 29D, 51D plaque; **plaque d'égout** 49D manhole cover

plastique a. & f.n. 30M, 37M, 46D, 50M plastic

plat a. 7M, 10D, 45D, 50D flat; **être à plat** 23M, 31ABE to be flat, to be dead

plat m.n. 9M, 16M, 22D, 24ABD, 25DE dish, course; **plat en argent** 47D silver dish

platane m.n. 18D plane tree

plateau m.n. 26A, 41A, 45B, 51AC tray; 47A plateau

platine m.n. 37D platinum

Platon p.n. 15D Plato, Greek philosopher

Pléiade f.p.n. 35D group of 16th century French poets

plébéien a. 18D plebeian

plein a. 5D, 11M, 15D, 17D, 18D full; adv. 6M, 9M many; **il y a plein de trucs** 13AB there are plenty of tricks; **en plein milieu** 37D right in the middle; **en pleine Bourgogne** 31A smack in the middle of Burgundy; **en plein jour** 37D in broad daylight; **en plein air** 47D outdoors; m.n. 48M full tank; **faire le plein** 31AB to fill up the tank; **elle en a plein le dos** 17M she's had all she can take

plénitude f.n. 14D fullness, completeness

pléthorique a. 26D overabundant, overflowing

pleur m.n. 40M cry

pleurer (4) v. 8M, 9AB, 10D, 15M, 16AC to cry

pleuvoir (30) v. 9ABC, 10ABCD,

11B, 12AM, 16A to rain; **pleuvoir des cordes** 30D to rain cats and dogs

pli m.n. 23B, 45A, 47D fold, crease; **ça ne fera pas un pli** 23A everything will go smoothly

pliant a. 30M folding

plier (4) v. to fold, fold up; **plier ses affaires** 17D to put one's things away

plomb m.n. 40D lead; **soleil de plomb** 39M blazing sun

plombier m.n. 13M, 18ABCDE, 19BM, 34A plumber

plongé a. 38D, 52AD immersed

plonger (4b) v. 17ABCE, 19AB, 52A to dive, to plunge, to thrust; **se plonger** 39A to immerse oneself

plouf int. 51D splash!

Plougastel p.n. 50A town on the coast of Brittany

plu p. part. of **plaire** and **pleuvoir**

pluie f.n. 5D, 10D, 25D, 31A, 36D rain; **manteau de pluie** 25D raincoat

plumage m.n. 19D, 49D plumage

plumard m.n. (coll.) 40D bed

plume f.n. 17D, 19D, 20D, 26D, 29M feather; 46D pen; **nom de plume** 11D pen name

plumer v. 34M to pluck

plupart f.n. 16DM, 19D, 20D, 25D, 33D most, the largest part; **pour la plupart** 25D, 34D mostly

pluralité f.n. 33D multiplicity

plus adv. 2AD, 4D, 5ABD, 6D, 7A more; **non plus** 4A, 6M, 29A, 38D, 41D either, neither; **en plus** 7M, 8D, 11M, 13M, 16M in addition, besides; **ne . . . plus** 5M, 9A, 10AB, 11D, 13A no longer, no more; **plus tard, plus tôt** 8D, 9D, 10M, 15D, 17M later, earlier; **de plus en plus** 7D, 9D, 12D, 13D, 20D more and more; **une fois de plus** 27A once again; **au plus** 28A, 33A at (the) most; **plus on est de fous, plus on rit** 46A the more the merrier; **plus on est de fous, moins il y a de riz** 46D the more people there are, the less there is to eat; **pas une minute de plus** 48A not one minute

longer; **plus ou moins** 24B, 52E more or less; **le plus** 18D the most

plusieurs a. & pron. 8D, 11D, 14D, 16A, 18D several

Plutarque (c. 46–120) 26D Plutarch, ancient Greek biographer and moralist

plutôt adv. 6AB, 7AM, 8D, 9A, 11BM rather, instead

PMU (pari mutuel urbain) p.n. 41D, 44D pari-mutuel, system of collective betting

pneu, pneumatique m.n. 18ABD, 31AB, 37D, 45D, 48A tire

poche f.n. 5M, 11AB, 13M, 34M, 39AC pocket; **connaître comme ma poche** 23M to know like the back of my hand; **c'est dans la poche!** 28M it's a sure thing!; **argent de poche** 15D, 20D, 40D pocket money; **poche revolver** 44D hip pocket

Poche-Montparnasse (théâtre de) p.n. 39AB small theater in Montparnasse

Poe, Edgar Allan (1809–1849) 11D, 24D American writer and poet

poêle f.n. 24BD stove; 26D, 33D pan

poème m.n. 5D, 11D, 13D, 15D, 16D poem

poésie f.n. 6D, 10D, 11D, 18D, 20D poetry

poète m.n. 2D, 5D, 6D, 8D, 9D poet

poétique a. 11D, 14D, 18D, 24D, 26D poetic

poh int. 45A pish!

poids m.n. 7DE, 50D weight; **poids lourd** 18D tractor-trailer; **prendre du poids** 44M to put on weight

poignant a. 6D, 40D poignant

poignard m.n. 30M dagger

poil m.n. 7M, 13D, 15D, 18D, 19D hair, fur; **de tout poil** 51D of all stripes

Poilus (les) m.pl.p.n. 27D French soldiers in World War I

point m.n. 15D, 16D, 19D, 20E, 22E point, extent; 40AC dot (Morse Code); **à point** 25A, 26ABD just right, medium; **faire le point** 20AB to take stock; **être sur le point de** 44D to be on the verge

of; **point!** adv. 19D not at all!; **point du jour** 39D break of day; **mettre au point** 48M to develop, to finalize

pointe f.n. 3B, 48A tip, leading edge; 48A ballpoint pen; **heure de pointe** 29B rush hour; **de pointe** 48M cutting-edge; **vitesse de pointe** 52A top speed

pointu a. 9AB pointed

pointure f.n. 44ABCDEM (shoe) size

poire f.n. 26AB pear

pois m.n. pea; **petits pois** 25ABCE, 26B garden peas; **à pois** 28M polka-dotted

poisse f.n. (coll.) 28M bad luck

poisson m.n. 16D, 24ABCD, 26B, 43D, 47DM fish; **poisson rouge** 17M, 25M, 43ABE, 45M goldfish; **poisson d'avril!** 27M April Fools!

Poitiers p.n. 47AD town in central France famous for its Romanesque churches and cathedral

poitrine f.n. 38D, 45A, 47D chest, bust

poivre m.n. 25DE, 26AD pepper (spice)

poivrer (4) v. 25D, 26D to season with pepper

poivron m.n. 16D pepper

poker m.n. 3B, 9AB, 41D poker

poli a. 32A, 37B, 41E, 43E, 48D polite

police f.n. 4ABCD, 17B, 24M, 27B, 38D police

policier m.n. 4AB, 20M police; a. 5B, 45D police; **roman policier** 5B, 21B, 39E, 42D detective novel; **film policier** 37D crime film, thriller

poliment adv. 24A, 34E politely

politesse f.n. 20E, 31D, 33E, 41E, 48D politeness, good manners

politique f.n. 2D, 3D, 12D, 18AM, 19BD politics; a. 16D, 17D, 19D, 20DE, 37D political; **Institut d'études politiques de Paris** m.p.n. 27M, 35M, 41M research university in Paris specializing in political science and international relations

politiquement adv. 3D, 38D politically

politisé *a.* 12E, 52E politicized

polluer (4) *v.* 37M to pollute

pollution *f.n.* 15B, 28D, 29D, 30D, 33D pollution

polo *m.n.* 7A, 14D, 45D polo

Pologne *f.p.n.* 40D, 45D Poland

polonais *a.* 38E, 40AD, 42D Polish

polygame *m.n.* 50M polygamist

Polytechnique (Ecole) *f.p.n.* 13BD, 19D, 35D prestigious polytechnic school in Paris

pomme *f.n.* 13B, 16D, 26B, 50D, 51B apple; **pomme de terre** 9D, 24AB, 25E, 33D potato

pommier *m.n.* 33AB apple tree

Pompadour, Mme de (1721–1764) 47D, 49D favorite mistress of Louis XV

pompe *f.n.* 33AB, 38D pump; 38D rite; **entreprise de pompes funèbres** 37E undertaker

pomper (4) *v.* 31A to pump

Pompidou, Georges (1911–1974) president of France, 1969–1974; **Centre Culturel Georges Pompidou** 15B museum and cultural center in Paris

pompier *m.n.* 17ABCDE, 18E, 20M, 24M, 39B firefighter; **caserne des pompiers** 27AE fire station; **pompier de service** 40D firefighter on duty

pompiste *m.n.* 31A gas station attendant

pompon *m.n.* 41D pompom

ponctualité *f.n.* 28D punctuality

ponctuel *a.* 28ABC punctual

pont *m.n.* 14ABM, 18B, 20D, 23D, 28D bridge

Pont-des-Arts *m.p.n.* 51D footbridge in Paris, today called the **Passerelle des Arts**

Pont-l'Evêque 26ACE, 50AE *p.n.* town in Normandy famous for its cheese, also called **pont-l'évêque**

Pont Neuf *m.p.n.* 45D oldest bridge in Paris (1578, completed 1607)

pop *m.n.* 50D pop

populaire *a.* 5D, 7D, 12D, 17D, 19D popular; **soupe populaire** *f.n.* 27D soup kitchen

popularisation *f.n.* 6D, 40D popularization

popularité *f.n.* 21D, 40D popularity

population *f.n.* 3D, 5D, 16D, 18D, 20D population

porc *m.n.* 17B, 25ABEM, 50AB pig, pigskin

porcelaine *f.n.* 50A, 51D porcelain, china

port *m.n.* 16B, 30M, 48D harbor; 27B, 31D (act of) wearing; **Port de la Lune** *m.p.n.* 35M Port of the Moon, name given to the port of Bordeaux

portable *a.* 13M, 22D portable; *m.n.* 13M, 19M, 22M, 26M cell phone

portail *m.n.* 22D, 28ABDE portal

portative *a.* 13M portable

porte *f.n.* 15A, 23AC, 24AB, 26D, 32ABCDE door; 27AC gate; **porte d'entrée** 32AB, 37D front door; gateway 35D, 36D

porté *a.* 5D, 45D worn; 20D inclined

porte-bonheur *m.n.* 45D lucky charm

portée *f.n.* reach; **à portée de main** 30D within reach, at one's fingertips

portefeuille *m.n.* 52M wallet

porter (4) *v.* 9D, 11AM, 12A, 13AB, 24AD to wear; 12A, 29D, 40D, 43D, 45D to carry, to bring; **porter bonheur/malheur** 16D, 21M, 41ABCDE, 43A, 45D to bring good/bad luck; **porter sur** 35D to be about; **se porter** 49D to be, to feel

porteur *m.n.* 35D, 40D, 41D porter, carrier; **chaise à porteurs** 47D sedan chair

Port-Grimaud *p.n.* 48D seaside resort near Saint-Tropez

portière *f.n.* 31ABC, 37D, 42A door (of car)

portillon *m.n.* 27A gate, barrier

porto *m.n.* 24AC, 51A port wine; **Porto** 23M city in Portugal

portrait *m.n.* 6ABD, 7ADM, 9ACD, 10ABCDE, 12D portrait

Port-Royal *p.n.* 15D Jesuit abbey and school

portugais *a. & n.* 22A, 23AE Portuguese

Portugal *m.p.n.* 21D, 23M, 35D, 50A, 51AC Portugal

posé *a.* 28A placed, resting

poser (4) *v.* 24D, 25E, 35D, 37A, 41D to set down; 18D to pose; **ça me pose** 18D it makes people think I'm somebody; **poser une question** 6M, 17D, 42D to ask a question; **se poser** 52B to land

positif *a.* 18D, 23D, 41D, 44D positive

position *f.n.* 13D, 17D, 18D, 19D, 35D position; **en première position** 35D in the lead

positiviste *m.n.* 46E positivist

posséder (10) *v.* 8D, 24D, 30D, 32ABC, 34A to own, to possess

possession *f.n.* 24D, 32B, 39B, 41D, 42D possession

possibilité *f.n.* 10D, 12M, 18D, 22D, 23D possibility

possible *a.* 3D, 5A, 7A, 10AM, 15DM possible

postal *a.* postal; **carte postale** 8E, 12AB, 14AC, 15AE, 27M postcard

poste *f.n.* 14M, 15M post office

poste *m.n.* 16A, 27M, 28M, 39D position, job, appointment, mail; **poste de commandement** 49D headquarters; **poste de télévision** 42D television set; **bureau de poste** 14ABC, 15M post office

postérieur *m.n.* 51AB posterior, bottom

postier *m.n.* 32D postman

pot *m.n.* 19AB, 25B, 42AB, 44D, 47D pot; **manque de pot** 23M unluckily; **pot de peinture** 19B, 43AB jar of paint; **prendre un pot** 50AB, 51A to have a drink

potage *m.n.* 24ABC soup

pote *m.n.* 39D buddy, chum; **touche pas à mon pote** 8D, 27D leave my buddy alone

potentiel *a.* 12D potential

poterie *f.n.* 9M, 50ABE pottery

pou *m.n.* louse; **moche comme un pou** 6M, 24M ugly as sin

poubelle *f.n.* 24M, 32D, 36D, 37BM trash bin, garbage can

poutine *f.n.* 25M fast-food dish from Quebec made of french fries, cheese curds, and gravy

pouce *m.n.* 31D thumb; **sur le pouce** 22D on the go

Poudovkine, Vsevolod (1893–1953) 38A Russian filmmaker

poudre f.n. 24D powder; poudrerie (Québécois)16D drifting snow

pouh int. 9A, 18A ugh!; 21A no way!

poule f.n. 9M, 26BD, 47D hen

poulet m.n. 9M, 15D, 16DM, 18D, 26ABC chicken; (sl.) 18D cop

poumon m.n. 19D, 38D lung; cracher ses poumons 47D to cough one's guts up

Pound, Ezra (1885–1972) 51D American modernist poet

poupée f.n. 14D, 49ABE doll

poupon m.n. 41A baby

pouponnière f.n. 41B public nursery

pour prep. 3ABD, 4ADE, 5ABDEM, 6AD, 7ADEM for, to, in order to; pour l'instant 13A, 34M, 51D for the time being; pour cent 22A, 37D, 44D percent; pour que conj. 33D, 36D, 37D, 43D, 44B so that

pourboire m.n. 37ABDE, 39ACE tip

pourcentage m.n. 12M, 37D percentage

pourparlers m.pl.n. 33M talks

pourquoi conj. 2AE, 3ACDE, 4AD, 5ACDE, 6EM why

poursuite f.n. 3M, 30AD, 49D chase, pursuit

poursuivre (36) v. 40D to chase, to go after; 18D, 35D, 38D, 52AE to pursue, to follow; se poursuivre 44D to go on

pourtant adv. 15M, 17D, 19D, 22D, 23A even, nevertheless, however, still, (and) yet

pourvu a. 33D equipped

pourvu que conj. 41AB, 52A provided that, so long as

pousser (4) v. 17D, 21D, 24M, 31ACDE, 32A to push; 31M to emit, to let out (a sound); laisser pousser la barbe 42A to grow a beard

poussière f.n. 13D, 20M, 26D, 38ABD, 45D dust; un an et des poussières 18D just over a year

poussiéreux a. 38D dusty

pouvoir m.n. 3D, 13D, 14D, 15D, 18D power

pouvoir (31) v. 4AE, 6DE, 8AD, 9ABCEM, 10AB to be able to; elle n'en peut plus (coll.) 17M, 23M she's pooped, she's dead tired; je n'en peux plus! 40D, 47M I can't take it anymore!; puis-je 30D may I?

Prada 11M fashion design house

pragmatiste m. & f.n. 43D pragmatist

prairie f.n. 45D meadow

pratique a. 13D, 18AB, 20BD, 29D, 30M practical; f.n. 19D, 21D, 23D, 35DM, 47M practice

pratiquement adv. 30M, 51D practically

pratiquer (4) v. 6D, 16D, 21DE, 32D, 34D to practice, to engage in

pré m.n. 33D, 42D meadow, field

préalablement adv. 22D beforehand

précaire a. 18M precarious

précarité f.n. 20D, 41D insecurity, instability; précarité des situations professionnelles 34D job insecurity

précaution f.n. 11M, 51A precaution

précédent a. 24E preceding; n. 8D aforementioned (person)

précéder (10) v. 47D, 52D to precede

précepteur m.n. 5D private tutor

précieux a. 40D, 46DM, 47D, 52B precious, affected; les Précieuses f.pl.p.n. 48D literary women who held salons in the 17th century

précipice m.n. 36D precipice

précipitamment adv. 23E, 51A hurriedly, hastily

précipitation f.n. 37E haste, precipitation

précipiter (se) (7) v. 20ABM, 35M, 37E, 41AB, 45D to dash, to rush, to lunge

précis a. 15DE, 37AD, 38A precise

précisément adv. 20E, 37D precisely

préciser (4) v. 15E to specify, to say specifically; je vous demanderais de préciser 52D could you be more specific?

préconçu a. 21B, 43M preconceived

précurseur m.n. 16D, 36D precursor

prédilection f.n. 29D preference, predilection

préface f.n. 15D preface

préfecture f.n. préfecture de police 4D police headquarters

préféré a. & n. 6M, 19C, 21D, 24A, 25M favorite, preferred

préférence f.n. 24D, 50D preference

préférer (10) v. 4ACE, 5AB, 6A, 7AM, 8AD to prefer

préhistorique a. 8E, 14M, 24AD, 38E prehistoric

préjugé m.n. 21AB bias, preconceived notion

prélasser (se) (7) v. 43D to lounge

prélude f.n. 19D, 48D prelude

prémédité a. 44D premeditated

premier a. 2D, 3D, 4D, 7M, 12M first; 44D premier, principal; n. 18D, 46D first (one); en premier 34D, 44M first of all; en première 19A in the junior year of high school; billet de première 27AC first-class ticket; première f.n. 34M opening night; avant-première 34M preview; les premiers 39AB leading actors

prendre (32) v. 5D, 9M, 10AM, 13D, 19A to take, to take on; 18AE, 19ABE, 24ABC, 25AC, 26ACEM to have, to order (at a restaurant); prendre congé 36ABD, 37D, 41A to take leave; prendre forme 46A to take shape; prendre au sérieux 21E, 32ABD, 33E, 35E, 42E to take seriously; pour qui se prend-il? 13A who does he think he is?; passer prendre 29M to pick up; qu'est-ce qui vous prend? qu'est-ce qui te prend? 30D, 38AB what's the matter with you?; s'y prendre 37D to go about; prendre froid 37D to catch a chill

prénom m.n. 5ABCDE, 6AE, 18D, 22D, 38B first name

préoccupation f.n. 15D, 48D preoccupation, concern

préoccuper (se) (7) v. 23B, 31E, 35E, 45E to be concerned, to be preoccupied

préparatifs m.pl.n. 50M preparations

préparation f.n. 13D, 25D, 50A preparation

préparé a. 16M, 44E, 52B prepared

préparer (4) v. 11D, 13M, 19AC, 21D, 25D to prepare; se préparer 31A, 33D, 42B, 43D, 52B to prepare, to be prepared

près *adv.* 8D, 9M, 11A, 14ABDM,
15D near; **près des deux tiers**
20D nearly two thirds; **à peu**
près 12M, 15E, 19ABD, 24D, 42D
more or less, almost, about; **de**
près 10A, 39E close, closely; **tout**
près 12AB, 14A, 16A, 18A, 19B
right next to, very near

présence *f.n.* 16D, 24D, 27M, 39B,
40A presence

présent *a.* 11B, 32D, 33D, 37D, 40D
present; **à présent** 17D now, at
present; *m.n.* 14D, 18A, 39A the
present; 47D gift

présentable *a.* 19D presentable

présentateur *m.n.* 5D, 32AE
announcer

présentation *f.n.* 24A introduction;
28D, 38D presentation

présenté *a.* 13E, 21B, 35D presented

présenter (4) *v.* 5D, 33D, 34E, 35E,
44D to present; 24ACE, 34M,
37D to introduce; **se présenter**
11AE, 41D, 44D to introduce
oneself, to present oneself

préservé *a.* 42D protected

préserver *v.* 39D, 50D to preserve

Presle, Micheline (b. 1922) 33M
French actress

présidé *a.* 52D presided over

présidence *f.n.* 8D, 12D, 27D
presidency

président *n.* 2D, 12M, 17D, 18DM,
27M president

présidentiel *a.* 12M, 18M
presidential

presque *adv.* 3D, 7D, 8AM, 10A,
13D almost, nearly; **presque pas**
10A, 19D, 45D almost not at all;
presque rien 24A, 29A, 39M
hardly anything

presse *f.n.* 16D, 40D, 46M press

pressé *a.* 2AB, 4B, 5B, 15A, 17D in
a hurry

pressentir (28) *v.* 18D, 31B to sense,
to have a premonition

presser (4) *v.* 33D, 36M to press;
to hurry; **rien ne presse** 42AB
there's no hurry

pression *f.n.* 16D, 33D, 35D
pressure

prestation *f.n.* 45D benefit; 49M
performance

prestidigitateur *m.n.* 22D, 30D
magician

prestige *m.n.* 29D prestige

prestigieux *a.* 14E, 17E, 34D, 35D,
39D prestigious

prêt *a.* 7M, 21D, 26D, 29M, 30D
ready

prétendre (6) *v.* 22D, 23E, 34D, 50A
to assert, to maintain

prétentiard *a.* (coll.) 35M
pretentious

prétentieux *a.* 26D, 34E, 51D
pretentious

prétention *f.n.* 16D claim; 27M aim,
objective

prêter (4) *v.* 21D, 30ABE, 31ABE,
45A, 46AE to lend; **prêter à** 38M
to give rise to

prétexte *m.n.* 24D, 37D, 52D pretext

prêtre *m.n.* 18ABC, 21B, 37E, 42D
priest

preuve *f.n.* 24M proof; **faire**
la preuve 27A to prove;
faire preuve de 47E, 51E to
demonstrate

prévalence *f.n.* 41D prevalence

prévenir (39) *v.* 8A, 30AB, 31B,
32A, 50D to alert, to warn

préventif *a.* 31D preventative

prévention *f.n.* 27D, 31D, 32D prevention; **prévention routière** 31D
traffic safety

Prévert, Jacques (1900–1977) 5D,
8D, 10D, 11D, 23D French poet

prévoir (41) *v.* 27D, 47D, 48D to
provide for; 45D, 52B to foresee

prévu *a.* 9M, 31D, 50A foreseen;
47D prescribed

prier (4) *v.* 26E to pray; 38D, 43D
to beg; **je vous en prie** 12A, 24A,
26A, 27A, 32A you're welcome,
think nothing of it; **je vous prie**
de ne pas m'insulter 38D kindly
do not insult me; **je t'en prie** 43D
I beg of you

prière *f.n.* 28M, 37D, 50M, 51D
prayer

prieur *m.n.* 34B prior

prieuré *m.n.* 34AB priory

primaire *a.* 19ABCD, 20B, 22A, 24D
primary

primat *m.n.* 33D primacy

primitif *m.n.* 22D primitive

prince *m.n.* 11D, 12D, 15D, 40A,
46D prince

princesse *f.n.* 21B, 23D princess

princier *a.* 47D princely

principal, -aux *a.* 7D, 8D, 11ABC,
13D, 15D main, principal; *m.n.*
les principaux de ces poètes 48D
principal among these poets

principalement *adv.* 6D, 27D, 40D,
42D, 48D mainly, principally

principe *m.n.* 16D, 27D, 37D, 41A,
46AE principle; **en principe** 17M,
31E, 46A in principle, as a rule;
par principe 33D as a matter of
principle

printemps *m.n.* 7D, 11ABCDE,
12AC, 13A, 14ABD spring; **Au**
Printemps 45M upscale French
department store

priorité *f.n.* 5B, 44M priority

pris *p. part.* of **prendre**; *a.* 22D, 29A,
41D, 42A, 51D taken; 36D seized

prise *f.n.* 38B shot, take; 38D
taking; **prise de position** 35D
stand; **prise de conscience** 47D
awareness

prisé *a.* 35D valued, prized

prison *f.n.* 6D, 13B, 24D, 26D, 27D
prison

prisonnier *n.* 52D prisoner

Prisunic *p.n.* 11ABDM, 13A, 51B,
52B discount department store

prit 23D, 51D *passé simple* of **prendre**

Privas (coupe) *f.n.* 26ACE dessert

privatisation *f.n.* 21D privatization

privé *a.* 5D, 13M, 16D, 19ABC, 21D
private; **être privé de** 17D, 46D to
go without

privilège *m.n.* 33E privilege

privilégié *a.* 8D, 18D, 32D, 42D
privileged, favored

privilégier (10) *v.* 32D, 37D to favor

prix *m.n.* 11M, 13D, 14M, 15D,
22D price; **à prix réduit** 27D
at a reduced price; **à bas prix**
44M at a low price; **à prix d'or**
44M at top dollar; 8D, 13D, 18D,
19D, 20AB prize; **Prix France-**
Québec 42D French-Québécois
literary prize

probabilité *f.n.* 16D, 37D probability

probablement *adv.* 10D, 14E, 15B,
46E, 49D probably

problème m.n. 4BD, 8M, 11M, 13D, 16B problem

procédé m.n. 7D procedure

procédure f.n. 8D procedure

procession f.n. 14D, 50AD procession

processus m.n. **processus primaire** 24D primary process reasoning

prochain a. 23M, 26M, 30D, 35M, 38A next

proche a. 2D, 17D, 24D, 32D, 36E near; m.n. 13D, 23M, 44D a loved one, relative

proclamer (4) v. 46E to proclaim

Procope (le) m.p.n. 14D, 29AD historic restaurant in Saint-Germain

procuration f.n. **par procuration** 9D by proxy

procurer (4) v. 44D to bring

prodigieusement adv. 37A prodigiously

prodigieux a. 13D prodigious

prodigue m.n. 15D spendthrift

production f.n. 18D, 19AE, 20D, 37D, 50D production

productivité f.n. 34D productivity; **la course à la productivité** 34D the race for higher productivity

producteur, -trice m. & f.n. 37DM, 40D, 43D, 45D producer

produire (13) v. 15D, 21B, 35D, 36BD, 40C to produce

produit m.n. 3D, 13D, 18D, 27D, 32D product; **produit dérivé** 27D by-product

proférer (10) v. 24D to utter

prof abbr. for **professeur** m.n. 2A, 6M, 10A, 15M, 19AC teacher, professor

profession f.n. 12D, 13BD, 17ACE, 18DE, 20D profession

professionnel a. 13D, 14D, 15D, 18A, 20D professional

profil m.n. 30M, 36D, 40D profile; **de profil** 26E from the side

profit m.n. 34M, 41B profit, benefit; **au profit de** 34D to the advantage of; 41AB in aid of

profiter (de) (4) v. 5M, 16ABE, 18D, 19D, 20E to profit from, to take advantage of

profond a. 9D, 26D, 34D, 39AB, 40M deep

profondément adv. 13D, 16D, 36D, 37D, 49D profoundly, deeply

profondeur f.n. 28D, 48D depth; **en profondeur** 27D, 33D deeply

profusion f.n. 50D profusion

programme m.n. 3D, 19A, 21D, 35D, 36AC program, curriculum, syllabus

programmer (4) v. 21A to program

progrès m.n. 22M, 38D, 47M, 48A, 51D progress

progresser (4) v. 21D, 33D, 45D to progress

progressif a. 34D gradual

progression f.n. 13M, 44D progression

progressivement adv. 3D, 21D, 32D, 33D, 35D progressively

prohibitif a. 22D prohibitive

proie f.n. 19D, 49D prey

projection f.n. **salle de projection** 38D projection room

projet m.n. 3D, 15D, 21D, 35D, 38D project, plan; **projet de loi** 13D, 35D, 38A bill

projeté a. 28AB, 51D hurled; 46A planned

projeter (9a) v. 7M, 28A to project

prolifération f.n. 13D proliferation

prolo a. abbr. for **prolétaire** 46D plebeian

prolongement m.n. 36D extension

prolonger (4b) v. 39D to extend

promenade f.n. 22A, 25A, 28AC, 29B, 38AD walk, promenade; **Promenade des Anglais** 41D promenade along the Mediterranean in Nice

promener (8) v. 22A, 24D, 38A, 50D, 51A to take for a walk; **se promener** 11ABCE, 12A, 13M, 14D, 15ABD to go for a walk, to stroll

Prométhée 24D, 45B Prometheus

promettre (24) v. 24AB, 27D, 30D, 37AD, 48D to promise

promis a. 18D promised

prôner (4) v. 46D to advocate

prononcer (4a) v. 5AB, 7D, 49D to pronounce

prononciation f.n. 5A, 33D pronunciation

propagande f.n. 45D propaganda

propager (se) (4b, 7) v. 18D to extend, to spread

prophète m.n. 20E prophet

propice a. 29D propitious

proportion f.n. 6D, 22D, 25D, 29D, 33D proportion

proportionné a. 7EM proportioned

proportionnel a. 33D proportional

proportionnellement adv. 20D proportionately

propos m.n. 15D, 41B remark, commentary; **à propos** 10M, 13D, 14C, 16D, 27A speaking of, with regard to, by the way

proposer (4) v. 3A, 6A, 8D, 15E, 27CE to propose, to offer

proposition f.n. 27E, 46C, 51CE suggestion, proposal

propre a. 9M, 14AB, 24B, 25AC, 31AE clean; 21D, 24D, 27D, 35D, 37D proper, own; **nom propre** 17AC last name; m.n. 16D order

propreté f.n. 21D, 22D cleanliness

Propriano p.n. 30M town in Corsica

propriétaire m.n. 30A, 32B, 33D, 34ABCD, 51D owner

propriété f.n. 23D, 32B, 34ABCE, 42BD, 47A property, estate

prose f.n. 21D, 23D, 24D, 48D prose

prospérer (10) v. 51D to prosper

protecteur, -trice m. & f.n. 44A, 48D protector; **vertu protectrice** 27D protective effect

protection f.n. 12M, 37M, 43D protection

protégé a. 33B, 51D protected

protéger (10) v. 12CM, 31D, 33BD, 47D, 50D to protect

protéine f.n. 25M protein

protestant m.n. 16D, 21B, 25D, 26BE, 35D Protestant

protestantisme m.n. 8D Protestantism

protestation f.n. 12M, 27B, 33E protest

protester (4) v. 11B, 12D, 13AE, 25B, 27M to protest

protocole m.n. 36D protocol

proue f.n. prow; 23D tip

prouesse f.n. 48D prowess

Proust, Marcel (1871–1922) 20B, 29D, 32D French novelist

prouver (4) *v.* 6M, 13D, 20CE, 22D, 27E to prove

provenant *a.* 45D coming from

provençal, -aux *a. & n.* 5D, 33D, 39M, 48D Provençal

Provence f.p.n. 5D, 6D, 18D, 33ABD, 34AD region in southern France

provenir (39) *v.* 22D, 45D to come from, to derive from

proverbe m.n. 8D, 15D proverb

providence f.n. 18AB, 46DM, 47D providence

province f.n. 8D, 16D, 33ABC, 35D, 37D province; **la province** 33A the provinces

Provins p.n. 29A, 30ABCE, 31AE, 33ABDE, 35E town southeast of Paris

provisions f.pl.n. 43AB, 52A food

provisoire *a.* 38D, 45D provisional, temporary

provisoirement *adv.* 45D temporarily

provocateur *a.* 41D provocative

provoquer (4) *v.* 27D, 35D to cause; 48D, 49D to provoke, to incite

proximité f.n. 12D, 22D, 33D, 34D proximity

prudent *a.* 4D, 9E, 10B, 42C, 45AD wise, prudent; **soyez prudente** 31A be careful!

Prudhomme, Sully (1839–1907) 23D French poet and writer

psalmodie f.n. 16D psalmody, psalm singing

pseudo *abbr.* for **pseudonyme** 40D

pseudonyme m.n. 5D, 11D, 18D, 21D, 42D pseudonym

psychanalyse f.n. 13AE, 24D psychoanalysis

psy *abbr.* for **psychanalyste** f. & m.n. 13AB, 14B, 41M psychoanalyst

psychanalytique *a.* 28D psycho-analytical

psychiatre f. & m.n. 32D psychia-trist

psycho *abbr.* for **psychologie** f.n. 10D, 13AD psychology

psychologique *a.* 36A, 48D psychological

psychologue m. & f.n. 49D, 51D psychologist

psychotrope *a.* 13D psychotropic

pu *p. part. of* **pouvoir**

puant *a.* stinking; (*coll.*) 13AB, 20E, 51AE conceited, insufferable

pub f.n. 43M *abbr.* for **publicité**; **agence de pub** 46M advertising agency

public, publique *a.* 12D, 18AD, 19ABCD, 21D, 22D public; **public** m.n. 22D, 28D, 30D, 35D, 39AC audience, public

publication f.n. 15D, 51D publication

publicité f.n. 11D, 13D, 19D, 24B, 27D advertising, advertisement

publié *a.* 7D, 12D, 13D, 14D, 15D published

publier (4) *v.* 13D, 15D, 18D, 19D, 24D to publish

publiphone m.n. 23D public telephone

puce f.n. 52M chip; **excité comme une puce** 28M, 35M bursting with excitement

pucelle f.n. 52D maid, virgin; **la Pucelle d'Orléans** 52D Jeanne d'Arc

pudeur f.n. 40D modesty

pudiquement *adv.* 41A modestly

puer (4) *v.* 25AB, 38D to stink

puis *prep.* 2D, 11D, 12AD, 13AD, 14A then, next; **et puis** 2A, 5AD, 6M, 9A, 10M also, in addition, then, what's more; **pis** 33D then (*Québécois*)

puisque *conj.* 4A, 9A, 14DM, 15AD, 16A since, seeing (that)

puissance f.n. 3D, 36D, 45D power

puits m.n. 9M well

pull m.n. 11M, 12AB, 13A, 14AE, 29B pullover, sweater

punch m.n. 51D punch

punir (5) *v.* 33E to punish

punk m.n. 27D punk

pupitre m.n. 13D desk

pur *a.* 27B, 32BE, 44D, 45D, 46E pure; m.n. **les purs** 47A the pure in heart

purée f.n. 26A, 33D puree

purement *adv.* 52A purely

pureté f.n. 42D, 46E purity

putois m.n. 42M skunk

Puy (le) m.p.n. 50AE town in central France known for its lace

PV *abbr.* for **procès verbal** 25M traffic ticket

pyramide f.n. 19D pyramid

pyrénéen *a. & n.* 16D Pyrénéan

Pyrénées f.pl.p.n. 14M, 43B, 47ACDE, 48ABCDE, 52A Pyrénées, moun-tain range between France and Spain; **Pyrénées Orientales** 48ACE eastern range of the Pyrénées

quai m.n. 5D, 14D, 15A, 23ABCDE, 38D quay, bank, street along the Seine in Paris

qualité f.n. 7D, 22D, 32D, 33D, 35D quality

quand *conj.* 2D, 4DE, 5CM, 6D, 7M when; **quand même** 4M, 10M, 11ABM, 12M, 13A all the same, still, anyway, after all; **il faudrait quand même se décider** 26A we really should make up our minds

quant *adv.* **quant à** 9M, 40D, 43D as for

quantronics (quantum electronics) m.pl.n. 27M area of physics deal-ing with the effects of quantum mechanics on the behavior of electrons in matter

quarantaine f.n. 23D, 24D, 31D, 37A, 39A about forty

quarante *a.* 15D, 22D, 28D, 39B, 47A forty

quart m.n. 13D, 18D, 19A, 31AD, 33D quarter, fourth; **au quart de tour** 31AB right away

quarté m.n. 44D betting game whose object is to guess the top four horses in a race

quartier m.n. 8D, 14M, 15D, 19AB, 25D neighborhood; **Quartier Latin** 4A, 11AE, 12A, 13A, 14A Latin Quarter; **salle de quartier** 38D local movie theater

quasi *adv.* quasi, nearly; **quasi-totalité** f.n. 33D, 41D roughly all; **à quasi-égalité** 45D roughly equal

quater *adv.* 46D to be sung four times

quatorze *a.* 9D, 18D, 20D, 32D, 44D fourteen

Quatorze-Juillet-Parnasse m.p.n. 36AE, 38A movie theater in Paris

quatre *a.* 8D, 9ABD, 11B, 14M, 15D four; m.n. 44D number four; **à quatre** 46A four together

quatrième *a.* 32D, 36D fourth; *m.n.* 19D fifth grade; 32A fifth floor; 26M fourth arrondissement of Paris

que, qu' *pron.* 4M, 6D, 11CD, 12CE, 13C that, what, whom, which; *conj.* 3AD, 4A, 5DM, 6BDE, 7ACDEM that, than; **que je suis stupide** 2D how stupid of me!; **qu'est-ce que, qu'est-ce qu'** 2ACDE, 3ACDE, 4ACDE, 5CDM, 6ACE what; **qu'est-ce qui** 10ACD, 12A, 13M, 14AD, 15E what; **qu'est-ce que c'est que ça?** 10A, 25A, 29B, 36M, 38A what are you talking about?, what is this?, what's that?; **qu'est-ce que c'est que ces manières?** 32A where are your manners?; **qu'est-ce qu'il y a?** 40D what's the matter?; **qu'est-ce qu'il a?** 42D what's wrong with it?; **y'a pas que Michel-Ange** 4M it's not only Michelangelo; **ça ne regarde que moi** 4M that's my business

Québec *m.p.n.* 2AD, 3D, 16D, 17D, 25M French-speaking province in eastern Canada

québécisme *m.n.* 33D word or expression in québécois French

québécois *a.* 2D, 16D, 33D, 36D, 42D from Québec; *m.n.* 33D French spoken in Québec; **Québécois** *m.f.n.* 16D Quebecer

quel, quelle, quels, quelles *a. & pron.* 3D, 4DE, 5C, 6E, 7CM what, which

quelque *a.* 4M, 5D, 10D, 13D, 14A some, a few, any; **quelque piège** 46E some kind of trap

quelque chose *pron.* 9D, 11M, 14B, 15AE, 16BD something, anything

quelquefois *adv.* 6M, 7D, 10B, 15A, 16D sometimes

quelque part *adv.* 23D, 41M, 42A, 43D, 52A somewhere

quelqu'un *pron.* 2D, 9AB, 10AM, 11DE, 12B somebody, someone, anyone

Queneau, Raymond (1903–1976) 6D, 21D, 22D, 26D, 30D French humorist and writer

question *f.n.* 2CE, 13E, 14D, 16A, 17D question; **questions d'argent** 15D money matters; **pas question!** 48A no way!

queue *f.n.* tail; 5M, 13A line; **à la queue** 13A to the end of the line; **faire la queue** 13BE to wait in line

qui *pron.* 2CDE, 3ACD, 4BCDM, 5D, 6AE who, whom, which, that

quinté *m.n.* 44D betting game whose object is to guess the top five horses in a race

quinzaine *f.n.* 33D, 46A about fifteen

quinze *a.* 8D, 22A, 23D, 24B, 31D fifteen

quiproquo *m.n.* 38M misunderstanding

quitter (4) *v.* 8DM, 14M, 20ABE, 28D, 29BCE to leave; **ne quittez pas** 27A please hold; **se quitter** 39D to separate; **vous ne vous quittez plus tous les deux** 39D you two have become inseparable; **quitter des yeux** 40D to take one's eyes off of

quoi *pron.* 5A, 6E, 8AD, 9AC, 10A what; **en quoi** 10C how, in what way; **quoi que ce soit** 8D anything at all; **quoi qu'il arrive** 45D come what may; **quoi encore** 19A what else?; **il n'y a pas de quoi** 27A don't mention it, not at all; **n'importe quoi** 13A, 16D, 24D, 28D, 39D anything at all; *int.* 9A, 10M what, in a word; **tout, quoi!** 7A pretty much everything!

quoique *conj.* 46D although

quotidien *a.* 13D, 20D, 22D, 29D, 32D daily; *m.n.* 21D daily newspaper

quotidiennement *adv.* 50D daily

R5 *p.n.* 30AC model of Renault car

rabaisser (4) *v.* 47A to reduce

rabattre (6) *v.* 52D to turn down

Rabelais, François (1494–1553) 21D, 24D French humanist and comic writer

racaille *f.n.* 46D riffraff

raccompagner (4) *v.* 24BC, 36AE, 37D, 41E, 49A to accompany, to see home

raccourci *m.n.* 36M shortcut

raccrocher (4) *v.* 27AB, 52D to hang up

race *f.n.* 44A race

rachat *m.n.* 44M buyback

racheter (8) *v.* 11M, 43D to buy back

racial *a.* 12D racial

Racine, Jean (1639–1699) 15D, 23D, 39A, 51D French dramatist

racine *f.n.* 34D root

racisme *m.n.* 8D, 18D, 40D racism

raciste *a.* 8D, 12M racist

raconteur *m.n.* 5B storyteller, raconteur

raconter (4) *v.* 5AB, 6DM, 11D, 13D, 15M to tell

radar *m.n.* 31D speed camera

radicalement *adv.* 44D radically

radieux *a.* 8M radiant; 28M beaming

radio *f.n.* 5D, 9D, 16D, 21B, 23D radio

radioactivité *f.n.* 48A radioactivity

radiographie *f.n.* 3B radiography

radiophonique *a.* 33D, 38D radio

raffiné *a.* 40E, 48D refined, cultivated

raffiner (4) *v.* 21AB to refine

raffinerie *f.n.* 21B refinery

raffoler (4) *v.* 25M to be wild about

rafraîchissant *a.* 50D refreshing

rage *f.n.* rage; **faire rage** 26D to rage; **vert de rage** 28M utterly furious

raisin *m.n.* grape; **petit pain aux raisins** 9AB raisin bun

raison *f.n.* 7D, 13D, 14D, 18DE, 21AE reason; **à raison de** 13D at the rate of; **avoir raison** 13AB, 14AD, 16D, 18D, 19D to be right; **donner raison à tout le monde** 34D to believe everyone else is right; **en raison de** 37D on account of; **raison d'Etat** 47D national interest

raisonnable *a.* 6A, 34B, 36E, 43D reasonable, sensible

raisonner (4) *v.* 52B to reason; **tu raisonnes comme une casserole** 52A you sound like a jerk

ralentir (5) *v.* 37D to slow down; **ralentir le pas** 40D to walk more slowly

râler (4) *v.* 43M to complain

rallier (4) *v.* 47D to rally

rallumer (se) (7) *v.* 37A to go on again

Ramadan *p.n.* 23M Muslim month-long observance of fasting and prayer

ramage *m.n.* 19D, 49D warbling

ramasser (4) *v.* 11ABCD, 13A, 31A, 38A, 41A to gather, to collect, to pick up

rame *f.n.* 46B oar

ramener (8) *v.* 11D, 49E, 50AB to bring back

ramer (4) *v.* 7M, 46D to row

Rance *f.p.n.* 48AC river in Brittany

rançon *f.n.* 24M ransom

rancunier *a.* 51E vindictive, spiteful

randonnée *f.n.* 6D, 14M, 43ABC, 46AD hike

rang *m.n.* 18D, 33D, 45D, 51D rank, place

rangé *a.* 32D tidy; 49D arranged; rangée 13D in her place, dutiful

rangement *m.n.* 35D tidying up

ranger (4b) *v.* 25D, 32D, 40D to arrange, to put, to put away; 45D to align

râpé *a.* 25M, 28B grated

rapide *a.* 6A, 14AD, 19D, 22D, 27ABM fast, quick, rapid

rapidement *adv.* 7D, 11D, 12D, 22D, 26D rapidly

rapidité *f.n.* 45A rapidity, speed

rappeler (9) *v.* 10D, 14D, 15D, 16E, 22ABCM to call back, to remind; se rappeler 13AB, 22M, 24A, 31E, 41D to recall, to remember

rapport *m.n.* 8D, 15D, 16AB, 29A, 33DE relationship; rapport sexuel 19D sexual relations; aucun rapport avec 5D, 16AB, 26D, 33D, 34D no relation to; par rapport à 22E, 30C, 33D, 41D relative to; se mettre en rapport avec 45D to get in touch with

rapportage *m.n.* 17D tattling

rapporté *a.* 30M, 38B brought back

rapporter (4) *v.* 9M, 25ACDE, 43D, 44B, 48A to bring back, to return; 33D to report; se rapporter 19D, 49D to resemble, to bear a relation

rapproché *a.* 45D close

rapprocher (se) (7) *v.* 25D, 32D, 42D, 45D to approach, to be reconciled

rappuyer (11) *v.* 36D to press again

Raquil, Marc (b. 1977) 6D French track runner

rare *a.* 18D, 23B, 51M, 52D infrequent, few

rarement *adv.* 17D, 39E, 44D, 51D rarely

ras le bol *int.* (coll.) j'en ai ras le bol 17M, 18M, 40M, 47AB I've had it up to here!, enough is enough!

rasage *m.n.* 23D shaving; après-rasage *a.* 23D aftershave

rasé *a.* 7D, 10ABC shaven; rasé de près 10A close-shaven

raser (se) (7) *v.* 14D, 23ABE, 25A to shave

rasoir *m.n.* 37A, 48E razor

Raspail (boulevard) *p.n.* 30AC, 38D main artery on the Left Bank in Paris

rassemblement *m.n.* 50M gathering

rassembler (4) *v.* 2D, 45D to include, to group together

rassurer (4) *v.* 9M, 13D, 36D, 44D, 46E to reassure

raté *a.* 19B missed; c'est raté 35A it's too late

rater (4) *v.* 36A, 37D, 42B, 43A, 46D to miss; 15M, 19AE, 20AC, 42B, 51D to fail an exam

ratio *m.n.* 35D ratio

rationaliste *m.n.* 15D, 46E rationalist

rationnel *a.* 49D rational

rattrapage *m.n.* 33D catching up

rattraper (4) *v.* 30BCD, 52ABE to catch up with someone

ravagé *a.* 40D ravaged

Ravel, Maurice (1875–1937) 16D French composer

ravi *a.* 18D happy, delighted; ravi de faire votre connaissance 22A, 24ABC delighted to meet you

ravioles *m.pl.n.* 25M ravioli

ravissant *a.* 11AB, 39A ravishing

Ray, Man (1890–1976) 13D American painter and photographer who lived and worked in France

rayon *m.n.* 11M, 18D, 40M, 43ABCE, 44A counter, department; 12M, 28AB ray; ce n'est pas mon rayon 43A that's not my area; rayon d'habillement 11M clothes department

rayonnage *m.n.* 37D set of shelves

rayonnant *a.* 50M beaming

rayure *f.n.* 38B, 48B stripe

réacteur *m.n.* 51D jet engine

réaction *f.n.* 19E, 33E, 40A, 43DE, 49D reaction; avion à réaction 52ABE jet plane

réactionnaire *m.n.* 33CE, 45D reactionary

réagir (5) *v.* 8D, 20E, 29E, 33CE, 38C to react

réalisateur, -trice *m. & f.n.* 33M, 37D, 40D, 45D, 51D film director

réalisation *f.n.* 21D, 33D, 48A accomplishment

réalisé *a.* 20D, 27D, 21D, 35D, 45D produced, carried out

réaliser (4) *v.* 29D, 31D, 37D, 42D, 44D to realize, to carry out, to achieve; se réaliser 14D to be fulfilled; réaliser un rêve 42E to make a dream come true

réaliste *m.n.* 8D, 42E, 51D realist

réalité *f.n.* 11B, 20DM, 37D, 41D, 48D reality; en réalité 5D, 6AB, 11B, 15D, 38E actually, as a matter of fact

réaménagement *m.n.* 48D renovation

réapparaître (14) *v.* 52A to reappear

rebelle *m.n.* 35D rebel

rebord *m.n.* 34D ledge

recadrer (4) *v.* 49D to reframe

récapituler (4) *v.* 15D to sum up, to recapitulate

récemment *adv.* 24C, 28D, 30D, 34E, 35D recently

récent *a.* 10BC, 44D recent

recentrement *m.n.* 43D refocusing

recentrer (se) (7) *v.* 42D to recenter, to refocus

récepteur *m.n.* 36D receiver

réceptif *a.* 45D receptive

réception *f.n.* 30A, 31A reception desk; 32A delivery; 32D reception

recette *f.n.* 11D, 24D, 25D, 26D, 48A recipe

recevoir (33) *v.* 13DM, 15D, 19D, 20D, 22D to receive, to get recharger (4) v. 48DM, 52M to recharge, to reload

réchaud m.n. 42B camp stove

réchauffer (4) v. 37M, 48M to warm, to heat; réchauffement de la planète 37M global warming

recherche f.n. 21D, 27M, 35DM, 36D research; 33D, 43D search; à la recherche 22A, 23A, 33D in search

recherché a. 47E refined, affected

rechercher (4) v. 10M, 18D, 22D, 40D, 43D to seek, to search for

récidiver (4) v. to relapse; je récidivai 13D I did the same thing again

récital, -als m.n. 40A recital

récitation f.n. 16D recitation

réciter (4) v. 19D, 47A to recite

réclamation f.n. 32D complaint, claim

réclame f.n. 37ABC advertising, commercial; 43B sale, special offer

réclamer (4) v. 13D, 17D to call for

récolter (4) v. 42M to harvest

recommander (4) v. 4M, 13M, 15D, 31D, 39E to recommend

recommencer (4a) v. 17D, 27M, 36D, 45D, 51B to begin again

récompense f.n. 49M award

récompensé a. 39B, 48D, 49M rewarded

recomposé a. 32D blended (of family)

réconcilier (4) v. 30D, 33D, 42D to reconcile; se réconcilier 47M to be reconciled

reconduire (13) v. to take back; je vais vous reconduire 24A I'll drive you home

réconfort m.n. 49E comfort, consolation

reconnaissable a. 41A recognizable

reconnaissance f.n. 44D recognition

reconnaître (14) v. 8D, 12AB, 13AD, 24D, 25A to recognize

reconnu a. 4M, 32D, 35M, 45D, 48D recognized, acknowledged

recopier (4) v. 40D to recopy

record a. & m.n. 13D, 20D, 51D record

recours m.n. 35D resort; v. avoir recours à 13D to resort to

recouvert a. 37D covered

récré abbr. for récréation

récréation f.n. 6M recess

recréer (4) v. 42D to recreate

recrue f.n. 34D recruit

reçu a. 13DM, 19E, 51A received, admitted; reçu avec mention 15M received (a degree) with honors

recueil m.n. 10D, 13D, 18D, 20D, 24D collection

reculer (4) v. 42AB to move back, to shrink back

récupération f.n. 48D recovery

récupérer (10) v. 26M, 45D to recover; 31M, 40M, 41D to retrieve

récurrent a. 21D, 45D recurrent

recyclé a. 37M recycled

rédacteur m.n. editor; rédacteur en chef 37D editor-in-chief

redécouvrir (5) v. 35D to rediscover

redémarrer (4) v. 31A to start up again

redescendre (6) v. 22A, 52A to go down again

rédiger (4b) v. 51M to draft, to write

redistribution f.n. 45D redistribution

redonner (4) v. 43D to give again; 49D to restore

redoublé a. 24D redoubled

réduction f.n. 3D, 27D, 30D, 41M, 45D reduction

réduire (13) v. 12D, 20D, 21D, 44M to reduce

réduit a. 27D, 43B, 48D reduced

réel a. 21A, 27D, 39M, 40DE, 43D real; m.n. 12D reality

réellement adv. 8E, 44A really

réentendre (6) v. 45D to hear again

réf. abbr. for référence

refaire (21) v. 24D, 42M, 51AB to start again, to redo; 34B to rebuild

référence f.n. 30M, 46D reference

refermer (4) v. 32D, 42A, 46D to close

refiler (4) v. (coll.) 46M to pass on

réfléchir (5) v. 20AB, 30D, 32D, 37D, 43AD to think over, to reflect; brassard réfléchissant 31D reflective armband

reflété a. 41E reflected

refléter (se) (10, 7) v. 20D, 22E, 32AE, 33D, 39D to reflect

réflexe m.n. 18E reflex

réflexion f.n. 15D, 20B, 27M, 30D, 32D thought, reflection

réforme f.n. 12D, 21D, 35D reform

réformer (4) v. 21D, 33D to reform

réfracteur m.n. 31D reflector

refrain m.n. 15D, 17D, 18D, 32D, 36D refrain

réfrigérateur m.n. 33AD refrigerator

refroidir (5) v. 24D to chill

refuge m.n. 43D, 51D refuge

réfugié n. 38D, 45D refugee

réfugier (se) (7) v. 45D, 46D, 52D to take refuge

refus m.n. 24D refusal

refuser (4) v. 10C, 11B, 13D, 16D, 18D to refuse

regagner (4) v. 47D to return to

régal m.n. 19ABE treat, delight

régaler (7) v. 40B, 50D to have a great time

regard m.n. 2M, 11A, 13D, 18D, 22M look, glance; au regard du code de la route 31D under the rules of the road

regarder (4) v. 2A, 6M, 7M, 8D, 10ABDM to look at; regardez-moi ça!, regarde-moi ça! 25A, 29A take a look at that!; qui ne regarde que moi 4M that concerns only me

reggae m.n. 41D reggae

régime m.n. 10M, 26ABDE, 30M, 43D, 45D diet, regime; suivre un régime, être au régime 26AD to be on a diet; régime de la communauté 43D community property (law mandating that each spouse receive half the couple's assets in the event of a divorce)

région f.n. 5D, 16B, 24E, 30D, 31AB region, area

régional, -aux a. 30M, 38D, 50AD regional

réglable a. 43A adjustable

règle f.n. 21A, 25D, 31D, 37D, 48D rule

réglementation f.n. 29D rules

régler (10) *v.* 52E to sort out

règne *m.n.* 7D, 27D reign; 35E kingdom

régner (10) *v.* 14D to reign

Régnier, Henri de (1864–1936) *p.n.* 33D French poet

régression *f.n.* 9D decline; 42D regression

regret *m.n.* 11D, 35D, 52D regret

regrettable *a.* 22E, 40D regrettable

regretter (4) *v.* 13D, 21E, 25A, 26A, 30A to regret

regrouper (4) *v.* 18D, 37D to group, to include

régulier *a.* 6D, 18M, 19D, 50D regular

régulièrement *adv.* 14B, 19D, 20D, 30D, 34D regularly

Reims *p.n.* 47ABD, 52AD city northeast of Paris, center of the Champagne trade, famous for its Gothic cathedral

réincarnation *f.n.* 24M reincarnation

reine *f.n.* 5D, 14D, 28A, 40B, 41M queen; **reine-mère** 47D queen-mother

réintégrer (10) *v.* 35D to reoccupy

réinventer (4) *v.* 52D to reinvent

réinvité *a.* 35M reinvited

rejet *m.n.* 14D, 35D rejection

rejeter (9) *v.* 33D, 35D to reject

rejoindre (20) *v.* 3D, 37E, 47D, 51A, 52A to join, to rejoin

relâche *m.n.* 51D break; 40D no performance

relatif, relative à *a.* 27D pertaining to

relation *f.n.* 6D, 15E, 16E, 29D, 36D relationship; 11D, 31D, 32D, 44M connection; *f.pl.n.* 8ACDE, 11M acquaintances; 39B intercourse

relationnel *a.* 32D interpersonal

relativement *adv.* 3D, 32B, 46E, 49D relatively

relativiser (4) *v.* 49D to put things into perspective

relax, relaxe *a.* (coll.) 20A, 51D relaxed, laid-back

relaxer (4) *v.* 47M to relax

reléguer (10) *v.* to relegate; **reléguer au second plan** 29D to relegate to a position of secondary importance

relever (8) *v.* 45D to lift; **se relever** 28A, 45D to get up

relié *a.* 49D linked, connected

relief *m.n.* **en relief** 16D in relief

religieuse *f.n.* 34B nun; 26AB cream-filled pastry

religieusement *adv.* 35D religiously, scrupulously

religieux *a.* 8D, 9D, 12D, 21BD, 24A religious, solemn

religion *f.n.* 16D, 25EM, 37DE, 38A, 47D religion

reliquaire *m.n.* 50D reliquary

relire (23) *v.* 11E, 15A, 37D to reread

reluquer (4) *v.* 43M to ogle

remarié *a.* 5A, 14ABC remarried

remarquable *a.* 7D, 8D, 24B, 47D, 48A remarkable

remarquablement *adv.* 23AC, 32A remarkably

remarque *f.n.* 15E, 17M, 38E, 44E, 51D remark, comment

remarquer (4) *v.* 11ACE, 12AC, 13D, 14D, 16D to notice; **faire remarquer** 23E, 25D, 28E, 44M, 52M to point out

remblai *m.n.* 38D embankment

rembourser (4) *v.* 17D, 30D, 51A to reimburse

remède *m.n.* 35D remedy

remercier (4) *v.* 13A, 24A, 27A, 30A, 31AC to thank

remettre (24) *v.* 37D, 42D, 43E, 45D to put back, to put back on; **se remettre** 41M to recover; **remettre les pieds** 41M to set foot in again

rémission *f.n.* forgiveness; **sans rémission** 45D mercilessly

remonter (4) *v.* 22AB, 29D, 30A, 42ACE, 45D to go up, to come back upstairs; 31D to repitch (a tent); 35D, 49D to go back

remords *m.n.* 34E, 52D remorse

remorquer (4) *v.* 31ABC to tow

remous *m.n.* 18D stirring

remplacé *a.* 45D, 51B replaced

remplacer (4a) *v.* 17C, 23M, 36D, 39D, 40AD to replace

remplir (5) *v.* 31B, 33D, 41D, 51D to fill, to refill; 33D, 45D to fulfill

remporter (4) *v.* 25AE to take back; 5D, 40D, 52D to win

remuer (4) *v.* 24D to stir

renaissance *f.n.* 5D, 11D, 21D, 25E, 34D Renaissance

Renan, Ernest (1823–1892) 34D French philosopher and writer

renard *m.n.* 15D, 19D, 39D, 49D fox

Renard, Jules (1864–1910) 13D, 15D, 20D, 21D, 33D French writer

Renard et le Loup *p.n.* 3A medieval tale

Renaud (Renaud Pierre Manuel Séchan, b. 1952) 46DM French singer, songwriter, and actor

Renault *p.n.* 5AB, 29AE French automobile company; **Alpine Renault, Alpine 310** 29ABE, 51A sports car; **R5** 30A model of Renault car; **Renault-Nissan** 44M Franco-Japanese automobile partnership; **les Renault** 48AC Renault automobiles; **Renault Twingo** *f.p.n.* 48M rear-engined mini car

rencontre *f.n.* 7A, 11AE, 12AD, 15A, 24AD meeting, encounter; **site de rencontre** 36D online dating site

rencontrer (4) *v.* 2ABD, 4D, 7ABE, 10DM, 11D to encounter, to meet; 37D, 38A, 41B to find, to come across; **se rencontrer** 37D to intersect

rendez-vous *m.n.* 13A, 14D, 15E, 18C, 22E rendezvous, appointment, meeting

rendre (6) *v.* 8D, 12A, 15D, 20D, 21D to return, to give back, to make; **ça me rend malade** 18B that makes me sick; **rendre service** 29M, 30D, 31M, 46AB to do a favor; **se rendre** 13D, 19D, 38D to go to; **se rendre compte de** 8D, 35M, 48A, 49M to realize

renforcer (4a) *v.* 14D, 27D, 35D, 42D, 45D to reinforce, to strengthen

rengaine *p.n.* 31D old song

Renoir, Jean (1894–1979) 38B French filmmaker

renommé *a.* 39D renowned

renommée *f.n.* 21D renown

renoncer (4a) *v.* 10M, 35D, 43D to give up; 44D to renounce

renouer (4) *v.* 42D to reconnect

renouveau *m.n.* 21D renewal
renouveler (9) *v.* 32D to renew
rénové *a.* 33D renovated
rénover (4) *v.* 48D to renovate
rens. *abbr.* for renseignements
renseignement *m.n.* 43E
    information
rentré *a.* **être rentré** 22A, 24A, 31A,
    49A to be home, to be back
rentrée *f.n.* 27M first day of school
rentrer (4) *v.* 11M, 12AM, 14A,
    17AD, 19M to go/come home,
    to go/come back, to return; 18D
    to pull down; 11M, 41D to go
    inside; **rentrer dans, rentrer de-**
    dans 20M, 30D to crash into
renversé *a.* 24ABCD, 43B turned
    over, knocked over, overturned
renversement *m.n.* 46D overthrow
renverser (4) *v.* 20E, 24AB, 33B,
    41D, 43ABC to knock over, to
    overturn; **se renverser** 48B to
    capsize
renvoyer (*) *v.* 25C, 32D, 43M to
    send back; **renvoyé** 24D fired,
    sacked
réorganisé *a.* 21B reorganized
répandre (se) (5, 7) *v.* 48D to
    spread
réparateur, -trice *m. & f.n.* 18D
    repair person
réparation *f.n.* 31E, 34AC, 45A
    repair
réparer (4) *v.* 18B, 31AE, 34C, 40M,
    43D to repair, to fix
réparti *a.* 26D shared
répartie *f.n.* 27M comeback; **talent**
    de répartie 27M quick wit
repartir (28) *v.* 14M, 31A, 35D,
    37ADE, 50M to leave again, to set
    off again
répartir (se) (28, 7) *v.* 20D to be
    divided among
repas *m.n.* 8D, 20D, 22D, 24ABE,
    26DM meal
repasser (4) *v.* 40D, 41D, 48D to
    pass by again; 33M to show
    (of film)
repeindre (20) *v.* 22D, 34ABC to
    repaint
repentir (5) *m.n.* 44D repentance
repérer (10) *v.* 37D to spot
répertoire *m.n.* 8D, 39A, 48D
    repertory

répertorier (4) *v.* 50D to list, to in-
    dex; **toutes les catégories réper-**
    toriées 50D all the food groups
répéter (10) *v.* 15E, 22A, 23AC,
    24M, 34E to repeat
replay *m.n.* 44D replay
réplique *f.n.* 27D response,
    comeback
répondeur (téléphonique) *m.n.*
    36D, 39M answering machine
répondre (5) *v.* 2C, 10E, 11E,
    13ACEM, 18E to answer
réponse *f.n.* 8M, 21E, 24E, 35C, 43D
    answer, response
reportage *m.n.* 40D news report
reporter (se) (7) *v.* 26E to refer
    back to
repos *m.n.* 35AB, 39D, 46D rest
reposant *a.* 30D restful
reposer (4) *v.* 24D, 52A to rest,
    to be restful; 25D to put down
    again; 35D to be based on; **se re-**
    poser 11ABC, 27A, 41B, 51D, 52A
    to rest, to take a rest
repousser *v.* 47D to postpone
reprendre (32) *v.* 23AD, 24A, 34A
    to take again; 35D to cover (of
    song); 38A, 40AE, 43D, 45D to
    resume; 40M to take back; 46D,
    51D to regain; 47D to recapture;
    se reprendre 31D to pull oneself
    together
représentant *m.n.* 18AD salesperson;
    15D representative
représentatif *a.* 36D representative
représentation *f.n.* 38D representa-
    tion, performance
représenté *a.* 7D, 28E, 40BC, 44D
    represented, portrayed
représenter (4) *v.* 3D, 8E, 9D, 22D,
    23E to represent
répressif *a.* 31D, 45D repressive
réprimander (4) *v.* 33E, 34AE to
    reprimand
reprise *f.n.* 29AB pickup, 31D cover
    version of a song; 45D recovery;
    f.pl.n. 29AB acceleration
reproche *n.* 17D reproach
reprocher (4) *v.* 17M, 25D, 34E,
    38D, 48C to blame, to reproach
reproduction *f.n.* 19AE repro-
    duction
reproduire (13) *v.* 4M, 41A to
    reproduce

républicain *a.* 21D republican
république *f.n.* 2D, 5D, 8D, 12M,
    13D republic
réputation *f.n.* 38D reputation
réputé *a.* 30D, 51E well-known
réquisition *f.n.* 45D requisition
réquisitionner (4) *v.* 45D to
    requisition
RER (Réseau Express Régional)
    m.p.n. 49AB express rail transpor-
    tation in the Paris area
réseau *m.n.* 27AB, 29M, 31D, 36D,
    40D network; **réseau social** 12D,
    29D, 36D, 40D, 44DM social
    network
réservation *f.n.* 29M, 51D
    reservation
réserve *f.n.* 39ABE, 42D, 48D, 50D
    reserve, reservation
réservé *a.* 14D, 16M, 27D, 29D, 33D
    reserved
réserver (se) (7) *v.* **je me réserve**
    le droit 4M I reserve the right
    to
réservoir *m.n.* 31B reservoir
résidence *f.n.* 32A, 33D, 34DE resi-
    dence, home; **résidence secon-**
    daire 34ACDEM second resi-
    dence, vacation house, country
    place
résider (4) *v.* 33D, 37D to reside
résigné *a.* 31D resigned
résigner (se) (7) *v.* 51D to resign
    oneself
résine *f.n.* 46D, 50AC resin
résistance *f.n.* 18E, 45D, 49D, 52D
    resistance; **résistance, Résis-**
    tance (française) 12D, 19B, 20D,
    40D, 45D French opposition to
    the German occupation during
    World War II
résistant *a.* 44D, 46A solid, strong;
    n. 30M, 45DE member of the
    French Resistance during World
    War II
résister (4) *v.* 13D, 24B, 35D, 36D,
    44D to resist
Resnais, Alain (b. 1922) 13BM
    French film director
résolu *a.* 21D, 39E resolved
résonner (4) *v.* 36D, 52BE to
    resonate
résoudre (se) (*, 7) *v.* 39AE, 42E,
    46B, 48DM to get resolved

respect *m.n.* 34E, 36M, 41A, 48D, 49M respect

respectable *a.* 14BE respectable

respecté *a.* 49M respected

respecter (4) *v.* 2D, 24D, 26M, 31D, 33D to abide by; 43D to respect

respectif *a.* 18E respective

respectueux *a.* 47D respectful

respirer (4) *v.* 37D, 46B, 47M, 49D, 51AB to breathe

responsabilité *f.n.* 17M, 31M, 38D, 46E, 50D responsibility; **respon-sabilité limitée** 34D limited liability

responsable *a.* 9B, 19B, 43D responsible

resquille *f.n.* (*coll.*) 13B sneaking, cheating **eh là! pas de resquille** 13A hey! no cutting in line

resquiller (4) *v.* 13BE to cut in

resquilleur *m.n.* 13AB cheater, person who cuts in line

ressasser (4) *v.* 41D to keep harping on

ressembler (4) *v.* 6M, 7A, 8AEM, 11D, 12D to look like

ressemeler (9) *v.* 45D to resole

ressenti *a.* 27D felt

ressentir (5) *v.* to feel; **s'en ressen-tir** 37D to show the effects of

resserrer (4) *v.* 50D to tighten

ressort *m.n.* 35D motivation; 37ABC, 52A spring

ressortir (5) *v.* 40M to emerge, to leave

ressource *f.n.* 8D, 12D, 13M, 44M, 51D resource; **sans ressources** 27D *a.* indigent

ressourcement *m.n.* 43D return to one's sources

ressuscité *f. & m.n.* 50D resurrected person

restaurant *m.n.* 2B, 15D, 19M, 20B, 22ACDM restaurant; **restos du cœur** 8D, 27D restaurants that feed the needy

restaurateur *m.n.* 18D, 39D restaurant owner

restauration *f.n.* 22D, 39D restaurant business; **restauration rapide** 22D fast-food business

restau-U, resto-U *abbr. for* restaurant universitaire *m.n.* 2AB, 24AE, 52M university dining hall

reste *m.n.* 18D, 19A, 21D, 26D, 34D, rest, remainder

resté *a.* 37E, 39M, 45D stayed

rester (4) *v.* 6A, 8D, 12CM, 13AB, 14ABDM to remain, to be left, to stay; **il en reste** 9AC there is/are some left; **restons calme!** 46D let's calm down; **reste calme!** 50D stay calm!

resto 41M, 50M, 52M *abbr. for* restaurant

restreint *a.* 8D, 34E limited, narrow

résultat *m.n.* 18D, 19D, 20E, 38D, 42D result

résumé *m.n.* 36A summary; **en résumé** 24E, 34D in a word

résumer (4) *v.* 38D to epitomize

retapisser (4) *v.* 34AB to repaper

retard *m.n.* delay; **en retard** 2ABD, 21A 22A, 23AE, 24AE late; **avoir du retard** 28C to be late

retardé *a.* 47D hindered

retéléphoner (4) *v.* 23A to call again

retenir (37) *v.* 24AB, 31D, 36D, 37D, 44D to keep, to hold back

retentir (5) *v.* 37B to ring out

retentissant *a.* 37AB resounding, loud

réticence *f.n.* 15E reticence

réticent *a.* 37D reticent

retiré *a.* 22D secluded

retirer (4) *v.* 25D to pull out; 45D to cancel; **se retirer** 21D to withdraw

rétorquer (4) *v.* 18D to retort

retour *m.n.* 29AD, 36D, 41D, 42D, 45D return; **en retour** 35D in turn; **de retour** 40D 43D back from, back again; 48D in return

retourner (4) *v.* 15M, 22DC, 23D, 35D, 36A to return; 25D, 40D to turn over, to flip; 44D to turn in-side out; **se retourner** 19M, 22D, 25D, 26AB, 37D to turn around; 48A to capsize (of boat)

retrait *m.n.* 31D withdrawal

retraite *f.n.* 31D, 34D, 41A, 44D, 51D retirement; **à la retraite** 35B, 48M retired

retraité *n.* 29D, 35AB, 43D, 44D retired person

rétrospectif *a.* 45D retrospective

retrouvailles *f.pl.n.* 50D reunions

retrouver (4) *v.* 12D, 17M, 23M, 25M, 28AC to find (again); 19B, 42BC, 44A, 46AD, 48C to meet up with, to catch up with; **se retrouver** 20B, 32D, 36C, 46A to meet up; 20B, 30D, 31ABC, 41D to end up; 43D, 51D, 52D to find oneself, to (re)discover oneself; **s'y retrouver** 27D to sort things out

rétroviseur *m.n.* 45ABC rearview mirror

réuni *a.* 38D, 47A gathered

réunion *m.n.* 6M, 46AB, 52D meeting

réunir (5) *v.* 44A, 46A, 49D, 52D to combine, to bring together; **se réunir** 14AB, 40D, 47C, 51D to meet, to gather

réussir (5) *v.* 13D, 18AB, 19D, 20C, 21M to succeed

réussite *f.n.* 14DM, 19D, 26D, 35D, 48A success

revalorisé *a.* 18D revalorized

revanche *f.n.* 18E revenge; **en revanche** 18D, 22D, 30M on the other hand

rêve *m.n.* 9D, 23M, 35AC, 41D, 44ABD dream

réveil, réveille-matin *m.n.* 36D, 51M alarm clock

réveillé *a.* 25DE, 37E, 42B awake

réveiller (4) *v.* 36AD, 51E, 52E to awaken, to wake up; **se réveiller** 12M, 25ABD, 35D, 36AB, 37E, 52A to wake up

révélation *f.n.* 11M, 37D, 52D revelation

révéler (10) *v.* 20D, 38D, 40D, 46E to reveal; **se révéler** 37D, 49D to turn out to be

revenant *m.n.* 40B ghost

revendication *f.n.* 33D demand

revendiquer (4) *v.* 52D to claim, to lay claim to

revendre (6) *v.* 42D, 45D to sell again

revenir (39) *v.* 7AD, 12A, 15ACDEM, 16ABC, 22A to come back, to go back; **ça revient au même** 52AB it amounts to the same thing; **je n'en reviens pas!** 14M, 27M, 34M, 45M I can't get over it!; **revenir à la charge** 36M to try again revenu m.n. 33D, 34B, 45D revenue, income

rêver (4) v. 2D, 9M, 15D, 18AB, 21B to dream; **on croit rêver** 52A this is unreal!

réverbère m.n. 13D, 51D streetlamp

Reverdy, Pierre (1889–1960) 33D French surrealist poet

révérence f.n. 46D bow

rêverie f.n. 24D reverie, musing

reverser (4) v. 37D to pass on

revêtir (*) v. 18D to cover

rêveur a. 42D dreamy

revint *passé simple* of revenir

réviser (4) v. 17M, 35D to revise, to review; **faire réviser** 29M to take (a car) in for service

révision f.n. 22D inspection

revoir (41) v. 23E, 24A, 26D, 27AM, 37D to see again; 20D to reexamine; **au revoir** 2AD, 4D, 12A, 15A, 21A good bye

révolte f.n. 48D revolt

révolution f.n. 19B, 20D, 36D, 38D, 46D revolution

révolutionnaire a. 12M, 38E, 46D revolutionary

revolver m.n. 4D, 14B, 26D, 44D revolver

revue f.n. 2D, 15D, 18D, 31D, 36E review; **la Revue blanche** 51D popular 19th-century French art and literary magazine

Reynaud, Paul (1878–1966) 45D French prime minister during the Third Republic

rez-de-chaussée m.n. 32A first floor

rhinocéros m.n. 40M rhinoceros

Rhône m.p.n. 48AB, 50D one of the four main rivers of France

rhum m.n. 29D, 46D, 51D rum

rhume m.n. 12AB, 20D, 26A cold

Rhumerie Martiniquaise f.p.n. 29ABD, 51D café in Saint-Germain-des-Prés

Ricard m.p.n. 19A, 24B brand of pastis, anise-flavored apéritif drink

riche a. & n. 5ABCM, 8C, 13B, 15ABDE, 18B wealthy, rich; **richement** adv. 17D opulently

Richelieu (cardinal de) (1585–1642) 23D, 51D French prelate and statesman, minister to

Louis XIII, founder of the Académie française

richesse f.n. 35D, 42D, 45D, 47ABC wealth, riches

richissime a. 47D extremely wealthy

rideau m.n. 36D, 38D, 39D, 40D, 47D curtain

ridicule a. & n. 6B, 21A, 35AD, 39D, 41E ridiculous

ridiculement adv. 39M ridiculously

rien pron. 4ABD, 5D, 8BDM, 9A, 10D nothing, anything; **ça ne fait rien** 11B it doesn't matter, it makes no difference; **on ne peut rien y faire** 41D nothing can be done about it; **ce n'est rien** 12A, 28A it's nothing; **petits riens** 51D trifles; **comme si de rien n'était** 40AM, 51D as if nothing had happened; **de rien** 27A don't mention it; **pour trois fois rien** 51AB for next to nothing; **rien que** 13D, 20AB, 21A just, nothing but; **rien qu'en histoire** 19A in history alone; **l'air de rien** adv. 49M just like that; **ça n'a l'air de rien** 52D it doesn't seem like much; **ça n'a rien à voir!** 50AB that has nothing to do with it!

rieur a. 7D laughing, merry

rigide a. 8D rigid

rigoler (4) v. (coll.) 38M, 39M, 42D, 43D, 46M to laugh, to have a laugh

rigolo a. (coll.) 7M, 9M, 43D, 45D, 46D funny; m.n. 21M joker

rigoureusement adv. 10D absolutely

rigoureux a. 47D rigorous

rigueur f.n. 26M **à la rigueur** possibly, if I had to

rillettes f.pl.n. 50A potted pork

Rimbaud, Arthur (1854–1891) 23D, 46D, 51D French poet

rime f.n. 30D, 46D rhyme

rimer (4) v. 19D, 22E to rhyme

ringard a. & m.n. 28DM square, has-been

Rio de Janeiro p.n. 51D major city in Brazil

rire m.n. 37D, 40D laugh, laughter; **crise de fou rire** 40D hysterics

rire (35) v. 7D, 13D, 22AM, 23D, 28D to laugh; **MDR (mort de

rire)** 19D LOL; **éclater de rire** 38M, 40D to burst out laughing; **faire rire** 10M, 21AB, 32D, 38D to make someone laugh; **vous voulez rire** 50A you're kidding!

risque m.n. 12D, 22D, 23D, 28D, 31D risk, hazard

risquer (4) v. 16D, 21D, 22D, 30D, 35D to risk; **risquer de** 43D to be likely to

rissoler (4) v. 26D to brown

rite m.n. 48D rite, ritual; 50M religious observance; **rite de passage** 23M rite of passage

Ritz (le) m.p.n. 18B luxury hotel

rivage m.n. 30M shore

rival m.n. 15D, 38D, 46E rival

rivaliser (4) v. 47D to compete, to vie with

rivalité f.n. 16D, 42E rivalry

rive f.n. bank; **rive gauche** 6D, 15D, 40D left bank of the Seine in Paris

rivé a. 36D glued, riveted

Riverside (le) m.p.n. 29ABD nightclub in the Latin Quarter

Riviéra (la) f.p.n. 23D the Mediterranean coast of France

rivière f.n. 27D, 45D, 46D, 47D, 48AB river

Rivoli (rue de) m.p.n. 42A, 44A major street near the Louvre

riz m.n. 26M, 46D, 50AEM rice

RMI (Revenu minimum d'insertion) p.n. 41D government social assistance payment

RN abbr. for **route nationale**

roaming n. 22D roaming charge

Robbe-Grillet, Alain (1922–2008) 12D French writer

robe f.n. 11M, 13ABM, 14D, 28D dress; 52M robe; **robe de chambre** 40M bathrobe

Robert, Alain (b. 1962) p.n. 38M French urban climber and rockclimber

Robespierre, Maximilien de (1758–1794) 47A leading figure of the French Revolution

robinet m.n. 18AB, 19M, 51B faucet; **eau du robinet** f.n. 50D tap water

robot m.n. 48A robot

robuste a. 6BC, 7AM, 51D robust, strong

Roche de Solutré f.p.n. 30D limestone escarpment in the Mâconnais wine region

Rochelle (La) f.p.n. 16AB, 48BD, 52A port city in the Poitou-Charentes region

rocher m.n. 16D, 51D rock

rock a. 48D rock music

rock star m.n. 43M rock star

Rodin, Auguste (1840–1917) 38ABCE French sculptor

Rohmer, Eric (1920–2010) 10A, 36A, 37D, 39E French filmmaker

roi m.n. 8D, 14D, 15D, 16D, 19AD king; **Roi Soleil** 47D Sun King (Louis XIV)

Roland (Chanson de) p.n. 47D, 48D medieval epic poem recounting the exploits of Charlemagne's nephew, Roland

rôle m.n. 6D, 13D, 15DM, 17E, 18D part, role

roller m.n. 6D, 13M Rollerblading

romain n. & a. 4D, 5D, 7D, 19D, 21B Roman

roman m.n. 4ABC, 5B, 6D, 10D, 11D novel

roman a. 35D, 47ABD Romanesque

romance f.n. 47D romance

romancier, -ière m. & f.n. 2D, 5D, 6D, 10D, 11D novelist

romanesque a. 48D fabulous, fantastic

romantique a. 16D, 51D romantic; a. & n. 11D, 14D, 20D, 24D, 35DE Romantic (artistic movement)

romantisme m.n. 13D, 23D, 48D Romanticism

rompre v. 15M to break, to break off with

rompu a. 13D, 22D broken

Ronchamp p.n. 47A town famous for its church designed by Le Corbusier

rond a. 6ABM, 9CD, 22M, 43D round; m.n. **faire des ronds** 25D, 26M to blow smoke rings; **rond du poêle** m.n. 33D front burner; **rond de cuir** 38D pen-pusher; **il n'a pas un rond** (coll.) 51AB he's broke, he doesn't have a cent

ronde f.n. trip, visit; **faire une ronde** 28D to dance in a circle

ronflant a. 35M pompous, grandiose

ronfler (4) v. 43D to snore

Ron-Ron p.n. 23M, 24M brand of cat food

Ronsard, Pierre (1524–1585) 11D, 35D French poet

roquefort m.n. 14M, 26ABE famous variety of sheep's milk cheese

Roquefort-sur-Soulzon p.n. 14M town in southwestern France, center of roquefort cheese production

Roque-Gageac (la) f.p.n. 24D picturesque town on the Dordogne river

rosace f.n. 28AB rose window

rose a. 26ABD, 32M, 34D, 36D, 41BD pink, rose-colored; f.n. 6D, 24A, 32AE, 51AB rose; **tu es fraîche comme une rose** 33A you're looking lovely

roseau m.n. 16D reed

rosée f.n. 25D dew

Rostand, Jean (1894–1977) 13D French biologist and writer

rôti m.n. 16M, 24A roast

Rotonde (la) f.p.n. 36ABE, 37AE well-known café in Montparnasse

Rouault, Georges (1871–1958) 38D French painter and printmaker

Roubaix p.n. 47A city in northern France

Roudy, Yvette (b. 1929) 13D former French Minister for the Rights of Women

roue f.n. 17B, 31ABCE, 47D, 51B wheel; **roue de secours** 31AB spare tire; **Roue de la Fortune** 40D television game show

Rouen p.n. 2A, 47AM, 48A, 52ABD large town in Normandy

rouennais a. 47A, 52AB from Rouen

rouge a. 11AM, 13A, 14ACE, 28AB, 31D red; **feu rouge** 31ABCD red traffic light; **poisson rouge** 17M, 25M, 45M goldfish; m.n. **rouge à lèvres** 21M, 25AB lipstick; **l'Armée Rouge** f.p.n. 27D Red Army of the Soviet Union

rougir (5) v. 31A, 49D to blush

rouille f.n. 36D rust

rouillé a. 14D, 36A, 40A, 47A rusty

rouiller (se) (7) v. 38A to get rusty

roulant a. rolling; **escalier roulant** 43AB escalator; **c'est roulant!** 43B that's hysterical!

rouler (4) v. 17AB, 28A, 29M, 30D, 37M to roll, to drive, to move, to go; **se rouler par terre** 24M to roll around on the ground; **rouler à vélo** 31D to bike; **rouler sur l'or** 42AB to be rolling in money; **rouler les mécaniques** (coll.) 50ABE to swagger, to show off

roulette f.n. 3B, 41D, 51A roulette; 29M small wheel; **patin à roulettes** 7ABE roller skating

roulis m.n. 30M rolling

roumain a. 39D Romanian; **Roumain** m.f.n. 35A Romanian (person)

Roumanie f.p.n. 39D Romania

rouspéter (10) v. 25BE, 29E, 43D to complain, to grumble

rouspéteur a. 25ABE dissatisfied, complaining; f. & n. complainer, tough customer

rousse. See **roux**

Rousseau, Jean-Jacques (1712–1778) 15D, 29B, 33D French philosopher and writer

Rousseau (le douanier) (1844–1910) 42B French painter

Roussillon p.n. 33D town in Provence

routard m.n. person who likes to travel cheaply; **Guide du routard** p.n. 38D, 39D, 49D, 51D tourist guide

route f.n. 4D, 11D, 16D, 17D, 18D road, route, way; **par la route** 27A by car; **avoir une bonne tenue de route** 29AB to handle well on the road; **bonne route!** 30A have a good trip!; **en route!** 40D let's get going!

routier a. pertaining to the road; **pont routier** 14M highway bridge; **prévention routière** 31D traffic safety; **col routier** 47D road on mountain pass; **réseau routier** 29M, 42A road system; m.n. 17B trucker

rouvrir (27) *v.* 33D, 37AC, 45M, 52A to reopen

roux, rousse *a.* 7ACD, 13D, 19D, 49D red-haired, ruddy

royal, -aux *a.* 28AD, 24D, 41D, 47D, 48D royal

royalement *adv.* 37D grandly

Royan *p.n.* 47A, 48D resort on the Atlantic coast famous for its modern church

royaume *m.n.* 47D, 52D kingdom

Royaume-Uni *m.p.n.* 20D, 21D, 25D, 35D, 43D United Kingdom

rubis *m.n.* 46D ruby

rubrique *f.n.* 18D article

rude *a.* 35D, 48D harsh

Rudel, Jaufré 48D twelfth-century French troubadour

rue *f.n.* 2A, 7M, 9D, 12ABM, 13M street; **donner sur la rue** 32AB to look out on the street

ruée *f.n.* **La Ruée vers l'or** 38AB The Gold Rush

ruelle *f.n.* narrow street; 48D bedroom where literary women held salons in the seventeenth century

ruer (se) (7) *v.* 40D to throw oneself

rugby *m.n.* 6D, 9D rugby

ruine *f.n.* 3D, 14D, 21D, 34B, 35B ruin; **tomber en ruine** 34A to fall into ruins

ruiné *a.* 23D, 41D, 44M, 45D, 51AC ruined

ruiner (se) (7) *v.* 12ABM to go bankrupt; **se ruiner en huile solaire** 12A to spend a fortune on suntan lotion

rumeur *f.n.* 26D murmur

rupture *f.n.* 14M, 19D, 44D breakup; 36D rupture, fracture

rural *a.* 6D, 34D, 38D rural

ruse *f.n.* 43D trick, ruse

rusé *a.* 49D cunning, sly

russe *a.* 4B, 20D, 38BD, 40D Russian; *m.n.* 13A, 19D, 27D Russian (language); **Russe** *m.f.n.* 35A, 37D, 38A, 40D, 48ABM Russian (person)

Russie *f.p.n.* 12D, 40A, 47D, 48AE Russia

rythme *m.n.* 11DM, 42D rhythm

sa. *See* **son**

sable *m.n.* 11D, 13D, 25M, 43M, 46DM sand

sabot *m.n.* 46D hoof

saboter (4) *v.* 52AB to sabotage

sabre *m.n.* sword, saber; **sabre à merdre** 40D invented weapon

sac *m.n.* 12AM, 30M, 43D, 46B, 48D bag, rucksack; **sac à main** 17D handbag; **sac de couchage** 42ABC, 45M sleeping bag; **sac à dos** 31D, 42ABE, 45M backpack

saccadé *a.* 45D staccato

sachet *m.n.* 38M packet

sacré *a.* 16D sacred; 46B, 47B crowned; (*coll.*) **un sacré service/ travail** 46AB a big favor/job; **une sacrée invention** 46B one hell of an invention

Sacré-Cœur (Basilique du) *f.n.* 38M basilica in Montmartre, Paris

sacrer (4) *v.* 47A to anoint, to crown

sacrifice *m.n.* 47D sacrifice

sacrifié *a.* 24D sacrificed

sacrifier (se) (7) *v.* 20M, 30D, 48D to sacrifice

sado *abbr. for* **sadique** *a.* 28D sadistic

sage *a.* 5D, 38D, 48CD, 52A good, well-behaved; **si tu es sage** 43D, 48A if you behave yourself

saignant *a.* 26ABD rare (of meat)

saint *a.* 21D, 45D holy, saintly; *n.* 5D, 52D saint

saint-andré *inv. m.n.* 26AE variety of cheese

Saint-Barthélemy (jour de la) *m.p.n.* 47D, 51D commemoration of a massacre of Protestants in 1572

Saint-Benoît-sur-Loire *p.n.* 47A town known for its Romanesque church

Sainte-Beuve, Charles-Augustin (1804–1869) 35D French literary critic and poet

Sainte-Chapelle (la) *f.p.n.* 4D, 40D Gothic chapel in Paris famous for its stained-glass windows

Saint Eloi (c. 588–660) 45D, 47D bishop, royal treasurer under Dagobert

Saint-Esprit *m.p.n.* 44D Holy Spirit

Saint-Exupéry, Antoine de (1900– 1944) 12D, 51D French aviator and writer

Saintes-Maries-de-la-Mer *f.pl.p.n.* 47A, 50D town in the Camargue region with a fortified church

Sainte Vierge *p.n.* 17D Virgin Mary; **Sainte Vierge!** 40D holy mother of God!

Saint-Germain-des-Prés *p.n.* 6D, 17D, 29BCD, 38AC, 40D district on the Left Bank in Paris; **Eglise Saint-Germain-des-Prés** 29D oldest church in Paris

Saint-Jacques-de-Compostelle *p.n.* 28D pilgrimage destination in northern Spain

Saint-Jean-de-Luz *p.n.* 16ABDE, 47D, 48A seaside resort in the Basque region

Saint-Just (1767–1794) 33D French revolutionary and celebrated orator

Saint-Laurent, Yves (1936–2008) 11AM French fashion designer

Saint-Lazare (gare) *f.p.n.* 27B, 38D, 45A Paris railroad station

Saint-Louis (Ile) *f.p.n.* 15AB, 23D, 47D island in the middle of the Seine in Paris

Saint-Maclou *p.n.* 52A famous church in Rouen

Saint Malo *p.n.* 48D port city in Brittany

Saint-Michel *p.n.* 2A, 12AM, 13D, 14A fountain and square in the Latin Quarter

Saint-Nectaire *p.n.* 47AC town in central France known for its Romanesque church and its cheese

sainte-nitouche *f.n.* 31M goody-goody

Saint-Raphaël *m.p.n.* 19A brand of apéritif

Saints-Innocents (cimetière des) *m.pl.n.* 49D medieval cemetery in Paris

Saint-Sulpice (église) *f.p.n.* 29D seventeenth-century church, second largest in Paris

Saint-Thégonnec *p.n.* 50A site of famous calvary in Brittany

Saint-Tropez *p.n.* 13AB, 14B, 48D fashionable resort on the Riviera

Saint-Valentin (jour de la) m.n. 41D Valentine's Day

saisir (5) v. 18D, 45D, to seize, to grab; **se saisir** 19D, 38D, 49D to grab, to pounce on

saison f.n. 11BCDE, 16D, 19D, 22D, 30M season

saisonnier a. 42M seasonal

saké m.n. 26M Japanese wine

Salacrou, Armand (1899–1989) 33D French author and dramatist

salade f.n. 24AC salad

salaire m.n. 21D, 34B, 35D, 37D, 44D salary

salarié a. 18D, 32D salaried; n. 5D, 27D, 37D employee

salaud m.n. (sl.) 30D bastard, son of a bitch

sale a. 10B, 14B, 16AB, 18D, 21B dirty, nasty, horrible; **sale caractère** (coll.) 8AB nasty temper; **sale type** 13B unsavory character

salé a. 26AE salted

saleté f.n. 38D, 45B dirt, filthy nature

salière f.n. 43ABC saltshaker

salir (5) v. 38B to soil; **se salir** 34B, 45B to become soiled

salissant a. 15D, 45AB easily soiled

salle f.n. 7M, 13BD, 22AB, 27M, 37AE room, theater, hall; **salle à manger** 32ABD dining room; **salle de bains** 17D, 30M, 31M, 32ABD, 33D bathroom; **salle de cours** 2A classroom; **salle de dissection** 13M dissecting room; **salle d'eau** 33D lav; **salle de séjour** 32ABCD living room; **salle de quartier** 38D local movie theater; **salle subventionnée** 39ACD subsidized theater; **salle de congrès** 48D conference center

salon m.n. 24M, 32ABD, 35D, 36A, 39D drawing room; **salon de coiffure** 7D hairdressing salon; **salon de thé** 45A tearoom; **tenir salon** 29D to hold court

saloperie f.n. (sl.) filth; **saloperie de sac!** 12A damn bag!

saluer (4) v. 33CE to greet; 37D to salute; 47D to pay tribute to

salut int. 2A, 10A, 22A, 27A, 32A hi!; **salut aux copains** 27M say hi to everybody

salut m.n. 38E salvation; **Armée du Salut** 27ABD Salvation Army

Samaritaine (la) f.p.n. 43AB, 44A, 45M, 52A former department store in Paris

samedi m.n. 7M, 9D, 15ADE, 17M, 25AB Saturday

Samothrace (Victoire de) 23ABE Winged Victory, ancient Greek sculpture in the Louvre

Sand, George (1804–1876) 11D literary name of Aurore Dupin, French writer

sandale f.n. 44ABM sandal

sandwich m.n. 22D, 25E, 26D, 27B, 30M sandwich

sang m.n. 15D, 25D, 26D, 32D blood; **le pays est à feu et à sang** 52D the country is being torn apart

sanglot m.n. 10D sob

sanguin m.n. 26D sanguinity; **les sanguins** 26D sanguine people

sanitaire a. 28D health-related, sanitary; **installation sanitaire** f.n. 33D bathroom

sans prep. 5A, 7AM, 8D, 9D, 10D without, but for; **sans blague!** 13A, 27A, 49M no kidding!; **sans doute** 10A, 27M, 30M, 32A, 33E no doubt; **sans compter** 19A not to mention; **sans cesse** 26D, 29M, 48M without stopping; **sans-gêne** m.n. 39ABE pushiness; **sans-papiers** m.pl.n. 12M undocumented immigrants

santé f.n. 2A, 5A, 6AC, 13D, 15D health; **la santé, ça va!** 2A he's feeling fine!; **établissement de santé** 27D health center, medical center

Saône f.p.n. 48ABC river in Burgundy

sapin m.n. 47D, 50ABD fir tree

sarcasme m.n. sarcasm; 39E sarcastic remark

sarcastique a. 29E sarcastic

sardine f.n. 16D sardine; **être serrés comme des sardines** 9M, 29AB, 43M to be packed together like sardines

Sarkozy, Nicolas (b. 1955) 18M former president of France

Sarraute, Nathalie (1900–1999) 12D French novelist

Sartre, Jean-Paul (1905–1980) 13D, 20D, 26D, 29D, 38D, French philosopher, novelist, and playwright

sashimi m.n. 26M marinated raw fish

Satie, Erik (1866–1925) 24D, 32D French composer

satire f.n. 21D satire

satirique a. 13D, 35D, 40DE satiric

satisfaction f.n. 33D, 34D satisfaction

satisfaire (21) v. 18D, 25C, 30D, 32D to satisfy

satisfait a. 15E, 33D satisfied

saturé a. 49D saturated

sauce f.n. 26D, 34D, 50M, 52B sauce

saucisse f.n. 18AB, 26ABE, 30M, 50B fresh sausage

saucisson m.n. 22D, 28B, 30M, 46D, 50D dry sausage

sauf prep. 13BD, 16D, 17DM, 26M, 27A except

saugrenu a. 52D ludicrous

saumon m.n. 26A salmon

Saumur p.n. 47AC city on the Loire river famous for its fifteenth-century castle and its sparkling white wine

saut m.n. jump; **saut à la perche** 9AB pole vault; **saut en hauteur** 9AB high jump

sauté a. 24A, 26AD sautéed

sauter (4) v. 18D, 24E, 31M, 40D, 51D to jump, to jump out; **corde à sauter** 17D jump rope; **faire sauter le bouchon** 51AB to pop the cork; **faire sauter la Tour Eiffel** 21B, 40AB to blow up the Eiffel Tower; **faire sauter le poulet** 26AB to sauté the chicken; **sauter à cloche-pied** 40M to hop on one leg

sauterelle f.n. 47M grasshopper

sauvage a. 39D, 40M, 42ABM, 43D, 50ABD wild, uncivilized; m.n. 37B, 46A savage; **camping sauvage** 43D camping in the wilderness sauvagement *adv.* 26D savagely

sauvegarder *v.* 36M to back up

sauver (4) *v.* 17AE, 43D, 48M, 51D, 52AD to save; **sauve qui peut** 40D everyone for themselves; **se sauver** 36AM, 40D, 51BM to run off; **je me sauve!** 13A, 14A I'm out of here!

sauvetage *m.n.* **ceinture de sauvetage** 51D life belt

Sauzet *p.n.* 37D commune in the Midi-Pyrénées region

savant *n.* 18D, 51D scholar

saveur *f.n.* 50D flavor

Savoie *f.p.n.* 10D, 50B province in the Alps

savoir (34) *v.* 3A, 5M, 8M, 10M, 11DE to know; **savoir faire** *m.n.* 35D know-how; **savoir compter** 8D to know how to count; **que je sache** 23A, 52M as far as I know; **allez savoir!** 27M, 45M go figure!; **à savoir** 50D that is to say

savoir *m.n.* 35D knowledge

savon *m.n.* 19D soap

savourer (4) *v.* 14D to enjoy, to relish

savoyard *a.* 50A from Savoie

scandale *m.n.* 6M, 24ABD, 39A scandal

scandaleux *a.* 24BD scandalous

scandaliser (4) *v.* 12M, 47D to scandalize

scénario *m.n.* 5D, 6D, 38D, 40D, 45D screenplay

scénariste *m. & f.n.* 37D, 43D, 45D scriptwriter

scène *f.n.* 3D, 10E, 11E, 13D, 15D scene, stage

Schéhérazade *p.n.* 5B heroine of *One Thousand and One Nights*

schéma *m.n.* 18D, 47D, 50D pattern

schnock *m.n.* (coll.) 47M geezer

science *f.n.* 13D, 15D, 18D, 20D, 21D science; **science-fiction** 6D, 7D, 27M, 40D science fiction; **sciences nat (naturelles)** 19A natural sciences; **sciences dures** 35D hard sciences

Sciences-Po Paris *p.n.* 27M, 35D, 41M *abbr.* for **Institut d'études politiques de Paris**, public research university in Paris

scientifique *a.* 19D, 36D, 40E, 43D, 47D scientific; *m. & f.n.* 20D, 40D, 51D scientist

sciure *f.n.* 22D sawdust

schizophrène *a. & n.* 29D schizophrenic

scolaire *a.* 19D, 20D, 48D scholastic

scolarité *f.n.* 21D schooling

score *m.n.* 51D score

scotch *m.n.* 24A scotch whiskey

scotché *a.* 20M glued

scout *m.n.* 46B scout

Scrabble *m.p.n.* 34AE, 50M Scrabble game

scrupuleusement *adv.* 23M scrupulously

sculpté *a.* 16D, 49D, 50A sculptured, carved

sculpter (4) *v.* 51D to sculpt

sculpteur *m.n.* 49D, 51D sculptor

sculpture *f.n.* 28DE sculpture

se *pron.* 5M, 6BM, 7ACEM, 9D, 11ABCE himself, herself, oneself, themselves

séance *f.n.* 28B, 41D seating, show

sec, sèche *a.* 41M, 43D, 44B, 45B, 52D dry; **aussi sec** 41D just like that; *m.n.* **le sec** 24D what is dry

sécession *f.n.* 16D secession

séchage *m.n.* 45D drying

séché *a.* 9M dried

sécher (10) *v.* 31M, 45AB to dry; **sèche-linge** 33D clothes dryer

second *a.* 10D, 19D, 23D, 33E, 39D second; **Seconde guerre mondiale** 3D, 6D, 12D, 30M, 40D World War II; **Second Empire** *m.p.n.* 29D, 32A regime of Emperor Louis-Napoléon (Napoleon III), 1852 to 1870

secondaire *a.* 11B, 13B, 19ABD, 20BE, 24D secondary, second

seconde *f.n.* 21D, 27M, 31D, 36D, 38M second, second class; 40D second position (ballet); **billet de seconde** 27A, 29E second-class ticket; **classe de seconde, en seconde** 19D, 20D sophomore year of high school; **je voyage en seconde** 27A I travel in second class

secoué *a.* 45BD shaken

secouer *v.* 45AB to shake, to jolt

secouriste *m.n.* 20M first-aid worker

secours *m.n.* help; **roue de secours** 31AB spare tire

secousse *m.n.* 45AB jerk, jolt

secret *a. & m.n.* 2D, 7D, 24ADE, 34D secret

secrétaire *m. & f.n.* 28D, 35D secretary

secrètement *adv.* 52A secretly

secte *f.n.* 37E sect

secteur *m.n.* 13B, 21D, 44M sector

section *f.n.* 7E, 14D, 19AC, 42D section

séculaire *a.* 35D centuries-old

sécuriser *v.* 46D to secure

sécurité *f.n.* 11D, 27B, 29D, 30D, 31D security; **Sécurité sociale** 17D French government system of economic assistance and social protection

sédatif *m.n.* 13D sedative

sédentaire *a.* 34D sedentary

séducteur *m.n.* 37B charmer, ladies' man

séducteur, -trice *a.* 49D seductive

séduire (13) *v.* 28D, 37AB to charm, to captivate, to appeal to

séduisant *a.* 13D, 39B attractive, devastating, seductive

seersucker *m.n.* 38ABC, 51A seersucker

segment *m.n.* 33D segment, part

seigneur *m.n.* 7D, 17D, 47D, 48D, 52D noble; **Seigneur!** 44D Lord!

seigneurial *a.* 48D noble, lordly

sein *m.n.* breast; **au sein de** 35D, 43D, 50D in the heart of, in the middle of

Seine *f.p.n.* 4D, 14B, 23ABD, 29B, 38A one of the four main rivers of France

seize *a.* 20D, 22D, 38D, 46B sixteen

seizième *a.* 21D sixteenth

séjour *m.n.* 15D, 35D, 42D, 43D, 51E stay; 32D, 35D, 37D living room; 35D, 39D home; **salle de séjour** 32ABC, 39B living room

sel *m.n.* 16D, 25D, 26D, 33AC, 34A salt; **sel de fruit** 50D fruit salt, used as an antacid

sélectif *a.* 37M selective

sélection *f.n.* 35D selection

selon *prep.* 13D, 21C, 23M, 33D, 35D according to

semaine *f.n.* 5DM, 9M, 17M, 20BD, 21A week; **en semaine** 26E, 32D, 37D during the week

sémantique *f.n.* 28D semantics

semblable *a.* 24E, 33E, 46D similar; *m.n.* 24D fellow human

semblant *m.n.* semblance, pretense; **faire semblant** 11ABCM, 13AE, 17DE, 20E, 22D to pretend

sembler (4) *v.* 9D, 13D, 14D, 15AD, 19D to seem; **il me semble que** 34A, 40D it seems to me

semelle *f.n.* 44ABD, 45D sole (of shoe)

semelloïde *a.* 26D leathery

semer (8) *v.* to sow; (*sl.*) 52AB to ditch, to lose

sémiologie *f.n.* 30D semiology

semoule *f.n.* 25D semolina

Sempé, Jean-Jacques (b. 1932) 29D, 31D, 40D French cartoonist, author with René Goscinny of the *Petit Nicolas* series

sempiternel *a.* 28M eternal, omnipresent

Sénat *m.p.n.* 14ABCD, 15A, 17AC, 18AE, 32AB Senate

sénateur *m.n.* 13M, 14ABD, 18E, 38D, 51M senator

Sénégal *m.p.n.* 2A, 3D, 12D, 38D, 50M Senegal

sénégalais *a.* 2D, 50M Senegalese

Senghor, Léopold Sédar (1906–2001) 2D Senegalese poet, essayist, and statesman

senior *m.n.* 5D, 33D, 44D senior citizen

Senlis, Séraphine de (Séraphine Louis, 1864–1942) 41M French painter

sens *m.n.* 11D, 17B, 18E, 23D, 24D sense, meaning; **le bon sens** 12D common sense; **dans un sens** 35A in a way; **dans le sens où** 37D in the sense that; 16D, 25D, 31D direction; **dans tous les sens** 20M, 24D, 52A in all directions; **en sens inverse** 38A in the opposite direction; **dans le sens inverse des aiguilles d'une montre** 47AB counterclockwise;

dans le bon sens 49D in the right direction

Sens (Hôtel de) *m.p.n.* 25D late medieval residence in Paris

sensation *f.n.* 33D feeling; 14D, 40D, 49D sensation

sensationnel *a.* 11M sensational

sensibilité *f.n.* 24D sensitivity

sensible *a.* 45D sensitive; 44D significant

sensualité *f.n.* 48D sensuality

sentencieux *a.* 21A sententious

senti *a.* 24D felt

sentier *m.n.* trail; **sentiers de grande randonnée** 43B network of long-distance hiking trails

sentiment *m.n.* 13D, 14D, 15D, 40D, 41D sentiment, impression, feeling; **ça part d'un bon sentiment** 36M it's well-meaning

sentimental *a.* 35E, 42D, 48D, 51D sentimental

sentir (28) *v.* 31M, 32M, 42E, 44D, 45D to feel; 15D, 19D, 21AB, 32A, 41M to smell, to smell of; **sentir mauvais/bon** 15D, 25D to smell bad/good; **se sentir** 5M, 19ABD, 20M, 28M, 31M to feel; **on se sent chez soi** 33ABC you feel at home

séparation *f.n.* 35D separation

séparé *a.* 8D, 40M, 43D, 44D separated

séparément *adv.* 3D, 44A separately

séparer (se) (7) *v.* 8D, 27D, 37D, 42D to separate

sept *a.* 16A, 17AD, 18D, 20D, 21D seven

septembre *m.n.* 4M, 11B, 16M, 18M, 24A September

septième *a.* 36D, 38D, 42D, 50M seventh

septuagénaire *m. & f.n.* 51D septuagenarian, 70-year-old

sépulture *f.n.* 45A burial

séquoia *m.n.* 50AE sequoia

serait conditional of **être** 14E, 18BE, 19M, 20D, 23E should, would; **le petit bateau serait arrivé** 50D the boat is said/supposed to have arrived

serein *a.* 6D, 11D, 51D serene

série *f.n.* 31D, 32D, 38D, 41A, 43D

series; **série-feuilleton** 40D soap opera; **série B** 42D trashy show or movie; **en grande série** 50E mass-produced

sérieusement *adv.* 8D, 15E, 17E, 20E, 21E seriously; 52A genuinely

sérieux *a.* 2D, 5M, 7A, 11E, 13M serious; **sois sérieux!** 28B be serious!; **prendre au serieux** 32ABD to take seriously

sermon *m.n.* 34D sermon

Serre, Claude (1938–1998) 28D, 31D French cartoonist

serré *a.* 40M, 44D, 45D, 46AB, 47A tight, crammed; **serrés comme des sardines** 29AB, 9M, 40M, 43M, 46A packed like sardines; **le cœur serré** 45D with a heavy heart

serrer (4) *v.* 10D, 15D, 17D, 45D to squeeze, to hold; 44ABD to be too tight; **serrer la pince** 16D to shake someone's hand

servante *f.n.* 22D domestic servant

serveur, serveuse *n.* 18D, 22A, 28A, 41CD, 42M waitperson; 36D server

serviable *a.* 29M helpful

service *m.n.* 3D, 5A, 7D, 12M, 17E service, duty; **le service est compris** 22A the tip is included; **de service** 40D on duty; **rendre service** 29M, 30D, 31M, 46AB to do a favor; **service de table** 47D dinner set

serviette *f.n.* 25ABCD, 31B, 38D napkin; 43DM, 46D towel

servir (28) *v.* 14AB, 15AB, 17D, 19A, 20D to be useful, to serve; **à quoi ça sert?** 21AB, 22M what good is it?; **ça ne sert à rien** 12M, 21AB it's useless; **servir de** 5D, 11D, 29D, 34A, 49D to serve as, to function as; **on n'est plus servi** 34ABE you can't get good help any more; **se servir** 22D, 34A, 37DM, 40M to use; 25A, 33A, to help oneself; **servez-vous de pommes de terre** 24A help yourself to potatoes

serviteur *m.n.* 15D, 44D servant

ses. *See* **son**

session *f.n.* 35M session

Sète p.n. 48B port on the Mediterranean

seuil m.n. 36D threshold; **seuil de pauvreté** 33D poverty line

seul a. 8D, 9ABE, 10D, 13M, 15D alone, by oneself, by itself; 3M, 7D, 8D, 16D, 20D only, sole; 8D, 24D, 27A, 35A single; **tout seul** 20A, 32B, 36D all by oneself/by itself

seulement adv. 9D, 14AM, 16D, 18AD, 21D only

sévère a. 24D stern

sexagénaire m. & f.n. 51D sexagenarian, 60-year-old

sexe m.n. 8D, 13D sex

sexiste a. 13A, 47M, 52M sexist, male chauvinist

sexualité f.n. 24D, 35D sexuality

sexuel a. 19D, 39B sexual

shampouineur, shampouineuse m. & f.n. 37D person who washes hair in a salon

Shaw, George Bernard (1856–1950) 27E Irish playwright

shopping m.n. **faire du shopping** 14D go shopping

short m.n. 28A, 29A, 46D shorts

show-biz m.n. 39D showbiz

skoal! int. inv. (Norse) 51A cheers!

si adv. 6D, 7AM, 11A, 14A, 20AM so, so much; **si bien que** 30D as a result; 9A, 10AD, 13A, 14A, 28M yes (on the contrary); **mais si!** 9A yes there are!

si, s' conj. 3AD, 4DE, 5A, 7A, 8A if, whether, what if; **si ça ne vous fait rien** 50A if you don't mind; **si j'avais su** 29A if I had known; **si on veut** 17E if you like; **si on allait** 29A what if we went; **s'il te/vous plaît** 27A, 28A, 29A, 31A, 32A please

Sibérie f.p.n. 48M Siberia

SICAV (Société d'investissement à capital variable) p.n. 43D mutual fund

sidéré a. 51D stupefied, flabbergasted

sidérer (10) v. (coll.) 48ABE, 51D to flabbergast

sidérurgie f.n. 48A iron and steel metallurgy

siècle m.n. 2D, 6D, 7D, 8D, 10D century

siège m.n. 32B, 37D, 51D seat

siéger (10) v. 38D to sit

sien (le), sienne (la), siens (les), siennes (les) pron. 13M, 32M his/hers

sieste f.n. nap, siesta; **faire la sieste** 7AB, 10A, 23D, 35D to take a nap

sifflement m.n. 51D whistling

siffler (4) v. 31D to whistle

sigle m.n. 52M logo

signal m.n. 49D signal

signaler (4) v. 21D, 42E, 46A to point out, to draw attention to

signe m.n. 26D, 31D, 37E, 38B sign; **faire signe** 40D, 47D to signal, to wave

signer (4) v. 24D, 26D, 40D to sign

signification f.n. 26D, 30D, 40D, 41D meaning

signifier (4) v. 27D, 33D, 40D, 47D to signify, to mean

Signoret, Simone (1921–1985) 49M acclaimed French film actress

silence m.n. 13D, 24AE, 26D, 36AD, 38A silence

silencieux a. 14AB, 40D silent

silhouette f.n. 12A, 28A figure

Simon, Claude (1913–2005) 12D French writer, 1985 Nobel Prize winner

simple a. 5BM, 6M, 14E, 20E, 24A simple; 41D single; **passé simple** 19D literary past tense; **aller simple** 27B one-way ticket; **en file simple** 31D single file

simplement adv. 20A, 21E, 22A, 28A, 29E simply

simplicité f.n. 21E, 24D, 37D simplicity

simplifier (4) v. 35D to simplify

simpliste a. 52D simplistic

simulation f.n. 11B simulation

sincère a. 11M, 14B sincere

sincèrement adv. 44E sincerely, really

sincérité f.n. 21E, 37D sincerity

singe m.n. 17D, 40M monkey

singerie f.n. 22D clowning, antics

single m.n. 37D single

sinistre a. 9B sinister

sinon conj. 9A, 11D, 30D, 33D, 37D otherwise, if not, or else

sire m.n. 40D sire

sirène f.n. 17B horn; 21AB sea nymph

sirop m.n. 42M syrup

site m.n. 10M, 12D, 13D, 16D, 21D site, landscape; **site de rencontre** 12D, 36D dating website

sitôt adv. 9D as soon as

situation f.n. 8CD, 11E, 31D, 33DE, 35D situation; 35D site, location

situé a. 33D, 34D, 38D, 42D situated; **bien situé** 32A ideally located

situer (se) (7) v. 22D, 27D, 33D, 34D, 37D to be situated

six a. 9A, 16A, 20D, 21AB, 36AD six

sixième a. 19D, 21A, 32A sixth

Sixtine (la Chapelle) f.p.n. 19B Sistine chapel in the Vatican

skate m.n. 6D skateboard

sketch, sketches m.n. 8D, 13D, 27D, 33D, 38D sketch

ski m.n. 6AD, 7A, 13B, 14D, 20B skiing, ski; **ski nautique** 7A, 14D, 46D water-skiing

slip m.n. 45ABCDE jockey shorts; 45D panties

slogan m.n. 8D, 12DM, 27D, 45DM slogan

Slovaquie f.p.n. 35D Slovakia

Smart f.n. 46M Smart brand car

smartphone m.n. 24M, 36D, 40D, 44D smartphone

SMS abbr. 19D short message system

snack m.n. 29BD snack

SNCF (Société nationale des chemins de fer français) 27D, 28D, 29AC French national railway

snob m. & f.n. & a. inv. 40AD, 51A snob, posh

snobisme m.n. 40D, 48D snobbery

sobre a. 46A sober

sociable a. 6A, 7A, 51E sociable, outgoing

social a. 13D, 14D, 18D, 33D social

sociale-démocrate a. 35D Social Democratic

socialement adv. 12M, 27D, 38D socially

socialisé a. 26D socialized

socialisme m.n. 46D socialism

société f.n. 3B, 14D, 15D, 18ADM, 19D society; 29A company

sociologie f.n. 12D, 13A sociology

sociologue m. & f.n. 35D sociologist

socio-professionnel a. 33D socio-professional

Socrate 26D Socrates, Greek philosopher

soda m.n. 23D, 50D soda

sœur f.n. 4M, 5B, 8AD, 10D, 11M sister; bonne sœur (coll.) 34ABC nun

Soha (b. 1975) 2E French singer of Algerian descent

soi pron. 13D, 18A, 19M, 20A, 29D oneself, himself, herself, itself; soi-même 21D, 30M, 32D, 37D oneself; chez soi 22D, 33ABD, 35D at home

soie f.n. 51BD silk

soif f.n. 24D thirst; avoir soif 16B, 38AB, 47D, 51A to be thirsty; mourir de soif 24B, 40D to die of thirst

soigné a. 39AB, 47AD well done, meticulous, groomed, well cared for

soigner (4) v. 13M to care for; se faire soigner 28B to get medical help

soin m.n. 23D, 33D care; avoir soin de 26D to take care to; par ses soins 24D coming from him; prendre soin de 42D to take care of

soir m.n. 5D, 7M, 9D, 10A, 11M evening; à jeudi soir 29A see you Thursday night; tous les soirs 29D every evening

soirée f.n. 10M, 14AB, 20M, 23E, 24A evening

Soissons p.n. 48D town in the Picardy region of France

soit adv. 34D, 35D, 41D in other words, that is to say

soit . . . soit . . . adv. 19D be it . . . or . . .

soixante a. 19B, 22A, 51D sixty

soixante-dix a. 26D seventy

soixante-huit a. 44D sixty-eight

soixante-quatre a. 8A sixty-four

soixante-quinze a. 22A, 42D seventy-five

sol m.n. 43A, 52B ground, earth

solaire a. 12M, 23D, 48ABE solar; huile solaire 12AB suntan lotion

soldat m.n. 21D, 27D, 38ABCD, 39D, 40D soldier

solde f.n. 11M sale, bargain; en solde 11M, 43AB on sale

sole f.n. 47A, 52AB sole

soleil m.n. 2D, 11BD, 12CM, 14ABD, 15D sun; coup de soleil 12AB sunburn; faire soleil 12A to be sunny; soleil de plomb 39M blazing sun; Roi Soleil 47D Sun King (Louis XIV)

solennel a. 11D solemn

Solex (Vélosolex) p.n. 28B, 37D, 51AB brand of motorbike

solidaire a. 20M, 27D cohesive, interdependent; 44M united

solidarité f.n. 2D, 8D, 18D solidarity

solide a. 6D, 7AB, 43A, 44A strong, sturdy

solidifier (4) v. 3D to solidify

solitaire a. 13D solitary

solitude f.n. 9B, 13D, 16E, 44D, 46A solitude

sollicité a. 13D appealed to

solliciter (4) v. 51AB to coax out

Sologne p.n. 34AD region south of Paris known for hunting and fishing

solution f.n. 27E, 43D, 46B solution

sombre a. 32AB dark

sombrer v. 44D to sink

somme f.n. 43D, 51D sum; en somme 7A, 19A, 20AD on the whole, in short

sommeil m.n. sleep; avoir sommeil 24B to be sleepy; tomber de sommeil 24AB to be ready to drop

sommer (4) v. 38D to command

sommet m.n. 32A, 47DE, 50D summit

somnoler (4) v. 52E to doze

somptueux a. 39B, 47D lavish, magnificent

son, sa, ses a. 2AD, 3M, 5ABCDM, 6ADM 7ABDE his, hers, its

son m.n. 22D, 36D, 45D, 52E sound; mur du son 51D sound barrier

sondage m.n. 17D, 18M, 33D, 37D survey, poll

sonner (4) v. 13M, 23ACD, 24AB, 27AC, 30D to ring, to sound

sonnerie f.n. 36D, 52D ring, bell

sonnet m.n. 11D, 35D sonnet

sonnette f.n. 24B, 31D bell; coup de sonnette 32AB, 33A, 34A ring

sonore a. 6D, 38AB, 45D resonant; bande sonore 38A soundtrack

sophistication f.n. 42D sophistication

sophistiqué a. 6D sophisticated

sorbet m.n. 26AE sherbet

Sorbonne (la) f.p.n. 2AD, 11ABC, 12ABDEM, 21B, 28BD oldest part of the université de Paris, founded by Robert de Sorbon in the thirteenth century

sorcellerie f.n. 24D sorcery

sorcier, -ière m. & f.n. 52BD sorcerer, sorceress

sort m.n. 8D fate

sorte f.n. 6D, 7M, 8D, 10M, 11C kind, sort; de sorte que 33D so that; en sorte que 49D so that; en quelque sorte 42D, 48D in a way, as it were

sorti a. 40D released, published

sortie f.n. 31AC, 49A exit; 39D release; 15D, 21D, 52M outing, night out; la sortie des poubelles 32D taking out the garbage; expérience de sortie du corps 36D out-of-body experience

sortir (28) v. 11ABM, 12A, 14B, 15ACDE, 17E to leave, to go out, to come out; 40D, 42D, 47D to release; sortir un plan 30A to take out a map; sortir victorieux 11E to emerge victorious; s'en sortir 44M to end up OK; m.n. exit; au sortir de la terminale 21D as the last year of high school draws to a close

sosie m.n. 30M doppelgänger, spitting image

sot a. 14ABE, 17A, 18A stupid, foolish; m.n. 14B foolish person

sottise f.n. 40D stupidity, foolishness

sou m.n. 5M, 38D, 41D, 42M, 43D penny

souche f.n. 31M stump, log

souci m.n. 11M, 17M, 29M, 37M,

42D care, worry; **pas de souci** 29M no worries

soudain *adv.* 27E, 29D, 42A, 46AD suddenly

souffle *m.n.* 36D, 37D breath; **ça m'a coupé le souffle** 14M it took my breath away

souffrance *f.n.* 33D suffering

souffrir (27) *v.* 27D, 33D, 38M, 45D, 46B to suffer

souhait *m.n.* 41D wish

souhaiter (4) *v.* 22D, 33D, 37M, 38DM, 40D to wish, to wish for

souk *m.n.* 46M bazaar

soûl *a.* 19M drunk

soulager (4b) *v.* 40D to relieve

soulever (8) *v.* 45D, 46D, 47E to lift up, to raise; **se soulever** 49D to open up

soulier *m.n.* 39B, 42M, 44AB shoe

souligner (4) *v.* 15D to stress, to underline

soumettre (24) *v.* 45D, 48D to subject

soumis *a.* 31D, 48D subject

soumission *f.n.* 48D submission

Soupault, Philippe (1897–1990) 47D French surrealist writer

soupçonner (4) *v.* 31B, 36D, 40M to suspect

soupe *f.n.* 16D, 24BD, 25E, 26DM, 48B soup; **soupe populaire** 27D soup kitchen

souper (4) *v.* 42M, 47D to have supper

soupière *f.n.* 37AB soup tureen

soupirer (4) *v.* 44D to sigh

souple *a.* 44A supple, flexible

souplement *a.* 47D smoothly

soupoukandia *m.n.* 50M Senegalese okra and seafood stew

source *f.n.* 11D, 16D, 22D, 42AD, 48D source; 11D, 12D, 50E spring

sourcil *m.n.* 7ABCE, 14D, 38D eyebrow

sourd *a.* 9A, 10AB, 12A, 43M deaf

souriant *a.* 9M, 23M, 32A, 40D, 52A smiling

sourire (35) *v.* 12A, 13DE, 14CDE, 28ACD, 33M to smile

sourire *m.n.* 12AB, 13AD, 14D, 25D smile; **sourire en coin** 33M smirk

souris *f.n.* 3D, 22ABE, 36M mouse

sous *prep.* 3M, 7D, 11A, 12AB, 13D under, underneath, beneath, below; **sous forme de** 26D in the form of

sous-marin *a.* 17ADE, 43D underwater

sous-métier *m.n.* 18D pseudo-occupation

sous-secrétaire *m.n.* 45D under-secretary

soussigné *a.* 4M undersigned

sous-sol *m.n.* 22AB, 49D basement

sous-titre *m.n.* 13D, 36AE, 38D, 40ADE subtitle; **sous-titré** 39D subtitled

soustraction *f.n.* 21A subtraction

sous-vêtement *m.n.* 42M, 45DE underwear

soutenir (37) *v.* 39B to maintain; 40D, 43D to support

soutenu *a.* 21D, 39AB sustained, unflagging

souterrain *a.* 27A, 49D underground

soutien-gorge *m.n.* 42M, 45D bra

Soutine, Chaïm (1893–1943) 38D Belarusian-born French painter

souvenir *m.n.* 9M, 11D, 13M, 20D, 30M memory, souvenir

souvenir (se) (39, 7) *v.* 6D, 11D, 13A, 15D, 17A to remember

souvent *adv.* 5M, 6D, 7D, 8D, 9CD often, frequently

souverain *a. & n.* 48D sovereign

souveraineté *f.n.* 16D sovereignty

SPA (Société protectrice des animaux) *p.n.* 44A SPCA, Society for the Prevention of Cruelty to Animals

spatiotourisme *m.n.* 43D space tourism

spécial *a.* 14D, 27B, 30M, 41D, 42E special

spécialement *adv.* 48D specially

spécialisé *a.* 7D, 12D, 19D, 22D, 45D specialized

spécialiser (se) (7) *v.* 13AC to major in, to specialize in

spécialiste *m.n.* 27A, 35D, 36D, 38M specialist, expert

spécialité *f.n.* 16B, 19B, 24A, 26B, 48B specialty

spécifique *a.* 50D specific

spectacle *m.n.* 5D, 25E, 36ABC, 37B, 38D show, spectacle, sight

spectaculaire *a.* 31D spectacular

spectateur, -trice *m. & f.n.* 9AD, 28B, 37D, 40D, 45D audience member, spectator, onlooker

spectre *m.n.* 35D spectre

sphérique *a.* 24B spherical

Sphinx 9B Sphinx, monster in Greek mythology

Spielberg, Steven (b. 1946) 40D American film director, producer, and screenwriter

spirituel *a.* 15D, 17E, 19A witty

splendeur *f.n.* 48D splendor

splendide *a.* 14B, 30M, 38M, 51D splendid, magnificent

sport *m.n.* 6D, 7CM, 13B, 14D, 16E sport; **faire du sport** 6ABC to play sports; **sports d'hiver** 13B skiing

sportif, -ive *a.* 6AD, 7AM, 9ABD, 14D, 27M athletic; *m. & f.n.* 9A, 10A athlete

square *m.n.* 49A, 50AB public garden

squelette *m.n.* 22D, 40B, 49D skeleton

stabiliser (4) *v.* 27D to stabilize

stabilité *f.n.* 30M, 49D stability

stable *a.* 18M, 22D, 25D stable

stage *m.n.* 18D training course

stagnation *f.n.* 34D stagnation

stagner (4) *v.* 34D, 50D to stagnate

Staline, Joseph (Iossif Vissarionovitch Djougachvili, 1878–1953) 38D, 46D Russian revolutionary and leader of the Soviet Union

stalinisme *m.n.* 51D Stalinism

stand *m.n.* 41AC, 43M stand

standing *a.* 34B status, standing

star *n.* 4M, 11M, 34M, 49M star

station *f.n.* 27M, 36CE, 37E, 42D, 45D station; **station de métro** 27AB subway station; **station-service** 31AE, **station-essence** 48M service station, gas station; **station de sports d'hiver** 13B ski resort

stationnement *m.n.* 29D, 52B parking

statistique *f.n.* 13D statistic

statue f.n. 8E, 19D, 21M, 27M, 28D statue

statue-colonne f.n. 28AD statue carved into a column, typical of Gothic architecture

statut m.n. 10M, 16D, 24D, 34D status

steak m.n. 26A steak

Stein, Gertrude (1874–1946) 19A, 20B, 21D American writer who lived in Paris

Stendhal (Marie-Henri Beyle, 1783–1842) 33D French novelist

stéthoscope m.n. 38E, 48A stethoscope

stigmatisé a. 35D stigmatized

stimulus m.n. 49D stimulus

Stivell, Alan (b. 1944) 48D Celtic singer, guitarist, and harpist

stop abbr. for **auto-stop** 52A hitch-hiking; **en stop** 29AC by hitchhiking

stp abbr. for **s'il te plaît** 4M; see **plaire**

strabisme m.n. **avoir un strabisme** 40B to be cross-eyed

strapontin m.n. 38D folding seat

Strasbourg p.n. 47A, 52A city in Alsace famous for its cathedral

stratégie f.n. 11E strategy

stratus m.n. 11A stratus cloud

streaming m.n. 40D streaming

strengst verboten a. (German) 45D strictly forbidden

stress m.n. (Engl.) 30D, 34D stress

stressé a. 5D, 13D stressed

strictement adv. 3M, 44D strictly

strident a. 37A strident, shrill

string m.n. 45D thong

Stromae (Paul Van Haver, b. 1985) 2E Belgian-Rwandan singer

structuralisme m.n. 30D structuralism

structure f.n. 48D structure

studieux a. 11B studious

studio m.n. 32A studio apartment; 40D film studio

stupeur f.n. 31D, 47D amazement, stupefaction

stupide a. 2D, 6M, 7AC, 9D, 10B stupid

stupidité f.n. 47A stupidity

style m.n. 4D, 7D, 10BM, 13B, 15D style; **meubles de style** 32D period furniture

styliser (4) v. 48D to stylize

styliste m. & f.n. 51D literary stylist

stylo m.n. 47D, 48E pen

suaire m.n. 40D shroud

Suarès, André (1868–1951) 46D French writer

subi a. 35D imposed, inflicted

subir (5) v. 45D to suffer

subjonctif m.n. 37A, 52A subjunctive

submergé a. 45D submerged

submerger (4b) v. 49D to overwhelm

subsister (4) v. 16D to remain

substance f.n. 24D substance

substantiel a. 24D substantial

subtil a. 48D, 51D subtle

subtilement adv. 38D subtly

subtilité f.n. 33D, 51M subtlety

subvention f.n. subsidy; **subvention de l'état** 39AB government subsidy

subventionné a. 39ABCD subsidized

suc m.n. 24D juice, sap

succéder (10) v. 39D, 44B, 51D to succeed, to follow

succès m.n. 7D, 8D, 11E, 12D, 15D success

successeur m.n. 34D, 41D successor

succession f.n. 27E, 45A, 52D succession, series

succomber (4) v. 19D, 22M, 51D to succumb, to yield to

sucette f.n. 42M lollipop

suçon m.n. (Québécois) 42M popsicle of frozen maple sugar

sucre m.n. 24D, 25AD, 42M, 46D, 50A sugar; **canne à sucre** 50AC, 51D sugarcane; **sucre en poudre** 24D superfine sugar

sucré a. 50M sugared, sweetened

sud m.n. & a. inv. 3B, 4D, 5D, 12D, 14ABM south

sud-américain a. 35D South American

sud-est m.n. & a. inv. 30A, 33E, 45D southeast

sud-ouest m.n. & a. inv. 12M, 27B, 30A, 33E, 40D southwest

Suède f.p.n. 27D, 35D, 42A Sweden

suédois a. 4A, 28A, 29AE, 40D, 47D Swedish; **Suédois** m.f.n. 4AB, 14D, 28ACE, 29ACE, 33D Swede

sueur m.n. 47AB sweat, perspiration

suffire (18) v. 10B, 20D, 23D, 34A, 39D to suffice; **ça suffit (comme ça)** 10ABDM, 30D, 47D that's enough, that'll do!

suffisamment adv. 33D enough

suffisant a. 15E, 31D, 33D, 35E sufficient

suffoqué a. 26M choking

suffrage m.n. 38D suffrage

suggérer (10) v. 16E, 17E, 20E, 23CE, 24E to suggest

suggestif a. 21D, 40D evocative

suggestion f.n. 30E, 40D, 42E, 44E suggestion

suicide m.n. 8D suicide

suisse a. 2D, 4D, 31A, 35D, 37B Swiss; **Suisse** m.f.n. 35A, 43D, 47D Swiss (person); **suisse** m.n. 47D beadle, usher (church official); **Suisse** m.n. 47D Swiss Guard (mercenary soldier at the French court)

Suisse f.p.n. 2AD, 26M, 27B Switzerland

suite f.n. 42M the rest; 50D continuation; **attendez la suite!** 49D wait for the rest!; **à la suite de** 35D, 38M, 42D, 48D after, in the aftermath of; **avoir de la suite dans les idées** 18D, 27E, 52A to be single-minded; **par la suite** 23D, 29D, 38D, 45D, 46D subsequently; **tout de suite** 8AE, 9E, 12AM, 13A, 14DE immediately, at once; **de suite** 33M in a row; f.n. 47D retinue, following

suivant a. 2C, 10AB, 38D, 41D next, following

suivi a. 17D, 18D, 22A, 32A, 35D followed; 36D monitoring, following

suivre (36) v. 12ABM, 14D, 18D, 20D, 22CE to follow; **suivre un cours** 19ABC to take a course; **suivre un régime** 26A to be on a diet; **se suivre** 19D to follow in succession

sujet m.n. 14B, 15D, 18D, 20D, 21D subject; **au sujet de** 15E, 18E about, concerning; **changer de sujet** 29E to change the subject; **sujet à** 41D susceptible to, prone to

sumérien a. & n. 38E Sumerian

super a. & adv. (coll.) 6M, 7M, 12M, 14M, 37M very; 30M awesome, super; **super-sympa** 46A really nice

super (abbr. for **supercarburant**) m.n. 31ABE premium gasoline

superbe a. 13A, 14D, 51A superb, splendid

superficie f.n. 34D surface area

superficiellement adv. 19B superficially

supérieur a. 6M, 16D, 18BM, 21C, 21D superior; **enseignement supérieur** 19BD, 35D higher education; m.n. 34B, 48D immediate superior

supériorité f.n. 20E, 39D, 40D superiority

supersonique a. 51D supersonic

superstitieux a. 43AE, 46E superstitious

superstition f.n. 41DE, 43A superstition

supplier (4) v. 36D, 38D to beg, to implore

support m.n. 36D device; medium, format; **support numérique** 32D digital format

supporter (4) v. 18AB, 42D, 44A, 50D to tolerate, to put up with, to stand; m.n. 6D fan, supporter

supposé a. 22D, 46E supposed

supposer (4) v. 15E, 20A, 23D, 24E, 38A to suppose, to assume

supposition f.n. 15E supposition

suppression f.n. 40D, 48D suppression, removal

supprimer (4) v. 40D, 41D, 44M, 45D, 47D to do away with

sur prep. 2AD, 3D, 4D, 5DM, 6DM on, upon; 5D, 7D, 8D, 13D, 14D in, out of (fraction); **dans un cas sur cinq** 15D in one out of five cases; **sur son 31** 34M dressed to the nines

sûr a. 4D, 6M, 7E, 9A, 11M sure, certain; **bien sûr!** 2A, 3A, 4A, 7A, 12A of course!

suranné a. 51D outdated, old-fashioned

surchargé a. 29M, 45D overloaded

surcompensation f.n. 7M overcompensation

surcroît m.n. increase; **par surcroît** 45D moreover

surdoué a. 20A exceptionally gifted

sûrement adv. 4D, 11E, 13M, 14A, 17A surely, certainly

surexcité a. 41D overexcited

Surf p.n. 41D lottery game

surface f.n. 49E surface; **grande surface** f.n. 30M megastore, department store

surfer (4) v. 22DM to browse (the Internet)

surfing m.n. 7A surfing

surgelé a. 25E frozen

surjouer (4) v. 49M to overact

surlendemain m.n. 22E two days later

surmené a. 47D overworked

surmortalité f.n. 8D increased mortality

surnom m.n. 35D, 46D, 51D nickname

surnommer (4) v. 27M, 38M to nickname

surpeuplement m.n. 33D overpopulation

surpopulation f.n. 8M, 46D overpopulation

surprenant a. 40D, 48B surprising

surprendre (32) v. 51AC to surprise, to catch; 38D to come upon, to discover

surpris a. 13B, 15E, 23AE, 25M, 29E surprised

surprise f.n. 37B, 38AD, 42D, 44E, 51D surprise

surréalisme m.n. 11D Surrealism

surréaliste a. 14D, 20D, 21D, 32D, 51D Surrealist

sursaut m.n. 45D start, jump

surtout adv. 5D, 6D, 8AD, 10AD, 11D above all, especially

surveillance f.n. 32D surveillance

surveiller (4) v. 31D, 47D, 50D to watch over, to look after

survet abbr. for **sur-vêtement** m.n. 11M, 45E tracksuit, sweatsuit

survivant m. & f.n. 49D survivor

survivre (40) v. 44D to survive

susceptible a. 34D, 35D likely

susciter (4) v. 24D, 46E to provoke, to arouse

sushi m.n. 26M, 43D sushi

suspendre (6) v. 13M, 14D to suspend, to stop

suspense f.n. 36D, 37D suspense

suspension f.n. 30A suspension

Suze f.p.n. 19A brand of apéritif

suzerain m.n. 48D suzerain

svp abbr. for **s'il vous plaît** 23M, 49A; see **plaire**

swahili m.n. 3B Swahili

swastika f.n. 16D swastika; **swastika basque** 16D Basque cross

Sydney p.n. 35D biggest city in Australia

symbiose f.n. 36D symbiosis

symbole m.n. 16D, 34D, 44D symbol

symbolique a. 30D, 42D symbolic

symboliser (4) v. 21D to symbolise

symboliste m.n. 11D, 15D symbolist

sympa 14A, 19D, 28M, 32M, 42M abbr. for **sympathique**

sympathie f.n. 40D, 42D sympathy

sympathique a. (coll.) 8AC, 9M, 10D, 13E, 14A nice, likeable

sympathisant m.n. 33D supporter

syndrome m.n. 35D syndrome

synonyme m.n. 18M synonym

synthétique a. 43A synthetic

syphilis f.n. 24D syphillis

Syrien m.f.n. 35A Syrian (person)

systématique a. 31A, 45D, 50A systematic

systématiquement adv. 37D consistently

systématiser (4) v. 19D to systematize

système m.n. 13B, 19ACD, 20D, 24D, 26M system

ta. See **ton**

tabac m.n. 13D, 27D, 50D tobacco; **bureau de tabac** 14AB, 15A tobacconist's shop

tabagisme m.n. 27D tobacco use

Tabet, Georges (1905–1984) 45D French singer, actor, screenwriter, and composer

table f.n. 13D, 16M, 20AB, 25ABC, 32AD table; **passer à table** 22E to sit down to a meal; **se mettre à table** 24A to sit down; **tout le monde à table** 33A dinner is served; **service de table** 47D dinnerware

tableau *m.n.* 19ABDE, 22D, 23ADE, 26D, 32AB picture, painting, board; **tableau d'affichage** 12AB bulletin board; **tableau noir** 25B blackboard

tablette *f.n.* **tablette (numérique)** 36DM, 44D tablet computer

tabou *m.n. & a.* 23D, 26D taboo; **Tabou (le)** *m.p.n.* 29ABD nightclub in Saint-Germain-des-Prés

tache *f.n.* 23D, 28AB stain, spot, splash

taché *a.* 36D splashed, mottled

tâche *f.n.* 37D, 38D, 49AB, 51D task, work

tacot *m.n.* (sl.) 51ABCE jalopy, heap

Tac-O-Tac *p.n.* 41D lottery game

tact *m.n.* 44D tact

tactile *a.* 36D, 44D tactile; **écran tactile** 22M, 36M touch screen

tactique *f.n.* 7D, 16D tactic

Tahiti *p.n.* 2AD, 39D, 51D French overseas territory in the Pacific Ocean

tahitien *a.* 2D Tahitian

taille *f.n.* 6ABC waist; 7E, 40D 45AB height, stature; 7D, 35D, 40D, 45AB size; **vous faites quelle taille?** 45A what's your size?

tailleur *m.n.* 17ABC, 45M, 47M tailor

taire (se) (29, 7) *v.* 37A to be silent, to hold one's tongue; **tais-toi!** 9A, 33A, 37A be quiet!; **taisez-vous!** 42D stay out of it!

tajine *m.n.* 26M Moroccan slow-cooked stew

Taj-Mahal *m.p.n.* 51A seventeenth-century mausoleum at Agra, India

Tal (Tal Benyerzi, b. 1989) 52D Israeli-born French singer-songwriter

talent *m.n.* 4M, 15D, 18A, 20A, 23D talent, aptitude

talisman *m.n.* 22M good-luck charm

talon *m.n.* 39D heel

tambour *m.n.* 17D drum

tampon *m.n.* 15M (rubber) stamp

tandis que *conj.* 15D, 18A, 23D, 36D, 40A, 45D, 48D whereas, while

tangage *m.n.* 30M swaying

tank *m.n.* 48M tank, big car

tant *adv.* 6D, 10D. 11D, 16A, 25D so much, so many; **tant de fois** 28D so often; **tant pis!** 6A, 25D, 30M, 32D, 38M too bad!, so be it!; **tant bien que mal** 20D as best one can; **en tant que** 9D, 17D, 42D as; **tant que** 21D, 30D, 33B, 43D, 52M as long as; **tant qu'il y en a** 16A, 43B as long as it lasts

tante *f.n.* 2AC, 5M, 7M, 8ADEM, 9AC aunt

tantôt *adv.* 48D at times

taper (4) *v.* 18E, 25D, 39D, 41D, 47D to hit, to slap, to knock; 36D to type; **taper à la machine** 18A to typewrite; **taper dessus** 40D to beat up; **se taper** (sl.) 17M, 46D, 47ACD to be faced with, to get stuck with

tapis *m.n.* 24M, 43B, 49D rug, carpet; **tapis roulant** 26M conveyor belt; **tapis de sol** 43A groundcloth

tapisserie *f.n.* 50AE tapestry

taquiner (4) *v.* 38E, 47E to tease

Tarascon *p.n.* 43D city in Provence on the Rhône river

tard *adv.* 8D, 9D, 10M, 14D, 15D late; **il se fait tard** 36A it's getting late; **mieux vaut tard que jamais** 51A better late than never

tarder (4) *v.* to be long in coming; **il lui tarde de revoir la France** 27M he can't wait to see France again

Tardieu, Jean (1903–1995) 11D, 15D, 31D, 36D French poet and dramatist

tardif *a.* 36D belated

tardivement *adv.* 33D, 44D late

tarif *m.n.* 22D, 27D, 39D price, rate; **plein tarif** 34M full price

tarifaire *a.* 27D in terms of cost

Tarn *m.p.n.* 47A river in southwest France famous for its gorges

Tarquin *m.p.n* 39B Roman noble whose son raped Lucretia

tarte *f.n.* 26ABC, 36M, 43D tart; **tarte au citron** 26A lemon tart

tartine *f.n.* 42AE, 50B slice of bread with a spread

Tartuffe *m.p.n.* 15D main character of Molière's play of the same name

Tarzan *m.p.n.* 52A fictional "ape-man," hero of adventure novels and movies

tas *m.n.* 40D, 46A, 47D, 49A, 51M pile, heap; **des tas de** 17A, 20D, 43D, 44M, 50D lots of; **tout un tas** 46E a whole lot, a whole bunch

tasse *f.n.* 25D, 37A, 51A cup

tassé *a.* packed, crammed; **bien tassé** 24ABE strong, with very little water

Tastevin (Chevaliers du) *m.pl.n.* 34D wine-tasting association

tata *f.n.* (coll.) 36M auntie

tatie *f.n.* (coll.) 27M auntie

tâtonner (4) *v.* 36D to grope, to feel one's way

tatouer (4) *v.* 27M to tattoo

taudis *m.n.* 33AB hovel

taureau, -aux *m.n.* 7M, 47D, 50ABD bull

taux *m.n.* 5D, 19D, 33D, 43D, 50D rate; **taux d'intérêt** 34D interest rate

taxe *f.n.* 34B, 49D tax

taxi *m.n.* 4ADE, 9M, 18D, 22D, 28A taxi

Tchèque *a. & n.* 50D Czech

Tchétchénie *f.p.n.* 48M Chechnya

TCP/IP *p.n.* 36D Transmission Control Protocol

te *pron.* 8ADM, 9A, 10BD, 11DM, 13D you

Téchiné, André (b. 1943) 13M French filmmaker

technicien *m.n.* 20D technician

technique *a.* 36D, 48A technical; *f.n.* 26D, 40B, 41M technique

technologie *f.n.* 10D, 19D, 29D, 32D technology

technologique *a.* 32D, 44D technological

technotourisme *m.n.* 43D technology tourism

tee-shirt *m.n.* 12D, 38M, 45D t-shirt

teinturier *m.n.* 52M dry cleaner

tel, telle *indef. a.* 16D, 19D, 22D, 35D, 36D, such, as, as such; **de telle sorte que** 24D such that; **tel poète** 48D such and such a poet;

tels des diables 49D like devils; à telle enseigne que 51D so much so that; tel qui *pron.* 23D he who

télé *abbr. for* television 7M, 9ABD, 12M, 17M, 20M

télécarte *f.n.* 22B magnetic telephone card

téléchargé *a.* 36D downloaded, uploaded

télécharger (4b) 10M, 40D to download, to upload

télécom *m.n.* 36D telephone company

télécommunication *f.n.* 36D telecommunication

télégénique *a.* 12M telegenic

télégraphe *m.n.* 48A telegraph

téléphone *m.n.* 2B, 3B, 11M, 12AB, 13D telephone; jeton de téléphone 22BCDM pay phone token; annuaire du téléphone 24AB telephone directory; coup de téléphone 33M, 52D telephone call

téléphoner (4) *v.* 2D, 4D, 8M, 12B, 15M to telephone

téléphonique *a.* 22M, 36D; conversation téléphonique 16D phone conversation; annuaire téléphonique 16D phone directory; cabine téléphonique 22ACDEM telephone booth

Télé-Québec *p.n.* 42D public educational television network in Quebec

télé-réalité *f.n.* 40D reality TV

téléspectateur, -trice *m. & f.n.* 40D viewer

Télétel *m.n.* 36D French telecommunications agency

télétravail *m.n.* 5D, 18D, 32D telecommuting, working remotely

télévisé *a.* journal télévisé 32AC, 40D television news; jeux télévisés 40D television game shows

téléviseur *m.n.* 32D, 33A, 40D, 44D television set

télévision *f.n.* 7M, 9ABD, 12M, 17DM, 18A, television

tellement *adv.* 12M, 14D, 19AD, 20M, 23E so, so much, in such a way

témoigner (4) *v.* 24D, 33D to bear witness; 45D to be evidence of

témoin *m.n.* 38D, 39D witness

tempe *f.n.* 36D temple

tempérament *m.n.* 26D temperment

température *f.n.* 14C, 48B temperature

tempérer (10) *v.* 36D to qualify, to modify slightly

tempête *f.n.* 16B storm

temple *m.n.* 26ABE (Protestant) church

temporaire *a.* 49D temporary

temporairement *adv.* 51B temporarily

temps *m.n.* 5D, 10AB, 11ABCD, 12ACE, 23AB weather; avoir (du) beau temps 12A to have nice weather; quel temps! 10AB what weather!; quel temps fait-il? 9C what's the weather like?; un temps de chien 11D rotten weather

temps *m.n.* 5AB, 6M, 7A, 8AB, 10ABEM time, days, cycle; à temps partiel 5D, 18D part-time; à temps plein 5D, 18D full-time; du temps de/que 8A, 17D in the days of/when; en ce temps-là 11D, 40D in those days; pendant ce temps-là 12A, 13A meanwhile; en même temps 13D, 18D, 50D at the same time; moteur à deux/trois temps 18D two-/three-cycle engine; au temps de 29B in the era of; dans le temps 32D, 33D, 40D, 41M once upon a time, in times past; ces temps-ci 42A these days; de temps en temps, de temps à autre 13D, 27M, 28B, 42AD, 46D from time to time; de tous les temps 29D perennially; emploi du temps *m.n.* 47M schedule

tendance *f.n.* 29D, 35D, 46A tendency, inclination; *a.* 46D trendy

tendancieux *a.* tendentious

tendou *m.n.* 40D tendu, stretching exercise in ballet (*Russian accent*)

tendre *a.* 44D, 48D tender

tendre (6) *v.* 13AB, 25AD, 41AB, 49A to hold out, to hand; 32D, 34D, 37D, 48D to tend to, to have

a tendency to; tendre la main 22D, 30D to extend one's hand; tendre l'oreille 41B to prick up one's ears

tendresse *f.n.* 37D, 42D, 52D tenderness

tendu *a.* 23AB, 25M, 28C, 41B strained, tense

ténébreux *m.n.* beau ténébreux 51AB intense, dark-haired, good-looking man

tenir (37) *v.* 12M, 13M, 16ACM, 24D, 33D, to hold, to keep, to occupy; 17D, 51D to hold on, to last; tenir à 27B, 39D, 45A, 47A, 51A to be determined to; si vous y tenez 27A if you really want to; tiens!/tenez! 2AD, 10A, 11D, 12A, 13A look!, hey!, say!, here!; tenir compte de 18M 32D to take into account; il tint à peu près ce langage 19D, 49D he said more or less these words; tenir la jambe de quelqu'un 35M to buttonhole someone, to drone on; se tenir 40D to take up position; se tenir au courant 37B to keep informed; se tenir bien/mal 33B to be well/poorly behaved; tenir debout 38M to add up, to make sense; se tenir debout 47D to stand upright; se tenir 33BE to behave oneself; tiens-toi bien! 17M, 33A behave yourself!; se tenir par la main 41A to hold hands; le petit ne tient plus en place 46D the child can't stand still; qu'à cela ne tienne! 50AB no problem!

tennis *m.n.* 6ABD, 7M, 9D, 17M, 42D tennis; *pl.n.* 11M, 44M tennis shoes; jouer au tennis 12AB to play tennis

tension *f.n.* 16D, 19D, 41B, 48M tension

tentant *a.* 38D tantalizing, tempting

tentation *f.n.* 26B, 32D, 44D temptation

tentative *f.n.* 44D, 47D attempt

tente *f.n.* 23B, 31D, 43ACD, 45M tent; tente à oxygène 51D oxygen tent

tenté *a.* 37A tempted

tenter (4) *v.* 8M, 26ABC to tempt;

23D, 41D, 51M to try, to attempt; **tenter sa chance** 41ABD to try one's luck

tenu *a.* 31D bound

tenue *f.n.* 32M outfit; **tenue de route** 29AB handling, road-holding ability

tergal *m.n.* 45ACD French polyester fabric

terme *m.n.* 24E, 36D term; **mettre un terme** 45D to bring an end; **sur le long terme** 34D in the long run

terminal *a. & n.* 36D terminal; **terminal de lecture** 36D e-text reader

terminale *f.n.* 19ABD, 20D last year of high school in France

terminé *a.* 9D, 49A finished

terminer (4) *v.* 12C, 14C, 16D, 34E, 51D to end, to finish, to bring to an end; **se terminer** 14D, 24A, 42A to end, to come to an end

terrasse *f.n.* 14A, 15ACE, 18AB, 22D terrace

terrain *m.n.* 35D, 43D, 44AB plot of land; **terrain de sport** 44D playing field

terre *f.n.* 13D, 24BD, 28D, 33D, 34D world, earth; **par terre** 9M, 10D, 31M, 40D, 42D on/to the ground; **terre-plein** 37D strip of flat ground; **Terre Sainte** 47D the Holy Land; **terres émergées** 47A dry land, land mass

terrestre *a.* 24A, 8D, 42D, 45D, 48D earthly, worldly; **force terrestre** 45D land forces

terrible *a.* 8D, 25D, 32D, 40M, 43D awful; 30D tremendous; 43D awesome; **une fessée terrible** 17D one heck of a spanking

terriblement *adv.* 4D awfully

terrifié *a.* 52AE terrified

terrine *f.n.* 24D earthenware pot

territoire *m.n.* 2D, 7D, 45D territory

terrorisme *m.n.* 45D terrorism

terroriste *m.n.* 20M, 40B, 52A terrorist

tes. *See* **ton**

tesson *m.n.* 43D shard

testament *m.n.* **Ancien Testament** 20E Old Testament

tester (4) *v.* 8M to test, to try out

tête *f.n.* 7M, 9D, 10ABC, 13ACDE, 14D head, expression, look; **monter à la tête** 6M to go to one's head; **quelle tête d'idiot!** 13A what a jerk!; **en tête (de liste)** 17D, 20D, 36D, 44D at the top (of the list); **ne savoir plus où donner la tête** 23M to have no idea what to do; **il avait une tête comme ça** 30D his head was swollen out to here; **qu'est-ce qui a pu lui passer par la tête?** 36M what was she thinking?; **se mettre en tête** 37A to take it into one's head; **se payer la tête de quelqu'un** 38M to make fun of someone; **la tête des clients** 42A the look on the guests' faces; **la tête qu'il fera** 43A the look on his face; **coûter les yeux de la tête** 46AB to cost an arm and a leg; **il avait une tête de fouine** 49D he had a sneaky look about him; **tête de mort** 49AB skull; **tomber sur la tête** 50AB to be off one's rocker

Têtu *m.p.n.* 45D French magazine for gay men

teuf-teuf *m.n.* 45D putt-putt

texte *m.n.* 2AC, 3AC, 4AC, 5AC, 6AC text; **traitement de texte** 18BE word-processing

textile *m.n.* 51B textile

texto *m.n.* 19D text message

TGV (Train à Grande Vitesse) *m.p.n.* 27ABCD, 42ACE high-speed train

thé *m.n.* 24D, 25AE, 36B, 38D, 46M tea; **salon de thé** 45A tearoom

théâtre *m.n.* 16D, 31D, 36A, 37BE, 38D theater; **pièce de théâtre** 11D,15D, 32D, 38D, 48D play; **théâtre de boulevard** 24D light comedy; **Théâtre de l'Œuvre** 40D Symbolist theater in Paris founded in 1893

thème *m.n.* 7D, 31D, 44D, 45D, 48D theme; 50B translation (into a foreign language)

théologal *a.* 3B theological

théoricien *m.n.* 37D theorist

théorie *f.n.* 12D, 19D, 21D theory

thermal *a.* **eaux thermales** 50AE hot springs

thermique *a.* 48A thermal

thermographie *f.n.* 23D thermography

thon *m.n.* 16D, 26AB tuna

tibia *m.n.* 49D tibia

Tibre *p.n.* 35D Tiber river in Rome

tic *m.n.* 37AC, 52A tic

ticket *m.n.* 27ABD, 37A, 41D, 43D, 44D ticket

tien (le), tienne (la), tiens (les), tiennes (les) *pron.* 30D, 37D your, yours; **à la tienne** 30D to your health!, bottoms up!

tiercé *m.n.* 41D, 44ABD betting game whose object is to guess the top three horses in a race

tiers *m.n.* 7D, 20D, 21D, 22D, 29D third, third part

tigre *m.n.* 40BM tiger

tilleul *m.n.* 36A lime-blossom tea; 36B lime tree

timbre *m.n.* 14AB, 15ACEM stamp

timide *a.* 5M, 16M, 28B, 41E, 52E timid; *m.n.* shy, bashful person

tins, tint *passé simple of* **tenir**

tinter (4) *v.* 26D to chime

tir *m.n.* 36D shooting

tirage *m.n.* 41AD, 43D drawing

tirelire *m.n.* 15D piggy bank

tiré *a.* 40D, 47D, 47D, 48D taken, drawn, pulled

tire-au-flanc *m.n.* 21M shirker, slacker

tirer (4) *v.* 26D, 36D, 39ABD, 43D, 46D to pull, to tug; 18C, 19D to draw; 40D to shoot; **tirer deux coups de revolver** 26D to shoot twice; **tirer un profit** 41B to derive a profit; **se tirer** 40D, 44M, 51M to extricate oneself; **se tirer des pieds** 40D to run away

tiroir *m.n.* 22M, 44D furniture drawer

tisonnier *m.n.* 36D poker

tissé *a.* 47D woven

tisser (4) *v.* 29D to weave

tissu *m.n.* 16AB, 45AD, 51D fabric

Titan *m.p.n.* 14M, 24D giant in Greek mythology

Titine *f.p.n.* 38D diminutive of Martine or Christine

titre m.n. 10AC, 18D, 19ABC, 20D, 24D title; **au même titre** 24D in the same way; **à ce titre** 24D as such; **à titre gracieux** 34D complimentary, free; **à titre tout à fait exceptionnel** 4M as a one-time exception; **à titre expérimental** 22M on an experimental basis; **titre de transport** 52M ticket

tituber (4) v. 40D to stagger

titulaire m. & f.n. **titulaire du baccalauréat** 13D holder of a baccalaureate; **titulaire de carte** 27D cardholder

tlj abbr. for tous les jours 29D

Tocqueville, Alexis de (1805–1859) 19D French political historian

Todd, Emmanuel (b. 1951) 35D French historian and sociologist

Togo p.n. 8M, 14M African nation

Togolais p.n. 9M native of Togo

toi pron. 2A, 4AD, 9A, 10DM, 11M you; **toi-même** 8A yourself; **à toi** 9A it's your turn; **c'est toi?** 12A is that you?; **c'est encore toi?** 18A are you back again?

toile f.n. 43AB, 50A cloth; 26D canvas

toilette f.n. **les toilettes** 17D, 22AB, 30A, 44D toilet, bathroom; **cabinet de toilette** 35AB bathroom; **eau de toilette** 23D toilet water, cologne

toison f.n. 35D fleece

toit m.n. 11D, 25M, 26D, 32AB, 34ABCD roof; **toit ouvrant** 29AB sunroof

toiture f.n. 35E roofing material

tôle f.n. 22D sheet metal

tolérance f.n. 21D, 45D, 48D tolerance

tolérant a. 37D tolerant

tolérer (10) v. 19D, 31D to tolerate; **toléré** 31D permitted

tomate f.n. 16D, 26ABD, 28BD tomato

tombant a. falling; **moustaches tombantes** 10AB drooping mustache

tombe f.n. 33D, 44D, 48D tomb, grave

tombeau m.n. 45D, 47D tomb; **à tombeau ouvert** 30D at top speed

tomber (4) v. 13AB, 17BCD, 20A, 21AB, 22B to fall; **laisser tomber** 9A, 12A, 13AB, 19D, 28M to drop; **tomber sur** 13M, 23A, 30M, 37D to come/run across; **tomber bien/mal** 24B, 30D to happen at the right/wrong time, to come at the right/wrong time; **je suis bien tombé!** 28AC, 45M what luck!; **tomber de sommeil** 24B to be ready to drop; **tomber amoureux** 25D, 34M to fall in love; **tomber en panne** 27AB, 31CE to have a breakdown

tombereau m.n. 49D dumpcart

tombola f.n. 41D tombola

ton m.n. 22D, 29E, 36E, 37AC, 39E tone, tone of voice; **donner le ton** 48D to set the tone

ton, ta, tes a. 8A, 10ADM, 11M, 12A, 13BM your

tonalité f.n. 36D tone

tondeuse f.n. 12B lawnmower

tondre (6) v. 12B to mow

tongs f.pl.n. 44M flip-flops

tonic m.n. 50D restorative or stimulating drink

Tonkin m.p.n. 38D Tonkin, northernmost part of Vietnam

tonne f.n. 14M, 18D ton

tonneau m.n. 48D barrel

tonnerre m.n. thunder; **du tonnerre** 12M fantastic, terrific

tonton m.n. (coll.) 8ACD, 9AC, 11M, 13M, 14D uncle

topo m.n. (coll.) spiel; **même topo** 40D same story as before

torche f.n. 33B, 37D, 39AB torch

torchon m.n. 24D dishtowel

torrent m.n. 40D torrent

torse m.n. 7M torso

torsion f.n. 39D twisting

tort m.n. 30D, 31D, 34D wrong; **avoir tort** 14C, 21ABD, 34D, 41E, 52D to be wrong; **dans son tort** 30D, 31D in the wrong

torture f.n. 39D torture

torturé a. 45D tortured

tôt adv. 15D, 27DE, 36AB, 37E, 42D soon; 32D, 36A, 37DE, 41D, 46D early; **au plus tôt** 24A at the earliest; **ce n'est pas trop tôt!** 19D, 51A it's about time!

total a. & n. 36D, 44D, 45D total; **au total** 33D, 34AD all in all

totalement adv. 10M, 13D, 16D, 36M, 36D totally

totalité f.n. 12D, 33D, 41D, 42B totality

touchant a. 20E, 26A touching, moving

touche f.n. 18E, 41D key

touché a. 44DM affected

toucher (4) v. 3M, 18D, 26D, 29D, 30B to touch, to affect; 44D to cash in; **touche pas à mon pote** 8D, 27D hands off my buddy

toujours adv. 3BD, 6M, 8ABCEM, 9ACE, 10A always, ever, still; **il vit toujours** 14AB he's still alive

toulousain a. 26A, 35M, 50A from Toulouse

Toulouse p.n. 12D, 35D city in southwest France

toupie f.n. 46D top

tour f.n. 6D, 15AD, 23ACD, 24D, 32A tower; **La Tour Eiffel** 14M, 15AD, 32AC, 38D, 40A the Eiffel Tower; m.n. 4M, 9A, 12M, 13BD, 14M turn, round (of elections); 40B circuit; 48D tour; **au quart de tour** 31AB instantly; **tour de taille/poitrine** 45AB, 47D waist/chest measurement; **faire un tour** 11M, 15ABE, 24A, 27M, 42A to take a stroll, to walk around; **faire le tour de** 23A, 30B, 43AD, 47AB to go around; **à tour de bras** 40D nonstop; **Le Tour de France** 6D, 7M, 15A, 39D, 47A annual bicycle race around France; **à mon tour** 4M it's my turn; **à son tour** 20D in turn; **jouer un (mauvais) tour** 33M to play a trick; **ça te jouera un mauvais tour** 41D that'll smack you in the face; **tour à tour** 26D, 35D, 45D successively; **Tour Elf** f.n. 38M skyscraper in the business district of Paris; **faire demi-tour** 30AB to turn around, to do a 180

Touraine f.p.n. 34AD region around Tours, in the Loire valley

Tourcoing p.n. 47A, 48A industrial city in northeast France

tourisme m.n. 30B, 42D, 43D, 48A,

51D tourism, touring, tourist trade

touriste *m.n.* 11M, 28B, 29AB, 35D, 37D tourist

touristique *a.* 24A, 42D, 49D tourist; **guide touristique** 37D tour guide

Tourmalet (col du) *m.p.n.* 47AD mountain pass in the Pyrénées

tourmenter (4) *v.* 23D to torment

tournée *f.n.* 26D, 39D, 42D tour

tourner (se) (7) *v.* 13A, 16D, 25D, 31BDE, 36D to turn; 17A, 18A to turn out; 36D, 52A to turn over; 33M, 38B, 40ABD to shoot (a film); **tournant autour de l'alimentation** 35M having to do with eating

Tournier, Michel (b. 1924) 23D, 24D French writer

Tournus *p.n.* 30M town in Burgundy known for its Romanesque church

Tours *p.n.* 45D French city in the Loire valley

tousser (4) *v.* 43D, 45D to cough

tout *a.* any, every, all; **tout le monde** 3A, 5AM, 8AM, 10A, 13A everybody, everyone; **tout ça** 3A, 7A, 6E 9A, 13AC all that; **tous les deux** 5A , 15D, 16A, 23A, 24A both; **en tout cas** 6M, 7D, 8M, 13A, 15M in any case; **tous les jours** 5M, 11D, 13D, 14B, 18AC every day; **à toute vitesse** 17A, 18A, 27M, 49A, 52A as fast as possible; **de toute façon, de toutes les façons** 11M, 18A, 24A, 27A, 29A anyhow, in any case; **tout au long de leur vie** 19D their entire life; **toute la journée** 31D all day long; **à tous les coups** 13AB, 31E, 43AD every time; *pron.* all, every, everything; **tout ira bien** 23A everything will be fine; **c'est tout** 5M, 6M, 7A, 10A, 16A that's the end of it, that's all; **tout est bien qui finit bien** 37AB, 38A, 49A, 52A all's well that ends well; *adv.* quite, entirely, all, very; **tout rouge** 14A all red; **tout seul** 16D, 20A, 22D, 32B, 36D all alone; **toute trempée** 17A completely soaked; **tout**

simplement 17D, 20A, 22A, 23M quite simply; **tout près** 12AB, 14A, 16A, 18A quite close; **c'est tout emmêlé** 18A it's all tangled up; **tout en** (+ *present participle*) 18D, 24D, 36D, 38A while; **les tout premiers** 50D the very first; **tout droit** 23M, 52D straight ahead; **ça sort tout droit de la boîte** 25A it's straight out of a can; *adv. phr.* **pas du tout** 6M, 7A, 8M, 14A, 19BD not at all; **tout de suite** 8A, 12A, 14DE, 17A, 18A right away; **tout à l'heure** 10A, 16AC, 22A, 23A, 43D just now, a moment ago; 22A, 28A in a moment, soon; **tout à fait** 17E, 19B, 21D, 22E, 25M completely, quite, entirely; **tout à coup** 22D, 27AB, 32AD, 36D, 37A all of a sudden; **tout de même** 27A, 34A, 37D, 44A, 46A all the same; **à tout moment** 27D, 32D at any moment; **tous les deux/tous les trois** 3A, 5A both of you/all three of you; **tous les quatorze ans** 32D every 14 years; **tout juste** 49M, 52D only just

tout-à-l'égout *m.n.* 33AB sewer system

toutefois *adv.* 29D, 34D, 35D, 44D however

toutou *m.n.* (*coll.*) 2AE, 8A, 17M, 45A doggie

tout-Paris *m.n.* 5D, 32A fashionable Paris

toxicomanie *f.n.* 41D drug addiction

tracasser (se) (7) *v.* 29M to worry

trace *f.n.* 37D, 49D, 52A trace

tracé *m.n.* 39D layout

tracer (4a) *v.* 44D, 48D, 52D to draw, to trace, to lay out

tracteur *m.n.* 17AB tractor

traction *f.n.* pulling power; **traction avant** 45D front-wheel drive

tradition *f.n.* 9D, 18D, 24E, 30M, 33D tradition

traditionnaliste *m.n.* 50M traditionalist

traditionnel *a.* 9D, 32D, 33D, 34D, traditional

traditionnellement *adv.* 24D, 31E, 51D traditionally

traducteur *m.n.* 8D, 24D translator

traduction *f.n.* 6D, 10D, 11D, 20D, 50B translation

traduire (13) *v.* 11D, 12D, 13D, 23D, 48D to translate

traduit *a.* 20D, 23D, 35D translated

trafic *m.n.* 39D traffic; **trafic de drogue** 52A drug trafficking

tragédie *f.n.* 4A, 15D, 21AE tragedy

tragique *a.* 48D tragic

train *m.n.* 4AD, 17B, 27ABC, 28ACD, 29ACE train; **en train** 27A by train; **trains Intercités** 27D local trains; **être en train de** 6M 13M, 21A, 32A, 37D to be in the middle of; **toujours en train de parler de sa famille** 32A always talking about his family

traînée *f.n.* 45D trail

traîner (4) *v.* 17D to take one's time; 37D, 40D, 52A to drag; 41M to hang around; **se traîner** 45D to drag oneself; **traînant** *a.* 39D slow, drawn-out

traire (*) *v.* 47D to milk

trait *m.n.* 15E, 30DM outline, trait; 40AC line, dash (in Morse code)

traite *f.n.* 42D trade

traité *m.n.* 33D, 47ABD treaty

traité *a.* 48D treated

traitement *m.n.* 34AB compensation; **traitement de texte** 18BE word-processing

traiter (4) *v.* 33E, 40M, 43E, 45E, 48D to treat; **traiter quelqu'un de quelque chose** 38D, 50E to call someone something

trajectoire *f.n.* 37D, 51A trajectory

trajet *m.n.* 45D trip

tram *m.n.* 25D tram, trolley

tramway *m.n.* 37M tram

tranche *f.n.* 26ABD, 28B, 42B slice; **tranche d'âge** 31D, 44D age bracket

trancher (4) *v.* 22D to end the discussion

tranquille *a.* 16A, 18AB, 19DM, 20A, 26D calm, still, quiet

tranquillement *adv.* 17M, 27B, 30M, 48A, 49A calmly, peacefully

tranquillisant *m.n.* 24M tranquilizer

tranquilliser (4) *v.* 47M to calm down

transaction *f.n.* 41B transaction

transatlantique *a.* 17D transatlantic

transcendance f.n. 36D transcendence

transept m.n. 47B transept

transformation f.n. 21B, 31B, 34E transformation

transformé *a.* 21B transformed

transformer (se) (7) *v.* 18D, 33D, 34ABD, 36D, 40A to transform, to change

transgressif *a.* 21D transgressive

transi *a.* paralyzed; amoureux transi 48D bashful lover

transit m.n. 42D transit

transition f.n. 37D, 42D transition

transmettre (24) *v.* 21D, 26D to transmit

transmission f.n. 35D, 45E, 50D transmission

transparent *a.* 41E, 48D transparent

transport m.n. 14M, 18D, 20D, 27AE, 43D transportation; transports en commun 27D, 37M public transportation; moyen de transport 27E, 28D, 43D means of transportation; titre de transport 52M ticket

transportable *a.* 13M portable

transporté *a.* 19ABD carried away

transporter (4) *v.* 12D, 27A, 39D, 40D, 46D to transport, to carry

transporteur m.n. 27D carrier

trappe f.n. 33D dispenser

traquenard m.n. 51D trap

Trash p.n. 36AC counterculture film by Andy Warhol

travail, -aux m.n. 5D, 8BD, 9D, 12D, 14AM work; travaux pratiques 13D, 48D practical applications, exercises; travaux forcés 20AB forced labor; travaux 29D roadwork; 34E construction work; en travaux 48D under construction; lieu de travail 27D workplace; avoir du travail par-dessus la tête 28M, 34M to be up to one's ears in work; travail à domicile 32D work from home; code du travail 37D labor laws

travailler (4) *v.* 3D, 5ABCD, 6A, 7AEM, 8M to work

travailleur m.n. 5D, 18D, 20D, 48A worker

travers *adv.* à travers 21D, 26D, 31M, 42E, 43B across, through; en travers 40D across; en long, en large et en travers 44M six ways from Sunday; de travers 46D askew; regarder de travers 19D to give a weird look

traversée f.n. 14M crossing

traverser (4) *v.* 12AC, 13A, 15A, 22M, 23A to cross

trébucher (4) *v.* 17D, 37D, 38D to stumble

trèfle m.n. trefoil; trèfle à quatre feuilles 41D four-leaf clover

treize *inv. a. & n.* 9D, 17A, 30D, 43ABC thirteen

trekking m.n. 46M trekking

tremblant *a.* 44D tremulous, quavering

tremblement m.n. 45D, 49D trembling; et tout le tremblement 37D the whole nine yards

trémolo m.n. quaver; avec des trémolos dans la voix 51M her voice quavering with emotion

trémousser (se) (7) *v.* 43M to make small rapid movements, to move provocatively

trempé *a.* 17AB, 31ABM, 51B soaked, drenched

tremper (4) *v.* 34D, 50B to dip, to soak

tremplin m.n. 35D springboard

trentaine f.n. 37A, 40D about thirty

trente *inv. a. & n.* 5D, 10D, 15D, 21D, 22A thirty

trépidation f.n. 30M shudder

très *adv.* 2A, 3BD, 5ABD, 6ABCDM, 7M very, most

trêve f.n. 48D truce

tri m.n. 37M sorting

triangle m.n. 21D triangle

Trianon (le Grand) m.p.n. 27AB pavilion in the Versailles gardens built by Hardouin-Mansard in 1687

tribal *a.* 32D tribal

tribu f.n. 40M, 46D tribe

tribunal m.n. 13D, 16A, 47M, 48D, 52D tribunal, law court; tribunal de grande instance 47M district court

tricot m.n. 22E knitting

trier (4) *v.* 44ABE, 47D to sort, to pick over

trigonométrie f.n. 21A trigonometry

trimballer *v.* 52M to lug around

trimestre m.n. 34B trimester

trinité f.n. 21D trinity

Trintignant, Jean-Louis (b. 1930) 42D French actor

triomphal *a.* 39D triumphal

triomphalement *adv.* 52A triumphantly

triomphe m.n. 28M, 39A triumph; Arc de Triomphe 7M, 15B triumphal arch on the Place de l'Etoile

tripes f.pl.n. 47A tripe; tripes à la mode de Caen 47A culinary speciality of Caen

tripler (4) *v.* 50D to triple

triporteur m.n. 31B delivery tricycle

Tristan et Iseut p.n. 48D medieval romance of Tristan and Isolde

triste *a.* 14D, 15E, 16D, 24B, 25M sad, sorrowful

tristement *adv.* 11D sadly

Tri Yann p.n. 48D Breton folk-rock band

Trocadéro p.n. 12M area in the 16th arrondissement of Paris, across from the Eiffel Tower

trogne f.n. (coll.) 31A face

trois *a. & n.* 3B, 4A, 7M, 8AB, 9AB three; Louis Trois 8D Louis III; trois-quarts 22D three-fourths; ménage à trois 39A love triangle; pour trois fois rien 51AB for next to nothing

troisième *a. & n.* 9D, 14M, 19B, 21AB, 22A third

trois-pièces m.n. 44D three-room apartment

trombone m.n. 40D trombone

trompe f.n. 19D trunk (of elephant)

tromper (4) *v.* 19D to trumpet; 39E to deceive; 37D to cheat on; se tromper 11AB, 21AB, 23AD, 27AE, 30AC to be mistaken, to make a mistake, to be wrong; se tromper de numéro 27A to call the wrong number

trompette f.n. 14D, 22D, 30D trumpet

trompettiste m.n. 6D, 40D trumpet player

trompeur *a.* 38M deceptive

trône m.n. 52D throne

Tronoën p.n. 50B city in Brittany known for its calvary

trop adv. 2AD, 5DM, 6M, 7M, 9AB too, too much; **il pèse trop** 7E he weighs too much; **trop de travail** 18B too much work; **je ne sais pas encore trop** 13A I don't really know yet; **en trop** 52M superfluous

tropical a. 27M, 51D tropical

tropique m.n. 46D tropic

Trotski, Léon (Lev Davidovich Bronshtein, 1879–1940) 38AE Leon Trotsky, Russian Marxist revolutionary and thinker

trotskisme m.n. 46D Trotskyism

trotskiste a. 46A Trotskyite

trotter (4) v. 46DM to trot

trottoir m.n. 22D, 28AB, 31D, 36D, 41ABD sidewalk

troubadour m.n. 48D troubadour

troublé a. 52D troubled

troubler (4) v. 36D to trouble, to disconcert

trouée f.n. 39D breach, cut

troupe f.n. 15D, 45BD, 52D troop

troupeau m.n. 16D, 45D herd, flock

trouver (4) v. 5M, 7M, 8ADE, 9DE, 16A to find; **se trouver** 12AB, 27C, 28A, 37D, 45D to happen to be, to be; 20AC, 32AB, 37D to find oneself; 19E, 27ABCE, 28A, 30C, 42D, to be located

Troyens m.pl.n. 48D Trojans

Troyes, Chrétien de (1135–1183) m.p.n. 48D poet of chivalric romances

truc m.n. 10M, 11M, 13ABCM, 14M, 18E trick, gimmick; **ce n'est pas mon truc** 7M, 39M, 51M it's not my thing

trucage m.n. 40AB special effect

truchement m.n. **par le truchement de** 39D with the aid of, by means of

Truffaut, François (1932–1985) 18A, 37D, 40D, 43D New Wave filmmaker

truffe f.n. 24AB truffle

truite f.n. 24AB trout

truqué a. 40B faked

tt abbr. for **tout**

TTC abbr. for **toutes taxes comprises** tax included

tube m.n. 12M, 25B tube

tuberculeux m.n. 41A tuberculosis patient

tué a. 48D, 51D killed; pron. 31D victim, dead person

tuer (4) v. 13BD, 30M, 51D, 52A, to kill; **ça me tue** (coll.) 13AB that slays me

tueur m.n. 42D killer

tuile f.n. 34A, 35ABDE tile

Tuileries (les) f.pl.p.n. 38A, 39D, 45D public gardens on former site of the royal palace in Paris, between the Louvre and the Champs-Elysées

Tunis p.n. 47D capital of Tunisia

Tunisie p.n. 23M Tunisia

tunisien a. & n. 23M, 35A Tunisian

tunnel m.n. 27AB, 30M, 52B tunnel; **son histoire de tunnel** 52D that tunnel of his

tuque f.n. (Québécois) 42M hat

Turc m.f.n. 35A, 47D Turk

Turin p.n. 30D city in northern Italy

Turquie f.p.n. 25D, 52AE Turkey

tutoiement m.n. 27C use of **tu** and **toi**

tutoyer (se) (11, 7) v. 27ABCE, 41E, 42M to address someone using **tu** and **toi** (instead of **vous**)

tutu m.n. 8A tutu, ballet skirt

tuyau, -aux m.n. 18AB, 24B, 34B pipe, tube; (coll.) 24ABE pointer, tip

Twitter p.n. 29M social networking site

type m.n. 7M, 9C, 11M, 12M, 15E type, kind; (coll.) 7M, 11M, 12M, 13ABCD, 14M guy, character, type; **drôle de type** 13A, 32A real character; **sale type** 13B unsavory character

typique a. 42M typical

typiquement adv. 8D, 22D typically

Tzara, Tristan (1896–1963) 13D Romanian writer who lived and worked in France

ubuesque a. in the style of Ubu Roi

Ubu Roi p.n. 40D satirical play by Alfred Jarry

UCPA (Union des camps de plein air) p.n. 46B association of summer camps

Uderzo, Albert (b. 1927) 43D French comic book artist and scriptwriter, author with René Goscinny of the *Astérix* series

uitte int. 32D whoosh

Ukraine f.p.n. 40D, 50A Ukraine

ulcère m.n. 40D ulcer

ultra-léger a. 39A lightweight

ultramoderne a. 27M ultramodern

ultra-rapide a. 52E ultrafast

ultra-violet a. 12M ultraviolet

Ulysse m.p.n. 35D Ulysses

UNESCO p.n. 35M, 42D, 50D United Nations Educational, Scientific, and Cultural Organization

uni a. 47D united; **fond uni** 40D plain backdrop

uniforme m.n. 14B, 27D, 46D, 49ABC, 50D uniform

uniformisation f.n. 35D standardization

union f.n. 44D union; 46B association; **vivre en union libre** 44D to live together, to cohabit

Union Européenne f.p.n. 3D, 25D, 43D, 44M European Union

unique a. 3D, 12M, 22D, 40D sole, single; 12M unique; **fils unique** 5A only child; **pensée unique** 35D one-track thinking

uniquement adv. 20D, 21D, 43D, 48E solely

unir (5) v. 3D to unite

unité f.n. 52D unity; 26D unit

univers m.n. 19D, 29D, 32D universe

universel a. 33D, 35D, 38D universal

universitaire a. 24AE, 35D university; **Cité Universitaire** 4ACD, 14A, 35A group of student residence halls in Paris; m. & f.n. 35D academic, university professor

université f.n. 2D, 5B, 15D, 19B, 20ABE university

Université Pierre et Marie Curie (UPMC) f.p.n. 35D public research university in Paris and largest scientific and medical complex in France

urbain *a.* 34D, 35D, 38M, 41D urban

urbanisme *m.n.* 39D city planning

urgence *f.n.* 17M, 24M, emergency, urgency

urgent *a.* 46A urgent

URSS (Union des Républiques Socialistes Soviétiques) *f.p.n.* 46D former USSR

USA *abbr.* for United States 27M

usage *m.n.* 29D, 30D, 36D, 37D, 44D use; 35D experience; 37D common practice; 48D custom; **à usage collectif** 27D public

usager *m.n.* 31D user

user (4) *v.* 45D to wear out

usine *f.n.* 37D, 47ABD, 48AC, 52B factory, plant

ustensile *m.n.* 33D utensil

utile *a.* 3ABD, 5A, 7D, 8A, 10D useful

utilisateur *m.n.* 36D, 44D, 50D user

utilisation *f.n.* 19D use

utiliser (4) *v.* 5D, 8D, 12B, 17E, 19D to use

utilité *f.n.* 20D, 23E utility

utopique *f.n.* 43D utopian

Utrillo, Maurice (Maurice Valadon, 1883–1955) 38D French painter

vacances *f.pl.n.* 8ABD, 9ABD, 10AD, 12DM, 13A holidays, vacation; **colonie de vacances** 43D, 46ABDE, 50D youth camp, summer camp

vacancier *m.n.* 29M, 42D vacationer

vacarme *m.n.* 43M din, racket

vaccination *f.n.* 38E, 51D vaccination

vache *f.n.* 4D, 10B, 21D, 24D, 26E cow; **parler français comme une vache espagnole** 16D to speak very poor French; *adj.* 10B, 15M mean, nasty; **il n'y a pas plus vache** 10A there's no one meaner

vachement *adv.* (coll.) 13M, 27M, 28M, 41M, 46AB totally, incredibly; **il avait vachement peur** 49A he was really scared

vade retro *int.* (Latin) 36D step back, get behind me

vadrouille *f.n.* jaunt, short trip; **La**

Grande Vadrouille 45D French comedy film set in World War II

Vagenende *p.n.* 29AD café in Saint-Germain-des-Prés

vague *a.* 36D, 52D vague

vague *f.n.* **la Nouvelle Vague** 37D, 40B New Wave artistic movement in novels and film

vaguement *adv.* 45A, 51M vaguely

vaillance *f.n.* 48D valor

vaillant *a.* 48D valiant

vain *a.* 33D futile; **en vain** 36D, 37D, 38D in vain

vaincu *a.* 27D beaten

vainqueur *m.n.* 27D victor

vaisseau *m.n.* 49D vessel

vaisselle *f.n.* 25B, 33C dishes; **faire la vaisselle** 17M to wash the dishes

valable *a.* 21E valid

Val-de-Marne, Val-d'Oise *p.n.* 20D administrative departments near Paris

Valençay *p.n.* 47AC, 52A town in the Loire valley famous for its castle and its goat cheese

Valéry, Paul (1871–1945) 33D, 50D French poet

valeur *f.n.* 4M, 8D, 19B, 21D, 29D value, worth; 40D valor; **mettre en valeur** 27M to highlight; 51M to show off

valise *f.n.* 5M, 29ABM, 37D, 45D, 46D suitcase; **faire la valise** 46D to pack one's suitcase

Vallauris *p.n.* 50AB town on the Riviera known for its pottery

vallée *f.n.* 24ABDE, 47A, 52A valley

Vallée d'Auge *p.n.* 52A region of Normandy known for its culinary specialties

valoir (38) *v.* 13D, 18E, 30D, 39B, 44AB to be worth; 35D, 42D, 46D, 51D to earn; **ça vaut la peine** 39A it's worth it; **ça vaut combien?** 43A what does it cost?; **il vaut mieux . . .** 13D, 20E, 25E, 31A, 51D it's better to . . . ; **mieux vaut tard que jamais** 51A better late than never . . . ; **je doute que ça vaille la peine** 39A I doubt it's worth it

valorisation *f.n.* 34D validation

valoriser (4) *v.* 18D to place value in, to dignify

Valparaiso *p.n.* 20B port city in Chile

Vals *p.n.* 45A brand of mineral water

vampire *m.n.* 47B vampire

vandalisme *m.n.* 21M vandalism

vanille *f.n.* 24D vanilla; **glace à la vanille** 26A, 31M vanilla ice cream

vaniteux *a.* 20E, 28M vain, conceited

vannerie *f.n.* 9M basketweaving

vanter (4) *v.* 29E to praise; **se vanter** 34E to brag, to boast

vapeur *f.n.* steam; **locomotive à vapeur** 27D steam locomotive; **machine à vapeur** 38E steam engine

Vaqueyras, Raimbaut de (c. 1180–1207) 48D medieval Provençal troubadour

variable *a.* 12D, 18D, 41D variable

variante *f.n.* 7D variant

varié *a.* 32D, 47C varied

varier (4) *v.* 34D, 35D to vary

variété *f.n.* 33D, 42D, 47AD, 50A, 51D variety, diversity; 40D variety show

vase *m.n.* 32A vase

vasque *f.n.* 30M basin

vassal *m.n.* 48D vassal

vaste *a.* 27B, 35D, 37D, 45D, 46A vast, extensive

vaudeville *m.n.* 38D, 39B vaudeville, light comedy

Vavin *p.n.* 36A Paris métro station

veau *m.n.* 25E calf; **tête de veau** 25ABCEM, 35M calf's head (culinary speciality); **blanquette de veau** 26M veal in white sauce

vecteur *m.n.* 35D vector

vécu *p. part.* of **vivre**

vedette *f.n.* 13D, 26D, 34M, 40B, 50D star

végétal *a.* 33D, 35E, 50D plant, vegetable

végétarien *m.n.* 37M vegetarian

végétation *f.n.* 30M, 33D, 51D vegetation

véhicule *m.n.* 31BD vehicle

Veil, Simone (b. 1927) 17D, 27D French minister of health and first elected president of the European Parliament

veille f.n. la veille 11AB, 15E, 22E, 26D, 36D the day/night before; **la veille de Noël** 37D Christmas Eve; **en veille** 47D in sleep mode, on standby

veiller (4) v. 50D to watch over

veine f.n. 26D vein; (coll.) 41B luck; **ce n'est pas de veine!** 41AB what rotten luck!

Vélib' m.n. (abbr. for **vélo** + **liberté**) 22D, 37M bicycle rental system in Paris

vélo m.n. 6D, 9D, 14M, 28BD, 29D bicycle, bike; **faire du vélo** 6ABD to bicycle; **vélo de course** 51A racing bike

vélomoteur m.n. 28ABD, 37D, 45D lightweight motorbike

Vélosolex m.n. 37D, 51AB popular model of moped

velours m.n. 47D velvet; **velours côtelé** 45A corduroy

velu a. 42AB hairy

vendange f.n. 30D harvest

Vendée f.p.n. 34AD department in western France on the Atlantic coast

vendetta f.n. 30M vendetta; 30M Corsican switchblade knife

vendeur, vendeuse m. & f.n. 14D, 18D, 26A, 37AB, 39D seller, salesperson

vendre (6) v. 16M, 17AB, 18B, 28AB to sell; **vendre à la criée** 38D to auction off; **se vendre** 32D, 34D to sell

vendredi m.n. 15D, 23AD, 27AD, 31M, 37A Friday

vendu a. 12D, 13D, 17D, 27D, 32D 41A sold

vénérer (10) v. 52D to venerate

vengeance f.n. 30M revenge

venger (se) (4b, 7) v. 18E, 27D, 30M to avenge oneself, to take revenge

venir (39) v. 2A, 5D, 9M, 10A, 17D to come; **venir de** + inf. 30D, 49D, 50M, 51D, 52M to have just; **Jean-Denis vient de téléphoner** 11A Jean-Denis just phoned; **Robert et Mireille viennent d'arriver** 28A Robert and Mireille

have just arrived; **viens voir!** 13A get a load of this!

Venise p.n. 37D, 45D Venice (Italy), location of a famous film festival

vent m.n. 11BD, 12D, 16AB, 45D, 48D wind; **dans le vent** 16AB, 27B up-to-date, with it; **moulin à vent** 40D windmill

Ventadour, Bernard de (c. 1140–1200) 48D Provençal troubadour

vente f.n. 27D, 34D, 41B, 45D, 50D sale

venter (4) v. 31D to be windy

ventral a. 51D ventral

ventre m.n. 7ACDEM, 28D, 47D, 51D stomach, belly; **avoir les yeux plus gros que le ventre** 35M to have eyes bigger than one's stomach; **à plat ventre** 45D flat on one's face; **mal au ventre** 17D stomachache; **prendre du ventre** 44M, 51D to gain weight, to get a belly

ventru a. 51D potbellied, bulging

Vénus de Milo f.p.n. 23AE, 28B famous Greek statue in the Louvre

verbal a. 43D verbal

verbe m.n. **le Verbe** 3D the Word

Vercingétorix (c. 2 b.c.e.–46 c.e.) 47D chief who led the Gauls against Caesar

Verdon m.p.n. river in Provence; **gorges du Verdon** 47AD, 52A deep gorges formed by the Verdon river

verglas m.n. 12D road ice

vérifié a. 31E checked

vérifier (4) v. 4B, 22D, 25M, 31ABDE, 36AD to check, to verify; **se vérifier** 37D to be proven correct

véritable a. 4A, 14M, 34D, 41D, 42D veritable, real, authentic

vérité f.n. 13D, 14B, 19D, 21B, 40D truth

Verlaine, Paul (1844–1896) 6D, 10D, 26D, 29D, 51D French poet

verlan m.n. 2D, 16M a type of slang that reverses the letters or syllables of words

vermeil a. 6D bright red

vermine f.n. 14B vermin

Verne, Jules (1828–1905) 27M French novelist, poet, and playwright

verre m.n. 16D, 20AD, 22AD, 25ABC, 29D, glass

vers prep. 8D, 10AB, 12AEM, 13AE, 14AB toward, around

vers m.n. 13D, 48D verse, line of poetry

Versailles p.n. 27ABCE, 30B, 47D Versailles, near Paris

Versailles (Palais de) p.n. 14BD, 27BDE, 47D celebrated seventeenth-century royal palace in Versailles

versatilité f.n. 30D versatility

verser (4) v. 22D, 24D, 26D to pour

version f.n. 23D, 33D, 38BD, 41D version; 50AB translation (into one's own language); **version originale** 36AE, 40AC film in the original language

vert a. 6A, 11A, 13A, 26BD, 27M green; **feu vert** 31D green light; **Aiguille verte** 47D one of the peaks at Chamonix; **haricots verts** 24AB green beans; **vert de rage** 28M utterly furious; **se mettre au vert** 48D to go green

vertical a. 36D vertical

vertige m.n. 12D, 14M, 36D, 38M vertigo

vertigineux a. 47E breathtaking

vertu f.n. 3B, 31D, 35D, 44A, 48D virtue; **vertu protectrice** 27D protective effect

vertueux a. 35D, 39D virtuous

vessie f.n. 39D bladder

veste f.n. 13AB, 38AB, 45M, 49M, 51B jacket; **veste de sport** 45A sports jacket; **veste en seersucker** 38ACE, 51A seersucker jacket

vestibule m.n. 32ABCE, 34B vestibule, entrance hall, lobby

vestige m.n. 51D vestige, trace

vestimentaire a. 42D, 44D, 45D, 47M pertaining to clothing

veston m.n. 22D jacket

vêtement m.n. article of clothing; **vêtements** 20D, 34M, 39D, 43AC, 44D clothes, clothing; **vêtement de nuit** 45D nightwear

vétérinaire m.n. 23ABE, 24M veterinarian

vêtu a. 13D, 40D clothed

veuf, veuve a. 8AB, 16D, 35A, 37E widowed; m. & f.n. 8D, 20D, 38D, 44D widower, widow

veulerie f.n. 38D spinelessness

vexé a. 47A annoyed

Vézelay p.n. 47A hilltop town in Burgundy famous for its Romanesque basilica

via prep. 40D via

viaduc m.n. 14M viaduct

Vian, Boris (1920–1959) 6D, 17D, 22D, 23D, 30D French writer and champion of American jazz

viande f.n. 17AB, 24AB, 25E, 26AC, 47D meat

vibration f.n. 51D vibration, annoyance

vice m.n. 24D, 38D, 44B vice

vice-président m.n. 14ABE, 18A, 28M, 47M vice-president

Vichy p.n. 45ABD, 50C spa in central France, seat of Pétain's collaborationist government; 45ABE, 50A brand of mineral water

vicieux a. 44M vicious

vicomte m.n. 13D, 18D viscount

victime f.n. 5B, 26D, 39D, 42D victim

victoire f.n. 27D, 44B, 52D victory; **Victoires de la Musique** f.pl.p.n. 31D, 36D, 43D, 52D music awards presented by the French Ministry of Culture

Victoire de Samothrace f.p.n. 23ABE Winged Victory/Nike of Samothrace, Greek statue celebrating a naval victory, discovered on the island of Samothrace

victorieux a. 7M, 11E, 45D victorious

vide a. 5M, 18M, 19D, 26D, 29AB empty; m.n. 41D, 48D, 51D gap, empty space, emptiness

vidéaste n. 18A video artist

vidéo a. 19D, 20BD, 36D video; m.n. 19D music video; f.n. 23E, 26E, 32D, 40AC video (program)

vide-ordures inv. m.n. 33AB trash chute

videotex m.n. 36D videotex

vie f.n. 5M, 6D, 8D, 11D, 13D life;

gagner la vie 34A to earn one's living; **jamais de la vie!** 20A not on your life!; **il n'y a pas que ça dans la vie!** 50A there's more to life than that!

vieillir (5) v. 18D, 25M, 26M, 35A, 47D to age, to get older

vieillissement m.n. 32D, 33D, 44D aging

Vienne p.n. 35D Vienna, capital city of Austria

Vierge (la) f.n. 16D, 28D, 50D the Virgin Mary; **la Sainte Vierge** 17D, 40D the Blessed Virgin

vietnamien a. 2D, 15D Vietnamese

vieux, vieil, vieille a. 2A, 5DM, 6A, 10D, 12AB old; **vieux jeu** 27ABE old-fashioned, out-of-date; n. **les vieux** 35D, 40D, 41A, 44AB old people; **mon vieux** 10A, 31D, 40D old man, old boy

vif, vive a. 6AD, 7AD, 10D alive, lively, living, animated; **avoir l'esprit vif** 7A, 10E, 52A to be quick-witted

vigne f.n. 15D, 30D, 34AD, 51D, 52A vine

Vigneault, Gilles (b. 1928) 16D Québécois singer and composer

vignoble m.n. 30AD, 31B, 34D vineyard

Vigny, Alfred de (1797–1863) 11D French poet of the romantic period

vigoureux a. 45D vigorous

vigueur f.n. 35D vigor

vilain a. 19D vile, nasty

villa f.n. 28D, 33ABC, 44B detached house

village m.n. 9M, 14M, 16D, 24D village

ville f.n. 4D, 10D, 16D, 17D, 18A town, city; **hôtel de ville** 23AB city hall; **Ville Lumière** 39D City of Light (Paris)

Villequier p.n. 48ACE town on the Seine

Villeret, Jacques (b. 1951) 40AD French actor and entertainer

Villette (la) f.p.n. 33A district of Paris in the nineteenth arrondissement

vin m.n. 15D, 16D, 19B, 21B, 22BD wine; **vin ordinaire** 22D everyday wine

vinaigre m.n. 26D vinegar

Vincennes p.n. 30B, 47D suburb southeast of Paris, known for its chateau

vingt inv. a. & n. 5A, 8DE, 12M, 13D, 14A twenty

vingtaine f.n. 18D, 22M, 23D, 34A, 37D about twenty

vingt-tonnes m.n. 18AD tractor-trailer

vinicole a. 30D wine-producing

viol m.n. 39AB rape, violation

violé a. 39B raped

violemment adv. 44E violently

violence f.n. 15B, 24D, 33E, 38A violence

violent a. 23D, 40E, 46B, 48D, 49D violent

violet a. 13AE, 47D violet

violine m.n. 26D reddish-purple color

violon m.n. 10D, 18A, 31D violin

violoniste m.n. 18AC violinist

virage m.n. 31AB turn, bend, curve

Vire p.n. 50ABE town in Normandy famous for chitterling sausage and cider

virer (4) v. 37M to turn; (coll.) 12M to kick out, to expel

Virgile (70–19 B.C.E.) 48D Latin poet

virilité f.n. 7M, 23D virility

virtuel m.n.. 12D, 29D virtual

virtuose m.n. 18A virtuoso

virulence f.n. 13D hostility

visa m.n. 29M, 51A visa

visage m.n. 6ABD, 7DM, 10BD, 12ABC, 13D face; **en plein visage** 51A smack in the face

vis-à-vis prep. 45D toward, with respect to

viser (4) v. 21D, 35D to aim, to target

visible a. 26D visible

visiblement adv. 7M, 11E, 31M, 45D visibly, clearly

visioconférence f.n. 40D video conference

vision f.n. 28D, 35D, 42D vision

visionnage m.n. 36D viewing

visite f.n. 7M, 16B, 22D, 23D, 45E visit, social call; 37D, 43D, 47C, 49ABD tour; **carte de visite** 32A calling card; **visite médicale** 22D checkup; **visite guidée** 49D guided tour

visiter (4) v. 14M, 16A, 23A, 27A, 29D to visit

visiteur m.n. 22D, 32D, 40M, 42D visitor

vitamine f.n. 46AE vitamin

vite a. & adv. 9B, 12D, 13A, 14AD, 15DE fast; **aussi vite que possible** 30B as quickly as possible; **faire vite** 22B, 32A to be quick; **fais/ faites vite!** 22B, 49A hurry up!

vitesse f.n. 12M, 20D, 26D, 29CD, 30AD speed; **à toute vitesse** 17A, 18A, 27M, 49A, 52A at top speed; **limitation de vitesse** 29D speed limit; **changement de vitesse** 30AB gearshift; **vitesse de pointe** 42A top speed; **vélo à dix vitesses** 51A ten-speed bike

Vitez, Antoine (b. 1930) 39A French stage director

vitrail, vitraux m.n. 28AB, 31D, 47A, 51B stained glass window

vitre f.n. 34AB, 37D, 47B window, windowpane

vitré a. 32AB glassed, glassed in

vitrine f.n. 11M, 26A, 38D, 41M store window; 33D showcase; **lèche-vitrine** m.n. 11M window shopping

Vittel p.n. 45A spa in the Vosges mountains and the brand of mineral water it produces

vivant a. 3M, 14B, 20D, 25B, 26B alive, living; m.n. **bon vivant** 23ABD person who enjoys good living

vivement adv. 40D briskly, smartly

vivre (40) v. 3D, 7D, 8D, 9BM, 13D to live; **Vive . . . !/Vivent . . . !** 9D, 27D, 37M, 38D, 43D Long live . . . !; **de quoi vivez-vous?** 15AB what do you live on?; **qui vivra verra** 23D live and learn

vocabulaire m.n. 21A, 33D vocabulary

vocation f.n. 42D, 43D, 52AC vocation, calling

vœu, voeux m.n. 37D wish, vow

voici prep. 2D, 7D, 10D, 23A, 25A here is, here are

voie f.n. 35D, 39D, 42D, 45D, 50D road, path, route, track; **en voie de disparution** 33D dying out; **voie ferrée** 42D railroad; **voie de circulation** 43M traffic lane

voilà prep. 2D, 6A, 7A, 8AB, 12B there is, there are; int. 8A, 10A, 12A, 13A, 15A there you are!, there you go!; **te voilà riche!** 38A now you're rich!; **me voilà joli** 40D now I'm in a pickle

voile f.n. 6ABD, 10AC, 26D, 43B, 46B sail, sailing; **planche à voile** 6AD, 37A, 48E windsurfer, windsurfing

voilé a. 48D veiled

voilier m.n. 9D, 48ABC sailboat

voir (41) v. 2D, 9M, 10A, 11B, 15A to see; **voyons!** 2A, 4A, 6A, 9A, 27A let's see!, think about it!; 32A really!; **viens voir!** 13A take a look at this!; **va voir** 15A go check; **se faire bien voir** 6M to make oneself look good; **voir le jour** 35D, 36D to see the light of day, to come into existence; **rien qu'à voir votre figure** 38D just by looking at your face; **rien que pour voir** 42A if only to see; **ils ne voulaient pas le voir** 44A they wanted nothing to do with him; **on va voir** 4A we'll see; **on verra** 48M we'll see; **c'est à voir!** 48A that remains to be seen!; **c'est tout vu!** 48A there's no discussion!; **ça n'a rien à voir!** 50AB that has nothing to do with it!; **ça ne se voit pas** 44D it doesn't show; **il me voyait bien faire une école d'ingénieurs** 28M he could imagine me going to engineering school; **je me vois très bien** 52A I can just see myself

voire adv. 32D, 33D, 47D, 49D even, indeed

voisin, voisine m. & f.n. 9D, 27B, 29D, 31D, 36D neighbor; a. 25ACE, 26AE, 44M nearby

voisinage m.n. 33D neighborhood

voiture f.n. 6M, 8D, 9B, 14DM, 16BD car, automobile; **voiture de**

location 27A rental car; **voiture décapotable** 29A convertible; **voiture de sport** 29A sports car; **voiture de plein air** 46D open car; **en voiture** 27B by car; **en voiture!** 52A hop in!, all aboard!; **c'est de la voiture!** 29B that's a real car!

voix f.n. 9AC, 12D, 13AD, 17M, 19D voice; **à voix basse** 40A in a low voice; **à voix haute, à haute voix** 40D out loud

vol m.n. 14D, 43D flight; 39A theft, robbery

volant m.n. 30B, 31D, 45D, 52A steering wheel; **être au volant** 29D, 30A, 31D, 45D to drive; **donner un coup de volant** 31A to turn sharply, to swerve

volcan m.n. 50ACD, 51D, 52A volcano

volcanique adv. 50D, 51D volcanic

volé a. 51D stolen

voler (4) v. 17D, 20M, 43D, 48E to fly; 5M, 23M, 39B, 41D, 45D to steal

voleur m.n. 14M, 32E, 39B, 40M, 49A thief, robber

volley abbr. for **volleyball** m.n. 6D, 7AM volleyball

Volnay p.n. 30D town in Burgundy famous for its red wines

volontaire a. 17D, 45E voluntary; m.n. 20D, 28M volunteer

volonté f.n. 24D, 39B, 41D, 47D will; **à volonté** 26D to taste; 32D, 50M at will

volontiers adv. 27AB, 32D willingly, gladly

volt m.n. 35D volt

Voltaire (1694–1778) 15D, 26D, 33D French philosopher and writer

voltiger (4b) v. 11D to flutter

volume m.n. 18D, 19D, 24D, 28D, 50D volume

Volvic p.n. 45A town in the Auvergne and its mineral water

vomir (5) v. 30B to vomit

vos. See **votre**

Vosges f.pl.p.n. 47A, 50AB mountain range in northeast France; **place des Vosges** 25ABD a seventeenth-century square in Paris

Vosne-Romanée p.n. 30A, 31E, 33A

town in Burgundy famous for its red wines

vote *m.n.* 18M vote

voter (4) *v.* 17D, 38D to vote

votre, vos *a.* 4D, 5A, 8A, 9A, 10A your; **à votre avis** 6E, 28E, 32E in your opinion; **à votre santé!** 36A to your health!

vôtre (le, la), vôtres (les) *pron.* 24A, 31D, 44M your, yours

Vougeot *p.n.* 30ADE, 33A, 34D town in Burgundy famous for its largest vineyard, Clos de Vougeot, and the château it surrounds

vouloir (42) *v.* 3A, 13AB, 15A, 16D, 24A to want; **je voudrais** 11D I would like; **vouloir dire** 7A, 14AE, 15D, 16M, 17ABC, to mean; **qu'est-ce que ça veut dire?** 37E what does that mean?; **ça ne veut rien dire** 17A that doesn't mean anything; **l'important c'est que tu veuilles guérir** 29D the important thing is to want to get better; **vouloir bien** 14A, 29M, 30A to be willing, to want to; **si vous voulez bien vous asseoir** 32A won't you please sit down?; **je veux bien!** 33A yes, please!; **une fille qui voudra bien de moi** 48D a girl who'll have me; **veuillez avoir l'obligeance** 33A, 40D would you be so kind; **en vouloir à quelqu'un** 51DM to be angry with someone; **elle s'en voulait d'une chose** 51M she reproached herself for one thing

vous-même *pron.* 2A, 14D, 16A, 44D yourself

vouvoyer (11) *v.* 27AB to address someone as **vous** rather than **tu**

voyage *m.n.* 3ABD, 4AC, 8B, 13D, 15D journey, trip; **faire un voyage** 20D to take a trip; **faire des voyages** 20D to travel; **vous avez fait un bon voyage?** 22A how was your trip?; **être en voyage** 22A, 42D to be traveling, to be away

voyager (4b) *v.* 3D, 13D, 16D, 22A, 23A to travel

voyageur *m.n.* 27B, 29E, 37D, 46D, 52D traveler

voyeur *m.n.* 40A voyeur, peeping tom

vrac *m.n.* **en vrac** 33D loose, unpacked goods

vrai *a.* 4ABM, 5D, 7A, 8AM, 10C true, real; **c'est pas vrai!** 10A, 29A oh, no!; **des vrais** 37D, 49A real ones!; **pour de vrai** 48A for real

vraiment *adv.* 2A, 7M, 11A, 13A, 17A really, truly

vu *p. part.* of **voir**

vu *a.* 7M, 10M, 11M, 13D, 15D seen; *prep.* in view of; **vu le prix** 11M given the price

vue *f.n.* 17D, 22DE, 30M, 32AB, 33D view, vision; **vue imprenable** 32AB protected view; 38M stunning view; **de vue** 37D by sight

vulgaire *a.* 9C, 43E, 46B, 50A vulgar

wagon *m.n.* 27AM, 46D, 49A, 50D railroad car

Warner-Vieyra, Myriam (b. 1939) 38D Guadeloupean writer

Waterloo *p.n.* 36D commune in Belgium where Napoleon was defeated

WC *abbr.* for **water-closet** 13M, 33D toilet

webcam *m.n.* 32D webcam

week-end *m.n.* 17M, 20D, 27D, 29M, 31D weekend

Wehrmacht *f.p.n.* 45D forces of Nazi Germany in World War II

western *m.n.* 36A western

whisky *m.n.* 19AE, 24A, 29B, 40D whisky

Whisky à Gogo *m.p.n.* 29A nightclub in Saint-Germain-des-Prés

Wilson, Owen (b. 1968) 49M American actor and screenwriter

X *abbr.* for **Ecole Polytechnique**

xérès *m.n.* 24AB sherry

yacht *m.n.* 13AB, 48AB yacht

yaourt *m.n.* 31M, 50M, 51ABD yogurt

Yemen *m.p.n.* 46D Yemen

yéménite *a.* 52D Yemeni

yen *m.n.* 5M Japanese currency

yéyé *m.n.* 35D French rock 'n' roll of the 1960s

yoga *m.n.* 6D, 47M yoga

yougoslave *a. & n.* 36A Yugoslav

Yougoslavie *f.p.n.* 42A former Yugoslavia

Yourcenar, Marguerite (1903–1987) 5D, 14D, 33D, 48D, 51D French novelist, first woman to be elected to the Académie française

yuan *m.n.* 5M Chinese currency

Yvetot *p.n.* 47A town with a modern church near Rouen, in Normandy

Zabé, Patrick (Jean-Marie Rusk, b. 1943) 50D Québécois singer

Zadig & Voltaire *p.n.* 46D French clothing brand

Zadkine, Ossip (1890–1967) 38D Belarusian-born French sculptor, painter, and printmaker

Zaho (Zahera Darabid, b. 1980) 37D Algerian R&B singer

Zambèze *p.n.* 21B, 42A river in southern Africa, known for its spectacular waterfall

zapper (4) *v.* 33D to switch channels

zapping *m.n.* 42D channel hopping

zèbre *m.n.* 3B, 40M zebra

zéro *m.n.* 11M zero; **recommencer à zéro** 51B to go back to square one

Zidane, Zinédine (b. 1972) 2B, 7M, 17D French soccer player

zinzin *a.* *(coll.)* 32M batty, nuts

zigzag *m.n.* 52A zigzag

zone *f.n.* **zone euro** 35D eurozone

zoo *m.n.* 39D, 40M zoo

zoologie *f.n.* 19A zoology

Zouc (b. 1950) 40A Swiss actress and entertainer

Zucca, Pierre (1943–1995) 34M French filmmaker and photographer

Zurich *p.n.* 35D biggest city in Switzerland

zut *int.* *(coll.)* 13A, 19M, 31A, 36AC, 40AB darn!, damn!

Credits

PROSE, VERSE, AND SONG EXCERPTS

Atlantico.fr: "La Majorité des Français se déclarent heureux" 393; William Genieys, "Les Universités françaises devraient-elles dispenser des cours en anglais? Deux opinions" 419–20. Both courtesy of Atlantico.fr

Aujourdhui.com: "Que feriez-vous si vous gagniez 10 millions au Loto?" 519. Courtesy of Aujoudhui.com

Blaguedumatin.fr: "Client difficile" 443. Courtesy of Blague dumatin.fr

Coincidences: Bruno Le Forestier and Donald Burke, "L'Auto-stop" 369. Used with permission of Downtown DLJ Songs O/B/O Coincidences (ASCAP)

Costallat and Universal Music Publishing: "Je prends le large" 652, words by Sylvie Lorrain Berger, music by Lucienne Marciano © Costallat and Universal Music Publishing. All rights reserved

Droitissimo.com: "Comment peut-on être concierge?" 380. Courtesy of Droitissimo.com

Editions Abéditions: "Vive les vacances!" 520–21, words and music by Jean-Luc Azoulay © Jean-Luc Azoulay / Gérard Salesses, Editions Abéditions / EMHA

Editions Bagatelle: Serge Gainsbourg, "Laisse tomber les filles" 495 © 1971 Editions Bagatelle. All rights administered by Sony/ATV Music Publishing Llc, 8 Music Square West, Nashville, TN 37203. All rights reserved. Used by permission

Editions Dare to Care Inc: Béatrice Martin, "La Petite Mort" 432. Les Editions Dare to Care Inc, 2011

Editions et Productions Free Demo: Sandrine Kimberlain and Pierre Souchon, "M'envoyer des fleurs" 381 © 2004 Editions Free Demo. All rights reserved

Editions Jacques Brel and Nouvelles Editions Méridian: Words by Jacques Brel, Marcel Bloch, Henri Lemonnier, and Louis Maubon, music by Jean Cortinovis, Gérard Jouannest, Ferdinand Niquet, "Titine" 459 © Les Editions Jacques Brel et Les Nouvelles Editions Méridian, 1964. Courtesy of Les Editions Jacques Brel and Les Nouvelles Editions Méridian

Finance-banque.com: "Les Cafés disparaissent" 336. Courtesy of Finance-banque.com

French.hku.hk: "Superstitions" 494. Courtesy of French at HKU

Intersong Music Ltd; Warner Chappell Music France: Mike Wilsh and Mike Deighan, French translation by Pierre Delanoe, "Les Champs-Elysees" (based on "Waterloo Road") 472 © 1969 (Renewed) Intersong Music Ltd. All rights reserved

Gérard Jaffrès: Gérard Jaffrès, "Kenavo" 594. Used with permission

LaVieImmo.com: "Paris, la ville préférée des étudiants du monde" 419. Courtesy of LaVieImmo.com

LeFigaro.fr: "Donnez-nous notre pain quotidian" 404. Courtesy of LeFigaro.fr

LeMonde.fr: "La SNCF" 313; "A 30 ans, encore chez papa-maman" 417; "Le Minitel, 'faux frère' d'Internet, ferme définitivement" 430; "Les Voyageurs généreux" 443; "Sachez maîtriser votre émotivité!" 604–5. All courtesy of LeMonde.fr

LePoint.fr: "Confession d'un gagnant du Loto" 493–94. Courtesy of LePoint.fr

LeSoir.be: "La Tour Eiffel se met au vert" 594. Courtesy of LeSoir.be

Music Union Srl; Curci France Editions: "Le Jardin du Luxembourg" 605. "Quindici Minuti di un Uomo" a/k/a "Le Jardin du Luxembourg, music by Salvatore Cutugno, original lyrics by Vito Pallavicini, French lyrics by Claude Lemesle, copyright © 1938 (Renewed) Chappell and Co, Inc, and Tro-Hampshire House Publishing Corp. All rights reserved. Used by Permission of Alfred Music

Naïve: Carla Bruni-Sarkozy and Leos Carax, "Quelqu'un m'a dit" 350. Used with permission of Downtown DLJ Songs O/B/O Editions et Productions Free Demo (ASCAP)

OFDT.fr: "Les Jeux d'argent sur Internet" 492. Courtesy of Observatoire français des drogues et des toxicomanies

SEMI (Société d'Editions Musicales Internationales): Jean Boyer, "Pour me render à mon bureau" 549, words and music by Jean Boyer © Société d'Editions Musicales Internationales (SEMI), 5, rue Lincoln, Paris (8e) France. Courtesy of Société d'Editions Musicales Internationales (SEMI)

Sony/ATV Music Publishing: Zehira Darabid and Philippe Heri Greiss, "Je te prompets" 444, written by Zehira Darabid and Philippe Greiss © 2005 Sony/ATV Music Publishing (France). All rights administered by Sony/ATV Music Publishing Llc, 8 Music Square West, Nashville, TN 37203. All rights reserved. Used by permission

Unesco.org: "La Gastronomie française est inscrite au

PHOTOGRAPHS AND MAPS